俞天任——著

浩瀚大洋是赌场

CNS | 湖南人民出版社

图书在版编目（CIP）数据

浩瀚大洋是赌场 / 俞天任著. —长沙：湖南人民出版社，2019.3（2022.10）

ISBN 978-7-5561-2073-4

Ⅰ. ①浩… Ⅱ. ①俞… Ⅲ. ①海军—军事史—日本 Ⅳ. ①E313.53

中国版本图书馆CIP数据核字（2018）第248665号

HAOHAN DAYANG SHI DUCHANG
浩瀚大洋是赌场

著　　者　俞天任
出版统筹　陈　实
产品经理　田　野
责任编辑　李思远　田　野
责任校对　谭　乐　谢　喆　夏文欢
封面设计　泽信·策划设计
内版设计　罗四夕

出版发行　湖南人民出版社［http://www.hnppp.com］
地　　址　长沙市营盘东路3号
邮　　编　410005

印　　刷　湖南天闻新华印务有限公司
版　　次　2019年3月第1版
　　　　　2022年10月第2次印刷
开　　本　710 mm × 1000mm　1/16
印　　张　36
字　　数　490千字
书　　号　ISBN 978-7-5561-2073-4
定　　价　98.00元

营销电话：0731-82683348（如发现印装质量问题请与出版社调换）

大日本帝国海军，从建立初期的唯唯诺诺到令全世界瞩目，不过用了四十年时间，之后又经过近四十年，便彻底从地球上消失了。

军舰是成了残骸，但日本海军的软件遗产却几乎原封不动地被保留了下来。那是一笔有正有负的遗产，日本战后的复苏有不少地方要归功于那笔遗产，后来日本经济的停滞和徘徊，似乎也能从那笔遗产中发现端倪。

目 录

CONTENTS

第二章　牛刀小试：和俄国佬也来玩一把 /077

事件：日俄海战（1904年）
人物：西乡从道、山本权兵卫、东乡平八郎、秋山真之、岛村速雄、铃木贯太郎

第三章　八八舰队：当梦想照进现实 /157

事件：一战（1914年）——三国条约（1940年）

人物：山本权兵卫、财部彪、加藤宽治、加藤友三郎、山本五十六

第四章　如日中天：狠敲了美国佬一闷棍 /213

事件：奇袭珍珠港（1941年）——爪哇海海战（1942年）——珊瑚海海战（1942年）

人物：山本五十六、南云忠一、渊田美津雄、小泽治三郎、黑岛龟人、宇垣缠、井上成美

第五章　进退两难：瓜岛上玩起了拉锯战 /281

事件：中途岛海战（1942年）——瓜岛争夺战（1942年）——暗杀山本五十六（1943年）

人物：山本五十六、南云忠一、渊田美津雄、小泽治三郎、黑岛龟人、宇垣缠、井上成美

第七章 日落西山：国家跟着海军一起玩消失 /503

事件：日本投降前后（1945年）
人物：小泽治三郎、栗田健男、伊藤整一、铃木贯太郎

引 言

这个世界上存在过而又消失了的东西很多，舰队当然也不例外。其中最有名的可能就是西班牙的“无敌舰队”了。但无敌舰队的消失并不意味着西班牙海军本身的消失，虽然西班牙海军就此成了一支几乎不为人所知的海军，但仅仅是不为人所“知”而已，存在还是存在的。

还有一支消失了的舰队是第二次世界大战时消失在太平洋战场上的日本海军联合舰队，这支舰队的消失标志着一支曾经很强的海军的消失，甚至连那个国家都跟着消失了一阵子。直到现在，日本还几乎不能算正常意义上的国家，或者说只是一个怪怪的“国家”。

1941年12月8日凌晨，珍珠港袭击出发前夕，日本海军飞行员在“赤城”号甲板上围成一个圈，渊田美津雄中佐站在最中间，大家踩着踏步高唱着一首军歌。这首军歌的歌名是《决死队》，说的是日俄战争中77勇士分乘5艘军舰前去堵塞旅顺港的事，在当时的日本，这是一首家喻户晓的军歌：“两千人中选出的七十七勇士，五艘军舰冲向死地，送行的人和出发的人无言地握手，深夜的桅杆顶上颗颗寒星。”

桅杆上马上就要飘起那面有名的“Z字旗”了。人人都知道这面旗的旗语：“皇国兴废在此一战，全体奋发努力。”

接着，日本海军第一航空舰队司令长官南云忠一中将对这些年轻的飞行员发表训词：“在此决定皇国命运兴废的时候，你们成了光荣的尖兵！”可是他没有向飞行员们说明这里的所谓“皇国命运”到底是个什么东西，以及他为什么要这么说。

当然，率领着6艘航空母舰和360架作战飞机的南云中将也许在某一瞬间确实认为“大日本帝国武运长久”，但至多也就是在那么一瞬间，因为就在几分钟前，看到兴奋的飞行员，南云中将还在不自觉地嘀咕：“年轻真好，能够那么简单就相信胜利。”

其实南云并没有必胜的信心，有的只是走向赌场的赌徒心理。南云在用豪言壮语掩盖着内心的恐慌，为一无所知的年轻炮灰飞行员打气。

公开场合下不敢流露出来的恐慌，却有人在私下赤裸裸地表露出来。几乎与此同时，在马来亚沿海，看着护航的南遣舰队司令官小泽治三郎少将打过来的“祈武运长久”的灯光信号，正准备在泰马边界的宋卡登陆的第25军参谋辻政信中佐用颤抖的手很努力地握着铅笔，在日记上写道：“百年皇国命运在此一举。”

和过去的东乡平八郎以及现在的南云忠一不同的是，辻政信在“皇国命运”前面加上了“百年”这个定语，他知道自己在干什么，他认识得非常清楚：这是一场豪赌，而日本在这场豪赌中押上去的赌注是，“百年国运”。

豪赌的结果，是日本输掉了“百年国运”。当年他们不宣而战地去轰炸的那支目标舰队的军舰，现在可以不需日本政府许可，自由进出所有日本港口；而今走在日本民间庙会游行队伍最前面的，始终是高举“驻日美军管弦乐队”招牌的兴高采烈的美军军乐手；除了这些乐手之外，日本政府必须支付驻日美军的全部费用，同时，在这几十年里，日本还得为美军在世界各地展开的所有军事行动买单。

就因为日本人打了一场不该打的仗，他们赌输了。他们的胃口太大，将手伸向了原本不属于他们，而且也不会属于他们的东西。

近代日本的崛起，首先是日本海军的崛起。先后在甲午战争和日俄战争中战胜了大清北洋水师和俄国远东舰队以及波罗的海舰队以后，日本海军就为世界所瞩目，成了一支一流的海军，而日本也跟着跻身于列强之林。

有趣的是，这支消失了的海军几乎是从一开始就宿命地和那支使它消失了的海军息息相关：日本近代海军诞生的直接原因是美国海军的兵临城下；日本海军的发展思想也深受美国海军军人马汉的海权理论的影响；日本海军的扩张也时时处处和美国海军攀比，最大的假想敌也是美国海军；甚至，可能很多人不知道，日本海军曾经很有可能在和北洋水师交手以前就和美国海军掐上一架；当然，日本海军最辉煌的胜利也是打击美国海军；然而，也是美国海军把日本海军彻底地变成了一个只能在字典上出现的过去式名词。

仔细检查这支消失了的海军的历史，可以发现一个很有趣的现象：这是一支几乎可以用“疯狂”这个词来形容的赌徒性质的军队。它是一支很有创意的军队，能够无视一切既存的经济、政治、军事规则和定论而孤注一掷，从而创立了不少“首次”的作战方式和作战创意。同时，这又是一支极为保守、故步自封、思维方式滞后于时代达数十年的军队。

两种极为矛盾的性质在同一支军队中居然如此鲜明紧密地同时存在且互为衬托，预示着它除了悲剧性的下场之外不可能有其他结局，所以现在这支海军的残骸只是躺在了大洋深处，那片与其说是它们的战场还不如说是赌场的地方。

军舰是成了残骸，但是日本海军的软件遗产却几乎原封不动地被保留了下来。如果仔细观察日本社会，就能够发现来自旧日本陆军的影响确实是不大，甚至可以说几乎消失殆尽，而旧日本海军的影响则很可观。很多被人们认为是日本社会所特有的现象或行为方式，其实其历史远不像人们尤其是外人想象的那么久长，里面不少是日本海军的遗产，仅仅只有几十上百年的历史而已。那是一笔有正有负的遗产，日本战后的复苏有不少地方要归功于那笔遗产，后来日本经济的停滞和徘徊，似乎也能从日本海军的遗产中发现端倪。

就让我们从那支海军出现、发展、膨胀、疯狂和灭亡的历史中，来看看它曾驶过的航程是一条怎样的轨迹。

第一章

从无到有：找个地方试身手

事件：

闭关锁国（1853年前）——海军兵学校（1876年）——东学党起义（1894年）——中日甲午海战（1894年）

人物：

胜海舟、榎本武扬、中牟田仓之助、伊东祐亨、桦山资纪、山本权兵卫、东乡平八郎

☆
☆
☆
☆
☆

01 来了些洋船黑乎乎

1945年9月2日，停泊在日本东京湾的是一眼望不到边的主要由美国军舰，还有英国、澳大利亚、加拿大等国军舰所组成的同盟国舰队。

整个世界注目的中心，是停泊在横须贺军港外10海里处，与横滨、木更津和横须贺这三处正好成等距离位置上的“密苏里”号战列舰。满载排水量53000吨的“密苏里”号战列舰编入现役还只有9个月，几乎是簇新的，就像是特地为这个仪式定做的一样。现在，“大日本帝国政府”和“大日本帝国陆海军”正式向同盟国无条件投降的签字仪式正在这艘战舰上举行。

合众社的记者在发自“密苏里”号战列舰的报道中充满喜悦地写道：“这是90年后，日本第二次向美国投降。”

此刻，“密苏里”号战列舰主桅杆上飘扬着一面美利坚合众国国旗。这面国旗在1941年12月8日日本海军机动部队袭击珍珠港美国太平洋舰队时，曾经飘扬在白宫上空。其实同时在“密苏里”号上，还有一面由13条杠和31颗星组成的美国国旗，那是1853年美国海军准将佩里率领舰队，用大炮敲开当时闭关锁国的日本国门时，悬挂在旗舰“萨斯奎汉纳”号上的那面美国国旗。

后一面国旗，是美国海军的荣誉骄傲之旗，它标志着美国对太平洋的欲望和要求，也标志着美国企图控制太平洋的开始。这面国旗平时保存在安纳波利斯美国海军学院的荣誉室里。美国人现在拿出这面国旗，就是在向日本人，不，是在向全世界宣布这样一个事实：经过将近一个世纪的努力，美国人终于把太平洋变成了“美利坚湖”。

研究日本海军的历史，就要回溯到那个年代去。

日本全国由北海道、本州、四国和九州这四个较大的岛和数千个小岛组成，四周环海，所以武装力量中很自然地要包含能够在海上活动的部分。在九州的宫崎县日向市美美津港，现在还能看到由曾经担任过海军大臣的米内光政大将书写的“日本海军发祥之地”的纪念碑，因为在日本的神话传说中，第一代天皇神武天皇就是从这里开始乘船东征大和国的。

因为日本是一个四周被大海环绕的岛国，因此很自然地，就有人认为日本民族是一个海洋民族，日本人也有这种错觉，经常以此自负。但实际上与其说日本民族是个海洋民族，不如说是个海滨民族更合适。从古代开始他们确实是在向大海讨生活，但那只是因为日本列岛被大海包围着，只有靠船，才能保持交流，也只有捕鱼捉虾，才能补充维持生命所需要的蛋白质。除此之外，日本人似乎并没有表现出对航海有更大的兴趣：日本没有哥伦布，没有麦哲伦，也没有郑和，而郑和甚至属于被认为是最典型的陆地民族中国。

这并不是说日本人就没有做过跨过海洋，去向更广阔的陆地的尝试。日本历史学家很喜欢举的一个例子就是倭寇。但倭寇不是海军也不是水军，倭寇只是把船只当作军队的输送工具，大部分战斗本身却是在陆地上进行的，因此倭寇不能作为日本民族是海洋民族的一个证明。然而在另一方面，日本人在海上的笨拙，却可以被举出来作为日本民族并非海洋民族的证明，比如丰臣秀吉对朝鲜的入侵。这次入侵被朝鲜海军将领李舜臣击败后，日本人好像也就随之抛弃了对海洋的执着。

日本人对大炮什么的本来倒也不生疏。1543年时火绳枪就从葡萄牙经过中国传到了种子岛，正好那时是日本的战国时代，火绳枪有了用武之地，到了16世纪末的时候，日本成了世界上最大的火绳枪的生产国和保有国。1614年，江户幕府在大阪之战中消灭丰臣宗家时，就用上了从英国进口的长管炮和从荷兰进口的加农炮。

但随着天下的统一，幕府政权采取了废除军备的政策。不仅限制枪炮的数量，而且禁止对枪炮的研究和改良，在国内实行严格的士农工商的阶级制度，颁布了各种法律法令，消除诉诸武力的因素，维持了200多年的和平，既无外战，亦无内战。

当然也就没有了海军。

从17世纪以后，统治日本的幕府实行了锁国政策，在从1633年到1639年的6年里，先后5次颁布锁国令，到1641年完成了锁国体制。在锁国体制下，诸藩被禁止建造大船，容积500石（大约135立方米）以上的船不准造，具备纵向龙骨的船也不准造，有两根桅杆的双桅船还是不准造。对外贸易也只限于在规定的地点，由规定的藩国和规定的国家进行，被容许进行贸易的也仅有中国、荷兰、朝鲜、琉球这几个国家。

国是锁不住的，殖民主义者可不会遵守什么锁国令，他们有的是坚船利炮，能够用来敲门。其实在锁国期间的对外贸易也从来没有完全断绝过。为财政所苦的各藩主，一直以走私的方式进行贸易，走私船一直开到了东南亚。

1792年，沙皇俄国的陆军中尉亚当·拉克斯曼在俄国远东的伊尔库茨克发现了几个从日本漂流到西伯利亚的日本人。在得到女皇叶卡捷琳娜二世的支持以后，拉克斯曼以送这几个日本人回国的名义到了根室国的箱馆，也就是现在北海道的函馆市。幕府政权在得知拉克斯曼除了还人还提出了通商的要求以后，想法子刁难，说要通商得去长崎，拉克斯曼只好愤愤地返回了鄂霍次克。

这是西方人不成功的第一次，有第一次就会有第二次。

1853年7月，当时叫江户湾，现在叫东京湾的海面上来了4艘黑乎乎的船，这是美国海军准将马休·佩里率领的美国东印度舰队的4艘军舰，为首的是两艘排水量分别为3800吨和3200吨的蒸汽明轮船，旗舰“萨斯奎汉纳”号和“密西西比”号，剩下两艘是帆船“普里茅次”号和“萨拉托加”号。

这几条船和日本人平时见过的荷兰、葡萄牙，甚至英格兰的军舰都不一样，浑身上下用柏油涂得漆黑，所以日本人就干脆称之为“黑船”。

4艘黑船上对着江户架起了包括150磅帕洛特炮和12英寸达格伦炮在内的100多门大炮，放下小艇自说自话就开始测量起航道来了。

这支舰队在头一年的1852年11月从弗吉尼亚州的诺福克出发，横渡印度洋绕过好望角经过毛里求斯、锡兰（现在的斯里兰卡）、新加坡、澳门、香港，在5月4日到上海。5月17日再从上海出发，在琉球王国短暂停留以后再经过小笠原群岛来到了江户，就是现在的东京。

他们首先是为了找出一条能直接前往中国大陆的太平洋航道，再有就是想为在太平洋到处乱抓鲸鱼的美国捕鲸船队寻找一个补给据点。别看现在欧美人几乎要把捕鲸上升到“反人类”的政治和道德高度，可是千万不要忘记，当初就是他们把鲸鱼捞得几乎灭绝的。

其实头一年荷兰人就告诉了日本人，美国人要来，但幕府政权没当一回事，以为像过去糊弄俄国人、英国人一样的就能混过去，因此也就是让彦根藩在三浦半岛增了点兵而已。现在看到果然来了人，就派人上去接头，但是上去了几拨人都被人家以级别太低为由给轰了下来。佩里还开始对着江户城开炮，当然是空炮，说是3天内不来个像样的人，就要沿江户湾北上，直接带兵上陆面见将军德川家庆了。幕府将军德川家庆没办法，只好在7月14日派了伊豆守（相当于现在的静冈县知事）户田氏荣去见佩里。

佩里给日本人的是美国第13任总统菲尔莫尔的国书，内容是要求日本开国。幕府政权一时无法回答，就只好以将军正在重病之中的理由来搪塞。佩里倒也不赶尽杀绝，给日本留了两面白旗，说你们就先考虑吧，明年俺可还来，说完就带着人回了香港。

这边家庆将军也不知道是病的还是吓的，佩里走了10天后的7月27日就到天照大神那儿去了，把这个难题留给了老四，接班做第十三代幕府将军的德川家定。

德川家定本来就是病病歪歪的，甚至有传说是脑瘫，做不了决定。周围的谋臣也拿不了主意，于是江户就开始了“大民主”，一般庶民都可以发表意见，言者无罪，很民主。什么主意都有，就是没有有用的。幕府政权也是过一天混一天，先造几个炮台再说，反正还有大半年呢。

谁知道这个佩里说话不算话，走的时候说好了一年后再来，但才过半年，1854年1月就又回来了。其实佩里是在香港听说了德川家庆的死讯才赶来的，想乘日本国政混乱的机会对幕府政权施加压力。

佩里的提前到来像晴天霹雳，幕府政权魂不附体，上次佩里带了4艘军舰来，这次带来了9艘，大炮就更多了。

日本，这个曾经拥有最多枪炮的国家，这时反而不知道该怎么对付枪炮了。特别是佩里使用的大炮已经不是200年以前的大炮了，全是后膛炮，一炮打上来，基本上全是木制建筑的江户除了救火也就不要干别的了。

幕府上下里外胡乱讨论了一个月，最后终于还是全面答应了美国的开国要求。1855年3月31日，佩里带了500名军人在武藏国神奈川的横滨村，就是现在的横滨市登陆，签订了《日美友好亲善条约》。就此，从第三代幕府将军德川家光以来的持续200年以上的锁国政策结束，日本开国了。

开国了怎么办？外面的世界是个什么样，日本人全不知道。日本开国后的1862年，有个叫高杉晋作的日本人作为幕府使节的随员来到中国，在上海亲眼看到了中国人是如何被西洋人奴役的，回国后写成《游清五录》，警告日本人千万不要成为第二个中国。

避免成为第二个中国的办法很简单——不让西洋人来，要自己能够保卫自己，就是要“攘夷”。日本是个岛国，外国要侵略日本肯定是用军舰从海上来，幕府政权一开始想得也简单——弄些大炮，修几个炮台，西洋军舰再来了，把他们轰回去就行了。

但荷兰人告诉日本人，这种想法不现实。首先，沿着日本列岛的海岸修上一圈炮台就不可能，就算是修成了也维护不了。其次，炮台只能阻止海上舰队的进攻，而不能消灭海上舰队。有效阻止海上进攻，守住陆地的方法是建立一支海军，建立机动的打击力量，消灭从海上来的侵略力量——当时的荷兰人可没想到，现在老老实实、端端正正坐在自己面前认真听从教诲的这些日本人，几十年后就成了一支很有名的“侵略力量”，而这些日本人的启蒙老师荷兰人在亚洲的殖民地也托学生的福，全部没有了。

日本地少人多，没事喜欢填海做个人工岛出来。这不是现在日本人有了钱在烧包，打旧时候开始日本人就有这个爱好。那时为了和荷兰人做生意，幕府特地在长崎填了一个占地大约1.3公顷的人工岛，叫作“出岛”，用来隔离他们。幕府政权听了荷兰人建立海军的这一番教诲深以为然，1855年，就在那个出岛的边上建了一个“长崎海军传习所”，幕府自己派了70个人，各藩也凑了130个人，共计200个学生。老师是荷兰海军军官，上课用荷兰语，边上站着翻译。学科主要是航海、造船、操炮、船具、测量（包括天文学）、数学和机械，每天要学8个小时。

光有人还不行，还得有船。正好两年前从荷兰来了一艘叫作Soembing号的排水400吨的150马力木制蒸汽军舰，就借给幕府训练学生，后来荷兰国王威廉三世想想干脆好人做到底，就送给了幕府。幕府拿来改名为“观光丸”，名称来自《易经》里的“观国之光”，不是现在游山玩水那个“观光”的意思。这就是日本第一艘蒸汽军舰。后来日本人又在荷兰订购了“咸临丸”和“朝阳丸”作为传习所的练习舰。

长崎海军传习所维持的时间很短，到1859年就关闭了。因为日本国内的“攘夷论”甚嚣尘上，荷兰人害怕继续援助日本会影响和英美的关系，遂停止了派遣教官。同时，幕府方面在维持传习所运转上也遇到了财政困难，培养海军人才的方法改为向荷兰派遣留学生。

长崎海军传习所虽然只有短短四年，但是意义重大。它为从开始时是幕府海军到后来是明治海军的日本海军培养了第一代人才。这些人中包括首任海军卿胜海舟，第二、四任海军卿川村纯义，海军副总裁榎本武扬，海军兵学寮的首任兵学头、两度海军卿中牟田仓之助等人。更重要的是，它还培养出了日本的现代国家意识。传习所的学生来自幕府和各藩，同吃同住同训练，后来又有不少人去欧洲留学，这种特殊的环境使他们跳出了幕府和各自藩属的界限，形成了一个现代日本的国家概念。以后倒幕、明治维新的成功和日本的避免分裂，以及甲午战争的胜利，长崎海军传习所所培育的统一国家概念功不可没。

这批人中特别值得一提的人物是胜海舟和榎本武扬。胜海舟后来出任幕府的军舰奉行（相当于陆军部长），主管幕府海军。他在当时还只是一个小渔村的神户设立了神户海军操练所，培养海军军官和军舰制造技术人员。有趣的是，胜海舟虽然身为幕府高官，却对幕府前途毫无信心，周围围绕着的几乎全是倒幕人士。神户海军操练所的“塾头”是坂本龙马，从这个神户海军操练所培养出来的就有甲午战争时的外务大臣陆奥宗光和首任联合舰队司令长官伊东祐亨。

1868年，明治政府讨伐幕府政权的戊辰战争期间，胜海舟开始为幕府陆军总裁，后来出任军事总裁。虽然为幕府政权的军事总指挥官，但是胜海舟还是力排陆军奉行（相当于海军部长）小栗忠顺的反对，说服幕府将军德川庆喜同意和明治政府的代表西乡隆盛谈判，实现了江户的“无血开城”，避免了150万市民在巷战中生灵涂炭。

胜海舟不但是个武士、政治家，同时还是个在当时很罕见的投资家，他把神户从一个小渔村开发成了当时日本最大的海港城市。从一开始胜海舟就劝周围的人买神户的田地，自己也买了不少。后来的地价确如胜海舟所预测的那样飞涨，听了胜海舟话，在神户买田置地的人都发了财，可是胜海舟自己却没有赚到钱——他的财产被幕府政权没收了。

幕府政权为什么要没收他的财产呢？因为幕府政权一直怀疑胜海舟的政治观点和信仰，那个胜海舟要建立的海军并不只是幕府的海军或者是某个藩的海军，他成天念念叨叨的是“日本的海军”。

幕府末年和明治初期的日本人中这种统一的国家意识非常强烈。海对面的邻国——中国的遭遇使他们知道了沦为殖民地半殖民地的恐怖，而英萨战争、马关战争这几场直接和列强的交锋，更让他们领教了列强的蛮不讲理和可怕，因此建设一支强大的军队以保卫日本而不是保卫某个具体政权，成了他们共同的理想。后来这支“强大的军队”终于建成了，而日本也成了列强的一员，这种统一的国家意识演变为国家主义，开始对其他国家和民族进行侵略和掠夺那是后文的内容了。

但在当时，他们确实是在为了日本而努力。像上面提到过的小栗忠顺，在担任军舰奉行时就引进法国技术，建成了长须贺海军工厂。当时有人对他说，幕府的日子长不了，何必建一个兵工厂给朝廷用呢？小栗的回答是，幕府也好，朝廷也好，都是日本人。这个兵工厂不管最后落到谁的手里，都是为日本效力，计算那么多才叫奇怪呢。

正因为大家都抱着“为了日本”这个信念，所以日本在戊辰战争时避免了分裂。

这场战争的起因是关于最后的幕府将军德川庆喜待遇上的争执，在庆喜“大政奉还，王政复古”，交出了政权以后，明治政府只给了他70万石俸禄。庆喜靠这点谷米养不活他的家臣，这才有了这场战争。江户“无血开城”以后，榎本武扬还是带着幕府海军反出了江户，前往“虾夷”地方，也就是北海道，目的是屯兵自活，但在箱馆一战失败以后，在黑田清隆的劝说下终于向明治政府投降。

明治政府也没有清算胜海舟、榎本武扬这些过去的敌人的老账，而是积极地让他们的才华发挥出来，使收缴的幕府海军和各藩海军舰只的效用得到发挥，而胜海舟等也使明治海军开始向近代化的海军起步。

明治海军，也就是那支后来自称为“大日本帝国海军”的军队，其正式成立一般认为是在庆应四年（1868年，这年也是明治元年）的1月17日，因为这天设置了采用三职（总裁，议定，参与）分课制的陆海军军务课，总裁是有栖川宫炽仁亲王。

为了突出明治海军是“天皇的海军”这一点，1868年3月26日，天皇还在大阪的天保山进行了第一次观舰式，检阅军舰。16岁的明治天皇在岸上检阅由萨摩等几个藩借给明治政府的加起来总吨位2450吨的6条军舰。顺便说一句，边上还有一艘赶来凑热闹的法国军舰Dupleix，而这艘法国军舰的吨位是1800吨。

明治海军的建军目的是在西方列强的威胁下保卫日本，所以明治政府在一开始并不重视陆军，是以海军为主，陆军为从，当时对军队的称呼不是后来的“陆海军”，而是“海陆军”。理由是日本是一个岛国，侵略日本的敌人只能来自海上，首先得有强有力的海军来抵御敌人从海上的进攻，而陆军在当时还只是准备用来应付内乱的。

但是就像俗话说的“人算不如天算”，开始仅仅准备用来对付国内反叛的陆军，偏偏就碰上了一个可以让他们大展身手的内乱。1877年来了一场叫“西南战争”的大内战，被内讧轰下了台的西乡隆盛带了4万人马从九州开始造反。明治政府派出陆军中将山县有朋带了30万人马，用掉4000多万军费，花了7个月时间才将叛乱镇压下去。

官军中倒是有海军中将川村纯义帮忙做参军，但整个西南战争中海军除了帮忙运过几次兵马粮草之外，就没有什么发威的地方，陆军打得苦，死的6万人全是陆军。这6万具死尸就把“海主陆从”4个字给压翻了过来，成了“陆主海从”。1878年12月，陆军省参谋局从陆军省独立出来，改名为参谋本部，参谋总长就是天皇的幕僚长，而海军从此就成了小老弟。

当然，“小老弟”那只是在天皇面前的位置问题。要有“强大的海军”这一点在理论上还是没有人反对的。海军当然得有军舰，军舰得要人来操纵，这些操纵的人得组织起来，归结起来，海军面临的就是军舰、军官和组织这三个问题。

1872年，明治政府废除了兵部省，改成海军省和陆军省，首任海军卿（从1885年才改叫海军大臣）是胜海舟。当时胜海舟手里有14艘军舰、3艘运输船，合计起来总吨位是13832吨，他就提出了在18年内建成一支合计108艘军舰的常备舰队的计划。但在那时，怎么看这个计划都是空中楼阁——哪里来钱？明治初期兵部省每年总预算是900万日元，其中陆军是850万，留给海军的只有50万，那句“强大的海军”也仅仅是个很悦耳的口号罢了。

当时的明治海军就是这么可怜，似乎也看不出将来会有什么名堂。但是20年后，这个口号居然成了现实。1894年朝鲜“东学党事变”的时候，伊藤博文召见驻清公使兼驻朝公使大鸟圭介时，微笑着说的第一句话差点没让大鸟晕死过去：“大鸟君，你的任务就是在朝鲜制造和清国开战的口实。”

伊藤博文是为了朝鲜要和大清开战，他应该是觉得日本已经有了开战的实力。日本在这20年里都干了些什么，以致伊藤敢于突破丰臣秀吉征伐朝鲜失败以后给日本人带来的心理压力呢？

日本人在这20年里建立起了一支海军！

02 海军兵学校

日本海军的建设是先从软件开始的。

19世纪后半期的日本还是一个落后的农业国，之所以能像变戏法一样出现一支包括陆海军的强大军队，应该归功于日本的陆军士官学校和海军兵学校这两个培养军事指挥官的军事院校的设置。

明治二年（1869），兵部省在《应该创立大海军的建议》中是这么说的：“军舰因为士官才有精神，没有士官，则水夫将无所作为。水夫无所作为，则舰船也就成无用的废物。而海军士官掌握深奥学术绝非容易之事，所以当前一大紧要事项就是尽快创办学校。”

建设一支海军，需要的东西很多，比如起码要有军舰，要有操纵军舰的人员和这些人员构成的组织。一般来说这三要素里最引人注目的就是军舰，但其实真要干起来，军舰问题其实最简单，最好解决，只要拿得出钱，什么都能买得到。当时英国、法国、德国、俄国，还有美国，全都在亚洲摽着劲明争暗斗，什么最新式的军舰都买得到，困难其实是人员培养训练和编成控制。

后来大清的北洋水师访问日本，向日本示威，而海军省兵务局长伊东祐亨少将曾经大发没有军舰的感叹，但那时的日本海军在缺乏硬件的同时已经花了二十几年的时间来努力培养和组织海军人才，可以说日本海军的软件建设先于硬件建设。

1870年，明治政府模仿幕府的长崎海军传习所，在东京的筑地开设了“海军操练所”，第二年改名为“海军兵学寮”，到1876年改名为“海军兵学校”，1888年搬到了广岛县的江田岛，在东京的海军兵学校原址上办了海军大学校。中国人通常把在江田岛的海军兵学校称为“江田岛海军学校”，其实那所学校应该称作海军兵学校，简称“海兵”。

“兵学校”的意思不是“培养士兵的学校”，而是“学习兵学的学校”。所谓“兵学”，顾名思义，就是“用兵的学问”。这种名字很有点古色古香的味道。和海军兵学寮同时设立的还有一个“兵学寮”，那是陆军士官学校的前身。但是海军兵学寮改名字比陆军的晚了两年，这么一来“士官”这个词被陆军用了去，只好凑合着用“兵学”这个学究气十足的词了。其实陆军有点怪，在除了“陆军士官学校”这个校名之外再也不用这个词，用的是“将校”。可是海军除了学校名不用“士官”这个词以外，在其他场合则是大量使用这个词。

在日语中，“士官”不是指的“下士官”，而是相对于“士兵”而言的一个词，也就是“军官”的意思。少尉是“士官”，大将也是“士官”。

日本陆海军从一开始都采用法国式军制和军事教育，因为当时法国是日本的友好国。但是法国在1873年的普法战争中失败，所以日本陆军从1887年开始由法国式转为普鲁士式教育。海军的转型更早，从海军操练所设立开始就从原来的法国式转到了英国式教育。1873年开始，英国派出以道格拉斯少校（后来一直做到北美舰队上将司令官）为首的34名教官到日本教学。英国人在日本一待就是17年，合计69人次。道格拉斯本人就在日本待了两年，如果不是有人警告他如果再不赶紧回国可能会影响到晋升的话，可能还会继续逗留下去。

当时的日本是一个很穷的落后小国，培养海军人才最简单而又便宜的方法应该是送人去欧美留学。其实在一开始日本人也是那么想的，比如东乡平八郎就被送去英国留学，还一去就是8年。

但是有一件弄不明白的事情是：日本的海军留学生到处被人拒绝，欧洲人到底是看不起这些来自落后地区的东方人，还是为了保守海军机密？没人知道！反正日本人到哪儿哪儿都不要。像东乡平八郎想进英国的达特茅斯皇家海军学院，到了那儿别人才对他说不行，结果只能上商船学校。

日本在没办法之后才只好自己办学校，而且还是斥巨资全部请英国人来帮忙。日本人请英国人的最主要原因不外乎英国是当时第一海军大国，更直接的原因就是日本人在1863年的英萨战争中，知道了英国海军到底有多厉害。

1862年，在现在的横滨市生麦发生了所谓的“生麦事件”，4个英国人骑马冲撞了萨摩藩主岛津久光的行列。其实就在事情发生前几分钟，美国领事馆官员范李德也遇到了这个行列，按照欧洲人见了贵族或妇女的马车要下马让路的礼貌，范李德让了路，没有出事。但这几个英国人在中国上海待过很长时间，骑在马上鞭打黄种人是他们的一种兴趣爱好，大鼻子怎么能给黄皮肤的日本人让路？于是和藩主的武士发生了冲突，结果一个叫理查逊的英国人被日本人砍出了肠子，拖着肠子想逃跑，另一位武士“看到他很痛苦，就帮他做了了断”，一刀把他的脑袋砍了下来.还有两个英国人重伤，剩下一个女的倒是没受伤，但给吓疯了，不久也死了。

“约翰牛”们很吃惊，这是他们第一次知道，在这个世界上大英帝国的臣民也是可以被人砍杀的，于是就去找幕府理论，要幕府赔钱10万英镑。幕府给来了个一问三不知：那是萨摩藩，你找他们去。于是英国人就出动了10艘军舰上鹿儿岛讨说法来了。

英国人到了鹿儿岛，看看这么个乡下地方，料想也拿不出10万英镑，就减到了2.5万，但要处分肇事者。遇到翻译又差劲，把“肇事者”给翻成了日语的“责任者”。萨摩藩的藩主岛津久光一听急了眼：这一亩三分地本老爷负全责，要处分本老爷？老爷跟你拼了吧！这就打了起来。一仗打下来，全日本最早实行开放的萨摩藩取得的一点成果全部毁于英军炮火，但死人不多，才5人。而来势汹汹的英国人却死伤63人，包括旗舰“尤里亚勒斯”舰舰长约瑟林和副舰长魏尔默全去见了上帝。

怎么会打出这么个古怪结果来？其实那天一开始运气就对英国人有点不公平。首先炮战刚开始时海上风浪大作，英国军舰颠簸得厉害，无法瞄准，对萨摩藩的海岸炮台无法造成损伤。而英国舰队停泊的地方又正好是萨摩藩炮台平时训练时停靶船的，这样萨摩炮台连瞄准都省了，一炮打出去就直接命中了英军旗舰。

但随着天气变好，英国军舰上配备的最新式阿姆斯特朗炮的威力就显示出来了。萨摩藩的海岸炮台被敲了个精光不说，萨摩藩刚刚建成的造船厂和其他近代工业全完了蛋，开放的成果都付之东流，两家人这才坐下来谈判。

后来萨摩藩还是赔了2.5万英镑。但狡猾的萨摩藩没花自己的钱，而是向幕府借了6.3万两银子赔给英国人，以后也没还这笔钱，再后来幕府就没了，从而赖掉了这笔账。

大山岩、黑田清隆、东乡平八郎全是参加过那场战争的，因此大家全同意要办海军，除了向英国学习外没有别的出路。

日本人办海军兵学校是非常认真的，认真到了什么程度呢？连为什么海军兵学校会搬到广岛的江田岛区都能够说明问题。随着经济的逐步繁荣，海军省认为学校办在繁华的东京会引起学生们思想堕落，所以才找了这个当时是鸟都不来做巢的广岛荒岛。迁校之前还和当地豪绅签订了一个名为《江田岛取缔方始末书》的合同，里面规定，在江田岛指定范围内不得有“猥艺丑行”，就是说不能开娼馆妓院，以保持教育环境的纯净。而一直到1945年日本战败为止的57年间，江田岛确实是做到了这一点。至于到后来日本战败以后学校设施被美军接收，飞燕流莺从全日本和全世界各地云集江田岛，“繁荣昌盛”则是以后的事情了。

和所有海军名校一样，江田岛海军兵学校最豪华的建筑就是学生宿舍“生徒馆”，是当时在工部省（相当于后来的铁道省）铁道寮任建筑副长的英国人约翰·迪亚克主持设计的，全部英国风格不说，所有的红砖都是一块一块地包好了用军舰从英国运来的，原价是0.2日元，要知道那年头木匠一天的工资也就0.1日元。运到日本后折算下来一块红砖要花1.5日元以上，当时3日元能兑换2两白银，换算成现在的价格，那些红砖一块在150美元以上！

学生宿舍的豪华、生活排场的讲究是欧洲海军的传统。在欧洲，海军是贵族军种，海军军官都是贵族，讲究的是“Noble's Oblige”（贵族的义务）。那意思就是国家就是你们的，平时好吃着好喝着，到时候就得豁出去为国效力。

出于贵族军种的自尊心，道格拉斯在教日本人的时候，最强调的就是“先成为绅士，然后才是士官”（Be a Gentleman Before the Officer），而这点也应该是每个人都挺乐意接受的。到战败为止，只要条件允许，日本海军一直维持着豪华的生活方式。军官和士兵的伙食完全不同，正餐必须穿礼服，边上还有军乐队伴奏。

但要是认为海兵仅仅是享福作乐之地，那就错了。道格拉斯把英国皇家海军学院的课程搬到日本来了，课本当然没时间翻译，也没有必要翻译——本来海兵就把英语放在极高的位置上。老师是英国人，教科书是英语，用英语做作业，用英语回答问题。唯一能用日语的地方，可能就只是偷偷在背后对这种“英语世界”表示不满发发牢骚的时候而已。这是海兵刚开始时的情形，但海兵以后也一直没有放松对英语的要求，即使在太平洋战争中，军部要求抵制英语这种“敌性语言”的时候，海兵还是坚持连查生字用的字典都必须是英语字典。

这种训练的效果呢？从海军次官井上成美大将在战败以后，用来谋生的手段居然是开英语补习班教人英语这点就可以知道了。

江田岛海兵基本上是英国式的，但是有一条很特别的纵向编成的“分队”制度却是从美国海军学院学来的。就是由大约40人的3个年级学生编成分队，三年级学生被称为“一号生徒”，在分队里起指导作用，二年级学生是“二号生徒”，帮着一号生徒敲边鼓，所有体力活都是被称为“三号生徒”的一年级新生去干。海兵学制三年或者是四年，所以有时还有“四号生徒”，这样，一个学生在校期间最多和前后7届的学生朝夕相处。而海兵除了“坐学”，就是课堂教学以外，所有的生活、训练全部以分队为单位进行，以此来培养海军的向心力和对先辈学生的绝对服从。

为什么要这样？海军有海军的特殊性。首先，在茫茫大海上，要活大家一起活，船沉了大家一起死，可以说，海军是一个从大头兵到舰长的命运共同体；反过来说，这些大老爷们成天挤在一个闷铁罐子里，烦躁、不安和狂暴在所难免。因此海军教育的第一条就是人际关系教育，这可是人家大英帝国的皇家海军花了上百年摸索出来的经验。

现在日本中小学学校运动会中有一个很具观赏性的项目叫“倒木桩”。这个项目是将参加者分为两组，在保卫自己组的木桩不被对手放倒的同时，争取放倒对方的木桩，这是一个既拼体力又拼智力的项目，因为攻守同时进行。这个项目的争斗极其激烈，运动会上一到进行这个项目的时候，老师全体上阵做保护，就这样学生摔成骨折的还是很常见。

学校运动会怎么会有这么激烈的运动？这是从战前的海军兵学校学来的。道格拉斯少校带给海兵的另外一件东西是体育运动。海兵在1874年首次召开了名叫“竞斗游戏会”的运动会，这就是现在日本学校、企业等各团体每年都要开一次的运动会的开始，所以运动会中的项目带有海兵的痕迹很正常。

皇家海军的信条是“先成为绅士，然后才是士官”。帮女士开门接帽子拉椅子什么的只是英国绅士的皮毛，英国绅士在骨子里应该是一个体育家——不是运动员。对于体育家，玩得好不好是水平问题，而玩不玩却是态度问题，所以海兵和重视智育教育一样重视体育教育。本来海军就比陆军更需要体力，陆军实在不行了还能坐下来歇一下，海军可没地方歇，一歇就沉下去了，能多坚持一秒钟，生存的可能就会多一点。但有一点，就是道格拉斯少校坚决反对日本的剑道，英国教官在的时候海兵是没有剑道课的，学生玩的是贵族项目——击剑。这点和来指导陆军大学的德国人梅克尔少校的看法正好相反。

道格拉斯认为英国人的击剑是一项骑士的运动，而日本的剑道则是一项小人的运动，有点卑鄙。道格拉斯认为剑道讲究突然袭击，在发声呐喊的同时剑已经刺到对手的咽喉，这不是骑士的行为。但梅克尔少校最推崇剑道，他对陆大首届学员的教育是："宣战以后再开始动员兵力，收集粮草，那是傻瓜。战争和日本的剑道完全一样，在大喝一声之后就是迅雷不及掩耳之势的攻击，直指敌人要害。战争必须要在第一击就打出气势。"当时就把正在崇拜"骑士精神"的陆大学生们说得目瞪口呆。

这些像恶讼棍在法庭上解释法律似的言论，使得当时那些满怀豪情要和国际接轨的日本年轻军人切实感到了震惊，他们知道了原来这些表面上的"绅士"在骨子里其实就是流氓，而且这个世界好像通用的就是这种流氓逻辑，而绝不是票面面额。

所以日本陆军欣然接受了这种观点，原军令部参谋丰田穰在回忆录中提到，当年陆军教官谷寿夫大佐在海军大学校给他们讲课时就公然说："抢窃和强奸在一定情况下有助于维持和提高士气。"丰田穰说："后来听说南京军事法庭判处谷寿夫死刑，我想那是谷中将的思想所带来的自然结果。"

海军兵学校的体育课中加上了剑道还是在道格拉斯离开以后，应该说帝国海军的军人确实领会到了日本剑道的真谛，并将其发挥到了至高的境界。从甲午战争、日俄战争一直到后来的太平洋战争，日本海军确实是"在大喝一声之后就是迅雷不及掩耳之势的攻击，直指敌人要害……在第一击就打出气势"。

英国人口口声声成为"绅士"，但起码在当时要成为他们口中的所谓"绅士"可不是随便是个人就可以的。要成为英国人心目中的绅士，起码得首先就是上等人，像农民什么的和绅士应该没有任何关系。而道格拉斯少校到了日本觉得最抓狂的一点就是，海兵的学生里居然大多数出身农民，没几个是他心目中的上等人，也就是贵族。

坚持入学考试的严肃性是海军兵学校最重要的特点之一，除了皇族成员外，在分数面前人人平等，没有阶级等级的任何限制。这样一来海兵里农民子弟特别多，实际上不止海兵，陆军士官学校的情况也一样。

明治初年，也就是1870年代的日本是一个极其贫穷落后的国家。像海军兵学校这样，招生公正，学费生活费全免，毕业就是国家保证终身前程的海军军官的学校立即成为青年人最理想的去处之一，所以和陆军士官学校一样，海军兵学校也能征集到最优秀的学生，海军兵学校就是这样发展起来的。更重要的是，海军兵学校在英国教官撤走以后也没有放松学校的教育和管理，教学质量也没有下降，所以能够最后成了世界三大海军学校之一。这样，日本海军的军官质量就得到了保证。

海军兵学校有一个很古怪的东西叫作“吊床号”。日本海军原来是被萨摩藩，就是鹿儿岛的人独占了，为了消除这种任人唯亲的现象，海军先从英国，后从美国学来了一套据说是公平透明的人事操作程序，说可以任人唯贤。首先从海兵的成绩评定开始，海兵的每个人都随时随地知道自己的成绩名次，有个Hammock Number的说法，也就是吊床号：海兵里面是一个分队睡一个大房间，谁睡在什么位置全有规定。其实海兵不睡吊床，但是按照军舰上的习惯，还是称吊床号。

但这个本来很正常的东西后来就有点变态了，被上升到了神圣的地步。日本陆军有士官学校的优胜组，有陆大的军刀组，有前五名才能进参谋本部作战课的规矩。但这些和海军比起来还是小儿科。陆军士官学校的名次是不公布的，只有陆军省人事局和参本总务部才知道。当然大家基本上都知道自己大概在什么位置，但除了拿到怀表和军刀的人之外，其实对自己到底是第几名不十分清楚。陆军可以利用这一点作弊，像石原莞尔就先后在陆士、陆大两次被学校压低过名次。但是海军一般没有这种名次作弊的事情，作不了弊，太透明了。

有没有办法摆脱这个倒霉的吊床号呢？也不是完全没有，在海军大学校弄个好成绩是个办法，海军倒没有什么前多少名才能上海大的规定，就看你是不是考得上。还有就是平时在研究、训练上做点成绩出来，但是平时大家干的都是一样的事情，就是卖力点也看不出来，所以整个日本海军主要以毕业的“先任”顺序来论资排辈，如果是同期就看这个跟你一辈子的吊床号了。这种排序方式特别邪门，邪门到了连日本海军战败的原因都可以到里面去找的地步。当然，这已经是后话了。

日本海军的这套人事考核制度还算公平，海军将军没有像陆军的长勇、牟田口廉也那样的将军，完全不称职的不多。但是像象棋冠军打网球，网球冠军下象棋这种事情不胜枚举，就是因为有这个吊床号在作怪。好钢没有办法用在刀刃上。

03 军令部的由来

在培养人才的同时，海军的组织建设也在进行。明治维新主要是在萨摩藩（现在的鹿儿岛县）和长州藩（现在的山口县）的支持下进行的，所谓“萨长同盟”指的就是这件事。维新以后，长州藩执掌了陆军，萨摩藩则主宰了海军，有所谓“长州的陆军，萨摩的海军”的说法。日本海军发展初期的三位主要人物，先后担任过海军卿、海军大臣，主持海军军政的川村纯义、西乡从道和担任过参谋本部次长、参谋本部海军部长，主持海军军令的仁礼景范全是萨摩人。

拙作《有一类战犯叫参谋》里面提到，日本陆海军的一个特点是军政军令相分离，也就是作战训练之外的事务归陆军省或者海军省管，而作战训练则归参谋本部或军令部管。陆军的参谋制度和后来的军政军令分离是“竹桥兵变”以后从德国引进的；明治海军学的是英国，最早倒不存在这个问题，是军政军令一元化的。海军和陆军不同，陆军随便有几个人拿了枪就能造反，而海军不是全舰一致就开不动那艘军舰，就算你全舰一致，码头上不给你加煤，所谓军舰也就是个浮在水面上的铁盒子而已，所以海军发生兵变的可能性几乎为零，因此在陆军搞军政军令分离时海军没有跟着学。海洋海面被分成“海军区”，海军舰船分配给分设的“镇守府”管辖。最早是1876年在横滨设立的“东海镇守府”，后来移到横须贺改名为“横须贺镇守府”。当时还计划在长崎设个“西海镇守府”，在1889年又加上了吴和佐世保两个镇守府，1901年又设立了舞鹤镇守府，成了四个海军区。原来还曾经计划在北海道的室兰设立一个镇守府，但没有实现。1905年日俄战争以后还设立了一个旅顺镇守府，一直到第一次世界大战时的1914年才撤销。

和1878年就从陆军省独立出来的参谋本部相比，军令部从海军省独立出来是15年后的1893年，而且一开始的名称还是“海军军令部”，把“海军”这个定语去掉又花了40年，到1933年才成了“军令部”。

参谋本部独立的时候，海军连参谋部都还没有，相当于参谋部的一部分职能由海军省军事部在执行，而日本海军学的是英国，所以一开始在组织上没有参谋部也很正常。到现在英国皇家海军和美国海军都没有“参谋部”这个名字，英国皇家海军更为邪门，虽然没有海军参谋部，但海军大臣（也叫“首席海军卿”， First Sea Lord）居然同时是“海军总参谋长”（Chief of Naval Staff）。

但海军看着陆军有个参谋本部比较羡慕，海军军事部也要从海军省独立出一个“海军参谋本部”，遭到了从德国引进参谋本部制度的山县有朋和桂太郎的坚决反对，理由是陆海战的性质不同，陆军是主力而海军只是支援力量，大家一人一套参谋只会没事就扯皮。陆战是靠智慧取胜的战场，海战只是靠训练取胜的战场，陆将要学的多，海将只要会航海就行……反正海军弄参谋部没有任何必要，这不，世界上还没有一个国家的海军有参谋部的。

其实陆军的坚决反对，理由并不在表面上说的那些车轱辘话。参谋本部是天皇的幕僚部，参谋总长就是天皇的幕僚长，这样陆军就比海军高了一级，好不容易弄到了这个位置的陆军绝不容许海军来分一杯羹。当然陆军也弄不清楚海军到底是怎么一回事，这才有海军简直都不配弄个“参谋”的位置这一邪门理论。据说是陆军没了参谋打不了仗，陆军参谋能构思出精彩的作战方案来，而海军的所谓“参谋”不就是抄抄写写的文书员吗？在陆军眼里的海军就是个操纵机器的工匠，完全没有主观能动性发挥的余地，你的参谋再能干，水兵训练得再好，速度是10节的军舰你也开不出11节来，3000米射程的大炮你也打不到3100米去，海军打仗不就是大家一字排好了，大炮开口说话，谁的口大谁赢，有什么“战争艺术性”可言？现在就这么一拨工匠也要学陆军来搞什么参谋制度，简直可笑。

陆军反对海军搞参谋部，海军里也不是人人喜欢搞参谋部的。首任海军大臣西乡从道就是一个。因为西乡从道是陆军出身，他在就任海军大臣的时候，军衔还是陆军中将呢，后来才混上元帅海军大将的。当时有个从英国留学回来的海军大尉叫黑冈带刀的是“海军参谋部”最积极的鼓吹者，这位在1881年升了少佐又去当驻英武官的时候，说动了当时的海军卿川村纯义。在黑冈那儿，被桂太郎用来反对成立海军参谋本部的理由，全成了应该赶快立即成立海军参谋本部的理由：日本是海国，有了战事海军是先锋，先锋没有参谋本部怎么办？大家都是天皇陛下的战士，人人平等，为什么陆军有的海军没有？

到最后黑冈干脆就来了个狮子大开口，提出干脆来个“统合参谋本部”，下分陆军部和海军部，参谋总长由陆海军轮流坐庄。黑冈本来就是想用这些条件漫天要价就地还钱地换取陆军的让步，谁知道被当时的总理大臣伊藤博文听进去了。伊藤博文虽然不是军人，但利用他的声望和人望，愣是说服陆军收留海军成立了一个“统合参谋本部”。首任参谋总长是有栖川宫炽仁亲王，陆军部部长是曾我佑准陆军中将，海军部部长是仁礼景范海军中将。看过《有一类战犯叫参谋》的应该都还记得，这彪人马除山县有朋不在了外，几乎就是当年在“西南战争”中去打西乡隆盛的原班人马。

都是老相识了，应该好打交道了吧？不，首先海军大臣就对这个“统合参谋本部”不感冒。想想也是，海军大臣和陆军大臣平起平坐，可是参谋总长是陆军，这就显得海军要归陆军管，低人一头。那么陆军该满意了吧？也不满意，陆军不满意的理由更荒唐，日本陆军当时分成“主流派”和“非主流派”，区别就是在“外征军备”这个问题上，陆军元老山县有朋、大山岩全是主流派，主张扩充军备对外战争。而这个参谋本部陆军部的先后两任部长曾我佑准和小泽武雄全是反对扩张的非主流派。“既恨和尚，祸及袈裟”，主流派们捎带着连这个位置也讨厌起来，干脆撤了那个倒霉衙门，不给这些“日奸们”官做，这就弄得所谓统合参谋本部只活了两年就一命呜呼了，曾我中将也被赶去了预备役。

撤销了统合参谋本部，陆军把“参谋本部”的名称给收回去了，还坚决反对加上“陆军”这一定语，因为《参谋本部条例》里面明文规定“参谋总长是帝国军队的参谋总长”，就是说参谋总长也是你们海军的，干吗要加上一个“陆军”的限定语？要加你们自己加。只能忍声吞气的小老弟海军在用了几年“海军参谋部”以后干脆就不要“参谋”这两个字了，叫作“海军军令部”，和陆军彻底划清界限。

界限划得非常清楚，凡陆军的规矩海军就不用。陆军办了个“陆军大学校”，说不是陆大出身的人就不能当参谋，海军就没有那条规定，谁都能当参谋。当然到了最后海军参谋还是几乎被海大毕业生包圆了，但只是“几乎”，“神风攻击队之父”大西泷治郎中将就考了两次海大都没考上，可最后还是军令部次长，就是说海军没那条硬性规定。

不管怎么说，海军的组织一直到日俄战争之后都没有什么军政军令二元化一说，所有权力基本都在海军省手里，一切都很健全，看不出有什么很大的问题。

有了高质量的军官，有了一个健全的组织系统，如果再有了军舰武器硬件，只要假以时日，熟悉了武器装备性能以后，一夜之间的飞跃并不是什么不可能的事情。但明治维新以后的日本内乱不断，到1884年为止，包括佐贺叛乱、萩叛乱、神风连叛乱、西南战争等内战和骚动什么的合计起来居然有162起。政府疲于奔命地到处镇压，军费几乎全部被陆军花完，海军在军舰扩充上面的要求无法满足。所以日本海军一直到19世纪70年代始终圆不了从胜海舟开始的“大海军梦”。

1871年台湾“牡丹社事件”以后，事情起了变化。那年10月，一艘琉球渔船在海上遭遇台风，漂流到台湾东南部八瑶湾，登陆的66人因和台湾原住民发生冲突，54人被杀，剩余12人在当地汉人救助下由大清官员安排转道福州回国。

1873年，明治政府外务卿副岛种臣前往中国交涉，清总理衙门行走毛昶熙一开始的回答还像话：“二岛（指琉球与台湾）俱我属土，属土之人相杀，裁决固在于我，我恤琉人，自有措置，何预贵国事，而烦为过问？”但毛昶熙在看到日方出示的死者中有四位日本渔民的证据，并扬言琉球属于日本版图以后，居然改言：“（台湾）生番系化外之民，伐与不伐，贵国自裁之。”留给了日本一句可以向“无主番界”出兵的话柄。

当时执掌大权的内务卿大久保利通立即成立了以大隈重信为长官的藩地事务局，事务局长为陆军中将西乡从道，从英美急忙买了两艘商船，装上大炮作为军舰，准备攻打台湾这块“无主番地”。但和西乡隆盛、大久保利通并称“维新三杰”的参议木户孝允强烈反对出兵台湾，加上英美诸列强也不同意，内阁决定延期出兵。但在长崎待命的西乡从道拒不受命，率领3000名官兵在1874年5月2日出兵，5月6日在台湾南部登陆。这次行动在历史上被称作“西乡大暴走”，开了日本军人在近代史上“下克上”，反抗政府的先河。

5月下旬，大清派船政大臣沈葆桢来台，并调淮军6000人赴台作战。后来在英国公使威妥玛斡旋之下中日之间达成《北京专约》，清廷糊里糊涂赔了日本人50万两白银不算，还承认了日军出兵是“保民义举”，这就给了日本日后认定琉球是日本属地的根据。第二年日本开始处分琉球，并在1879年强迫琉球国王移住东京。

但清廷并未放弃琉球主权，一直到甲午战争失败以后才不再主张。

这次日军的出兵台湾，在东亚海军史上引起的后果就是清日两国同时进入了扩张海军军备的时代。

西乡从道在这次出兵之后感到了充实海军军备的必要，从陆军中将转到海军中将，并且说服政府把海军的预算提到了陆军的一半。1875年一年就花了当年海军预算的90%，用311万日元向英国订购了“扶桑”“金刚”和“比睿”三艘军舰，到1878年投入现役。这三艘军舰都不到4000吨，按当时欧洲国家所保有的万吨左右级别的战舰标准，实在不能算什么战舰，所以后来日本人自己也只把这几艘军舰算成“海防舰”。但是在1885年北洋水师的“定远”“镇远”两艘7200吨级的铁甲舰编入现役以前，这三艘军舰一直是亚洲国家所唯一保有的近代化装甲舰。

到1890年，与《大日本帝国宪法》同时公布的《海军条例》施行时，日本海军已经拥有了“高千穗”号、“扶桑”号、“大和”号、“葛城”号、“武藏”号和“浪速”号等6艘海防舰组成的“常备舰队”，以及一些过时陈旧的舰只组成的“演习舰队”。1891年，举行了第一次由常备舰队扮演进攻一方的“东军”对演习舰队扮演防守一方的“西军”的海军大演习。演习后举行了第二次海军检阅式，和6艘军舰、排水2400吨的第一次海军检阅式相比，这次的阵容达到了19艘军舰、排水30000吨，23年间海军增长了15倍。

可是面对北洋水师的“定远”号和“镇远”号，这30000吨的海军还是像纸糊的一样不堪一击。

1891年7月13日，离甲午战争还有3年。

东京小石川炮兵工厂的小石川后乐园，受外务大臣榎本武扬的委托，海军大臣桦山资纪中将在这里召开一个游园会形式的欢迎宴会。贵宾是大清北洋水师提督丁汝昌和正在日本访问的包括北洋水师旗舰“定远”号、“镇远”号在内的7艘军舰上的50名大清水师军官。

桦山资纪气恼地对海军次官伊藤少将说：“最讨厌的就是这个丁汝昌，榎本外相硬要讲什么‘日清友好’，这样，明天全体出动去会会这个迟早要在战场上见面的敌人，大家都把这个丁汝昌的脸给我记住了，把军务局长喊来。”

当时的海军省军务局长是伊东祐亨少将，这位伊东祐亨后来指挥着联合舰队大败北洋水师，一直晋升到元帅海军大将。伊东一进门，桦山资纪就问："伊东君，你说丁汝昌这次为什么走这么条怪路，从下关进日本经濑户内海绕纪伊半岛到东京来？"

伊东少将的回答是："丁汝昌这是在向我们示威，那意思是说日本的内海就是北洋水师的后庭院，如果日清开战，他能指挥着北洋水师一口气攻到东京。去参加欢迎宴会没问题，但请大臣无论如何也要恳请外务大臣和首相同意我们也去访问一次清国。"

第二天，伊东祐亨在游园会上劈头对丁汝昌就说："丁提督，能不能让我参观一下你们伟大的超级战舰'定远'号？"

丁汝昌坦然地笑了笑："什么时候都非常欢迎，但是您只能看，我们不会回答您提出的问题。"

丁汝昌有资格坦然，这艘长达94.5米、满载排水量7335吨、航速14.5节的德国造战舰"定远"号是当时远东的最大新型战舰，装备在"定远"号上的两门30.5厘米双联炮能够毫不容情地把所有敌舰送进海底。让你伊东祐亨参观一下又怎么样？

第二天，伊东少将在丁汝昌的陪同下参观了"定远"号、"镇远"号两舰。

桦山海军大臣在海军省等着伊东的报告。

伊东的报告是："如果现在和清国开战，我们没有胜利的可能，只要'定远'和'镇远'两舰就能把全部常备舰队送到海底。阁下，军舰，我们要军舰，我们是四面环海的海国，卫国就是卫海，拥有能和'定远'对抗的军舰是我们最要紧的。"

桦山叹了一口气："李鸿章的目的达到了。"被称为海军的"头脑"，位居军务局长，实际上指挥着日本海军的伊东祐亨被逼着说出了"没有胜利的可能"。

李鸿章派丁汝昌率北洋水师访日的目的——向日本示威，确确实实地达到了。

但有人不这么看。

回航时北洋水师还是走濑户内海，在广岛的宫岛锚泊时，接受了吴镇守府长官中牟田仓之助中将和参谋长东乡平八郎大佐的访问。这次访问中，“平远”号声称故障，进入吴军港检修，其实是有点观察和侦察日本海军技术程度的意思。

结果却是北洋水师的底细被人家摸了个底朝天。

东乡平八郎大佐几乎每天都穿着便服在码头观察“平远”号，最后的结论是：“清国舰队不足为虑，他们只是一把退了火的宝刀。宝刀确实是宝刀，但是已经退了火，真正需要的时候派不上用场。”为什么这么说呢？用东乡的原话：“神圣的炮口上，挂了不少东西，从内裤到袜子什么都有，怎么看怎么像晾衣竿，这还是在外国的港口呢，甲板上也是乱七八糟，根本就没有整理。”

“炮口是军舰的灵魂，从清国舰队能够毫无顾虑地这样做就知道这支舰队的士气，从军官到士兵没有任何紧张感，军舰本来所具有的力量发挥不了，没什么可怕的。”

这是在说海军的软件，没有配套的软件，光有硬件是不能被称为海军的。东乡平八郎看出了北洋水师是软件配套没有赶上硬件购置。

最早记载这件事的，是以后长期担任东乡副官的小笠原长生海军中将所著的《圣将东乡平八郎传》。有不少人极为反感这段记载，提出了种种说法来否认这个事实，认为是小笠原出于偏见而在有意造谣抹黑北洋水师。但是小笠原长生为东乡立传是1934年，此时中国已经没有了真正意义上的海军，虽然小笠原不会对中国抱有善意，但也没必要通过一个虚构的谎言来抹黑中国，如果真是谣言的话，那也应该确实是出自东乡平八郎而不是小笠原长生。

当然，东乡并不是在简单地打一个八卦，他是在提出自己的看法，他的看法是他对北洋水师战斗力的评价，军队的战斗力在很大程度上受到士气的左右，也就是说精神力量。正确地评价敌人的士气和鼓舞己方的士气是一个将领非常重要的任务，从这点来说，东乡的目的达到了。

这并不表明东乡的观点就是“放之四海而皆准”，这是因为中日两个民族同属东亚文明，同受儒教影响，因此日本人能以己推人，但随着东乡在日俄战争以后，特别是20世纪30年代以后被逐步神化，这种观点成了日本海军的教条，就变得莫名其妙了。一直到1943年10月，日军在所罗门前线已经破绽百出的时候，海军军令部还有人在安慰刚刚调到参谋本部情报部的堀荣三少佐说帝国海军是不可战胜的，其根据就是美国画报上刊登的美国水兵们骑在大炮上的照片，用词也和东乡平八郎一样："连神圣的大炮都不尊敬的海军能有什么战斗力？"他们不知道什么是文化差异。

其实东乡观点的要点是海军除了硬件建设之外还要有随之进行的软件建设，他向日本海军指出的是，北洋水师的软件建设相比其硬件建设要差得多，仅此而已，并没有什么让人神经质的东西。

伊东祐亨看了"定远"号和"镇远"号以后发愁了，于是日本举国上下从明治天皇开始"剐肉"以助海军。1893年仁礼景范海相会同枢密顾问官桦山资纪向议会提出的建造铁甲舰两艘，巡洋舰、轻型巡洋舰各一艘，建造费共1955万日元被议会否决。但2月10日明治天皇发布《建舰诏敕》，内容为：6年间每年减少内帑30万日元（20万两白银），文武官员一律减俸一成，以助海军造舰。议会只好再次通过一个6年内拨款1808万日元的预算。国民也是踊跃捐献，终于筹起了建造能够和"定远""镇远"抗衡的军舰的款项。定购了战舰"富士"号、"八岛"号，巡洋舰"明石"号、"宫古"号。

但这几艘军舰并没有赶上参加甲午战争，参加甲午战争的是从1888年开始建造的"四景舰"。

为了对抗7200吨级、装甲厚度30.5厘米、配备两门30.5厘米双联炮的这两艘巨舰，日本海军的对策是不管怎样，首先在大炮上要胜过"定远"号和"镇远"号，起码在数字上要超过去，这就是那个"四景舰"计划。所谓"四景舰"，是以日本4个观光地命名的4艘装甲巡洋舰，即"松岛"号、"严岛"号、"桥立"号和"秋津洲"号。负责设计的法国工程师埃米尔·贝当开始时考虑到日本仅仅拥有4000吨级船坞，从而想以法国的防护巡洋舰为蓝本，建造一种配备多门中口径火炮，增加动力性能的高速巡洋舰，但被满脑子“定远”号、“镇远”号的日本海军拒绝。

贝当没办法，只好在4000吨的船身上把32厘米单联重炮愣塞下去。作为代价的是，削减装甲厚度和动力出力，打个比方说就是给小孩一支大手枪。这门32厘米单联炮只要旋转方向或改变倾角都会使船的重心发生变化，东倒西歪，而开炮的后坐力又会使船偏离行驶方向，就是说基本上只能用来壮壮胆。

能壮胆就行，就这么不由分说地在法国造了“松岛”号和“严岛”号。到第三艘、第四艘的时候，干脆于1888年自己在横须贺海军造船所造了。这种国产化的措施引起了贝当的极大愤怒，在合同还没有满期的情况下回国，不管了。日本人到最后还是把“桥立”号造了出来，到第四艘时还是修改计划，回到贝当开始的设计思想，造成了一艘排水量3150吨，配备4门15.2厘米单联炮、6门12厘米单联炮和8门4.7厘米单联炮，速度达19节的高速巡洋舰。这样，原来计划中的“四景舰”就成了“三景舰”。到1894年“桥立”和“秋津洲”编入现役时，日本海军虽然还没有和北洋水师开打必胜的把握，但自己觉得已经不那么害怕了。

对日本来说，海军的最后准备完成就万事俱备了。

04 东亚现代史从朝鲜开始

有这么一种说法：最可悲的国家是半岛国家，因为他们几乎永远得不到安宁。只要看看巴尔干半岛、阿拉伯半岛和朝鲜半岛的近现代史，就能同意这种说法。

朝鲜半岛，这个位于亚洲东北部，在中国东北部朝着东南方从日本海斜着伸向黄海的南北长达2200华里（1100公里）的地方，100多年来直到现在还继续扮演着“东亚热点”的角色。充满了战争和流血的现代东亚史的原点，就是从这里开始的。

朝鲜和中国、俄国交界，隔着对马海峡和日本的九州相望。由于这个特殊的地理位置，在进入殖民主义帝国主义时代的19世纪以后，朝鲜半岛成为大国角逐的竞技场就是很理所当然的了。

对于大清帝国来说，朝鲜只是一个有时候会来朝朝贡，需要赏赐点什么的属国。出于“中央帝国”的威严和传统，大清并没有在朝鲜半岛寻找过什么经济利益，大清需要的是“拥有属国”这件事本身带来的尊严；对于被困在冰天雪地的北极圈里，做梦都想着温暖的南方乐园的俄国来说，拥有朝鲜则意味着能够拥有可以通往南方的不冻港。对于刚刚明白了统治着这个世界的是丛林准则，完成了明治维新，急着要在这个丛林准则下得到能够存活的一席之地的日本来说呢？用当时日本首相伊藤博文的一句话来说，朝鲜是“一把刺向日本腹部的利剑”。

有人在讨论甲午战争时喜欢着眼于1894年的“东学党之变”，实际上那只不过是中日兵戎相见最表面的直接原因。冰冻三尺，非一日之寒，甲午之战其实势在必行，无可避免。“东学党之变”不是引起甲午战争的原因，只是东亚国际关系发展的必然结果，也是日本官界军界长期以来一直努力经营的结果。

朝鲜自古以来就和日本交流密切。日本的江户年间只要换了将军就会有朝鲜通信使前来庆贺，顺便互通音信。日本的对马藩也是锁国年代的朝鲜除了宗主国大清之外，唯一与之有贸易往来的外国。朝鲜从日本进口的主要是铜器、陶器、明矾、红绢、砂糖、棉花等，日本从朝鲜进口的主要是虎皮、熊皮、豹皮、狗皮等皮货和人参、鱼翅、熊胆、牡丹皮、黄芪等中药材。1876年，日本与朝鲜的全年贸易总额在30万日元，换算成现在的价格大约在3000万美元。

明治政府成立以后，就向朝鲜发出了新政府成立的通知，同时提出了通商贸易的要求，被当时执掌朝鲜大权的大院君拒绝。表面理由是明治政府的国书和江户幕府的国书格式相异，而且明治国书中的“天皇、天朝”等遣词用字属于“僭越”——“皇”和“天朝”只有宗主国的大清才能使用。但这仅仅是表面上的理由，实际上这些字在幕府政权的国书中都用过。真正的理由是，一来还处于锁国状态之中的朝鲜不想把贸易活动扩大到对马藩之外，二来朝鲜对新成立的明治政权抱有本能的怀疑。朝鲜始终没有忘记1592年到1598年丰臣秀吉的侵略给朝鲜半岛带来的巨大灾难，而丰臣秀吉以后的江户幕府在200多年间没有向外进行侵略扩张，现在这个和平的江户幕府被推翻了，朝鲜朝廷怀疑推翻了幕府的明治政权是很正常的，而更加不幸的是，以后的事态发展表明朝鲜朝廷的怀疑是正确的。

国书被拒绝这件事在日本引起了一次“征朝论”的大争吵，虽然主张征朝的西乡隆盛、板垣退助等急先锋在大久保利通等人的反对下下野，征朝没有付诸实践，但这次争吵后来居然发展成了一场叫作“西南战争”的大规模内战。可见朝鲜半岛对日本的诱惑力有多大。

1875年9月发生的“江华岛事件”，是整个东亚国家关系史上一个非常重要的事件。

江华岛位于朝鲜半岛汉江出海口，是朝鲜半岛第五大岛。由于其重要的战略位置，近150年来一直就是紧张的焦点。1866年，大院君禁止天主教在朝鲜传教，法国人出动了800多兵力进攻江华岛，在付出了40人以上的伤亡以后，不得不悻悻退走，这就是所谓“丙寅洋扰”。1871年，以“科罗拉多”号为首的5艘美国军舰为了4年前美国武装商船“谢尔曼将军”号被击沉事件进攻了江华岛，在占领了一个月以后主动撤兵。这是所谓“辛未洋扰”事件。

一个小国，居然能够两次击败西洋列强，拒绝本来要强加在他们身上的不平等条约，实在是很了不起的。然而，这两次侵略最后都是仅以“洋扰”而结束，其根本原因在于无论法国还是美国都没有真正准备入侵朝鲜半岛，因为在朝鲜半岛的前面有着更加美味可口的中国大陆和中国大陆市场。

日本就不同了。在19世纪可能朝鲜半岛的经济价值确实不大。但就像那份真伪不明的《田中奏折》所说“欲征服支那，必先征服满蒙，欲征服满蒙，必先征服朝鲜”，日本要想前往可口的中国大陆，就必须先通过那不怎么可口的朝鲜。

朝鲜，是日本走向世界的第一块跳板。

但是当时的大清没有看清这一点。

9月20日，由舰长井上良馨少佐指挥的日本军舰“云扬”号在去往中国海城牛庄的路上途经江华岛。井上良馨乘坐的小艇以要求饮用水补给为由靠近了江华岛，受到江华岛上朝鲜炮台炮击。小艇立即归舰，“云扬”号上的舰炮对江华岛炮台进行了报复性还击，舰上的陆战队也登陆，放火烧掉了朝鲜军三座炮台。这就是所谓“江华岛事件”。

事件以后，日本立即派出了以参议开拓长官黑田清隆陆军中将和大藏大辅（相当于财政部副部长）井上馨为首的代表团乘军舰到朝鲜兴师问罪。经过大兵压境的谈判，日本和朝鲜在1876年2月26日签订了《朝日修好条规》，通称《江华岛条约》。《江华岛条约》是朝鲜历史上第一个不平等条约，也是整个现代东亚史的起点，它正式标志着朝鲜已经无法继续闭关锁国，而要成为大国角逐的舞台。根据条约，日本在朝鲜得到了类似于“租界”似的居留地，日本产品在朝鲜享受了免征关税的待遇。

《江华岛条约》的要害在于其第一款：“朝鲜国自主之邦，保有与日本国平等之权。”这个条款在现在看来貌似公平，很符合“国家不分大小一律平等”国际准则，但在当时可不能这样解释。朝鲜是大清的属国，日本要动朝鲜的脑筋首先遇到的就是和大清的关系问题。1876年的日本，还没有完成和大清进行一场战争的准备，它只能想法子在大清和朝鲜之间打进一个楔子，做好法理上的准备以迎接和大清的直接摊牌。这就是日本向大清发难的第一步。

朝鲜将这件事知会了清廷，日本新任驻华公使森有礼甚至直接向总理衙门提出了“派员和中国官宪前往朝鲜”的试探，但被总理衙门以“向无此规矩”为由拒绝。大清朝廷，或者说李鸿章本人并不愿意过多地插手这件事。这倒不是大清已经山穷水尽顾不了属国了，大清虽然输了鸦片战争，向英国割让了香港，又经过“长毛之乱”，元气大伤，可以说是“千疮百孔”，但在外表上还是挺光鲜的，起码在东亚这一块，还没有人敢来起哄架秧子。

李鸿章只求自保，不想多事。既想当宗主国，又不想看到日朝之间爆发战争，因为李鸿章还记得丰臣秀吉侵略朝鲜，最后使得中日两国政权下岗交班的历史。所以他主张“当由朝鲜自行主持”，实际上是想通过和平谈判解决问题，避免事态的进一步恶化。

《江华岛条约》签订后的1877年和1880年，日本在元山、釜山建立了“特别居留地”。这些居留地内的土地只准日本人租借，居留地内的行政权力由日本政府代表掌握，适用日本法律，警察权也由日本人掌握。这些“特别居留地”几乎就是日本领土的延长，朝鲜主权的被侵犯，尤在中国的“租界”之上。进入这种“特别居留区”的是以三菱会社和大仓组为首的各大小财阀，他们利用免交关税的特权，进口英国毛织物、火柴，套取朝鲜通货进行投机，给朝鲜经济造成了毁灭性的打击。日本商人在朝鲜半岛囤积粮食，并将其运回日本国内以解决食粮不足问题，使得朝鲜半岛的米麦价格上涨了两到三倍，在不少地方造成了饥荒。

日本人在朝鲜从事的不仅仅是经济上的掠夺，还提出了租借釜山港口的绝影岛以供军用的要求。

05 半岛上的中日角逐

日本在朝鲜的所作所为很自然地刺激了朝鲜人的反日情绪，反日情绪日益高涨，朝鲜儒生们一直鼓吹的“卫正斥邪论”也就更加广为传播。朝鲜国王高宗李载晃的生父、正被外戚闵氏夺取了权力的大院君李是应正好利用了这种形势，交通儒生，又联络了被逐渐冷淡的军管，于1882年7月23日发动政变，赶走了闵妃，重掌了政权。政变军队杀了堀本礼造少尉等7名日本军事教官，并且进攻汉城（今首尔）的日本公使馆，日本公使花房义质逃往现在叫作仁川的济物浦，由英国军舰好不容易救走。是为“壬午兵变”。

收到花房义质公使报告的日本政府反应非常迅速，7月30日立即向朝鲜派遣了高岛鞆之助陆军少将率领的步兵第十一联队的一个大队和海军陆战队共2000人的大军，以及仁礼景范海军少将指挥下的4艘军舰，护送着花房公使又回来了。

8月1日，陆军卿代理山县有朋又下令动员东京和熊本的两个镇台，在熊本编成混成旅团，同时动员了运兵船，准备随时增援。

苦主上了门，大院君该着急了吧？不，他没着急，因为李鸿章也派吴长庆带了3000人在3艘军舰的护卫下到了汉城，和日军对峙上了。

此后的处理让花房公使措手不及。当时的外务卿井上馨有点顾忌列强干涉，主张先谈判，谈判破裂后再开打。可是谈判已经没对手了，吴长庆按李鸿章的意思，把大院君装上军舰送到天津关了禁闭，一关就是三年，连他儿子朝鲜国王高宗亲自求情也没用。这边闵氏家族重掌朝政，朝鲜看起来还是控制在大清手里。

有关善后的谈判，在大清没有派人参加的情况下在济物浦进行。日本提出，割让对马海峡的战略要地巨济岛和日本海的郁陵岛，这一要求在朝鲜朝廷大势已被大清掌握，而且美国也派出军舰调停的形势下没有实现。朝鲜虽然付了55万日元的赔偿金，但最终还是留下了一个致命的隐患：承认了日军在汉城的驻兵权。

为了与之抗衡，李鸿章把长驻朝鲜的兵力增加到了3000人以压制护卫日本公使馆的1000名日本陆军，1882年和朝鲜签订了《中朝商民水陆贸易章程》，再次确认朝鲜是大清属国，并派马建忠和德国顾问穆麟德赴朝掌握通商、外交和关税，提供武器以将朝鲜军队改编为大清式的新军。

日本人从这次壬午兵变得到的教训是，他们在朝鲜问题上无法绕过朝鲜的宗主国大清，任何对朝鲜的非分之想，只有在下定和大清进行一场全面战争的决心以后才能实现。然而在壬午兵变的当时，他们自忖还没有这个能力，还没有下定决心。

但是这个能力对比会发生变化。19世纪的后半叶，是中华大地灾难深重的年代。壬午兵变的第二年（1883年），法国出兵中国的另一个属国越南，并且同时攻击了云南，法国海军还攻击了福建、台湾、浙江，控制了台湾海峡，占领了澎湖。

日本人把这场清法战争看成天降良机，日本政界全体一致，八仙过海地想在朝鲜策动政变。参议伊藤博文指挥《汉城旬报》主笔井上角五郎和朝鲜独立党的金玉均、朴泳孝联系，具体策划政变，并通过驻朝鲜公使竹添进一郎，把朝鲜在壬午兵变后付出的55万日元赔偿金中的40万元交还给主张朝鲜独立的独立党人，作为政变资金。

1884年12月4日晚，金玉均、朴泳孝等朝鲜独立党人发动了政变，是为“甲申政变”。

那天，朝鲜国王高宗李载晃在王宫举行宴会庆祝汉城邮政局成立，朝野名士、外国公使武官群集一堂。来客中突然出现了20来个刺客，在金玉均“请安静，请安静”的命令声中，将国王的亲信重臣一一杀死。这时200余名全副武装的日本军人突然开进了王宫。

在场的日本公使竹添进一郎站起来大声宣布：“为了防止不测事件，应朝鲜国王的要求，日本派兵保护朝鲜国王的人身安全。”再来个“此地无银三百两”：“这次事件是因为独立党和事大党的矛盾激化而起，日本和这次事件没有任何关系，日本军队仅仅是应国王的要求而进入王宫。”其实政变22天前的11月12日，在竹添发给井上馨外务卿的电报中就很清楚地表示：“为了打破在朝鲜清国的优势地位，煽动亲日派的独立党发动内乱。”

政变以后，立即成立了以国王亲戚李载元为首相，朴泳孝为副首相，金玉均为大藏大臣的新内阁。这个新内阁办事效率还挺高，立即就开了会，宣布了朝鲜独立。

实际上还没有一个晚上——到半夜里，独立党人和日本人正在一起庆祝“独立”的时候，李载晃就瞅空溜走找袁世凯去了。正当竹添公使发现没了正主惊叫“完蛋了”的时候，袁世凯在下令：“全体出动，进攻王宫，把日本人赶出去。”

袁世凯亲自带领五百精兵攻打王宫，同时清军还进攻了日本公使馆，把公使馆给烧了，但还是放了日本公使和日本守备队。袁世凯在没有李鸿章的指示以前，也不敢随意扩大事态。

“甲申政变”完全失败，金玉均随竹添公使从济物浦一起逃往日本。而井上馨在接到“政变完全失败，国王落在清军手中，清军已经完全控制汉城”的报告后，立即上报了大政大臣三条实美，召开了有山县有朋内政卿、大山岩陆军卿、川村纯义海军卿和伊藤博文参议参加的联席会议，紧急协商对策。结果是由井上馨作为全权大使带领由陆军中将高岛鞆之助和海军中将桦山资纪两名副使率领的两千人马至朝鲜兴师问罪。

日本政府的方针是“谈判的对手是朝鲜而不是大清”。原因之一是，除了袁世凯原来就有驻朝鲜的三千人马以外，事发以后李鸿章又增派吴大澂带领陆海军五千前往汉城增援，而日本人还没有做好全面战争的准备；之二就是日本政府从《江华岛条约》以后就一直在制造“朝鲜是独立国家”这样一个既成事实。

日朝双方在“日本为什么出兵王宫”这件事上扯了一个星期的皮以后，以朝鲜方面部分屈服的形式签订了《汉城条约》，内容是朝鲜向日本支付赔款，并承担日本公使馆被焚的责任，出钱重修日本领事馆。

1885年2月24日，伊藤博文与同为参议的西乡从道赴天津和李鸿章谈判善后。经过13天6次谈判，双方签订了《天津条约》。条约承认日本拥有出兵朝鲜的权力。李鸿章当时的想法是日本出兵汉城需要三天，而清军到汉城只需一天半，所以即使日军出兵朝鲜，清军也能占先机。但是占了先机以后怎么办，李鸿章好像没有考虑过。

李鸿章的考虑是：大清是亚洲第一大国，维新只有20年不到的小国日本，不可能有和大国大清开战的想法。但是出乎李鸿章意料的是，伊藤博文胸有成竹地在找机会要和大清开战。

因为在这不到20年的时间里，日本在海军建设上确实花了不少力气，而日本陆军早就做好了和大清作战的准备。

1882年，壬午兵变刚刚结束的8月15日，陆军长老山县有朋大将就提出了一份意见书。山县在这份意见书中提出“欧洲各国与我相距甚远，无关痛痒”，日本应该想定的敌国是“直接附近”的大清，如果不立即扩充准备与大清开战的军备，则“帝国与谁语维持独立，又与谁言富强”。在这份意见书中，山县提出了陆军的作战目标应该改为在大陆进行平野运动战，将陆军现行军制由面向防守的镇台制改为面向进攻的师团制。山县的建议得到了内阁和军部的赞成，1888年，已有的东京、仙台、名古屋、大阪、广岛、熊本六个镇台分别改组成第一到第六师团，在组织上做好了和大清作战的准备。

在这段组织准备的时间内，日本军部保持了低姿态，这就是在壬午兵变和甲申政变时，日本始终没有采取激进行动，避免和清军开战的原因。正是这种低姿态，使李鸿章和袁世凯放松了对日本应有的警惕，误认为日本只是个“蕞尔小国”，对大清构不成威胁。

这份意见书所阐述的意见，其实是山县在代表陆军参谋本部递交从1887年开始由参谋本部次长川上操六少将主持，参谋本部第二局局长小川又次大佐制订的《征清大作战构想》。这个构想的制订花了四年，到最后编成了甲乙两套方案，乙方案是对付俄国人的，甲方案是对付大清国的。

甲方案中想定第一阶段派第五师团出兵朝鲜，牵制清军。然后看甲乙丙三种情况来继续用兵以进行第二阶段。所谓甲乙丙三种情况就是指日本联合舰队取得黄海、渤海制海权，和联合舰队不能取得黄海、渤海的制海权，但北洋水师也不能取得，以及北洋水师取得黄海、渤海制海权这三种情况。

第一种情况，日军在直隶附近平原地带和清军决战，第二种情况日军力争确保朝鲜，第三种情况则在援助第五师团的同时完成本土防御。

这个作战计划就是陆军制订的，所以陆军当然早就作好了准备，现在海军得到了三景舰，海军的准备也已经完成，大家就等着找机会和大清开战了。

机会总算来了，1894年初开始的“东学党之变”给日本人提供了绝好的机会。

“东学党之变”在今天的韩国和朝鲜被称作“甲午农民战争”。开年2月份，全罗道就发生了反抗郡守赵秉甲的暴动，首领叫全琫准，是个东学党人。

如何应付起义军成了朝鲜政府最大的难题，当时政府已经没有镇压起义军的能力了，可能的选择就是和起义军谈判或者向清廷借兵镇压。

从东学党动乱一开始，日本就一直密切注视着事态的发展，因为北洋水师的“平远”号帮朝鲜运过兵，所以日本人知道大清不会置身事外，所不知道的只是清廷的出兵兵力和时机。驻朝公使馆临时代理公使、书记官杉村濬在得知朝鲜国王决定向大清借兵以后，还特地派了书记生郑永邦去袁世凯处向其转达“我政府必无他意”的口讯。

可是，清军一开始行动，日本人就变脸了。

日本驻北京临时代理公使小村寿太郎照会总理衙门，声明根据《天津条约》，“因朝鲜国现有变乱重大事件，我国派兵为要，政府拟派一队兵”。这时袁世凯也致电李鸿章表示从杉村濬那儿得来的消息是，日本政府派兵的目的只是“调护使馆，无他意”。

李鸿章和袁世凯都自以为能自圆其说，并没有多想，但后来当他们得知日本派兵的数量时吓了一跳。日本派出来的绝不是“调护使馆”的数百人，而是一个混成旅团，7000人！

这一下袁世凯傻了，李鸿章呆了。

自“金玉均事件”以后就以“休假”的名义一直在日本国内的驻朝公使大鸟圭介，就是在大本营成立的6月5日乘坐“八重山”舰，在200名海军陆战队员护送下前往朝鲜归任的。与此同时，日本海军的5艘军舰也慢慢从釜山开往仁川。同一天，第九旅团旅团长大岛义昌少将也率领刚刚由第五师团编成的第一混成旅团先头部队，在海军舰艇的护卫下从广岛宇品港出发。

9日，“八重山”号到达仁川港。在此之前日本常备舰队司令海军中将伊东祐亨率“松岛”“千代田”“高雄”三舰从福建马祖岛急驶釜山，然后直行仁川。整个混成旅团8000人在仁川登陆完毕是6月27日，这时日军在汉城方面已经全部展开，随时可以投入战斗。

这样一来，朝鲜政府和李鸿章、袁世凯们都傻了。一开始就没想到日本会派兵，而且会派重兵，到此时李鸿章居然还没有认真地想过日本是不是有向中国开战的可能。李鸿章能想到的，仅仅是日本出兵朝鲜妨碍了他进一步直接控制朝鲜，在日本大军登陆的时候还在做着中日联合撤军的美梦。

其实发了傻的还有大鸟圭介：东学党动乱居然平息了。

原来朝鲜朝廷上下和东学党一看日清两国大兵压阵，一副要在朝鲜国土上开战的架势，阶级矛盾立即就让位于民族矛盾。政府和东学党谈判成功，签订了《全州和约》，东学党义军退出了全州，动乱结束了。

东学党动乱既已平息，外国军队就没有任何继续在朝鲜半岛上羁留的理由。如果李鸿章、袁世凯能够看到这一点，主动从朝鲜单方面撤军的话，这是全身而退的最后一个机会。并不是说日本会因清廷撤军而打消其对朝鲜进而对大陆的侵略野心，而是因为当时的日本确实只是一个小国，想干什么坏事也必须找一个冠冕堂皇的借口，如果大清撤兵，则日本由于其外交上的孤立，只能撤出朝鲜等待以后的机会。所以大鸟当时的全副精力就是防止大清从朝鲜撤军，为了把水搅浑，大鸟干脆提出了“清日共同促进朝鲜内政改革”这么一个明知道大清根本没有可能接受的提案来争取时间。

话说回来，就算是李鸿章当时撤了兵也没有什么用处，大清不会励志图强，而日本却在图谋崛起，再过几年日本照样找得到机会，大清也照样败。

6月22日，日本政府发出“第一次绝交书”，强硬地表示：“设与贵政府所见相违，我断不能撤现驻朝鲜之兵。”李鸿章想双方同时撤军的幻想就此破灭。然而，他并没有进行决一死战的军事准备，而是幻想依靠列强调停来使日本打消染指朝鲜的阴谋。

对于李鸿章的幻想，日本的回复是，第一混成旅团的第二批部队6月27日在仁川登陆。7月14日，刚刚从临时公使升格为日本驻清公使的小村寿太郎向总理衙门送达了日本政府的“第二次绝交书”，不肯撤军，反而倒打一耙，把开战的责任推给中国。

1894年7月19日，根据军令部官房主事（相当于办公室主任）山本权兵卫大佐提出的方案，由已经改名为“西海舰队”的警备舰队和常备舰队组成“联合舰队”。这是日本海军第一次组建联合舰队，伊东祐亨海军中将为首任司令长官，鲛岛员规大佐为首任参谋长。

7月23日，联合舰队从佐世保起锚出发，24日晚到达仁川。

7月23日晚，大鸟圭介公使指挥的混成旅团第一大队袭击了朝鲜王宫，又重新迎回大院君来执掌政权。大院君所发的第一道命令就是，任命大鸟圭介为朝鲜国王的政治顾问。

接下来大院君又于7月25日更迭了内阁，向清廷驻朝鲜公使唐绍仪通告朝鲜单方面废弃与清朝之间存在的所有外交条约，并且要求在牙山驻扎的所有清军和丰岛海面上的北洋水师所有舰只立即撤退。

大院君的身后站着日本公使大鸟圭介，站着日本陆军和海军联合舰队，这是日本帝国在向清朝宣战，当然不是正式的。

战争其实已经开始了。

06 山本权兵卫给大家上了一课

中国人称作“甲午战争”、日本人称作“日清战争”的那场战争，是一场在陆上、海上全面展开的战争，双方投入的地面兵力几乎达90万。

可是在电影《甲午风云》中，几乎看不到地面战斗，自始至终演的是北洋水师，是海战。

日本人描写日清战争时，着重点也是海战。

是不是对陆上战斗太轻视了？是不是不太公平？

不是，只要看看发生在海军省官房主事山本权兵卫大佐和参谋次长川上操六中将之间的一次交锋就知道是什么原因了。

当时能动员的日本陆军总共大约有24万人，而清军陆军则有98万。但日本陆军并不害怕那98万大清陆军，因为一来清军分得太散，不一定能动员得起来；二来清军的军事素养和作战能力确实不敢恭维。

所以川上主持制订的《征清大作战构想》一开始根本就没有考虑海军，开口就是发扬200米内硬功夫，刺刀见红，打到清国的直隶平原，在那里和清军决战什么的。但川上在发表这个构想时，冷不防被山本权兵卫将了一军：“陆军有没有优秀的工兵？”

川上的回答是：“帝国陆军的工兵非常优秀。”

“那好，现在开始就赶快在九州到釜山之间架一座桥起来，要不然陆军过不了海。”

陆军这才注意到他们的作战计划里有根本性的缺陷：没有考虑制海权。

山本说了下去：“征清作战是渡海作战，没有海军的护送，陆军无法登陆。在海军夺得黄海的控制权以前，运兵运粮的所有船只都在北洋水师威胁下，一旦北洋水师切断陆军的兵员、军火、粮草补给线，不管在朝鲜登陆了多少人，也不管这些人如何善战，就只会有失败这个唯一的结果。”

山本继续说：“所以这次作战，海军最大和最终的任务就只是自主行动，夺得并且确保制海权。其余的陆军部队运输以及护航活动，都不能对海军的自主夺得制海权行动构成障碍。”

川上和在场的大山岩都还是第一次听到这种“海权第一”的论调，但是川上对于这种直截了当地反对自己的意见并不以为忤，听了进去。

山本只是一个海军大佐，而川上是陆军中将。那时可不是后来大将论箩筐装的时候，全部日本陆军就只有三位大将：陆相大山岩，参谋总长小松宫彰仁亲王和山县有朋。山县有朋当时是枢密院议长，小松宫是皇族摆设，这就是说整个陆军，川上是老二。山本的发问，应该说是有点犯上的。

当然有一点很重要，川上操六也是萨摩藩出身。原来和山本权兵卫在鹿儿岛的健儿社是前后辈关系，要不然陆军老二也不一定会听得进一个海军省主事的讽刺。

这样在那个《征清大作战构想》中，才出现了根据制海权的变化而采取不同行动的方案。

这是后来被称为“日本海军之父”的山本权兵卫首露峥嵘。

开战时只是一介大佐官房主事、并没有参加具体的战争策划和战争指挥的山本权兵卫就这样以简洁的比喻给陆军们上了一堂海权课。随着战争的进一步进行，山本权兵卫又在大本营移向海外和三国干涉上表现出了过人的预见力，从而被人重视。

和当时大多数日本海军军官一样，山本权兵卫是鹿儿岛人，萨摩藩的。11岁时就参加了英萨战争，在弁天炮台帮着搬炮弹，一起搬炮弹的还有后来的元帅海军大将东乡平八郎，炮手不是别人，就是现在的陆军大臣大山岩，英国舰队旗舰“尤里亚勒斯”的舰长和副舰长就是被这个炮台送去见上帝的。

山本权兵卫是海军兵学校第二期的，在海兵的时候是最让教官头疼的学生之一。最早几期海兵学生中和英国人打过仗的不少，除了对过去兵戎相见的敌人的本能抗拒外，还有就是“老子来自战场”的自负，根本就没有把那些没有实战经验的大鼻子教官放在眼里，成天喝醉了酒打群架，火来了连英国教官都敢打。

道格拉斯少校“做个绅士”的谆谆教诲对这帮近似于地痞流氓的学生没有任何用处，到后来只能采取最原始的“开除”方法。仅在1872年一年中，被开除的学生就有158名之多，山本权兵卫是第二期中顽劣之首，但不知怎的却逃脱了被开除的命运。

山本权兵卫的胡闹，还不仅限于酗酒打架。一次，和别的士官们一起到品川的娼馆里去喝花酒时，看上了一个雏妓。当天晚上，山本少尉就找了几个人做帮手，在妓院后墙上架上梯子把那个雏妓从妓院里偷了出来，后来妓院找上门来，山本的一帮狐朋狗友帮他凑份子，算是帮那雏妓赎了身，那个雏妓就是后来的山本权兵卫夫人津泽登喜子。这件事不知真假，但有一点可以肯定的是，没有人知道山本夫人的出身，所有山本权兵卫的传记里都没有讲过山本权兵卫夫人的家庭出身，看起来这件事像是真的。

山本权兵卫在进入海军中央担任海军省官房主事以后，不像别人那样经常在舰队和中央衙门之间来来去去，而是一直在海军中央，步步高升，几乎是日本海军中仅有的没有担任过舰队司令的海军大将。这种奇怪的经历，和海军大臣西乡从道的知遇有很大关系。

西乡从道是明治维新的大功臣，西南战争的大反叛西乡隆盛的亲弟弟。西乡是陆军出身，到海军来做大臣，自是不懂，但气人的是先后当过三次海军大臣的西乡从来也没有打算去弄懂过。那帮自以为是的水兵很不服，看他不起，帮西乡大臣起了个绰号叫“原来如此大臣”，因为西乡从道不懂海军，听人给他介绍情况时常常会作恍然大悟状：“原来如此。”

西乡第三次当海军大臣的时候，山本权兵卫已经当了一年官房主事了。西乡让主事帮他弄一份海军情况概要来，山本给了他一份，过几天去问看了没有，西乡回答说已经看完了。这一下主事大佐爆发了：“不可能，准备这份资料花了7个月，大臣怎么能5天就看完了？你根本就没有看。”

西乡大臣笑了：“你还挺聪明，我确实没看。”

山本怒不可遏：“身为大臣，怎么可以如此不负责任，对部下的心血不屑一顾？”

西乡招了招手，让山本站得更靠近些，然后压低了嗓门说：“我是陆军出身，反正看不懂，何苦要看它？我是长官，不需要看的，有你们看就行了。我就是帮你们去要钱，去要权的，这样不好吗？”

这回是山本大佐高呼“原来如此”了。从此山本跟定了西乡，西乡指向哪儿，山本就肯定打向哪儿。

日俄战争前，已经是海军大臣的山本为了议会不肯通过“三笠”号等战舰的拨款而烦恼不已，去向当时是内务大臣的西乡从道请教方策，西乡给他出的主意是：“甭管哪的钱，先花了不就行了？”

山本吓得张口结舌：“那叫挪用预算，违反宪法，议会知道了能饶得了我？”

西乡笑了：“饶不了那咱们就和文部大臣桦山资纪三人一起，到皇居外面的二重桥上去切腹自杀谢罪不就行了？三条大臣的命总抵得上一条‘三笠’船吧？现在要的不就是船吗？有了船了还要命干吗？”

山本想想也是那么回事，但最后议会还是同意拨了款，西乡和山本也就免了切腹之灾。

西乡从道就是这么一个敢赌的人。这次采取的还是甩手大掌柜的方法，和大清开战，日本陆军有获胜把握，但对于日本海军来说就是纯粹的赌博。制海权说来简单，不把对手舰队消灭了，制海权从何而来？当时的日本海军刚刚有几艘蒸汽铁甲舰，能开出海就不容易了，更不用说排成队形打仗了。

这个阵形的排列就是一个大问题。

大清舰队和日本舰队之间的海战，是一次蒸汽舰队之间的大规模决战，没有前例可循。在此之前的大规模舰队决战都是在帆船舰队之间进行，大家抢占上风头，或者用大炮把敌舰轰沉，或者利用风势加速，用冲角将敌舰撞沉。但是蒸汽舰队间的对战应该采取什么阵形，没有人知道。

日本的这支菜鸟海军就更加不知道了，在纸上研究了半天也没有结果，于是干脆就到现场去试试看排个什么阵形更加合适。

海军阵势和陆军不一样，需要舰长的真实水平。据说培养一个合格的巡洋舰舰长需要三十年时间，而日本海军当时从无到有也不过才三十年左右，就是说连合格的舰长都没有，所以“排更加合适的阵势”这个问题就成了“排更加容易保持的阵势”这个问题。海军大学校校长坪井航三想出了一个主意：让舰长们坐上小汽艇，在濑户内海来回转悠，试验什么阵势才最容易保持。

这样一来才发现，最容易保持的队形是一字纵队。后列的舰只根本什么都没有必要考虑，速度、航向，只要牢牢跟着前面的舰只即可，这就是后来日本联合舰队在黄海海战中采取一字纵队的原因。

但是北洋水师的“定远”号和“镇远”号是日本海军的噩梦。见过两舰的人都会被其威慑力镇住，没有人愿意和它们掐架，军令部长中牟田仓之助也不例外。中牟田的主张是，日本海军还没有能够主动挑战北洋水师从而进行舰队决战的实力，只能防守，不能进攻。此话一出，中牟田就被换了下来，警视总监出身的桦山资纪上位。桦山也是陆军出身，当过海军大臣。他当大臣时正好是海军的造舰预算被议会以海军内部腐败，政府被长州、萨摩两藩阀把持的理由而否决的时候。桦山火了，跳到讲台上大喊：“开口闭口就是萨长政府，没有这个萨长政府，四千万生灵活个什么劲？！”结果议会解散，内阁辞职。日本军队逼政府下台不是稀罕事，但别忘了开先例的是海军而不是名声在外的陆军，桦山从此就被人称为“蛮勇将军”。

不管是有意还是无意，反正被换下去的中牟田仓之助是佐贺藩出身的，留下来的海军大臣西乡从道、军令部长桦山资纪，加上联合舰队司令长官伊东祐亨全是萨摩藩出身。

但是如果说日本海军完全是在进行一场听天由命的赌博，那也不完全是事实，日本人做了很全面的准备工作。曾经率领北洋水师的大舰队访问过日本的丁汝昌可能绝对想不到，日本人第一次真正讨论“如何才能击沉‘定远’号”的问题，居然是1891年7月10日在横滨港内“扶桑”号上的军官休息室进行的，而当时“扶桑”号是作为来访的北洋舰队的接待舰而陪伴他们的。

从“扶桑”号的军官休息室里面可以清楚地看见“定远”号和“镇远”号，包括炮长、航海长、鱼雷长在内的三个大尉和三个少尉面对“定远”号和“镇远”号这两艘庞然大物开始了第一次如何击沉“定远”号的真正讨论。

讨论的结果是：击沉“定远”号和“镇远”号是有可能的。

首先考虑了威力最大的鱼雷。但当时鱼雷的行走距离只有300米，不能指望能够那么接近“定远”号和“镇远”号，所以鱼雷被排除了。但当时大家没有想到的是，最后“定远”号还真是倒在了日本的鱼雷艇手里。

不能用鱼雷，就只能用炮了。但是日军火炮的口径不如“定远”号，当时三景舰还没有服役，而且“定远”号、“镇远”号是厚度达30.5厘米的装甲舰，一般来说日本舰队没有机会用炮将其击穿。但是曾经担任过海兵的炮术教官，当时日本海军中克虏伯大炮的专家，德国留学回来的海军省官房主事山本权兵卫大佐有一个构想，就是利用速射炮的数量优势，首发命中，然后像急风暴雨似的攻击，摧毁其上层建筑，杀伤人员，使其丧失作战能力。

这种构想看似简单，其实很困难。因为不仅需要炮打得准，还需要航海和炮术的紧密结合，时时刻刻知道敌舰的准确方位和距离。虽然参加大东沟海战的日本军舰中“吉野”号装备了1888年英国海军才刚刚开发出来的1.5米测距仪，但是一来那时候的测距仪的性能还不太稳定，二来“吉野”号编入现役是1893年9月，舰上的航海士也没有完全掌握，所以联合舰队和北洋舰队一样，都是使用六分仪来进行原教旨式硬测。

使用六分仪测量距离在4000米时的误差是170米，而“定远”号的长度是94.5米，这样在3000米距离上开炮，即使首发不能命中，第一次修正也肯定能够命中。关键在于如何确保测量误差在容许值以内及提高修正的精度。

讨论的结果是，趁北洋的所有主力舰只都在日本，对其进行精确测量。为了防止北洋舰队在作战时为扰乱敌方的测量而有意降低主桅杆高度，日本方面对于北洋舰队舰只所有的注目点高度都在横滨和长崎两地由海军和陆军以及政府的土木部门同时分别进行测量，以便得到最可靠的数据。

07 谁开了第一炮？

1894年7月25日，由坪井航三少将指挥的日本联合舰队第一游击队的“吉野”号、“浪速”号和“秋津洲”号3艘巡洋舰在仁川附近的丰岛近海和北洋水师的巡洋舰“济远”号、“广乙”号以及炮舰“操江”号发生战斗，结果是“广乙”号受伤搁浅，“操江”号被俘，仅“济远”号逃脱。同时北洋水师租用的英国商船“高升”号被“浪速”号击沉，船上1200名大清陆军和14门野炮除被路过的法国军舰救出一些之外，几乎全部葬身海底，北洋水师大败。

怎么会出这种事情？号称亚洲最强的北洋水师，怎么会被人敲了一记闷棍？这场海战过去100多年后的今天，再喋喋不休地去指责日本海军的突然袭击或者是背信弃义其实于事无补，我们应该寻找的是被人敲了一记闷棍的原因，以及为什么被打了闷棍以后就真的闷了。

被日本人敲了一记闷棍的事情是时常发生的，美国人后来在珍珠港也被日本人敲了一记闷棍。其实日本人的“闷棍”都有一个特点：实际上不重，不会置人死地，对方如何反应才是关键。

这记闷棍是不是传说中的无影无踪拳？回答是“不是”。北洋水师左翼总兵兼“镇远”号管带林泰曾已经警告过了。

6月29日，林泰曾指挥“平远”号前往仁川时在海上遇上了“浪速”号。

“浪速”号舰长是东乡平八郎大佐。东乡历经英萨战争、戊辰战争等诸多海战，之后又被明治政府派往英国学习海军军事。在英国一待就是8年，由于被英国政府拒绝进入海军学院而转入商船学校，实习时也是从最下级的水手开始做起。

但英国人也没有欺负日本人，说是商船学校，实际上毕业生的相当一部分人是进入海军服务的，那儿就是在按照海军军官的标准来培养商船船员的。本来大英帝国的商船队和舰队就密不可分，皇家海军存在的目的就只有一个：确保大英帝国商船队的安全，确保通商航道的畅通。为了确保通商海路安全，皇家海军的宗旨就是“见敌必战”，立即开始进攻，没有废话。

日后东乡平八郎的出名就是从当“浪速”号舰长开始的，可是他这个“浪速”号舰长得来很侥幸：1892年，山本权兵卫在西乡大臣的支持下进行了他改革日本海军的第一次行动，整顿海军组织，让那些已经不适应形势的海军军官下岗。山本让下面收集了一个从中将开始的8名将官、89名佐官尉官的名单，去和西乡商量。

西乡有些为难：“这都是从英萨战争以来的功臣，光将官就是现有将官的一半了，都是萨摩的同僚老乡，能下手吗？”

山本权兵卫回答得非常坚决：“有功劳的发给他们勋章就行了，没有一定要保留官职的道理。至于萨摩的同乡关系，现在已经被国会攻击得够厉害了，这些人里面有人连蒸汽军舰都不懂，还是帆船军舰时代的化石。有这些人在海军，海军就不能进步。”

西乡从道支持了山本权兵卫。

山本大佐桌上放着一把短剑，挨个接见名单上的军官，向他们宣布下岗决定。不管是“僭上反乱”的怒吼还是苦苦哀求，山本都毫不为之所动，铁石心肠地完成了日本海军史上第一次“瘦身”行动。

但在一个名字上山本犹豫了，只好去找西乡大臣商量。“这个名字是不是有问题？”山本手指着的名字是吴镇守府参谋长东乡平八郎，“我知道这个人，沉默寡语，不引人注目，他不是海兵毕业的，因为长期在英国，所以在国内没有什么朋友帮他说话，是不是再给他一次机会？”

东乡和西乡都是锻冶屋町的，当然山本也是。西乡拘于身份不能出面，此时正好山本开了口，赶紧就坡下驴：“可以啊，‘浪速’号正好缺舰长，让东乡试试看。”

就这样，在甲午战争的前夕，日本海军不失时机地更新了组织，将一批最合适的军官放到了恰当的位置。再看看十几年后日俄战争时的沙俄舰队，居然还有只会操作帆船军舰的军官，就知道沙俄海军为什么会失败了。

东乡现在就要将从皇家海军那儿学来的“见敌必战”的信条付诸实践了。

东乡从“平远”号悬挂的将旗上认出林泰曾在舰上。那位在东乡对北洋水师反复观察以后认定的“清国海军最有能力、最棘手的将领”绝不会那么好对付，东乡已经有了预感。

东乡发出了同时准备礼炮弹和真炮弹的指令，主炮炮栓打开，炮手隐蔽于护盾之后，听他号令行事，自己在舰桥上举起望远镜观察“平远”号动向。

“到底是林总兵！”东乡发出了一声赞叹。“平远”号甲板上空无一人，林泰曾在舰桥上举着望远镜观察“浪速”号。完全可以推想，林泰曾采取了和东乡一模一样的做法——都是从英国老师那儿学来的。

东乡只好打消了先发制人的念头，下令鸣礼炮，敬礼。军舰在海上见了指挥官军衔比己方高的舰只就要敬礼，北洋水师没有现代军衔，但日本人把大清的总兵划为少将，管带划为大佐。这样林泰曾就是少将，东乡大佐见了林少将，应该先鸣礼炮敬礼。

军舰的敬礼也是有要求的，敬礼的一方先把军舰旗降到半旗位置，交会过后再升回原来位置，回礼一方也是先降旗后升旗，不过不需要将旗降到敬礼一方那么低。

双方就这么剑拔弩张、杀气腾腾地交换着敬礼。

林泰曾从东乡的行动上读出了形势紧迫，向李鸿章建议增派鱼雷艇，放弃仁川改为固守牙山湾。但被李鸿章、丁汝昌否决，反而将在朝鲜半岛的北洋水师舰只悉数撤回旅顺基地，据说是准备舰队总决战。

清军在7月16日制订的计划包括以下6条：

1．驻守小站的卫汝贵部盛字军6000名由海路赴平壤。

2．驻守旅顺的马玉昆毅字军6000名自大东沟登陆后由陆路赴平壤。

3．左宝贵部奉军3500名由陆路赴平壤。

4．丰升阿率盛字练军1500名由陆路赴平壤。

5．牙山之叶志超及聂世成部共3000名在被敌包围以前从海路撤往平壤。

6．北洋水师主力首先掩护陆军的海路输送，然后支援在朝陆军，同时守卫渤海湾口。

两相对比，高低立见。日军作战目的十分明确，为了得到朝鲜，一开始就计划了在中国境内作战。而清军的作战计划，除了军队的调动之外，看不出什么作战意图。任务仅仅是保卫朝鲜的清军，打从一开始就根本没有想过要将战火引向日本本土，在北洋水师的使用上，除了护航之外，也根本看不出一点“制海权”的概念。

即便是这个计划也执行不下去，牙山守将叶志超称陆路海路均不安全，拒绝移动，反而要求进一步增援。撤兵路上有危险，增兵路上就安全了？但这种逻辑在李鸿章那儿居然也通过了，这就是一开始增兵的由来。由“济远”号、“广乙”号和“威远”号护送英国商船“爱仁”号、“飞鲸”号到牙山以后，“威远”号先行返航威海卫，“济远”号、“广乙”号则去迎接最后一艘运兵船“高升”号。

其实坪井航三在7月23日从佐世保基地出发时就已经从桦山资纪军令

部长处接到指令："25日以后遇见清军舰只可发动先制攻击。"而桦山资纪的这个指令可没有自作主张，是经过伊藤博文首相和陆奥宗光外相许可的，因为日本在7月19日向清朝政府提出的最后通牒中有"清军在朝鲜的一切增援活动均视为对日本的威胁"字样，最后通牒的回答期限是7月24日。

而李鸿章似乎没有把这句话看成问题，继续向朝鲜增兵。增兵当然不是问题，但在随时可能开战的情况下只派出"济远"号、"广乙"号和"操江"号这样的阵容，不能不让人得出李鸿章从来就没有认真地想过中日会在朝鲜开战的结论。

而坪井这边呢？首先，25日以后他就可以先予攻击；其次，在这片水域看到北洋军舰也让他吓了一跳，因为他知道北洋水师已经撤出了朝鲜海域，而"济远"号在此出现说明北洋水师又回来了。在这个紧张关头，小舰"济远"号没有单独出现的道理，"定远"号、"镇远"号一定就在附近，他们这次来的任务是来接回"八重山"号的，很可能附近海域的日本军舰已经被北洋水师打扫干净了。

但是李鸿章比坪井航三想象的要善良得多。

丰岛海战双方的力量对比是这样的：

日方的3艘舰船——

巡洋舰"吉野"号，排水量4216吨，速度22.5节，25厘米和12 厘米速射炮，1892年10月下水。

巡洋舰"浪速"号，排水量3709吨，速度18节，26厘米和15厘米速射炮，1885年3月下水。

巡洋舰"秋津洲"号，排水量3150吨，速度19节，25厘米和12 厘米速射炮，1892年7月下水。

北洋水师的3艘舰船——

巡洋舰"济远"号，排水量2300吨，速度15节，21厘米和15厘米炮，1883年下水。

巡洋舰"广乙"号，排水量1000吨，速度17节，12厘米炮，1890年下水。

炮舰“操江”号，排水量950吨，速度9节，1869年下水。

对比一下就能推知这场海战的结果。

实际上，在海战开始后不到5分钟，“济远”号管带方伯谦就掉头向西逃跑了。在“吉野”号追击“济远”号的时候，排水量只有1000吨的“广乙”号却向“浪速”号和“秋津洲”号冲上去，想用冲角撞掉“秋津洲”号，离“秋津洲”号最近的时候距离只有300米。

但在“浪速”号和“秋津洲”号两艘巡洋舰的炮击下，“广乙”号舰首部发生大爆炸，失去战斗能力，只能退出战斗，向浅滩撤退，最后搁浅。

速度比“济远”号高出7节多的“吉野”并没有追上“济远”号。一开始是被烟雾遮住了视线。驶出了烟雾区后，3艘日本军舰会合起来一起追“济远”号的时候，“济远”号却降下了军舰旗做出准备投降的姿态，在日本军舰拿不定主意时，“济远”号又开始继续向西逃跑。

这时西方出现的两条煤烟吸引了第一游击队的注意力，那是英国商船“高升”号和护送的炮舰“操江”号。

“济远”号乘机再逃，同时向“操江”号发出了“快逃”的信号。

“高升”号和“操江”号没有逃成，速度太慢。“操江”号向“秋津洲”投降，被“秋津洲”号押往群山的联合舰队本队，“吉野”号又开始追“济远”，“高升”号就交给了“浪速”号。

东乡平八郎在查明“高升”号是英国船籍，被北洋水师租用，上面有1200名军人和14门炮以后，命令“高升”号听从命令。但船上的清军拒绝投降，要求返航大沽。在谈判4个多小时没有结果以后，东乡挂起了“急速离舰，现在开始攻击”的信号B旗（红色信号旗）。读得懂信号旗的船员纷纷开始跳海，东乡随即向“高升”号发射鱼雷和开炮。鱼雷在中途浮起未能击中目标，而炮弹击中“高升”号机舱。14时“高升”号沉没。

除了英国籍船长、大副和另一名英国船员以外，东乡平八郎没有采取任何救人的措施。一直到第二天，路过的法国军舰才救起了200余名在海上漂流的北洋水师官兵。

仅仅从规模来看，这次海战规模不算大，但是对中日两国都是无法忘记的一次海战。

如果说在丰岛海战之前日本海军还是个战战兢兢的赌徒的话，丰岛海战就像给他们打了一针鸡血，让他们兴奋起来了。这场海战把“亚洲第一海军”的画皮给无情地剥了下来，告诉日本人，北洋水师其实是纸老虎。因为如此大意糊涂的运兵计划就是在告诉日本人：北洋水师是用来检阅或者吓唬人的，掌握北洋水师的人其实没有将北洋水师用于实战的想法。这个推理是很简单的，北洋水师从“济远”号以后已经有10年没有添置新舰了，除了舰龄已经13年的“定远”号和“镇远”号还能和日本海军对抗之外，在那个军舰和大炮技术日新月异的年代，其余舰只已经不是日本海军舰只的对手了。

在这种情况下，往随时都会打起来的朝鲜前线增派援兵，居然不是北洋水师全军出动，李鸿章、丁汝昌究竟在作何之想？

丰岛海战留下了英国商船“高升”号被击沉这个问题。日本政府是7月28日才知道这件事的，一开始伊藤博文和陆奥宗光很慌乱，生怕英国人趁机干涉。陆奥外相当天就召见了英国驻日代理公使瓦吉特，声称日本政府正在调查，“如果‘浪速’号的行为有失公正，日本政府将作出相当数额的赔偿”。而英国政府也在8月3日向日本驻英公使青木周藏发出照会说：“有关‘高升’号被击沉一事，日本政府应该做好负全部责任的准备。”

但是在上海举行英国海军海事审判时，英国远东舰队司令斐里曼特尔却做出了东乡的行为是正当的证言，另外，英国国际法权威、剑桥大学的维斯特雷克教授和牛津大学的霍兰德教授也发表了东乡平八郎没有违反国际法的文章，平息了英国国内当时可以说是汹涌的反日舆论。

斐里曼特尔和霍兰德的论点主要是，船长是船上至尊无上的存在，在船长同意随行以后，清军的反抗就可以被认为是一种绑架船舶的海盗行为，因此东乡炮击“高升”号只是对海盗行径的反应，和“高升”号的国籍无关。

这种论点是不是有道理是一回事，应该指出的是，英国舆论其实是伴随着这场海战的经过为人所知而变化的。上帝只救那些自救的人，北洋水师在丰岛海战战前、战中和战后的表现，使英国人得出了这场战争胜者必然是日本人的结论，而大英帝国是不会去支持已经注定会失败的一方的。因此英国才从一开始的略微偏袒大清的中立，转到了偏袒日本的立场。

丰岛海战，到底是谁先开了第一炮，是个一直在扯皮的问题。大清当然指责是日本在正式宣战之前偷袭北洋舰只，挑起了甲午战争。日本大本营发表的则是“济远”号先向“吉野”号开炮。国际舆论基本上同意大清的说法，因为从逻辑上来说，“济远”号开炮的说法很难让人接受。海战和陆战不同，舰只的吨位和火炮的口径在很大程度上就决定了海战的结果，一艘2000吨级的小舰会率先向加起来超过了10000吨的日本舰队开炮？除非“济远”号管带方伯谦是一个很好战的疯子，但实际上方伯谦是一个立即转身逃跑的角色，所以不可能会主动挑战日本舰队。而日本联合舰队在从此以后的所有战争，从日俄战争到太平洋战争中的表现，也都证明了他们一直是赌博出老千的角色。

其实，在日本海军内部的说法也是和军令部发表的言论不同的。

后来当过“扶桑”号舰长的岛内恒太少将当时是“吉野”号的少尉候补生，他的回忆是这样的：“距离3000米的时候，舰内发布了开炮的命令，炮台长让我去舰桥确认一下，刚刚爬上舰桥，就被炮术长吼了一句‘还不快开炮’。”

“浪速”号舰长东乡平八郎的日记是这样记载的：“早晨7时20分，在丰岛近海远远确认了清国军舰‘济远’和‘广乙’以后立即下令战斗，7时55分开战，5分钟以后就只在硝烟之中寻找敌舰的踪迹炮击。此时‘广乙’在我后部，急忙用左舷炮射击，可能因为被击中了，‘广乙’驶向陆地。我开始追击‘济远’，不久‘济远’升起白旗。”

战斗以后，各级主官都要提出“战斗详报”，日本防卫省战史部现在还保存了当时第一游击队司令官坪井航三少将、“吉野”舰长河原要一大佐、“秋津洲”舰长上村彦之丞少佐、“浪速”号舰长东乡平八郎大佐的战斗详报。

坪井是这样说的：“早晨7时52分，大约距离3000米，我舰队先开炮，敌舰也立即应战。”旗舰的河原是这么说的：“零七五二，在三千米距离，我左炮台向‘济远’开炮，这是开战第一弹的猛击，接着向‘广乙’开炮。”“秋津洲”的上村报告了在7时55分用左舷炮开炮，“浪速”号的东乡也报告了在7时56分用左舷炮开炮。

所以，原日本防卫厅防卫研修所战史编纂官、防卫大学教授、著名海军战史家野村实明确指出：“只要检讨这些资料，就只能相信是‘吉野’号在丰岛海战中首先开炮，本来坪井航三司令官就误认为战争已经开始，‘济远’和‘广乙’是前来邀战的清国军舰，是军令部考虑到开战责任而隐藏了‘吉野’号打了第一炮这个事实。”

其实，在丰岛海战过去100多年的今天，继续争论是谁开了第一炮已经毫无意义。不如把研究的重点放到为什么北洋水师不会先开第一炮这个问题上。在明知当时开战已经不可避免的情况下，派小部队为援兵护航，致使1000余步兵和14门大炮损失殆尽，以至于在接下来7月29日5时10分开始的成欢之战中，本来就畏敌如虎的叶志超在3000人对日军第十分旅团3500人的情况下，只两小时就放弃了成欢，接着在14时又丧失牙山。成欢、牙山之战，清军死伤约500人，而日军是82人。

如果给叶志超增加1200名援军和14门炮，当然不能保证叶志超就一定能守住成欢和牙山，然而结果会不会那么一触即溃还是可以想象一下的。

但是现实不会给人想象的空间。

以大打小、以众打寡的丰岛海战，是不是那么完美无缺的大胜利？回答是，非也。3艘几乎全新的大军舰怎么会让一艘舰龄已经10岁的慢速军舰逃走了？这是战斗以后立即受到指责的地方。海军大学校校长、一字纵队战斗队形发明者坪井航三少将受到了激烈的批评。因为这种批评，在以后的大东沟海战时，日本海军将速度上的优势发挥到了淋漓尽致的地步。

日清两国的海军起步时间相差不多，学的都是英国。两国之间还存在着巨大的国力差距，为什么日本就能在20年左右的时间内建设起了强大的海军，“甲午”之时日本海军战胜北洋水师几乎如同摧枯拉朽？

有体制上的大原因，也有治军机制上的小原因。

其实，丰岛海战中为什么是日本舰队而不是北洋水师先开炮，也回答了这个问题——两支舰队的作战战术不一样。

日本海军大将名列元帅府的有这么几位：西乡从道、伊东祐亨、井上良馨、东乡平八郎、有栖川宫威仁亲王、伊集院五郎、东伏见宫依仁亲王、岛村速雄、加藤友三郎、伏见宫博恭王、山本五十六、永野修身和古贺峰一。

除了山本五十六、古贺峰一是战死，三个宫家是皇族之外，其他的还都是挺有点影响的，可能在中国不太有名的就是岛村速雄和伊集院五郎。伊集院以后再说，这个岛村速雄可是个人物，配得上元帅这个称号。

因为如果说在组织上，日本的“海军之父”是山本权兵卫的话，那么在用兵战略战术上，岛村速雄可以说是日本的“海军之父”。

大作家司马辽太郎的《坂上之云》影响很大，但是《坂上之云》给联合舰队参谋长岛村速雄少将的篇幅相当少，这就给读者这么一种印象：甲午战争时联合舰队的先任参谋岛村仅仅是因为其资历当了个参谋长，到底干了些什么却不知道。

其实日本海军的战略战术都打上了岛村的印记，日本海军初期成功的原因在于其战略战术，后来失败的原因还是战略战术——不能跟随时代的变化而修改其战略战术。

岛村在1888年把自己的战略思想用一个动量公式在一篇叫《海军战术一斑》的论文中表示：$f=mv^2$，其中f是海军战斗力，m是战舰的吨位、火炮的口径等硬件指标，而v则是队形、速度、训练、指挥等软件指标。岛村认为，软件比硬件更为重要。

这种看法理所当然地引起了捉襟见肘的穷国日本的注意，海军大臣大山岩（他也当过海军大臣，是不是有点怪怪的？）和次官桦山资纪甚至于1888年6月在静冈县的清水地方特地组织过一次“清水会议”，即召集海军主要将领和参谋本部海军部的参谋来研究讨论这个题目。

会议结束后还专门组织了演习来验证这种理论，并且编成《海战演习教范》和《海军操典》。为了继续深化这种理论，从1888年8月开始，岛村大尉被派去英国考察，仅在英国地中海舰队的“爱丁堡”号巡洋舰上就实习了一年。日本陆海军一直有这种很不错的实习制度，和简单地派人出去留学不同，派出这种已经有丰富实践经验的军官，能够更加看清楚外国军队的优点。

那次和岛村速雄同时被派往国外的，是后来的联合舰队司令长官、海军大将吉松茂太郎。吉松茂太郎去的是法国，岛村和吉松之间一直有书信往来，讨论比较法国海军和英国海军在用兵思想上的不同。后来两人得出了这样的结论，法国海军的主要思想是：

1．破坏敌人的通商航道比消灭敌军舰队更有利，所以法国舰队的目标不是敌军舰队，而是敌国的通商航道。

2．得到敌国的殖民地比消灭敌军舰队更有利，所以法国舰队进攻的目标不是敌军舰队，而是敌国殖民地。

3．不打无确实把握的仗，集中全力维持己方优势地位，寻找敌方弱点。

而英国海军的主要思想是：

1．消灭了敌军舰队就能够控制通商航道。

2．消灭了敌军舰队就能够得到敌国的殖民地。

3．没有必要重视集中己方兵力，因为首先消灭对面的敌人的结果，肯定意味着最终占据优势局面。

结论是日本海军应该学习英国人的用兵思想，因为这是从根本上解决问题的方法。但是日本不具备大英帝国的国力，所以日本必须更加坚持“见敌必战”，说穿了，就是一定要靠突然袭击，打闷棍。这其实是日本海军喜欢赌博出老千的真正由来。

岛村在英国总共待了两年八个月，回国后在海军省军务局第一课编制当时还没有的“战时编制”和“出师准备”的有关条例。

《镇守府条例》《舰队条例》《舰队职员条例》《军舰职员条例》，甚至《海军礼炮条例》都是在岛村手上制定的。

甲午战争进入准备阶段以后，担任海大战术学教官的岛村速雄以少佐军衔担任联合舰队的先任参谋这件事，就说明了日本海军对岛村速雄理论的重视，所以说日本海军的突然袭击没有什么稀奇的，那是一种必然的动作。

反观北洋水师，在拥有了“定远”号和“镇远”号以后，在全部舰长都是英国留学生以后，在英国人帮忙制定了几乎所有操典条例以后，是不是真有人在考虑这些操典条例的作用是非常可疑的。因为大清的这个北洋水师的作用就非常暧昧，朝廷出钱帮李鸿章养私兵，李鸿章根本就没有将其真用于与欧洲国家进行实战的想法，中法战争中海战的结果更加增强了李鸿章的信心。而对于日本，李鸿章从不相信日本敢于开战，乃至到后来惊慌失措，更给了日本海军实现其$f=mv^2$的机会。

大老板如此，北洋水师官兵就更加不会去考虑真实的作战了。和频繁地研究作战的日本海军不同，人们看不到北洋水师有什么作战的理论研究，因此战端一开，北洋水师处处受制于人也是很正常的。

08 啊，大东沟

天皇的宣战诏书是在丰岛海战和成欢、牙山战役之后的1894年8月1日发表的。因为汉城驻有日军混成第七旅团的主力，所以成欢战役以后，叶志超只好绕道朝鲜东海岸走了1000公里退守平壤。此时整个朝鲜南部已经没有了清军，整个朝鲜西海岸也没有了北洋水师的威胁。

派遣第五师团赴朝是在6月12日，但大本营决定向朝鲜实地派遣第五师团剩余部分以援助汉城的大岛部队却是在丰岛海战以后。虽然丰岛海战日军获胜，但还不能称获得制海权，所以第五师团不敢在仁川登陆，只能在釜山和朝鲜东海岸的元山登陆，然后从陆路前往汉城。但当时朝鲜陆路状态的恶劣使部队移动非常困难，因此在8月18日只能冒险采取海路运输的方式，将留在釜山的部队海运到仁川。

因为有两支敌对的大舰队将在这片海面进行决战，所以当时的黄海是全世界瞩目的中心，除了北洋水师和联合舰队的舰只之外，英国、法国、美国、德国和俄国都派了军舰来观战。在其他国家的海军眼里，这段时间中日海军的表现特别奇怪，北洋水师似乎心无旁骛，除了运兵护航之外不干别的，而联合舰队在主动寻找北洋水师决战未果的情况下，也好像安下心来去当护航队了。

由于日本还没掌握制海权，大本营不得不把原定在直隶平原进行陆军决战的作战计划从甲方案改为乙方案，也就是首先确保占领朝鲜。大本营再在日本国内动员第三师团，和已经在朝鲜的第五师团编为第一军，司令官由陆军最年长的山县有朋大将担任，准备进行平壤战役。

联合舰队从8月份开始为第五师团剩余部队的运输护航，准备9月份以后进行直接向仁川运输第一军军部和第三师团的行动，但依然存在的北洋水师始终是一个巨大的威胁。为了解决这个威胁，军令部长桦山资纪在9月初坐军舰“八重山”号亲赴朝鲜督战，6日，到达长直路和联合舰队会合。桦山到达朝鲜后化名为一名参谋官，座舰改为只装了一门炮的商船“西京丸”，以后就一直没有改变过。海军军令部门的第一人亲赴战场督战，这是世界海军史上从未有过的事情，从这一举动上就知道日本大本营和海军对制海权的重视程度了。

有一个词叫“舰队保存主义”，英语为Fleet in Being，统帅北洋水师的李鸿章采取的就是消极的舰队保存主义战略。耗资两千万两白银的北洋水师，是“李氏保安股份有限公司”的主要装备和力量，北洋水师一旦有损，首先是李鸿章作为朝廷“安全承包商”的地位会动摇，而北洋水师健在，不但李鸿章的地位有了保障，而且对日本联合舰队就是一种无言的威胁，只要陆军作战能够遏制住日军的作战势头，依靠欧洲列强的斡旋，李中堂也不是没有可能渡过这次危机。

但问题是，海军舰队和号称“在发射架上的时候最可怕”的导弹核武器不同。光靠刻意保存下来，在客观上对敌人不能构成威胁的舰队并不是什么可怕的力量。实行“Fleet in Being”的国家无不受到教训，第一次世界大战时期的德国和太平洋战争时期的日本都是这样。

但在1894年，对不可能知道几十年以后历史的李鸿章也无法苛求。

清流领袖翁同龢和受其影响极深的光绪帝载湉无法容忍李鸿章的这种舰队保存主义。清流党人对大清和诸外国的政治、经济、军事差距几乎一无所知，他们都是从抽象的孔孟教条出发，得出一个无坚不摧、无敌不胜、很厉害的“大清必胜”的结论。至于如何取胜，那就是“保安公司CEO”李鸿章的事了。

宣战后第二天（8月2日），大本营对联合舰队的命令就是尽快消灭北洋水师，确保制海权。联合舰队也赌了出去，8月10日早上居然到威海卫寻找北洋水师决战，但是扑了个空。当时丁汝昌带了“定远”号以下6艘主力军舰在鸭绿江口行动。

联合舰队的上门寻衅，成了清流派攻击李鸿章、丁汝昌的最好口实。

中日舰队决战，其实是一件很奇怪的事情。这是历史上第一次蒸汽舰队之间的大规模决战，同时也是两支年轻的海军、两支菜鸟舰队的决战。两支海军都只有20年左右的历史，后来的人们说，如果日本海军是一支成熟的海军，绝不会去挑战大清海军，因为几乎没有胜利的可能；而大清海军如果是一支成熟的海军，也绝不会畏惧日本海军的挑战，因为几乎没有失败的可能。

后来被称为“日本海军参谋第一人”的秋山真之，在当时只是排水量1350吨的老式巡洋舰“筑紫”号的一名小少尉。他在8月30日写给友人的信中说："联合舰队的长官全是海战的外行，我们以后一定要把这种愚行纠正过来。"

都有些什么"愚行"呢？秋山具体指出了："在不知清国舰队所在位置的现在，首先应该设想清国舰队也在企图寻找联合舰队决战，而现在的联合舰队四分五裂。大军已经在向平壤行动，我们的'筑紫'舰却被钉在了牙山，被称为知名战舰的'高千穗'号被钉在了汉江，而舰队主力则在更南面的长直路。

"很有可能被正在寻找战机的清国舰队各个击破，即使是'筑紫'号这样的小舰损失，也会极大影响双方的力量对比，联合舰队的长官知不知道他们现在正在干些什么？"

但就是像联合舰队司令长官伊东祐亨中将在战后不无侥幸地说的那样，联合舰队靠的是"天佑"。北洋水师虽然没有主动索敌主力舰队的打算，但是却确实有过在广阔的黄海上寻找掉队的日本军舰，逐步削弱联合舰队实力的计划。8月10日，联合舰队在威海卫扑空的原因，就是北洋舰队主力去平壤的大同江口寻找战机去了。

但是北洋水师也扑了个空。

这次联合舰队的上门寻衅，使李鸿章大为不安。联合舰队寻衅威海卫，大清京畿震动，朝野上下一片哗然，朝廷居然越过李鸿章严令丁汝昌："……威海、大连湾、烟台、旅顺等处，为北洋要隘、大沽门户，海军各舰应在此数处来往梭巡，严行扼守，不得远离，勿令一船阑入，倘有疏虞，定将丁汝昌从重治罪！……"

这一纸谕旨就把北洋水师锁进了渤海湾，秋山真之所担心的被北洋水师逐个击破的可能没有变成现实，伊东祐亨们所犯的错误并没有产生后果。

这时到达平壤一带的日本陆军兵力同大岛混成旅团、第五师团一部和第三师团一部约16000人，由于行动过快以及海运风险，事实上已经出现了后援不济的情况。第五师团一部分部队的给养只剩下了每人两个饭团子，处境危急，这时第五师团师团长野津道贯在9月14日发动了一赌胜负的冒险进攻。守卫平壤的清军兵力大约15000人，配备有各种炮40门，和进攻的日军相比不居劣势，而且在9月15日的战斗中，日军竭尽全力也只是在平壤外城撕破了一道突破口。

但是清军守将叶志超斗志全无，在15日16时40分竖起白旗乞降，后在午夜弃城逃跑，留下了4门野炮、6门机关炮、25门山炮、1160支步枪、55万发各种弹药和一个月的口粮给日军作战利品。

防守平壤，甚至没有坚持到一天，上万精锐淮军化为乌有。

此时，尚未得知平壤已经失守的北洋水师“定远”号、“镇远”号以下12艘军舰正护送5艘运输船从大连前往鸭绿江口。16日14时，清陆军铭军4000人、400匹马、80门炮在大洋河口到大孤山一带登陆，准备经陆路支援平壤。晚上，舰队在大东沟外12海里处下锚宿营。

除了不知道平壤实际上已经失守，这时的北洋水师也不知道桦山资纪军令部长已经从被俘虏的清军运输船上缴获的电报中掌握了北洋水师为了支援陆军的运输，正在大连和鸭绿江口之间往复的情报。因此从9月12日开始，联合舰队便从仁川向大同江口搜索，然后再从大同江口往鸭绿江口搜索。

1894年9月17日，北洋水师和联合舰队在鸭绿江口的大东沟相遇，展开了殊死搏斗。这次搏斗关系到了两国国运，影响到了东亚以至整个亚洲甚至世界的历史进程。

9月17日参加大东沟海战的联合舰队舰只是：

本队：司令长官伊东祐亨，参谋长鲛岛员规大佐，参谋岛村速雄少佐，下属“松岛”号、“严岛”号、“桥立”号、“千代田”号、“比睿”号、“扶桑”号等6舰。

第一游击队：司令官坪井航三少将，参谋中村静嘉大尉，下属“吉野”号、“高千穗”号、“秋津洲”号、“浪速”号等4舰。

还有炮舰“赤城”号和改装商船“西京丸”组成的别动队，军令部长桦山资纪以参谋官的名义在“西京丸”上督战。当时还没有无线通信装置，所以“赤城”号炮舰就承担了在军令部长和联合舰队之间的联络和通信任务，并负责战场周围的侦察。大东沟战斗其实只是一场遭遇战，桦山资纪和伊东祐亨都没有料到会遇到北洋水师主力，所以才会有这个累赘的别动队的存在。如果知道是桦山资纪亲临战场督战，就会换一条更大、更安全的正式军舰。

早晨7时，联合舰队到达了海洋岛附近，小炮舰“赤城”号像猎犬一样在周围走了一遭，回来的报告是“未发现敌舰”。伊东祐亨发出了队形练习的指令，第一游击队在前，本队在后，“赤城”号伴随着“西京丸”在一边观看，全舰队以这种阵形向鸭绿江口开去。

10时23分，最前方的“吉野”号发出信号：“前方发现一条煤烟。”伊东司令官并没有过多注意这个信号，因为在这一带海域观战的外国军舰不少，发现一条煤烟并不能说明什么，仅仅发出了“继续监视”的信号，全舰队还是在继续前进。

11时30分，“吉野”又发出信号：“东方发现3艘以上敌舰。”3艘，还是“以上”，几乎可以肯定这是北洋水师的主力了，可是伊东的命令却是：“先吃饭。”

可以任意解释这条命令。从褒义的角度说，是大将风度，不慌不忙；从贬义的角度说，是对即将到来的大战没有任何信心，先吃了再说，黄泉路上也不做饿鬼。但是无论如何，这是一条具有海军特色的命令，因为海军活着好像就是为了吃饭。

茫茫大海，周围就那么几张从第一眼看到的三分钟以后就厌恶了的脸，这就是海军的生活。唯一的乐趣就是吃饭，从英国人开始，现代海军无不把吃饭当作仅次于沉船的大事，只要船没有沉就一定要吃好饭。再说，还能不能再吃上饭，伊东司令官还真没有底。

北洋水师则是从9时15分开始进行了一小时的阵形练习和舰炮射击训练，大约在11时30分确认了8艘日本军舰，12时整确认了12艘日本军舰，时间和日本联合舰队几乎没有什么区别。

伊东于12时05分在旗舰“松岛”号上升起了大战斗旗，调整了一下队形。很微小的调整，第一游击队降低速度，以缩小和本队之间的距离，“赤城”号和“西京丸”从原来队形的左侧调整到了非敌战斗侧的右侧，其余还是日本海军的一字纵队（Line Ahead），向东而去。

北洋水师呢？不出伊东祐亨所料，摆了个一字横阵（Line Abreast）。

北洋水师的阵势有没有问题？

实际上没有什么“没有问题”或者“有问题”的阵势，这是一个伪问题。蒸汽舰队决战的最佳阵势还没人知道。历史上第一次蒸汽舰队决战是在大东沟海战的28年前（1866年7月），由意大利海军对奥地利海军，在意大利半岛以东的亚得里亚海中央的利萨岛展开，结果是奥地利海军获胜。

其实利萨海战的重要战训是非装甲舰无法对抗装甲舰，但因为胜利者的奥地利舰队采用的是一字横阵，所以一字横阵更为有效的看法也从利萨海战以后流行起来。

北洋水师从一开始就采用了一字横队的战斗阵形。这是丁汝昌最早的英国顾问、北洋水师总教习琅威理上校制定的，很符合北洋水师的舰船特性。北洋水师的核心是“定远”和“镇远”这两艘7200吨级，在舰首配备有4门30.5厘米巨炮的铁甲炮塔舰。采用一字横队时，这种炮位配置使得主炮无须转动炮塔即可直接开炮，加上皇家海军的宗旨就是“舰首对敌”，因此起码在理论上这种阵形没有什么可以指责的地方。

反过来，联合舰队采取的一字纵队倒很值得怀疑一番。前面已经说过，联合舰队本队以旗舰“松岛”为首的三景舰由于设计上的不合理，炮塔转向船舷射击时会破坏船体平衡，所以几乎无法进行侧舷射击。实际上“松岛”在4个小时的大东沟海战中只打出了3发32厘米主炮弹，就证明了这一点。

因此从理论上来说，北洋舰队的阵形，比联合舰队的阵形更加合理。但这只是在理论上。

英国远东舰队司令斐里曼特尔中将指出，“（北洋水师的阵形）在纸上是完美无缺的阵形”，然而，“如果不是最优秀的指挥官和训练最好的舰队就不应该采取这种阵形”。

为什么？

一字横队带来的一个最大问题就是两侧军舰无法确切认清中间旗舰的指挥信号，特别在炮战一开，甲板上硝烟一片的情况下，旗舰无法有效地指挥舰队随机应变地转换作战队形和战术。

英国人解决这个问题的方法是“乱战”(Dog Fight)，也就是各自为战，所以才会有一个“舰首对敌”的信条。

而北洋水师呢？训练程度明显可疑，更要命的是北洋水师使用的所有信号和信号语均未译成汉语。用英语在实战中指挥一般士兵，除了最丰富的想象力之外，只能说这是丁汝昌和北洋水师的军官最严重的怠慢和渎职之处。

现在连这点都不需要了。丰岛海战，“操江”号被俘，船上的密码信号本落到了日本人手里。新修改的信号本大家都很不熟悉，丁汝昌在战前只好发出“如无旗舰信号，各自可自行其是”的古怪指令，实际上在整个海战过程中，丁汝昌没有发出过一条信号。

还有一点就是，北洋水师的舰只舰龄和舰速相差太大，排成一字横队以后一经开动，两翼的小舰旧舰立即掉队，成了一个“V”字形，为首的是“定远”号、“镇远”号两巨舰，两边落后的是“扬威”号、“超勇”号、“广甲”号和“济远”号，当然“济远”号落后的原因也不只是舰速太低。

就这样，训练不足，信号系统有巨大缺陷，舰速参差不齐的北洋水师排了个不太直的“一”字，便向联合舰队冲了过去。

09 龙旗在黄海上最后一次飘扬

12时50分，战斗开始。“定远”号在5800米距离向日本联合舰队的

“吉野”号开了第一炮，拉开了大东沟海战的帷幕。

第一炮当然不会击中“吉野”，但30.5厘米的这一炮发射所产生的巨大震动，把站在炮位上部舰桥上指挥的丁汝昌抛了起来又摔了下去，使得北洋舰队在大东沟海战刚刚开始就失去了指挥。虽然丁汝昌拒绝了让他下去休息的请求，带着伤坚持指挥作战，就是坐在地上也要鼓舞士气，但已经无法履行主帅的指挥职责，这已成为不争的事实。

而联合舰队还是保持着第一游击队在前、本队在后的一字纵队，从北洋舰队的前面默默穿过，一直沉默到距离缩短为3000米时，才由“吉野”号打出了第一炮。

大东沟海战中，日本海军有两个阵形上的创举。除了坚持一字纵队之外，这种由高速舰船组成自由行动的游击队，在海战中不断对敌舰队进行分割包围，配合主舰队行动的战术也是日本海军的首创。大东沟海战后，这种战术很快被英国、德国、美国和法国海军仿效，只有习惯了打坚固的阵地战的傲慢的俄国人不以为然，这也是日后在日俄战争中两支俄国舰队被日本人全歼的一个重要因素。

但游击战术的出现，也给海战带来了一个意想不到的变化，就是以后的海战在游击队之间进行，主力战舰反而无所事事。这就是从甲午海战开始一直到太平洋战争航空母舰登台亮相的40多年里，除了日俄战争之外看不到主力战列舰决战的原因。让战列舰下岗绝不只是航空母舰的杰作，第一次世界大战就看不到战列舰的对战了。但是发明了游击战术的日本人自己反而看不到这一点，一直到“大日本帝国海军”灭亡的那天为止，还抱着大舰巨炮的迷梦而坚决不肯放弃。

联合舰队先头的第一游击队以高速抢过了北洋舰队的横头，以纵队拦住了北洋舰队的进路。到此时几乎是利萨海战的重演，拥有7200吨级巨舰的北洋舰队可以冲上去用冲角把日本军舰拦腰撞断，从此时的形势看，采取冲击防御阵势的北洋舰队占了上风，这可能就是北洋舰队采用这个阵势的原因。

可是利萨海战已经是近30年以前的事情，这些年间，军舰的速度、炮火有了翻天覆地的变化，丁汝昌在决定采用这个阵势时忘了考虑这些变化。

13时05分，“松岛”号距“定远”号3500米，而先锋“吉野”号离北洋舰队最右翼的“超勇”号、“扬威”号只有1600米，联合舰队在这个距离上一齐向北洋舰队开火。5分钟后，吨位同为1350吨的小舰，舰龄也同为15年的老舰“超勇”号和“扬威”号无法抵御第一游击队4舰的猛烈炮火，起火离开了战斗行列，13时30分左右双双沉没。第一游击队一击得手后，接着一个180度的左转弯，又继续拦在了北洋舰队前面。

现在北洋舰队进入了乱战的状态。乱战是海军舰长追求的最高境界，是最能淋漓尽致地表现舰长的素养和手腕的战斗，但也是最考验舰长的素养和手腕的战斗。北洋舰队的舰长就单个来说，可能都是合格的舰长，但在乱战这种既要随意发挥又要紧密配合的战斗形式中却是另外一回事了。

联合舰队本队转过北洋舰队以后右转弯，往北洋舰队后面包抄下去，可是最后面的“扶桑”号、“比睿”号和伴随着“西京丸”的炮舰“赤城”号被“来远”号、“致远”号和“广甲”号咬住了。这时“西京丸”上的桦山资纪立即升起了信号：“‘比睿’‘赤城’危险！”召唤还没有做完左转弯的第一游击队前来救援。第一游击队做完左转弯以后，和做完了右转弯的本队相隔6000米，对北洋舰队形成了夹击之势，各自在3000米的距离上对北洋舰只射击。

这种夹击是有一定危险的，因为可能误伤自己人。但初期的日本海军这些条条框框很少，作战上并没有多少禁忌，战场上顾不了那么多。尤其是第一游击队，首先要救被北洋舰队咬住了的“扶桑”号、“比睿”号和“赤城”号。

“扶桑”号被“定远”号、“来远”号同时咬住，最近的时候离右舷只有700米，好不容易才右转弯跟上了本队，但“比睿”号看来却怎么都跑不掉了。“比睿”舰长是个少佐，名字很古怪，叫樱井规矩之左右，这人做了一个和他名字一样怪的动作：从“来远”号和“定远”号的中间插进去，右舷离“来远”400米，左舷离“定远”1000米。因为怕误伤己方，“来远”号和“定远”号只能眼睁睁看着“比睿”号错肩而过跟上了联合舰队本队，而一炮不能发。但“来远”号还是发射了一颗鱼雷，400米的鱼雷发射距离对于当时的鱼雷来说太远了些，就这样那颗鱼雷离“比睿”号的舰尾也只有7米，“比睿”号死里逃生。一直到“比睿”号穿过北洋舰队行列，“定远”号才张开了30.5厘米的大嘴出这口恶气，这一炮击中了其舰尾吃水线上的士官室，一下子就打死打伤了40多人，“比睿”就此脱离战列。此时“来远”号、“致远”号和“广甲”号又追了上来。就在“比睿”被击沉几乎已成定局的时候，不知怎么回事，“来远”号等三舰又看上了更加小的“赤城”号，转向打“赤城”号去了。“比睿”号后经修复又试图重返战列，但因离开本队已经有3海里，而且当时天色已晚，舰上的军医和看护兵也全部死光，只能自己回了大同江口的临时基地。

这边的“赤城”号也是死路一条了。13时25分，舰长坂元八郎太少佐已经战死，接任指挥的是航海长佐藤铁太郎。14时15分，“来远”号逼近到离“赤城”号只有300米的地方。可是，就在此时，“赤城”号尾炮突然击中了“来远”号，“来远”号舰首发生爆炸起火，而“致远”号和“广甲”号也莫名其妙地停止了追击。等距离拉开到3000米时，“赤城”号开始自救，到17时15分才重回战列。

“扶桑”号、“赤城”号和“比睿”号仅仅是因为吨位小、火力弱、速度慢才被北洋舰队咬住，但在大东沟海战中，北洋水师根本没有指挥系统，否则这几艘小艇早就见天照大神去了。这边的假军舰“西京丸”就更加处境不妙了。“西京丸”是艘被海军征用的日本商船，为2900吨的客轮，装了一门炮就出海混市面来了，赶上这门炮还出了故障，打不响。船上的人除了合掌拜老天之外什么方法都没有，就在14时40分，船上的桦山军令部长已经发令撤出战场的时候，支援的北洋舰队“平远”号、“广丙”号和鱼雷艇“福龙”号冲了上来。

桦山也咬了咬牙：“拼了！”下令转过头来，用临时加装的冲角去撞只有115吨的小鱼雷艇“福龙”号。“福龙”号艇长蔡廷干下令发射鱼雷，当时两舰距离只有40米，桦山也自忖“西京丸”必沉。

但是大东沟海战，整个战运就不在北洋水师一边。由于距离实在太近，这枚鱼雷从“西京丸”的船底下穿过去以后又浮了上来。桦山资纪战后对伊东祐亨说：“鱼雷冒着气泡钻到船底下真的比什么都可怕。”

“来远”号对“比睿”号发射的那颗鱼雷落到了“比睿”号的后面，“福龙”号发射的这颗又从“西京丸”的船底下穿过，你可以为此辩护说这只是战场上经常有的小过失，但战斗、战役、战争的胜败往往就由这些小过失而决定。

14时20分左右，第一游击队和本队对北洋舰队的第一次夹击已经结束，双方逐渐脱离接触，整个联合舰队都位于北洋舰队的南方。战斗一时停止，随后第一游击队和联合舰队本队分别往内转了一个180度的弯，依然是第一游击队在西，本队往东，向北洋舰队包围了过来。

虽然援兵“平远”号、“广丙”号和两艘鱼雷艇已经加入了战阵，但已经损失了“超勇”号和“扬威”号的北洋舰队，处境还是十分困难，尤其是15时10分左右，北洋舰队旗舰“定远”号前甲板中弹发生火灾，前大樯倒了下来，北洋舰队提督的帅旗从此就再也没有升起来。“定远”号笼罩在一片烟火之中，一时丧失了作战能力。

“定远”号，这艘大和民族的梦魇巨舰，中弹起火后在联合舰队中引发了一阵欢呼。这时第一游击队在“吉野”号带领下向“定远”号扑去，想彻底击沉“定远”号。正在“定远”号的姊妹舰“镇远”只手难应众敌的危难时刻，“定远”号左翼吨位只有2300吨的小舰“致远”号，在管带邓世昌的指挥下，挺身而出，直接向第一游击队旗舰“吉野”号冲了过去。

论吨位，论炮火，论速度，“致远”号都无法和“吉野”号较量。真要拼命，“致远”号也只有一种选择，那就是最古老的海军战术，冒着炮火，使用冲角，冲上去，撞击“吉野”号，给它来个开膛破肚。

不幸的是，“致远”号在整个第一游击队的攻击下沉没了，但它的挺身而出和勇敢冲击给旗舰"定远"赢得了自救时间。"定远"在这段时间内扑灭了火灾，恢复了行动能力。

邓世昌和他指挥的"致远"号是英雄，是中华的荣誉。即使在日本，所有研究甲午战争的著作，包括防卫大学的海战史讲义都会提到邓世昌和他的"致远"号，都对其表示极高的敬意。

但也有懦夫，也有中华的耻辱。15时15分左右，在丰岛海战时就临阵逃脱的方伯谦任管带的"济远"号和吴敬荣任管带的"广甲"号从战场逃跑，在18日3时30分第一个回到了旅顺港基地。

事后，方伯谦虽然被斩首正法，但他创造的纵观19、20世纪全世界海军唯一的军舰阵前脱逃的耻辱却无法洗雪。

"超勇"号、"扬威"号、"致远"号被击沉，"济远"号、"广甲"号逃跑，"定远"号身负重伤，北洋舰队此时实力已经下降过半了。"来远"号、"经远"号和"靖远"号见势不妙，也开始擅自脱离战场，此时战场上就只剩下"定远"号和"镇远"号了，而且"定远"号还身负重伤。

第一游击队去追击"来远"号、"经远"号和"靖远"号，本队朝"定远"号和"镇远"号围了上来，两舰危在旦夕。

然而就在此时，15时26分，"镇远"号的30.5厘米主炮炮弹击中了联合舰队旗舰"松岛"号。对于30.5厘米主炮炮弹来说，"松岛"号的装甲只是薄铁皮而已，炮弹穿透舰身，一直到12厘米左舷前炮炮盾附近才爆炸。30.5厘米炮弹的爆炸力本身就是极为恐怖的，加上这颗炮弹的爆炸还引爆了堆放在附近的12厘米炮弹，顿时"松岛"号成了海上活动地狱。分队长志摩清直大尉以下28名官兵当场死亡，68人受伤。

大东沟海战的当天，"松岛"号死伤人员总数为113人，其中90%的人是托了这一炮（也有说法是双联装主炮的两颗炮弹）的福。

"松岛"号的32厘米主炮本身就没有什么大用处，大东沟海战主要是依靠作为副炮的12门12厘米速射炮。"镇远"号的这一炮就敲哑了其中的6门，而且炸毁了甲板上的所有击发信管，使得"松岛"号丧失了作战能力。

16时07分，伊东祐亨司令官升起了“失控”信号旗，企图退出战斗行列。

而北洋水师则乘着联合舰队因为旗舰“松岛”号受损而产生混乱的时机，开始向西北方向退却。

这时去追赶“来远”号、“经远”号和“靖远”号的第一游击队，在16时30分咬住了“经远”号。一小时后，“经远”号被击沉。17时45分，第一游击队接到了17时40分“松岛”发出的“回归本队”信号，到两队会合时已经是18时30分了。

当天日落时刻是17时40分，考虑到天色已晚，旗舰已经失去战斗力，“比睿”号、“西京丸”号失踪，加上北洋水师拥有鱼雷艇，追上去打夜战联合舰队占上风的把握不是很大，18时整，伊东祐亨决定收兵。

大东沟海战就这么结束了。

10 北洋水师的末日

大东沟海战，联合舰队赢了。确实是这样，联合舰队没有沉船，除了“松岛”号、“比睿”号和“赤城”号受伤严重失去战斗力，“严岛”号、“浪速”号进水之外，其余的战斗力还在，必须承认联合舰队赢了这个事实。联合舰队赢在什么地方？首先赢在了对海权（Sea Power）的理解，其次是日本全国上下凑钱购买的军舰。

当然，还有海军的训练和灵活机动的战略战术应用。比如用大量的速射炮来对付30.5厘米的巨炮，用速度来对付吨位；自始至终地坚持一字纵队的编队行动，无论是第一游击队还是本队，一直到海战的最后，队形始终不乱。最后，则是日本海军的充分准备，比如在开战前几年就开始认真地测量北洋舰队舰只各注目点的确切高度。

而北洋舰队呢？有水师无准备，有舰队无长官，有阵势无指挥，有敌人无目标，有组织无纪律。

战斗一开始丁汝昌即受伤不能指挥，可是他并没有将指挥权明确移交给谁，造成在5个小时的海战中北洋舰队并无实际上的最高司令官。在一开始摆出了一字横队以后，再没有人去过问这个横队的目的、进展和维持，所以仅仅在联合舰队第一轮炮火之后，这个横队就已经支离破碎，几乎不存在了。除了“济远”号可耻的逃跑以外，在第一回合战斗时，左翼“来远”号、“致远”号和“广甲”号3舰一起追打联合舰队最小的炮舰“赤城”号也是不可宽恕的失误，而且居然还让“赤城”号逃脱。

所有的一切，作为舰队司令的提督丁汝昌负有不可推卸的责任。他的舰队的战略思想不足，他的舰队的训练不足，他的舰队的通信手段不足，他的舰队的燃料、弹药不足，他的舰队似乎一切都不足。可以这么说，只要看有这么多“不足”，丁汝昌就是一个不合格的舰队司令。

不要企图把责任推到李鸿章甚至西太后身上，人们要问的是：作为舰队司令的丁汝昌是否真的知道他的职责？当然，丁汝昌不但不是海军军人，也不能算军人，你无法用军人的荣誉感来要求他，作为李鸿章的私家水师总管，他对得起李鸿章了。他受伤不下火线，他没有临阵逃脱，最重要的是，他所带领的这支舰队，还没有被联合舰队消灭。

其实，北洋舰队在大东沟海战中败得并没有人们想象的那么惨。

损失了“超勇”号、“扬威”号、“致远”号和“经远”号等4艘军舰，旗舰“定远”号也几乎丧失作战能力，其余各舰除率先逃跑的“济远”号、“广甲”号之外，几乎都无法立即重返战场，这还不算大败？

北洋舰队是失败了，而且是大败，但不是伤筋动骨的大败，对于一支舰队来说，北洋舰队在大东沟海战中受到的只是皮肉之伤。从过去到将来，真正强大的舰队在受到比这个更大的打击之后，也只是默默地包扎好伤口，修好军舰，装上燃料、炮弹继续战斗，因为中弹159发的“定远”号还在，中弹200发的“镇远”号还在，“定远”号和“镇远”号的30.5厘米大炮还在，“不沉的‘定远’”这个神话依然健在，而且经过大东沟海战，这个神话给日本舰队带来的精神压力比以前更大了，从“不沉的‘定远’”到了“‘定远’不沉”。

联合舰队真的还敢再来一场?

只要看看联合舰队司令长官伊东祐亨在大东沟海战以后的举动就知道他是否敢。第二天把旗舰从“松岛”号改成了“桥立”号的联合舰队，到威海卫去转悠了一圈，没找到北洋舰队又回去了，据说是司令长官伊东中将在前一天注意到“定远”号和“镇远”号退却的方向是先向西北后转向南，因此推测是去了威海卫云云。其实伊东不会不知道，修船设备全在旅顺的北洋舰队是不可能直接去威海卫的——伊东是不想再和北洋舰队交锋了。

伊东如果真想再和北洋舰队切磋的话，前一天晚上就应该追上去，不少战史研究家都已经指出了这一点。这也是军令部长桦山资纪即使冒着生命危险，也要亲自到战场来督战的真实原因，他怕伊东在关键时刻放虎归山。

作为海军同行，伊东祐亨知道自己已经占了上风；根据经验，他也知道北洋舰队已经放弃了和他争夺制海权的努力，当然，也可能从一开始北洋舰队方面根本就没有争夺什么“制海权”的想法。但同样作为海军，伊东祐亨也知道北洋舰队还在，“定远”号还在，“镇远”号还在，那恐怖的30.5厘米炮还在，那是些完全可能把联合舰队的任何一艘军舰送去海底的令人战栗的东西。日本是个穷国，也是个小国，日本丢不起军舰，哪怕是一艘最小的“赤城”号也丢不起。买军舰要钱，那些都是从裤腰带上省下来的，伊东不敢冒这个险。

当时伊东所想的只是怎样以最小的代价来获取最大的胜利。很难简单地说伊东的想法是对还是错，因为在甲午战争中他撞了大运。遇上一支斗志坚强的舰队，回去修好受伤的军舰再度出海来决一死战的话，究竟谁胜谁负还未可知。但北洋舰队在大东沟海战后士气全无，本来就没有什么求战欲望的北洋舰队，在大败以后更加有借口拒绝出战。9月24

日，李鸿章要丁汝昌抓紧修理军舰以便出动支援陆军，但除了10月10日北洋舰队出动过一次鱼雷艇到大孤山附近海面侦察之外，看不到北洋舰队的任何出动记录，很可能丁汝昌玩了点官场伎俩蒙混了过去。可是官场伎俩蒙骗不了日本人，伊东祐亨在注意观察北洋舰队动静的同时，出动护航兵力准备支援第二军在花园口登陆。日军第一师团于10月22日在花园口完成登陆以后，在独眼龙师团长山地元治的指挥下立即向辽东半岛全域发动攻击，11月7日占领大连，11月21日，只花了半天不到的时间就占领了旅顺。在旅顺陷落前的10月18日，北洋舰队的残余舰只离开旅顺前往威海卫。

伊东没有企图在海上拦截北洋舰队，而是让北洋舰队进了威海卫港。其实应该说伊东又犯了一次错误，这是非常危险的。当时的北洋舰队虽无战意，但完全可能远走他处，开往上海、福建，甚至前往香港，休养生息以后卷土重来。

但是，北洋舰队没有这么做，只是龟缩在威海卫港内。北洋舰队在想什么没人知道。在港外观战的英国远东舰队司令斐里曼特尔在日记中写道："已经不可能有援军了，绝望的北洋舰队在等待什么？"

北洋舰队不战、不降、不走，只是在绝望中等待着最后的命运。

12月16日，大本营发布了威海卫作战命令。1895年1月19日，日本第二军在荣成湾登陆压迫威海卫，第一天还有联合舰队护卫，但从第二天开始，因为北洋舰队不会出动已经广为人知，所以海军连登陆的护卫兵力都没有派。联合舰队全体在威海卫港外监视可能出港决战的北洋舰队。

北洋舰队还是没有动静，甚至在东岸炮台全被日军占领了以后也没有动静，仅仅是背靠刘公岛用舰炮轰击岸上的日本陆军，表示他们还存在于这个世界上。

在北洋舰队不出战的情况下，联合舰队于2月4日进行了海战历史上首次鱼雷艇夜袭。参加的共10艘鱼雷艇，最大的"小鹰"号也就200吨，其余都是50吨左右的小艇。威海卫港四周都布设了由德国人设计的非常坚固的栅栏。但在前一天晚上，已经被日本特务破坏，形成了一个可以供鱼雷艇进出的暗口。

2月5日凌晨3时20分，参加夜袭的10艘鱼雷艇在夜色的掩护下到达了预设的暗口，但是找来找去找不到进口。后来，当时的第三鱼雷艇队六号艇的大尉艇长铃木贯太郎（后在太平洋战争时任日本首相），干脆就乘着一个大浪冲到港里去了，剩下的有的继续找暗口，有的等下一个大浪。

周围是观战的外国军舰，让人不能理解的是，北洋舰队却一无所知，还是被人偷袭成功了。

乘着大浪冲过栅栏的铃木贯太郎的六号艇刚安定下来，就发现正好在“定远”号的面前，它发射的一枚八四式鱼雷正好击中了“定远”号的轮机舱，“定远”号搁浅。

第二天鱼雷艇继续进行攻击，击沉了“来远”号、“威远”号和水雷敷设舰“宝筏”号。

连续两天的鱼雷艇攻击，日军的损失为零。6日的第二次攻击以后，丁汝昌把旗舰移到“镇远”号，终于同意了鱼雷艇队向芝罘突围的要求，其结果是除了大东沟海战中向“西京丸”发射鱼雷的“福龙”号被俘之外，全部鱼雷艇被守候在威海卫港外的日军第一游击队击沉。

7日，落到日军手里的威海卫东岸炮台反过来向北洋舰队开火，击沉了“靖远”号。此时，丁汝昌才好像刚刚弄明白他处在了什么境地。2月12日，丁汝昌通过英国舰队司令向联合舰队接洽投降事宜。炮舰“镇中”号挂着白旗到联合舰队驻地向伊东祐亨司令官乞降，这天丁汝昌在“镇远”号内吞鸦片自杀。

联合舰队于1895年2月27日进入威海卫港，俘虏了“镇远”号、“济远”号、“平远”号、“广丙”号、“镇东”号、“镇西”号、“镇南”号、“镇中”号、“镇边”号等9舰。

刚刚起步的中国海军就这么夭折了，从此以后，在很长很长的时间里，中国没有了海军，也没有了海防。

用李鸿章自己的话给北洋水师做总结是最准确的：我办了一辈子的

事，练兵也，海军也，都是纸糊的老虎，何尝能实在放手办理，不过勉强涂饰，虚有其表，不揭破，犹可敷衍一时。如一间破屋，由裱糊匠东补西贴，居然成一净室，虽明知为纸片糊裱，然究竟决不定里面是何等材料。即有小小风雨，打成几个窟窿，随时补葺，亦可支吾对付。乃必欲爽手扯破，又未预备何种修葺材料，何种改造方式，自然真相破露，不可收拾，但裱糊匠又何求能负其责？

裱糊裱糊，糊弄得了老佛爷，糊弄不了日本人。更不要说，糊弄到中途，连自己都被自己糊弄了，以为真的成了亚洲第一。从朝鲜危机一开始的傲慢、轻敌，到中途的误算、错失良机，一直到最后的无策无方、待毙威海卫。

1895年3月19日，李鸿章到达日本门司。20日，开始在春帆楼和伊藤博文首相、陆奥宗光外相进行和谈。3月30日，订立了停战协定。4月17日，媾和条约签订，包括以下内容：

1．朝鲜完全独立。

2．中国割让辽东半岛、台湾和澎湖列岛。

3．中国赔偿两亿两白银的战费。

4．日中之间缔结和欧洲国家并肩的通商条约，日本国和日本国民享受最惠国和最惠国民待遇。

5．中国开放沙市、重庆、苏州和杭州。

甲午战争，大清完全地失败了。

第二章

牛刀小试：和俄国佬也来玩一把

事件：

日俄海战（1904年）

人物：

西乡从道、山本权兵卫、东乡平八郎、秋山真之、岛村速雄、铃木贯太郎

☆
☆
☆
☆
☆

01 和俄国人也来玩一把？

日本人和俄国人之间的恩怨从某种角度来说也是必然的。被困在欧亚大陆北部的俄国人几百年的梦想就是要有一条通向海洋的路，好前往那温暖的南方乐园。从16世纪伊凡雷帝征服西伯利亚开始，到20世纪初，俄国人的扩张就没有停止过。

甲午战争的结果对俄国人来说是一个意外。好脾气的大清国居然把俄国人的下一个目标辽东半岛割让给了日本人，这使俄国人觉得很不习惯。俄国人从经验上知道，日本人不像大清那么好脾气，因为俄国人几次要求日本人开国都被日本人拒绝了。所以辽东半岛落在了日本手里就意味着俄国人会要费很多口舌来说服这些不说俄语的黄猴子，很可能还要动用武力来吓唬他们。俄国人喜欢干脆，在得知春帆楼日清《马关条约》的内容仅仅六天以后，就联合德国、法国公使造访日本外务省，向次官林董提出对《马关条约》中有关割让辽东半岛的异议。理由是："日本对辽东半岛的领有不仅威胁到清国首都的安危，同时也使朝鲜的独立有名无实，对远东的永久和平产生了显著的障碍，因此俄国沙皇陛下政府劝告日本天皇陛下政府放弃对辽东半岛的领有。"

与此同时，俄国远东舰队进入了戒备状态，在中国的芝罘和日本的神户海面同时巡逻示威。

俄国人的算计很清楚，但德国人和法国人怎么也一起来凑热闹呢？在欧洲，德国是刚刚统一的新兴国家，要想在和英国、法国这些老牌殖民主义国家的竞争中分一杯羹，只有和俄国人联合；而法国人绝不会放任心目中最危险的敌人德国人和俄国人走到一起，无论如何都要插进来，起码能够知道这两个小流氓在打什么主意。所以，这三个各怀鬼胎的国家居然也走到了一起。

这就是所谓的“三国干涉”。

伊藤博文对“三国干涉”并没有觉得意外。因为大东沟海战刚刚结束的时候，山本权兵卫就向他报告过俄、德、法三国最近在频繁接触的消息。外务省没看出名堂，而山本权兵卫已经预计到了这三个国家可能会在日清媾和谈判的时候对日本施加压力：“总理，日本现在没有和这三国对抗的实力，无论他们提出什么要求，我们都只能忍。”

伊藤苦笑着说：“是啊，连你都这样说了，除了忍还能有什么办法？等待下次机会吧。”伊藤当时就找来了外相陆奥宗光，对他说了“卧薪尝胆”4个字。所以现在只不过是该来的真来了而已，日本人也没有吃惊，接受了三国调停，让大清又以3000万两白银的价格，把辽东半岛“赎”了回去。

加上本来就要付的战争赔款，总共是2.3亿两白银。不要以为大清真有那么多元宝，那是由俄国人作保，法国人提供的2.5亿金卢布贷款。接着，在1896年李鸿章去彼得堡参加沙皇尼古拉二世加冕式的时候，俄国以50万金卢布的贿赂价从李鸿章那儿换来了《中俄密约》，得到了西伯利亚铁路的北满穿越权，1898年，又租借了旅顺港和大连港，得到了南满铁路的铺设权。自此，俄国远东舰队结束了冬天在日本佐世保港寄人篱下的日子，能风风光光地在不冻港瞪着远东了。

1900年7月，俄国又乘义和团事件，出兵十来万，从伊尔库茨克、海兰泡（今俄罗斯布拉戈维申斯克）、双城子（今俄罗斯乌苏里斯克）、伯力（今俄罗斯哈巴罗夫斯克）、海参崴（今俄罗斯符拉迪沃斯托克）和旅顺分6路出兵中国东北，到10月份占领东北全境。必须指出，这次军事行动和义和团之乱毫无关系，仅仅是俄国人从伊凡雷帝就开始了的东进政策的一次具体执行，但也是最后一次具体执行。

俄国出兵满洲，给日本造成了巨大的压力，并不仅仅因为满洲毗邻朝鲜，而且因为俄国的出兵，打乱了日本的战略构想。

甲午战争以后，日本在朝鲜的存在是被公认了的。但是就连日本自己也没有把朝鲜当一回事，当时的朝鲜是个兔子都不想多待的穷地方。甲午战争前夕，朝鲜的一品大员出门坐的只是独轮车，和中国东北地区回娘家的小媳妇属于一个级别。急功近利的日本人是不愿意经营也不善于经营这么个穷地方的，朝鲜对于日本来说所谓的重要性就仅仅体现在是一条通向中国的通道而已。纵观日本人在朝鲜50年的殖民统治历史，除了在战争时期征调民夫、壮丁和慰安妇外，能称得上“建设”二字的就是修路，公路、铁路什么都修，因为朝鲜是日本通向中国的运兵通道，必须保证交通，其余的什么都不干，朝鲜半岛在日本统治的50年里什么都没有得到发展。

日本人，特别是日本海军的兴趣是中国南方。因此在义和团事件和八国联军出兵过程中，日本人虽然最卖力，出动了包括4900吨的巡洋舰“笠置”号在内的8艘军舰，常备舰队司令东乡平八郎亲自率队在海面巡逻，掩护包括第五师团22000人在内的八国联军在天津登陆。但整个来说，八国联军中的日本军队表现得非常低调，日本陆军在八国联军中也没有什么为非作歹的事情。因为日本人还记得“三国干涉”的理由之一是“威胁到清国首都”，在这个各方利益犬牙交错的地方，还是夹起尾巴做人的好。要闹，咱找个天高皇帝远的地方闹去。

这个天高皇帝远的地方就是福建厦门。

根据甲午战争以后签订的《中日通商行船条约》，清政府同意日本在厦门拥有租界。而台湾总督从第一任桦山资纪海军大将到第七任明石元二郎陆军大将全是军人，日本非常想通过台湾地理位置的优势，从海峡另一则的厦门打开通向南中国大陆的大门。北边在闹“北清事变”（日本人对义和团事件的称呼），日本人就在厦门策划“南清事变”。

1900年8月24日午夜24时，日本人在厦门建的东本愿寺布教所发生火灾。日本政府反应异常迅速，立即召开了有首相山县有朋、外相青木周藏、陆相桂太郎、海相山本权兵卫和参谋总长大山岩参加的会议，讨论台湾总督儿玉源太郎提出的立即从基隆港派出巡洋舰“和泉”号和“高千穗”号，掩护以一个步兵大队为骨干的混成支队在厦门登陆，占领厦门炮台的方案。

除了外相以外，没人反对这个方案，因为陆军省和参谋本部知道海军已经有了一套占领厦门炮台的方案：山本权兵卫对驻防台湾的日本海军各舰长都下达过“在厦门海面停泊的安全位置以及在紧急时占领厦门炮台的可能性”的调查研究课题。

但日本人忘了一件事：厦门是英国人的势力范围，英国人不会容许日本人在厦门得寸进尺。英美俄法四国紧急向厦门派遣军舰，并向日本政府提出强烈抗议。抗议什么？抗议日本人蓄意制造事端：东本愿寺事件是庙里的日本僧侣自己放的火，驻厦门的英国领事就是目击证人。这一下，日本只好在8月28日中止了台湾总督府的出兵计划。这件事使得日本在国际上非常狼狈，最后连山县内阁也不得不辞职。

南边动不了，北边别人又在动了，这样日本的处境一下子就变艰难了。

实际上日本人也一直在准备与俄国人开仗，甲午战争刚刚结束的1895年6月，西乡从道就把刚刚晋升为少将军务局长的山本权兵卫找了去：“大家都要和俄国打仗，打仗没有船不行，你先算算需要多少船。”山本在年底交出了《第11回海军扩张案》，也就是组织一支由6艘战列舰、6艘一等巡洋舰组成的所谓“六六舰队”，分两期进行。

山本认为，六六舰队是在和俄国同法国或德国两国之一结成的同盟开战的条件下所必须具备的最低条件，其中第一期的扩张目标主要包括：

铁甲战列舰4艘，各11400吨排水量；

一等巡洋舰4艘，各5200吨排水量；

二等巡洋舰2艘，各3800吨排水量。

共计19艘，87800吨排水量，要求预算经费2亿日元，而1895年度日本国家预算只有9160万日元。

甲午战争以后，日本从清朝得到了2.3亿两白银的战争赔偿，包括利息一起折算成日元大约是3.6亿。这笔钱里天皇拿了2000万，大约6%，其余的就全部充作军费。现在有人认为日本拿了这笔钱来办工业，实际上没有这回事，比如什么据说是靠甲午赔款才办起来的八幡制铁所，实际上在甲午赔款中分到的只有57万日元的“创立费”，占0.2%左右，其余全是军队用掉了，其中海军就用掉了1.7亿日元，大约一半。

可这1.7亿连六六舰队第一期工程的钱都不够，更不要说造完了船以后的海军运营经费了，所以虽然内阁同意了这个计划，但是议会还是砍了一大刀，只同意9500万日元。战列舰只同意建1艘，一等巡洋舰只同意2艘，算是把二等巡洋舰加了1艘，但把三等巡洋舰以下全部砍没了。

海军当然不干，一不做二不休，干脆把全部6艘二等巡洋舰、6艘三等巡洋舰的整个耗资2.2亿日元的十年计划给弄出来交给国会，你们看着办。这边反正能耍赖就耍赖，实在不行就照西乡从道出的那个主意先斩后奏，剖肚子给你们看。

国会已经不像甲午以前能够一口否决海军预算要求的时候那么狠了，狠也没用，到最后有天皇给他们撑腰。经过一场甲午战争，天皇也不像以前那样是个可有可无，知道的人也不太多的那么个玩意儿了。“军人天皇”的形象已经树立起来了，穿着军装的天皇“御影”挂得到处都是，从小孩子就开始天天背诵什么“教育敕语”，谁还能玩得过天皇？

就这样耍赖加扯皮，到了最后终于形成了这样一个阵势：

战列舰——“敷岛”“朝日”“初濑”“三笠”；

一等巡洋舰——“八云”“吾妻”“浅间”“常磐”“出云”“磐手”；

二等巡洋舰——“笠置”“千岁”“高砂”“新高”“对马”“音羽”。

加上以前建造的没赶上甲午战争的“富士”和“八岛”，怎么着这个“六六舰队”也算凑出来了。山本权兵卫是不是能够安心了？

不能。虽然日本这几年有点长进，年度财政预算扩大到了2亿日元左右，但其中的一半左右是军事预算。甲午战争结束的1895年军费所占比例是32%，而1896年这个比例反而提高到了48%，1897年甚至超过了50%。日本的经济规模没有增长，增加的只是军费而已。

另一方面，俄国的国家预算规模折算成日元是20亿日元以上，经济规模是日本的10倍。甲午战争以后，日本在卧薪尝胆的口号下军事预算连年占国家预算的一半左右，就这样陆军战斗兵力也只有20万人，海军战舰264000吨。而俄罗斯呢？步兵、骑兵、炮兵、工兵合计是208万人，光在远东地区的陆军兵力就超过了20万，大炮544门，海军太平洋舰队也拥有7艘战列舰，总吨位达到192000吨。别的不说，就是1900年沙俄出兵中国东北以后宣布的太平洋舰队扩张的七年计划，就是一个相当于2.3亿日元的大预算。

从任何观点来计算，日本也没有一丁点儿赢的希望。

所以，山本权兵卫在1903年6月的御前会议上认真地反对和俄国开战。参加那次会议的除了总理桂太郎、外相小村寿太郎、陆相寺内正毅、海相山本权兵卫外，还有伊藤博文、山县有朋、大山岩、松方正义（原大藏卿，第六代总理）、井上馨（原外相）五位元老。

因为和俄国开战实在太可怕。原来和大清开打，就是打败了，好脾气的大清也不会把日本怎么样，最多几年内不去朝鲜溜达就是了。和大清说几句好话，给李鸿章、袁世凯一点孝敬，就这样在朝鲜继续待着都不是没有可能。

但要是败给了俄国人，事情就不那么简单了，绝不是赔款能了事的。从俄国的历史就可以推出日俄战争如果日本人输了会发生什么事情。就算有英国、美国出面帮忙说情，日本不至于彻底亡国，但是北海道和中国东北地区肯定要全部划给俄国，日本海沿岸也保不住，运气好的话，挂太阳旗的地方还能剩下1/4，但是那3/4地方的日本人如果逃不出来就全部死路一条——在俄罗斯的远东地方见得到他们最恨的亚洲人可不是一件容易事，俄国人杀起亚洲人来是很能干的。

这个赌局的赌注实在太大，甚至大过了后来的太平洋战争，因为后来的对手无论是英国还是美国，毕竟不像俄国人那么野蛮变态。

但是不打也躲不过去。俄罗斯在占领中国东北全境之外，就在向朝鲜步步紧逼。1896年在汉城的俄国领事馆收留了继闵妃被暗杀之后亦被亲日势力追杀的朝鲜高宗。俄国把领事馆让给高宗做了王宫，向朝鲜派出了军事和财政顾问。因为在俄国人看来，朝鲜南岸的马山浦（现在的马山市）是比大连和旅顺更为良好的军港。经济上俄国人可能更重视满洲，但是在军事战略上俄国更加热衷的是朝鲜。

日俄之间，争夺的还是朝鲜。

怎么办，不打躲不过，打又全无胜望。

02 老天爷饿不死瞎家雀

上升的国家肯定有国运，就在日本进退两难，估摸着怎么也躲不过这场大难的时候，天上落了个大元宝下来。

1901年开年的时候，刚刚从驻俄公使改任驻英公使的林董捎了一句话回来。一听这句话就有人骂开了："林董是不是给俄国人逼成了八格（傻瓜）？怎么满嘴胡说八道的？"

林董原来是跟着榎本武扬投降过来的幕府海军，投降后还不老实，被明治政府关了两年。放出来后说他原来是幕府派到英国学海军的，让他去海军效力，可他又不干，自说自话到神奈川县衙门去谋了个饭碗。当时的神奈川县知事是陆奥宗光，觉得这个死硬分子英语不错，自己去中央衙门时把他顺便一起带去了东京。甲午战争以后林董是驻清国公使，俄国吃紧了就派到俄国去做公使，两年任期满了，转到英国，其实有点“在俄国受累了，到伦敦去休息一下吧”的意思在里面。

不是正统，最多只能算是“半路出家”，出身不好，这些辫子还不是林董这次挨骂的理由，主要是这次林董捎回来的话让人听着新鲜：“请速检讨日英同盟的可能性。”

伊藤博文最气愤：“外务省人全死完了？怎么派了个文盲去当驻英公使？”伊藤正为想不出对付俄国人的招数抓狂呢，别说对付，连怎么妥协的招都想不出来。

伊藤的发火有道理。当时的大英帝国（当时日本人叫“大不利颠帝国”）是什么国家？那是世界唯一的超级大国，奉行的是“两强标准主义”，就是说大英帝国的海军必须比另外两个海军大国的总和还要强，英国的传统国策就是“光荣的孤立”——本人牛，不好意思和你们这些小家伙一起混。你说现在林董说出要不要考虑和英国人结盟，你是谁啊，吃饭问题都还没有解决，连4000吨以上的军舰都造不出来的日本，人家凭什么要和你结盟？

但这世界上就有这种“连财主家都没了余粮”的时候。“大洋上日不落”的大英帝国，那几年正走“背”字。从1880年到1902年这22年里，英国在南非和荷兰人后裔布尔人接连打了两次布尔战争，第一次战争英国人败了，第二次战争好不容易惨胜，但耗费国力太大，所以英国人的“光荣的孤立”也维持不下去了。

这世界上莫名其妙的学问不少，其中有一门就是“地缘政治学”，还分成大陆系、英美系什么的。反正根据盎格鲁-撒克逊人的地缘政治学概念，占据了“世界岛”中心位置的斯拉夫人国家俄罗斯就是天敌，怎么着都得把俄国人制服了。

制服俄国人的方法也很简单，把它封在那个“世界岛”里面就行了，出不来的敌人就不是什么可怕的敌人。所以从大英帝国一直到现在的美国，对付不管是沙俄帝国还是苏联还是现在的俄罗斯，方法都是一个：不给你得到出海口的机会。

1885年发生的巨文岛事件就是一个极为典型的例子。

巨文岛是朝鲜济州海峡由3个小岛组成的小群岛，名字据说还是北洋提督丁汝昌起的，因为丁汝昌在岛上发现这么小的海岛居然儒生还不少——“巨有文化”。但巨文岛的英文却是“汉密尔顿港”，这是为了纪念在1845年命令英国军舰对当地进行调查的英国海军部办公厅主任汉密尔顿。俄国人对这个小群岛也有过兴趣，在和日本交涉开国的时候到过这里，后来觉得修煤炭仓库太麻烦就没再提过。美国人对这个小群岛也有过兴趣，和朝鲜政府交涉过，朝鲜后来也没有回复，美国人也就忘记了那事。但是1885年4月英国突然出动3艘军舰占领了这里，在岛上修起了海军基地。

因为那年在阿富汗发生了潘杰德事件，俄阿国境线上发生了小规模冲突，还差点升级成英俄两国间的战争。事件最后是通过外交途径解决了。但在冲突过程中为了防止“北极熊”从太平洋出逃，英国人才抢先占领济州海峡的战略要点，要堵住俄国人。

当时朝鲜还是大清的属国，俄国人后来向李鸿章抗议，说这个问题不解决我也出兵朝鲜。后来在李鸿章的斡旋下，随着阿富汗冲突的和平解决，英国人于1887年撤出了巨文岛。

英国和俄国，一直到现在的美国和俄国，就是这么个关系。所以英国在甲午战争一开始有意无意地有点偏袒大清，这是因为英国需要一个国家帮它封住“北极熊”。现在大清指望不上了，因布尔战争而消耗了巨大国力使得英国人已经无法自己出手去直接面对俄国人，所以对于俄国人在远东地区突破封锁的举动，英国人需要日本人帮自己一把。

这就是“日英同盟”的背景。

山县有朋和桂太郎虽然只是一介武夫，却看出了实际上存在日英结盟的可能性，在林董上任之前就交给了他这个任务，而有名的政治家伊藤博文反倒估计不到这种可能性，说明人人都有走眼的时候。

这样一来，俄国人沉不住气了。1902年2月12日，俄国外交大臣拉姆斯多夫召见日本公使栗野慎一郎，莫名其妙地向栗野讲解俄法协定的内容，听得栗野直想笑，这是哪儿和哪儿嘛。

拉姆斯多夫和栗野废话完了，立马就去找大清商谈从中国东北撤军的事去了。最后定下来10月8日以前撤走辽河以西的全部俄军，剩余奉天、吉林两省俄军在1903年4月8日以前撤出，黑龙江省俄军在1903年10月8日全部撤回。

后来辽河以西的俄军确实是按计划撤退了。撤完了的俄国人也从日英同盟的冲击中冷静了下来，又想起来老祖宗阿穆尔斯基伯爵穆拉维约夫的名言“绝不能在俄国国旗升起过的地方降下这面旗帜”，不干，反悔了，向大清提出了包括有关蒙古问题的七条，想刁难大清。

说实话，当时的大清和死人相比也就多一口气而已，和它说什么都没用。只是英美日三国联合提出抗议，敦促俄国早日履行撤军诺言。

可能是俄国人仔细想了想，觉得日英同盟也没什么可怕的。首先英国人不会亲自上阵来和俄国人打，因为同盟条约里面写得很清楚：若签约国只和一个国家发生战争，则另一签约国保持中立，同时阻止第三方参加战争；若签约国同时和两个国家发生战争，另一签约国才有参加战争的义务。这本来是英国人的老奸巨猾，想让日本帮忙封住俄国人，自己又不愿意赤膊上场，结果给俄国人看出来了。

英国人不上场，俄国人怎么会害怕日本人呢？想当初怎么就急急忙忙答应了从满洲撤军，俄国人很为自己的失态而惭愧，发誓再也不能往三色旗上抹黑了。撤个什么军，老爷要进兵了，1904年俄罗斯突然向朝鲜通告，它要行使于1898年从高宗国王那儿得到的在朝鲜的森林采伐权了。同时俄军开始向朝鲜移动，5月上旬占领了鸭绿江口的龙岩浦。

俄国人认为那时是开战的最好时机，因为英国人没有从布尔战争中恢复过来，只是半心半意地应付一个小国日本，所以俄国能够拿下朝鲜，巩固满洲，过几年英国人喘过气来，这些地方已经成了俄罗斯的“固有领土”了，时不我待。

俄国人觉得时不我待，可是日本人得出的结论也是“现在是最好的开战时期”。和俄国人那种除了种族偏见而没有内容的结论不同，日本参谋本部的理由是：

1．俄国周围有土耳其、芬兰、德国和英国这些“不稳定国家因素”，无法在远东使用其全部兵力。

2．俄军训练程度很低，远东俄军的编制就有问题，而且从来没有进行过演习。

3．西伯利亚铁路尚未全部完成，而且还是单线，贝加尔湖还只能使用船舶进行运输。

4．朝鲜、满洲的交通极为不便，对大兵团作战不利。

5．俄海军分为波罗的海舰队和远东舰队，而且远东舰队分驻旅顺和海参崴，能够各个击破。

6．俄军无法在满洲、朝鲜取得给养，只能依靠后方运送，这样兵员运输和给养运输就会产生竞争关系，起码俄军无法进入朝鲜。

7．俄国内忧外患，从尼古拉一世时代开始，社会主义、共产主义同盟活动猖獗，无法举国一致。

8．朝鲜只能支持日本。

和后来不同，当时的参谋本部还是很认真地在分析形势，得出的结论也全部在后来的战争进程中验证为正确。

而俄国人呢？

战争的主角是军人，军人能否冷静客观地观察对手，对对手做出评价，基本上就决定了战争的胜负。能够在现场观察对手的军人，不用说，是驻对手国的武官。驻日本的俄国武官对日本陆海军的评价是怎样的呢？

从1900年开始驻日本的俄国陆军武官万诺夫斯基在他发回国内的报告中是这样评价日本陆军的：“日本陆军还在乳儿期，按照欧洲最弱国家的陆军标准来衡量日本的话，仅仅达到道德上的标准起码还需要100年。”

这位俄国陆军武官不从日本陆军的装备和作战能力来评价日本陆军，而是选取了一个极为抽象的军队道德标准。军队的道德标准主要包括军人对国家的忠诚，以及诸如对上司及其组织之类的服从。这位武官居然注意不到在日本陆军中几乎可以称为过剩的这种服从和忠诚，其观察能力到底怎样也就不需要说了，可悲的是这份《万诺夫斯基报告》成了俄国军方分析日本陆军的基础。

1903年4月，在神户举行了“海军大观舰式”，前来参观的外国军舰中有一艘俄国巡洋舰“阿斯科尔特”号，舰长戈兰玛契科夫上校在观舰式后对俄国公使罗曼·罗森说：“日本海军依靠向外国购买军舰总算凑齐了物质装备，但是根本还没有具备我们所有的海军精神，即使在军舰的操纵、舰队运用方面的水平也非常幼稚。”

可是同时在场的英国海军武官的评论则是：“能和日本海军在军舰操纵和舰队运用方面并肩的就只有英国海军。”

被誉为俄国最优秀的将军之一的俄国陆军大臣阿列克谢·库罗帕特金上将，在1903年访问日本以后也下了这样的结论：“1个俄国兵可以对付3个日本兵，而我们只需要14天的时间就能够在满洲集结40万大军，这已经是击败日本陆军所需数量的3倍了。所以说将来要发生的与其说是战争，不如说是一场军事散步更为合适。”

其实，除了对日本兵的战斗力的判断有点不对之外，这位俄国陆军大臣在实际上倒没有采取其他有负他盛名的举动。库罗帕特金上将的战略思想很俄国化，虽然他嘴上说1个俄国士兵能够对付3个日本士兵，但他还是计划采用3倍于日本陆军的兵力；虽然他认为即将到来的战争只是一次“军事散步”，可他并没有准备进攻，而是准备退却退却再退却，一直退却到哈尔滨，在日本陆军不可能维持其补给线之时再和日军决战。

听起来不太酷，但这是很具有俄罗斯特点的战略，是俄罗斯人思维的结晶。好的战略肯定是简单的战略，外行也能一听就明白的战略，凡是很复杂、很高深，不是专家就听不懂的战略肯定导致失败，这是被世界战争的历史无数次证明了的，而且适合一个民族的战略在根本上就只有一种，以前的拿破仑，以后的希特勒，无不在这个俄罗斯战略面前丢盔弃甲，而要是标新立异地追求所谓创意，很可能是适得其反。

应该说，这个计划是完美无缺的，如果以后的俄国军队能按照这个计划作战，日本就没有任何机会。

那为什么俄国人失败了呢？答案从库罗帕特金将军赴任远东俄军总司令之前向谢尔盖·维特伯爵辞行时发生的对话中就可以知道了。

维特伯爵说：“将军的计划肯定能够成功，但是有一个条件。”

“什么条件？”库罗帕特金不解地问。

“将军到了满洲以后，立即逮捕阿列克塞耶夫将军，将他押送回彼得堡，否则你的计划将无法执行。”

“感谢伯爵的建议，但这是不可能的，陛下最信任的将军就是阿列克塞耶夫，而且他是我的上官。”

阿列克塞耶夫上将是旅顺的俄国远东总督，沙皇尼古拉二世的宠臣。维特伯爵对这位的评论是：“怎么可能会发生这种事情，这么一个白痴统率了几十万士兵，那些士兵太可怜了。”这位沙俄帝国的远东总督居然不会骑马，每年检阅的时候都是徒步行走；据说他是海军上将，可是海军上将从来不上船，因为有晕船的老毛病。

这样，天照大神除了日英同盟之外，还送给日本人一件叫作阿列克塞耶夫上将的礼物。

03 再出老千，确保制海权

这些情况山本权兵卫比任何人都清楚。所以在整个日俄战争期间山本没有发表过一句“豪言壮语”，因此也被国会和传媒攻击为“失败主义者”。这种现象很常见，当一支军队的职能仅仅为侵略或者向外扩张的时候，任何只要不是公开鼓吹侵略扩张的言论肯定会被划为“卖国言论”一类。

但山本权兵卫没打算卖什么，这支海军的组织和配备就是他张罗起来的，他干吗要卖啊？他所想的就只是怎么让这个组织和配备发挥作用，去打败俄国。但这可不是容易的事，参谋总长大山岩对参谋次长儿玉源太郎的再三嘱咐他都听到了："儿玉桑，再说一遍，绝不能打成持久战，日本拖不起。"

日本拖不起，就只能以迅雷不及掩耳之势，在俄国人清醒过来前就打败俄国人。但是如何做到？就20万人的陆军在俄国人还没有清醒过来以前，就登陆进入作战位置几乎不可能。日本当时横穿本州的铁路是已经有了，但是运送能力每天只有14趟，能够征用来运兵的所有商船全国也只有60万吨，更何况停泊在旅顺和海参崴的俄国远东舰队绝不会让日军那么容易就登陆。

所以当务之急还是先打掉俄国远东舰队，确保制海权。

山本权兵卫是个官僚，但不像后来陆军的东条英机那样只是个事务官僚。长期在海军中枢工作的经验，让山本习惯了遇事先从组织上考虑解决方法，和甲午战争一样，日本海军这次又要临阵换将了，起用原准备让其退休的舞鹤镇守府司令长官东乡平八郎担任联合舰队司令。如果上次甲午战争临阵换将还能说出个一三五条的话，这次的换将则没有任何说出口的军事上的理由。当时的常备舰队司令长官是和山本权兵卫海兵同期的萨摩老乡日高壮之丞，只不过日高是"壮年组"的，年纪比山本大5岁。两人在学校时的成绩孰高孰低也不用去打听，山本权兵卫以顽劣出名，毕业成绩是16名毕业生中的第15名，只要日高不是最后一名，成绩就比山本好。但是建校初期的海兵和海军还没有什么"吊床号"（指在海军兵学校时的成绩名次）一说。实际上后来正是山本权兵卫在推行这个"吊床号"，身为萨摩人的山本权兵卫知道任人唯亲的弊害，所以就用"吊床号"这种方法来任人唯贤，从而杜绝了萨摩出身的人独霸海军的现象。

山本权兵卫不用日高并不是怀疑日高的能力，而是害怕日高的能力。和沙俄开战，是一场比甲午战争大得多的赌博，所以日本必须举国上下齐心协力干，政军统一，陆海统一，上下统一，绝不容许出任何差错。而日高是个天不怕地不怕的家伙，谁也无法保证他会在关键时刻和海军省以及军令部保持绝对一致，所以山本挑选了让所有人都跌眼镜的东乡平八郎中将。

东乡是个小矮个，说话有气无力，走路只看自己脚尖，怎么看怎么不像军人，更别说将军了，但山本就是看中了他的沉默寡言和听话。就连明治天皇都不解地问为什么用东乡换了日高时，山本权兵卫的回答居然是“东乡运气好”——既然是在赌博，找个赌运更好的不是理所当然吗？其实要是仔细去看东乡履历，实在看不出在日俄战争之前，东乡有过什么好运气的事情，非要说有，那就是在甲午战争之前就要被炒鱿鱼的时候突然被人想起了出生地而已。

日本向俄国递交断交照会是1904年2月4日，正式向俄国宣战是2月10日，俄国向日本宣战是前一天的2月9日，但战争已经在8日分别在朝鲜的仁川和中国的旅顺打响了。和甲午战争一样，联合舰队发动了偷袭，原因很好理解：不出老千这场赌局没法赢。

2月6日上午9时，联合舰队从佐世保基地起锚出发。顺序上首先是以“千岁”号巡洋舰为旗舰的第三战队——“千岁”号、“高砂”号、“笠置”号、“吉野”号；然后是从第一到第五的五个驱逐舰队，第九、第十四两个鱼雷艇队；再是上村彦之丞指挥的第二战队，旗舰是“出云”号，然后是“吾妻”号、“八云”号、“常磐”号、“磐手”号；最后才是联合舰队的核心——第一战队出发，旗舰“三笠”号，后接“朝日”号、“富士”号、“八岛”号、“敷岛”号、“初濑”号等几艘日本全国“从裤腰带上勒出来”的战列舰。

最后剩下来的是由巡洋舰“浅间”号带领的“浪速”号、“高千穗”号、“明石”号、“新高”号等几艘军舰，护卫四个大队两千来人的陆军在仁川登陆。这个战队被人称作“瓜生战队”，因为司令长官是瓜生外吉少将。瓜生战队的另一个任务是去救援还在仁川的倒霉蛋“千代田”号。“千代田”号是一艘甲午战争时期留下来的2450吨排水量的老舰，这次在仁川据说是用来随时撤侨，但其实真正的任务是吸引俄国军舰，分散俄国人的力量。果然，两艘俄国军舰就在仁川监视着“千代田”号，一艘是6500吨的巡洋舰“瓦良格”号，一艘是1213吨的炮舰“高丽人”号。

“千代田”号在俄国人边上的那个害怕，谁都能想得出来，所以乘着半夜风高月黑没人看见的时候，偷偷地把炮衣和鱼雷发射管的蒙布揭开了，但第二天天一亮就被俄国人发现了。随即，俄国会同在场的英国、法国、德国军舰一起提出交涉，说在中立国港口这么干是违反国际法的，“千代田”只好把炮衣再穿回去，蒙布盖好。其实“千代田”号没有必要害怕，虽然沙皇尼古拉二世陛下给远东总督阿列克塞耶夫下达了“在朝鲜西海岸如果发现日本军舰北上，可以不必等待对方先开火，直接使用武力”的命令，但阿列克塞耶夫怎么看都看不出有这么做的必要。要不要进行战争本来就是他阿列克塞耶夫老爷来决定的，总不会有日本猴子发了疯来进攻沙皇陛下的军队这种可能性吧？在阿列克塞耶夫看来，日本人在三年内无法完成战争准备，在这三年里是不是开打完全是由他阿列克塞耶夫说了算，所以沙皇的命令根本就没有往下传，这样沙俄舰队自然也不会开第一枪。

不光是阿列克塞耶夫没想过主动打，俄国资深外交家、驻日本公使罗森在接受日本外相小村寿太郎交给他的断交照会时，居然也问出了“这不是意味着战争吧？”这么天真烂漫的问题。本来，尼古拉二世陛下本人就说过：“俄国和日本之间不会发生战争，因为我现在不想打仗。”从沙皇到总督再到公使，所有人都认为只要俄国人不动手就不会有战争，怎么可能会有疯子来打俄国人呢？

但“千代田”不知道这些八卦。它收到的军令部电报说已经开打了，让它坚持到以“浅间”号为首的瓜生战队到来，可瓜生战队什么时候来只有老天才知道。既然已经开了战，边上这两艘老毛子舰就可能随时翻脸，于是乘着天黑，“千代田”在英国军舰的帮助下偷偷地溜走了。这边的“瓦良格”号和“高丽人”号还在偷笑：日本人胆子就是小，还没怎么呢，就吓跑了。再一看不对，跑了的那日本人又回来了，还带了一群回来，这怎么回事？“高丽人”号一看形势不对，想出仁川港去旅顺报告。当时“千代田”号正在进港，全体水兵还居然在甲板上一起向“高丽人”号敬起礼来了，“高丽人”号也赶快整队回礼。

就在这个时候，1904年2月8日16时40分，位于“高丽人”号右舷的日本第九鱼雷艇队所属的“雁”号突然冲到离“高丽人”号只有300米的位置，对“高丽人”号发射了一枚鱼雷。“高丽人”号好不容易左舵躲过了，另一艘“鸽”号又来了一枚，但没有命中。同时“浅间”对“高丽人”号开了两炮，吓得“高丽人”号赶快又倒车回了港内。

那边“浅间”大模大样地掩护两艘商船连夜卸下了兵员装备以后，第二天一早就挂起战斗旗直接奔“瓦良格”来了。放下小舢板派人上“瓦良格”号传话：“这里人太多，咱出海较量去！”同时用灯光手旗信号通知所有在场外国军舰、商船：“要和俄国人开打了！”

“瓦良格”号等两舰瘟头瘟脑地还没有弄清楚到底出了什么事，就被瓜生战队逼得出了仁川港。前面说过，海军战斗基本上是吨位和炮火就决定了一切，而且人家还是有备而来，“瓦良格”号和“高丽人”号在拥有6艘巡洋舰（“浪速”号、“高千穗”号、“明石”号、“新高”号、“浅间”号和“千代田”号）、8艘鱼雷艇的瓜生战队面前就是白给。一轮炮战下来，这两艘俄国军舰就被打得搁浅不能动弹了。

2月6日，从佐世保基地出发的联合舰队主力到达旅顺以东44海里的圆岛附近海面，准备好对旅顺港发动突袭时，已经是8日17时了。因为海参崴已经结冻，俄国远东舰队的近19万吨军舰几乎全部挤在旅顺，当然也没有做任何战争准备。

联合舰队的这次突袭是准备用驱逐舰队冲进旅顺港，然后采用鱼雷攻击的方法，打俄国人一个措手不及。方案是联合舰队先任参谋秋山真之中佐做成的，这时，秋山正和东乡司令长官、岛村速雄参谋长一起站在“三笠”号的舰桥上送驱逐舰队出发。

当初东乡上任联合舰队司令长官，山本权兵卫给东乡的第一个建议，就是用岛村速雄和秋山真之来当他的参谋长和先任参谋。

这个作战方案就是秋山真之制订的。根据俄国陆军的战略思路，兵力在没有倍于敌军以前决不和敌军进行战略决战。俄罗斯是个大陆国家，海军的思路肯定遵从陆军的想法。现在远东舰队的吨位火力和联合舰队不相上下，所以问题不是打得过打不过，因为基本上可以肯定，俄国远东舰队将会龟缩在旅顺港里不出来决战，等待从国内来的援军再对联合舰队形成包围之势，以求一举全歼。而日本绝不能让这种情况出现，所以秋山真之制订的方案是先像甲午战争夜袭威海卫那样，用驱逐舰夜袭旅顺港，如果不成的话，采用他在美西战争中当观战武官时从美国海军那儿学来的“堵塞战术”，就是用沉船把旅顺港口堵塞起来，使远东舰队无法出来。

可是，夜袭进行得很不顺利。倒不是俄国人有了戒备，而是那天正好是俄国的“玛丽亚命名节”，是每个叫玛丽亚的女人的节日。不巧的是，玛丽亚是一个很普通的俄国女人名字，更不巧的是，阿列克塞耶夫的太太恰好也叫玛丽亚，于是总督开了一个盛大的舞会，但凡旅顺城里有头有脸的全到了，因为总督的舞会上有很多的女人和伏特加，而俄国人的世界只需要女人和伏特加。

日本的计划起初一直都很顺利，但在要进港时被两艘俄国巡逻驱逐舰发现了。领头的日本驱逐舰本来就做贼心虚，这一下慌了，把速度减了下来，一减速又差点和后头紧跟的驱逐舰相撞，回头是回不了了，只能拼命向前，但是由于速度发生混乱，除了领头舰只以外都不知道自己的位置，于是只能各自为战，找个大点的黑影，赶快把鱼雷扔了就跑。

其实驱逐舰没有任何必要这么慌慌张张，阿列克塞耶夫总督发了一条很奇怪的命令：发现敌人以后不要开火，首先要直接报告总督本人。理由没人知道，可能总督本人也不知道。所以那两条巡逻驱逐舰发现日本驱逐舰后就忠实地执行命令，赶紧跑回去报告总督大人，这样整个旅顺港里面除了那两艘驱逐舰上的俄国人和日本人以外，没人知道日本人已经混进来了。

午夜零时30分左右，总督府的舞会正进行到高潮，突然两声巨响，很煞风景地打断了迷人的音乐。身穿海军上将礼服的总督大人很努力地使自己镇定下来，用尽可能威严的声调问道："出了什么事？"

过了一会儿，手下人报告的消息是"是旗舰'列特维尊'号在进行夜间射击训练"，阿列克塞耶夫笑了："为皇帝陛下勤劳的勇士们干杯，那些日本人就算在大白天也无法把军舰的舵轮扶稳，我告诉你们这是为什么——因为他们还是猴子，哈哈……"

这时几声更大的爆炸声传了过来，总督府的地板都好像在摇晃，接着警报声撕心裂肺地响了起来，现在大家都明白了，这不是俄国人的射击训练，这是那些猴子歪歪斜斜地扶着舵轮来袭击了。

军官们顿时作鸟兽散，俄国军队，无论是陆军还是海军的训练都还不是完全扯淡，除了沙皇宠爱的几个最高级军官以外，别的军官起码知道自己的岗位在哪。旅顺街上到处都是军人在冲向自己的岗位，总督府的大厅里只剩下了浑身颤抖的女人们，还有那正做努力思考状，想弄清楚猴子们为什么能扶正舵轮了的总督阿列克塞耶夫海军上将。

日本驱逐舰队的表现很差。总共发射了18枚鱼雷，到天亮一仔细清点，俄国军舰一艘没击沉，就两艘战列舰、一艘巡洋舰重伤，所谓重伤也是只要两个月左右的时间修理就能恢复作战能力——驱逐舰奇袭作战完全失败。

得到战果报告后，喜怒从不形于色的东乡罕见地发火了："上！"带着联合舰队就朝旅顺港冲了过去。可是天已大亮，视界良好，当时旅顺要塞司令官斯特塞尔中将是一个工程爱好者，在修工事方面绝对勤勤恳恳，本来俄国人也不是搞豆腐渣工程的民族，俄国产品的性能可能有疑问，但质量是不容怀疑的。斯特塞尔中将用20万吨混凝土把旅顺给整个地修成了一个混凝土堡垒。岸上岸防炮台层层密布，炮弹冲着联合舰队就打过来了。再厉害的舰炮也打不过岸防炮，这是铁则，无论是口径还是射程。岸防炮除了不能挪动，就只有它打军舰，没有军舰打它的，这边岸上的炮台几个齐射，"富士"号中了两弹，炮术长没了；"敷岛"号倒只中了一弹，但航海长受伤；"初濑"号的航海长干脆就去见了天照大神。连旗舰"三笠"号的主桅杆顶部都打没了，参谋们多人受伤，东乡只好赶快带着队伍逃到岸防炮射程之外。

打不过就只能采取秋山真之的第二套作战方案——堵塞战术了。2月24日堵了一次，没堵成功，3月27日又堵了第二次，还是失败，4月2日，联合舰队还想来堵第三次的，结果岸炮火力实在太猛，无法靠近，只好作罢。说起来旅顺港口窄，只有约273米宽，而且其中可供巨舰通行的就只有约91米，但真要去堵就发现没那么容易，加上岸上炮火也实在太猛，堵了3次，还是没堵起来，沉下去的船都偏离了中心线，虽然这些沉船对舰只进出有点不便，但是俄国远东舰队真要出来，在岸炮的掩护下排个阵势不会有任何问题，结果到最后旅顺港也没堵起来。

时间似乎又回到了10年前的甲午战争，对手的舰队就是在港口里不出来。但这次和上次不同，上次龟缩在威海卫的北洋舰队已经没有了战斗力和意志，也无策可施，对日本海军不构成威胁，而这次的俄国舰队仅仅是在等待援兵，不在俄国援兵到来之前消灭远东舰队，这场日俄战争的结果就是白痴都知道。和甲午一样，也只能指望陆军了。

04 上帝抛弃了俄罗斯人？

这边日本陆军也是迟迟攻克不下旅顺，这可急坏了秋山真之，再不赶快打下来，波罗的海舰队就要来了，到时候两边一夹击，如何是好？别说将来了，现在的问题就很严重，俄国远东舰队新来了一个司令官马卡洛夫中将，换下了斯塔克中将，就很让秋山抓狂。

马卡洛夫在俄国海军里不说是绝无仅有也是凤毛麟角的存在，他不是贵族出身，而是一个海员出身的平民。更要命的是，他不光是一介武夫，还是一名国际知名的海军海战理论家，著作里面不仅是海军和海战，还包括了海洋学、造船学、土木工程等五花八门的学问。秋山真之自己就把马卡洛夫作为偶像，成天在拜读马卡洛夫的著作。你说这么一位到了旅顺上任，想钻他的空子就几乎不可能了。

马卡洛夫上任后，俄国远东舰队精神面貌果然变了，不说是焕然一新，起码也是不那么沮丧了。马卡洛夫把为什么要避战的理由讲给所有人听，洗刷了“海军都是胆小鬼”的污名，连那些拒绝卖给海军士兵伏特加的小酒馆也重新招待海军了。看样子马卡洛夫很不着急，时间在他这边，坚若磐石的旅顺要塞不是那么容易就能打下来的。不仅如此，马卡洛夫为了活动筋骨，见天还派驱逐舰或者巡洋舰出旅顺港挑衅示威。联合舰队只要靠近，他扭头就跑回去了，顺便还用尾炮打你几炮，你又不能追，他在那岸炮的掩护范围里面呢，弄得东乡和联合舰队干着急。

秋山真之天天在旅顺港外面看，后来还真给他看出名堂来了。俄国人出港挑衅的军舰行动很有规律。有了规律就能用，秋山向东乡出了个敷设水雷的主意。

其实从一开始军令部和联合舰队都打过大面积敷设水雷的主意，后来由于在公海上敷设水雷会引起国际纠纷才作罢。这次秋山指出的地点在大清领海之内，东乡就抱着个“下雨天打孩子，闲着也是闲着”的心理，找了艘特务船“蛟龙丸”在驱逐舰队和鱼雷艇队的护送下去试着下了几颗水雷。

水雷是在4月21日深夜下的，工程到第二天一早才结束，刚要回去，一眼看到一艘出港遛弯的俄国驱逐舰。俗话说“贼不空手”，这会儿不顺手牵羊才叫浪费呢，接“蛟龙丸”来的第二驱逐舰队的4艘驱逐舰“雷”“电”“胧”“曙”就扑了上去，30分钟以后，那艘可怜的俄国驱逐舰就从海面上消失了。作了案后，这4艘驱逐舰刚要逃跑，从港里又冲出来7800吨的装甲巡洋舰“巴扬”号。4艘驱逐舰前面跑，“巴扬”号后面追，追出了13海里，眼看追上了的时候，出羽重远少将指挥第三舰队的4艘二等巡洋舰，“千岁”“高砂”“笠置”和“吉野”接应来了。“巴扬”号的舰长维仑上校根本就没有把这几艘甲午战争时代的小巡洋舰放在眼里，和4艘巡洋舰、4艘驱逐舰就干上了。

这时出羽少将突然眼睛一亮，他看见11000吨的“彼得罗巴甫洛夫斯克”号挂着将旗出现了。嗯？是不是马卡洛夫大爷出来了？

是马卡洛夫出来了，他无论如何都按捺不下心里的激愤。日本猴子也太欺负人了，在本老爷和全舰队，不，全旅顺人的眼皮底下欺负本老爷的部下，这要不给你们点颜色看看，还真以为我们斯拉夫英雄怕了你们了。当然也可能就是马卡洛夫中将觉得需要进行一次局部决战，来消耗联合舰队的实力和提高远东舰队的士气。反正马卡洛夫下令：“出动，救人！”说着话带着舰队浩浩荡荡地就出来了。

出羽看到马卡洛夫亲自出马带着舰队出来了，不由得满心欢喜，赶紧下令舰队掉头，往远洋走，想空出打仗的地方。可是马卡洛夫远远看到“三笠”号等联合舰队的战列舰已经围了上来，就带着已经救出来的“巴扬”号，又回去了。

一来是马卡洛夫心情过分激动，二来是当时情况确实十分紧急。马卡洛夫出来时居然忘记了在整个舰队被包围的情况下出击之前一定要做的扫雷工作。

这个疏忽是致命的，正在远处无可奈何地望着往回走的远东舰队的东乡和他的参谋们突然惊异地看到一股水柱冲天而起，在不到1分30秒的时间内，俄国舰队似乎少了一艘军舰。

秋山真之对东乡说：“长官，看起来好像他们有一艘军舰触了雷。”

东乡说：“是他们的旗舰‘彼得罗巴甫洛夫斯克’。”

东乡有一支当时日本海军独一无二的德国蔡斯八倍望远镜，所以他看得清楚。而其他人呢，说来可怜，包括参谋长岛村速雄在内，都只是双倍的，看不清楚。

旅顺要塞炮台上的俄国士兵们看到了他们认为对俄罗斯来说是最悲惨的一幕，所有人都跪下来在胸前划着十字：“上帝啊，怜悯你那可怜的仆人吧。”

俄国舰队的希望，俄国人的希望，俄国的希望，刚刚上任的远东舰队司令官马卡洛夫中将就这么触雷身亡，看起来上帝已经抛弃了俄罗斯人。

05 浦盐舰队和“露探”

俄国远东舰队的母港有两个：旅顺和海参崴。因为冬天海参崴结冰，所以舰队主力在旅顺，但并不是说海参崴连一艘舰都没有，远东舰队的巡洋舰分队在海参崴。这支巡洋舰分队实力不容轻视，3艘重型装甲巡洋舰分别是排水量12195吨的“俄罗斯”号、11960吨的“格罗姆鲍伊”号和10993吨的“鲁里克”号，就吨位而言，几乎都可以和战列舰比试了。冬天这个巡洋舰分队被冻在港口里。这边旅顺港被联合舰队包围，那边波罗的海舰队还有好一段路要走，这时候，号称世界第二大的俄罗斯海军能够自由行动的军舰就只剩下了海参崴的这几艘巡洋舰。

这个巡洋舰分队后来被日本人称作“浦盐舰队”。“浦盐”是日本人帮海参崴的俄文名称符拉迪沃斯托克取的汉字名称。这个浦盐舰队从战争一开始就积极地行动起来，用破冰船压出了一条通路，冲出了海参崴，在日本海沿岸打起了漂亮的海上游击战。

甲午战争开始的时候，日本全国保有的船舶只有417艘、18万吨，战争中增加了101艘、17万吨。而日俄战争开始的时候，数字已经到了590艘和63万吨了，战争中又增加了182艘、34万吨。从这个数字就可以知道日本在战争中对于海上航运的依赖程度了，因此浦盐舰队的活动虽然一开始还仅仅是在日本海，但对战争的继续进行就形成了威胁。

而且俄国舰队的奋战对日本人的打击更多是心理上的，国民愤怒了。花大价钱养着你们海军，吃好的穿好的，现在有了事，你们连军人最基本的一点——保障国民生命财产安全都做不到，要你们干吗？你们是怎么回事？

这时有一个新词在日本开始流行开来——“露探”，“露西亚”的探子（日本人求口彩，把俄国人称作“露”，见了“日”就会消散），意思大概相当于中文里的“汉奸”或者“内奸”吧，反正是阶级敌人。和所有战争时期一样，日本当时使人神经最紧张的就是这个“露探”。

政府和大本营一再提醒人们要注意防备无所不在、无所不能的“露探”。

“露探”到底有没有，有过多少，一直到日俄战争结束100多年后的今天还是个谜，第一个问题的答案当然是肯定有，因为旅顺港外的东乡平八郎有几次想发动夜袭，反而差点被俄国人打了埋伏，这就可以肯定有人泄露了情报，“露探”确实有。第二个问题的答案当然是肯定不会有那么多，起码不会像坊间所言，连联合舰队第二战队司令官上村彦之丞中将都是“露探”。

可是当时却有不少人很认真地相信，3月份开始带着第二战队去捕捉浦盐舰队的上村中将确实是“露探”。不是“露探”怎么会对几艘俄国小巡洋舰束手无策？人家大舰队都被无敌的帝国海军吓得躲在旅顺不敢照面，上村要不是“露探”，这几艘破船能如此猖獗？不但运货的、运兵的商船屡遭毒手，连第二战队自己的运输船“金州丸”都在4月26日被浦盐舰队击沉了。于是不少热心人就到上村家去扔石块，以表拳拳爱国之心，虽不能亲自上战场杀敌，在这里敲掉几块“露探”家的玻璃也算尽了力了。

家里被爱国人士砸了个稀巴烂，老婆带着孩子避难去了娘家，此时的上村长官连生吞了俄国人的念头都有了。成天带着人马在日本海转来转去，可是没有雷达、没有卫星、没有GPS的时代，在茫茫大海要找这几条行动毫无规律，专门捣乱的巡洋舰谈何容易。而且日本海特有的大雾，是俄国舰队的好帮手。其实在“金州丸”被击沉的前一天，朝鲜元山港外浦盐舰队和第二战队曾擦肩而过，但由于浓雾，浦盐舰队成功地逃走了。

第二战队只能靠感觉来判断浦盐舰队下次可能出现的方位，但是每次都扑空，弄得上村长官都快要开始怀疑自己真的是“露探”了。

祸不单行，第二战队接受了这个任务以后，当然就离开了联合舰队在单独行动，军令部可以直接指挥它。这时候的军令部长就是甲午战争时的联合舰队司令长官伊东祐亨，他已经是海军大将了。

伊东当司令长官时有点优柔寡断，畏敌不前。现在当上了军令部长又有点瞎参谋，算了几次卦都不准，还是东乡这时候显示出了山本权兵卫所评价的“东乡运气好”这一点了，几次算的卦都挺准。但军令部和联合舰队同时做出判断的时候，第二战队只能接受军令部的判断。更要命的是，联合舰队不能直接和第二战队联系，东乡在想什么，或者不如说秋山真之在想什么，上村根本无从知道。于是上村就更加勤快地在日本海跑来跑去，看看能不能运气好，和俄国人打个照面。

俄国人也在跑。6月15日，在对马海峡把日本陆军运输船“和泉丸”（3229吨）、“常陆丸”（6175吨）和“佐渡丸”（6226吨）给拦截了，船上的近卫后备步兵第一联队全部沉入海底，联队长须知源次郎中佐奉烧了军旗以后自杀。

俄国人的行动范围还在不断扩大。浦盐舰队在日俄战争期间总共出动了6次，前5次还都是在日本海，7月份开始的第六次出动给日本人留下了的噩梦，俄国人直接就到了东京湾。从7月20日开始的5天里，拦截了12艘各种船只，日本籍船只当场击沉，其余德国、英国籍船只则在抢光了东西以后，看得上眼的船也一起带走。

这可是在首都的门口作案，京畿震动。实际造成的损失虽然很微小，但对日本朝野造成的心理震动却是无法估量的。这种心理阴影一直影响到太平洋战争。山本五十六计划中途岛作战的一个心理原因，就是害怕会有第二个浦盐舰队出现。

整个日俄战争中，俄罗斯海军只有这个浦盐舰队还保持了俄罗斯海军的荣誉，或者说海军的荣誉。其他的远东舰队、第二太平洋舰队和第三太平洋舰队3支舰队如果被称为海军，是很丢人的。上村指挥的第二战队对浦盐舰队无计可施。最后俄罗斯舰队被上村舰队咬上是在1904年8月12日，浦盐舰队为了接应从旅顺突围的远东舰队而发动第七次出击的时候。

马卡洛夫死了以后，俄国远东舰队的斗志更加消沉，根本就没有开出去打一仗的想法。当时有一个英国海军将军在《泰晤士报》上发表文章，对俄国远东舰队的表现深为不解。文章说不是不理解俄国人的战术，而是不理解远东舰队的想法。俄国远东舰队实力和日本联合舰队实力相近，开出去决战哪怕全军覆没，日本联合舰队也将遭受惨重的损失，变得根本不是这时候正在东来的波罗的海舰队的对手，这样黄海、日本海的制海权肯定落入俄国人手里，日本人将无法继续进行战争。他问：“远东舰队有没有军人的自尊？”

其实，“俄国远东舰队和日本联合舰队实力相近”这句话说得不一定合适。远东舰队到现在损失的舰只只有“彼得罗巴甫洛夫斯克”号，在2月9日联合舰队的驱逐舰奇袭旅顺时受伤的几艘战列舰和巡洋舰都已经修好了，远东舰队的实力没有很大的减少。

实力大减的倒是日本联合舰队。马卡洛夫司令官和“彼得罗巴甫洛夫斯克”号命丧于日本的水雷，也提醒了俄国人。俄国水雷敷设舰“阿穆尔”号的舰长伊万诺夫中校经过一个月的观察，也找出了联合舰队的行动规律，来和司令官商量。马卡洛夫死了以后，远东舰队没了司令官，沙皇倒是又新派了一个，但是到不了任，还在海参崴待着呢。这边就以副司令维特格夫特代理司令官，代着代着就成了真的司令官。

伊万诺夫向司令官报告，说想在公海上敷设水雷。理由很简单，联合舰队无法进入岸炮的射程，而当时的领海宽度就只有3海里。维特格夫特的性格消极悲观，对这个计划能否成功根本就没有抱希望，所以也就糊里糊涂地同意了。

日本联合舰队这时已经犯下了严重错误，不管是参谋长岛村速雄还是先任参谋秋山真之，甚至都没有注意到自己和俄罗斯远东舰队一样，每天在走同样的航路。一来是每天在旅顺港外巡逻带来的疲劳，还有就是轻敌：“俄罗斯人有胆量敢在公海上敷设水雷？”

但是执勤的驱逐舰提出来了这个问题，参谋部开始修改航路了。修改航路不是一件简单的事情，这么大的舰队在限定了的范围内如何运动非常复杂，因此秋山真之作出的决定是“加强扫雷，舰队航路5月15日以前维持原状”。

日本人扫除了15颗水雷，可是没有人想到俄国人在这片海域敷设了50颗水雷，所以悲剧就在5月15日发生了。

这天东乡没有值班。如果是东乡值班，很可能马卡洛夫的悲剧又要重演，从这点来看，山本权兵卫所说“东乡运气好”确实没错。那天代理东乡的是第一舰队司令梨羽时起少将。梨羽自己坐镇“初濑”号，带着“敷岛”号和“八岛”号，还有一大堆巡洋舰、驱逐舰什么的就上路了。结果在老铁山附近，15000吨的“初濑”号首先触雷沉没，然后12517吨的“八岛”号触雷沉没，3分钟之内联合舰队的6艘战列舰损失了1/3。

那几天是联合舰队运气最衰的日子了，触雷、相撞，连甲午战争时的功勋舰“吉野”号都被“春日”号所装备的冲角给来了大开膛，舰长佐伯暗大佐和300多官兵葬身海底。其余鱼雷艇、特务舰什么的就更多了。

这场仗还能打下去?

旗舰“三笠”当时在内长山列岛的临时基地，噩耗传来，参谋长岛村速雄吓得发出了惊叫，而秋山真之则连话都说不出来了，可是从上任之后多少有点被部下所看不起的闷葫芦矮个子老头东乡平八郎的举动却出人意料。当两位出事的舰长面无人色地来向司令长官报告时，东乡很平静地端出了一盘鸡蛋糕，亲自为两位闯了祸的舰长倒了两杯威士忌：“辛苦了！”两位舰长还没有醒过神来，东乡又加了一句：“别自杀哈，仗还要打下去。”

在场的英国观战武官都有点晕了，这到底是大将风度还是神经太粗已经弄不清楚了。但有一点能弄得清楚，就是东乡在告诉部下：不管发生什么事情，这场仗一定要打下去，这是军人的自尊所决定了的。

远东舰队有没有军人的自尊不知道，但肯定的是很有军人的服从性，因为他们所做的一切也仅仅是服从皇帝陛下的命令罢了，而沙皇没有给他们出去和联合舰队决战的命令。他们有必要去和联合舰队拼命吗?

沙皇是没有发出战命令，可是旅顺要塞司令官斯特塞尔中将想赶他们出去。斯特塞尔觉得日本陆军之所以这么变态地咬着旅顺不放，就是因为有远东舰队这个灾星。没有了这帮灾星，他斯特塞尔的日子要好过多了。一天，在陆海军联席会议上，斯特塞尔火了："我认为舰队应该出去迎击东乡舰队，如果远东舰队拒绝出战，就是对皇帝和俄罗斯的叛逆行为。"

"我以海军的名誉发誓，绝不能容许这种对海军的诋毁。"远东舰队司令官维特格夫特涨红了脸。

"海军还有名誉吗？几只躲在旅顺的池塘里的鸭子也要谈名誉？"斯特塞尔尖刻地回应。

终于，远东舰队坐不住了，正好8月8日，沙皇通过阿列克塞耶夫总督向远东舰队发出了"立即出航，去往符拉迪沃斯托克"的指示，远东舰队这就要准备上路了。

维特格夫特中将带领着旗舰"太子"号、"列特维山"号、"佩列斯维特"号、"胜利"号、"波尔塔瓦"号和"塞瓦斯托波尔"号6艘战列舰，还有4艘巡洋舰"迪亚娜"号、"诺维克"号、"阿斯克里特"号和"帕拉达"号，以及一对驱逐舰和一艘医院船"蒙古人"号，于8月10日一大早就开出了旅顺港，往东而行，企图从对马海峡前往海参崴。

在港外巡逻瞭望的日本驱逐舰"白云"号发现远东舰队的行动以后，立即发电给第三战队出羽重远司令官，出羽再向内长山临时基地的"三笠"转发了这份电报。

而联合舰队主力已经出动了，因为前一天晚上在旅顺港外的另一艘鱼雷艇已经观察到旅顺港内煤烟弥漫，看起来像远东舰队的锅炉都生了火，就直接向"三笠"报告了这件事。已经睡觉了的秋山真之接到值班军官的报告后立即指示："所有军舰立即生火，随时准备行动，在防护栅栏两边点上松明，打开栅栏，赶快报告长官和参谋长。"说完又睡觉去了。

满腹狐疑的值班军官再去报告东乡和岛村，谁知道都是同样的回答："照秋山参谋说的去做就行了。"

联合舰队现在只有4艘战列舰，加上2艘刚刚靠英国人帮忙，强行从阿根廷海军手里转买来的7700吨的装甲巡洋舰"春日"号和"日进"号，单纯从主力舰船的艘数和吨位数上看，日本丝毫不占优势，炮火更是劣势。战列舰的30.5厘米主炮，俄国舰队有24门，而日本只有16门。但日本已无退路，在波罗的海舰队到达前一定要消灭远东舰队，或者是被远东舰队消灭。

中午12时30分，联合舰队和远东舰队在面对大连的遇岩群礁西北10海里处相遇。

06 远东舰队的覆灭

日本联合舰队是孤注一掷，你死我活。但没有想到俄罗斯舰队没有拼命的打算，所以这场海战从一开始就是日本人错误的延续。

这次，东乡平八郎就没有估计到远东舰队是在执行撤往海参崴的命令，以为它们只是出海例行骚扰。因此这次看到远东舰队跑出来这么远，有点喜出望外，一来出了外海，作战的场地有了，二来只要注意远东舰队的动向，就可以不让它再逃回旅顺港。至于联合舰队能不能真在海战中获胜，那是另外一个问题了。

当然对于这个问题，联合舰队也有一定的解决方法。但是这些方法都还是方案，是不是行得通就看这次海战的结果了。

首先就是"丁字战法"，这是个理论上在局部地区形成以多打少的战法。对于以一字纵队前来的敌舰队，想办法使己方舰队的一字纵队形成"丁"字上面的一横，这样在炮战时，己方几艘军舰的大炮可以同时对付敌方一艘军舰，而敌方由于一字纵队，排在后面的军舰上的舰炮有力使不上。到后续舰只赶上来了，前面一艘已经被打沉了或者被打残了，就这样循环往复。

但丁字战法的阵势不是那么容易排得出来的。敌对两支舰队一般是成纵队相对而行，要在敌舰队前组成“丁”字阵形就必须在敌舰队前面来一个90度的转弯，在转弯完成以前，己方舰队由于互相干扰，无法对敌舰队发动攻击。而且由于一字纵队的特点，转弯的位置是固定的，这个固定位置就是提供给敌方舰队的一个活靶子，太近了不行，太远了则敌方舰队可以进行规避运动，还是排不起来。这个“敌前大转弯”的时机就成了丁字战法能否成功施行的关键。

在这次黄海海战中，东乡“敌前大转弯”的时机把握得很不好，不仅时机不好，而且弯子转得太大，从而造成海战的失败。时机把握不好的原因是第一次使用这种战术，转弯太大则是出于东乡在一开始对俄国舰队的目的判断失误。东乡歼敌心切，始终提防着远东舰队溜回旅顺港去，因此在大转弯时始终看着俄国舰队的最后面，时刻准备万一情况有变，就先插到俄国舰队和旅顺港之间，切断其退路，逼着俄国舰队决战。

谁知道这天俄国舰队急急忙忙的是在朝海参崴赶路，既没有准备和联合舰队打一仗，当然更不想回去。因此在东乡往西南方向做横切时，俄国舰队是反过来往东北方向避开联合舰队。东乡见势不好，13时整，下令全舰队再同时左转90度，这样一来就从一字纵队变成了一字横队，然后再一次全舰队同时左转90度重新成为反方向一字纵队，本来在舰队尾部的巡洋舰“日新”号这一下成了队首，旗舰到了舰队的最后面。这个队形是很要命的，因为旗舰落到了最后，其实是无法打仗的，但情况太紧急，好在当时已经有了无线通信装备，东乡只能依靠无线通信来指挥“日新”号。

当时的俄国舰队不能叫作在撤离，应该叫在逃跑。逃跑的人的动作最灵活。等东乡第二个弯转好往东北方向准备摆第二个“丁”字时，远东舰队突然转头向南，东乡以为远东舰队要回头逃回旅顺，13时30分，赶紧左转180度准备回头去堵，谁知道远东舰队又回头直往东南方向，东乡这才意识到远东舰队不是来决战的，而是在向海参崴方向逃跑！但是为时已晚，这两个大弯一转，日俄舰队间的距离拉开了15000米以上了。俄国舰队以这几个漂亮的规避动作成功地迷惑了一直有远东舰队肯定要回旅顺念头的东乡平八郎，从联合舰队的拦截中成功地穿了出去。联合舰队还想消灭远东舰队的话，就要看能不能追得上去了。

东乡、岛村和秋山这下傻了。远东舰队如果逃跑成功，就意味着日俄战争是日本失败，因为舰队如果仍在旅顺港里面，还可以指望乃木希典的陆军，一旦放虎归山，对这支远东舰队则是一点办法都没有了，再加上正在开过来的波罗的海舰队，日本海军除了全军覆灭外没有其他出路。海军一完，困在满洲朝鲜苦战的弹尽粮绝的陆军除了“玉碎”之外就是投降了。今天无论如何不能让远东舰队溜掉，一定要追上去打。

但是远东舰队已经跑到几乎10海里以外去了，怎么追法？当时日本联合舰队的速度在17节左右，比远东舰队的16.5节要稍微快一点，但是要追上这10海里就需要20个小时，现在已经是15时30分了，再过几个小时天就要黑下来了，就是说远东舰队已经成功地逃脱了天罗地网。

正当东乡带着联合舰队几乎是绝望地追赶远东舰队的时候，17时30分，奇迹出现了。早已从视野里消失的远东舰队居然又远远地出现在视野中——联合舰队竟然追上了远东舰队。

这又是怎么回事呢？这真叫运气。正在全速前进的远东舰队突然出故障了。8月7日，在旅顺港内被日本海军支援陆军的舰炮击中过吃水线下的部分，只是临时采取了一点修补措施就出来的战列舰“列特维山”号修补处突然漏水，无法前进了，全舰队都停了下来等它临时抢修。到抢修结束可以继续以正常速度前进时，联合舰队已经追了上来。

维特格夫特中将是一个极其不合格的将军，他完全不知道自己在做什么，为什么做，和应该做什么。撤往海参崴是沙皇的命令，但维特格夫特从来就没有去考虑过这道命令的深层含义。他只是带了人往海参崴跑，在有军舰发生故障的情况下，他也没有考虑过是否应该抛弃这艘出故障的“列特维山”号来拯救整个舰队，因为他的皇帝陛下没有给他这条命令。所以他一定要，起码从主观上，把全部出动了的舰只带回海参崴去。

其实在出动以前有人提出建议，说应该把舰队分成两个部分，低速舰先出港吸引联合舰队的注意力，掩护真正有战斗力的高速舰逃走。但这个主意被维特格夫特中将否决，理由是“皇帝希望将每一艘军舰都带回符拉迪沃斯托克”，于是大嫂大妈一起走，结果是谁都走不掉。

17时30分，远东舰队殿后的“波尔塔瓦”号用尾炮向联合舰队开火，开始了第二轮战斗。18时37分，俄国人的真正悲剧发生了，30.5厘米巨炮的一颗炮弹直接击中了旗舰“太子”号的司令塔，维特格夫特及所有参谋人员全体死亡。更加不幸的是，“太子”号的舰长死的时候还握着舵轮，就这样向左边倒了下来，旗舰“太子”号就向左舷划起了一个巨大的圆弧。

因为远东舰队司令部和“太子”号的舰长全体阵亡，无一生存者，所以“太子”号上的其他人都不知道为什么要做圆周运动，其余舰船见此情况，也都跟着旗舰做起了圆周运动。直到四号舰“佩列斯维特”号差点撞上旗舰时，人们才开始怀疑旗舰是否出了问题。“佩列斯维特”号上的舰队副司令官弗托姆斯基少将果断地挂出了“接管舰队指挥权，跟我来”旗号，全舰队往右调头，这回可真是回旅顺了。

这时，以“三笠”号为首的联合舰队主队已经压住了远东舰队的北方，“浅间”号和第五战队已经占据了西北，第三战队也包抄了东南。整个远东舰队处于被包围的态势之中，好不容易整好了准备回旅顺的阵形被冲得七零八乱，只好各自为战，各自逃生。

这时候天已经黑下来了，靠目视已无法分辨双方舰只，于是联合舰队的战列舰、巡洋舰等大型舰只退出战斗，一直跟在旁边的驱逐舰、鱼雷艇像群狼似的扑了上去，打了整整一个晚上，鱼雷也不知道打了多少。战果怎么样？嘿嘿，零，俄国军舰连被蹭掉皮的都没有。到了第二天，连旗舰“太子”号都想方设法进了胶州湾，结果却让德国人给解除了武装，同时被解除武装的还有3艘驱逐舰；巡洋舰“阿斯克里特”号和

1艘驱逐舰在上海被解除了武装，另一艘巡洋舰“迪亚娜”号甚至去了西贡（现越南胡志明市）。只有被联合舰队称赞为“最勇敢的巡洋舰”的“诺维克”号在胶州湾拒绝解除武装，装好煤炭以后再度出港，结果在日本海被日本军舰追踪时搁浅。其余远东舰队的5艘战列舰和1艘巡洋舰又回到了旅顺。

怎么会打出这么一个结果？这其实也反映了日本海军在发展上的力不从心。日本海军的发展已经超过了国力的发展，这不仅仅表现在购买、维护军舰的预算规模上，也表现在军官培养的规模上。海军军官和陆军军官不同，培养费用非常昂贵，所以贫穷的日本无法随心所欲地培养需要的海军军官，海兵的毕业生被这十几年来像炸起来的龙虾片一样在膨胀的战列舰、巡洋舰上优先使用，驱逐舰和鱼雷艇都轮不到使用这些人才。所以在作战之前，虽然东乡已经悬赏金鵄勋章，但在作战时驱逐舰舰长和鱼雷艇艇长还是害怕俄国人的大炮，没有人敢靠近了施放鱼雷，结果打的全是空炮，甲午战争时夜袭威海卫的鱼雷艇部队已经不存在了。

当时联合舰队的驱逐舰舰长、鱼雷艇艇长的作战水准的低劣不仅表现在胆小怕死上面，在战略素养上也几乎为零。那么多舰长、艇长，居然没有一个人想到，远东舰队的绝大部分舰只肯定要回旅顺港，完全可以用自己比俄国大舰在速度上要快的优势，抢先在旅顺港外埋伏等待，而是大家都一齐凑热闹，在黄海上跟着俄国军舰跑。

日本海军也看出了这一点。后来歼灭远东舰队以后，海军对驱逐舰队和鱼雷艇队作了大换血，换下了全部驱逐舰舰长和鱼雷艇艇长，换上从大舰上调下来的海兵毕业生，并且又恢复了海兵毕业后在大舰接受基本培训后立即派往驱逐舰或鱼雷艇的传统，以加强驱逐舰和鱼雷艇的力量。所以在后来对波罗的海舰队的日本海大海战中，日本驱逐舰和鱼雷艇打得有声有色，帮俄罗斯人建造了一个活地狱。

但是问题的真正根子不在这儿，而在于日本是“小马拉大车”，它没有大批培养优质海军军官的国力。和招生人数从来只会增加而绝不会减少的陆士不同，海兵是有点风吹草动就减少招生，所以在战后经常能够听到海军抱怨什么什么时候少招了生，弄得某某舰队无法编成什么的。

黄海海战打得很不好，但是日本人搂草打兔子得了一个意外收获，那个浦盐舰队被日本人弄没了。

东乡自从判断出远东舰队是要往海参崴撤退以后，就估计到了浦盐舰队要到朝鲜沿岸来接应的可能性。所以在上村带领的第二战队也赶到黄海海战现场时，立即让他到朝鲜沿岸去等待浦盐舰队的到来。果然不出所料，8月14日凌晨4时25分，第二战队的“出云”号、“吾妻”号、“常磐”号、“磐手”号在朝鲜蔚岛附近海面发现了浦盐舰队的3艘巡洋舰。

仇人相见，分外眼红。第二战队司令上村彦之丞和参谋长佐藤铁太郎可算被俄国佬给害惨了，说什么今天也要为家里的那几块玻璃报仇。

浦盐舰队这次出战不是来骚扰的，是来接应本国的远东舰队。可是他们又不知道黄海海战的结果，眼看舰数、总吨位都比自己大得多的日本舰队上来了也只能硬着头皮顶上去。但是甭说数量上就有差距，就是同样的艘数炮数俄国舰队也打不过日本舰队。

这是因为，俄国舰队的命中率就比日本舰队低。日俄战争以后的统计表明，俄国舰队的火炮命中率只有日本舰队的26%。还有炮弹的爆炸力问题，俄国海军炮弹当时使用的是普通的黑色火药，而日本海军炮弹在日俄战争中使用的是所谓“下濑火药”。这种火药爆炸开了就是一片火海和让人窒息的黄色烟雾。打到哪儿烧到哪儿，能把舰炮的炮管都烧弯烧化。这次的浦盐舰队就是这样，30分钟的炮战以后，“鲁里克”号就被击中舵机，起火进水，无法继续操纵，“俄罗斯”号和“格罗姆鲍伊”号几次想救援都没有成功，反而挨了更多的炮弹。

应该说俄国海军是很勇敢，也善战。俄国海军的问题是，作战指挥主官除了死于联合舰队水雷的马卡洛夫之外几乎没有一个是合格的。浦盐舰队司令官埃森和远东舰队司令官维特格夫特一样，在作战时不知道如何处理受伤的己方舰只。这时“俄罗斯”号和“格罗姆鲍伊”号还有基本全身而退的机会，但是他们没有抓住这个机会。而第二战队一方又来了援军，“浪速”号和“高千穗”号正好赶到，上村把受伤的“鲁里克”号交给这两艘援军，自己带着舰队去追“俄罗斯”号和“格罗姆鲍伊”号，只是后来因为“出云”号上的炮弹快要见底，才放弃了追击。“俄罗斯”号和“格罗姆鲍伊”号其实已经成了废舰，虽然最后逃回海参崴，受损实在太重。两艘巡洋舰的甲板建筑几乎都给日本人弄平了，“俄罗斯”号三座烟囱全部被炸，“格罗姆鲍伊”号的两座蒸汽机不能工作，两艘舰上的大炮都成了铁疙瘩，最终两舰都成了无法修理的废舰。从此，以海参崴为基地的俄国远东舰队巡洋舰分舰队就不存在了。而远东舰队则还在旅顺港内。

12月5日，日本陆军终于攻下了旅顺港外的203高地，日本人在山顶上架起为了攻城特地从国内搬来的28厘米重炮，对着山下的远东舰队轰了起来。到12月8日为止，除了战列舰“塞瓦斯托波尔”号冒死冲出旅顺港，后在港外被鱼雷艇击沉之外，其余舰只都在3天内被击沉，旅顺的俄国守军也在1905年1月1日向乃木正式投降。

自此，俄国在远东地区的海军力量已经不复存在，现在联合舰队要准备对付的是不远万里而来的波罗的海舰队，也称“第二远东舰队”或者“第二太平洋舰队”。

那支舰队是怎么回事？现在到哪儿了？

07 疯狗舰队往东来

沙皇俄国有3支舰队：远东舰队、波罗的海舰队和黑海舰队。每一支舰队的装备数字都可以和联合舰队一比高低。日俄开战后不久的1904年4月30日，原远东舰队改编为第一太平洋舰队，波罗的海舰队的主力舰船

“苏沃洛夫公爵”号等改编为第二太平洋舰队，为了称呼上的方便，我们还是称其为“波罗的海舰队”。10月15日，波罗的海舰队由现拉脱维亚的利耶帕亚出发，开始了人类历史上首次18000海里的大舰队远征。

出征前，沙皇尼古拉二世到现在的爱沙尼亚首都，当时也是波罗的海舰队的一个重要基地的塔林，亲自检阅了将要远征的波罗的海舰队。这支舰队包括7艘战列舰。其中，“苏沃洛夫公爵”号、“亚历山大三世”号、“博罗季诺”号和“鹰”号4艘战列舰的排水量是13516吨，号称世界上最强的战列舰，也正因为此，俄罗斯海军被人尊为“世界第三海军”。尼古拉二世自豪地看着他的舰队，对将士们说：“到东方去，把那些破坏俄罗斯和平的东方异教徒埋葬在海里。”

沙皇尼古拉二世陛下对胜利充满了信心。

而新上任的舰队司令官罗杰斯特文斯基少将，不对，应该是中将，前两天刚刚晋的级，是不是那么有信心就不知道了。

从任何方面来说，罗杰斯特文斯基都可以说相当于古代中国宫廷里常有的“宠臣”。虽然维特伯爵对他的评价是“很难找到像罗杰斯特文斯基似的笨蛋”，但挡不住沙皇的宠爱。尼古拉二世宠爱罗杰斯特文斯基的理由是很俄罗斯的——俄罗斯人老有一种古怪的自卑感，总觉得自己太粗太笨，因此在沙皇的宫廷里，凡有德国血统而又身材苗条的就极易得宠。很不幸，罗杰斯特文斯基同时具备了这两项条件。

尼古拉二世是一个极为野心勃勃而又不具备必要能力的人，他和当时的德国皇帝威廉二世，正好是一对都想向海洋发展的大陆国家的皇帝。1902年7月24日，这两个表兄弟（当时的英国国王乔治五世也是他们的表兄弟）在利耶帕亚见面，各自带着自己的舰队，为了表示亲热，两位表兄弟皇帝特地身穿对方国家海军的军服出场。最后分手时，威廉二世打给尼古拉二世的灯光信号是：“大西洋舰队司令向太平洋舰队司令致敬！”

所以在尼古拉二世看来，远东，特别是俄国边上的满洲、朝鲜这些地区，就是上帝赐给俄国人的。现在却跑出来了一个什么叫日本的非要和俄国人争抢，是可忍孰不可忍？特别是尼古拉二世对日本印象极坏。1891年5月11日，他还是皇子的时候，去日本访问，被那些无法无天的日本人在大津砍了一刀，他至今记忆犹新。现在他极其喜爱的罗杰斯特文斯基向他献上了编组第二太平洋舰队，去远东和第一太平洋舰队一起夹击日本联合舰队的计策，他为何不满心欢喜，言听计从？

但是，出主意的罗杰斯特文斯基少将本人是不是真的相信自己的主意就很值得怀疑了。他是沙皇的侍从武官，以英俊的面容和潇洒的身姿出入宫廷，伴随在沙皇身边，出这个主意肯定能够得到沙皇的进一步宠爱，成功与不成功与他罗杰斯特文斯基有何关系？反正如果打了败仗就是指挥官无能。但他可能没有想到，沙皇会任命他——一个少将去担任这支大舰队的司令。

说到这点，尼古拉二世陛下的气就不打一处来：白养活这么多将军，居然没有一个人出主意，眼看着远东舰队要完蛋也没人心疼，就只有罗杰斯特文斯基一个人为朕分忧，这个舰队司令就让罗杰斯特文斯基来当。什么？罗杰斯特文斯基还只是少将，不能当舰队司令？朕是什么？朕就是绝对，朕这就晋升他当中将，眼红死你们。等他回来，朕还要任命他当上将，当元帅。

其实，没人出这个主意的原因，并不是像尼古拉二世想的那样众将无能，而是除了沙皇和罗杰斯特文斯基两人外，相信波罗的海舰队去了远东能够胜利的再无他人，全俄罗斯就没有人相信这是个好主意！

这么多船开到远东几乎是绕地球一周，半路上会不会散架？俄国海军军官担心的是打仗以前的事。舰队都散了架还打什么仗？但没有人出来反对。沙皇是永远正确的，俄罗斯是不可战胜的，这也能反对？大家还是闭嘴吧。

被更名为第二太平洋舰队的波罗的海舰队，就这样踏上了遥远的征程。

自打10月15日从利耶帕亚启程，波罗的海舰队内部就弥漫着一种奇怪的气氛，这支舰队现在成了世界上最大的谣言市场。不知从何而来的谣言，在所有舰船和官兵间传播，其内容的荒诞程度到了无法想象的地步。

比如，日本的鱼雷艇或者驱逐舰已经埋伏在丹麦海峡，等着他们去送死，或者是埋伏在北欧的其他什么地方。反正全能的、恐怖的日本联合舰队甚至不会让他们出波罗的海。至于联合舰队曾为远东舰队抓狂这个事实，他们或者是不知道，或者知道了也不相信。总之，舰队上下的气氛就是恐怖，或者说极端的恐怖。

罗杰斯特文斯基中将的害怕不亚于舰队里的任何人。

本来恐惧心理对统帅不是什么坏事，不如说，超出常人的恐惧心理是成为好统帅的必要条件。只有出于恐惧，才能够充分地估计到各种可能发生的意外情况，做好应变的准备。

优秀统帅和糟糕统帅的区别在于，优秀的统帅能够成功地掩饰内心其实超人一倍的恐惧感，激励（或者说忽悠）部下去战斗。反过来，不能够掩饰自己恐惧心理的统帅就是最糟糕的统帅，很不幸罗杰斯特文斯基就是一个不能掩饰恐惧感的人。

罗杰斯特文斯基下达的命令是："睡觉不准脱衣，所有主炮副炮全部脱去炮衣，实弹上膛，瞄准每一艘靠近的船。"因为每一艘船都有可能是日本驱逐舰或者鱼雷艇。在驶出波罗的海的5天5夜里，整个舰队就是在这样一种不可名状的极度恐怖中熬过的。因为波罗的海是内海，丹麦、瑞典、芬兰、德国、英国等沿岸国家的各种船只穿梭不停，而每一艘船都可能是来灭这么一支大舰队的日本小驱逐舰，这种积累起来的恐怖和疲劳终于爆发了。

驶出波罗的海以后，舰队经过北海。北海是一个大渔场，10月份，又是捕鱼的黄金季节，北海渔场挤满了渔船，每一艘新出现的渔船都会让俄罗斯驱逐舰像抽风一样地突然兴奋起来。而罗杰斯特文斯基对这种充满了警惕的舰队表现似乎十分满意。

10月21日晚上，波罗的海舰队经过一片被称作多戈浅滩（Dogger Bank）的浅滩，北海这种浅滩不少，都是鱼类生息的好地方。这时由于机械故障而落在了后面的工作船“堪察加”号突然发出了一份无线电报：“遭到日本驱逐舰袭击。”罗杰斯特文斯基立即询问：“速报告敌舰数量以及方位。”“堪察加”号的回答让整个舰队都倒抽一口冷气：“8艘，从所有方位。”

顿时所有舰只都打开了探照灯乱照。在探照灯的照射之下，确实有一群小船的影子，一直是实弹上膛的俄国军舰不由分说就打了起来。

那群小船大约有四五十艘，是正在捕捞鳕鱼的英国拖网渔船，都只是些100吨左右，七八个人的小船，人家在自己家门口打鱼，也不知道犯着谁了，一顿炮火从天而降。离俄国舰队最近的“仙鹤”号最倒霉，被击沉，船长和另一位船员死亡。但受到了一支全副武装的巨大战列舰舰队攻击的英国拖网渔船只被打沉这一艘，死了3个人。俄国舰队的攻击能力也就可见一斑了。

这时，从“鹰”号战列舰上又发出了“发现敌人巡洋舰，正在向我攻击”的信号。原来“鹰”号昏天黑地地把边上的“阿芙乐尔”巡洋舰也当作日本人了，又转调炮口，向“阿芙乐尔”打了起来。“阿芙乐尔”当然不会束手待毙，人家后来连冬宫都敢打，还怕你个“鹰”号战列舰？赶快还击，一顿乱打，俄国舰队也赔上了一个士兵和一个随军牧师的两条命。

如果说罗杰斯特文斯基中将完全是草包，也不是事实。从听到“发现敌人巡洋舰”这句话开始，他就觉得有点不对劲了，立即下令停火开灯，开了灯一看才知道真是打了自己人，再一看对面，哪有什么日本的驱逐舰，不就是些可怜的英国小拖网渔船吗？

那些莫名其妙地挨了一顿炮击的英国渔花子，扯着半旗哭着就回了家。第二天早上，整个英国沸腾起来，堂堂大洋主人的大英帝国的渔民，居然在自己家门口的北海被海盗打了劫，这还了得。

话说回来，这帮海盗的水平也真差，一个战列舰舰队打了半个晚上，居然就打沉了一艘渔船，才打死3个？英国人想不出这些人到东方去干吗？难道说日本舰队也都是一些捕鳕鱼的拖网渔船，否则这些俄国笨蛋就没有一点胜利的可能。

因为事情出在多戈浅滩，所以罗杰斯特文斯基中将就得了一个“疯狗”的诨名，他所率领的这支舰队也就很自然地被命名为“疯狗舰队”。对于这支攻击渔船队而且没有采取任何救助手段来救助渔民的战列舰舰队，英国人做出了激烈的反应。英国海军当然是动员起来了，英国外交部照会俄国驻伦敦大使：“事情没有得到妥善处理之前，波罗的海舰队不准继续航行，否则一周后大英帝国进入和俄罗斯帝国交战状态。”

大英帝国本来就是日本的同盟国，只不过没有直接和俄国交战的义务。实际上英国也没有和俄国直接交战的准备，后来法国出来调停，英国也就接受了，本来就没有什么大损失嘛，就是乘机敲竹杠。

所以，除了罗杰斯特文斯基倒霉之外没有别的说法，罗杰斯特文斯基们绝不是海盗，他们只是由于过度恐惧而进入了幻觉而已。但是罗杰斯特文斯基最不幸的是他得罪的是海上霸主，现在他不得不付出代价，这个代价就是俄罗斯的面子和荣誉。

多戈浅滩事件的第二天，波罗的海舰队通过英吉利海峡。英国地中海舰队的巡洋舰在波罗的海舰队的旁边监视，一边还做着各种编队机动动作以示威。俄国舰队的士气刚从恐惧的顶峰下来，又跌落到了沮丧的谷底。一位俄国军官在日记中这么写道：“对面的舰队才是真正的海军，而我们俄国人仅仅是他们押送下的囚犯而已。”

俄国舰队第一次寄靠的是西班牙的维哥港。按原计划，舰队要在这里加煤，而在海上晃了一个多星期的官兵们，也想到陆地上去散散心。

那时，只有大洋霸主英国的皇家海军在全世界各地都有煤炭储备，其他国家的海军要远征，首先遇到的问题就是如何解决煤炭的供应。俄国人在这个问题上得到了德国人的帮助，一家名叫汉堡亚美利坚的德国运输公司承包了这项业务。船到维哥，德国船只正要上来装煤，突然一个西班牙人到旗舰“苏沃洛夫公爵”号通知俄国人：“西班牙人不想破坏中立，俄国舰队不能在西班牙港口内进行补给活动。”

毫无疑问，站在这个个子矮小、相貌猥琐的西班牙中年男子身后的，是大英帝国和皇家海军。

俄国人只能低头。在俄国外交部答应付给英国渔民66000英镑的赔偿，并且交出肇事的波罗的海舰队军官以后，西班牙人终于在第三天答应每艘战列舰能够加载400吨煤。俄国人为了能够尽早行动，连犯了过失被关禁闭的士兵都放出来参加装煤。

俄国人在维哥待了5天，这5天对东乡平八郎是无价的5天，因为日本人还没有办法拿下旅顺港。

其实如果不考虑最后的军事失败，把俄罗斯波罗的海舰队的东征本身算作世界第八大奇迹也没有多少问题。这次东征是除了沙皇尼古拉二世陛下和罗杰斯特文斯基之外没有人相信会成功的奇迹。

罗杰斯特文斯基是一个官僚。官僚虽然没有什么想象力，但在管理上却有独到之处，尤其是他还是一个天生的宪兵司令，和后来的日本陆军大臣兼参谋总长东条英机一模一样。罗杰斯特文斯基成天在舰上巡逻，找出所有衣冠不整的士兵，发现所有没有擦洗干净的角落，要不然就是坐在办公台前搜寻所有报告中的格式拼写错误，然后或者命令军官，或者亲自去处罚那些犯错误的可怜虫，把整个舰队从被日本鱼雷艇袭击的恐惧中带到被长官鞭打的恐怖之中。

话说回来，没有罗杰斯特文斯基这种变态的铁腕管理，波罗的海舰队要完成这18000海里的航行是不可能的，因为日本的盟友英国设置了数不清的障碍。在西班牙的维哥港没有装满煤炭的俄国舰队经过葡萄牙以后，总算在盟邦法国的殖民地摩洛哥的丹吉尔花了4天时间装满了煤炭，每艘战列舰都在4000吨以上。本来法国设计的战列舰是以重心高而著名的，可是甲板上堆满了煤炭的俄国舰队舰船吃水线都沉到了海面以下了。

这时没有什么日本鱼雷艇、驱逐舰来袭击俄国舰队，否则俄国舰队将无法迎战，所有的炮塔周围都堆满了煤炭，炮塔根本无法转动，所有军舰都成了粉尘飞扬的地狱。南半球已经进入了夏天，但军舰上的所有窗子都打不开，舱内温度高达50摄氏度。习惯了低温的俄国人就在这样的地狱旅程中走向东方。

即使是这样的地狱都是一种奢侈。对日本人绝对称不上是什么天使，但对于俄国人则绝对是恶魔的英国人，首先干的就是不给俄国人煤炭，起码不给他们好煤炭。即使在丹吉尔，英国商人也是竭尽全力，囤积所有煤炭，在无法囤积“所有”的时候，首先囤积最优质的威尔士煤炭，绝对不给俄国人以充足的资源。

08 艰难的历程

从丹吉尔出发，11月3日，俄国人到了塞内加尔的达喀尔，这里也是法国殖民地，正当松了一口气的俄国人准备进港加煤的时候，法国的西非总督却说：“进港和加煤需要我国外交部的许可。”

俄国人觉得五雷轰顶：不是友好国家吗？不是刚刚还在丹吉尔排除了英国人的阻挠，保证了波罗的海舰队用煤的友邦法国吗？怎么会有这种回答？

法国仅仅是俄国的“友好国家”，并不是负有义务的盟国。而法国对俄国的好意也仅仅是出于对英国的厌恶和对远东小国日本的不了解。但是，海上霸主英国的有关“提供煤炭是一种违反中立的行为”的主张不得不考虑。更加重要的是，8月份在满洲开始的辽阳会战和10月份的沙河会战，无一不是以俄国陆军的失败而结束，法国人已经对俄国人胜利的可能性产生了怀疑。

法国人是外交天才，第一次世界大战和第二次世界大战中，军事上的失败都没有阻止法国最后成为胜利国。法国人本能地知道在什么时候应该和什么人友好，他们不会继续和一个已经没有多少胜利希望的帝国友好下去，果然法国外交部的回答是：“不能在本港加煤。”实际上法国已经开始暗地进行在日俄之间实现媾和的斡旋了。

罗杰斯特文斯基不是傻瓜，他对手下幕僚的解释是：“我们的军事上的失败，导致了外交上的失败。现在法国人对我们的态度，也就是普通人对一个破了产的亲戚的态度。”

俄罗斯民族是一个没有外交的民族，或者说是不需要外交的民族，就连公认的最开明的维特伯爵都公开说过：“俄罗斯的威信仅仅由于其军事上的强大而存在，没有军事上的强大就没有俄罗斯本身。”很不巧，现在的俄国人开始失去了这种“军事上的强大”。

事实上，法国人还算没有把事情做绝，没有拒绝俄国舰队的入港要求，而且对于俄国舰队后来在达喀尔港内的加煤行动也是视而未见，俄国舰队也就能够加了煤以后继续上路。但是俄国人也知道，这已经是最后一次了，英国人肯定会继续在其他方面施加压力的。

但是俄国人还要继续走下去，并不是有其他的理由，仅仅因为这是沙皇尼古拉二世陛下的旨意。因为沙皇要走下去，所以臣下就不会去关心为什么，是不是应该继续东征，反正这个国家、这支海军都是沙皇的，和别人没有关系。如果说有关系的话，那就是怎样从这次东征中为自己弄点好处。

比如说，军舰用的最好的煤炭是昂贵的威尔士煤，当然英国人不会再卖给俄国人了，也不会卖给德国的汉堡亚美利坚公司。但是俄国海军部的账簿上记载着的，却是俄国人一直在购买被禁运了的威尔士煤，实际上波罗的海舰队用的是汉堡亚美利坚公司好不容易收罗来的最便宜、质量也最差的日本产煤炭。

日本的矿工们，正在为日本的敌人生产燃料，这种怪事不是第一次，也不会是最后一次。自从这个世界上有了资本主义以后，所谓商业运作就成了这么个不可思议的东西，永远会有为敌人生产武器来打自己的事情。

罗杰斯特文斯基的麻烦远不止这些。当时的俄国已经出现不少社会主义者，他们的敌人就是沙皇和沙皇专制，波罗的海舰队也不会缺少社会主义者，起码不会缺少社会主义的同情者。在多戈浅滩谎报军情的工作船“堪察加”号从达喀尔出港不久就挂出了“机械故障”的信号，退出了行进行列。

其实，集中了全舰队工程师的“堪察加”号的机械根本没有故障，而是因为船上发生了抗议骚乱。征来的伙夫和享受军官待遇的工程师们打了起来，舰长赶快挂起故障旗来吸引全舰队的注意，要不然斯拉夫伙夫的铁拳可不是开玩笑的。

“堪察加”号事件像瘟疫一样流行起来。从此无论白天黑夜，报告士兵或者伙夫叛乱的灯光信号连续不断地发往旗舰“苏沃洛夫公爵”号，而罗杰斯特文斯基就像一个宪兵下士官一样，不断发出镇压和惩罚的命令。于是各个舰长就成天充当着军事法庭庭长、检察官和辩护人的角色。要知道，罗杰斯特文斯基是一个完美主义者，他会阅读所有军法审判记录，连单词的拼写错误都不会容许，更不要说审判本身的敷衍了事了。

舰队到加蓬的时候，法国人的刁难到了露骨的地步，居然不准德国公司在海上为俄国舰队加煤。在对待除部下之外的人向来彬彬有礼的绅士罗杰斯特文斯基这次也火了：“总督先生，这里是公海！”

法国总督寸步不让：“是公海，但是是靠近加蓬的公海。”

结果已经被称为“流浪舰队”的波罗的海舰队只能再次向别处流浪，这次找了小国葡萄牙的殖民地——安哥拉的大鱼湾（Great Fish Bay）。可能俄国人在想，无论如何，俄罗斯帝国还不会混到被葡萄牙欺负的地步吧。谁知道，大鱼湾里唯一一艘不到100吨，旧得都看不清原来油漆是什么颜色的炮艇居然不由分说，打着“禁止入港”的信号大模大样地挡在航道上。

世界前几名的大舰队，居然在这艘像脱光了毛的老狗一样的小炮艇面前乖乖转身走开。越是小国，越在乎大国英国，罗杰斯特文斯基也是刚刚才想明白这个道理。

只好去找沙皇表兄弟帮忙了。罗杰斯特文斯基只好去德国殖民地纳米比亚的安哥拉佩克。安哥拉佩克的德军司令官非常友好，派人来打招呼：“本官只是军人，不是外交官，本官在司令部窗口看不见的东西是不存在的。”

出航两个月来，这是波罗的海舰队的将士第一次摆脱了丧家之犬的落魄，总算可以宽宽心休息一下。最美妙的是，这里居然还能看到900公里外的开普敦发行的报纸，报纸上居然还有日俄战争的消息。

当然不是好消息，是有关旅顺港边上的一个可以威胁港口内的远东舰队的小高地失守，远东舰队前景甚危的消息。

当然报纸上的消息不一定准确，就算准确，沙皇尼古拉二世陛下会下达什么命令谁也不知道，在沙皇改主意以前，就只能按既定计划往前走。绕过好望角，转头北上，于1905年1月9日到达马达加斯加的诺西贝，计划和前一年12月28日通过苏伊士运河到达的一部分舰船会合。

马达加斯加是法国殖民地，俄国舰队本来预定在马达加斯加休整两个星期再北上，可是这一停下来就不走了，后来真正从马达加斯加出发是3月16日。怎么一待就花了那么长时间，理由很多，反正全是极为俄罗斯的。

首先发生的事情又是有关燃煤的。英国人的封锁和俄国人的贪污，使得罗杰斯特文斯基只能烧烟雾腾腾的日本劣质煤，怎么烧也不出蒸汽，只产生大量呛鼻的气体。还是那个“堪察加”号，又打来了信号：“请求许可抛弃150吨劣质煤炭。”

罗杰斯特文斯基的回答是：“先把谋反者扔下去。”想扔掉这么珍贵的煤炭，就算是扔掉劣质煤也是谋反行为。

和德国公司有关煤炭的口头官司打不出来名堂，因为彼得堡的海军部高官已经决定不掺和此事，全权授予罗杰斯特文斯基。而日本海军是在开战以前就由海军次官斋藤实海军中将（1932年当上第30任首相）专门负责购买“英炭”以确保战舰的燃料。两国的反差太大了一点，让人怀疑俄国人是不是真的在打一场战争。

受了伤的军舰需要修理，没有受伤的军舰也需要清理。军舰在海里浸泡一段时间后，就有海藻和贝类附着在船底外壳上。这种附着的海藻和贝类是军舰的大敌，这会严重降低军舰的航速，还浪费燃料，所以军舰隔一段时间就要进船坞，去把这些附着物清理掉，以节省燃料保证航速。但这种作业一定要在船坞里进行，否则无法彻底清除。俄国第二、第三太平洋舰队的船只已经在海水里浸泡了快半年，船底上海藻和贝类早已是层层叠叠，长势喜人，可是俄国舰队在这18000海里的苦难行军中连进港抛锚的机会都屈指可数，怎么能做进船坞清理的奢侈之想。闲在马达加斯加的那段时间，罗杰斯特文斯基倒是很认真地天天让各舰找人穿上潜水服到海里去清理船底，但还是无法彻底清理干净。

舰队士气空前低落。连日航海的疲劳，加上远东不断传来的噩耗，又使得俄国水兵产生了一种对这些从未见过面的日本人的强烈恐惧，整个舰队几乎没有人认为自己会活到战争结束。

燃料在打官司，而这边远东舰队已经全军覆灭的消息则得到证实。怎么办？还要不要去远东，去远东单独和那可怕的东乡们打仗？罗杰斯特文斯基心中无数，向彼得堡请示，心里很希望皇帝陛下说上一句："算了，你就回来吧。"

可是，这个沙皇的宠臣还不是很了解他的主子。罗杰斯特文斯基甚至还不如东乡平八郎了解尼古拉二世。尼古拉二世从来就没有想过饶了那些敢于冒犯俄罗斯帝国的日本人。而彼得堡海军部的将军们也没有谁希望罗杰斯特文斯基活着回来，为了防止尼古拉二世想起俄罗斯那条没有一倍以上的兵力不进攻的潜规则，还专门在报纸上以"科拉特中校"的名字发表了一篇论文，说："俄国人不一定肯定胜利！"里面把波罗的海舰队的火炮数量点了一遍数以后，说"日本人的火炮数量是俄国人的1.8倍"。怎么办？"有必要再编制一支第三太平洋舰队来弥补这种不足"。

这种话是不是混蛋话没有关系，只要沙皇尼古拉二世陛下听进去了就是科学，顿时一道圣旨，波罗的海舰队剩下来的只要是装了门像炮似的玩意儿的全上阵，真又组建了一支"第三太平洋舰队"，由内博加托夫海军少将指挥，经苏伊士运河来和第二太平洋舰队会合。

罗杰斯特文斯基真是哭笑不得。这支第三舰队有什么用？就现在这支号称拥有4艘世界上最强战列舰的第二太平洋舰队集中炮火攻打，也只打沉了一艘英国人的小渔船，那支舰队除了能够勉强说是船之外还有什么？真打起仗来，如何照顾它们就是一个问题。但又有什么办法呢？这场战争不就是为了沙皇陛下打的吗？陛下要这样打还有什么话可说，就慢慢等着带那些老爷船一同走吧。

3月16日，罗杰斯特文斯基的第二太平洋舰队终于从马达加斯加的诺西贝起身北上了。罗杰斯特文斯基走了一条横断印度洋的最短道路，直冲尼科巴群岛，然后穿过长长的马六甲海峡，绕过新加坡，沿着马来半岛北上，把一切都公开展示在英国人面前，并通过英国人，向全世界展示了拥有40艘各类舰只的俄国太平洋舰队劈波斩浪，滚滚浓烟染黑了半边天的雄姿。

波罗的海舰队的行进确实壮观、特别，以前没人看到过，以后也再不会看到类似景象。没有燃料基地的罗杰斯特文斯基舰队的所有舰只都得自己带着燃料走。像设计满载排水量14000吨的“苏沃洛夫公爵”号，每次出发时的排水量都超过17000吨。大舰能这么装煤，小舰装不了，驱逐舰、鱼雷艇什么的开了两天，燃料就没有了。为了让小舰节省燃料，大战列舰、巡洋舰就用缆绳拽着驱逐舰、鱼雷艇，像老马拉破车一样地前进。缆绳经常会断，还得停下来重新系。把罗杰斯特文斯基远征称为世界第八大奇迹绝不是浮夸，只有精力充沛不知疲倦的俄罗斯人才做得到。

4月13日，俄国人来到了法属印度支那的金兰湾。刚准备进港抛锚、装煤加水，却迎来了法国远东舰队司令。在向罗杰斯特文斯基中将嘘寒问暖以后，他很不经意地提到了金兰湾是法国军港这一事实——向交战一方提供军港是违反中立原则的。

无奈的罗杰斯特文斯基只好离开金兰湾，在海上漂流。真的是在漂流，他不能走，理由很奇怪而且无奈，因为尼古拉二世陛下送来给他助威的第三舰队还不知道在哪儿呢。就这样漂了5天，漂到了越南海防附近。罗杰斯特文斯基的大多数时间是在宫廷里混，能够讲一口完美无缺的法语，对法国人的思维方式很了解，他已经听出了法国舰队司令强调金兰湾是军港的言外之意，其实是说只要法国远东舰队没有列上名单的港口就可以使用，而法国远东舰队没有使用过海防，于是罗杰斯特文斯基就在海防等第三太平洋舰队。

在海防海面上漂泊的那段时间里，罗杰斯特文斯基天天派出驱逐舰去拍电报，恳求俄国海军部取消让他等待第三舰队的命令，因为无论如何，航速快、吨位大的第二太平洋舰队单独突破日本人的拦截，到达海参崴的可能性，总比带着第三太平洋舰队那些被他们称为“浮动熨斗”（老式熨斗是烧煤炭或木炭，上面也有一个烟囱，和军舰有点相像）、“自动沉没机”的速度奇慢的老爷军舰大，但是俄国海军部的回答始终是：“等待并带上第三太平洋舰队一起去符拉迪沃斯托克。”

为什么？因为这是沙皇尼古拉二世，准确地说，这是亚利桑德拉皇后的旨意。

从各方面来说，尼古拉二世都是一个很典型的俄国人。但和绝大多数喝醉了酒喜欢打老婆的俄国人不一样的是，尼古拉二世对他这位出身英国皇室的皇后很尊敬，甚至到了害怕的地步。特别在这件事情上，大英帝国是海上霸主，似乎英国出生的人比俄国人更加懂得海洋和海军。

亚利桑德拉皇后的理论是：“旧军舰也是军舰，有炮就能打，就有战斗力。”因此俄国宫廷就把胜利的希望寄托在这几艘旧军舰上，因为他们到底是“有炮”的。

内博加托夫少将率领的第三太平洋舰队有5艘勉强可以称作战列舰、巡洋舰之类的军舰（战列舰“尼古拉一世”号，巡洋舰“阿普拉克辛海军上将”号、“谢尼亚文海军上将”号、“乌沙科夫海军上将”号和“莫诺玛赫将军”号），平均舰龄10年，平均航速16节。

1905年2月，从利耶帕亚出发以后，这支舰队没有绕好望角，而是走地中海，穿过苏伊士运河到达印度洋，准备和正在等待着他们的第二太平洋舰队会合。

但是茫茫大洋，第二太平洋舰队在哪里？没人知道，本国的海军部都不知道。据说1月18日，俄国海军部的瓦斯里列夫维奇·杜瓦索夫少将在巴黎面见法国外交部长时居然问出这样的怪问题：“您是否知道我们亲爱的罗杰斯特文斯基中将在哪里？”

有趣的是法国人还真知道，因为这一带都是法国殖民地，俄国人的一举一动法国人全部知道，但法国人没有主动向俄国人通报的打算，而俄国海军部的官僚也没有向法国人求援的积极性，因此第二太平洋舰队的所在就成了一个谜。

但是内博加托夫少将倒好像没那么伤脑筋：“到了该会合的时候，上帝会让罗杰斯特文斯基出现的。”还是带着他的舰队慢吞吞地向北溜达。

罗杰斯特文斯基终于出现了。5月9日，第三太平洋舰队巡洋舰“莫诺玛赫将军”号上号称全舰队功率最大的电台终于和第二太平洋舰队联系上了。这时候罗杰斯特文斯基可能有点像一个不得不接受来投奔的穷亲戚的有钱人，肯定在埋怨：为什么日本舰队没有在印度洋上打埋伏？为什么第三太平洋舰队没有出现撞船、触礁事故？如果第三太平洋舰队沉没了，罗杰斯特文斯基就可以理直气壮地直扑海参崴，就是第三太平洋舰队受伤大损，罗杰斯特文斯基也可以在海防慢慢地修，修到后来，等不及了的沙皇改了主意，让他们单独先去海参崴也有可能。

但是看起来，上帝和尘世的人们一样不喜欢俄国人，罗杰斯特文斯基的期望没有实现，现在他只能接受这些老爷军舰。两人会面以后，内博加托夫少将问罗杰斯特文斯基现在准备怎么走，他们该干什么的时候，罗杰斯特文斯基只是指着第三太平洋舰队的黑色烟囱说：“把这些烟囱和我们一样漆黄了。”

罗杰斯特文斯基对第三太平洋舰队下的命令就只有这么一道。所有研究日俄战争历史的人都无法理解，罗杰斯特文斯基为什么要把俄罗斯军舰传统的黑烟囱漆成土黄色。有人说，即使是从单纯的审美观点来看，罗杰斯特文斯基在艺术修养水准应该很高的彼得堡宫廷里到底是怎么混的很值得怀疑。罗杰斯特文斯基的审美观就只有一个用处：在未来的日俄舰队决战时，为日本舰队辨认目标提供方便。

法国领事在听说波罗的海舰队已经上路的消息以后，在日记中写道："可以预计，10天后，俄国将成为无海军的国家了。"

日本人及时捕捉到了波罗的海舰队从海防出发的情报，但是俄国舰队出发以后就像蒸发了一样没了音信。

这边，在旅顺的俄国远东舰队全部报销以后，联合舰队全部回了佐世保，但没有休息。检修完了以后，进入了更加艰苦的反省和训练阶段。

确实，到目前为止，联合舰队在日俄战争中并没有什么可圈可点的战绩，虽然靠出老千打了敌人一记闷棍，但没有把俄国舰队打闷。不仅如此，6艘战列舰在一天内丧失了两艘，1/3没了。仅仅是靠运气，马卡洛夫触雷身亡，远东舰队全无斗志，这才没有出港来和联合舰队决一死战，真要是决战，结果到底会怎么样也没有人知道。起码在黄海海战中，联合舰队面对着只想逃走的远东舰队，却连一艘都没有击沉，就是最好的证明。

这样的战绩和现状，真能和波罗的海舰队决战？

所有人都在问这个问题，先任参谋秋山真之更是忧心忡忡。

到现在为止，秋山的所有战术设想都没有成功，为什么？俄国远东舰队的避战想逃当然是黄海海战时丁字阵形没摆成的理由，但是，结论是丁字战术会导致敌方舰队逃脱的话，这个战术就根本不能使用，因为波罗的海舰队依然企图避战而进入海参崴，再采用游击战术来骚扰、封锁日本沿海，和满洲的陆军相配合。而日本无论在时间上还是经济上，都负担不起这种海上游击战，除了在第一场决战中就全歼波罗的海舰队之外，日本赢得这场战争的可能性还是为零。

09 船往对马来？

黄海海战时没有排出丁字形阵形，结果让远东舰队得以逃脱，经过仔细检查后发现，问题出在转弯的时间上，继续追溯，发现这个3分钟的滞后是因为参谋长岛村速雄和先任参谋秋山真之在转弯的问题上发生了争论。根源是找到了，该如何防止类似的问题以后再发生呢？有了，那就是，在敌前大转弯时，所有幕僚都不掺和，由舰队长官决定。

丁字战法的时机掌握由司令长官东乡平八郎承包了，秋山真之又开始琢磨形成丁字队形以后的问题了。黄海海战中俄国舰队全数逃脱，而这次要是全跑了，甚至只是跑了一小部分，都会造成不堪设想的后果。

不能设想一次炮战就能把俄国舰队全部打到水底下去，而且当时缺乏穿甲弹技术的日本海军也做不到这一点。但是，如果罗杰斯特文斯基真正走对马海峡的话，秋山还是极可能跟俄国人斗一斗的。秋山真之把自己这次拟定的作战方案称作“七段式作战”，就是从双方主力战舰见面开打开始，沿着狭窄的日本海，从对马海峡到海参崴总共准备7次攻击。

如果把联合舰队和俄国舰队开始接触的日期设为X的话，这7次攻击的内容就是：

1．X日白天，首先争取在对马海峡以南、长崎县西部的五岛列岛进行战列舰决战。

2．X日夜晚，北上，在对马以南由驱逐舰和鱼雷艇进行夜战。

3．X+1日白天，在对马海峡西水道再进行白昼战。

4．X+1日夜晚，继续夜战。

5．X+2日白天，在郁陵岛附近继续白昼战。

6．X+2日夜晚，继续夜战。

7．X+3日白天，在海参崴外海继续白昼战。

这个计划的极为精彩之处同时也是极为困难之处在于，它不是一个一字长蛇埋伏阵，而是联合舰队的作战舰船从对马海峡开始，沿着日本海和俄国舰队同步行动，缠着俄国舰队进行反复攻击。

估计真要照这个恶毒的计划这么打下来，波罗的海舰队不够给日本人蹂躏的。问题是俄罗斯人是否知道日本人的打算，又准备怎么来对付？

在黄海海战和蔚山海战中还有一个很重要的事实，就是两次海战中被击沉的俄国舰艇都只有一艘。但罗杰斯特文斯基不知道原因所在，误以为是俄国战舰的装甲结实以及日本炮弹力量不足。确实有这些因素，但是根本原因不在此。根本原因是，在这两次海战中，日本舰炮采用的都是极为敏感的“伊集院信管”，碰上就炸，不会穿过装甲进入军舰内部再爆炸。伊集院信管是甲午战争前后军令部参谋、现在是军令部少将次长的伊集院五郎大佐，为了配合下濑火药发明的，没赶上甲午战争，这次在日俄战争中大显身手了。

伊集院五郎在日本海军中是一个另类，他进过海军兵学寮的幼年学舍，没有海兵学历，却是格林尼治皇家海军学院的正式毕业生，回国后长期在军令部任职，负责舰队训练，有名的“月月火水木金金”就是他的发明。日语里从星期日到星期六的一星期的叫法是“日曜日，月曜日，火曜日，水曜日，木曜日，金曜日，土曜日”，确实是一个星座周期。“月月火水木金金”的意思就是没有了日曜日和土曜日，也就是没有了星期六和星期天，不休息了，天天训练。

伊集院信管的特点是特别敏感，掉到水面上都会炸，即便不直接击中船体，在船体边的水面上爆炸产生的3000℃高温也能破坏船体装甲。其实采用这种伊集院信管的真正理由是，当时的日本还没有掌握穿甲弹制造技术。日本的穿甲弹制造技术是到第一次世界大战以后才从德国引进的。

罗杰斯特文斯基对联合舰队的战果解读错误，是造成日后俄国日本海大海战失败的一个巨大因素。他不知道日本人是用纵火的方法来破坏舰上表面装备、杀伤人员而达到使敌舰丧失作战能力的目的，因而对舰队的防火和消防安排掉以轻心。本来在海战以前，军舰就应该扔掉一切没有必要而且会引起火灾的东西，可是波罗的海舰队偏偏做不到这点，一直困扰着罗杰斯特文斯基的煤炭问题到最后还是没有解决。不但没有解决，反而更加严重。罗杰斯特文斯基从马达加斯加的诺西贝出发以前，海军部还发来指示说海参崴无法解决舰队的燃煤问题，西伯利亚铁道也没有运送舰队所需燃煤的余力，所以第二、第三太平洋舰队必须自力更生解决燃煤问题，于是所有军舰还兼任了运煤船的任务，连罗杰斯特文斯基自己的办公舱里都堆满了煤，以至于联合舰队的炮弹所到之处必定起火，自己给自己设计了一个火葬场。

罗杰斯特文斯基本来是一个官僚，一个管理型官僚，同时也是一个“军盲”。自前一年10月从利耶帕亚出发，半年里罗杰斯特文斯基没有召集他的幕僚开过一次作战会议，所有会议除了宣读皇帝陛下的圣旨之外，就是宣布对某个倒霉部属的惩罚。罗杰斯特文斯基除了是军事文盲之外，还是政治独夫，在这点上他和那个极端信任他的尼古拉二世一样，也可以说他就是波罗的海舰队的“小沙皇”。既然沙皇没有必要听臣下的意见，那么罗杰斯特文斯基司令官也没有必要听部下的意见。

这时候的东乡们在干吗呢？修整好军舰以后，联合舰队就去了朝鲜西海岸的镇海湾，在那里刻苦训练。

训练的第一个项目当然是射击，大量的实弹射击。在这段时间里，联合舰队10天内耗费的弹药数量相当于平时日本海军一年的使用量。顺便说一句，枪械射击和大炮射击似乎是不相干的两样东西，可能是由于日本民族特有的过敏心理，日本人在枪械射击方面是很糟糕的。太平洋战争时，美军对于号称“训练精良”的日本陆军所表现出来的射击水平的拙劣非常吃惊，而且日本人和奥运会的射击奖牌也似乎无缘。但同样的过敏心理，日本人在操炮射击时却表现得很优秀，这可能是一种从众行动，无法承担个人责任的心理表现。

联合舰队的射击训练不仅限于提高单炮的射击精度，而且还在提高群炮射击效率方面花了很大功夫。在镇海湾训练时，联合舰队做了一个很不寻常的战位变换：炮术长的位置上升到了舰桥。炮术长在舰桥上指示射击目标和射击诸元，各主炮副炮只能按照炮术长的指令来进行操作，禁止自作主张。这样做的好处是不言而喻的：一艘舰上装载几十门主炮副炮的炮弹同时飞向同一个目标，大大改善了首发命中率。但是，通信问题又是怎么解决的呢？日本的大型舰船上都配备有军乐队，一旦开打，军乐队就是弹药搬运队，现在又给他们加了一个射击传令兵的活。

这种射击方法是当时“三笠”号炮术长加藤宽治少佐发明的。在前些时候的黄海海战时，加藤宽治是“三笠”号炮术长，在战斗中受伤，躺在病床上苦思冥想想出了这么个主意，便向舰长伊地知彦次郎大佐说明了自己的想法，得到伊地知大佐的肯定，由接任的炮术长安保清种少佐实践成功以后，向东乡平八郎推荐。现在，联合舰队就采用了这种标准射击火控方法。

可以说是“万事俱备，只欠东风”了，就不知道波罗的海舰队什么时候来。

还有一个问题：俄国舰队从哪条路来？

旅顺已经落入日本人手里，波罗的海舰队的目标肯定是海参崴，这点没有争论。但前往海参崴的道路有三条，一条是从对马海峡沿日本海北上，还有两条就是绕太平洋，最后穿过津轻海峡或者宗谷海峡西进海参崴。

到底从哪个方向来？成了最关键的问题。因为任何一条路都有其优点，也有其缺点，所以展开了一场大争论。联合舰队内部在争论，海军省内部在争论，大本营的军令部内部在争论，甚至参谋本部的陆军参谋得空了也都跟着一起添乱。

海相山本权兵卫只好下了一道死命令：争论可以，不管什么结论都是正确的，但是，禁止任何人和联合舰队开展争论。让联合舰队内部自己争论，得出自己的结论，联合舰队的结论就是大本营的结论，任何人不得质疑。总之一句话，不准影响东乡平八郎司令长官的判断。管他是对是错，日本的命运就赌在这个矮个小老头身上了。

山本权兵卫是个人物。人人都能够理解山本的做法：大敌当前、何去何从的时候，最重要的就是相信己方的统帅能够做出正确的判断，而且不要去干扰统帅的判断过程。这是兵家铁律，但是能够做到这一点的人却少而又少。

东乡的判断是：罗杰斯特文斯基肯定走对马海峡。岛村参谋长和秋山参谋的结论也是一样。罗杰斯特文斯基中将的决定还是这样。

对马海峡是日本人最希望俄国人走的路。首先，联合舰队现在的前进基地就在对马岛对面的镇海湾，可以以逸待劳。其次，秋山真之设计的“七段战法”只有在狭长的日本海里才能实现，而波罗的海舰队如果走了津轻海峡或者宗谷海峡的话，就只能进行大概两次会战，除了运气特别好，联合舰队无法全歼波罗的海舰队。

为什么波罗的海舰队还要自投天罗地网呢？其实有些看起来很复杂的东西却非常简单，这个世界就是这样。少言寡语的东乡平八郎当时没有给出任何判断的根据。战后有一次在回答副官小笠原长生提出的这个问题时，他是这么回答的：“走了18000海里，罗杰斯特文斯基筋疲力尽了，他恨不能早一秒钟到达海参崴，他为什么要绕路？而且是绕道暗礁密布、浓雾终日的津轻海峡或者宗谷海峡，没等打仗，军舰就会沉掉一大半。我要是罗杰斯特文斯基也会拼命闯对马海峡。”

确实是这样，据罗杰斯特文斯基事后回忆，他根本就没有想过除了对马海峡的任何选择。18000海里的远征这个世界第八奇迹，早已使罗杰斯特文斯基身心憔悴，无法进行正常思考了。

从海防去海参崴，除了最近的经对马海峡沿日本海北上之外，绕道太平洋在宗谷海峡、津轻海峡这两个北海道南北两头的地方，掉头向西也可以。更可怕的是，军令部有人指出：如果他根本就不北上怎么办？罗杰斯特文斯基如果直接占领小笠原群岛和联合舰队来打阵地战的话，日本就只有死路一条了。其实罗杰斯特文斯基舰队都没有必要占领小笠原群岛，在他们在金兰湾和海防海面上漂泊的二十几天里，日本国内已经开始了大恐慌，因为俄国人已经在无意中威胁到了日本的生命线，进出港的船只大量减少，关西大阪一带由于原料不足，已经有工厂停工的情况出现了。

但是俄国人不知道，罗杰斯特文斯基也不知道，大陆民族的俄罗斯人甚至想象不到会有这种事情。话说回来，即使罗杰斯特文斯基掌握了这个情报，他会怎样做？90%以上的可能性还是继续北上，因为他的皇帝陛下给他的命令是去符拉迪沃斯托克，而不是战胜日本舰队，夺取战争胜利。

俄国舰队的50余艘舰船终于从海防出发。出发前罗杰斯特文斯基发给所有舰长一个信封，要求上路以后再开封。信封里面有一张小纸片，上面罗杰斯特文斯基用漂亮的花体字写着“对马”。

罗杰斯特文斯基也知道现在到了最紧张的关头了，从海防出来，改掉了整个舰队一路上灯火通明，几海里之内亮如白昼的习惯，甲板灯、舷窗等全部关闭，不得不保留的防撞舷灯也减低了亮度，实行最严格的灯火管制。当然无线电是不能再用了，海军中将这点知识是有的。最后就是一路上看到船就劫，不放活口出去露口风。罗杰斯特文斯基是海军不是海盗，他不能杀人灭口，只能先劫过船来强迫跟着一起走。

采取这些措施都是理所当然的，但“理所当然”里面就会出来些莫名其妙的纰漏。本来俄国舰队的到来就在海运界引起了恐慌，大家没事不往那儿走，罗杰斯特文斯基一路上只劫了两条商船，可是就这两条船还是出了问题。5月19日中午，俄国人劫了英国油船“奥尔特·哈米扬”号，强迫这条船跟着舰队一起走。不可思议的是，在同一天早上9时，俄国人劫了挪威籍货轮“第二奥斯卡”号，检查完了以后，不知出于什么想法，居然放掉了这条货轮。

而这条被放掉的货轮偏偏是三井物产租用的，你说巧不巧？更糟糕的是，上船检查的俄罗斯军官还“漫不经心”地回答了“第二奥斯卡”号船员的“随口问问”：“你们去哪儿？”“我们去对马。”

“第二奥斯卡”号被释放后，立即向东京本社发了电报，这份电报立即转给了大本营，又从大本营转到了正在镇海湾的东乡平八郎。

美国人阿尔弗雷德·马汉在1911年出版的《海军战略》中写道："经过了这么多年以后，我觉得历史应该对这个运气不好的舰队司令更加宽宏一些，但是罗杰斯特文斯基中将作为舰队司令，在最后四天中犯下的过失是绝对不可原谅的。"

战后，罗杰斯特文斯基从来没有谈起过这场战争，所以他到底是怎么想的也没人知道，现在只能从他的行动中去推断其指导思想。从种种迹象来看，罗杰斯特文斯基可以说是一个顶级的"战舰保存派"，应该说他基本上没有想过和联合舰队对阵，他所想的仅仅是去海参崴，如果有人阻拦，则杀出一条血路也要去海参崴。他大概没有奢望过现在自己所率领的第二和第三太平洋舰队的五十多条军舰全部能去成海参崴，他的目标很可能就是旗舰"苏沃洛夫公爵"号等5条战列舰能够到达海参崴。罗杰斯特文斯基可能认为，这5条战列舰是除了内博加托夫少将带来的"尼古拉一世"号之外刚下水的新舰，就日本联合舰队的4条相对来说要老得多的战列舰，应该无法阻挡这5条战列舰。即使其他军舰全部被消灭，只要这5条战列舰能逃进海参崴，他罗杰斯特文斯基就能大闹日本海，和联合舰队争夺制海权，支持正在满洲苦战的陆军。

更加奇怪的是，在战斗开始之前，罗杰斯特文斯基甚至都没有指定继承指挥官，就是说罗杰斯特文斯基根本就没有想过他会战死的可能。他把舰队编成3个战列舰舰队，他本人担任第一战列舰队司令，第三战列舰队司令则由刚来的内博加托夫少将担任。而罗杰斯特文斯基的副手，第二战列舰队司令官福尔克山姆少将于5月23日突然病死，罗杰斯特文斯基选择的居然是"秘不发丧"，就搁在棺材里，棺材就放在第二战列舰队旗舰"奥斯利亚比亚"号的舰长室，于是第二战列舰队就在一具尸体"指挥"下走向战场。罗杰斯特文斯基这么掩耳盗铃的动机无人可以猜测得出。可能是为了维持士气吧？可是眼看着就要打仗了，怎么能瞒得住呢？到最后临时任命旗舰舰长贝尔上校为第二战列舰队司令，偷偷摸摸地告诉他说老司令已经死了，先别往外说。

就是说在这种情况下，罗杰斯特文斯基如果有了三长两短，舰队就没有了司令官，因为内博加托夫少将根本就不知道排名第二的福尔克山姆已经死了。

5月25日，罗杰斯特文斯基又犯下了一个新的过失。早上8时，路过上海时，罗杰斯特文斯基命令6艘从波罗的海开始一直随舰队而行的煤炭运输船前往上海。旗舰“苏沃洛夫公爵”号上升起了告别和感谢的信号旗，罗杰斯特文斯基以及全体军官站在旗舰舰桥上为运输船送行，气氛非常伤感。罗杰斯特文斯基知道就要开打了，在战斗之前先处理掉这些非战斗舰只。

但是这是一个战术上极端错误的决定，罗杰斯特文斯基没有处理掉所有的非战斗舰只：装载弹药的运输船、其他修理工作船以及成天出事的工作船“堪察加”号，因为他早就听说海参崴既没有弹药又没有修理设施。而为了保护这些剩余的非战斗舰只，又分出了十分珍贵的巡洋舰来为他们护航。

反正已经带了运输船，为什么又要单单在乎运煤船呢？当天这6艘运煤船一进上海港，三井物产上海支店就立即向大本营通报了这一情况。根据波罗的海舰队军舰可能装载的煤炭数量，罗杰斯特文斯基除了走对马海峡再没有其他选择。这就是运煤船进上海港这件事告诉敌人的。

罗杰斯特文斯基的行进队形也是极为独特。他把快速灵活、本来是应该和对方战列舰打运动战的巡洋舰集中起来去为那些本来就应该一起扔到上海去的工作船、医疗船护航，这样，舰队就没有了机动作战能力。而那些应该在战斗中偷偷逼近战列舰、巡洋舰施放鱼雷并立即逃之夭夭的驱逐舰，却被他弄到了战列舰周围，理由是如果战列舰有了三长两短，舰队司令官能立即转移到驱逐舰上继续指挥作战。这种闻所未闻的排列，将原来波罗的海舰队的战斗力降到了最低点，最后剩下来的军舰，按照罗杰斯特文斯基的安排，就是等着被日本联合舰队击沉。

这个独特的战斗序列是“舰队沙皇”罗杰斯特文斯基中将一个人决定的，其他人则是连舰队去什么地方都不十分清楚，更不要说会有人指出当初罗杰斯特文斯基指定的那种和蓝色的海水形成强烈反差的土黄色烟囱，在后来的海战中成了日本舰队最方便的识别标志。

当然，这些事情也可能没有那么重要了，因为日本人就要看到俄国舰队了。

日本人在2月份就派出出羽重远中将指挥“笠置”号、“千岁”号等巡洋舰组成南遣舰队到南洋搜寻波罗的海舰队，直到在新加坡得到了俄国舰队的确切情报后，才于4月初回到佐世保。这次南遣舰队不但得到了俄国舰队的情报，更重要的是为东乡平八郎的判断提供了根据。

日本人还在从台湾到北海道的所有海岸建起了300多个瞭望楼，每个瞭望楼由6个人轮流值班守望，从4月份开始，日本人就把对马海峡以南的海面分成小方格，每个方格由一艘警戒舰艇（大多是武装商船）搜索。

到了最后，从来都是那么自信的秋山真之对罗杰斯特文斯基的动向也非常不安。一次，和第四驱逐队司令铃木贯太郎中佐吃饭的时候他就吐露过心声：“真不知道俄国人去了哪儿，如果走对马海峡，他们也应该来了。”

铃木却说：“不会吧，没那么快，你估计他们的速度是多少？”

“10海里。”

“不可能，带了那么多老爷船，路上要出机械故障，要加煤，罗杰斯特文斯基舰队能有7海里的速度就了不起了。”

事实证明，铃木贯太郎中佐的估计是正确的，罗杰斯特文斯基舰队的速度没有超过8海里，所以罗杰斯特文斯基还是会向对马而来。

最后，在5月27日凌晨2时45分，排水量6388吨的武装商船“信浓丸”在五岛群岛附近一个叫“白濑”的环礁的西北方发现了俄国舰队。

“信浓丸”当时是海军从日本民间征用的，装了门大炮就算武装商船了，27日深夜，“信浓丸”舰桥上的监视员突然报告：“发现灯火”。

灯火是波罗的海舰队的医疗船“鹰”号发出的。这艘和战列舰“鹰”号同名的医疗船弄不清楚战列舰和医疗船在战争中其实没什么区别，可能是以为它是受《海牙公约》保护的，所以无视舰队的灯火、无线电管制禁令，放肆地一路宣告着伟大的波罗的海舰队的存在，至于波罗的海舰队被人发现以后会发生些什么，则和医疗船无关了，反正医疗船会尽力救治那些勇敢的俄罗斯水兵的。

“信浓丸”舰长成川拨大佐也是个罕见的贼大胆。发现“鹰”号医疗船以后，花了两个小时整整绕“鹰”号一圈，肯定了是俄国的医疗船。但医疗船的存在并不能证明波罗的海舰队的存在，这时候“鹰”号医疗船也发现了“信浓丸”。糊涂的“鹰”号居然向“信浓丸”打来灯光信号，要“信浓丸”发闪光信号以证明身份，这个灯光信号用的居然还是明语。

这个信号使得“信浓丸”判断出医疗船的周围应该有其他舰只，只是海上的淡雾使周围看不清楚罢了。“信浓丸”决定放小艇上船检查，等放艇的准备完成以后，天已经亮了。而这时“信浓丸”很吃惊地发现，它正航行在俄国舰队中间，往东北方向而去，前后左右都是巨大的军舰，最近的距离只有1000米。这一惊非同小可，连忙右转舵想溜出去，同时发出了电报：“凌晨4时45分于203地点发现敌舰，北纬32度20分，东经128度20分，往对马海峡而去。”

“203地点”是“信浓丸”负责的方格。旅顺的远东舰队毁灭于203高地的失守，波罗的海舰队又是在203方格被发现，可能这个“203”和俄国军队有些什么渊源。

更让“信浓丸”吃惊的是，那些已经明显发现它在同行的俄国军舰对它的存在似乎没有反应。其实俄国舰队早就发现队伍里混进来了一个异己分子，而接到报告的罗杰斯特文斯基司令官的处理是：“别管它，加快速度前进！”这条命令也可能没大错，反正迟早会被发现，现在最重要的是加快速度前进。但是罗杰斯特文斯基司令官没有同时下达“准备战斗”的命令，可能他真的以为跑快点就能溜过去。

“信浓丸”弄明白了怎么回事后，干脆不逃了，和俄罗斯人一起前进，一边还进行实况转播。当时日本海军装备自主开发的“36式无线电机”的通信距离能够达到180海里，为“信浓丸”的实况转播提供了最好的工具。早晨6时05分的“敌舰方向不变，前方对马”，为联合舰队提供了决定性的信息。

早晨6时45分，这个队伍中又加上了一艘舰龄21年的老巡洋舰“和泉”号。“和泉”本来是负责隔壁方格的，接到“信浓丸”的电报后就主动过来，想换下武装商船“信浓丸”。“和泉”来了以后发出的无线电报就不仅仅是俄国舰队了，还加上舰队的构成和编队情况，到最后实在报告不出来什么新东西了，就加了一句看起来最扯淡，但其实是最有价值的话：“舰身浅黑，而烟囱全部是黄的。”

罗杰斯特文斯基对“和泉”号的存在还是置之不理，只是命令旗舰“苏沃洛夫公爵”号的右舷副炮和尾炮瞄准了“和泉”号，但没有下达开火命令，怕耽误时间。因为“苏沃洛夫公爵”号舰长伊格纳契乌斯上校的计算是，海战可能于中午14时左右在冲之岛西面发生，罗杰斯特文斯基已经没有心思去对付一艘小巡洋舰了。

这时，波罗的海舰队的武装商船“乌拉尔”号提出了一个建议：用它装备的马可尼公司的世界上功率最大、通信距离达到700海里的无线电台来干扰“和泉”号的无线电通信。让人无法理解的是，这一建议被罗杰斯特文斯基拒绝。

其实，最早在日本沿海发现波罗的海舰队的不是“信浓丸”，而是冲绳的渔民。

有一个叫奥浜牛的冲绳宫古岛渔民，在那霸租了一条船，在冲绳和长崎之间跑船运。5月26日，他回家时在海上看见一大堆挂的不是旭日旗的军舰路过。这人想起上面来的通知，说在海上见到不是日本军舰的舰只要向警察或者官府报告，因为那可能是俄国军舰，见到可疑的漂浮物品也要报告，因为那可能是俄国人放出来的水雷，于是就报告了警察。

警察在听完奥浜牛说的情况后，基本上判定那就是上面让注意的俄国舰队。但是如何报告呢，当时的宫古岛上没有无线电台，离宫古岛最近的无线电台在170公里外的石垣岛上，于是奥浜牛和另外三个年轻人找了一条小舢板在大海上划了15个小时赶到石垣岛报告。当石垣岛的报告到达大本营时，已经是奥浜牛目击俄国舰队20小时以后了。虽然在石垣岛报告前2小时，负责监视的“信浓丸”已经正式从海上发出了“发现敌舰”的报告，但是三井物产和宫古岛船家这两件事已经充分说明了明治维新的成果：日本已经树立和完善了举国体制，日本人已经有了国家概念。虽然贫穷依旧，但日本人已经成了现代国民，明治维新的成果，首先从国民的动员体制上体现出来。

从这点来看，贫穷的小国日本战胜大国俄罗斯其实也不是什么大不了的奇迹，因为剥去了现代物质文明的装裹后，俄国还是一个落后愚昧的中世纪专制王国，所有军事力量只不过是按照独裁者沙皇及其几个心腹宠臣的爱好在运作。战争的目的与国家无关，更与国民无关，仅仅是几个军官总督加官进爵的一种手段而已，因此俄国陆海军出现种种不合常理的怪事是很正常的。天才并不总是出现，独裁者也不是完美之人，很不幸，俄国当时就摊上了这么一位尼古拉二世沙皇，所以俄国人的失败也不是什么很意外的事情。而这时候，日本已经能够动员全民来进行一场战争了，因此不如说，这种动员能力才是日本在甲午和日俄两场战争中接连获得胜利的关键。

10 对马成了俄罗斯海军的坟场

5月27日早晨5时05分，联合舰队司令官东乡平八郎从镇海湾向大本营发出了有名的电报：“接到发现敌舰队警报，联合舰队立即出动击灭，今日天气晴朗波浪高。”这是秋山真之起草的。

秋山真之挺有文学家的风采，当年是被他大哥秋山好古从东京的大学预备门（东京帝国大学的前身）里愣抓到海兵来的。这封电报有时也被人解释成秋山文学家迷梦不散，遇事就要贩点私货。这有点冤枉秋山，这句话不是秋山的，而是东京气象台那天播发的天气预报，经大本营转到镇海湾来的。秋山在这里用这句话告诉大本营：看来今天诸事顺利。

波浪高，舰船颠簸得厉害，大炮不好瞄准，但是俄国舰队的射击技术比联合舰队更差，所以对日本有利。这时候的日本人还不像太平洋战争时期的日本人那样喜欢胡说八道，日本人的射击技术比俄国人强是有证明的。第二战队参谋长佐藤铁太郎中佐统计了日俄战争的数据，得出了黄海海战中，俄国舰队的舰炮命中率只是日本舰队的26%的结论。联合舰队将远东舰队消灭后，在接下来的训练中又将命中率提高了3倍，就算远道而来的波罗的海舰队的命中率没有降低，只相当于日本舰队的8.6%了。事实上，和波罗的海舰队在对马海战中表现出来的命中率相比，旅顺的俄国远东舰队的炮手可以算是“神射手”了。“三笠”号在黄海海战中有95个部位中弹，连后主炮的少佐分队长皇族伏见宫博恭王（后来的军令总长）都被打进了医院。再加上日本舰队使用的下濑火药的爆炸破坏力量，其威力就算只是俄国人使用的黑色火药的一倍的话，这个百分比就会变成4.3%，而现在还可以加上波浪的影响。

现在正往这儿赶路的联合舰队各主力舰都忙成了一团。首先船上堆的一包包昂贵的“英炭”得全部扔到海里去。这些威尔士无烟煤原本是准备万一俄国人不走对马海峡，联合舰队临时要赶到北海道去用的，现在用不着了，全舰上下除了炮手全部参加扔煤炭。炮手为什么不参加？那是怕煤灰跑眼睛里去了影响瞄准。

扔完煤炭，全体官兵全换上里外三新的军装。日本舰队打仗之前换新军装也是从英国人那儿学来的，这倒并不仅仅是为了鼓舞士气，而是换穿新军装多少能够减少一点受伤时的伤口感染。在没有抗生素的20世纪初，这是个很有效的拯救战斗人员生命的措施。俄国舰队没有这条规矩，反而是从司令官开始都穿旧工作服，说是开打了肯定会弄脏衣服，先换旧衣服可以避免浪费。后来第三太平洋舰队向联合舰队投降，上去受降的日本人半天见不着内博加托夫少将，人家在洗澡刮胡子换将军礼服呢。

就这么乱乱哄哄、忙忙碌碌地到了13时39分，旗舰“三笠”舰桥上的人终于看到了波罗的海舰队。“三笠”号的炮术长安保清种少佐后来说第一眼看到波罗的海舰队的印象时用了一句怪话：“就只见俄国舰队威风凛凛地像一群章鱼似的挤成一团。”五十多艘军舰的大舰队当然威风凛凛，但是这五十几艘军舰排成的队列却没有人看得懂，似乎是纵队，但不知道是两列纵队还是三列纵队，反正就是在急急忙忙向北赶路。

早在早晨9时整，铃木贯太郎带领的归属第二舰队第四驱逐队的4艘驱逐舰“朝雾”号、“春雨”号、“朝潮”号、“白云”号也赶来了。

如果说“信浓丸”和“和泉”号是傻大胆的话，铃木贯太郎中佐就是疯子了。这几艘驱逐舰的速度快，能开出29节，而俄国舰队当时的速度是12节。铃木认为在俄国舰队的边上看不清楚俄国人的进行路线，得赶到俄国人的前面去对着俄国人看，于是领着人马超过俄国舰队以后做了一个横切运动，从俄国人的左舷跑到右舷去了。

这一个横切运动把站在“苏沃洛夫公爵”号舰桥上的罗杰斯特文斯基吓了一跳，他认为日本驱逐舰是在前面路上撒水雷，于是赶紧升起信号旗命令各舰同时右转90度，从纵队变横队，然后再左转90度成一路纵队来避开日本驱逐舰撒下的水雷阵。

谁知道第一个右转时就出了问题，跟在旗舰后面的“亚历山大三世”号看漏了信号，没转头就跟到旗舰屁股后面去了，随后的军舰马上怀疑起自己是不是看错了信号，大家都只能跟着前面走。但是后面的第二舰队和第三舰队又没有看错信号，完成了一起右转的动作，这样两个弯转完以后，就从原来的一路纵队成了两路纵队。罗杰斯特文斯基气得破口大骂，再升起信号旗说改两路纵队为一路纵队。

舰队绝不是单纯军舰的集合，而是受过良好训练的军官的集合。两路改一路谈何容易，首先第一舰队要加快速度，其次几乎平行的第二舰队和第三舰队要减速，可现在大家都知道大战就在眼前，心急火燎地想走快点，谁也不肯减速。到最后，罗杰斯特文斯基只好认了这个两列纵队的命。

波罗的海舰队在对马海战时的队列问题不单单是心理问题，俄国海军的操舰能力也是一个问题。这绝不是在说俄国海军是支二流海军，而是波罗的海舰队的情况在当时有点特殊。罗杰斯特文斯基率领的4艘战列舰全是崭新的战舰，“亚历山大三世”号舰龄最长，1903年8月建成；“苏沃洛夫公爵”号和“鹰”号则分别是在1904年9月和10月建成，波罗的海舰队则是在10月15日出发的，也就是说，当时的“苏沃洛夫公爵”号和“鹰”号连内装都没有全部完成！

军舰是机械，但机械是有生命的。它本身需要时间来磨合，操纵机械的水手也需要时间去熟悉、调试和掌握机械。但沙皇没有给他们时间，罗杰斯特文斯基司令官也不知道还需要这种时间，波罗的海舰队的水手光是让这4艘战列舰走完这18000海里就已经是了不起的奇迹了，他们没有办法掌握这4艘新战舰的微妙特性来完成队列变换。

实际上这个章鱼集团还不止两列纵队，还有巡洋舰编队在右边护送着武装商船、工作船什么的，也就是说大致是三列纵队，实际上弄不清楚到底应该算几列，所以安保清种干脆懒得去算，知道挤成一团就行了。

13时55分，东乡在“三笠”号上升起了Z字旗，旗语是“皇国兴废在此一战，全体奋发努力”。为什么用“Z”？“Z”是26个英文字母的最后一个，之后就没有了，也就是说这个信号旗升起后如果失败，这个“皇国”就真的废掉了。

赌博已到最后关头。

14时02分，东乡的右手高高举了起来，又往下劈了下去。参谋长加藤友三郎（原来的参谋长岛村速雄这时候已经到第四舰队当司令官去了）向舰长伊地知彦次郎大佐大喊一声：“左满舵。”

当时“三笠”和“苏沃洛夫公爵”号的距离是8000米，已经进入射击距离。俄国舰队由于全部装备了测距仪，一般在12000米左右就开始射击，今天的罗杰斯特文斯基实在无心恋战，所以进入10000米以后还没有下达开火命令。

但是就是这个无心恋战的罗杰斯特文斯基也发现东乡“发了疯”，居然在俄国舰队的射击距离之内做了个几乎是145度的左转弯。那时候的军舰在做转弯行动的时候是无法进行射击的，而且东乡的一字纵队又决定了所有的舰只都在一个固定的位置上转弯，这是一个固定不动的靶位。东乡这是想干吗？俄国人只要对着那一个位置开炮就行了，不管日本人有多少战列舰，也能把它们送到海龙王那儿去。

这种“丁字战术”确实是一种极端危险的战术，危险就危险在这个敌前大转头的时机，由于战舰都在做相对运动，时间前后差一分钟，距离就是1000米。太远了不但压不住敌人舰队反而给敌舰队以逃跑的好时机，太近了就是对方的活靶子。

但是罗杰斯特文斯基没有掌握好这个机会，一直到“三笠”完成了转弯运动的14时08分才醒悟过来下令开火。首先是“苏沃洛夫公爵”号的12英寸主炮，接着是各主力战列舰的主炮副炮全部吐出了火光。

“三笠”号没有回击，因为无法回击，后继舰只的转弯运动还没有结束，这段时间里“三笠”号承受了波罗的海舰队的全部炮火。最初的三四分钟里，从波罗的海舰队飞来的炮弹足有300发以上。在一天的海战中，“三笠”号右舷中弹40发，左舷8发，绝大部分是在这15分钟里被击中的。司令塔都被击中，参谋饭岛久直少佐、鱼雷长菅野勇少佐、副舰长松村龙雄中佐受伤，弹片甚至从东乡身边只有十几厘米的地方飞过。

东乡实际上做好了“三笠”被击沉的精神准备。只要这个敌前大转弯能够成功，联合舰队能够压住波罗的海舰队，哪怕是旗舰被击沉，整个战斗就成功了一半。

当然中弹的并不只有旗舰，后继的“敷岛”“富士”“朝日”“春日”“日进”都被击中，连更后面的上村彦之丞的第二战队的巡洋舰都被击中，“浅间”的舵机被击中，不能操作，立即退出了战斗序列。

但是俄国舰队的低命中率、俄国炮弹的低破坏力以及罗杰斯特文斯基错过的两分钟宝贵战机，使得联合舰队坚持了这几分钟，没有舰只被击沉。

14时10分，“三笠”的炮术长安保清种下达了开火命令。此时双方距离6000米，顿时“三笠”号全部炮火朝“苏沃洛夫公爵”号倾倒过去。接下来“敷岛”完成了转弯动作开始开火，然后是“富士”，然后是“朝日”……完成了转弯动作的日本军舰都开始炮击。

炮击的对象是俄罗斯第一舰队旗舰“苏沃洛夫公爵”号和第二舰队旗舰“奥斯利亚比亚”号。

3分钟以后，双方距离接近到5000米，对战列舰来说这已经是白刃战了。14时15分，联合舰队开火仅仅5分钟，“奥斯利亚比亚”就起火了，接下来是“苏沃洛夫公爵”号和“亚历山大三世”号先后起火，“奥斯利亚比亚”号于15时07分沉没。

14时50分，已经起火的“苏沃洛夫公爵”号舵机被击中，舰首一直往右而无法操作，整个军舰在划一个很大的右弧，看起来像要摆脱联合舰队的“丁字战法”而向右行动。

这时，东乡犯了日本海大海战中最大的错误。15时整，“三笠”号升起“一起左转”的信号，然后在15时06分“三笠”的信号再次为“一起左转”。这样第一战队经一路横队变换回一路纵队，只不过变后列为前列，行进方向相反，准备继续拦住罗杰斯特文斯基。

此时头部及全身已经负重伤的罗杰斯特文斯基并没有做出任何指令，只不过是无法操作的舵机带着“苏沃洛夫公爵”号在转圈。15时08分，“亚历山大三世”舰长布夫沃斯托夫上校判断“苏沃洛夫公爵”号的行动是由于舵机发生故障，而升起了信号旗“跟我前进”，维持着原来的航向。

这样一来，联合舰队已经转了180度，现在是朝着波罗的海舰队前进的相反方向，成了两支舰队各走各的路。等到联合舰队发现不对后再转回来，波罗的海舰队已经逃之夭夭。

和黄海海战非常相像，命运之神到最后也没有忘记照顾一下俄国人，但是联合舰队的运气还是和黄海海战时一样好。跟在第一战队后面的第二战队参谋佐藤铁太郎中佐做出了“‘苏沃洛夫公爵’号只是舵机故障”的判断，边上的司令长官上村彦之丞也同意这个判断，于是上村果断地做了一个“抗命”的决定。他没有跟第一战队一起转弯，而是直接插了下去，还是压在了波罗的海舰队的前面。

由于以上的舰队行动，“苏沃洛夫公爵”号就算“退出战列”了。“退出战列”是古典海战时代特有的名词，由于各种原因无法继续作战的军舰都可以挂起“退出战列”的信号旗退出作战队列，故障解除以后也可以重返作战队列，作战中悬挂了“退出战列”信号旗的军舰一般不受攻击，对于没有悬挂信号旗，而其实际情形是已经退出战列的军舰一般也能得到这种待遇。所以现在事实上离开了波罗的海舰队作战队列的“苏沃洛夫公爵”号就属于“事实上退出战列”，没有受到联合舰队的继续攻击。

实际上也不需要继续攻击了，舰长伊格纳契乌斯上校已经战死，“苏沃洛夫公爵”号现在仅仅是浮在水面的一个铁盒子而已，军舰的所有上层建筑几乎被破坏殆尽，全身受伤的舰队司令罗杰斯特文斯基将军躺在右舷中部炮塔内等待着与已经左倾的军舰一起沉没。

17时左右，驱逐舰“普鲁努伊”号赶到了“苏沃洛夫公爵”号旁边，救援罗杰斯特文斯基司令。离开旗舰是一种逃跑行为，要受到军法审判，所以罗杰斯特文斯基司令带上了参谋长科隆少将和航海参谋菲利普斯基上校将换乘驱逐舰作为一种“指挥部转移”的行动。但是，罗杰斯特文斯基向“苏沃洛夫公爵”号发出的最后指令是“不要降下将旗”，让联合舰队认为他还在“苏沃洛夫公爵”号上。被舰队司令抛弃了的“苏沃洛夫公爵”号上还剩下800余名俄罗斯海军军人。

17时30分，罗杰斯特文斯基乘坐“普鲁努伊”号驱逐舰离开了“苏沃洛夫公爵”号，开始逃往海参崴。“苏沃洛夫公爵”号上的俄国水兵们在舰长战死、舰队司令官逃跑以后，又重返战列，继续战斗。“苏沃洛夫公爵”号最后于19时左右被联合舰队的鱼雷艇击沉。在最后沉没之前，“苏沃洛夫公爵”号上最后一门3英寸尾炮还朝日本军舰开了最后一炮，舰上水兵几乎全员和军舰共存亡。

东乡平八郎和所有日本联合舰队军官对远东舰队在内的俄国海军军人的勇气和顽强给予了高度评价：“俄国海军军人绝不是孬种！”但是他们的指挥官，最受沙皇陛下宠爱的那些指挥官则不在此列。

被上村第二战队挡住了去路已经起火倾斜的“亚历山大三世”号不久被击中机舱，退出战列，19时左右沉没。

接下来的“博罗季诺”号就处在第二战队和转了一个360度圆圈的第一战队的全部炮火之中了，19时20分，“富士”号的一颗12英寸炮弹直接击中了“博罗季诺”号的弹药库，引起大爆炸，3分钟后“博罗季诺”号葬身海底。这样在第一天白天的海战中，俄国人就损失了4艘世界上最优秀的战列舰中的3艘，只有一艘受了重伤的“鹰”号还浮在海面上。

为什么波罗的海舰队这几艘号称世界上最强的战列舰，如此不堪一击？有一个很重要的因素是，前面提到的波罗的海舰队要自带“干粮”，满载而又不能抛弃的煤炭，不但给自己布置了一个火葬场，而且使战舰的吃水加深，把原本应该在吃水线上下的装甲带压到了水里，因此这几艘战列舰其实已经不是装甲舰了。

19时10分，在“博罗季诺”号沉没以前，东乡就已经挂出了停止战斗的信号，战场交给了一直在旁边虎视眈眈地准备随时冲上去的驱逐舰和鱼雷艇。

那边，罗杰斯特文斯基中将司令官坐上了“普鲁努伊”号驱逐舰以后，精神好了很多，下的第一条命令就是将舰队的指挥命令权移交给内博加托夫，同时仍命令“苏沃洛夫公爵”号战列舰不准降下将旗。他不知道舰队旗舰“苏沃洛夫公爵”号已经沉没了，或者仅仅是认为，或希望还没有沉没。

可是现在怎么个移交法？谁都不知道内博加托夫到底在哪儿，甚至到底是死是活都没人知道，“普鲁努伊”号只好找到一条偶然遇到的，也在拼命逃往海参崴的驱逐舰，用手旗发出信号：“罗杰斯特文斯基中将在我舰上，现在指挥权移交给内博加托夫少将，命令你舰赶快回头去寻找内博加托夫少将，传达这条命令。”毕竟是世界第三大海军，波罗的海舰队的指挥系统还是管用的，就是在这种全军混乱的形势下，那条倒霉的驱逐舰也乖乖地掉过头来，再重新回到那个好不容易才逃出来的战场上，去寻找内博加托夫少将传达命令。

这时候正好有一艘巡洋舰和两艘驱逐舰路过，“普鲁努伊”号立即用灯光联系上了他们，准备把罗杰斯特文斯基及其随从转移到巡洋舰上去，但是罗杰斯特文斯基拒绝去巡洋舰“德米特里·顿斯科伊”号，而是挑选了驱逐舰“彼得维”号，理由很明显：驱逐舰的速度比只有17节航速的“德米特里·顿斯科伊”号要快。

罗杰斯特文斯基中将上了“彼得维”号之后的第一句话是：“舰上有没有白旗？”

日后，彼得堡的军事法庭上有一名传令兵和一名信号兵证明中将司令官的确问了这句话。

就这样，到第二天的28日下午，扔掉“德米特里·顿斯科伊”号巡洋舰后单独快速前进的两艘驱逐舰好不容易到了郁陵岛附近，却被在前一天的战斗中掉队的日本驱逐舰“涟”号和“阳炎”号发现。

俄罗斯驱逐舰也发现了日本驱逐舰，走在后面的“格罗斯娜”号驱逐舰做好了战斗准备，但是前面的“彼得维”号打来的信号却是：“全速向符拉迪沃斯托克前进。”

从国际法来说，一艘军舰代表着一个国家。现在双方都是驱逐舰，都是两艘，一炮不放就逃跑实在太耻辱，“格罗斯娜”号的舰长谢夫斯基中校决定不管它，自己单舰独斗。但正当“格罗斯娜”准备调过头来和日本人拼命的时候，“彼得维”挂出来的信号却是：“舰队司令命令：跟在我后面。”

“格罗斯娜”号只好重新跟在“彼得维”号后面，两艘日本驱逐舰在后面追。追着追着就分了开来，那边“阳炎”号在追“格罗斯娜”号，这边“涟”号在追“彼得维”号。“涟”号开了火，但“彼得维”号没有还击。刚开始相羽恒三舰长还在佩服俄罗斯人沉得住气，因为在6000米的距离上驱逐舰的炮击几乎没有意义，所以有可能是俄国人不屑于回击，但不久他看出蹊跷来了：“彼得维”号根本没有准备回击，它甚至连炮衣都没有脱掉。

盖上炮衣是罗杰斯特文斯基的主意，说因为船上有伤员，可以把它说成是一艘医疗船，这样，日本军舰就不能攻击。可是当时哪条船上没有伤员？这根本就不是不受攻击的理由，于是罗杰斯特文斯基中将就想出了一个用炮衣罩上大炮以表示“本舰无武装”或者“本舰没有使用武装的用意”。在日本驱逐舰开始攻击以后，又严格按照国际法中有关在海战中确认军舰投降方法的规定，停下了轮机，挂起一张用白台布做的白旗的同时，再挂起一面信号旗：“我舰有伤员。”

本克熊中尉带了10个人登上了“彼得维”号，在检查到一个船舱的时候，守卫的俄国水兵先是不让他们进去，见日本人根本不加理睬的时候，改为了哀求的语气。中尉冢本不懂俄语，但是里面一个类似于“阿米拉尔”的发音引起了他的注意，他大着胆子指着舱里躺着的人问了一句：“Is He the Admiral Rozhestvensky？”(那位是罗杰斯特文斯基将军吗？)

回答居然是“Yes”。

不敢相信自己耳朵的冢本中尉赶快冲到甲板上去打手旗，相羽舰长的回令是“再确认”。因为相羽恒三少佐根据自己所拥有的知识认为，俘虏一个国家的舰队司令是不可能的，一个舰队司令可能被打死，可能自杀，怎么可能被活捉呢？

事实是俄国海军的舰队司令确实很耻辱地做了日本人的俘虏。

内博加托夫少将带领的第三太平洋舰队在第一天的战斗中似乎被联合舰队遗忘了。而内博加托夫少将也很自觉地带着他那些“浮动熨斗”老老实实地赶自己的路，没有跟上去掺和。“苏沃洛夫公爵”号的沉没，内博加托夫远远地看见了。按照常理，他推断罗杰斯特文斯基中将已经殉职，虽然还没有接到正式命令，但自己必须担负起舰队司令的职责。

日落之前，内博加托夫还捡到了浮在水面上苟延残喘的“鹰”号，带上它一起往海参崴走。到了晚上，无法无天的日本驱逐舰和鱼雷艇满世界乱转，见灯光就打，而内博加托夫带着第三太平洋舰队从波罗的海出发以后，晚上就一直是实行灯火管制的，所以头一天晚上，内博加托夫毫无损失地走了过来。内博加托夫少将一边感谢上帝，一边继续祈祷上帝让日本人不要在第二天的白天发现自己，熬过了第二天白天，基本上就能赶到海参崴了。

28日的白天到来了。以“严岛”为旗舰的日本第五战队一早就发现了波罗的海舰队特有的劣质燃煤所产生的滚滚浓烟，立即电告了全舰队。

正当内博加托夫站在“尼古拉一世”号战列舰的舰桥上，皱着眉头看着不紧不慢地围上来的日本第五战队、第六战队、第一战队、第二战队，几乎日本人所有的战列舰和巡洋舰都来了。

内博加托夫少将喃喃自语：“‘三笠’在，他们都在，甚至都没有受伤的，全像新舰一样闪闪放光。俄罗斯海军昨天一天的奋战，好像没有给他们造成一点伤害。”

10时30分，距离8000米，“三笠”号开火了，但是俄国舰队没有还击。

10时43分，“尼古拉一世”号的桅杆上升起了意味着“我们投降”的X、G、E三面旗和用桌布代替的白旗。

秋山真之看清楚了白旗，向东乡说：“长官，他们投降了。”

但东乡平八郎没有停止射击的表示，秋山又说了一句：“长官，别忘了武士道的精神。”

东乡回过头来，指着俄国舰队：“他们的轮机没有停止！”

这时俄国人也意识到了，停下了轮机。日本人的炮击也停止了。

这时排水量3103吨的“绿宝石”号突然开动，加快速度往东冲了出去，离它最近的第二战队殿后的“磐手”号舰长川岛令次郎大佐急忙下令：“追。”

第二舰队旗舰上的参谋长佐藤铁太郎对大喊“追上去”的上村司令官说：“那是内博加托夫司令官给沙皇送去的信使，算了吧。”

10时53分，秋山真之作为军使，前往“尼古拉一世”号战列舰上受降。

日本海大海战，俄国舰队包括6艘战列舰在内的19艘军舰被击沉，包括2艘战列舰在内的5艘军舰被俘。巡洋舰“奥列格”号、“阿芙乐尔”号、“珍珠”号和1艘驱逐舰、2艘工作舰在马尼拉被解除武装，巡洋舰“绿宝石”在逃往海参崴的途中触礁沉没。最后成功到达海参崴的只有巡洋舰“金刚石”号和另2艘驱逐舰。

俄罗斯有3支舰队，其中黑海舰队受克里米亚战争后的巴黎和约限制，不能驶出达达尼尔海峡，其余的远东舰队和波罗的海舰队至此全军覆没，所以说俄罗斯“从此没有了海军”也不过分。

而日本联合舰队的损失仅仅是3艘鱼雷艇，其中1艘还是自己不小心触礁沉没的。

5月30日，东乡平八郎带着联合舰队回到了佐世保港，除了带出去的几乎全班人马以外，队伍还壮大了不少，因为拽了“尼古拉一世”号、“阿普拉克辛海军上将”号和“谢尼亚文海军上将”号这3艘战列舰回来。真的是拽回来的，本来能够自己航行的3艘军舰，是由“磐手”等巡洋舰用缆绳拽回来的，在通常飘着海军军旗的舰尾，怪里怪气地飘着两面海军军旗——日本海军的旭日旗和俄罗斯海军的圣安德烈旗，只不过圣安德烈旗是在半旗杆上有气无力地飘着。

11 朴次茅斯和谈

远东舰队和波罗的海舰队的覆灭，使沙皇尼古拉二世不得不现实地来看在远东到底发生了什么事。这是一件在尼古拉二世看来无法解释而在其他人看来又极其容易理解的事情，不管俄国的国力和陆海军武力是如何比日本强大，也不管俄国军队是如何善战，俄军士兵是如何英勇，但俄国军队的将帅由于沙皇本人的干扰从而根本无法指挥作战，甚至有时候俄国将领根本就不想作战。

可是尼古拉二世弄不明白这些情况，他不能理解为什么俄国军队不能胜利，因此也就一直拒绝日本通过美国发出的媾和建议。

其实从日俄战争一开始，列强各国就在掺和媾和谈判这件事。法国在名义上是俄国准盟国的“友好国家”，但法国非常不愿意看到的是俄国和德国的接近，所以，一直对在日本和俄国之间保媒拉纤非常有兴趣。法国在俄国远东舰队被歼灭后，就开始了日俄和谈的调停活动，但那个努力当时就被日本拒绝了。日本认为在俄罗斯还拥有能够东来的波罗的海舰队，俄罗斯陆军还没有受到毁灭性的重创，依然能够威胁日本的时候绝不是和谈的时机，因为这时候不可能从谈判桌上得到日本所希望的东西。

另一方面，尼古拉二世的表哥、“黄祸论”的极端信奉者德皇威廉二世又在图谋联合美国、法国一起对日强行干涉，想重演一出十年前甲午战争时的“三国干涉”，逼日本停战，但是俄国所表现出的对中国领土的极度露骨的野心，本身就不合主张“门户开放，利益均沾”的美国人的胃口，美国不希望看到俄国人全身而退，因此德国人的努力也没有成功。但是美国人对介入远东事务抱有浓厚的兴趣，拒绝德国人的邀请并不意味着美国不过问这件事，美国人只是在等待介入的最好时机。

反过来，对于日本人来说，美国人是一个可以信赖的中介人。除了美国人当时在远东的存在还不那么明显之外，美国总统西奥多·罗斯福和当时的日本外相小村寿太郎，还有日本前一届内阁（第四次伊藤博文内阁）的法务大臣金子坚太郎均为哈佛大学同学，他们在学校时就保持着良好关系，因此在日本人看来，西奥多·罗斯福本人就极可信赖。而西奥多·罗斯福也确实没有辜负日本人的期待，1905年3月的奉天会战结束之后，他就开始了日俄间的媾和斡旋。

1905年7月，日本首相桂太郎和访问新获得的亚洲殖民地菲律宾途中路过日本的美国陆军部长霍华德·塔夫脱（四年后成为美国总统），达成了被后世称为“桂－塔夫脱协定”的默契。说这个协定是默契，是因为它没有经过什么签字换文手续，仅仅是一个会谈纪要而已，而且这个会谈纪要在很长时间内是不为人所知的秘密，直到1924年才无意中被人在西奥多·罗斯福的外交档案中发现。

“桂－塔夫脱协定”的主要内容是，日本承认美国为菲律宾的宗主国，以换取美国承认朝鲜为日本的属国。这个协定是两个后起的列强在瓜分殖民地问题上进行的肮脏交易，现在几乎已经被人遗忘。除了日本人在谈到朴次茅斯和谈时会在介绍背景时谈一下外，就是韩国的历史教科书的批判了。不管怎么说，俄国人不知道日美之间的交易，不知道美国人在谈判开始就已经决定要帮日本人的忙了。

尼古拉二世在一开始根本就不愿意和日本人谈判，和黄种人谈判也太让伟大的斯拉夫民族丢面子了。一直到日本海大海战结束，波罗的海舰队樯橹烟灭，沙皇尼古拉二世才开始认真考虑媾和问题，派出了以财政大臣维特伯爵为首席代表的和谈代表团，和以外交大臣小村寿太郎为首的日本人在美国新罕布什尔的朴次茅斯谈判，其实真正谈判的会场却是在缅因州的朴次茅斯海军造船厂。

漫天要价，指望着俄国人就地还钱，日本人先提出的主要条件是：

1．承认日本在朝鲜的特殊利益；

2．俄军从满洲撤退；

3．转让辽东半岛的租让权；

4．转让从哈尔滨到旅顺间的中东铁路南满支线；

5．逃往中立国港口被解除武装的军舰，一律归日本所有；

6．赔偿军费；

7．割让库页岛及其附属岛屿；

8．容许日本渔船在俄罗斯沿海捕鱼；

9．限制俄国在远东拥有海军军力；

10．海参崴改为不设防的商港。

尼古拉二世真是悲愤满腔，这也太不把俄罗斯当玩意儿了，当即表示第5条、第6条、第7条和第9条丝毫没有谈判的余地，要不然双方重整旗鼓再打一场。小村和国内商量，对维特说如果俄国人能在第6条和第

7条上让步，日本可以放弃第5条和第9条。维特上奏尼古拉二世以后，尼古拉二世的回答是“具体怎么谈都行，你说了算，反正本皇帝不赔款，不割地”。维特也肯定郁闷万千——能够不赔款不割地那还谈什么？你那些有能耐的大臣呢？哦，全部投降了，被那些日本人关在战俘营里呢。

日本虽然把沙皇心爱的大臣给抓过来了几个，但自己也实在坚持不下去了，再熬下去估计俄罗斯那边没事，日本可要全部垮了。于是山县有朋、桂太郎、大山岩们一商量，就是沙皇不赔款不割地也签约了，没捞到别的也算换来了个耳根清净。但是正当小村寿太郎准备咬牙说出“让步”两字时，俄国人先同意了让步。

尼古拉二世也坚持不下去了。他的坚持不下去和日本人不同，不是国力上的问题。俄罗斯地大物博，这场在俄罗斯人看来只能算小规模战争的日俄战争难不倒它。尼古拉二世的问题，出在国体发生了危机。俗话说攘外必先安内，他的那个“内”现在变得一塌糊涂，一直存在很激烈的民族矛盾、阶级矛盾，被日本参谋本部派到欧洲去的特工天才明石元二郎一挑拨，顿时，芬兰人、波兰人、犹太人和社会革命党人全部在明石大佐周围大团圆了。日本人对明石大佐的评论是这样的：“没了乃木大将，最终也肯定能拿下旅顺；没了东乡大将，日本海大海战可能也能赢；但要是没了明石元二郎大佐，日本决不能赢得日俄战争。”

这位明石大佐整出来的社会动荡足够让沙皇准备自杀了，哪还腾得出手去再和那些不信上帝的黄种人打仗呢？于是尼古拉二世像以往一样快刀斩乱麻，很容易地做出了决断——割地，先图个耳根清净再说。

就这样，在1905年9月5日，日俄两国在美国总统的斡旋下，签订了《朴次茅斯和约》，和约主要包括以下几点：

1．承认日本在朝鲜的特殊利益；

2．俄罗斯从满洲撤兵；

3．俄国征得大清的同意后，将辽东半岛租借权转让给日本；

4．俄国征得大清的同意后，将长春宽城子至旅顺的南满铁道及附属权利不受补偿地转让给日本；

5．将库页岛北纬50度以南的一半割让给日本。

这样，在花费15亿日元军费，死伤12万人，损失舰艇16艘以后，日俄战争这场大赌博，日本又赢了。

俄国人失败的最主要原因不用说，是两支主力舰队前后被日本联合舰队全歼，彻底丧失了制海权，从而使日本军队没有了后顾之忧。没有了后顾之忧的日本陆军，面对的又正好是一支为了向沙皇争表忠心而互相勾心斗角的将军把持的军队。

导致联合舰队大获全胜的因素很多，“丁字战法”的成功，“七段战法”的顺利实现，下濑火药和伊集院信管的使用，水兵火炮操作的熟练，日本海大海战时的以逸待劳，以及对手俄国海军将领的无能、拙劣和愚蠢。

但是最主要的因素还是运气。

人们经常会好奇为什么第二次世界大战时日本敢于挑战强大的美国，特别是战争结束几十年后的今天，这个问题被更加频繁提出。不但中国人提这个问题，连日本的战后一代也经常会提这个问题。其实很好回答，只要看看日俄战争就知道了，日本这个落后的东方小国照样挑战了发达的西方庞然大物俄罗斯帝国，而且取得了胜利。日俄战争时，日本和俄国的国力差距虽然没有太平洋战争开战时日美两国的差距那么大，但也是十分惊人的。俄罗斯的陆军兵力是日本的10倍以上，海军兵力几乎是3倍，国家预算是日本的10倍，考虑到日本国家预算的一半是军事开支，就是说俄国的经济实力几乎是日本的20倍。在日本人还只能造驱逐舰，战列舰必须向英国人购买的时候，俄国人所保有的号称当时最先进的战列舰除了采用了法国人的设计以外，都是自己建造的。

这是一场实力悬殊的战争，所以和开战前还做了上中下三种准备的甲午战争不同，日本在日俄战争开战前根本就没有一旦失利怎么办的准备，因为没有办法准备。陆军在满洲失利就意味着保卫日本本土的任务只能依靠这支小小的联合舰队，而联合舰队如果在日本海失利就意味着日本亡国，这是毫无疑义的。所以这是在以举国之力进行极端危险的赌博，东乡平八郎在日本海大海战前升起的Z字旗所含“皇国兴废在此一战”就充分表明了这个意思。

但是日本人还是赢了这场看上去不可能胜利的战争，所以一定要说近40年后日本军部挑战更加强有力的美国是完全疯狂的蛮行的话，并不确切。因为当时的日本军部可不会这么认为，如果现在有人能穿越时空和东条英机们去讨论这个问题，东条英机们为他们的疯狂计划辩护的理由肯定还是：“我们不也战胜了俄国人吗？”

在讨论日本的胜利到底是什么原因的时候，不妨听听号称“日本海军两参谋”之一的佐藤铁太郎的总结。

一次，佐藤铁太郎在海军大学校讲课，回答学生提出的“日俄战争的胜因到底是什么”这个问题时，思考了半晌才说：“40%是运气。”

学生接着这个回答继续发问：“剩下的60%呢？”

“还是运气！”这次佐藤铁太郎回答得十分干脆。

合着一场日俄战争，日本人仅仅就是靠着运气才战胜了俄国人？这种回答似乎不能令人信服，所以接下来佐藤铁太郎对他的40%的运气加60%的运气做了解释。

“前面40%的运气是纯粹的运气，比如马卡洛夫司令官刚上任就触雷身亡，黄海海战那一炮不偏不倚正好击中‘太子’号战列舰的司令塔等，发生这几件直接影响战局的事件，仅仅是单纯的运气。后面60%的运气是俄国人的失策或是日本人的努力得来的运气，不管怎么说，日本海军在日俄战争中运气确实很好。”

日本海大海战的当天，海上一直有一层薄雾，这层薄雾给了双方一种距离尚远的错觉。错觉使得东乡在完成敌前大回头以后，离俄国舰队的距离比原来预计的近，从而提高了炮击的命中率；而同样的错觉则使得罗杰斯特文斯基没有把握住可以炮击的时机，如果罗杰斯特文斯基提前那么极为宝贵的五六分钟开炮的话，又会是个什么结果就很难预料了。

再来看联合舰队司令长官东乡平八郎中将给军令部的总结报告的

头几个字吧。这份报告是秋山真之起草的，头四个字赫然是："天佑神助。"一场日俄战争打下来，秋山真之受不了这种精神重压，成了个怪人。看过戴季陶的《日本论》的人肯定会对戴季陶笔下那个满脑子封建迷信，成天神经兮兮的海军中将秋山真之很有印象。秋山真之本质上是个文人，他不适合这种充满杀戮的战场。日俄战争以后秋山真之一再要求退役，去出家当和尚，可是那样大日本海军就很没面子，所以秋山的要求得不到批准，不但不批准，反而给秋山不断加官进爵，最后他成了海军省最重要的军务局局长，授海军中将衔。第一次世界大战以后，他在第二舰队司令官任上时患了腹膜炎，坚决拒绝医生治疗而去求神拜佛，结果50岁就死了，遗嘱是坚决要儿子代父出家当和尚。

陆军的儿玉源太郎大将在战争结束后的1906年死去，终年54岁，日本人都认为他是因为日俄战争而累死的。这位秋山参谋，其实也是被日俄战争累疯的，有这么一句话："日俄战争要去了儿玉源太郎的肉体，要去了秋山真之的精神。"

但是除了海军上层的极少数人之外，没有多少人知道这些实情。人们所知道的是"圣将"东乡的英明指挥，"天才"秋山的出谋划策，日本军人的英勇善战。除了向国民宣传忠君爱国这种政治上的正确之外，刚刚打了大胜仗的海军还想通过这种八股宣传来解决新遇上的大麻烦。

第三章

八八舰队：当梦想照进现实

事件：

一战（1914年）——三国条约（1940年）

人物：

山本权兵卫、财部彪、加藤宽治、加藤友三郎、山本五十六

☆
☆
☆
☆
☆

01 找了美国做假想敌

刚刚大胜的海军能有什么麻烦呢？其实海军在打了决定性的大胜仗以后都会有这种麻烦，第一次世界大战以后的英国皇家海军和第二次世界大战以后的美国海军都遇到过这种麻烦，就是来自政府的要求裁军的压力。

海军不像陆军，特别在20世纪初的时候，陆军的人员编制在很大程度上就是添一双筷子的事，多几个人花不了多少钱。海军不一样，维持一支上规模的海军，其花费是极为可观的，购买军舰要钱，平时的训练、保养、维护、修理全是一刀刀的票子，所以一能喘口气，国家肯定打裁减海军的主意，日俄战争以后的日本正好就符合这种情况。大清和俄国都没有了海军，法国在远东几乎没有什么海军，英国是日本的盟国，就是说日本在海上很安全了，可以喘口气了，那海军也应该裁裁了。

别说活着就是为了打仗的丘八们，在充满了战争的年代里不愿意裁军，就算是耶稣真的复活又到了人间，来个传说中的5000年和平盛世，军人们也照样会找出理由来和耶稣打口水仗拒绝裁军。一战和二战以后的英美海军是靠着对马汉的海权理论进行修改，最后总算找出了自己继续大规模存在的理由，但日俄战争以后，笨嘴拙舌的日本人可没有英美人那么会忽悠，没有那么高的理论修养。但是不能说日本人不会说就不让人家活，最后人家不但继续活下来了，而且还扩大了这种活的规模。

秋山真之在他起草的联合舰队解散训令里有一句有名的话："胜利的时候，更要系紧头盔的带子。"

可是，既然已经胜利了，头盔就要摘下来了，这个带子还怎么个系紧法？有办法，这就叫"有头盔要戴，没有头盔弄个头盔也要戴"，因为要弄一个必须时时戴在头上，随时紧系的头盔，日本海军就开始了一场长达三十多年的扯淡。

这就是一个名叫"八八舰队"的淡。

从1905年日俄战争结束后的几乎40年间，始终有一个挥之不去的幽灵在日本海军中徘徊，最后这个幽灵还真成了精怪，那就是八八舰队的幽灵。所谓"八八舰队"就是由8艘战列舰、8艘装甲巡洋舰或者巡洋战列舰组成的舰队，到后来再加上8艘巡洋舰，成了"八八八舰队"。

为什么要这个八八或者八八八舰队呢？对这个问题的解释就可以说明，日后日本为什么会在实力如此悬殊的情况下悍然向世界上最大的海军挑战。

一般认为，八八舰队的构想是山本权兵卫提出来的。问题是山本权兵卫为什么要提出这个构想？这一构想在实现过程中给日本海军带来了些什么变化？以及最终怎么评价这个八八舰队的构想？

山本提出八八舰队构想是出于一种危机感和责任感。但不是那个"保卫日本"的危机感和责任感，而是对日本海军的存在问题所抱的危机感和自己作为"海军之父"所必须负的责任。

对于在甲午、日俄两场战争中连克两大强敌，为陆军的胜利提供了可能性的日本海军来说，裁军是不可忍受的。陆军在事关明治政府存亡危机的西南战争中的作用和表现，使得"海陆军"的提法变成"陆海军"。从那时开始，海军就成了陆军阴影里可有可无的存在，说话没人听，总理大臣捞不着当，经费也只是全部国防预算的10%左右，简直窝囊透了。现在好不容易混出来了，还想让海军吃二遍苦，受二茬罪是万万不可能的。

制造不出什么高深的理论来说明海军应该存在的理由怎么办？只好

发扬日本人务实的特长，整个实实在在的东西出来说明海军应该继续大规模保持，就是说找个能吓唬人的假想敌出来。

大清、俄罗斯的海军都已经被日本人给弄没了，成不了假想敌。大英帝国倒是有海军，而且在远东还有强大的海军存在，但一来是盟国，把人家设想成假想敌有点太亏心，二来皇家海军的实力实在太强，当时的日本海军虽然赌徒习气极浓，但还没有到后来那种疯狂的地步，不会天真到梦想和大英帝国作对还能落个什么好。法国本来就不太给人什么危险的感觉，而且法国在远东的军事存在，特别是海军的军事存在不太引人注目，就算把法国弄成了假想敌，也是耗子尾巴熬汤——油水不大，忽悠国会给钱的可能性不大。

剩下来的就只有德国和美国了。

将德国列为假想敌是很可行的。首先日俄战争时德国不遗余力地支持了俄国，对日本很不友好，德皇威廉二世就是一个“黄祸论”的积极鼓吹者。传统的大陆国家德国当时正雄心勃勃地打算向海洋进军，“别人在瓜分大陆和海洋，而德意志只能仰望着蔚蓝的天空的时代已经过去了”，威廉二世已经下定决心了。

为了不在获得所需款项上受到国会的制约，德意志帝国在1898年制定了当时在世界各国中可谓独一无二的《舰队法》。该法在1912年最后一次修改后规定：德意志帝国的海军常备兵力为战列舰41艘，巡洋战列舰或者大型巡洋舰20艘，轻型巡洋舰40艘，驱逐舰144艘，潜水艇72艘，主力舰只舰龄20年。

这确实是一个很恐怖的计划，但是看看英国皇家海军的反应就知道这个恐怖的扩军计划其实和日本毫无关系。皇家海军的反应是增强基地分别在多佛和直布罗陀的本国舰队和海峡舰队，缩小基地分别在马耳他和香港的地中海舰队和中国舰队，废止太平洋、北大西洋、南大西洋和印度这四个舰队——因为这个所谓《舰队法》就是针对英国的。

所以要说德国是威胁，也能说得上，但是还是没有什么说服力。所谓好事成双，结果在这个假想敌名单上又加了一个美国。

刚刚还帮助日本和俄国人谈判的美国怎么转眼间成了日本的假想敌？这脸变得也太快了点吧？其实知道日美关系史的人对这个假想敌的出现还真不会感到吃惊。

大家都知道，日本海军进行的第一场战争是和大清进行的甲午战争，也知道最后日本海军是被美国人消灭的，但知道日本海军其实差一点不是和大清而是先和美国海军干了起来的人可能不多，这对宿敌的事情还得从头说起。

那位差一点和美国人开打的是东乡平八郎大佐，时间是甲午战争爆发前的1894年2月，地点在夏威夷。那时的夏威夷还不是美国的一个州，而是一个独立王国，那里发生了反国王政变。

日本在得到夏威夷发生反国王政变的消息以后，立即派出正在旧金山的炮舰“金刚”号（舰长田代郁彦大佐）前往夏威夷观察动静，因为夏威夷有6万多日本移民。1月28日，“金刚”号到檀香山，日本再从横须贺派出巡洋舰“浪速”号，舰长就是那位刚刚被西乡从道和山本权兵卫想起来原来是老乡的闷嘴葫芦东乡平八郎大佐。

海军和陆军不一样，海军的独立性高，而且没有那么多怪里怪气的军师旅团营的编制序列，舰队下面就是军舰了。理论上两艘以上军舰一起行动就是舰队了，可是实际上又没有那么多舰队编制，当然也就没有什么司令长官。这样，在不是正式舰队编制的几条舰共同行动的时候，就有一个谁来指挥的问题。解决这个问题的方法是在这两个或几个舰长中设立一个“先任”的概念，先任舰长负责指挥，有点司令官的味道。日本海军的先任舰长首先是看军衔，军衔一样时看资历，资历还是一样时则看吊床号。这个先任的概念还被推广到其他地方，变成了“首席”的意思，像日俄战争时联合舰队的先任参谋是秋山真之，这只是说除了参谋长就是他地位最高，并没有他资历或军衔最高的意思。

田代郁彦和东乡平八郎两个都是大佐，但东乡平八郎资格老，所以东乡是先任舰长，由他指挥这两艘军舰。当时檀香山港内有4艘美国军舰和1艘英国军舰。按道理外国军舰进出外国港口要放礼炮以表敬意，但东乡认为政变后成立的临时政府是不合法的，日本不承认，没必要放礼炮表示敬意，两艘日本军舰就这样闷声不响、大摇大摆地进了檀香山。

东乡到夏威夷本来就是去找碴儿的，现在正好有了碴儿。3月16日，一个日本人从夏威夷监狱里越狱，游泳上了“浪速”号。夏威夷当局来讨人，东乡不但不肯交人，还脱去炮衣，准备干架，几乎酿成一起外交事件。但当时日本政府觉得还没有本钱和美国在夏威夷开赌，这才发出训令命令东乡平八郎交人，解决了这件事。

这两艘军舰一直到5月份局势平静以后才回日本。这时美国哈里森政府换成了克利夫兰政府，美国国会又开始扯夏威夷的淡了。“浪速”号又在东乡平八郎的指挥下去了夏威夷，这次带的是“高千穗”号，后来东乡是因为朝鲜局势开始紧张才被召回国内参加甲午战争的。

这是日本和美国在“黑船到来”后的首次对峙，虽然没造成武装冲突，但是日后的日美军事冲突，准确地说是从这时开始的。

在当时，建国刚过百年的美国当然不是一个什么传统的海军大国，虽然敲开日本国门的是美国海军，但那只是因为日本没有海军而已。被尊为美国“海军之父”的，是和日本的“海军之父”山本权兵卫为同时代人的西奥多·罗斯福，真说起来，美国现代海军的起步比日本还要晚。日本1895年就已经取得了甲午战争的胜利，而美国直到1898年的美西战争之前，由西奥多·罗斯福以海军部副部长的身份主持海军部时，才真正开始重视海军。

但是美国的优势在于其强大的国力。1907年12月，默默无闻的美国海军突然以令人瞠目结舌的华丽阵容出现在世人面前，由16艘战列舰组成的美国舰队在旗舰“康涅狄格”号的带领下，从东海岸弗吉尼亚州的汉普顿锚地诺福克军港出发南下，经过里约热内卢，穿过麦哲伦海峡后，再沿智利海岸北上，在第二年5月5日到达西海岸的旧金山。

然后在7月7日从旧金山出发，经夏威夷，新西兰奥克兰，澳大利亚悉尼、墨尔本、奥尔巴尼，菲律宾马尼拉，于10月18日到达日本横滨，然后经中国厦门再回马尼拉，12月1日从马尼拉出发，经锡兰科伦坡过苏伊士运河，穿过地中海到达直布罗陀，重回汉普顿锚地诺福克军港时已经是1909年2月22日了。

一般的舰队都是灰色的，而这次环绕世界一周的美国舰队全漆成了白色，所以被称为“大白舰队”。16艘战列舰中除第四舰队的“阿拉巴马”号、“伊利诺伊”号、“肯塔基”号和唯一不用州命名的“齐尔沙治”号以外，全是20世纪以后建造下水的崭新战舰。

这次的大白舰队大航海，明显带有后起的工业大国美国在进行国力军力示威的色彩。美国绝不是闲来无事建设这么一支大舰队，虽然其真正的用意日本人还没有理解，但山本权兵卫拿来作为威胁的实例也有一定的理由。除了这支大白舰队之外，美国和日本也开始出现一些摩擦。首先是有关哈里曼计划的问题，美国铁道大王爱德华·亨利·哈里曼想染指满洲的铁道，这个提案在日本得到了首相桂太郎和一部分元老的首肯。因为他们一是觉得美国人在日俄战争的谈判问题上帮了忙，该给人家一些回报；二来俄国人也没有完全趴下，什么时候回来也不知道；三是在跟俄国人靠得那么近的地方经营铁路，总有点悬，不如干脆卖给美国人算了，还能弄点现钱贴补一下被战争弄得千疮百孔的经济。但是外相小村寿太郎坚决反对，致使哈里曼计划流产，而这恰恰违反了美国人一贯主张的门户开放、利益均沾的原则，两者要起冲突也是自然。

再加上那个日俄战争的媾和谈判在日本得到的评价也不高。不仅不高，应该说极低，当时日本面临着的危如累卵的局面没人知道，所以民间对于没有得到战争赔款的《朴次茅斯和约》极为不满，东京、神户和横滨还发生了针对美国人的打砸抢事件，这样一来美国人对日本人的印象也变得非常坏。虽然西奥多·罗斯福因为撮合日俄两国谈判还拿了1906年的诺贝尔和平奖，但是诺贝尔和平奖就是这么个怪东西，哪儿有了这个奖哪儿就肯定没了和平。你看黎德寿和基辛格刚拿了诺贝尔和平奖，转身北越的坦克就进了西贡。

日美之间存在的这些扯皮事是不是就意味着日美关系会恶化到开战的地步呢？起码当时以山本权兵卫为代表的日本海军在口头上认为有可

能。当然人的认识会出错，谁也不能保证自己的认识会永远正确。但是山本权兵卫真的仅仅是认识错误吗？30年以后的海军大臣米内光政在一次无意之中回答了这个问题。

那是在1939年8月8日讨论《德意日三国同盟条约》的五相会议（首相、外相、藏相、陆相和海相会议）上，大藏大臣石渡问海军大臣米内光政："缔结了同盟，就必须考虑德意日三国和英美苏法四国开战。而一旦开战，80%是由海军进行。现在想听听海军大臣的意见，德意日海军和英美苏法海军开战，我们有多大胜算？"

米内海相的回答简单明快："没有任何胜算，首先日本海军就不是为了和英美打仗而建造的，但要是打打德国、意大利的话，倒没有任何问题。"

就是说以山本权兵卫为首的日本海军其实根本就没有真正把美国看成什么"假想敌"。花费天文数字的公帑，在为了准备和假想敌美国进行战争的大义名分下建造起来的海军舰队，居然在30年后被人一句喝破"不是为了和英美打仗而建造的"，换句话说就是，日本海军其实根本就没有准备过和英美打仗。每年海军兵学校的新生入学典礼上校长大叫大嚷的那句"我们的敌人是英美！"根本就是一句骗人的鬼话。既然如此，那为什么还要继续建造海军呢？回答只能是：为了海军的私利。说得更清楚些就是：为了少数高级海军军人的私利。

02 成了美国的假想敌

日本海军为了国内政治的需要选了个美国来做假想敌，但这些日本人并不知道那些看上去人畜无害的美国人早在10年前就已经把日本作为假想敌。那个"大白舰队"抽象地说是后期的工业大国的国力示威，具体地说就是为了日本而量身打造的。

可能山本权兵卫们听了会很委屈：还没有招惹美国人啊，怎么就连打架的凶器都准备好了？

这个缘由要从美国海军之父，第26任美国总统西奥多·罗斯福开始说起。

1898年，美国和西班牙打了一场据称是第一场列强重新分割殖民地的帝国主义战争，结果是美国胜利。西班牙在失去了古巴、波多黎各、关岛和菲律宾这几块最后的殖民地之后，脱下了“帝国”的马甲回家养老去了，而美国的势力则跨出了西半球，成为在遥远的远东也有了领地的国家。

美西战争的时候，绝大多数美国人的目光只盯住了近在咫尺的古巴，唯独当时还只是海军部长助理的西奥多·罗斯福看到了大洋彼岸的菲律宾。为了菲律宾，西奥多早就弄清楚了在马尼拉的西班牙太平洋舰队的实力，在正式开战的一年之前就让杜威海军准将带着一支舰队去远东等待机会。当时列强在远东的舰队都有自己的基地，比如英国在上海和香港、俄国在旅顺港、德国在青岛都有基地，美国远东舰队当然没有这种基地，只能求英国人照顾，在香港待着，其实也不在香港，而是在现在深圳的大鹏湾里。美西开战之后，英国根据中立立场立即让杜威准将带领这支包括4艘巡洋舰和2艘炮艇的舰队离开大鹏湾，但杜威带着人驶出大鹏湾之后去的是马尼拉湾，居然把西班牙人给灭了。

有个小插曲很有意思，美国舰队在马尼拉湾和西班牙舰队打得你死我活的时候，有5艘德国军舰静静地在一边围观。旧大陆的老牌殖民者没有想到新大陆的后起之秀也会对遥远的远东地区有兴趣，想等着美国人消灭了西班牙舰队再离开之后把这个千岛之国顺下来。德国人在南太平洋上已经拥有了大量岛屿，如果能再加上菲律宾，德国人就是西南太平洋的霸主了。

但德国人失望了，来自新大陆的美国人既要消灭西班牙舰队，也要菲律宾这块殖民地。这个插曲充分说明了当时远东太平洋地区对新旧殖民主义、帝国主义列强的吸引力。

其实当时的美国在离开自己西海岸6000海里以上（大约11000公里）远的地方拥有这么一块殖民地是一个很大的负担。这块殖民地来之不易，绝不能再让别人糊里糊涂抢了去，如何保卫菲律宾就成了美国国家安全上最大的问题。

谁会威胁菲律宾呢？

当然谁都会，英国、法国、荷兰、沙俄和德国在远东都有武装力量，都有海军，谁也不能说他们就一定不会威胁菲律宾，但最让美国人放不下心来的是日本人。不管怎么说菲律宾有美国的守备力量，而英国、法国或是德国在远东的军事力量也都是为了守护他们在远东的利益，还没有谁在远东保留了一支可以进攻别国殖民地的武装力量，要进攻必须从本国重新派遣才行，这样的话美国就有采取对策的时间。

但日本就不一样了。日本是地区强国，在甲午战争中击败大清之后得到了台湾，如果从台湾南部的高雄港出发只需要航行300海里就可以到达菲律宾吕宋岛北部，而且日本在击败大清后还在继续扩充海军，这就对菲律宾形成了威胁。

这就是阿德纳·查菲中将在1902年菲律宾总督任上就开始考虑的问题。从菲律宾总督卸任之后，查菲出任陆军参谋长，更是从如何制定美国防卫计划的层面来考虑这个问题。

查菲在制定美国防卫计划时发明了使用色彩作为代码的方法，比如红色代表英国、黑色代表德国、绿色代表墨西哥，而橙色代表日本。色彩代码除了简明保密的好处之外，还可以进行调色。比如当时英国和日本的关系不错，美国在考虑和日本开战时就一定要想到同时和英国开战的可能性，因此还有红橙色作战计划。

而此时的日本在日俄战争中战胜了俄国，完全跻身于列强行列，而沙俄因为在日俄战争中几乎损失了所有海军，因此就不能威胁到菲律宾。

这些色彩代码中有些基本上就是一种纯粹的抽象，比如和墨西哥作战用的绿色，但也有一种从来没有被忘记过的颜色，那就是对日作战的橙色。

第一个橙色计划制订于1904年，日本在那年爆发的日俄战争中不宣而战进攻停泊在仁川的“瓦良格”号和“高丽人”号2艘俄国军舰引起了美国人的警觉。如果日本人进攻菲律宾怎么办？接下来的1905年日本取得了日俄战争的最后胜利，美国就更加紧张了。西奥多·罗斯福出面调停日俄战端，为之提供谈判场所把两家拉到一起来谈判的目的之一也是不愿意看到沙俄输得更惨或者日本赢得更多。

美国第一次认真地考虑如何抵御日本进攻是1907年，起因是旧金山的种族歧视骚动。日本在日俄战争胜利之后，正式向列强照会要求重新谈判过去签订的不平等条约，但此时美国却有人要把于1882年制定的排华法案扩大到日本人和朝鲜人，旧金山市就制定了禁止日本裔学生和白人学生同校的法律，引起了日本的不满。

后来这个争端被和平解决，产生了“1907年君子协定”，内容是美国不在法律上制定对日本移民的数量限制，而日本也不向企图移民美国的日本人发放护照。

1904年和1907年的橙色计划实际上还只是几句阐述基本原则的空话。一直到第一次世界大战结束之后的1919年，美国人开始认真研究如何具体实现这个基本原则，如何在菲律宾遭到日本突然袭击的时候保护菲律宾。

英国在第一次世界大战之前的布尔战争中的表现已经给人一种“帝国已经垂老”的印象，甚至“帝国崩溃论”也开始出现。虽然英国仍然是第一次世界大战的战胜国，而且在战后善后过程中得到了德国殖民资产中最可口的那部分，使得大英帝国登上了不管是人口还是土地面积的顶峰，但是可以明显地看出一战之后的英国已经无力开展一场和别国的战争了。

至于法国和荷兰，美国本来就没有把这两个国家看作威胁，一战之后就更加不会了。

德国在第一次世界大战中完全战败，丧失了所有海外领地和权益，这样也就不再对美国以及其海外领地构成威胁了。问题在于德国失去的海外殖民地，被英国、法国和日本瓜分了。

在一战结束之后的善后会议上，美国总统威尔逊激烈地反对将原属德国的南洋诸岛交给日本。威尔逊明言，这些岛屿只有军事意义，日本得到了这些岛屿就会使得美国无法防守菲律宾。

但是美国的菲律宾是否安全和其他的列强无关，英国和澳大利亚也想分到德国人的岛屿，结果日本最后在《凡尔赛和约》中如愿以偿，以“托管”的名义得到了它在战争中占领的赤道以北的几乎整个西太平洋上的岛屿，拿到了整个密克罗尼西亚。而大英帝国则得到了包括美拉尼西亚的从萨摩亚到澳大利亚和新几内亚的中部，以及西南太平洋；法国则拿到了波利尼西亚和新喀里多尼亚，占据了大部分东南太平洋，荷兰人除了继续保持着荷属东印度（现在的印度尼西亚）之外，还拿到了新几内亚的西部。

美国人虽然在一战中出钱出人，实际上在战后重新划分势力范围的过程中没有得到任何好处，在太平洋上还是只有夏威夷群岛、阿留申群岛、威克岛和菲律宾这么几块地方。实际上随着日本拿到了密克罗尼西亚，特别是马绍尔群岛和加罗林群岛，可以随时切断从夏威夷到菲律宾的联系，只要日本人愿意，随时都可以孤立菲律宾，威胁菲律宾的美国守卫部队。当然这种可能性因《凡尔赛和约》禁止将这些被分割的德属太平洋岛屿军事化的规定而暂时减轻，但谁也不知道以后会发生什么事情。

日本在这十几年的时间里接连击败了大清和沙俄两个帝国，尤其是在日俄战争中一举消灭了沙俄帝国的太平洋舰队和波罗的海舰队，一战中又远征地中海，有丰富的实战经验。而且日本在明治维新后走上了对外侵略扩张道路，1879年并吞了琉球王国，1895年从大清夺取了台湾，1910年正式并吞了朝鲜。

还有一个很重要的事实是在太平洋的西岸还有一个非常虚弱的大国中国。中国是日本扩张的对象，美国从一开始就认识到日本在中国的扩张就意味着对美国压力的增大，所以美国几乎是条件反射般地反对日本在中国大陆的扩张。在巴黎和会上，日本要求继承德国在战胜国中国胶州湾的权力，英国和法国都予以支持，反对的就只有美国。

美国在菲律宾保持一支能和击败过大清和沙俄的日本帝国陆海军对抗的常备军队是不现实的，在菲律宾只能采取防守策略，菲律宾的守备力量在全力抵御日本进攻的同时，等待支援。其实也就是日俄战争中旅顺港防卫战的重演。

首先守卫像菲律宾这样的远离美国本土的群岛不但需要陆军，还需要海军以及支援基地，还需要机动运输力量，这一切都需要一种不同于传统的陆海军合作。美国有过在南北战争以及美西战争中陆海军不能互相配合的教训，于是西奥多·罗斯福总统在1903年提议成立了一个陆军和海军的联合委员会（Joint Board），由陆军参谋部和海军作战部各出4名成员，这不是一个执行机构，也没有下达命令的权力，只是分别向陆军部和海军部或者直接向总统提出自己的建议。

在日本袭击珍珠港两星期之后，为了和温斯顿·丘吉尔带来华盛顿的由英国海陆空军主官组成的参谋长委员会对接，富兰克林·罗斯福总统就设立了“美国参谋长联席会议”，即参联会。1947年7月通过的《国家安全法》通过立法把参联会变成了一个正式的机构。

一切机会都给有准备的人，其实参联会绝不是临时拼凑出来的，1903年成立的陆军和海军联合委员会就奠定了日后成立的参谋长联席会议的基础。当然这个联合委员会并没有什么很大的功绩，甚至有人指责在一战中也没有发挥过作用，但这个联合委员会并不是一个参谋班子，而是一个计划班子。这个委员会成立后的第一个任务就是制订对日作战计划，它的功绩就在于制订出了可行的对日作战计划，也就是橙色计划。

防御菲律宾有两个重要问题，一个是美国海军的基地是放在夏威夷还是菲律宾，第二个是菲律宾防守部队的基地是放在苏比克湾还是马尼拉湾。第一个问题采取了海军的方案，把太平洋舰队的基地放在夏威夷，第二个问题就只能采取陆军的马尼拉方案了，因为陆军认为马尼拉湾边上的巴丹半岛以及科勒基多等岛屿能够作为防守的屏障。

然后在1908年5月，美国国会拨款100万美元开始在夏威夷修建海军基地。

橙色计划的基本作战思路是：在菲律宾的美国守卫部队不可能在遭到日本人攻击的时候单独守住菲律宾，必须得到来自美国本土的支援。橙色计划的逐步改进就是来自美国本土支援路径的改进。

一开始是在加勒比海的美国海军战列舰队出动，当时还没有巴拿马运河，舰队要向南通过麦哲伦海峡，然后再渡过太平洋，依靠夏威夷那个不靠谱的基地和关岛的那个还没有开始修建的码头进行补给，再去菲律宾援救那些守备队员，如果那些守备队员能把菲律宾基地守上这么多天的话，要知道那时候船开得慢，这段距离估计需要3～4个月。

后来有了巴拿马运河，再后来有了圣迭戈军港，最后有了夏威夷的海军基地。

这一切是日本人都不知道的，日本海军把美国列为假想敌纯粹是为了争取军费，陆军的石原莞尔在1936年也把美国列为假想敌，那是一种政治信条。

但无论是陆军还是海军都没有认真地考虑过和美国作战的可能性，“就那么一说”。

但美国可是脚踏实地、一步一步地在准备和日本的作战。

03 反腐败后面的东西

为了“制海权”，当时的日本海军是振振有词的。

甲午战争和日俄战争的胜利，确实证明了马汉上校的海权理论中的“制海权”部分。但值得注意的是，这仅仅是在具体战争或战役所需的“制海权”上，日本人其实根本没有领会马汉理论的实质。马汉理论中的“海权”比“制海权”要广泛得多，包括地理位置、地势和气候，物产、领土的扩张趋势，人口数量，国民素质，国家制度及政府性质等6个方面，是一个保障海洋国家赖以生存的通商航道畅通、安全的综合概念。欧美人能够理解这个概念，因为从大航海开始的殖民浪潮使得欧美人离开了这种海上通道（Sea Lane）就无法生存。但刚从锁国状态中解放出来不到50年的日本民族还不是海洋民族，通商航道对日本人来说没有到生死攸关的地步，就是说海权对于当时的日本来说不是必需的。

把这种整个国家战略的“海权”混同于某场具体战役或战争“制海权”的日本人，很自然地就看漏了马汉理论中非常重要的一点：这种海权是自然地形成的。

海权是一个地缘政治学的概念，不会有太大的变化，而制海权是一个战争学上的概念，制海权的实现取决于战争双方的具体兵力对比和武器配备。马汉上校的海权理论经过第一次世界大战以后的英国人和第二次世界大战以后的美国人的不断修正，到现在还有很大影响，但马汉上校依靠主力舰队中大舰巨炮的决战来争夺制海权的理论，只有在甲午战争和日俄战争中得到了实际验证，而且被证明为正确可行。而第一次世界大战时，就已经没有了大舰巨炮之间的舰队决战决定战争的最终胜负了，第一次世界大战以后出现的航空兵战略更加使得大舰巨炮无用武之地。

世界上有种东西叫“主流观点”，或者叫“世界潮流”。如果没有实力创造主流观点，就只能跟着它走。倘若不这样，希特勒、萨达姆·侯赛因就是榜样。但是这个所谓“主流观点”也会因为时代的变化和创造这个观点的国家的需要而变化。最致命的是这种变化在一开始不是十分显著，如果看错了这个世界潮流，那再怎么积极也没用。看错潮流，抱着过时观点的后果，和当初的反潮流在本质上差不多。

20世纪初的日本和德国就是最好的例证。

日俄战争以前的世界基本上是一个殖民主义横行的世界，西班牙、荷兰、英国、法国这些老牌殖民主义国家依靠其海军力量把亚洲、非洲和美洲分割成他们的殖民地，从殖民地掠取了大量财富。但随着英国美洲殖民地的独立，殖民时代已经接近尾声。日本和德国就是在这种殖民主义接近死亡的时代，还要拼命往殖民主义这班车上赶的两个野心勃勃的国家。

从日俄战争的媾和谈判开始，当时东京帝国大学的户水宽人、富井政章、金井延、寺尾亨、高桥作卫、小野冢喜平次和中村进午“七博士”，就是极端民族主义知识分子的代表，逐渐影响了日本的思想界，扩张和掠夺已经成了日本主流知识界和思想界的追求目标。日本海军也就是在这种形势下，一半无意，一半有心地提出了八八舰队的构想。

要说日本陆军和海军一直站两个屋檐下也不是事实，起码在一个问题上陆海军是一致的，那就是都想摆脱日本是“海岛国家”的形象，不过往什么地方走则是各有各的主意。在海军玩了命要成为“海洋国家”，海军要成为一支“远洋海军”的时候，陆军则是要成为“大陆国家”，陆军要成为一支“大陆陆军”。

1907年，山县有朋在看到当时还是参谋本部作战部部员的田中义一中佐提呈的《随感杂录》以后，立即指示田中义一编制一个“帝国国防方针”出来。田中就找了山本权兵卫的女婿、海军大佐财部彪来一起干，两人最后搞出一个叫明治四十年《帝国国防方针》的东西。

这个方针的主要内容是：“日本应该在维持满洲和朝鲜的权益的同时，将向亚洲南部发展的南北并进作为国家施政的大方针。妨碍这个方针的可能敌人是俄罗斯、美国、德国和法国。

“对于这些敌人，采取攻势战略在海外击破。对俄罗斯的战略：在南满集结兵力，北上击破，攻占海参崴。对于美国、德国和法国的战略，首先击破其在东亚的海上势力，然后伺机而行。

“为此，陆军平时需要25个师团（战时扩到50个师团），海军需要建设由8艘战列舰、8艘巡洋舰组成的八八舰队。”

至此，所谓“八八舰队”构想正式形成公文，付诸行动，日本海军同时把从甲午战争、日俄战争得到的经验作为国策，将要付诸实施了。这时看起来，海军也确实到达了顶点：1913年2月，山本权兵卫海军大将当上了内阁总理。这不是件小事，首相的宝座对于陆军不稀罕，那玩意儿常驻陆军，山县有朋、桂太郎都当过首相，可在海军这是开天辟地第一遭，海相是在日俄战争时专管后勤的斋藤实，次官是山本的女婿财部彪，联合舰队司令长官是加藤友三郎，据说这是海军的最强阵容，海军算是混出来了。

可就在这时，一个小偷震荡了日本海军界。

1913年11月的一天，德国西门子公司东京支店长维克多·赫尔曼在德国大使馆馆员亚历山大·希尔的陪同下到海军省来打招呼，说是有人偷了西门子公司的文件逃到英国去了，现在在向西门子公司勒索50万德国马克。日本人听得有点糊涂：德国的公司遭了贼，管日本什么事？你要是想请日本侦探出手帮忙抓贼，那也是找内务省，不该找海军啊。德国人见日本人听不明白，就直接说了：“可能事件捂不住，这件事一公开只怕有几个日本海军的高级军官的名字在欧洲要见报，所以来打招呼，你们还是早做准备的好。”

原来，被偷出去的文件中有一份涉及日本海军的电报：西门子公司同意给海军省负责武器采购的舰政本部第一部原部长岩崎达人少将25%的回扣。

海军省一听就知道大事不好了。当时正是八八舰队计划实施的紧张时刻，原以为山本权兵卫大将当了首相，海军要起钱来可以方便些，谁知道跑出来这么一档事，于是，赶紧成立了以出羽重远大将为委员长的查问委员会来追查此事。

查下来的结果是，确实有人在德国拿了钱，而德国人做的只是为日本人在英国订购的巡洋战列舰“金刚”号配内装的活，干正活的英国人也给了日本人钱，而且给得更多，光舰政本部原本部长松本和中将一人就从英国人那儿拿了40万日元。不要忘记，那是有个千把日元就能在东京盖座房子的年代，现在新日铁的前身八幡制铁的起家也才用了57万日元，这40万的数字之大可想而知。

1914年1月23日，这份文件最终在日本见报，顿时，舆论哗然。

那时的日本挺有意思，实行的是议会政治，却没有叫作“党”的政党，可能因为凡是“党”就有“过激党”的形象，所以政党都叫某某会。当时日本国会里势力最大的是政友会和宪政会，在野的宪政会就直接把攻击矛头指向首相山本权兵卫和海军大臣斋藤实。

国会里乱成了一锅粥，传媒在拼命炒作，大家只要提起海军就想起山本权兵卫，想起山本就想起了回扣，愤怒的群众涌向国会和海军省，4000名警察都没有办法维持秩序，结果陆军出动了第三联队的一个大队帮助维持秩序，才算把局势稳定下来。

结果是刚刚坐上首相宝座的山本权兵卫带着他那个内阁在4月份集体辞职。海军刚刚有的一点名堂又没有了。

先别急着给这个“西门子事件”定性为一个简单的反腐败事件，世界上没有那么简单的事情。其实这件事情非常复杂，海军从万年老二慢慢地爬到能和陆军老大哥几乎平起平坐，陆军除了还有一个名义上是“天皇的幕僚长”的参谋总长之外，再没什么比海军牛的地方了。海军的名声加上漂亮的军服，是青年人的向往，再加上男人那种天生对机械的憧憬，使得土头土脑的陆军开始害怕招不到人了。也确实是，从日俄战争结束开始，第一高等学校（现在的东京大学教养学部，以及千叶大学医学院和药学院前身）、陆军士官学校和海军兵学校这三个学校中，海兵成了最难考的学校，陆军心理不平衡是肯定的。陆军对海军的不满还不仅仅在于此，山本权兵卫上台以后，采取的几项触犯了军事和政治权贵利益的改革措施才是最重要的原因。

山本权兵卫在刚上台的就职演说中就提出了“国防不是被军人垄断的东西”的观点，从而取消了内阁中陆军大臣和海军大臣必须“现役武官制”的规定。这个“现役武官制”是陆军控制政府的最有力武器。根据这个规定，出任陆海军大臣者必须是现役的陆海军中将或大将，这样，只要陆军对政府不满，只需要陆军大臣辞职而且又拒派接任大臣，则政府因为重要大臣位置出现空缺而只能总辞职。新任首相，哪怕是已经获得天皇指名，只要陆军不出陆相，那人就无法组阁。因此，只有陆军中意或者一切按陆军意向行事的人才能当上首相或者坐稳首相职位。

从理论上来说，海军也能做到这点，但海军从来没有付诸过行动，而且对陆军的这种飞扬跋扈也有不满。更重要的是，熟知陆海军关系的山本权兵卫也害怕陆军什么时候对他也来这么一手，所以先下手为强，先断了陆军的念想——你陆相敢辞职，我就能随便抓个人来当这个陆军大臣。

在陆军最年长的山县有朋看来，这是不可饶恕的背叛行为，一定要给予惩罚。恰好在山县有朋苦思冥想怎么才能把这个不只是在日本海军，在全日本都很有人望的山本权兵卫赶下台时，天上掉下来了一个西门子事件，给了他一个绝好的机会。

没有人能拿出证据说明陆军策划了这场阴谋，山县有朋本人也没有出面，但是所有在国会里对政府发难的议员都和陆军走得相当近也是人所共知的事实。历史学家往往还会提到另一个巧合：时任朝鲜总督府警务总长的明石元二郎中将正好在此时奉召回国，对于能搅乱俄罗斯帝国的特工天才明石中将来说，煽动民众由于“义愤”而上街抗议似乎是太简单了。

甲级战犯，后来的内阁总理，当时是总检察长的平沼骐一郎在回忆录中说：“议会内阁里岛田三郎在弹劾山本，地方上也在反对山本，想方设法要赶他下台，从表面上看不见山县，其实山县的眼中钉就是山本。”

西门子事件完全是陆军对海军的一次突然袭击，和反腐败没有什么关系，关于这一点，还是只要举出平沼骐一郎的回忆录就可以证明。据平沼回忆，山本权兵卫本人是清白的，没有从订购军舰中黑过钱，但当时的海相斋藤实确实受了10万日元的贿，但是却没有任何人提起斋藤实受贿这件事。这就说明这次事件只是针对海军最高领导人山本权兵卫，而不是其他人。

从日本人的角度来说，这件事很难说是好是坏。因为假如这件事没使山本权兵卫内阁下台，而是让其带领日本走进了第一次世界大战，那么，山本会做出什么决策，没有人知道，因为在整体上亲英的日本海军中，山本却是一个亲德派。

但从另外一方面来说，西门子事件把刚刚在日本国内政治舞台上崛起的日本海军打了下去，丢尽脸面和信用的海军再也无法提出扩军计划了，如果就这么下去，日本倒也不一定能走进太平洋战争。一部分日本人就是这么看的。

历史不容许假设，只承认已经发生的事实。西门子事件对海军的影响之大是怎么估计也不过分的。新上台的海军大臣八代六郎为了挽救几近全无的海军名誉，提出了一个对海军来说是晴天霹雳的建议：将山本权兵卫和斋藤实编入预备役。这件事甚至引起了海军元老井上良馨和东乡平八郎的愤怒抗议，八代只好带上次官铃木贯太郎少将和军务局长秋山真之少将，去向两位老元帅说明理由：

1．海军得向议会要八八舰队的预算，现在一谈钱就是山本。

2．松本和中将确实是山本和斋藤的心腹，在松本问题上，山本不负责任不行。

3．当时贵族院里攻击山本和海军时，山本没有反击，损害了海军的形象。

面对这三条理由，井上良馨和东乡平八郎无话可说，于是山本权兵卫离开了海军。虽然10年后，山本权兵卫又爬上了总理大臣的位置（第22任总理），但从此以后山本再也不过问海军事务，不发表意见。可能山本权兵卫天生和首相位置犯冲，第二次当首相当得更加窝囊。1923年9月1日，“关东大地震”的第二天上任，该着他去抗震救灾。这还不算，到了年底（12月27日），有人向裕仁皇太子（就是后来的昭和天皇）开枪，于是山本只好在来年的1月7日下台。

山本过早地被编入预备役从而没有能够名列元帅府，其离开海军的最大后果就是日本海军再也没有能够统管全局的人物，后来的加藤友三郎虽然能够服众，但寿命太短，1923年62岁时就死了，以至于日本海军从此分崩离析，谁都可以任意行事，一直发展到和陆军一起暴走。

04 天上掉下个元宝叫“一战”

山本虽然编入预备役，但他为日本海军所做过的事情还在。任何事情都有好坏两个方面，如果说山本权兵卫在位的时候这些事情都表现出好的一面的话，在山本离开日本海军以后，这些事情就表现出坏来了，而且朝着更坏的方向发展，竟没有人能够加以控制。

搞八八舰队，说起来简单，做起来就不是那么简单了。首先是钱的问题，不能看美国人像吹气球那样就吹出来了一支大白舰队，要知道人家是什么国力，而日本又是什么国力。直到1920年，日本国家预算才超过10亿日元，都不够建一支八八舰队的。就是说买也好，造也好，不可能像美国人那么潇洒地一气呵成，只能慢慢来。可是就算慢慢地来，等最后一艘军舰凑齐了，前面的几艘也要退休了，这还是山本权兵卫八八舰队初始构想中的25年舰龄呢。要是到最后的8年舰龄，那日本人肩上就得一直扛着这个包袱，再也放不下来了。

只要看看议会总算通过的这个八八舰队的预算到底是怎么回事，就知道小国日本对于他们念念不忘的大舰队是多么力不从心了。这个1907年就提出来的构想，一直到7年以后的1914年，才总算先以八四舰队的形式开始在由内阁的首相、外相、藏相、陆相、海相，参谋总长和军令部长这七个人组成的防务会议上讨论，一直到1917年才正式开始动工。以后再经过八六舰队，直到1920年，才正式准备用一个八年计划来完成八八舰队的构想。

1917年，海军得到了2.6亿日元的预算，建造“陆奥”“加贺”和“土佐”3艘战列舰和用来代替舰龄已经超期的“金刚”和“比睿”的巡洋战列舰“天城”和“赤城”。这样，计划到1924年末可以拥有“扶桑”“山城”“伊势”“日向”“长门”“陆奥”“加贺”“土佐”8艘战列舰和“榛名”“雾岛”“天城”“赤城”4艘巡洋战列舰，即使没有八八舰队，好歹也有了个八四舰队。

八八舰队的困难之处还在于技术和制造能力，海军和陆军的扩军是不一样的，海军的扩充军备，更多地受国力的限制。这个国力不仅包括国家预算，还包括造船能力、机械制造和材料水平，大舰队不能靠买。按照常理来说，日本当时既没有装备八八舰队的必要，也没有拥有完全自行打造最先进的八八舰队的工业能力。

日俄战争进行的1904年5月，联合舰队曾经在旅顺港外一天之内就丧失了两艘战列舰“初濑”和“八岛”，当时是先由英国斡旋，从阿根廷那儿转买了两艘装甲巡洋舰“日进”和“春日”来应急，同时自己动手在吴海军工厂里开始制造。到那时为止，日本只造过装备15厘米主炮、排水量为3300吨的“新高”级轻巡洋舰，这一下子就跳到14000吨、引擎20500马力、主炮30.5厘米的大舰。当时没有电焊，全靠打铆钉，而且也没有现在打铆钉的风枪，全靠人力用锤子砸。愣是在1905年1月动工两年后的1907年1月，造出来了巡洋战列舰“筑波”号，开始了大型战舰的国产化。

当然这种敲出战舰来的精神应该敬佩，但战舰被敲出来后如果不进一步发展和改进工艺，仅仅是能“造出来”，而不是“更多更快更简单地造出来”，最后和造不出来区别也不大，当然日本人明白这个道理要到几十年以后了。

“筑波”号虽然没有赶上日俄战争，但给了日本海军造军舰的勇气。现在要弄八八舰队，主力战列舰的款项什么时候能够从国会得到批准不知道，反正先造些辅助的巡洋舰再说，于是“生驹”号、“伊吹”号、“萨摩”号、“安芸”号、“鞍马”号什么的就同时上了船台或进了船坞。

可是从第一次世界大战到第二次世界大战期间，是兵器技术发展最令人眼花缭乱的时期，各种新兵器的出现，已有兵器性能的不断改良，让还不具备世界最高工业水平的日本人无所适从。

日俄战争结束后的1907年，英国就造出了“弩”级战列舰“无畏”号。“弩”级战列舰的出现，立即使日俄战争期间日本向英国定购的

“香取”号和“鹿岛”号战列舰，以及国内自己开始建造的“筑波”号巡洋战列舰成了过时的东西。

英国人在推出“弩”级战列舰仅仅两年以后，1909年12月到1910年4月间，又建造了“猎户座”号、“君主”号、“征服者”号和“雷神”号等4艘标准排水量22200吨的“猎户座”级战列舰，也称“超弩级战舰”。

“弩”级战舰又过时了，日本意识到八八舰队的舰龄不是原来设想的25年，而是8年。

在这种情况下，贫穷的小国日本，还有可能建成八八舰队吗？现在更不用说由于西门子事件的影响，人们一听到“八八舰队”就立即本能地想：是不是又来诳钱了？

看样子八八舰队的构想是要泡汤了。

从现在来看，如果八八舰队的设想真的泡了汤对日本绝不是什么坏事。这个八八舰队和日本的对外侵略扩张是一个先有鸡还是先有蛋的问题，管它是鸡还是蛋，其中的一个要是真没有了大家也就老实了。但是好像命运决定了“大日本帝国”要走向毁灭，这个八八舰队还真弄起来了。就在日本海军一蹶不振的时候，天上掉下来了一个金元宝：第一次世界大战开始了。

海军当时是名声扫地，要想重振雄风只有再来一场战争，如果在这场战争中海军表现得不错，人们就会忘记它曾经做过的肮脏事。第一次世界大战是一次战争，其实和日本没有什么关系。唯一的关系也仅仅是日本和协约国之一的英国存在着同盟关系，可“日英同盟”关系从条约上来说，日本的义务仅仅在印度以东的亚洲太平洋地区存在，没有扩展到大战主战场邻近的印度洋和大西洋，所以1914年8月4日英国向德国正式宣战时，就曾明言不想把日本拖入战事，说穿了是有点“这是我们的家务事，旁人别瞎掺和”的意思。

但是英国人马上发现这件家务事似乎太大了点，没有旁人参加玩不转，宣战的当天就和日本政府打招呼，说是如果德国人攻击英国管治的香港时，日本人得帮忙照看照看，8月7日，更是正式发出外交照会，要求日本海军参加消灭德国远东舰队的作战行动。

在当天晚上召开的紧急会议上，外相加藤高明一语道破了天机："日本现在不是基于同盟条约的义务参战，还没有到那一步。日本应该参战有两点理由：第一是回报英国请求的情谊，第二是帝国可以乘机一扫德国的东方殖民地，取得更高的国际地位。"其实第一点理由里面的"情谊"用"面子"来代换似乎更加合适。

8月15日，日本向德国发出交割胶州湾的最后通牒，23日，向德国宣战。此时日本宣战的目的就像加藤高明所指出的，乘大战之机扩大在华势力范围。最好再扩大到中国之外，顺便接管德国在远东的全部殖民地。

当时的胶州湾是德国在中国的租借地。德国远东舰队组建时是一个没有母港的流浪儿。在1897年，德国借两名传教士被义和团杀害的"巨野教案"，出兵占领胶州湾，向清政府要求赔偿22万两白银，并签订强行租借胶州湾99年的不平等条约《胶澳租界条约》。1899年10月12日，德皇威廉二世把胶澳租界原来"青岛村"的名字改为"青岛"，作为德国在远东的重要基地，同时也是德国远东舰队的母港。

德国的远东舰队是以两艘标准排水量为12781吨的姊妹装甲巡洋舰"沙恩霍斯特"号和"格奈森瑙"号为中心加上几艘轻型巡洋舰组成的一支不大的舰队。日本海军派出第二舰队，在加藤定吉海军中将的指挥下，配合师团长神尾光臣陆军中将指挥的第十八师团23000余人，加上大约2000名英军，在胶州湾登陆，同时还有英国战列舰"胜利"号和1艘驱逐舰参加。

此时德国远东舰队主力已经不在青岛了，至于那些远走高飞了的德国军舰，后来在斯佩少将的带领下给英国人增添了不少麻烦的故事则是另一个主题的内容了。留在青岛的只有德国和奥匈帝国的2艘轻型巡洋舰、4艘小炮艇和1艘鱼雷艇。人员大概是700余名海军陆战队员和大约3400名其他陆海军军人。

就这么点不起眼的兵力，居然很是抵抗了一番，很让日本人见识了什么是德国军队。“黄祸论”的最积极鼓吹者德皇威廉二世对青岛看得很重，甚至说出了“在青岛向日本人投降比在柏林向俄国人投降更为耻辱”的话。不管怎么说，英国国王和俄国沙皇总是他的表兄弟，投降不投降都好说，但如果是日本人就是另外一回事了。

赶上组成这个第二舰队的都是一些老朽战列舰：“周防”“石见”“丹后”“冲岛”和“见岛”。别看这些名字没见过，但其实都是一些读者很熟悉的舰只，都是“运输大队长”尼古拉二世为日本人筹办的一些见面礼。“周防”号是原来俄国远东舰队的“胜利”号，“石见”号是波罗的海舰队中唯一一艘没有被击沉的战列舰“鹰”号，“丹后”号是远东舰队的“波尔塔瓦”号，“冲岛”号是内博加托夫带到对马海峡去投降的第三太平洋舰队中的“阿普拉克辛海军上将”号，而“见岛”号则是“谢尼亚文海军上将”号。

8月27日，登陆作战开始，没过多久，英国皇家海军的“胜利”号就被德国人的岸防炮击伤。10月17日，日本的“高千穗”号也被德国鱼雷艇S90号给击沉。在进行了两个多月的抵抗后，弹尽粮绝的德国总督魏德克才向日英联军投降，而做出这一应该使德皇觉得很耻辱举动的总督后来居然获得了一枚一级铁十字勋章。

参加战斗的三方全部死亡人数不到700名，这场攻防战的规模很小，但在战争史上却挺有名。这是因为日本的第二舰队中有一艘叫“若宫丸”的怪舰。这艘军舰原来和第二舰队的大多数军舰一样也是俄国人的，是日俄战争时日本人在对马截获的一艘6000吨级的商船。日本人在1914年把这艘原来是海军运输船的“若宫丸”改装成了一艘水上飞机母舰，可以算是航空母舰的前身，比世界第一艘水上飞机母舰“雷霆”号只晚3年，也可以算是最早的一批航空母舰。“若宫丸”配备了4架法国制法尔曼水上飞机，需要时把飞机推下水就能用了。在青岛攻防战中，这4架水上飞机除了侦察之外，出动了49次，向德军阵地投弹190颗，这是战争史上第一次从海上实行的空中对地攻击。所以扯到在战争中使用海军航空兵力，一般都从青岛攻防战的“若宫丸”开始扯起。

可是“若宫丸”扔的190颗炸弹中落在目标附近的据说只有8颗，最后的战果是炸沉了1艘小汽艇，而目标应该是那艘击沉日本“高千穗”号的德国鱼雷艇S90号。这种战果的出现也是很无奈的，因为那时还没有航空炸弹，把舰炮用8英寸或者12英寸炮弹绑在飞机翅膀上，到了目标地上空用小刀割断绳子扔下去，其实不如说炸沉了那艘小汽艇才是绝对属于歪打正着的奇迹呢。空战就更加没有了，德国人在青岛就只有一架75马力引擎的小飞机，驾驶员波尔舍中尉，主要执行侦察任务，大家在空中照了面就是挥舞着手枪破口大骂，因为距离远，手枪够不着就只能打口水仗了。

第二舰队在胶州湾苦战的时候，日本海军组建了旗舰为“鞍马”号，包括“筑波”号和“浅间”号的第一南遣支队，后来又陆续组建了第二南遣支队和特别南遣支队，由“萨摩”号、“矢矧”号、“平户”号、“伊吹”号、“筑摩”号和“日进”号等巡洋战列舰、巡洋舰组成，任务是为从澳大利亚往欧洲战场运送军队护航，因为航路上一直有战争开始时从青岛逃出来的原德国远东舰队的巡洋舰在打海上游击战。

南太平洋这一带本来就是德国的殖民地，为了帮英国人运兵，防止德国人打劫，攻占德国人可能作为根据地的南洋诸岛就显得很理直气壮，因此马里亚纳群岛、加罗林群岛等都被日本人占领。除了一直把拉美看作后院，把太平洋看作门前池塘的美国人以外，谁也顾不上看日本人的小动作。而这才是日本参加第一次世界大战的真正动机所在。

英国人倒也不是不管不问，听任日本人在太平洋上扩张，而是心有余而力不足，实在顾不过来。德国人发动的无限制潜艇战，已经把英国逼上了悬崖，不夸张地说，对于大英帝国，死亡就在眼前。而美国小兄弟在这种时候还去扯什么日本人在搞小动作，真有点太不看大局形势了。

美国是兄弟，而日本只是喽啰，英国人在让日本海军再加把油、更卖点力的问题上倒没伤多少脑筋。1917年2月7日，在美国正式参战的两个月以前，德国开始无限制潜艇战刚刚一周，日本海军将三个南遣支队编成了3支特别任务舰队，第一特务舰队前往南非，第三特务舰队前往澳大利亚、新西兰，其中影响较大的是派去地中海，进入欧洲、非洲战场，主要担任护航任务的第二特务舰队。

第二特务舰队一开始是由巡洋舰“明石”号带领第十驱逐舰队的“梅”号、“楠”号、“桂”号、“枫”号和第十一驱逐舰队的“杉”号、“柏”号、“松”号、“榊”号共8艘驱逐舰，6月份以后又增派了巡洋舰“出云”号和第十五驱逐舰队，司令佐藤皋藏少将，以马耳他为基地，主要任务是在埃及的亚历山大和法国的马赛间执行运输和运输护航。那时在地中海护航不是一件容易的差事，岛屿密布的地中海是潜艇战的天堂，潜艇有无数的地方可以躲藏，趁对方运输船只不注意时发动突然袭击。从德国发动无限制潜艇战以后，协约国船只平均每天被击沉4000吨，换算下来一年就是150万吨。

那时没有用来发现潜艇的雷达和声呐，也没有什么深水炸弹等反潜专用武器，就只有靠人员不间断地瞭望，一发现有潜望镜出现，立即赶上前去用炮打，用炸弹炸。这种反潜作战的关键就在于不间断的认真瞭望，正好符合日本人做事认真的脾气，所以日本特务舰队干得不错，先后为788艘船、75万人护航，加上和协约国其他海军共同护航作业，这个数字可能还要翻倍。和德国潜水艇交战36次，13次将对手击沉或击伤。一次战斗中，驱逐舰“榊”号舰首被德国鱼雷击中，舰长上原太一中佐和其他59名官兵魂销地中海。

欧洲海军在护航时只管打仗不管救人，而日本海军在被护航的运输船遭击沉后是先救人后追敌，或者分出兵力来救人，这样在协约国军队里就有了好名声。但这个好名声也不是什么好东西，一有了好名声，点名要日本驱逐舰队护航的人越来越多，日本人也就越来越疲于奔命，日本特务舰队里面对于协约国的不满也就一日甚于一日，认为白人，特别是英国人种族歧视严重，凡是危险的地方和辛苦的活儿总支使日本人去。这样一来，参加过地中海远征的日本海军军官都变得有点厌恶英国人。

其实，日本海军的好名声，只是在小兵当中流传。在协约国各国上层，日本海军和日本陆军一样名声很坏，因为越打越吃力的英国人后来要求日本人派遣金刚级的重型巡洋舰去大西洋助阵，被日本人拒绝了，日本只肯派驱逐舰为英国人护航。

没有看得见的实实在在的利益，日本人是不会动的。但完全拒绝又不是日本人的做派，所以日本人经常会采用自认为是两全其美的方法来行事，到最后弄得猪八戒照镜子里外不是人。后来的日本人在美国的伊拉克战争和阿富汗战争中的表现和当年日本海军在第一次世界大战中的表现如出一辙，结果是伊拉克人和阿富汗人认为日本人也是侵略者，而美国人也不是很感激日本人。

日本在第一次大战中的表现就是这样。对于现在不以政治大国自居的日本，打点小算盘，争点眼前利益都不是什么大事，而当时的日本，以列强自居，在要和美国甚至英国一争长短的时候，表现出来的是斤斤计较、鼠目寸光、欲壑难填和不负责任。后来日本和欧美的关系急速恶化，除了在中国大陆的利益冲突之外，日本在一战时的表现也让英美人觉得日本是一个无法信任、无法交往的古怪国家。

带着巡洋战列舰“伊吹”号和轻型巡洋舰“筑摩”号去澳洲执行任务的第三特务舰队司令官是加藤宽治大佐，据说在澳洲受足了气。受气很自然，英国人看着这艘1909年服役的14636吨标准排水量的巡洋战列舰就有气，你不去大西洋帮忙，跑到印度洋来躲闲来了。战后加藤宽治晋升少将，是日本赴德军事调查团的团长，日本海军后来的亲德、反英美和他有很大关系，海军内部的亲德派能够大行其道，与参加第一次世界大战的经历密切相关。

但也不能说日本人在一战中一点活儿都没干。所以在战后的巴黎和会上，太平洋赤道以北德国所拥有的南洋诸岛殖民地全部归了日本，就连根本不是什么殖民地的胶澳租界，也就是青岛的租借权和德国在山东的权益也被那些列强自说自话地移交给了日本。但是日本人没有认识到的一点就是：时代已经不同了，第一次世界大战以后的世界已经开始检讨他们所推行的殖民主义了。巴黎和会的消息传到中国，立即引起了中国人民的极大愤怒，引发了五四运动，就是北洋政府也不敢在《巴黎和约》上签字。

日本能弄到南洋诸岛确实是海军的功劳。都说美国是假想敌，如果美国真要进攻日本，日本就是一个大门敞开的地方，而日本现在有了南洋诸岛也就相当于在夏威夷前面筑起了第一条防线，有了缓冲区。

可是陶醉在胜利中的日本人那时根本没有想到这个“假想敌”就是生造出来的东西，这条“防线”其实是没必要存在的。

巴黎和会以外，大家把德国人留下来的东西坐地分赃，日本人由于也算参了战，分来了7艘潜水艇，从此揭开了日本海军史上另一页令人哭笑不得的篇章，那是后话了。

既然是阔起来了，名列“Big Five”了，总应该有和“五强”相称的出客衣服是不是？再穿打补丁的衣服出门就不合适了。海军又想起那个歇菜了的八八舰队计划来了。

这时没有人来反对海军添家什了，人家打下了这么大一片，不得犒劳犒劳？再者说了，那么大一片不还得有船去守吗？家什是得添，可是添家什的钱呢？1894年到1914年被日本人称为“苦难的二十年”，因为在这20年里，正好隔10年日本人就打一仗，1894年甲午战争，1904年日俄战争，1914年第一次世界大战，连年的军费战费把小国日本压得抬不起头，好容易盼到世界大战结束，能安心过日子了吧，可是军部还要扩军。

日本在1919年到1922年这段和平时间，每年的海军军费开支都占了国家预算的25%以上，再加上陆军军费，军事预算占了国家预算的将近一半，这完全是战争时期的财政预算。政治家、财阀和军阀挂出来的一个“富国强兵”的大饼，忽悠了几乎所有日本人。他们真的相信什么有了强大的军队就能怎么怎么，就没有人去问一下，为什么要保持一支强大的军队和这支强大的军队到底想要干什么。

山本权兵卫离开海军以后，加藤友三郎就成了海军的大佬。加藤友三郎和岛村速雄都是海兵七期毕业，岛村是首席，加藤是次席。这位日本海大海战时的联合舰队参谋长也是个八八舰队的热心人，在他的努力下，到1920年，八八舰队已经稍显雏形了。当时，日本拥有的主力舰只是这样的：

战列舰——“扶桑”（1915年，29330吨），“山城”（1917年，39154吨），“伊势”（1917年，38662吨），“日向”（1918年，38872吨），“长门”（1920年，39120吨），以及正在建造、预计1921年下水的32000吨级的“陆奥”，39900吨级的“加贺”和“土佐”。

巡洋战列舰——“榛名”（1915年，26330吨）、“雾岛”（1915年，36668吨）和准备在1921年动工的36500吨级的“天城”“赤城”“爱宕”“高雄”，再加上舰龄超长，准备退役的“比睿”“金刚”，数量上也有了8艘。

到最后，日本海军中没有了巡洋战列舰这一分类，没建成的除了“加贺”和“赤城”改成航空母舰之外，其余全废弃了，建成的“榛名”和“雾岛”后来也归到战列舰里面去了。

为什么这个分类没有了？已经开始建造为什么中途而废呢？

05 八八舰队不要了

面对这么雄伟的大舰队，加藤友三郎并没有什么满足感，反而开始了烦恼，因为八八舰队这个梦想太奢侈，不是这个贫穷的小国所能够负担的。维持八八舰队的运转每年需要6亿日元，这是因为八八舰队的舰龄只有8年，每年要新建一艘战列舰和一艘巡洋战列舰来更换，加起来就是80000吨左右。这时候的建舰每吨单价已经超过了1000日元，此项就花掉了一个多亿了，而日本从1920年到1922年全年国家预算就只有15亿日元左右，这个舰队在理论上就不可能维持。

八八舰队是不能再搞下去了，再搞下去非得把日本拖垮不可，加藤也得出了结论。一次，加藤对当时的驻美大使币原喜重郎私下说：“这个八八舰队搞不下去了，如果有机会的话，真想放弃它。”

放弃的机会来了，不止贫穷的日本负担不了大海军，第一次世界大战以后的经济不景气，弄得连财主家英国都没了余粮。头号超级大国、头号海上霸权的大英帝国到那时为止一直奉行的是“两国海军”政策，就是说，世界第一位的大英帝国皇家海军的舰队规模一定要大于或等于第二位加上第三位的规模。这个两支舰队的规模现在出问题了，首先大英帝国在经济上开始走下坡路，再也没有原来那么阔气了，钱全跑到原来的小弟美利坚那儿去了。恰好这个小弟也喜欢玩海军，造起战列舰来不是一艘一艘地造，而是一个舰队一个舰队地造，这样大英帝国从物质上就无法达到“两国海军”的标准了。于是英国人就想出了“限制海军军备”这一招，也就是自己不增加军备，依靠对方减少军备来维持军备优势。

出面的是美国人，这次是由美国提议召开一个华盛顿会议来讨论限制海军军备问题。日本也知道英美在打什么算盘，应该说是正中下怀，所以加藤友三郎决定给予响应。政府方面更加没有问题，大藏省无时无刻不在为如何为军部筹钱而烦恼，现在海军自己就肯和英美谈判限制海军军备，那是天上掉下来、求之不得的好事，所以政府立即顺杆子往上爬，坚决支持，派出了以海军大臣加藤友三郎为全权代表，由贵族院议长德川家达、驻美大使币原喜重郎为代表的代表团去美国参加1921年11月到1922年2月的华盛顿会议。

华盛顿会议的结果是在英国、美国、法国和日本之间缔结的导致日英同盟最后终结的《四国条约》，然后是这四个国家加上意大利达成的《五国公约》。这次会议形成的“华盛顿体制”一直维持到1937年七七事变以后才被打破。

经过艰苦的谈判，日本最后终于有条件地同意了英：美：日：法：意的主要战列舰比例为10：10：6：3.5：3.5的提案。根据这个提案，签约国在10年内不再建造新的主力舰，而日本在附加了几项条件以后也同意这个提案。

这样的结果使日本只能保有“扶桑”“山城”“伊势”“日

向”“长门”“陆奥”“榛名”“雾岛”“比睿”和“金刚”10艘战列舰。这就是日后日本海军没有巡洋战列舰这一分类的由来。

如果没有加藤友三郎的最后决断，日本最后能接受这个结果几乎是不可想象的。最先的反对来自代表团内的日本海军首席随员、海军大学校校长加藤宽治。一个代表团里两个意见针锋相对的加藤，让所有人都觉得有点不方便。当时的英美媒体把加藤友三郎称作“大加藤”，而把无论是官位，还是职位都没有加藤友三郎大的加藤宽治称作“小加藤”。

加藤宽治从第一次世界大战时担任第三特务舰队司令官以后就成了一个反英美派，大战结束以后又担任日本赴德军事调查团团长，从那以后更是成了一个亲德派。小加藤注意到了一次大战中，德国在火炮、飞机和潜水艇等技术上其实领先于英法这一事实，这就可以帮助日本海军解除日英同盟终结以后日本不能得到英国海军技术帮助的后顾之忧。而当时的德国海军当局和一般德国人出于对英法的憎恶，又主动地对日本开放了各种机密。

小加藤和大加藤展开了异常激烈的争吵，争吵的中心就是这个六成的比例，因为军令部的计算是希望这个比例为七成。

“七成”这个莫名其妙的数字具有无上魔力，生生地把日本海军给撕裂了，也把日本海军领上了死路。现在要谈日本海军的历史，就一定要扯到这个“七成论”。

这个影响日本海军达30年的“七成论”学说，是所谓“日本第一海军战略家”佐藤铁太郎的伟大发明。佐藤铁太郎喜欢弄战略，1892年就发表了一篇名为《国防私说》的论文。甲午海战任“赤城”号航海长时，在舰长战死的时候果断地接管指挥权，保住了船没被打沉，从而受到山本权兵卫的另眼看待。山本听说此人喜欢玩战略，战后就送他到英国和美国留学，学习海军战略。1902年，佐藤回国，后担任海大教官时又写了《帝国国防论》，从各方面论证了日本国防的三线理论。所谓“三线”，就是海上、海岸和内地三线。这本书深受山本权兵卫赏识，曾被山本大臣推荐给宫内厅供明治天皇御览。佐藤在日俄战争中任第二舰队参谋，在对马海战的最关键时刻帮东乡平八郎补上了漏洞，挽救了东乡。战争结束后又回海大当教官，开设“海防史论课”，是日本海军中公认的战史专家。海军兵力“七成论”最早是在1907年提出来的。1912年，佐藤晋升为少将后，在担任军令部参谋的同时，依然兼任海大教官，这时写的《国防策议》详细地论证了这个“七成论”。当时由海大校长八代六郎牵头，组织了佐藤铁太郎少将、安保清种大佐、大角岑生中佐、下村延太郎大佐和斋藤七五郎中佐等人编写了一本名叫《国防问题研究》的论文集，专门宣传这个“七成论”。

要知道这几个人日后军衔混得最低的也是中将，其中八代、安保、大角后来全当过海军大臣，也就是说，以后他们就代表了日本海军，所以这个“七成论”也就更加轰轰烈烈地深入人心了。

“七成论”其实不复杂，就是佐藤铁太郎总结了历次海战的兵力以后得出这么一条规律：海战中进攻一方没有防守一方1.5倍以上的兵力，就属于冒险，成功的概率很低。反过来说，防守一方如果拥有进攻一方2/3以上的兵力就能迫使敌人不敢发动进攻。结论是，日本如果希望美国不敢进攻日本的话，至少应该保持相当于美国海军七成左右的兵力。

但大加藤决心已定。论官职、论功劳、论资历，小加藤比大加藤差得太远，小加藤进海兵的时候，已经是大尉了的大加藤就是他的教官，小加藤反大加藤还能反出名堂？就这样，日本在这个海军协定上签了字。

但要知道小加藤不是一个人，他代表了一个势力，一个海军内部的亲德少壮派势力，靠硬压是压不下去的，加藤友三郎只能够压服反对意见，但无法说服持反对意见的人。好在大加藤也能压得下去，从华盛顿回来，大加藤就接替高桥是清当了首相，联合陆军大臣山梨半造一起裁军。

加藤友三郎身体不好，一直有胃病，当年在对马海战时就是按着肚子在帮东乡吆喝。华盛顿会议结束的第二年，也就是1923年，加藤友三郎在首相任上死于大肠癌，终年62岁。

华盛顿会议只限制了主力战列舰，期限只有10年。大家看看这个条约还不错，就商量着再这样继续干下去。而英美想想，光限制战列舰还不够，其他的辅助舰也得限制起来，1927年，又在日内瓦召开了海军裁军会议。日本的全权代表是当时的朝鲜总督、以前因为西门子事件而丢了海军大臣乌纱帽的海军大将斋藤实。那次会议不止日本派出的代表是军人，美国、英国、意大利，各国代表几乎全是干过舰队司令的，法国人根本就没来，就算来了也肯定是一个穿二尺半的。俗话说，军人见面，分外眼红，最后连美国和英国都吵了起来，美国人不仅主张要限制总吨位，还要限制舰只数量，而大英帝国殖民地多，巡洋舰少了玩不转，这就吵了个不亦乐乎，最后不欢而散，什么都没弄成。

但是吵完了还得接着谈，后来在1930年1月，大家又在伦敦凑齐了。这次接受了上次日内瓦会议失败的教训，大家都不派军人，改派政治家，希望政治家们能从大局着眼，达成什么协议。日本派出的是前首相若槻礼次郎，海军大臣财部彪作为随员参加。当时的日本是政治经济一片混乱的时代，赶上1927年还爆发了金融恐慌，日本经济一片惨淡，携带随身工具去南洋打工成了日本女人的一大选择，政府正在实行紧缩财政政策，所以对浜口首相来说，谈判一定要成功。

浜口觉得前两次去谈判的大加藤和斋藤都是海军，没谈好，所以这次派个文官。但是不要军人参加，军人们就肯干？这边军令部已经有了既定方针：上次在华盛顿吃了亏，这次在伦敦一定要补回来。军令部长就是上次被大加藤压下去了的小加藤——加藤宽治大将。谈判代表出发前，军令部就公布了谈判底线：巡洋舰要七成，其他辅助舰只也要七成，潜水艇就是现在保有的数字，71艘，78500吨，决不让步，谁让步谁就是日奸。

小加藤认为上次被大加藤压制了的最大原因是孤立无援，这次要动员全国舆论来做后盾，省得又跑出来个什么牛人压他就范。可是他根本就没想到，这么一来就不叫谈判了，这纯粹是去找碴儿，要是认真想去谈判，没有先把自己的目标亮出来的做法。就算真是那么想那个七成，而且英美也确实有可能让步的话，反而就更不能公开说了。谈判就是漫天要价就地还钱，如果对方就那么全盘接受了你的条件那就不是谈判了，那是最后通牒，就算把英美两国政府换成了西太后都是行不通的，就是西太后也有同时向十几个国家宣战的时候。可是军令部不知道是有意还是无知，在代表团出发之前就把这三个条件全部公开出来，只能说军令部是存心搅黄这场谈判。

那边的英国、法国这些欧洲老牌殖民国家就弄不懂日本人在打什么算盘。上次在战列舰问题上作梗，还可以理解，这次要是在潜水艇问题上作梗也可以理解，但是日本缠着这个巡洋舰不放还真让他们无法理解。

原来，在欧洲殖民国家的海军里，巡洋舰不是用来作战的，作战有战列舰，巡洋舰是用来“巡洋”的。什么叫“巡洋”？只要看看老式巡洋舰的内装就知道了。巡洋舰一般吨位没有战列舰大，但生活条件却比战列舰还好。巡洋舰是成天在海上晃来晃去，开到哪个殖民地，先架起大炮来吓人，然后打开香槟开舞会，所以老式巡洋舰都有一个宽阔的大厅，那是用来向殖民地展示宗主国的威风的。

日本人又没有什么殖民地，也没有什么东西可以向朝鲜人和台湾人夸耀的，日本人要巡洋舰就是为了打仗。日本海军的巡洋舰访英时，英国报纸上有这样的话：“和日本人的巡洋舰相比，我们的巡洋舰只是邮船。”表面上是在夸日本巡洋舰战斗力强，实际上是在讥笑：你们在巡洋舰上装那么多武器干吗？真准备把巡洋舰也拖出来打仗？

但是现在的浜口首相是铁了心，怎么着也要把条约签了。于是在最后，除了上次的《五国公约》再延长5年之外，其他的辅助舰船也达成了裁减方案。

从整体上来说，日本应该满足于这个方案，所以财部彪就自作主张，代表日本政府在条约上签了字，签了字又怕负责任，和国内联系说本官是没有办法了，被那些鬼佬逼着签了字，你们要是不认，可以再想办法。

军令部当然明确表示不同意，和财部彪干上了，好戏就从日本政府签署了条约以后开始。

政府签了字并不表示条约开始生效，要正式生效必须得经过议会、贵族院和军事参议院的批准。不说财部彪就是海军一霸，但也确实是个牛人，山本权兵卫的女婿，加藤友三郎的心腹，这样的牛人，军令部长加藤宽治也敢反？敢，人家的后台不比山本权兵卫差。

财部彪吊床号高，丈人又狠，所以晋升快。但是财部彪不是晋升最快的，还有人是1895年毕业，1922年就晋升了大将的。这个日本海军中晋升最快的人就是伏见宫博恭王。

06 风向军国吹

创造和保持了日本海军纪录，毕业27年就晋升到大将的这个伏见宫是皇族，国家就是他们家的，没事儿当大将玩也是他们自己的家务事，和别人无关。从这个角度来看，财部彪依然是超级牛人，但是从这个角度观察日本并不一定合适：皇族军人不管陆海军，只要能活着都可以升到大将，死了还能进元帅府，但在绝大多数场合就是个摆设，没用处的。比如说，好几任参谋总长是皇族，有栖川宫炽仁亲王、小松宫彰仁亲王和闲院宫载仁亲王，其中，载仁亲王从1931年到1940年当了10年参谋总长。但一说那个时代就是“参谋次长”，不太听得到“参谋总长”，总长是干吗的？橡皮图章（虽然被赋予很大的权力，但实际只能行使很少一部分）。

但这个伏见宫博恭王后来当军令部长时，愣把个摆设的皇族职位给弄成了现实，他把“海军军令部”给弄成了“军令部”，又把“军令部长”给弄成了“军令总长”。这不光光是玩文字游戏，这是动真格的，伏见宫愣把海军的军政和军令像陆军一样给弄成了二元化。伏见宫之所以能做到这一点，和他的出身经历有关系。

“伏见”是宫号，“博恭”是名字。有宫号说明是皇族，但只是“王”而不是“亲王”说明他只是天皇的远亲，只有天皇的至亲骨肉才是“亲王”，名字必须是什么什么“仁”，远了就只是“王”。名字也可以胡乱起，但“亲王”和“王”有严格的法律规定，绝不能错。至于这个博恭王和昭和天皇的血缘关系则不在此讨论，反正不太近。伏见宫1886年4月进了海兵第16期，可是9月份就退了学，去德国弗伦斯堡海军学院留学，理由不清楚，估计是受不了海军兵学校对皇族的那种照顾。

伏见宫在德国不是镀金，而是实打实的受教育。读完了海军学院以后还上了研究生班。回来以后又在海上干，因为反正不是什么至亲，天皇也不稀罕，别人当然就更不管了。在日俄战争黄海海战中被打断了三根肋骨，成了英雄。有了这样的学历、经历、资历，再加上血统，流氓会武术，谁能挡得住？

加藤宽治是福井人，伏见宫有一处离宫在福井，老伏见宫贞爱亲王是陆军大将，但想把长子弄去当海军，夏天去离宫时就把福井县离得近的海兵学生加藤宽治找来陪小伏见宫玩，当时小伏见宫14岁，加藤宽治19岁。

日俄战争的黄海海战中，伏见宫是“三笠”号后炮指挥官少佐第三分队长。伏见宫受伤以后拒绝军医的救治，让军医先去处理重伤员，是赶来的炮术长加藤宽治少佐把他愣抱下去的。战后加藤宽治出任驻英国武官，伏见宫正好也由军令部派驻英国，所以这两人的关系比平常人想象的还要铁。

“姑爷财部亲王”呢？在海军里没什么好评，这次去伦敦谈海军军备，这位姑爷居然把老婆带了去。这种做法在欧美可能不稀罕，但在当时的日本是不可接受的，海军的最年长的东乡元帅就说了：“去谈判就是上战场，带了孩儿他妈上战场是怎么回事？”

所以小加藤不需要怵什么财部彪。3月17日，军令部次长末次信正在各报的晚刊上发表了一篇名叫《海军当局的声明》的文章，明确表示："日美妥协案是对美的单方面让步，是美国想把日本束缚在60%上的阴谋，海军当局绝不承认这个提案。"

全日本都傻了：海相签了字的方案，怎么又跑出来了一个"海军当局"不同意？这个海军当局到底是谁啊？

海军当局就是军令部长加藤宽治、次长末次信正和他们的后台，军事参议官东乡平八郎和伏见宫。

同一天，加藤宽治给财部彪发去这样的电报："整体来说，美国对日本的让步已经接近于七成，但是否定日本对潜水艇的要求就充分说明了美国的狡诈，日本没有接受美国方案的余地。"

4月23日，贵族院和众议院开始讨论这个《伦敦海军条约》。25日，在野党政友会干事长鸠山一郎在众议院扔出了"重磅炸弹"："国防立案是参谋总长和军令部长、政府置统帅权不顾，蹂躏和变更天皇辅弼机关的意见，我认为这是一种极大的乱暴的政治冒险。"这就是所谓"统帅权干犯"问题的由来。

这件事正好赶上日本全国军国主义化的好时机，一个本来是兵力准备数量的单纯技术问题，就这样给海军强硬派、陆军参谋和别有用心的政治家上纲上线，炒作成了一个有关尊不尊重宪法、忠不忠于天皇的政治问题。

日本军队的指挥权，也就是统帅权归天皇所有，天皇通过参谋本部指挥军队，参谋总长就是天皇的幕僚长，这就是所谓的军令系统。但实际上参谋总长管不到海军，海军的军令归军令部管。另一方面，军队的组织则算军政系统，由天皇通过政府的陆军省和海军省进行管理。这就是日本军事组织上有名的军政军令二元化。通俗地说就是政府管招兵养兵，但管不到用兵，用兵归军令，归军队自己。陆军的军政军令是完全二元化的，但日本海军一开始却不是这样。

海军虽然有军令部，但是因为山本权兵卫这个海军最大的大佬长期担任海军大臣，军令部在山本老大面前抬不起头，所以长期以来海军的一切都是海军省说了算，军令部就是制订个训练计划、作战计划什么的。陆军的三大衙门是陆军省、参谋本部和训练总监部，海军的三大衙门却是海军省、联合舰队和军令部，像在甲午战争和日俄战争中所表现的那样，具体作战由现场的联合舰队说了算，军令部就沦落到有点像陆军的训练总监部，只能管管练兵。

作为海军军令部门的军令部，当然做梦都想变成参谋本部那样的衙门，好不容易来了的机会怎能不赶快利用？5月15日，财部彪从伦敦回到东京的当天下午，加藤宽治就向财部彪提出辞职，并向财部彪出示了《弹劾浜口内阁上奏书》，要浜口和财部对“统帅权干犯事件”负责，达到废弃《伦敦海军条约》的目的。

6月10日，加藤趁向昭和天皇上奏的机会，向昭和天皇面呈了辞职书。在此之前的5日，末次也趁给天皇讲课的机会，贩卖《大日本帝国宪法》的第11条和第12条，就是这个统帅权问题。官司就一直打到了昭和天皇那儿。

后来在西园寺公望、冈田启介的斡旋下，以财部彪辞去海相为条件，众议院、贵族院和军事参议院还是通过了《伦敦海军条约》。这样，这个“统帅权干犯”就暂时没人提了。海相和军令部长辞职，海军次官山梨胜之进中将和军令部次长末次信正中将被免职，海军人马大换班，海相换成了安保清种，军令部长换成了谷口尚真。

但事情还没有完。1930年11月14日，浜口首相在东京火车站被一个名叫佐乡屋留雄的右翼分子打了黑枪，由于伤重不治，在9个月以后的1931年8月死亡。

谋刺一国首相的凶手没有判处极刑。凶手的罪名居然只是“杀人未遂”！理由是据说浜口首相身上有一种一般人身上没有的细菌，是这种细菌跑到伤口里去，使得枪伤治不好，所以佐乡屋留雄的谋刺和浜口的死亡没有因果关系，合着浜口首相的死亡不是他杀，而是自杀。

军人看出便宜了，杀总理、杀大臣原来还能成英雄，这一下连体制内的军人也跟着一起上了。1932年5月15日，对《伦敦海军条约》不满的

4名海军下级军官和5名陆军士官学校学生闯进首相官邸，暗杀了犬养毅首相。

无论从什么角度来说，犬养毅都不是军国主义分子。在关东军发动九一八事变，挑起中日十四年战争的恶劣环境下，犬养毅还是在尽量压制陆军，同时在寻找中国的路子，想和平解决满洲问题，甚至为了把被关东军查封了的张学良私人财物还给张学良而奔走。应该说他是个好人，起码不是坏人。

但是最有讽刺意义的是，这个好人的坟墓是自己掘的！“统帅权干犯事件”中最早跳出来，跳得最欢的就是他。他当时是政友会总裁，为了能够打倒执政的民政党、推翻浜口内阁而执政，可以说是不择手段，同枢密院院长平沼骐一郎，军令部长加藤宽治、次长末次信正，结成反内阁的“神圣同盟”，终于在1931年12月坐上了首相宝座。但是也必须指出，犬养毅的所作所为，最后埋葬了日本的政党政治，从而无意中在日本的法西斯化、军国主义化进程中发挥了很重要的作用。政治家经常会为了达到目的而不择手段，但是不择手段的政治家所得到的后果往往是自己都料想不到的。

日本海军就是这样围绕着这个“八八舰队”，一步一步地完成了自身的军国主义化。

海军分裂成了两派：赞成军备条约的“条约派”和反对军备条约的“舰队派”。这次分裂的后果很严重，一直影响到后来的太平洋战争时期联合舰队的人事安排。山本五十六出任联合舰队司令长官后挑选福留繁担任联合舰队参谋长的原因，就是要做出团结舰队派的姿态，而第一航空舰队司令长官南云忠一的任命也有其在那次口水仗中是铁杆舰队派的原因。

是不是一定能以赞成或反对《伦敦海军条约》来划分是不是军国主义分子？能，来看一下1934年3月1日联合舰队司令长官末次信正中将在军事参议官会议上的演说吧：

“眼下时局的中心是满洲问题，今后海军裁军问题也会和满洲问题一样成为时局的中心。满洲能有今天是日本陆军的功劳，但是陆军之所以能够不屈服于国联的抗议，无视美国的恫吓而无后顾之忧，是因为海军有着掌握西太平洋制海权的实力。

“有关海军实力消长的裁军问题和满洲问题，是绝不可分而视之的互为因果表里的关系。”

末次信正点出了问题的实质，这个海军军备问题就变得很清楚了。

和日本陆军不同，日本海军起码从一开始到20世纪30年代为止，还不是那么军国主义的，怎么后来一下子就成了一支军国主义的队伍，肯定有原因。把责任推到整个社会甚至全世界的大环境上去是一个方法，但是大环境也是一个个的活人创造出来的，同样的国际大环境，并不是所有的国家都走上了军国主义的道路，更不用说日本海军还有其本身的特殊原因了。

日本海军走上军国主义道路，其因由在日本海军基本上还是一支正常的军队时就开始酝酿，只不过是在20世纪30年代，这个原因被环境所诱发而已。一般来说，公认20世纪30年代日本海军军国主义化的两大动力源是东乡平八郎和伏见宫博恭王。

20世纪30年代初期，日本海军发生了日本海军史上最重要的人事变动。首先是1931年12月大角岑生接替安保清种出任海军大臣，后来是1932年2月伏见宫接任谷口尚真出任军令部长。

1932年初，一·二八淞沪事变。

事变以后，大角发表的谈话含含糊糊，但是强调了“上海有27000日本人”，你怎么解释都行。但军令部长谷口尚真在2月1日有关上海局势的军事参议官会议上，坚决反对扩大事态，理由是事态的扩大很可能导致和英美发生战争。

谷口的态度使出席会议的东乡平八郎发了火，大骂军令部长。

年轻时是闷嘴葫芦的东乡平八郎以后也不太说话，退休了以后就更不多管闲事了。但是在山本权兵卫由于西门子事件被赶出海军以后，东乡活跃起来了，特别是华盛顿会议以后，更是以海军长老自居，什么事都有他一份。

东乡对谷口一直深恶痛绝，起于九一八事变。九一八事变的时候，谷口明确表示反对，理由还是日本在中国的扩张肯定会导致和英美的全面战争，要和英美开战至少还需要35亿日元的军费，这笔钱上哪儿去找？老老实实待着是正经。当时东乡拍了桌子：“军令部每年在制订对英美作战方案，怎么到了这个时候反而说不能和英美开战？”

谷口尚真大将的长子、海兵64期的谷口真少佐曾经回忆说，前海军次官山梨胜之进大将在1960年曾经把他喊去说：“趁我还有力气说话的时候想对你说一句话：当年全部海军就你父亲一个人反对打仗，如果当年听了你父亲的话，日本不会落到今天这个地步。”

但当年的日本是容不下谷口的，当年的日本注定了要落到今天这个地步，从东乡开始的海军打定了主意：拿下谷口，代之以伏见宫。

要拿下的不只是谷口大将，这时开始的一连串人变更迭后来被史学家称为“大角人事”，因为这些人事变动全部是在大角当海相时进行的。和人事权掌握在参谋本部，到时候只要陆军省和训练总监部点个头的陆军不同，海军的人事权全部集中在海军省人事局，这点一直到最后战败，海军省解体为止。

虽然这些人事变更的主谋是加藤宽治和末次信正，后台是东乡平八郎和伏见宫博恭王，但恶名却是让当着海军大臣的大角岑生给背了。这些人事变动的主要内容是条约派的财部彪大将、谷口尚真大将、山梨胜之进大将，九一八事变时的海军省军务局长寺岛健中将，伦敦会议时的军务局长堀悌吉中将，驻美武官坂野常善中将等十来名将官在1933年到1934年不到一年的时间之内全部被编入预备役。海军被舰队派彻底把持，条约派的将官几乎一个不剩。

后来的米内光政、井上成美等几个人经常被划到条约派中，实际上这些人在当时并不是真正的条约派。米内光政当时是镇海湾要塞中将司令官，不在中枢机关，在重要政治问题上没有发言权，井上成美仅仅是海军大学校的大佐教官，属于小孩子。而山本五十六则是不折不扣的舰队派，这点以后再详细说。

伏见宫当上军令部长以后的动作，首先就是通过1933年9月的《军令部令》和《陆军省军令部业务互涉规程》，把“海军军令部”这个从1893年开始用了40年的名称，去掉了“海军”这两个字，改成了“军令部”，“军令部长”的称呼也变成了“军令总长”。日本人喜欢玩文字游戏，比如在战败无条件投降时为了“降伏”这个词，参谋本部和外务省还在扯皮。但这一次不是一般的文字游戏，而是有具体内容，新的军令部在海军业务上相当于参谋本部在陆军业务中所起的作用，更重要的是在精神上和参谋本部同等了。

长大了的军令部首先干的就是搅黄第二次伦敦军备谈判，撕毁《五国公约》和《伦敦海军条约》。

1935年，第二次伦敦海军军备会议开幕，日本人这次是主动出击。提出的条件是：国家不分大小，一律平等，所以要撤销比例限制。大家要讲和平，尽量裁减军备，干脆把战列舰、航空母舰全部裁了，留点巡洋舰看看场子就行了。

意思就是，把西太平洋给日本。真要是合了日本的意，英美就再也打不到远东来了，日本人可以在这里为所欲为。

当然这是不可能的，于是这个第二次伦敦海军军备会议从一开始就夭折了，在预备会议的时候就宣布休会了。至于那个讨厌的《五国公约》则在前一年的1934年12月29日，由驻美大使斋藤博照会赫尔国务卿，按照条约规定，在期满两年之前宣布不继续延长。

1934年12月22日，日本政府正式决定废弃《五国公约》，随后舰队派的最强硬人物加藤宽治大将参拜了位于多摩墓地的元帅东乡平八郎海军大将的坟墓（5月30日刚刚去世），向他报告其晚年的两大心愿——统帅权独立和废除军备条约已经胜利完成，大将可以安息了。

日本海军在思想上和组织上已经完成了军国主义化，正在准备再赌一场。

可是海军软硬件的准备到底进行得怎样了呢？

07 有好舰长却没有好军舰

这次要和美国人赌了，这是比以往的甲午和日俄两场战争更大规模的赌博。

当然经过这些年的磨炼，日本海军也在成长，比如面对着这么大的赌局，心情忐忑不安的已经不多了，起码公开流露的人很少了。谷口尚真大将的下场可是大家都看到了的，谁都不傻，反正皇国永存，天照大神到时候肯定会给点照顾，现在只要再检点一下赌本赌具就行了。

日本海军喜欢自称“训练精良”，但这句话要看怎么说。日本海军的训练强度是很大的，伊集院五郎提出的口号“月月火水木金金”就是一个证明，但伊集院的口号还只是从“当兵的闲着就会生事，不能让他们闲着”这种军营管理的观点出发的，真正把训练和作战联系起来的是东乡平八郎。东乡有句貌似有理，其实误事的名言“一门百发百中的大炮抵得上一百门百发一中的大炮”，使所有的大炮都成为“百发百中”的大炮，办法只有训练。东乡在最后无可奈何地接受《伦敦海军条约》的时候说过一句话：“训练没有限制吧？”

但实际上日本海军中真正训练精良的只是驱逐舰队。因为战列舰、巡洋舰训练起来太费油，无法老是开出海去，只有驱逐舰训练起来相对不那么费钱，所以驱逐舰训练强度最大。这就是日后在太平洋战争中日本驱逐舰的战果远远大于巡洋舰和战列舰的原因。

另外一点就是，日本海军驱逐舰的舰长的素质也是最优秀的，这是山本权兵卫推行吊床号制度的一个意想不到的副产品，很奇怪。吊床号制度旨在排除出身、宗派的干扰来选拔人才，问题是“人才”怎么定义法。一般人才就是能往上爬并且爬上去了的那些人，但无论什么地方总少不了一些“不求上进”的家伙。日本海军的驱逐舰舰长就是一帮这样“不求上进”的家伙，或者说只有“不求上进”的家伙才去当驱逐舰舰长。

驱逐舰舰长是一些以职业航海军人自命的怪人。在驱逐舰舰长看来，上海军大学校，进中枢机关当参谋，当舰队司令是很可笑的事情。是当海军来了还是当官来了？当海军就得当驱逐舰舰长。这些驱逐舰舰长的出身很有趣，大部分都是渔民船家出身，可能是带有航海的遗传因子的缘故，他们生来就喜欢航海，喜欢那种无拘无束的自由航海，从这个观点来看，具备了先进操舵装置的巡洋舰、战列舰是不能算“船”的，要玩就得玩驱逐舰这种装备简陋，得靠自己的手艺来开动的东西。鱼雷艇的装备更简陋，但鱼雷艇上的艇长不是海兵毕业生——日本海军的人才还没有多到连鱼雷艇艇长都是海兵毕业生出身的地步。

巡洋舰、战列舰还有一点不合这帮船家出身的海军舰长胃口的就是不自由。巡洋舰、战列舰很可能被什么舰队弄去做了什么旗舰，舰上会莫名其妙地来一个舰队司令和一大帮参谋什么的混蛋管着你，受拘束。但驱逐舰被哪位舰队司令看上拿去做旗舰的可能性几乎没有，起码驱逐舰上就容纳不了司令部那些闲人。

鱼雷艇不能单独行动也是不受人欢迎的一个理由。海军出海有按航海距离计算的出海津贴，这是海军官兵的一笔大收入，当然大家都会在这上面动脑筋。那时候没有雷达、人造卫星，单舰出海，鬼才知道你到底去了哪儿，只要和舰上计算工资的主计军官串通好，回来怎么报假账都没事，要不然哪来钱去喝花酒？鱼雷艇干不了这个，巡洋舰以上目标太大也干不了，就驱逐舰黑起钱来没良心。整个舰上舰长最牛，一出了海就是龙王爷老大他老二。不管从哪个角度来说，驱逐舰舰长都是真喜欢航海的那类人，哪怕单纯为了捞钱也得玩了命训练。

不管怎么说，名列世界三大海军学校之一的海军兵学校在作战军官培训上没有什么对不起人的地方。日本海军军官在作战技能方面可以给人挑出毛病的不多，至少在古典海战方面是这样。但有了好军官，军舰是不是好军舰呢？那个八八舰队一直没弄出来，现在拥有的“扶桑”“山城”“伊势”“日向”“长门”“陆奥”“榛名”“雾岛”“比睿”“金刚”，再加上1937年动工的“大和”和“武藏”，在数字上是达到了“8+4”。但是除了还在建造、没下水的“大和”和“武藏”之外，剩下的10艘战列舰到底怎么样？能不能打？

有一种众所周知的定论是，日本海军败在了用兵思想上，因为在太平洋战争期间，并没有发生日本人准备了三十多年的大舰巨炮之间的日美舰队决战。但是如果假定一下美日之间发生了主力舰队之间的战斗，日本是不是就一定能赢？恐怕也未必。

比如说，普通船在海上因为某种原因翻个底朝天，不很常见但还是能有所耳闻。可是有没有人听说过军舰在海上翻白肚皮的？军舰会被击沉，但绝不会被风浪什么的给颠覆了是一条常识，不管怎么落后的国家，只要它自己能制造军舰，就绝不能翻船，但日本人就能破除这条常识。1934年3月12日凌晨4时左右，日本海军第二十一水雷战队的“友鹤”号鱼雷艇就在佐世保军港外面的海面上很显眼地晾着个白肚皮。

日语中的水雷在大多数情况下是指“鱼雷”，中文中的水雷日语叫“机雷”，日本海军的水雷队就是鱼雷艇队的意思。第二十一水雷队共有4艘鱼雷艇——旗舰“龙田”，“友鹤”“千鸟”和“真鹤”，这天凌晨1时开始夜袭训练，凌晨3时训练结束回港，在佐世保港外、大立岛南方7海里海面上遇到风速每秒20米、浪高4米的恶劣气象，“友鹤”号在40度的摇摆中颠覆。

出现这种天下奇观的责任还是在军令部，《伦敦海军条约》规定600吨以下的舰艇制造不受约束，喜欢玩小聪明的日本人以为有空子可钻了，军令部开始大造鱼雷艇，并且提出了这样变态的要求：速度30节，续航力3000海里，3门5英寸（12.7厘米）炮和4具鱼雷发射管。

这是和“若竹”级驱逐舰“夕颜”号、“朝颜”号同样的火力装备，“友鹤”号等鱼雷艇甚至比“夕颜”号、“朝颜”号还要强，因为“友鹤”采用了炮塔。不要忘记“夕颜”号的排水量是1000吨，而“友鹤”号等不到600吨，这样甲板上堆积的大量火器使舰艇的重心G增高，最后几乎和浮力中心M重合，而一般军舰对G、M距离的要求是差1～2米。

日本海军的舰艇都有武器兵装过重的毛病，像“吹雪”型驱逐舰“矶波”号的排水量是1700吨，装备的武装重量占排水量约17.8%的302吨，国际上这个比例一般在12%以下。600吨的鱼雷艇“友鹤”号的武装重量居然达到了30%的176吨，这种空前绝后的大头娃娃军舰遇上风浪怎能不翻？

从第一次世界大战以后，日本海军就开始自行设计所有的舰艇。整体说来，日本的军舰设计基本上属于高水平的，其中就有像日本首屈一指的军舰设计师、东京帝国大学校长平贺让博士设计的名作——重型巡洋舰“古鹰”号那样的优秀作品。

但是伦敦军备会议以后，日本的军舰设计慢慢走上了一条邪路，无视科学，无视技术，相信“没有做不到，只有想不到”这种奇怪理论，因为日本人需要战列舰似的巡洋舰、巡洋舰似的驱逐舰和驱逐舰似的鱼雷艇。

军舰的设计思想出了问题，制造呢？也有问题。1935年9月26日，日本海军在岩手县以东250海里的太平洋进行训练时，第四舰队遇到台风。台风一过，大家都认不出海面上漂着的都是些什么东西了。

航空母舰“龙骧”号桅杆被刮倒，“凤翔”号前甲板被巨浪击垮，重型巡洋舰“最上”号舰首钢板开裂，“妙高”号舰首铆钉松动，驱逐舰“菊月”号、“睦月”号、“三日月”号、“朝风”号连舰桥都倒了，最惨的是驱逐舰“初雪”号和“夕雾”号，从舰桥再往前就没有了，舰首不知道被台风刮到什么地方去了。这就是死亡54人的所谓“第四舰队事件”。

海军和陆军最大的一点不同就是，海军更受自然规律的左右，海军应该比陆军更加知道人无法战胜大自然这一铁则，再强的军舰遇到了强台风也没治。

日本人对事故进行了详细调查，第四舰队所遭遇到的是最大风速每秒50米以上，早超出了12级，相当于16级左右的飓风。但是除了自然界的因素，还有人为原因。

首先，日本的军舰本身质量就有问题，日本工人做事情不偷懒，挺认真，所以舰艇的工艺质量本身倒没有问题。问题出在其他地方，前面讲的头重脚轻是一个设计上的原因，还有一个问题出在材料上。日本当时的冶金技术在世界上也就是三流，和德国这种金属材料冶炼先进国家当然不能比，就是比起英国人来，也差了一大截。

比如《五国公约》签订以后，日本在改造“金刚”号战列舰时，发现自己制造的钻头就无法在“金刚”号的炮塔上钻孔，只好专门进口英国钻头。“金刚”号是最后一艘购自英国的军舰，日本使用同样图纸制造的同样的“金刚”级战列舰“比睿”号、“榛名”号和“雾岛”号就没有这个问题，当时日本的冶金水平和欧洲相比，差得就是这么远。

这个“第四舰队事件”就是由于钢材问题造成的，被海浪反复冲击的船身钢板出现了疲劳裂纹。更为奇特的是，事故已经有了先兆！演习前的7月份，“初雪”级驱逐舰上已经发现了疲劳裂纹，那天并没有风浪，驱逐舰在以38节速度行驶时被激起的海浪拍击产生了疲劳裂纹。当时有人认为这是舰体强度不足，建议停止同类舰艇参加演习，可是负责海军舰艇制造的舰政本部认为军令部不会同意这个建议，而且使用时只要注意点兴许能混过去，就否决了这个建议，从而发生了这个事件。

和“友鹤事件”“第四舰队事件”并列为“昭和海军三大事件”的第三件事是1927年8月24日的“美保关事件”。在一次夜间训练中，轻巡洋舰“神通”号、“那珂”号和驱逐舰“蕨”号、“苇”号相撞，其中5200吨的“神通”号巡洋舰把“蕨”号驱逐舰给来了个开膛，从当中一切为二,4条船上总共死了119人。

长期昼夜不分的训练使官兵极度疲劳，注意力的不能集中、判断力的下降是造成这起事故的主要原因。事故的原因不奇怪，奇怪的是事故的事后处理方式。“神通”号舰长水城圭次大佐被控业务过失、舰船颠覆、过失杀人等3项罪名，送交军法审判，在正式判决的前一天，水城大佐切腹自杀算作谢罪，但海军省根据天皇特旨，追晋水城大佐少将军衔。追晋是战死者的荣誉。虽然是过失，但在法律上水城圭次大佐还是一个待罪候判的犯人。这个追晋的意思就是说，虽然水城在名义上是犯人，但是因为他在政治上是正确的，所以自杀了还能享受战死的荣誉。

“友鹤事件”“第四舰队事件”和“美保关事件”已经鲜明地勾勒出来一幅野心勃勃而又家底有限，还总是使用甲午、日俄战争时期老皇历的日本海军形象。

同时也说明了日本海军的悲剧根源之所在：一支强大的海军不是在短期内光靠野心就能实现的。海军强大是长期强大国力的表现，一个贫弱的国家无法维持一支强大的海军，因为财政、技术都无法承受建设海军所带来的巨大压力。

日本海军在经济上就无法承担建成一支数目庞大、技术先进的海军的任务，只能指望依靠严格艰苦的训练来在质量上压倒敌人。但海军在很大程度上被物理规律左右着，脱离物理规律的希望是很难实现的。“友鹤事件”的根源在于日本国家财政无法给出海军所需要的军舰数目，只能在有限的军舰上面拼命装更多的武器；“第四舰队事件”说明，即使是数目有限的军舰所使用的钢材质量也没有达到发达国家的标准；“美保关事件”则从根本上说明了日本海军训练的局限性。

为什么日本海军对巡洋舰、驱逐舰，甚至鱼雷艇这些辅助舰艇的训练也这么上劲呢？如果说舰队派一定要战列舰的想法还可以理解的话，那么要这些辅助舰艇也如此疯狂就有点不可理解了。其实除去经济上的原因之外，这些辅助舰艇是日本海军所谓“对美战略”的一个很重要的部分。

这个“对美战略”是那位最坚定的舰队派加藤宽治大将鼓捣出来的，又叫“渐减战法”。说美国人要来打日本肯定从夏威夷经中途岛方面来，这样的话，日本就在南太平洋到处设伏，用潜水艇、驱逐舰和鱼雷艇加上夜袭，弄得美国人不得安宁，抽冷子就打沉它几艘战列舰什么的，这样美国人到了小笠原群岛附近撑死也就只剩下七成了。

“日本海军天下无敌”这一点据说是铁定了的不可怀疑的，以弱胜强都没有问题，现在是实力相当，更不要说美国舰队长途跋涉，一路上已经被日本人打得气息奄奄了。

这样的话日本怎么能不胜？所以为了取得胜利，一个是要保持对美国的七成兵力，再有就是加强驱逐舰以下这些英美混蛋没注意的小型辅助舰艇的建设。这就是日本拼命搞驱逐舰和潜水艇的由来，日本人在指望靠这些家什弄掉美国人的三成舰队呢！

指望小型舰艇并不是说不搞巨舰，最后的决战日本人还指望巨舰呢！巨舰是所有海军军人的梦想，更不要说日本海军了。现在《五国公约》规定了不能建35000吨以上的战列舰，这点是最让日本人郁闷的，日本人最想造的就是50000吨以上的大舰。除了海军都喜欢巨舰这个原因以外，日本海军还有个奇怪的原因，那就是巴拿马运河船闸的宽度只有110英尺，而美国海军和日本的“长门”级战列舰同级、32600吨的“马里兰”号舰宽108英尺，两边距运河船闸壁各只有一英尺的空余，出于这个原因，美国的军舰都是细长的，连45000吨的“密苏里”号的舰宽都是108英尺。当然细长有个限制，不能把战列舰造得像一条黄鳝。如果日本有50000吨以上战列舰，美国的太平洋舰队就是白给，就算当时造船厂主要集中在东海岸的美国人也开始造大舰，它要打日本人也要绕过麦哲伦海峡跑个近20000海里来和日本人切磋。这样一来，谦虚地说一句：日本人就是想输都难。

但是，这个方案是不是很面熟？这不就是日俄战争的日本海大海战嘛。日本人奇迹般地赢了日俄战争，从此再也忘不掉了。在日本人看来，所有的外国都是俄国，所有的海军都一定像俄国海军一样。这种从七成军力到渐减战法的奇谈怪论在当时没有引起任何人的怀疑，至于为什么美国非得走日本人规定好的路线，为什么美国舰队就非得有三成被日本人给吃掉，这些都没有任何依据、事实所给出的说明，也没有人发出疑问，仅仅是“日本海军的战术战斗质量天下第一”这种来历不明的狂信在起作用罢了。有趣的是，这种荒诞的白日梦硬是萦绕着“大日本海军”三十几年。一直到马里亚纳海战之后，日本人才算弄明白那种七成战力、渐减战法纯属扯淡，但为时太晚了。

当然，日本海军也不完全是在瞎胡闹。日本在飞机起步落后欧美十几年以后发展出了一支优秀的海军航空兵也是人所共知的事实，日本人的潜水艇技术也得到过公认。潜水艇放到以后再说，这里先说一说日本的海军航空兵。

08 空军不是光靠飞出来的

1924年，有一本叫《空中国防论》的书震撼了各国军界，作者是美国陆军少将威廉·米切尔。这本书里列出了一连串美军的试验数据来证明“通过空袭能击沉所有的军舰”这个结论。

第一次世界大战以后的1921年，美国使用分来的德国战利品潜水艇U117、驱逐舰U102、巡洋舰“法兰克福”号、战列舰“东弗里西斯”号和美国退役旧战列舰“阿拉巴马”号、“新泽西”号、“弗吉尼亚”号进行了飞机轰炸试验。试验证明，不需要鱼雷，仅仅用炸弹就能炸沉包括战列舰在内的所有军舰。

这本书理所当然地引起了当时正在美国的山本五十六的注意。

现在很难知道，这本书对山本五十六究竟产生了多大影响。事实上，后来的山本五十六只是一个赌徒，具有赌徒特有的短视心理，在考虑对美战略时从来不从战争角度出发，而是从战斗或者战略的角度出发。关于两次伦敦会议条款的争论，山本五十六都是积极地站在舰队派一边，反对对美妥协。第二次伦敦会议时大藏省派出的代表就是后来的大藏大臣、甲级战犯贺屋兴宣。贺屋从财政负担的角度出发，主张应该接受英美方案。山本五十六听闻，恶狠狠地对贺屋说：“闭嘴，再不闭嘴当心我揍你。”当贺屋不肯闭嘴的时候，山本还真扇了他两个大耳光。

让山本感到屈辱的是：在让贺屋闭上嘴以后，日本人在英美面前也必须闭上嘴。为了解决这个问题，山本提出的方法是航空作战。1935年第二次伦敦海军军备会议时，山本五十六对军令部次长末次信正提出的建议是："被迫接受劣势比例的帝国海军在同优势的美国海军作战一开始，就只能以空袭的方式给予敌人一记痛击。"在给部下的信中说："和英美开战的日子不会太远，在开战之前如何做到航空上的跃进是最紧要的要务。"山本在反对和美国开战的时候也毫不矛盾地相信日美开战是无法避免的宿命，要和美国人开战就只能依靠航空兵。

山本海军生涯的绝大部分时间是在海军军政部门度过的。应该说，山本五十六是一个出色的军政官僚而不是一个海军领导人和舰队司令。作为海军领导人，山本五十六不懂战争，在非常清楚日美间巨大国力差异的情况下，居然把一场战争的胜利，仅仅寄希望于一次奇袭的成功；作为舰队司令，山本五十六在1940年首相近卫文麿问起开战前景的时候，居然说："一年半年没有问题，两年三年就没有把握了，现在三国条约已经签了，谁也没有办法。"山本竟然说出了这种缺乏作为国家主力舰队司令责任感的话。

从根本上来说，山本五十六其实不是真正的航空主兵论者，山本五十六在骨子里仍然是个大舰巨炮论者。山本五十六选择飞机只是把它当作了一种赌具，而赌注则是航空。虽然山本五十六不能算是一个水手，也不像美国的"公牛"哈尔西一样就是一个飞机驾驶员，但他还算得上是一个"精神飞行员"的。除了在1928年临时担任过四个月轻型巡洋舰"五十铃"的舰长和在1928年底出任航空母舰"赤城"号舰长之外，一直在军政部门工作。山本五十六在日本海军也是一个不多见的可以说没有当过舰长的人。反过来，山本和航空关系很深，1924年出任霞浦航空队副队长，1930年出任海军航空本部技术部少将部长，1935年出任海军航空本部中将本部长。

日本海军在实现除了潜水艇以外的舰艇国产化的过程中，得到了英国人的巨大帮助，二战前航空兵器的发展则得到了德国人的大力支持。

一战后，旧国联对德国的军备限制使得德国人只好把军事技术转移到日本和苏联，以进行技术储备的方法来和英美偷偷对着干。这样做的结果是，后来希特勒上台后重整军备时并没有遇上什么大不了的困难，也使苏联和日本叨光有了一支强大的空军。

在整个日德航空合作过程中，最早接触德国人的是山本五十六。山本有时因为其哈佛的学历和驻美武官的经历，以及反对与美国开战而被误认为“亲美”。其实山本五十六首先是一个日本海军军人，对美国社会的一些好感，并不会影响他对整个日本海军发展战略的认同及寻求支持这种发展战略的力量的努力。

当时日本的主要飞机制造厂家都从某个特定的德国厂家招聘技术人员，像爱知航空机（现在的爱知机械工业株式会社）从亨克尔，三菱从容克，川崎从道尼尔都招聘了大量技术人员。大名鼎鼎的零式战斗机离开了三菱公司从容克公司引进的杜拉铝更是无从谈起。亨克尔公司向日本转让了He70俯冲轰炸机技术，后来的奇袭珍珠港作战时，发挥了重大作用的99式舰上爆击机就是根据这项技术开发的。

山本五十六任航空本部技术部长时定下了一条规矩：“设计只限于帝国臣民，排除一切外国人。”当时山本五十六在日本引进了美国兵器生产的竞争型试作定型体制，当然不是像美国那样自由竞争，而是由三菱、中岛、爱知加上川崎4家公司进行“在海军省控制下的”竞争，以提高国产飞机的设计和生产水平。这种古怪的“竞争”机制一直持续到现在。

说到日本军用飞机，肯定就会想到在整个二战，甚至全部现代日本军队历史上最有名的零式战斗机（简称零战）。零式战斗机是山本五十六主持的和德国在军事航空领域合作最成功的一个范例。首先没有德国提供的铝合金技术，就不可能有零式战斗机的成功，本来三菱的飞机设计和制造技术就有赖于容克公司的鼎力协助。

零式战斗机一个最引人注目的地方是它的续航力。为什么需要滞空达六小时、加副油箱以后的航程达3500公里的舰载战斗机？这种航程超过了日本海军装备的所有轰炸机。答案只能到中国战场上去找。

当时的日本海军还没有想到自己的航母会遭受空中攻击，舰载战斗机的任务是为舰载轰炸机，也就是所谓的攻击机护航。总的来说，当时的中国军队从装备到训练都很差，与日本军队相去甚远，但是中国空军却并不弱，起码不比日本空军弱很多。中日军队淞沪开战以后，日本海军航空兵在轰炸上海及其周围时，损失是很惨重的，头三天日本轰炸机的损失率即高达50%，因此必须在强有力的战斗机群护卫下才能出动。

当时日本海军装备的96式舰上战斗机航程短，无法为攻击机远程护航。为了实行对中国内地的“越洋爆击”，海军急需一种续航性能、空中机动性能良好的战斗机来对付中国空军装备的I－15、I－16苏制战斗机。因此在1940年6月，把还在试制过程中，没有最后定型的“十二式舰上战斗机”和研发人员、制造工程师一起派到中国战场的武汉基地，主要任务就是为轰炸重庆的攻击机护航。

按说还在试制过程中的飞机是无法执行正规作战任务的，但是一联空的山口多闻和二联空的大西泷治郎根本就不管制造工程师的反对，逼着“十二式”上战场。工程师们只好就在现场一个一个地解决出现的问题，比如机枪打不响、发动机气缸爆炸、通信机不工作，等等。到了7月24日，问题终于基本解决，“十二式”也就正式定型为“零式”，因为据说1940年是什么“皇历2600年”。

零式战斗机第一次实战是在1940年9月13日下午，重庆上空13架零战对30架I－15、I－16。战绩是0∶27，零战除了3架中弹，1架在最后降落时发生事故之外，没有被击落的。无论如何，I－15、I－16是从1933年开始服役的，已经落后了，而中国当时还不会造飞机。

从此，中国战场的制空权基本上被零战控制，97式舰攻、99式舰爆对重庆、成都、昆明、天水、兰州等地狂轰滥炸。直到最后太平洋战争爆发，零战撤出中国战场为止，除了被地面炮火击落两架之外，在空战中无一损失，创造了“零战无敌”的神话。一直到太平洋战争初期，美国飞行部队还有一条禁止单机向零战挑战的禁令。这条禁令的由来除了美国陆海军航空兵在装备F6F、F4U以前，战斗机性能确实劣于零式战斗机之外，就是日本海军的零战飞行员都有长期战斗经验，去仔细看看那些被人津津乐道的所谓“零战击坠王”，像坂井三郎、岩本彻三等人的履历吧，哪一个不是从中国战场上飞出来的？

但是，这个世界上是没有“无敌”的神话的。零战之所以能够肆虐于中国战场，只是因为它还没有遇到生猛的对手罢了。

日本海军面临的问题是如何使用这种航空兵。

当时日军海军的主流看法是，航空兵力在对美作战时是重要的辅助兵力，在对华作战时是重要的军种内主力兵种，但航空兵是对美作战的主力兵种的看法还没有形成。

其实将航空兵作为主力兵种的想法一直在海军内部存在，而且不止一次发生过激烈的冲突。日本是个穷国，联合舰队级别的大型海军演习次数不多，但是每次演习以后航空兵和舰艇部队肯定要吵架。1936年联合舰队演习的内容是，联合舰队主力从青岛出发进攻佐世保，看本土的迎战能力如何。但是联合舰队主力在从青岛出发仅仅50分钟以后就遭到大队飞机“空袭”，战列舰“长门”号和“陆奥”号被判定炸沉，联合舰队主力大败。

当晚的研究会上，木更津航空队的年轻佐官就和联合舰队司令长官高桥三吉及其幕僚干上了，有趣的是高桥本人并不反感这种“战舰无用论”，但还是没了下文。海军次官山本五十六只能安慰着几个少壮派：“现在只能忍耐。”

1940年3月，一航战司令官小泽治三郎少将领着“赤城”号和“龙骧”号两艘航母和4艘驱逐舰进攻山本五十六指挥的战列舰“长门”号、“陆奥”号和航母“苍龙”号。演习的内容是小泽治三郎出动携带1颗鱼雷的18架舰载攻击机和36架陆基攻击机，加上27架俯冲轰炸机，攻击山本的联合舰队主力；山本一方是使用27架战斗机来防守。

但是小泽治三郎私自改变了指挥系统，从航母舰长和基地指挥官手里接管了这81架飞机的指挥权，由司令官直接指挥，向“长门”号战列舰开始进攻。

“长门”号舰长大西新藏和“陆奥”号舰长保科善四郎两位大佐

在舰桥上快发疯了，没见过这种攻击法的。翼展达25米的大型攻击机贴着海面成群结队直扑过来，扔下了鱼雷以后急剧拉升，沿着桅杆直冲云霄，留下海面上拖着白色航迹的鱼雷一枚又一枚地扑向船舷。躲得了一枚，还有第二枚，躲过了第二枚，还有第三枚、第四枚……不需要判定了，船肯定已经沉了。

舰长们都在破口大骂小泽治三郎那个混蛋，只有山本五十六一声不响，在舰桥上默默地看着这一切，最后对身边的参谋长福留繁少将说：“能不能用飞机去炸夏威夷？”

第四章

如日中天：狠敲了美国佬一闷棍

事件：

奇袭珍珠港（1941年）——爪哇海海战（1942年）——珊瑚海海战（1942年）

人物：

山本五十六、南云忠一、渊田美津雄、小泽治三郎、黑岛龟人、宇垣缠、井上成美

☆
☆
☆
☆
☆

01 多管闲事的美国人

日本海军做了三十年的梦，到1941年还真成了现实：日本海军终于达到美国海军的七成，准确地说是70.6%，超计划完成任务。这么一来，美国人似乎也不是那么可怕了。

日本海军军官当然不是傻子。大家对这个“七成兵力”的目标终于达成虽然很高兴，但绝没有陶醉。因为不管怎么说，还没有海军军官认为日本的工业生产能力超过了美国或者认为美国人从现在开始就不工作了。恰恰相反，所有人都知道随着日本退出伦敦海军军备谈判，开始新的军备行动，美国也开始了扩充海军军备，除了正在建造的“北卡罗来纳”级和“南卡罗来纳”级战列舰以外，“爱荷华”级战列舰也在计划之中。和小心翼翼地保守机密的日本人不同，美国人在扩充军备的时候是恨不能通过全世界所有的媒体去告诉全世界所有人：我们美国佬又在造了不起的船了。根据这个形势来推断，日本海军的七成维持不了几天，海军省军务局计算下来的结果是：一年以后日本海军的战力就只有美国的六成，两年后就只有一半，三年后就只有三分之一了。所以结论是：要打美国得趁早，晚了就根本没有机会。这样一来，那个“七成兵力”的紧箍咒还成了催命符。

又回到了原来的话题：那就不能不打？说来有趣，还不能不打，因为海军是以武器为理由要增加预算的。一定不肯打的话，陆军就会追问海军：既然不打，为什么要造那“大和”级战列舰？海军如果不准备从此之后不添家什的话，就说不出在兵力已经达到美国七成的情况下还拒绝开打的理由，一定得说“能打”。

还有一个原因就是，进入1940年5月以后，希特勒突然教给了全世界一个新名词：闪击战。5月10日开始，希特勒突然进攻荷兰、比利时、卢森堡和法国，让虚假的战争成了现实。接下来是5月14日荷兰投降，17日布鲁塞尔沦陷，5月底，由于德国人的错误，敦刻尔克的奇迹出现，而法国的首都巴黎则在6月10日落入纳粹魔爪，德国人渡过英吉利海峡进入伦敦也好像仅仅是时间问题了。日本军部和政府里最流行的话就成了“不要误了班车”，德国人打得这么顺利，现在要考虑的问题不是是否应该入伙的问题，而是要赶早的问题，太晚了人家愿不愿意带你玩还是个问题呢。希特勒的成功也是日本人认为入伙要趁早的一个原因。

所以，这次连被称为海军省“三驾马车”的井上成美、米内光政、山本五十六也说不出反对意见了。

9月15日，召开了由所有海军省和军令部课长以上、联合舰队舰队司令以上和全体军事参议官参加的海军干部会议，来“讨论”德意日三国联盟问题，及川古志郎大臣发表了对三国同盟的看法，算是最后一次统一思想。及川讲话的结束语是这样的：“如果海军要坚持反对三国同盟，近卫内阁就只有辞职，海军不想承担破坏内阁的责任，所以请各位赞成同盟条约。”参加三国同盟就有可能和美国开战，干系过于重大，牵涉到海军也就是日本的生死存亡问题，采取这种步骤，万一出现问题就得大家同担，这种做法倒完全可以理解，但是讨论的方式很有趣。

军令总长伏见宫领先发言：“事情到了这步田地，也没有其他办法了。”

皇族的总长已经定了调，下面就是大家表决心、表忠心的时候了，没有再讨论的必要。

于是，1940年9月27日，《德意日三国同盟条约》在柏林正式签订。

历史有时候是很幽默的。日本海军在9月15日正式表明赞成三国同盟，由于时差关系，这天在柏林是9月14日。这一天，希特勒在研究对英作战“海狮行动”的军事会议上宣布，英国本土登陆作战行动延期到9月17日再作决定。

后来希特勒在9月17日决定海狮作战延期，10月12日再次决定延期到第二年春天，其实就是宣告海狮作战的取消。

可是，日本人不知道这一切，当然，日本海军也不知道。

说来好笑，所谓强硬派始终认为自己是很热爱和平的，尤其是想和美国人和平，强硬只是对三国同盟的态度而已，凭什么说支持三国同盟就是好战？实际上除了数得出来的几个佐级军官之外，很认真地想和美国开战的人还真没几个。所以海军和陆军交涉时也不是完全听陆军的，比如在这个问题上海军就一定要明文写上，一旦德意和英美发生冲突，日本不是无条件地参战，而是“自主地”决定是否参战，也就是说留下了坐山观虎斗的空子。既然日本人没有想过打美国人，那么美国人也不会来打日本人，那些反对三国同盟条约的人把三国同盟和对美开战扯到一起去本身才是问题。

这种凡事朝对自己有利的方面去解释，而在客观形势发展不利于自己的时候则归咎于客观形势的思维方法，可以说是一种最典型的日本式思维方法。除了日本人之外没有人能弄清楚为什么一定要把“自主地”解释成“存在着不向英美开战的可能”，再进一步变成“不存在向英美开战的可能”。但是日本人认为别人是应该看到这点的，或者是应该如此解释而闭上眼睛不去看日本人实际的所作所为。

前面已经说过，因为美国在美西战争中胜利而领有菲律宾这件事，美日成了结构上的天敌，如果日本再不自知而继续扩张的话，一定会成为美国事实上的敌人。

20世纪初的美国还是一个富有理想精神的年轻国家。进入20世纪之后，美国就已经放弃了旧大陆人那种殖民主义的世界观，主张门户开放、利益均沾，主张尊重所有国家的主权和领土完整，哪怕是像中国这样的弱国。

当时的中国就是“一穷二白”，几乎没有能够支持进行现代战争的军事工业以及与之配套的钢铁、化学和机械工业，离开国际援助真的无法抵抗日本侵略。好在时间已经是20世纪30年代，不再是殖民主义的黑暗年代，中国一直能得到来自其他国家的国际援助。

当时各国向中国提供军援的所谓“援蒋通道”主要有4条：一条经过香港，一条经过苏联，一条经过法属印度支那（现在的越南、老挝、柬埔寨等），还有一条经过英属缅甸。1938年日军占领广东之后，从香港来的援蒋通道被切断，1941年4月苏联和日本签订了《苏日互不侵犯条约》承认伪满之后，从苏联来的援助也断了，就只有经过法属印度支那和缅甸的两条援蒋通道依然存在。日本军部认为中国之所以还在坚持抗日不肯投降就是因为还能得到国际援助，一旦国际援助被完全切断，中国问题也就解决了。

为了切断途经法属印度支那的援蒋通道，日军入侵了法属印度支那北部，为了最终切断途经英属缅甸的援蒋通道，日本进一步入侵法属印度支那，直接引发了美日冲突。

对于美国来说，帮助中国也就是帮助美国自己。因为日本侵略中国不仅危害美国在华商业利益，而且威胁到美国在远东的国家利益。

日军进驻法属印度支那北部以后，美国立即宣布对日本实行废铁禁运，第二年又在禁运名单中增加铜等战略物资，同时加强了对中华民国政府的物资、资金援助。在发生日本陆军封锁天津英租界事件以后，华盛顿向日本宣告废弃《美日通商航海条约》。实际上当时美国还只是从自己的利益出发，一步一步地在向日本打招呼，并没有像在战后那样扮演世界警察的角色。这是因为一来当时美国国内门罗主义的影响还根深蒂固，美国并不想和日本发生正面军事冲突，罗斯福在1940年第三次竞选总统寻求连任时的演说中就有一句很有名的话：“我再一次，再二，再三发誓绝不会把你们的孩子送去海外战场。”二来是因为美国一直就在准备介入欧战支援英国和法国，对于当时的大多数美国人来说，毕竟欧洲是他们祖先的故乡，从纳粹的铁蹄下拯救欧洲比消灭一个不知天高地厚的亚洲流氓更急迫，所以亚太事务在美国的优先列表上始终是第二位的。

所以，到1941年夏季为止，罗斯福对日本仅仅是用经济制裁的方法，但美国人的退让并没有换来日本人的停步，反而步步紧逼，终于在1941年7月28日，日本军队进驻法属印度支那南部，突破了英美的底线。

7月26日，美国政府宣布冻结日本在美资产，接着英国、加拿大、法国、葡萄牙、荷兰也宣布了同样的措施。8月1日，美国政府宣布对日本实行全面石油禁运。

战争已经无法避免，只能开战了。

可是对于日本人来说，有胜利的可能吗？

有。起码对于海军中枢的“海军国防政策委员会”来说，对美开战不是一个什么会吓死人的选择。海军国防政策委员会下分四个委员会，其中最重要的是负责战争指导方针的第一委员会，由军务局第一课课长高田利种、军令部第一课课长富冈定俊、军务局第二课课长石川信吾和军令部作战部高级部员大野竹二等四大佐组成。但是实际上就是第一委员会的人心里也没底。NHK有一部三集电视片《日本海军战败反省会400小时的证言》，介绍了战后军令部的高级军人召开的“海军反省会”留下来的400小时的录音带。里面就有当时在第一委员会，后来出任联合舰队先任参谋的高田利种大佐的谈话录音：“我在第一委员会里待过不假，这也没有什么可隐瞒的，但是我也没有过对美作战必胜的信念。”

既然已经接受了三国同盟条约，有没有必胜的信念已经不重要了，箭在弦上不能不发，问题是如何发法。联合舰队司令长官山本五十六的方法是，放弃日本海军三十年来的用兵策略，直接打击在珍珠港的美国太平洋舰队。

02 只能再赌一把

一般认为，山本五十六是在1940年3月的联合舰队演习时才找到奇袭珍珠港的灵感的，其实事实可能更加复杂一些。

直到第二次世界大战以前，英国皇家海军一直是世界上最强的海军，也是大洋的主人，英国不仅有着世界上规模最大的海上军事力量，而且也有最发达的海上军事科学。用航空母舰的舰载机对停泊在港内的军舰进攻是英国人的发明。1940年11月11日，英国皇家海军“光荣”号航空母舰上起飞的21架“剑鱼”式鱼雷轰炸机对意大利塔兰托军港内的意大利舰队进行了攻击。

由6艘战列舰、7艘重型巡洋舰、2艘轻型巡洋舰和8艘驱逐舰组成的意大利舰队在两波英国飞机的鱼雷攻击下，1艘战列舰沉没，2艘战列舰和1艘巡洋舰被重创。4条大舰一转眼就没有了，地中海的制海权全部落入皇家海军之手。

这次空袭使各国海军瞠目结舌，人们第一次知道作为海上霸王的战列舰居然可以被从一架小飞机上扔下来的一枚鱼雷送入海底，并且从空中投放的鱼雷一直被认为至少需要100英尺（大约30米）的深度，可是皇家海军在水深只有40英尺（约12米）的塔兰托港内使用改良后的低空鱼雷照样取得了辉煌的战果。

山本五十六用舰载机攻击舰队的灵感确实来自1940年3月的联合舰队演习，而英国人在塔兰托战斗中的成功也证实了山本五十六的灵感，增强了山本五十六的信心。

所以山本五十六的发明并不是用舰载机攻击军舰，而是直接攻击珍珠港。

日本海军本来就没有什么到战争哲学高度的战略一说，所谓战略或者作战指导思想指的就是作战程序。日本海军的作战程序由三部分组成：首先是由参谋本部和军令部联合制订的《帝国国防方针》。这个方针的最后修订是在1936年，里面规订了日本海军的第一假想敌是美国。接下来是军令部根据这个国防方针制定的《海战要务令》，里面制订了对美国的作战方法。最后是每年修订的《年度海军作战计划》。

日本海军对付美国海军的作战方法就是前面说过的“渐减作战，最后主力决战”，设定美国海军从夏威夷经中途岛方面来进攻日本，日本就在南太平洋马里亚纳群岛一带到处设伏，用潜水艇、驱逐舰和鱼雷艇加上夜袭，想办法削减美国海军兵力的三分之一，最后日美两国舰队在小笠原群岛附近进行决战。当然决战的结果是日本彻底胜利，美国舰队和当年的俄国波罗的海舰队一样葬身海底。

本来作为作战构想之一，这种想法倒也有其存在的必要，问题是从山本权兵卫的八八舰队构想开始，经过这么多风风雨雨，这个倒霉的“对美渐减邀击作战”成了日本海军的天条，是不能提出疑问的，否则会犯政治错误。

本来主动进攻南洋和《海战要务令》就已经冲突了。先不管《海战要务令》是多么地一厢情愿，它所想定的也只是美国舰队对日本本土发动进攻的场合，现在是日本海军要到外线去作战，场景就不对了，《海战要务令》根本就无法用，更不要说山本五十六的计划还突破了内南洋，直接指向了夏威夷。

山本五十六的理由也有一定的说服力：首先在美国太平洋舰队存在的时候南进，战线拉得太长，美国随时可能在战线中间发动进攻，把日本供给线一刀两断或者多处切断，从而使日本军队在南方的作战变得不可能。而奇袭珍珠港虽然困难到了几乎不可能的地步，但并不是绝对不可能，有赌一把的必要。

那万一不成功怎么办？

不成功的概率太大了，主要的困难是：

如何进行海上燃料补给？统计资料表明，夏威夷的12月只有7天风平浪静，其余24天都是浪大风高。

如何保持机密？航母倾巢出动，内部空虚，被美国人反过来奇袭怎么办？

会不会拖累正在进行的日美最后交涉？

军令部认为美国海军不可能一下子在日军战线的中间发动攻击，它得一站一站地来，首先必须占领马绍尔群岛，这样日本海军还有集结兵力和美国进行舰队决战的时间。其次是本来就不充足的航空兵力（山本五十六就说过飞机还差一半）再分为南方和夏威夷作战两部分，如果夏威夷作战失败（从上面夏威夷作战的不利因素来看，这种失败的可能性比成功的可能性要大得多），该如何处理？

山本五十六的回答非常简单，也很“山本五十六”：“如果日本有天佑，夏威夷作战肯定成功，如果中途失败，也就是说没有了天佑这一条，放弃整个作战就行了。”

这句话是开战前的1941年10月31日说的，“放弃整个作战”究竟是什么意思？放弃偷袭夏威夷的企图，还是放弃整个南进计划？只有山本五十六自己才知道。参加过日俄战争的山本五十六当然知道，日本海军在数量和质量上都不如美国海军，哪怕仅仅是美国的太平洋舰队；参观过底特律和得克萨斯的山本五十六当然也知道，日本的物资生产能力不如美国，所以战胜美国是不可能的，甚至在美国人那里争取到像日俄战争似的停战条件都不可能。山本五十六对战争结果的期望留到以后再谈，现在来谈山本五十六为了实现那个期望准备怎么干。山本五十六准备的是开战初期就必须突然袭击，消灭掉美国太平洋舰队。甲午战争、日俄战争中日本海军都是这么干的，现在必须，也只能这么干，而且必须干得比甲午战争和日俄战争更加彻底。

这已经不是什么“进攻式防御”的问题了，去考虑在爪哇或者菲律宾附近和美国太平洋舰队展开决战就太荒唐了，要和美军作战，只有这一条路可走。山本五十六是这样想的，过了八十年的现在回头来看也只有这么一种选择。

山本五十六派出心腹、联合舰队先任参谋黑岛亀人大佐携带自己的亲笔信赴东京军令部，言明如果不同意他的作战方案，就撂乌纱帽，谁有能耐打英美谁去打，本老爷不伺候。

军令总长已经从皇族的伏见宫换成了永野修身大将。永野在山本的威胁下屈服了："如果山本有这样的自信就照他说的去做吧。"

日本人特别喜欢看统计数字、看历史资料，但这次却忘了看。甲午战争和日俄战争在开战之前都发生过军令部和联合舰队司令长官意见不一致的事情，结果是用伊东祐亨换下了中牟田仓之助，用东乡平八郎换下了日高壮之丞。这次军令部和联合舰队之间又出了矛盾，按历史规矩，应该是撤换山本五十六的联合舰队司令长官才对，可是这次的军令部对自己的作战方案没有任何自信，不敢坚持，海相岛田繁太郎更是由已经退休了的伏见宫一手栽培起来的，完全是傀儡。本来岛田对在这个倒霉时候当海军大臣就不感兴趣，刚上任时还想反对开战，后来被伏见宫骂了几句又赶紧改正错误，说"如果是因为我海军大臣一个人反对而贻误了战机就太对不起了"，后来又成了东条英机的傀儡，被人讥笑为"东条英机的副官""东条英机的裤腰带"。所以岛田对怎么打法根本没主意，随便你们怎么办。

军令部到最后算是同意了，但统一联合舰队内部的思想却很花了一番周折。1941年，山本找来当时第十一航空舰队参谋长大西泷治郎少将，交代了研究用舰载机攻击珍珠港的秘密任务。大西领命后找来了海大35期军刀组、次席毕业、刚刚晋升中佐的源田实一起研究。"不能把所有的鸡蛋放在一个篮子里"是一句有名的西方谚语，这句谚语对当时航空母舰的使用很有影响。航空母舰是进攻性武器，但是航空母舰最大的弱点就是防御性能差，一旦航空母舰被击沉，篮子里所有的鸡蛋都完了，所以当时世界海军的常识就是航空母舰是单独行动的，相互之间的距离在50～100海里。

如果进攻夏威夷的6艘航空母舰之间一定要保持这个距离的话，夏威夷周围甚至没有足够宽的海面来容纳进攻部队，进攻就成了不可能的了。

一次在看新闻电影的时候，源田实无意中看见美国航空母舰"列克星敦"号、"萨拉托加"号、"企业"号和"黄蜂"号编成一字纵队航行。虽然没有进行起飞降落的飞行动作，但这个镜头给了源田实一个新的思路：航空母舰能不能和战列舰一样编队行动？

1941年2月，源田实的第一份研究报告《用舰载战斗机加强母舰的防卫能力》是在进攻珍珠港的可行性研究上迈出的第一步。

1941年4月，大西带领的源田研究组把奇袭珍珠港的草案交给了山本五十六，山本五十六又把这个草案交给联合舰队先任参谋黑岛龟人大佐最后定型。这个被人称作“仙人参谋”的怪物黑岛，把自己关在舱房内几乎整整一个月，最后交给山本五十六一份详细的作战方案。

这个方案在联合舰队参谋人员中公布以后，激起了巨大的反对浪潮。对这个方案进行兵棋推演的结果是6艘航母中有2艘会被击沉，360架作战飞机中150架会被击落，损失惨重而战果不明。连大西泷治郎都失去了信心，忐忑不安地向山本五十六提出了收回原来方案、再一次从零开始检讨的建议。

但山本对从军令部到联合舰队的全部反对意见置若罔闻，下令从中国大陆战场调回航空作战队伍进行专题作训，同时要求军令部不管现在同意不同意，先帮联合舰队做一个三米见方的珍珠港模型运来再说，本司令就博这个方案了，因为这个方案是光头黑岛拿出来的。

山本五十六为什么如此信任黑岛龟人？

有一个故事也许能说明问题。一天晚上，黑岛龟人和联合舰队参谋三和义勇中佐发生了争执，声音很大，惊动了隔壁的山本五十六。山本五十六板着脸走了进来，望着这两个人，说了这么一段话：“你们争吵的内容我都知道了，让我把话说清楚一些。你对黑岛的看法我都知道。黑岛是个极为优秀的参谋，黑岛也是人，他会犯错误，但我还是用他，你知道为什么吗？因为只有在黑岛这里我才能听得到不同的方案，你们所拿出来的方案都是一样的，和我想的也一样，但是我们是在和极为强大的敌人作战，用常规的方法我们不可能取胜，敌人也知道我们的思维，只有黑岛那异乎寻常的思维才有可能取胜。这就是我重用黑岛的理由，从现在开始不要在背后议论山本为什么要重用黑岛了。”说完这话，山本五十六又大踏步走了出去。

三和义勇很激动：“不错，海军所有人的想法确实都一样，但是怎么能够不一样呢？从海兵到海大，大家接受的都是同样的教育，用同样的答案回答同样的问题，谁的记忆力超出其他人，谁的吊床号就靠前，这么训练出来的人，怎么可能提出不一样的答案呢？没有创新能力的责任不在我们身上，帝国海军的教育制度本身就错了。”

确实是这样，日本海军的军官教育已经走上了极其僵硬的道路，以至于所培养出来的军官都以同样的思维方法来思考问题，得出来的答案全部一模一样，只有黑岛龟人这种近似于变态的人才会提出不同的答案。

但是到后来才暴露出来更为严重的问题是：黑岛龟人并不是山本五十六期待中的天才。

从各方面来看，黑岛龟人具有日本军人所谓天才的一切特征，比如不修边幅什么的，和陆军的明石元二郎、石原莞尔，海军的秋山真之这些被称为天才的人很相像。似乎日本的天才需要一个“不洗澡”的基本条件，而黑岛就从不洗澡，从不换军服，身上和舱房散发着一股臭味。舱房里到处是纸片，根本就没处下脚，又不准勤务兵整理他的舱房，刺鼻的恶臭熏得连自己都无法待在里面，只好点香来熏，而且从不开电灯，总是把门窗紧闭以后点蜡烛，说是只有在这种气氛中才能思考。经常还能看到他一丝不挂、赤条条地在舰上走来走去，其不修边幅的程度，超过了一切日本陆海军已知的天才。

真正的天才不修边幅是因为他们心无旁骛，意识不到自己不修边幅，但黑岛龟人其实是在刻意模仿秋山真之，东施效颦而已。真正的天才也会失败，但真正的天才不会在意周围的视线，黑岛龟人却异常注意别人对他的评价。宇垣缠中将有一部最完整的战时日记《战藻录》，这部日记是研究太平洋战争期间军令部的指挥、联合舰队的作战的最完整资料。战败以后，黑岛从当时在服部机关参加编写战史的联合舰队参谋千早正隆中佐手里借取这部日记，当还给千早正隆时，已经是残缺不全的了，里面对他不利，会破坏他“秋山真之第二”的有关记述已经被全部撕掉了。

黑岛只是一个有怪癖的普通人，几乎到死之前山本才认识到这点，那时已经太晚了。

不过，现在的黑岛龟人，在拟定攻击珍珠港方案时，做得还是不错的。大西和源田的方案使用了“赤城”号、“加贺”号、“翔鹤”号和“瑞鹤”号4艘续航能力强的航母，再加上“苍龙”号和“飞龙”号以增加供给能力，就是黑岛定下来的。

1941年4月10日，第一航空舰队正式编成，司令官为南云忠一中将。这个人事任命也是一直受到非议的，南云忠一是指挥驱逐舰出身的水雷战专家，玩鱼雷最拿手，对航空完全是门外汉，还是个坚定的舰队派加大舰巨炮主义者。这种人事上的失败除了日本海军的僵硬之外，与山本在用人上的优柔寡断也有很大关系。跟过山本的参谋长除了后来死在“大和”号上的伊藤整一之外，福留繁和宇垣缠都是坚定的大舰巨炮主义者，但是山本五十六出于维护海军团结的考虑，主动要求两个人当他的参谋长而又从来不去问他们的意见，凡事只和黑岛龟人、大西泷治郎、源田实三大爱将商量，做出一副搞“团结”的架势，实际上搞小集团。参谋长在山本五十六的联合舰队里毫无地位，后来联合舰队无法正常行动的很大一部分责任应该由山本五十六来负。比如山本五十六比谁都更清楚让南云忠一出任一航舰长官是人事上的失败这一点。在奇袭珍珠港时猜测南云会不会第二次出击的时候，山本说了一句名言：“做贼的时候最害怕，南云肯定能逃赶快逃。”既然知道南云不称第一航空舰队司令官的职，为什么还要任命？可能是有时候“团结”的好名声比作战更加重要吧。

但是南云也有南云的长处，水雷战专家就是航海的专家。正当大家为了如何隐秘远航3000海里而头疼的时候，南云却表示航海的事情大家就不要犯愁了，只要你们能飞得起来，扔得下去炸弹，炸得掉美国船，南云肯定能带你们到你们指定的地方。后来的事实证明南云确实做到了这一点。

领航是南云，选定道路的却是黑岛。黑岛在拟定攻击珍珠港计划中的最大贡献应该是选定了一条靠北的道路从日本出发去夏威夷，而不是一般所走的靠南的在小笠原群岛附近转向东方的海路。因为南路风浪比较平静，但过往商船、渔船太多，想做到隐秘是不可能的，这也就是大家都反对袭击珍珠港的首要原因。

但是黑岛终于找到了鄂霍次克海移动性高气压和北太平洋的天气的关系，使得变幻莫测、风高浪险的北太平洋天气可以预测，这样日本海军的袭击部队就可以避开万船云集的主要海上通道而沿着阿留申群岛向东，然后几乎是在夏威夷的正北面才转头向南。

当然并不是说非主要航道就根本没有船，能预报天气并不是说就是好天气。山本五十六曾经说奇袭夏威夷能否成功取决于“天佑”，上天这时对日本帝国非常开恩，一路保佑。1941年12月的北太平洋和夏威夷沿海是极为少有、几乎说是罕见的好天气；3500海里的航程，居然没有遇上一艘船。

但老天的意思只有老天才知道，到日本人也知道的时候就太晚了。

在讨论珍珠港作战方案时，大西泷治郎、源田实、黑岛亀人以及联合舰队的参谋和军令部的参谋之间、军令部和参谋本部之间的联系和信息交换，全部是用手写文件，从来没有过电报联系，因为20世纪40年代初的电报是很麻烦也很不方便的东西。和现在能传递声音、图像和大容量数据的电子邮件不同，当时的电报只能用来传递一些信息，很难用做沟通的工具。所以在这种情况下不用电报，直接派人解释或者解说，反正从联合舰队所在的濑户内海飞到东京也用不了多少时间。

特地指出这个事实似乎是废话，但却是必要的。因为现在有一个名叫“池步洲”的江湖骗子，四处吹嘘他破译了日本人要袭击珍珠港的电报，但罗斯福不相信，这才有了珍珠港惨剧。而这种挺让人高兴的谣言还极具蛊惑性，一次在某电视台录制节目时笔者为了这件事和主持人都吵了起来。

根本就没有这件事。

二战期间，没有任何人破译出日军偷袭珍珠港的电报，因为就不存在这么一份需要破译的电报。

为了弄清楚“中统人员破译日军密码”到底是怎么回事，笔者特地找来《一片丹心破日密——池步洲回忆录》读了一遍。读完不禁哑然失笑：这位池步洲不仅不可能破译日军密码，他甚至可能连有关密码的工作都没有从事过，因为他连基本常识都没有。

在他的回忆录中有这么一段文字：

“首先，我断定它只能以两个字母为一组来代表日语的一个字母或一个汉字或一组汉字（如中国、日本、立场、研究等双字词组）。其次，就按我这个思路把每一份日密从首到尾划为双字组，然后再进行观察，看一看能否从中找出什么名堂来。这是一个十分细致而又枯燥乏味的繁重工作。在没有任何助手的条件下，满腔爱国热情却促使我不知疲倦而兴致勃勃地干下去，往往通宵达旦，专心一志，不知晓之将至。俗语说功夫不负有心人，这话不差。一天晚上，我对若干份英文日密进行划组观察时，发现有那么若干双字组特别显眼，例如MY、HL、GI等双字组（由于我所珍藏的两箱日密资料，很早就遭没收，这些只是假设，并非原文），或三、四组，或四、五组成群，相互分别前后交叉，频繁出现，比起其他双字组来，频率特别高。这引起我的注意和深思。这些双字组究竟代表什么，如何破译它呢？我稍加沉思，恍然若有所悟，也许它们代表阿拉伯数字，未必没有可能。于是决定把那几份英文日密的全部双字组，不厌其烦地一一作了统计，观察它们各自出现的频率。统计结果表明，果然这些双字组频率最高，而且个数不多不少，恰为十个。这样一来，我的心里亮堂了，果然不出所料，它们肯定代表着：0、1、2、3、4、5、6、7、8、9等十个阿拉伯数字，可以毋庸置疑了。当时，高兴之情真非笔墨所能形容。”

这种破译方法叫频率分析法，19世纪末的英国侦探小说家阿瑟·柯南道尔的《福尔摩斯探案》中有一个“跳舞的小人”的故事很详细地说明了这种方法。池步洲肯定是从柯南道尔的小说里才知道密码是可以这么破译的。

但这段文字正好说明他根本就不懂密码，柯南道尔生活在19世纪末20世纪初，柯南道尔去世以后的20世纪20年代之后各国都开始使用机械式密码，日本也从30年代初期开始使用自己开发的密码机生成密码了，不再是福尔摩斯所见到的那种密码。机械式密码的特点是比如在按下“A”按键之后不知道会输出什么，比如说按下“AAAAA”，出来的可能是“FRTKH”，也可能是“SFHUK”，根本就不会出现固定组合，没有了频率分析的余地，只有用同样的密码本把收发密码机的初始状态调到完全相同的位置才能译出来密码。他只读过《福尔摩斯探案》，不知道机械式密码和密码机，二战已经是机械化的战争，密码破译也是这样，没有了个人奋斗的地方。

还有一点就是他也不知道太平洋战争到底是怎么回事，他不知道太平洋战争的规模有多大，他只听说了日本人袭击珍珠港，但他不知道日本人同时还袭击了菲律宾、泰马边界、文莱、香港、关岛、威克岛和新加坡。不要说没有那么一份电报，即便有，也无法断定日本的攻击对象是珍珠港。

03 最后的天佑

1941年11月26日晨6时，海军中将南云忠一指挥的第一航空舰队从现在在俄罗斯人手里的北海道择捉岛单冠湾出发，踏上了前往珍珠港的3500海里航程。

南云忠一指挥的阵容是这样的：

负责空袭的是第一航空战队，司令官南云忠一中将，航空母舰“赤城”号、“加贺”号。

第二航空战队，司令官山口多闻少将，航空母舰“苍龙”号、“飞龙”号。

第五航空战队，司令官原忠一少将，航空母舰“瑞鹤”号、“翔鹤”号。

负责警戒的是第一水雷战队，司令官大森仙太郎少将，轻巡“阿武隈”号。

第十七驱逐队，驱逐舰“浦风”号、“矶风”号、“谷风”号、“浜风”号。

第十八驱逐队，驱逐舰“霞”号、“霰”号、“阳炎”号、“不知火”号、“秋云”号。

负责支援的是第三战队，司令官三川军一少将，战列舰“比睿”号、“雾岛”号。

第五战队，司令官阿部弘毅少将，重巡“利根”号、“筑摩”号。

负责舰队补给的是补给船队，司令官大藤正直大佐。

第一补给队，给油船“极东丸”号、“健洋丸”号、“国洋丸”号、“神国丸”号。

第二补给队，给油船“东邦丸”号、“东荣丸”号、“日本丸”号。

第六舰队的3艘潜水艇伊－19、伊－21、伊－23在今泉喜次郎大佐的指挥下，已经在夏威夷周围展开，负责监视美国太平洋舰队。

从11月初开始，这些舰艇船只或是单艘，或是双艘，零零散散地根据联合舰队的指令，或是从佐伯湾，或是从吴，或是从横须贺集中到择捉岛的单冠湾。航路全部是已经指定好了的，没有人知道为什么要去单冠湾。

在此之前，第一航空战队的飞行员全部从中国大陆被召回，在鹿儿岛的鹿儿岛湾、出水、鹿屋、佐伯等8个地方开始训练。这些都是日本海军航空兵的精华，平均飞行时间是1500小时，最高的有2500小时。但所有人对这次训练的目的都摸不着头脑：在民房密集的住宅区，从海上俯冲落下，做完投弹动作必须急速拉高，有时甚至需要做翻滚动作才能避开扑面而来的楼房和烟囱。训练的内容已经超过了一般的投弹训练，这是特技飞行训练。

而且是要求精度极高的特技训练，比如要求鱼雷轰炸机的飞行员必须做到：发射高度10～20米，速度160节，飞行角度0度；或者发射高度7米，速度100节，飞行角度4.5度,并在此状态下发射鱼雷。

这都是为了珍珠港的专项训练。珍珠港入口狭窄，军港背后就是高山和林立的高楼，飞机做完投弹动作以后必须马上拉升大转弯。对鱼雷轰炸机的要求是一航舰作战参谋、最后一期的海大首席、原高尾海军航空队长吉冈忠一少佐在经过大量的研究后找到的数据，只有在这两种情况下命中率才能达到80%。

吉冈忠一是专搞高空轰炸的。从1937年开始，他就驾驶着96式中攻机从台北起飞对南京、上海进行轰炸，后来又从三亚、西贡起飞轰炸昆明，切断援蒋通道，是个技术高超的飞行专家，但是不要忘记他的高超技术是在什么地方练出来的。

当时的常识是鱼雷投放高度为100米，最高不能超过250米，可是吉冈把这个高度提高到了2500米，就是无法击中目标。航空本部教育部长大西泷治郎听说以后发了火：“打不中去研究什么！”这才停止了这项研究。这次袭击珍珠港，本来是准备把“长门”战列舰用的穿甲炮弹改造成航空炸弹来用，但山本五十六坚持一定要用鱼雷，否则无法消灭美国的战列舰，大西泷治郎才把吉冈少佐推荐给了源田实。吉冈把原来研究超高空投放时对鱼雷做的改造照搬到超低空投放来，发现照样能用，吉冈本人的命中率达到了100%。

但是有了点子能不能实用，则是另外一个问题。

一航舰原来的航空母舰“赤城”号、“加贺”号各有27架舰载轰炸机，“苍龙”号、“飞龙”号各有18架，合计90架。从“赤城”号、“加贺”号各抽12架，“苍龙”号、“飞龙”号各抽8架，总共40架97式舰上轰炸机组成鱼雷攻击队，由同样命中率100%的“赤城”号飞行队长村田重治少佐担任队长，负责鱼雷攻击。

但是基础薄弱的日本工业无法向日本海军提供改造过的浅深度鱼雷。

三菱兵器制作所到11月10日才刚刚完成28枚鱼雷改造。结果有12架鱼雷攻击机的“加贺”号只能先从佐伯港前往佐世保，停在工厂旁边等，直到11月18日，12枚鱼雷改造还是没有完成。“加贺”号只好把未完成的半成品和三菱的技术人员、机械全部装上船，一边前往单冠湾，一边在船上组装、测试，总算在第一航空舰队，也就是所谓机动部队出港的前一天，即11月25日完成全部鱼雷改造。

可是一共就只有40枚，鱼雷攻击就只能进行一次。这就是后来日本海军无法对除了战列舰以外的美国海军巡洋舰进行鱼雷攻击的原因——没有攻击的武器。

吉冈忠一在回忆录里说：“如果有80枚改造鱼雷的话……”

海上补充燃油的问题研究从10月初开始进行，一直无法解决，油管一拉就断，不但航母加不了油，战列舰、巡洋舰也加不了。南云忠一只好询问各舰能够装多少油桶，“赤城”的回答是能够装2000个200升的油桶。山口多闻发了火，说：“别问这个问题，带着第二航空战队去就行了，我们航程短，只准备了单程，不回来了。”——准备死在珍珠港了。

到了10月9日吃中饭的时候，一航舰参谋长草鹿龙之介突然出了个怪主意：“都是妈妈抱孩子喂奶，孩子能不能抱着妈妈吃奶？”一航舰到目前为止的研究，一直是补给舰拉着被补给舰，草鹿的意思是吨位大的被补给舰反过来拉补给舰。大家饭碗一放就出海去试验，结果非常成功。

进入单冠湾的全部舰艇保持无线电静默，与此同时，一航舰通信作战参谋小野宽治少佐指挥各航空基地进行伪电作战，各基地依然使用各舰艇的呼号进行与平时一样的无线电通信，企图给美国人一个联合舰队没有异常活动的假象。

11月23日，单冠湾内停泊的机动部队向全体官兵宣布了此次作战的方向和目的，舰队上下一片欢腾，总算能打那些英美人了。那些年轻、从没吃过亏的飞行员，很认真地相信大日本帝国海军是天下无敌的。

舰队在北太平洋上航行，没有任何通信行动，唯一的指示来源是NHK海外放送结束时朗诵的汉诗：

“山川草木转荒凉，十里风腥新战场。征马不前人不语，金州城外立斜阳。”

这首诗是乃木希典在日俄战争中金州战役以后写的。NHK播送这首汉诗并非怀古或是歌颂“军神”乃木，这是个暗号，是在告诉机动部队：“日美谈判还没有结果，机动部队继续前进。”

美国，美国人到底知不知道就要大祸临头了？

美国人在珍珠港事件上的表现是很古怪的。

可以用“奇袭珍珠港”的字眼来描述珍珠港事件，但不能用“珍珠港战斗”，因为那根本不是一场战斗，是一场单方面的袭击，甚至可以说是一场单方面的屠杀。

日本海军是很有些独创性的，不少古怪的规则都能找到日本海军身上去。袭击珍珠港属于不宣而战，这就违反了国际法，而这条有关宣战的国际法就和日本有关。

欧洲从文艺复兴时期开始就有了宣战这么一说，而日本帝国在其所进行的甲午和日俄两次战争都是不宣而战，所以1899年《海牙公约》中的《陆战法规与惯例公约》和1907年的修订版都与日本有关。

陆军的主张是开战的第二天以公布天皇的宣战诏书的形式宣战。打仗就是打仗，打得赢就行，何必拘泥于那些倒霉的形式？但日本是在1911年批准《海牙公约》的，长期生活在欧美的山本五十六知道国际法的利害，所以主张无论如何也要先向美国宣战，哪怕两小时也行。外相东乡茂德也主张宣战，但是军部就是不肯告诉他到底什么时候开战。

11月27日，美国政府的最后回答，也就是“赫尔备忘录”送到了日本人手中。其实在前一天机动部队已经出发去打珍珠港了，但东乡不知道。东乡仿佛记得这些丘八们以前什么时候说过一句，找个星期天那些美军上教堂的时候去打他们，一看日历慌了，星期天就是12月1日，在最后决定开战的11月29日大本营政府联络会议上，听到丘八们又在糊弄他："你只管去谈判，别的不要管了。"他实在忍不住了问："还有没有谈判的时间，你们不是1号就要开打了吗？"

参谋总长杉山元和军令总长永野修身对望了一眼以后，永野开了口："这么说吧，开战是12月8日，下下个星期天，确实还有时间，你还可以继续谈判。"

东乡松了一口气，确实还有时间。

12月1日，有关开战的最后一次御前会议后，昭和天皇把东条英机留下来，说："开战前一定要把宣战书交到美国人手上。"

这下陆军才让步，同意先宣战，但山本五十六的"两个小时"太迂腐了，两个小时足够消灭一支大舰队，一个小时吧。这就决定在东京时间12月8日凌晨2时30分，华盛顿时间12月7日中午12时30分，夏威夷时间12月7日早晨7时30分将宣战书送交美国人，然后机动部队在夏威夷时间早上8时发动进攻。不管怎么说，总算宣过战了。

军令部想想还是不放心，后来又改为东京时间凌晨3时，再往后推半小时，半小时也能打沉一支舰队，起码半支。

对于这样的安排，山本也没有什么意见，起码从讼棍的逻辑来看是没问题了。

但就这个讼棍逻辑，最后还是出了问题。华盛顿的日本大使馆居然没有看出这长达5000字、不得不分成14段发送的外交电报是什么文书。电报从东京发出的时间是12月6日晚21时，华盛顿时间12月6日收完第13段以后，电信员就下班回家了，7日上班再重新开始，收完电报已经是上午11时，12时半翻译完，再重新打字誊清，等野村吉三郎和来栖三郎两位大使捧着这份宣战书交到赫尔国务卿手里的时候，已经是下午2时20分，夏威夷时间7日早上9时20分。

而在珍珠港，空袭已经进行了80分钟了。

赫尔国务卿满脸铁青，连座位都没有给这两位三郎大使安排。

按照山本五十六的说法，机动部队的这次攻击得到"天佑"。但是实际上“天佑”是在美国一边，因为山本五十六最担心的“不宣而战”再次成了现实，日本帝国和日本海军已经死死地被钉在了历史的耻辱柱上。

罗斯福总统迅速发出电话指令，把日本侨民全部送进收容所，对军需工厂和桥梁等重要目标实行警戒，等等。“以后再签字，现在你们先执行！”

美国人到底是不是刚刚才知道日本人的不宣而战？

这个问题很难回答。先从单纯的物理时间观念上来说，夏威夷海军航空兵司令帕特立克·贝林杰少将发出那份有名的电报“Air Raid Pearl Harbor，This Is No Drill”（夏威夷受到空袭，这不是演习）时，是夏威夷时间早晨7时58分。这份电报由西海岸的海军基地转到华盛顿，于8时40分（华盛顿时间13时40分）送到海军作战部长斯塔克手中，斯塔克立即打电话给海军部长诺克斯，诺克斯当时就抓了狂。在确认是夏威夷受到日本海军航空兵袭击以后，诺克斯立即通过电话向罗斯福总统报告。罗斯福总统知道珍珠港受到袭击的官方记载时间是华盛顿时间1941年12月7日13时47分。

但其实罗斯福总统起码在前一天就已经读了日本的宣战通告，现在只是确信日本确实行动了而已，并且还知道了日本在哪儿开始了行动。其实，美国人在1941年4月就成功破译了日本外交电报所使用的紫色密码，分别在陆军部和海军部的通讯局设置了两台密码机，另外伦敦和马尼拉各设有一台。所以在日本外务省向驻日使馆发出这份电报的同时，罗斯福也阅读了这份电报并不是什么稀罕事。

问题是美国军方在多大程度上预计到了这次袭击，又采取了些什么预防措施？奇袭珍珠港的成功到底是日本的成功还是美国的疏忽？或者，像一些人所说，只是罗斯福总统耍的阴谋诡计？

其实，可以从美国对日本战略的演变推出珍珠港事件到底是不是阴谋。

从田中义一和财部彪在1907年主持制订的《帝国国防方针》开始，日本把美国正式作为假想敌，而美国把日本作为假想敌更早一些。早在1904

年开始制订的橙色计划中，为了防卫从1899年开始正式领有的殖民地菲律宾，美国就已经将日本当作在远东最危险的敌人。1921年举行的华盛顿海军军备会议的结果，使得美国对日本的海军军备优势有了法定的10∶6，美国就开始细化橙色计划，但这个橙色计划不是一个进攻计划，而是一个想定在遭到日本攻击时的防守计划。

1934年日本宣布废弃《五国公约》以后，美国立即开始执行第一次《卡尔·文森法案》。这个法案的全名是《有关建造达到华盛顿及伦敦条约海军船舶的法案》，由众议员卡尔·文森和参议员帕克·特拉梅尔联合提出。法案的内容是建造航空母舰“黄蜂”号以及1艘重型巡洋舰、5艘轻型巡洋舰、64艘驱逐舰、26艘潜水艇，共计97艘21万吨的大扩军计划。

说这个计划是从第一次世界大战时期就开始准备、由于《五国公约》而终止的丹尼尔斯计划的重现也可以。当年的海军部长丹尼尔斯制订的那个计划是在3年里建造10艘“科罗拉多”和“南达科他”级战列舰、6艘巡洋舰，以和日本的八八舰队相抗衡。

美国人没有违反过自己参与签约的国际条约，即使在《五国公约》保证美国对日本拥有10∶6的优势以后，美国从来没有用满过自己的配额，这就是当年加藤友三郎能够接受这个看起来有点屈辱的条件的原因——如果真要军备竞赛，日本不是美国的对手。

两年后的1936年，第二次《卡尔·文森法案》的内容是以3艘“南达科他”级战列舰、2艘“埃塞克斯”级航空母舰为主体，46艘26万吨，费用达10亿美元的大计划。基于此法案制定的是1938年《海军扩张法案》。

接下来是1940年的第三次《卡尔·文森法案》。这个法案提出来的时候由于欧洲形势的变化而过时，海军作战部部长斯塔克在这个法案的基础上直接弄出来了《两洋舰队法》，一下子就建造了包括“爱荷华”级战列舰、“埃塞克斯”级航空母舰在内的总共135万吨的舰队，而当时日本海军的总吨位是147万吨。

《反共产国际协定》在1937年签订以后，美国开始再次检讨原来的橙色计划，到1939年干脆放弃了橙色计划，开始制订新的“彩虹计划”。彩虹计划共有5个方案，第一、第三、第四是美国单独作战，第二和第五是美国和英法结盟的作战计划，最后彩虹第五方案成了整个第二次世界大战期间美国的基本战略。

但是，英美两国到那时为止的所有战略重点都是针对纳粹德国的，日本被放在次要的地位，美国没有打倒日本帝国的准备。这句话的意思不是说美国人有多么喜欢日本人或者喜欢太平洋和平，而是实际上没有打倒日本帝国的战争力量。就连上面列出的所有计划所需的战备力量的完成也要等到1943年7月以后，这个时候美国在远东太平洋地区利益的维持只能寄希望于太平洋舰队以及美国在亚太地区的可以说是贫乏的陆军力量，所以美国在远东只能采取防守姿态。在英美参谋联合会议上，大家甚至认为，为了集中精力对付纳粹德国，万不得已只能暂时放弃菲律宾、关岛和威克岛，到秋后再来算账。

但这种“不得已”中不包括夏威夷。放弃了夏威夷，就没有了“秋后算账”的机会。所以夏威夷的防守问题在美国军方看来是生死攸关的问题。

夏威夷地区的防守原来是由陆军主管的。1940年夏威夷美国海军方面提出了强化防卫的建议。1941年1月，海军部长诺克斯向陆军部长史汀生提出了夏威夷海军基地极易受到突然袭击，为此需要举行旨在加强防卫的陆海军联合演习的建议。史汀生在2月7日回答的标题是《夏威夷珍珠港的防守》，内容包括夏威夷防守的地位和对夏威夷陆军指挥官和海军加强协作的指示。

1941年1月27日，美国驻日大使约瑟夫·格鲁发给国务院的电报中有这样的内容：“日本军方似乎正在计划在美日失和的时候袭击珍珠港。”这个信息引起了陆军部和海军部的重视，研究的结果表明袭击珍珠港在技术上是可行的。

4月1日，陆军参谋长马歇尔在情况判断中表明：“日本帝国在过去的战争行动中没有发布过宣战书……对夏威夷的袭击应该是由在高速巡洋舰支援下的航空母舰进行的高速入侵。”在此之前，根据2月7日史汀生的指示，夏威夷陆军司令官肖特中将和海军第十四军区司令布洛克少将在3月28日制订了《夏威夷沿岸前线共同防守计划》；4月9日，夏威夷海军航空兵司令贝林杰少将和陆军航空兵司令官马丁少将也制订了《陆海军共同航空作战协定》。

这个《陆海军共同航空作战协定》太邪门了。这个协定所想定的情形是：进攻的日本航空母舰是6艘，时间在一个星期天的拂晓——和后来发生的事情一模一样。

所以，珍珠港受到了袭击，对美国陆海军来说，是意料之中的事情，因为从华盛顿到地方都已经预想到了珍珠港可能受到袭击。

根据这些资料，“罗斯福的阴谋”是不存在的，除非阴谋论者把整个美国军方都算成阴谋的参加者。

那么，珍珠港怎么就被日本人干了呢，而且还挺狠？

从根本上说，美国在珍珠港的遭遇和当年俄国人一样，根子在那种根深蒂固的优越感上。从理智上，他们知道日本人会动手，但从感情上他们又不肯相信东方面孔的日本人敢动手同时挑战英美两大国。

除了这种原因之外，到那时为止，全世界所有海军所信奉的大舰巨炮主义的影响也不可忽视。不知怎么的，大部分海军军官在明知可以空袭珍珠港的同时，就是相信日本海军要进攻夏威夷也应该是联合舰队全体出动才对；而日美之间真正发生战事，日本的主攻方向应该在马来、荷属东印度方向，联合舰队分不出兵力来进攻夏威夷。

还有一条就是英美军队所信奉的战争哲学始终不认为一场突然袭击能够决定战争的胜负。他们认为战争的结果取决于国力的强弱，开战时的突袭虽然能够取得一定的优势，但对整个战争的走向不会有什么影响。这种战争哲学基本上是正确的，比如日本军队虽然在甲午和日俄战争开始时都采取了突然袭击的战术，但最后日本在这两场战争中取胜其实和开战时的突然袭击并没有什么关系。

1941年10月，东条英机内阁成立。11月，美国向日本递交“赫尔备忘录”以后，在陆军部、海军部、陆军作战部、海军作战部、海军情报部、夏威夷陆军司令部、太平洋舰队司令部之间有大量信息交流。12月4日，海军作战部甚至向关岛的海军指挥官下达了烧毁机密文件和密码的指令，但所有人就是没有真正认为日本就要向珍珠港进攻了。

世界上的事情就是这样阴差阳错，大家都已经取得共识的东西最后根本就没人过问的情景是常见的，不只是珍珠港。人之所以是人，就是因为只有人才会犯这种事后无法解释的错误。

如果罗斯福真要借题发挥，他也不敢用整个太平洋舰队做赌注，要知道以当时的常识来看的话，美国太平洋舰队是已经被日本机动部队全歼了的。至于侥幸逃脱的3艘航空母舰的价值，在袭击发生当天可没有现在那么值钱，和被炸沉的战列舰根本不能相比。不管后来主流常识发生了什么变化，当时的所有人都认为：海军就是进行海战的军种，海战的主力是战列舰，而航空母舰只是配合舰种。用航空母舰恰巧不在港内来说明珍珠港事件是罗斯福等人导演的阴谋，只能说明对当时海军常识的无知。

再者说来，罗斯福也不需要押上太平洋舰队这么豪华的赌注。只要有一颗炸弹落到了夏威夷，只要有一个美国人在本国土地上被入侵的日本人杀了，在号召力上和一万个美国人被杀是同样的。所以罗斯福真正能够确认日本人会来奇袭珍珠港，他完全可以严阵以待，设下圈套以后关门打狗，既不受损失，美国人照样群情鼎沸，同仇敌忾地去和日本人、德国人或者是其他的什么人玩命。

所以，在奇袭珍珠港这件事上，日本人是确确实实成功了，美国人则是失败了。但无论是什么原因，结果都是同样的，日本人还是来轰炸了。

夏威夷时间1941年12月7日早晨6时，东京时间12月8日凌晨1时，从位于北纬26度1分、西经157度1分，夏威夷瓦胡岛以北230海里的机动部队的6艘航空母舰起飞的第一波攻击部队183架各种作战飞机，黑压压地朝珍珠港扑来。

飞在最前面的，是“赤城”号飞行队长，空袭总指挥官渊田美津雄中佐。

04 珍珠港的天空和海面

“赤城”号航空母舰上有3名飞行队长，他们是渊田美津雄中佐（海兵52期）、板谷茂少佐（海兵57期）和村田重治少佐（海兵58期）。

是不是有点不对头，52期的中佐怎么和57、58期的少佐一起混。原来这是在降格使用三航舰航空参谋渊田美津雄，推荐者是渊田的同期同学、一航舰航空参谋源田实中佐。打大仗时降格使用军官是日本军队的传统，日俄战争时曾任陆军大臣、台湾总督的儿玉源太郎就去满洲军给大山岩当参谋长，现在渊田美津雄担任飞行队长也没什么稀奇。

渊田亲率的是水平攻击队，由49架乘员3人的97式舰上攻击机组成，各自携带一颗800公斤八零番五号穿甲航空炸弹，负责对战舰进行攻击。

位于水平攻击队的右侧略微偏低一点的是由“赤城”号飞行队长村田重治率领的40架97式舰上攻击机，各自携带一颗800公斤航空鱼雷组成鱼雷攻击队。

水平攻击队左侧略微偏高一点的是俯冲攻击队，由“翔鹤”号飞行队长高桥赫一率领51架乘员2人的99式舰上爆击机，各自携带一枚二五番250公斤陆用炸弹，没有穿甲能力，目的在于人员杀伤。

3个编队的上空是“赤城”号飞行队长板谷茂少佐率领的43架零式舰上战斗机，负责护航警戒。

渊田在珍珠港上空举着望远镜一遍又一遍地数着：“‘内华达’，‘亚利桑那’，‘田纳西’，‘西弗吉尼亚’，‘马里兰’，‘俄克拉荷马’，‘加利福尼亚’，‘宾夕法尼亚’。”太平洋舰队8艘战列舰全在了，但是看不到航空母舰的身影。

虽然渊田从前天起就已经知道美国太平洋舰队的3艘航空母舰都不在珍珠港，但仍然抱着一线希望。如果贪图享受的美国人赶在昨天星期六晚上回到了珍珠港呢？

“公牛”哈尔西带着以航空母舰“企业”号为中心的第8特遣舰队（Task Force）前往威克岛给海军陆战队送12架F4F“野猫”，“列克星敦”则作为第12特遣舰队的中心正在送18架飞机前往中途岛。值得指出的是，这两艘航空母舰的行动都不是像阴谋论者所说的“正好碰巧不在珍珠港”。这两艘航母都是根据WPPac－46计划而行动的，WPPac－46是作为彩虹计划－5一部分的太平洋舰队的作战计划。

东京时间12月8日凌晨2时49分，夏威夷时间12月7日早晨7时49分，渊田中佐向后方舱内等待着命令的电信员水木德信一等飞行兵曹做了个手势，水木立即按下了电键，向全部队伍发出了命令“TO—TO—TO—TO”，“托”字连发，意思就是“全军突击”。

太平洋战争开始了。

几分钟过去了，没有看到任何地面战斗机起飞，也没有看到地面高击炮火的闪光，渊田坚信：袭击珍珠港已经成功了。

渊田再次向身后的水木兵曹做了个手势，水木毫不犹豫地又敲击了电键，这次敲出来的是“TORA，TORA，TORA”，三次“虎”，意思是“我军奇袭成功”。

这是东京时间2时53分，夏威夷时间7时53分。

“虎虎虎”信号被已经解除了无线电静默的“赤城”号强力放大中转，其实不需要中转，东京的大本营、广岛的联合舰队司令部全都直接捕捉到了这个电波。这个电波传到了马来、菲律宾、香港、文莱、关岛、威克岛……传遍了全世界。

发出了告捷电以后，渊田带领水平攻击队转向东北，在领先爆击向导机的引导下，朝轰炸目标的战列舰群扑去。

投弹完毕的飞机陆续踏上了归途，渊田还在战场上空盘旋，观察攻击战果，集合分散了的战斗机并引导它们归舰，同时等候第二波攻击队的到来。

早晨8时30分，渊田从无线耳机里听到了第二波指挥官岛崎少佐的突击命令，不久就看到了浑身漆得彤红的指挥机正带领第二波攻击部队从东边飞了过来。岛崎亲率的水平攻击队由54架97式舰上攻击机组成，每机携带2枚或1枚250公斤陆用炸弹和6枚60公斤陆用炸弹，目标是瓦胡岛的军用机场。“苍龙”号飞行队长江草隆繁少佐率领着78架99式舰上爆击机组成俯冲攻击队，每机携带一枚250公斤陆用炸弹，目标是航空母舰以及巡洋舰以下的轻型舰艇。护航的是“赤城”号飞行分队长近藤三郎大尉率领的35架零式战斗机。

第二波攻击于东京时间早晨7时半左右，夏威夷时间中午12时半左右结束。最后一个回到母舰的是总指挥官渊田，合计起来他在瓦胡岛的上空已经盘旋了6个小时。

日本海军有9架战斗机、15架99式爆击机、5架97式攻击机未能回母舰，55名飞行员死亡，另外5艘执行特攻任务的特殊潜艇被击沉，10名舰上人员被尊为“军神”。至于到后来发现里面的酒卷和男少尉在美军的战俘营里活得好好的，很让要面子的日本人脸上无光则是另外一回事了。

而强大的美国海军太平洋舰队全军覆灭，或者说已经不存在了。

问题是日本人进行的这次偷袭真的有意义吗。先来看看这次偷袭本身的战果吧。从数字上看皇军的这次扫荡似乎战果赫赫，很了不起，把美国海军两大舰队之一的太平洋舰队给确确实实地弄没了。

美国太平洋舰队舰艇在日本机动部队攻击下沉没的有：

战列舰：“俄克拉荷马”号、“亚利桑那”号、“加利福尼亚”号、“西弗吉尼亚”号、“内华达”号

水雷敷设舰：“奥格拉拉”号［USS Oglala（CM-4）］

驱逐舰：“卡兴”号［USS Cassin（DD-372）］

靶舰：“犹他”号

受到重创的有：

轻型巡洋舰："海伦娜"号［USS Helena（CL-50）］
驱逐舰："肖"号［USS Shaw（DD-373）］
"道恩斯"号［USS Downes（DD-375）］
修理舰："韦斯塔"号［USS Vestal（AR-4）］

受到中创的有：

战列舰："田纳西"号、"马里兰"号
水上飞机母舰："卡提斯"号［USS Curtiss（AV-4）］

受轻伤的有：

战列舰："宾夕法尼亚"号
重型巡洋舰："新奥尔良"号［USS New Orleans（CA-32）］
轻型巡洋舰："火奴鲁鲁"号［USS Honolulu（CL-48）］
"拉里"号［USS Raleigh（CL-7）］

海军飞机被击落击毁123架，击伤150架；而陆军飞机被击落击毁65架，击伤141架。

人员伤亡是：

死亡：海军2004人，海军陆战队108人，陆军224人，平民68人。
受伤：海军912人，海军陆战队75人，陆军360人，平民280人。

这些数字到底是什么意思呢？第二次世界大战中美军的阵亡总数是292131人，虽然在珍珠港阵亡的美军只占这个数字的不到1%，但要知道美军在两小时内出现超过2000人的阵亡是之前从来没有过的，即使算上后来的朝鲜战争和越南战争，珍珠港仍然为美军单位时间阵亡人数之冠。

这就是“珍珠港”的真实含义。

不知道看到这些数字，还有没有人会认为这是罗斯福的阴谋。

但话说回来，如果认为对于美国这样的超级工业大国来说，损失几艘战列舰什么的真的就会伤筋动骨，那就太不了解美国了。当时有没有机会可能使美国真的玩不顺呢？这就是当时联合舰队内部就一直在争吵的那个问题，战后渊田美津雄把这个问题给捅到了公开场合。到现在真的相信珍珠港阴谋论的人不太多，认为日本海军出现了重大失误的人可不少，争论的重点是应该由谁来负这个责任。

这就是为什么南云忠一没有进行第三波进攻的问题。

南云舰队在第一波飞机起飞后还在继续南下，一直前进到离珍珠港只有190海里的洋面上。东京时间3时35分（夏威夷时间8时35分）开始高速掉头北上，而第一波进攻的飞机的归舰是在5时30分到6时30分这段时间，第二波进攻的飞机最后归舰是8时30分了。

当时二航战司令长官山口多闻再三建议，要再进行第三次甚至第四次轰炸，空袭总指挥渊田美津雄也主张再次出击，但南云忠一执意撤退。山本五十六在听说南云撤退以后非常不满，说小偷总想尽快逃离现场，联合舰队参谋长宇垣缠在很多方面和山本五十六的意见并不一致，但在这件事情上和山本五十六完全一致。

没有发动第三波攻击的结果就是：太平洋舰队重型巡洋舰没有受到打击，海军舰艇的维修工厂没有受到打击，更加重要的是美国海军储存在珍珠港的450万吨重油完好无损。

如果珍珠港的工厂设施和重油全毁了又会怎样？用尼米茨的话来回答吧：“把攻击目标集中在舰艇上的日本海军，完全无视机械工厂，对于修理设施也没有出手，对港湾内储藏的450万吨重油也视而未见。考虑到美国对欧洲作出的承诺，这些长时间积累而储存起来的重油是无可替代的，没有了这些燃料，美国舰队在几个月里将不可能从珍珠港开始发动任何作战行动。”

轰炸储油罐、海军维修厂和船坞设施，是非常简单、百分之一百可能的事情，这些设施没有任何伪装，赤裸裸地暴露在地面上，而且珍珠港美军当时已经失去了进行有组织抵抗的能力，只要南云愿意，只要机动部队还有炸弹和机枪子弹，日本海军当时确实可以在珍珠港为所欲为。

但是日本海军放弃了作为。

为什么放弃？

这就牵扯到日本海军对这个“作为”的认识。山本五十六1941年1月7日在写给海军大臣及川古志郎的信中是这样说的：“我军在日美战争首先采取的策略应该是：一开战就猛力击破敌主力舰队，置美国海军及美国国民于无可挽救之地，使其士气沮丧，从而才能占据东亚之要障，确保不败之地步，以此来建设东亚共荣圈，……一旦击破美主力舰队，菲律宾以南的闲杂兵力必然士气沮丧，很难考虑能勇斗敢战。”

这就是山本五十六的认识。虽然像山本五十六所说过的所有其他的话一样有点含糊不清，但还是可以解释成山本五十六从海权论的观点出发，将奇袭珍珠港作为日本掌握西太平洋制海权的中心环节：消灭了美国太平洋舰队，就控制了整个西太平洋，日本陆军在南方作战时便没有了后顾之忧。

但是山本五十六的这段话里没有“消灭”二字，反而两次出现“士气沮丧”的字样，这就是机动部队司令长官南云忠一中将和参谋长草鹿龙之介少将所理解的。草鹿参谋长是这么认为的：“此次作战的目的是保护南方作战的腹背，机动部队面对的敌人不是那么简单地就能解决的。”

就是说即使山本五十六心里想的是要掌握西太平洋的制海权，可是起码机动部队的主官不了解他的思想。

南云和草鹿都反对过这次作战（偷袭），南云和草鹿全都是当年舰队派的干将，但这并不意味着南云和草鹿在有意抗命，因为根本就没有这个命令。

伴随有名的“攀登新高山1208”指令生效的《机密联合舰队命令第一号》的原文是：“机动部队以及其先遣部队应极力密匿，向夏威夷运动，在开战之时对夏威夷敌舰队实行奇袭，予以致命打击，同时先遣部队扼制住敌舰队出路，极力捕捉攻击之。”

所以南云和草鹿在执行作战命令上没有任何过失，因为所谓“奇袭”作战的要点，就是一旦得手就立即撤退，而且美国太平洋舰队除了几艘辅助作战用的航空母舰之外已经不存在了，再说没有受到“致命打击”就有点不公平了。

所以说当时的日本海军中并不存在夏威夷作战是日本海军整个南方作战的顶点这种共识，这种认识可能仅仅在山本五十六的脑子里，而山本五十六从来没有系统地阐述过。如果山本五十六真的将奇袭珍珠港放在了整个战争顶点的位置上，就应该向部下说明作战意图。这是山本五十六的过失。

山口多闻、渊田美津雄和源田实确实都提出过只要还有炸弹和机枪子弹就应该进行第三波甚至第四波攻击的建议，但是肩负着6艘航母安危重担的南云忠一和他们所处的位置不一样。在日本海军这个官僚体系里面活着，在几乎可以说超额完成了任务以后，他不能拿整个舰队和自己的仕途去做赌注再在锦上添一朵花，而且从日本海军的思维方式来看，有人建议他添的那一朵花是没有意义的。

日本海军在甲午战争和日俄战争中的作战半径从来没有超过600海里，不管它的规模发展到了什么程度，也仅仅是一支近海海军（Coast Navy），而不是一支远洋海军（Ocean Navy）。近海海军和远洋海军最大的区别就是，近海海军没有补给的问题。有人查找了海兵的英语教材，发现教材里没有“Logistics”（物流、兵站）这个词。日本海军通过一个很奇怪的方式告诉人们，它还不知道补给的重要性，所以南云不认为那点油是什么大事也很正常。

还有一点，是属于日美两国国力的差别反映出来的文化差别，当时机动部队里认为美军的储油罐只是伪装的人不在少数。重油在日本海军里几乎是仅次于军舰的东西，非常宝贵，储油罐全都建在地下，能抗得住500公斤炸弹的直接轰炸。每次加油时那些被水兵称为“油屋”的油库管理人员异常严格，决不多加一滴油，日本海军开战时储备的那600万吨重油就是这样一滴一滴省下来的。所以战败以后海军军人骂完了陆军以后骂长官，到最后实在没人骂了就连这些“油屋”一起骂，如果不是这些小气鬼成天节省，真的一滴油没有，也不会有人想出主意去和英美对掐了。

所以，美国人明晃晃地摆在地上的储油罐，对日本人说来反而不像是真的。

最后一点就是：奇袭珍珠港真的那么必要吗？

美国太平洋舰队的作战计划WPPac－46对与日开战后的行动是这样规定的：

1．攻击北太平洋的日本运输船队。

2．对马绍尔群岛进行侦察及大规模袭击，有可能的话用巡洋舰进攻南太平洋的日本运输船队。

3．用潜水艇扰乱日本本土和日军交通线。

4．准备占领马绍尔群岛。

然后：

1．占领马绍尔群岛，建设舰队锚地。

2．占领特鲁克群岛，设立前进基地。

这都和日本海军军令部准备了30年的作战合上了。所以历史学家、美国海军少将塞缪尔·莫里斯博士把日军奇袭珍珠港称作“愚蠢透顶”：你老老实实地在那儿等着，美国人会来啊，你不说你训练有素，炮打得准，没准像打俄国人似的打美国人也有可能啊，谁说日本人就一定会输。现在把30年的规矩全部扔掉，你有新规矩吗？接下来你准备怎么办？

据说日本人听得豁然开朗。

战后经常有人在问："12月8日（东京时间），日本人能不能在珍珠港登陆？为什么不登陆？"

实际上除了少数几个疯子之外，作为整体的日本海军并没有想过主动找美国对掐，所谓第一假想敌之类的说辞，只不过是用来骗取预算的手段。而现在日本海军所处的境地是为了石油不得不和美国人对掐，首先是石油，然后才是美国。所以从一开始就没有人准备和美国打一场全面战争，从来就没有任何人考虑过占领珍珠港这个问题，哪怕是光活动活动心眼。

就像日本人从来没有想过要去占领珍珠港一样，美国人也从来没有想过有人会来占领珍珠港，因为在物理上就行不通。

首先奇袭珍珠港的日期12月8日是绝对无法变更的，第一是12月8日是星期天，第二12月8日是农历十月二十日，下弦月，清晨时月亮还在西面，便于飞机起飞。12月8日不能进行攻击的话，就要推迟到1942年1月4日。一个月以后的国际局势和珍珠港防守态势谁都不知道，所以没人敢于在开战已定的前提下再延期一个月。机动部队离开单冠湾是11月26日，先不说带上大量的低速运输舰只还能不能那么隐秘地航行到待机地点，事实上，日本人根本就找不出那么多运输船，也找不出船只所运的兵。

即便1941年12月8日伴随南云舰队的还有一群日本陆军的运输船团的话，日本陆军在珍珠港登陆的成功性也几乎为零。登陆会遇到强烈的抵抗，当时美国陆军在夏威夷的兵力有2个步兵师、4个防空炮团、4个岸防炮团和1个轻型坦克连。要知道夏威夷距离美国本土比距离日本要近一半，日本如果要占领夏威夷就只能速战速决，否则来自美国本土的援兵在10天之内就能到达。这样的话登陆兵力至少需要4个师团。

日本陆军再也抽不出兵了。这次陆军拿出了11个精锐师团22万人组成南方总军来帮助海军打南洋，抽调的兵力中包括近卫师团及第二、第四、第五、第十六、第十八师团这6个老资格的超精锐师团，再从国内或中国大陆战场抽兵几乎就不可能了。和中国军队的战斗一直就没有停息过，蒋介石从来就不肯老老实实地坐下来谈判，太平洋战争一旦爆发中国就更加不可能接受日本人的条件了，苏联人也随时都有可能动作，哪里还能抽出来4个以上的精锐师团？

而日本海军的兵力分配计划，除了联合舰队中枢的第二舰队以外，其他所有舰船都是一个萝卜一个坑，只有不够用的，没有富余的。所谓武运长久的大日本帝国就是处在这么一个捉襟见肘的境地，为了得到它所想要的石油就已经周转不过来了，如果要准备在瓦胡岛登陆，兵力如何运输？

那支停泊在国内的第一舰队呢？为什么就不能用来哪怕运一下兵？那么多战列舰，犄角旮旯塞一下就能运上几万人，为什么不用？首先，从政治上来说，那是准备用来和美国进行战略决战的舰队，谁也不能胡乱转用，出了事可不是玩的。其次，除了这次和机动部队一起行动的“比睿”号、“雾岛”号，第二舰队的“金刚”号、“榛名”号4艘经过改装的高速战列舰速度在30节以上，能够赶上航空母舰之外，其他的战列舰，包括还没有服役的“大和”号、“武藏”号在内全是原教旨意义上的战列舰——速度全在30节以下，从一开始的设计思想就是舰队以它们为中心活动的。现在如果要它们绕着航空母舰转，光物理条件就无法满足，更不要说日本人根本就没有认识到“老牌贵族”战列舰要去绕着新出现的“暴发户”航空母舰转了。

所以不存在占领珍珠港这个问题。

但是日本还是轰炸了珍珠港，而且是不宣而战，美国人很生气，后果很严重。

共和党参议员杰拉尔德·奈伊是美国最坚定的孤立主义者，听到珍珠港受到袭击的消息以后，还坚持这又是丘吉尔想把美国拖进战争的一个阴谋，然而在第二天国会表决对日宣战时，却高举着双手支持罗斯福。

罗斯福愤怒了，但是丘吉尔却哭了。

05 爪哇凯歌中的阴影

奇袭珍珠港拉开了太平洋战争的帷幕，太平洋战争是日本帝国挑战英美的一次尝试。这两句话似乎没有什么问题。

但这两句话其实是不对的，实际上应该是马来进攻战的登陆行动拉开了太平洋战争的帷幕。渊田美津雄发出“TORA，TORA，TORA”电报的时间是东京时间1941年12月8日凌晨2时53分，而日本陆军第二十五军在马来的哥打巴鲁、泰国的宋卡和北大年强行登陆的时间分别是东京时间12月8日凌晨2时15分、4时10分和4时30分。

除了少数战史专家在强调之外，大多数人都忽略了这一点。再有就是“英美”这个词实际上是不存在的，起码这个顺序不存在，大英帝国在太平洋战争开始的时候其实早已经衰落，日本帝国的真正作战对手只是美国。“英美”这个词的存在，只是在提醒人们大英帝国曾经有过的辉煌。

英国历史学家詹姆斯·李萨在《新加坡》（*Singapore*）中这样写道：“在那个夜晚，古老殖民帝国的动脉被切开了——长达数世纪的支配和法律化成鲜血喷发了出来，那个伤口将永远不会愈合。”李萨的这句话代表了大英帝国臣民的感情，但实际上那个晚上的那一刀仅仅是最后一刀罢了。不管怎么说，事实还是：大英帝国在亚洲的殖民统治从那个晚上就结束了。

曾经是大洋霸主的日不落大英帝国在亚洲的殖民统治中心和要塞是新加坡。1819年2月29日，大英帝国殖民官托马斯·斯坦福·莱福士爵士在这里登陆，竖起了米字旗。莱福士花了65万英镑从柔佛苏丹那儿得到了新加坡的永久租借权，为大英帝国建立了一个统治亚细亚的根据地。新加坡、直布罗陀和苏伊士一起成为大英帝国海上霸权的象征。

七七事变后，为了对抗越来越明显的日本南进野心，英国在新加坡设立了东亚英军总司令部，增派了澳大利亚军和印度军。

1941年，英国将海军作战部次长菲利普斯中将晋升为上将，任命他为英国东方舰队司令，率领战列舰“威尔士亲王”号和“反击”号以及装载了40架飓风式战斗机的航空母舰“不屈”号去加强远东防御，但“不屈”号还没到锡兰，就在半路上触礁，只好回国，剩下两艘战列舰于12月2日，也即太平洋战争爆发前一周赶到新加坡。

新加坡的英军情报当局在12月6日早上，就已经捕捉到了日本船队从海南岛出发的信息，哥打巴鲁的空军侦察机也在印度支那最南端以南80海里的地方发现了日本船队。但由于英国人无法为他们的舰队提供航空掩护，所以一直到8日17时35分，菲利普斯将军才率领Z舰队（FORCE Z）出发。

“见敌必战”是皇家海军的信条，现在不是见敌了，敌人已经打到家门口，不，已经打进了家，“没有空中掩护”是不能作为避不出战的借口的。虽然没有空中掩护，但是日本飞机性能拙劣，南海云层又低，热带暴风雨频繁，估计也不会受到来自空中的袭击，最多有两架日本飞机来骚扰一下，菲利普斯将军带着Z舰队出发时抱着的只是这样的期望。

日本也一直在注意新加坡英国远东舰队的动向，但侦察机的报告一直都是“战列舰2艘，巡洋舰4艘，驱逐舰4艘停泊在港内”。据此，日本军队作出的判断是，弱小的英国舰队正在采取“Fleet in Being”（舰队保存）的策略，因此计划出动已经前进到了西贡及周围的土龙木和朔庄等空军基地的第二十二航空战队在9日夜晚轰炸新加坡。

可是9日15时15分，突然有潜水艇发来了“发现敌反击型战列舰2艘”的电报。南遣舰队的小泽治三郎再让人仔细判读航空照片才知道，所谓停泊在新加坡的“战列舰2艘”其实是2艘大型商船。

这下小泽傻了。“国王”级的“威尔士亲王”号，满载排水量43786吨，主炮是14英寸（约35.6厘米）四联装炮塔2座，双联装1座，共计10门；小泽的南遣舰队旗舰“鸟海”是12986吨的巡洋舰，主炮是20厘米双联装炮塔5座10门，不用打结果已经出来了。

小泽一边让马来沿岸的运输船团先紧急逃进暹罗湾避难，一边赶紧通知负责南海整体支援的第二舰队司令长官近藤信竹中将。远在西贡的近藤也无能为力，当时“大和”级战列舰还在建造之中，全日本海军能和“威尔士亲王”号抗衡的就只有“长门”号和“陆奥”号，而“长门”号和“陆奥”号被山本五十六大将收藏在日本内地，指望哪天和美国对轰，现在可真是叫天天不应，叫地地不灵了。

这时的小泽治三郎和近藤信竹的表现可以说是悲壮了。近藤决定西贡附近所有能够进行鱼雷攻击的飞机立即全部起飞去攻击Z舰队，距离较近的小泽治三郎先主动争取进行日本海军擅长的夜战，同时近藤率第二舰队主力迅速南下，打算10日白天和Z舰队炮战。虽说是两舰对一舰，英国人取胜的概率在60%以上，但据说日本人炮打得准，万一天照大神开眼，也不一定大家统统见鬼去啦。

南海的天气多变，热带暴风雨说来就来说去就去，像青纱帐一样。刚才还被盯梢的军舰，一转眼就不见了。伊－65已经锁定了的英国舰队，就愣是让一场热带暴风雨给弄丢了。19时45分，元山航空队打道回府了，20时10分，从美幌航空队的飞机上传来了“发现敌舰”的电报，顿时所有的飞机都一窝蜂地往那儿赶，美幌航空队也首先打出照明弹，别让英国人再跑了。

这时候出现了明码电信：“照明弹下面是我，海军中将小泽治三郎。”天哪，差点把中将都给剿了。这种情况下还怎么打，只好收兵回营，等明天天亮了再说。

到了10日凌晨3时41分，第四潜水战队所属的伊－58潜艇发现了以为行踪暴露而转身南下的英国舰队。这时候日军的水面舰艇已经追不上Z舰队了，要打击英国舰队就只有靠航空兵。元山航空队开始搜索整个南海，上午10时15分，三号搜索机在北纬4度、东经103度55分、方向60度的位置发现了Z舰队。从土龙木、西贡和朔庄等基地起飞的57架飞机抱着鱼雷和航空炸弹绕着“威尔士亲王”号和“反击”

号就是一阵狂轰滥炸，没有战斗机掩护的“威尔士亲王”号和“反击”号此时就是两条躺在砧板上任人宰割的死鱼而已。

战前，两舰合计军官179名，下士官、水兵2742名，战后清点，发现47名军官、793名下士官和水兵战死。“反击”号舰长获救，“威尔士亲王”号舰长里奇上校死亡，舰队司令菲利普斯中将送走了官兵以后和“威尔士亲王”号共存亡。

而日本海军的损失是被击落3架作战飞机、2架侦察机，1架飞机发生着陆事故，30架飞机中弹受伤。

第二天一早，丘吉尔在床上接到了第一海军卿达德雷·庞德爵士的电话报告：“我不得不向您报告，‘威尔士亲王’号和‘反击’号沉了，菲利普斯死了，他们是被日本飞机炸沉的。”

在确认事实无误后，海军出身的丘吉尔放下电话，流下了眼泪。

大洋的霸主，日不落的帝国，作为这一切的最后保证和后盾的皇家海军的最优秀战舰，现在居然被日本海军给击沉了。对大英帝国的首相来说，这不是一艘战舰的沉没，这是大英帝国海权的沉没。

丘吉尔后来在回忆录中说：在整个战争中，我从来没有受到那次那样的震惊，……现在除了急着赶回加利福尼亚去的珍珠港残存者以外，整个太平洋和印度洋上已经没有了美国或者英国的军舰，日本人现在是这片广阔水域的主人，而我们是那么虚弱，那么无遮无掩。

诺贝尔文学奖得主丘吉尔的文学语言有其夸张的一面，其实这场马来海战暴露出了日本海军的实质性问题，但日本人自己能不能看到就是另外一回事了。

在珍珠港，日本人证明了只用飞机就可以全歼一支睡着了的舰队；在马来的关丹沿海，日本人又证明了只用飞机还可以全歼一支活动着的舰队。

这是一个革命性的发现，然而日本人并不知道他们的发现。

谁要是以为大舰巨炮、舰队决战主义者在珍珠港和马来的胜利面前会偃旗息鼓就错了。那是一帮大嘴老爷，怎么说怎么有理。珍珠港是偷袭，那个不能算飞机能打过战列舰。并非偷袭的马来呢？那是两艘光膀子战列舰，没有飞机护航，也不能算。大舰巨炮，没有说不要航空母舰啊，但最重要的还是战列舰嘛。战列舰是纲，其他都是目，纲举目张。

12月9日晚上，有两位日本海军中将认为自己必死无疑，准备带队去“玉碎”了。这是一个严重的问题，但大家都是到了战后才发现，而在当时这个问题被击沉“威尔士亲王”号的捷报掩盖起来了。为什么会出现这么严重的问题呢？

这就是说日本陆海军即使在太平洋战争一开始的大胜中同时出现舰只不足、运力不足、兵员不足的阴影，这还是在日本人发动突然袭击的有利情况下。在美国人喘过了一口气来以后，还会发生些什么呢？

这样胡乱上了赌台的日本海军从一开始就面临着窘境，幸好这时还有一支在中国大陆战场上取得了丰富作战经验的老鸟航空兵部队能够加以掩盖，才没有使事态更加恶化，但是事态的被掩盖正好使日本海军变得更加盲目。马来海战的结果开拓了世界海军界的视野，却被日本海军忽略了，两个中将险些挂掉的危机在一片凯歌声中并没有引起任何注意。这时候没有人去计算大舰巨炮海战的物理规律，大家只看到两艘英国战列舰在关丹沿海沉没，却没有人想到南遣舰队和第二舰队本来是应该在这两艘战列舰的大炮下全军覆没的。而炸沉这两艘战列舰的航空兵还是继续被放在辅助地位。

马来海战暴露出来的问题，实际上说明了日本海军战略战术和战斗方式的落后，这种从日本民族的思维方式中脱胎出来的战争观，甚至在看起来异常顺利的开战初期就到处存在，爪哇海海战也是这样。

日本发动太平洋战争是为了石油，石油在哪里？

当时日本看中的是荷属东印度苏门答腊岛上的巨港油田，又叫巴邻旁（Palemembang）油田。当时的巨港油田是亚洲最大的油田，年产石油470万吨。而1939年日本全年的石油消费量只是495万吨，只要有了这块油田就够日本用了。从解决石油需求的观点看来，这是日本南进的重点，却也是南进的终点。

日本人没有指望最后攻占爪哇、苏门答腊时，还会像奇袭珍珠港、登陆马来那么顺利，也没有指望所有敌方指挥官都会像菲律宾的麦克阿瑟那样，在听到敌军杀到时整整九个小时被吓得呆若木鸡不知所措。开战前大本营预计发起攻占荷属东印度战役要到1942年5月以后，但是日军在进攻新加坡时非常顺利，因此进攻荷属东印度群岛就提前了两个月。

负责进攻荷属东印度群岛的十六军司令官今村均中将在出发前对全军的训令是："我会冲在第一线，如果本司令官淹死在海里，师团长接任本司令官指挥，如果师团长淹死在海里，本司令官就是师团长。"反复说到淹死，说明了今村均对海军的掩护支援很不放心，因为荷属东印度聚集了一大堆"万国"联合杂牌海军，从上海、香港、菲律宾、新加坡逃出来的英国、美国军舰和原来就在本地的荷兰海军，加上来增援帮场的澳大利亚海军，全在这儿了。俗话说穷鼠啮猫，而且面对的是一只没什么了不起的猫，负责支援日本陆军的第三舰队是刚从菲律宾战场转过来的，人困马乏不说，就那第三舰队的实力瞒得了别人，却瞒不了和山本五十六交情匪浅的今村均，因为这俩是赌台上的哥儿们。

荷兰海军少将卡勒尔·多尔曼指挥的荷属东印度"万国"联合杂牌海军由2艘重型巡洋舰、3艘轻型巡洋舰和美国5艘、英国3艘、荷兰2艘共计10艘驱逐舰组成。日本第三舰队的护卫力量共计重型巡洋舰2艘、轻型巡洋舰2艘、驱逐舰14艘。

日本舰队在驱逐舰的数目上占优势，但还要掩护10艘运输船，这样应该说双方舰队力量基本上旗鼓相当，这已经是日本海军能抽出来的最大数目的舰只了。日本海军从来没有想过会产生这么大的泡沫，力量已经无法呼应过来了。

但"万国"联合杂牌海军的问题在于太杂，虽然大家都没有退路，都同仇敌忾，都富有斗志，但是到底来自4个不同的国家并且还是临时凑起来的舰队，各国的军制、战斗方法都不一样，又从来没有一起训练或者演习过，几乎无法指挥。比如说多尔曼少将要向美国军舰下达命令，必须先向驻旗舰的美军联络员递交命令书，联络员将命令书发回"休斯敦”号巡洋舰上，“休斯敦”号再用无线电话指挥几艘驱逐舰。向英国、澳大利亚军舰下达指挥命令也是采取同样方法。为了节省时间，命令书只能写得非常简短，这样一来，接到命令的一方往往都无法领会文字含义，更不要说能够主动配合了。

一支“山寨”到如此地步的“万国”杂牌军，其作战结果是可想而知的，日本海军取得完全胜利。除了4艘美国驱逐舰最后逃到了澳大利亚之外，其余同盟国舰艇全部被日本海军击沉或俘虏。但是日本海军居然花了46个小时几乎两天才打完这次海战，双方加起来不满10艘巡洋舰的小海战，居然在用时上打进了全太平洋战争的前几名。一方面说明同盟国舰队一方作战意志之坚强，同时也说明日本海军即使在古典型海战作战方面也有问题。

在爪哇海海战中，日本海军炮弹命中率之低令人目瞪口呆，第五战队的两艘重型巡洋舰“那智”和“羽黑”各带有2000发8英寸炮弹和24枚鱼雷，战斗结束时“那智”还剩70发炮弹、4枚鱼雷，“羽黑”号还剩90发炮弹、4枚鱼雷。几乎弹尽，但是多尔曼舰队被第五战队的3枚鱼雷和4发炮弹击中，4发炮弹中还有3发是哑弹，只有击中“埃克塞塔”号锅炉房的那一发炸响了。后来击沉“埃克塞塔”号时，光重型巡洋舰“妙高”号就打出1171发主炮炮弹。整个作战，日本海军总共发射鱼雷188枚，击中目标的只有4枚，命中率勉强高于2%。

从日俄战争到太平洋战争之间的37年，对于日本海军来说是和平的37年，虽然在伊集院五郎“月月火水木金金”的口号下，日本海军没有放弃过训练，而且看起来训练强度还很大，结果却是很惨淡。

37年的时间似乎太长，日本海军中将以下的军官其实除了从书本和讲堂上得来的知识之外，根本就不知道什么是战争，本来是为了作战而进行的训练不知不觉间就成了为训练而训练。

陆军军官从陆军大学校毕业后，起码大佐军衔是能够得到保证的，而海军大学校毕业生的身份并不能一定保证晋升到海军大佐。出现这种现象的原因并不是说海军以学历决定一切，而是还有一个更特殊的原因：海军容易发生事故。

与和平时没有什么事故概念的陆军不同，海军主官所负责的都是极其昂贵的军舰等重型武器，就是一艘小炮艇也比坦克贵重得多。因此海军军官晋升的标准中有一条就是看是否出过事故。沉船、翻船当然是事故，撞了别的军舰或码头什么的也是事故。一旦出了事故，前途也就没有了。为了不出事故，在平时训练时也是尽量找安全、能把握住不出事故的训练课目和方法，长此以往，这种训练的效果就可想而知了。

日本海军在这场又被称为“泗水湾海战”的海战中的表现很有趣。开火以后，两支舰队基本上一直保持着25000米左右的距离，使用炮击和当时最先进的93式纯氧鱼雷来进攻。

93式纯氧鱼雷是日本最先进的所谓纯氧式鱼雷的第一款，具有射程长、没有气泡轨迹从而隐蔽性好等优点。太平洋战争时期日本唯一始终胜过美国的武器就是鱼雷，但是在这次海战中鱼雷的战果非常不理想。

这是因为当时的日本鱼雷在性能上就有问题。研究开发93式鱼雷时，舰艇在发射时的速度都低于30节，而到了战斗现场，则成了34节左右，谁也不知道这种鱼雷当时装备的导航陀螺仪无法承受34节的高速，不少鱼雷刚打出去导航仪就震坏了，于是就满海面乱跑。赶上对鱼雷设定深度时都设定在对付驱逐舰，这样深度标尺就设定浅了，而且当时引信还有过于敏感的问题，海面有了风浪，水压一变鱼雷自己就炸了。

这就是日本海军在训练和兵器开发上闭门造车的结果。再有，日本海军过分强调鱼雷的射程也很可笑，鱼雷本身就是近战武器，过大射程本身就没有必要。比如93式鱼雷在36节速度时的射程是40000米，可当时就是没人想到36节速度跑完全射程需要40分钟，没有目标引导系统的鱼雷怎么可能击中目标？即使是面对完全静止的目标，海流的变化和瞄准时的误差也使得命中变为完全不可能。

爪哇海海战中大部分鱼雷都是在10000米以上发射的，无法命中目标就是必然的结果了。实战中根本不需要这样的射程，如果在5000米的射程上以46节的最大速度发射，到达目标的时间是大约3分钟，加上扇形多枚发射技术，对手就是要躲避也变得十分困难，只有这样才能提高命中率。

这种莫名其妙的兵器使用方法源于日本海军的大舰巨炮作战哲学。日本民族思维方式的一个特点，就是很容易夸张事物的一个方面，当然可能这个方面确实非常重要，然后把这个方面推广到所有地方，再提高到政治高度，使得没有人能够纠正、改进这个结论，最后自己被这个结论逼上绝路。

比如，这种莫名其妙的鱼雷就是出于对大舰巨炮的盲目崇拜。之所以需要大舰巨炮，就是能够在对手够不到的地方轻轻松松地狠狠打击对方，因为大口径炮射程远嘛，而且只有大舰才能容纳下更多的大口径炮。

这种理论再扩展就是“远距离战法”（Out Range Tactic）。这种技术含量很高，但几乎完全没有实用性的鱼雷到此时只是这种“远距离战法”在兵器上的最初体现，将来还会逐步充实提高，完善到一个极不可思议的地步。

这也是长期受大舰巨炮的风气熏陶的结果，使人怀疑远距离战法是不是已经渗透进了日本海军的血液，成了遗传因子的一部分。

06 接下来去哪？

当时的日本海军没有看到从接连几次的大胜仗中所暴露出来的很多隐患，因为当时正是全线高奏凯歌，谁要是去纠缠那些个小问题就是分不清楚九个指头和一个指头的关系，是看不见大好形势，是长英美的志气，灭皇军自己的威风，是严重的政治问题。1941年的日本海军，已经不是日俄战争时期为了一次夜袭不果，而撤换全部驱逐舰舰长和鱼雷艇艇长的日本海军了，现在他们只看到了胜利。

确实是大胜利。从开战开始，仅被日军俘虏的英美军队就有25万人，被日军击沉的各类舰艇115艘，击伤91艘，光被日本海军击落的飞机就达461架，在地面上被炸毁的飞机达到1076架之多。而发动偷袭的日本方面呢？人员损失是死7000人，伤14000人左右。陆军损失飞机440架，海军损失122架，各种小型舰艇27艘，巡洋舰以上损失为零。

面对着这么巨大的胜利，大本营气焰万丈是理所当然的，在一些公共场合发表一些乐观言论也是正常的。比如在东京神田共立讲堂召开的“第二次祝贺大会”上，大本营海军报道课长平出一夫大佐是这样说的：“这样的祝贺大会以后还会有很多，一直到我们在西边的伦敦举行入城式，在东边的纽约举行观舰式的时候才是最后一次。”

这种口气很可以理解，问题是就这几句看起来牛气冲天的话恰好暴露了问题所在：到底是伦敦还是纽约？日本海军，不，日本人到底打算去哪儿？

不知道。日本人自己不知道，不知道下一步的去向，和甲午、日俄这两场目标明确的战争不同，太平洋战争本身就没有目标。当时的大本营参谋千早正隆中佐战后为了回答“太平洋战争为什么失败”这个问题，利用参加服部机关写战史、能够接触到所有机密资料这一有利条件，才惊异地发现，所有的大本营文件里都没有定义过什么是这场战争的“胜利”。连什么是胜利都不知道的战争如何可能胜利？

海军兵学校号称是世界三大海军学校之一，但是海兵毕业生在战后写的回忆录都会不约而同地提到“海兵到底给学生们教了些什么”这个问题。

海兵教了作战用的战术，教了怎么策划和进行作战，不管是不是实用，海兵教了作战所需要的一切。但是海兵没有教“为什么要作战”这个问题，就是说海兵教了战略、战术和战务，但并没有教授战争。

如果是一支被文官统治的军队，作战军官不懂战争并不是一个问题，自有文官在把定方向。而当时的日本是一个军国主义国家，国家控制在军人手里，这帮不懂什么是战争，把战争和作战混为一谈的军人，能不彻底失败吗？

他们的先辈，那些把日本军国主义化了的人，还是懂得什么是战争的。他们知道战争只是达到政治目的的手段之一，战争的目的绝不是为了打仗。所以在甲午战争时，日本人能够利用清王朝的昏聩取得最大的战果，同样在日俄战争时期做出最大的让步，来保证已经获得的战果。

其实从日本的角度来考虑，这时候所应该考虑的不是什么往哪个方向进攻或是防守方面的问题。先撇开英美是不是愿意的问题，日本在当时唯一应该做的其实就是求和了。这种求和还不是像日俄战争时期那种用胜利垫底尽量地争取好处的媾和，而是用胜利掩盖退却，大踏步地退却，用胜利吐出一切到现在为止的所有战利品，包括满洲地区，来换取美国对继续供应石油和其他战略物资的保证。

这当然非常不容易，需要不寻常的高瞻远瞩，因为这本身就回到了开战以前外务省提出的B案，从常识出发的考虑。当然如果在已经取得了巨大胜利的此时还要向美国让步的话，也实在太扯淡了，还不如当时就让步呢。但是当时没有选择妥协这条路确实是极大的错误，而此时是挽救这个错误的唯一时机。至于罗斯福是否愿意谈判，那是另外一回事，对于日本来说，很有试探一下的必要。明治维新的元老或许能够做到这一点，当时的日本有没有人能够做到呢？起码还是有人看出来这一点的，海军的山本五十六就是其中的一个。

然而，山本甚至都没有公开发表过这个意见，只是在1942年3月和好友桑原虎熊少将的谈话中透露过这个意思。山本说：“是停战的时候了，日本赢不了这场战争，如果把吞下去的东西全吐出来，美国会同意谈判的。”这句话很有意思。“吞下去的东西”到底包括多少？法属印度支那的西太平洋是肯定的，中国大陆应该也包括在内。中国东北（满洲）呢？再进一步，朝鲜和中国台湾怎么办？没有人知道山本五十六话中的真正含义。

山本五十六也只是在私下说说，并没有公开表达自己的意见。按照山本五十六的地位和威望，如果公开说了会有什么效果？历史当然不容许假设，但是如果山本五十六像岩畔大佐似的到处大放厥词，更可能的结果是，被东条当作精神病给关起来。反对开战的陆军省兵务局长田中隆吉少将，不就是被东条判为精神病吗？东条可不会管你原来为“皇国”立过多少汗马功劳。

就是不被当作精神病，在当时也不可能有谁会认真地来听。你们吹得那么神乎其神的英美又怎么样了？老虎屁股不仅摸了，而且还狠狠拍了几巴掌，没见老虎有什么动静，其实那根本就不是什么老虎，顶多就是中国人说的贵州毛驴，所谓黔驴罢了，不信你看看1942年3月7日大本营政府联络会议的《世界情势判断》是怎么说的：

1．英美的物力很庞大，但没有人力。特别是美国，伴随着总体战态势的确立而来的是政治社会结构的摩擦和矛盾。

2．优势的军备随着进攻据点的丧失而变得毫无价值。

3．英国的战争能力依存于海上运输能力，而美国的海上运输能力很贫乏，无法援助英国。

4．切断英美（联系）将对此次战争的进程产生巨大影响，而切断英国和其殖民地的联系将导致英国的崩溃。

5．英美国民生活水准很高，降低生活水准将是不可忍受的痛苦，持续一场没有胜利希望的战争会导致社会不安、士气下降，而英国的战败又会对美国产生巨大影响。

6．英美苏的合作本身就不自然，罗斯福和丘吉尔的政策已经堕落为投机冒险，两国国民不会同意其政策。

这种论调不仅仅是盲目乐观，而是一种很典型的日本式思维。日本人在很多时候会混淆自己的期望和客观现实之间的区别，这就是一个好例子。而且这次判断出笼仅仅8个月之后的11月，情势判断就翻转了180度。

山本没有作声，只是想办法怎么再多熬几天。

这时候陆海军又闹了起来。参谋本部的意见是，从以上的情势判断来看，英国人的失败指日可待，现在只需要守好已经抓到了的地方，等待“间接的胜利”就行了。本来在开战以前的1941年11月20日，陆海军之间就交换过《南方占领地行政实施要领》，里面的主要内容是：

陆军担任区域为香港、菲律宾、马来、苏门答腊、爪哇和文莱。

海军担任区域为婆罗洲（加里曼丹岛）、西里伯斯岛（苏拉威西岛）、马六甲群岛、小巽他群岛、新几内亚、俾斯麦群岛和关岛。

这个“担任区域”的意思有两个，一个是资源使用，一个是防卫。陆军手里有了资源而且外面有海军来防卫，按照开战以前的设想，陆军要把分出来的兵力调回中国大陆去了，一要打中国军队，二要防苏联人。

陆军对英美不太了解，所以把事情看得很简单。海军知道那些英美人没那么简单就被打趴下，还早着呢，但又不知道该怎么办，因为海兵的老师没教过。但陆军提出的“防守”概念对海军来说是行不通的，因为海军没有防守的说法，要么打，要么不打，舰队如何防守？所以海军还是要继续进攻，这就跑出来了山口多闻的意见书。

连参谋本部都被这个意见吓呆了。也难得海军这次这么积极，于是在3月7日的大本营政府联络会议上，参谋本部提出了一个以海军意见为基础的《今后应该采取的战争指导大纲》，里面提出：“为了使英国屈服，美国丧失战意，应该采取继续扩大战果，保持长期不败的战争态势。”

东条英机看不懂这句话。“扩大战果”是进攻，“保持长期不败”是防守，这个大纲到底是进攻还是防守？问了半天也没得到满意的回答，反正最后糊里糊涂就通过了这个大纲。这个大纲成为当时在日本很流行的“意义不明的决定”中最有名的一件。

战后，大家三头六面一对证，才发现这个大纲的意义其实挺明确的，就是陆军主张防守，海军主张进攻，到最后统一不了就做文字游戏，其实就是谁爱干什么就干什么的意思。但这个意思不好明说，反正大家心知肚明就行，所以把当时站在政府立场上的东条英机都弄得有点稀里糊涂了。

海军到底准备怎么进攻呢？也是吵得不亦乐乎。

军令部和联合舰队在吵。

军令部认为先要消灭美国反攻的基地，而这个反攻基地就是澳大利亚，所以要去进攻澳大利亚，但是估算下来的所需兵力是10个师团和300万吨的运输力量。这样参谋本部不干了，没有如此富余的兵力，已经打下来了的南方资源区域和中国大陆还要不要保了？

军令部只好退而求其次，说把美国和澳大利亚分割开来，占领斐济、萨摩亚和新喀里多尼亚，这样陆军只要有9个大队（营）的兵力就行了。参谋本部看了这个预算觉得还行，就同意了。

但联合舰队不干。

联合舰队认为一定要彻底消灭美国舰队，不能让美国“Fleet in Being”。既然日本没有进攻美国本土的力量，就应该积极寻找美国舰队残余，力争与之决战，或者把美国舰队残余引诱出来决战。

怎么引诱法呢？参谋长宇垣缠提出了方案，就是在1942年6月开始进攻中途岛、约翰斯顿环礁和巴尔米拉环礁，建成陆基航空兵基地，然后进攻夏威夷，同时寻找和美国舰队决战的时机。

但是这个积极方案在联合舰队内部讨论时就被参谋们否决了，理由是对能否压制夏威夷的美国陆基航空兵没有把握，机会既然已经错过，也就不会再来了，陆军也抽不出登陆夏威夷所需的十来个师团的兵力，日本也没有运送这十来个师团的能力。

山本五十六的想法是要坚决彻底地消灭美国太平洋舰队。

山本五十六在开战以前就是一个坚定的早期决战主义者。军令部切断美澳联系的作战思想，在山本五十六看来是最危险的作战选择，因为见效太慢，而且还有促使美国舰队力量加快增强的危险。山本五十六的想法是即使无法直接进攻夏威夷，也要设法使夏威夷的美国舰队出动，与日本舰队决战。

山本五十六对夏威夷中途岛方向如此执着的另一个原因是，他参加过日俄战争，看到过当时沙俄远东舰队在海参崴的巡洋舰分队，也就是所谓浦盐舰队给日本带来的恐慌，也知道当时第二舰队的上村彦之丞司令官的家被愤怒的爱国人士砸了个稀巴烂的事实。别看他现在是日本人心目中的英雄，可是世界上最靠不住的也就是这个“民意”了，只要有个风吹草动，他山本五十六立马变成“非国民”。

07 中途岛真的仅仅是偶然?

现在日本的东面是一片大洋，美国人随时可能从日本列岛的东面过来空袭，因此山本五十六坚持要进行中途岛作战，即使不能诱出美国舰队加以歼灭，也可以在中途岛上建立监视据点，这样可以将美国的进攻力量挡在中途岛之外，确保日本列岛本土不受空袭威胁。这不是山本五十六刚刚才有的想法，而是和奇袭珍珠港同时的考虑。山本五十六在1941年1月写给及川海相的信中就明确指出：“如果此种事态（指东京受到空袭）发生，即使南方作战全胜，海军也会被舆论强烈谴责，从而招致国民志气的低下。”

山本五十六的想法是对的。

美国人已经从最初的震惊中清醒了过来，“Remenber Pearl Harbor, to Hell with Jap”（记住珍珠港，把日本人赶到地狱里去）成了全体美国人的口号。

巨大的美国战争机器已经开动了。

就在爪哇最后沦陷的1942年3月9日，罗斯福和丘吉尔就战区划分统一了意见。从欧洲到亚洲的广袤地域被分成三个区域，美国人负责太平洋区域的作战以及作战指挥，英国人负责新加坡以西到地中海的中间区域的作战和作战指挥，包括大西洋在内的欧洲区域则由英美联合参谋部（Combined Chiefs of Staff）共同负责作战以及作战指挥。

和其他国家一样，美国也有陆海军关系问题。但美国陆海军之上还有联邦政府和总统，因此在美国负责的太平洋战区，最难缠的陆海军关系也通过一种微妙的方式得到了平衡。

1942年3月30日，新成立的美国参谋长联席会议将太平洋地区分为了西南太平洋地区（SWPA）和太平洋地区（POA），前者包括东经159度以西和赤道以南，由麦克阿瑟担任最高司令官，而其余部分则划归后者，由尼米茨担任总司令官。

麦克阿瑟得到的命令是："准备对日反攻，……为了将来的反攻确保澳大利亚基地。"而尼米茨得到的命令则是："准备从南太平洋和西南太平洋开始对日本占领地区的水陆两栖攻击。"就是说麦克阿瑟的战区其实也归尼米茨，起码在当时，两栖进攻的主力是海军，这一条的由来其实很正常，但是麦克阿瑟好像有点不太乐意，自作主张地把自己的官职也改成了"总司令官"。

美国陆海军的内斗、美国战争机器的开足马力与向日本帝国碾了过来根本是两回事。不能说日本海军不明白这个道理，但是当时的日本海军沉醉在开战大胜的余韵里，从感情上就无法摆正心态，从根本上来说这就是后来中途岛海战大败的原因。

1942年1月30日，军令部作战课参谋山本祐二中佐屈尊来到"长门"号战列舰和联合舰队的参谋们讨论下一步作战方案。半年前可是黑岛龟人一次次地从濑户内海往东京跑，现在反了过来，该由那些丢了脸的军令部参谋到联合舰队拜码头了。

此时日本海军已经失去了甲午战争和日俄战争时曾经拥有的那种有效的指挥机能。海军的三大衙门海军省、军令部和联合舰队之间的关系已经变得怪里怪气，没有了命令的上传下达这么一说，只有各衙门头头个人的实力对比这么一说。

比如军令部在理论上应该是"执掌国防、用兵的机关，军令部总长直隶于天皇，参划帷幄，统辖军令机关，执掌国防用兵计划，传达用兵事项"。而联合舰队司令长官则"直隶于天皇，总理麾下舰队，有关军政事项根据海军大臣指示行事，统监舰队军纪、风纪及教育训练，有关作战计划事宜则根据军令部总长指示行事"。

就是说本来联合舰队司令长官仅仅是一个根据海军省、军令部指示行事的作战指挥长官。在甲午战争和日俄战争期间确实做到了这一点，但现在做不到了。由于国际国内形势以及作战方式变化加上军令部的无能，山本五十六长官以及下属的联合舰队基本上无视军令部。奇袭珍珠港的作战方案的由来就是一个证明。

现在联合舰队和军令部在作战方向上又产生了分歧，军令部本来想占领澳大利亚北部的计划被参谋本部否决了，随后又提出占领萨摩亚、斐济和新喀里多尼亚的计划，称为“FS作战”。军令部作战课在课长富冈定俊大佐的领导下已经做好了作战计划，山本中佐这次赶赴联合舰队，就是来和联合舰队的这些牛人参谋商讨作战细节的。

可是联合舰队先任参谋黑岛龟人大佐根本就没有理睬军令部的计划，反而在教训了山本中佐一阵以后，再告诉他联合舰队正准备解决锡兰问题。

山本祐二张口结舌了：“什么锡兰问题？军令部怎么不知道？你们在搞什么小动作？军令部不掌握全海军的动态怎么指挥战争？”

“一样啊，联合舰队也不知道军令部要搞什么‘FS作战’。等我们计划完成了，会向军令部说明的。”

山本真急了：“先任参谋，军令部在组织上位于联合舰队之上，你们无视军令部是一种僭越行为。”

黑岛可不怕这顶大帽子：“得了吧，在个别的作战行动上，联合舰队的意向是一直受到尊重的，比起中央机关的闭门造车，我们这些现场人员提出来的作战方案往往能够取得更大的成功。不说别的，珍珠港就是一个例子。”

一提到珍珠港，军令部的精英参谋立即就歇了菜。只好悻悻地中止组织问题的争论，反过来很虚心地向黑岛参谋请教“准备解决锡兰问题”是怎么回事。

黑岛龟人豪情万丈地开始向军令部作战课参谋解释起“锡兰问题”了。

这个1948年独立、1972年改名叫斯里兰卡共和国，现在叫斯里兰卡民主社会主义共和国的印度洋上的岛国，当时是英国殖民地，叫锡兰。

黑岛的锡兰问题解决方案，不但军令部不知道，其实在联合舰队里也就两人知道，一个是黑岛本人，还有一个是常常陪山本五十六下将棋（日本式象棋）的战务参谋渡边安次中佐，连参谋长宇垣缠少将也是在五里雾中。

一航舰奇袭珍珠港成功，山本五十六率联合舰队主力去迎接胜利归来的一航舰。出发前，山本把黑岛和渡边喊去，让他们研究一下进攻珍珠港和锡兰岛的作战方法。

渡边有点糊涂。进攻珍珠港的理由当然知道，可是这个锡兰岛是怎么回事？只好请教黑岛，人家是先任嘛："一直以为长官重视的是太平洋，这次提到锡兰岛很意外。"

黑岛其实也不知道，但不能说穿，否则"先任"就很没面子："长官说过，进攻夏威夷需要1000架以上飞机，因此现在进攻夏威夷不太现实。必须考虑下一个突破点。攻占锡兰岛，消灭英国残存的舰队，然后帮助印度独立，这样英美的援蒋通道就被完全切断了，支那大陆问题获得彻底解决。再加上隆美尔将军现在在北非十分活跃，长官高瞻远瞩，肯定是考虑到了和隆美尔将军配合，将英国势力完全驱逐出亚洲和非洲。这样英国人只能退出战争，英国人一退出，美国人也就没有了继续作战的必要。英明啊，长官到底是战略家。"

黑岛又开始点起香来，把自己关在小舱房里苦思冥想，制订进攻锡兰岛的计划。但是当黑岛弄出初步方案找长官汇报时，即使视长官为神明，也有点郁闷了。

山本五十六听了黑岛的汇报后，居然十分兴奋："很有创意的思想，很有意思。但是估计陆军不会同意，现在如何占领缅甸就够他们折腾了，分不出兵来。"是不是山本五十六已经忘记给黑岛布置题目这件事了呢？那倒也不是，本来陆军曾经有过"西亚打通作战"，就是扫平印度洋去和希特勒会师的构想，一来因为那个构想太宏伟而无法实现，二来也没有哪个混蛋天真到真的认为傲慢的条顿人会和日本人协同作战，所以日本人连心眼都还来不及活动就正襟危坐非礼勿视了。其实就是空袭一下锡兰岛，但山本五十六忘记对黑岛说这一点了。

最后山本五十六给黑岛的指示是：为了消除进攻中途岛时的后顾之忧，一定要把英国的东方舰队消灭。

战后，讨论日本海军后来在中途岛海战遭受的重创时，有人说“中途岛的失败不是偶然的，是联合舰队迟早要遇到的宿命”之类看起来有点多余的废话，让人觉得有点事后诸葛亮的嫌疑。但这句话还真有道理，南云机动部队在中途岛的失败已经是第二次，就是说和中途岛海战失败几乎一模一样的情景已经发生过一遍了。

那就是美国人称为“印度洋空袭”而日本人称为“锡兰海战”的那次战斗。时间是从1942年4月5日到9日，地点在印度洋上的锡兰岛附近海面。

大英帝国那时有一支东方舰队，也叫远东舰队，司令部在新加坡，下设上海分舰队和东印度分舰队。曾经是大洋霸主的皇家海军正式退化成一支近海海军的标志，就是这支舰队编制在1971年被正式撤销。

当时皇家海军的上海分舰队已经完了，远东舰队的总部新加坡也已经易手，整个远东剩下来的军舰全部集中在司令部设在科伦坡的东印度分舰队了。光看数字，这支舰队还是挺威风凛凛的，有3艘航空母舰。其中一艘就是和“威尔士亲王”号一起来东方，却在途中触礁而没有去新加坡的“不屈”号，还有一艘“可畏”号，和“无敌”号一样都是刚服役的最新式的航空母舰，第三艘就有点惨了，那是世界上第一艘动工的航空母舰——1919年下水的“竞技神”号。

还有4艘旧式“复仇”级战列舰和1艘“伊丽莎白女王”级的“厌战”号，以及6艘老式轻重巡洋舰、15艘驱逐舰和180架作战飞机。

这支舰队的存在对缅甸和苏门答腊是一个直接威胁，更不要说在将来进攻中途岛的时候，英国人有可能会在背后做小动作了，所以山本五十六要消灭皇家海军在东半球的最后一点残余。

海军派出的还是南云指挥下的一航舰，除了航母“加贺”号因为触礁受伤在船厂修理之外，就是进攻珍珠港的原班人马，再加上小泽治三郎的南遣舰队，所以航空母舰还是6艘，而战列舰则是高速的“金刚”级战列舰4艘俱全。这样的规模，应该说力量甚至强于当初偷袭珍珠港的时候，全歼英国远东舰队应该没有问题。

但事实却不是这样，“强大无敌”的一航舰不但没有全歼皇家海军的远东舰队，反而差点赔上了航空母舰“赤城”号。最后英国人赔上了老式航空母舰“竞技神”号和两艘老式重型巡洋舰，但收获了一个结论，就是日本人对印度洋没有兴趣。

这场战斗几乎是中途岛海战的预演。英国人也部分破译了日本海军密码，虽然还没有美国人那么完善，但他们知道了日本人将在4月1日空袭科伦坡。于是在3月29日，远东舰队司令官海军上将詹姆斯·萨默维尔爵士带着舰队离开科伦坡前往锡兰岛的西南方向躲避，并计划打日本舰队一个回马枪，来个夜间袭击。萨默维尔爵士本人就参加过夜袭塔兰托港意大利舰队的作战，德国战列舰“俾斯麦”号在夜间被英国鱼雷机击沉也是他指挥下的H舰队的杰作。但是皇家海军的航空兵却属于皇家空军，海军司令指挥不了；还有就是英国人的剑鱼式飞机虽然已经配备了雷达，但还是老式的双翼飞机，皇家海军软硬件上的这两条致命缺陷救了日本的一航舰。

4月4日，南云机动部队在锡兰岛东南400海里处击落了一艘英国侦察飞艇。但这艘飞艇在坠落之前发出了电报，甚至南云的旗舰“赤城”号也截获了这份电报，可是南云司令官根本就没把这份电报放在眼里，仅仅只是想到再不可能奇袭了。第二天，珍珠港的空袭总指挥官渊田美津雄率领着128架飞机奔袭科伦坡，但除了一艘武装商船和一艘驱逐舰之外，渊田扑了一个空。

这时渊田请求进行第二次攻击。正当航母上飞机换装航空炸弹时，侦察机报告发现英国舰队两艘重型巡洋舰“康沃尔”号和“多塞特郡”号，于是甲板上一阵手忙脚乱。更换兵装全部是手工进行的，非常麻烦。一次兵装就需要一个半小时，更换兵装起码就是乘以二了。而且此时航空母舰的防御能力为零，受到敌机攻击就是等死，机动部队日后在中途岛海战中也是赶上了这个时间段。

好在这次发现的只是两艘巡洋舰，只需要给一部分俯冲轰炸机换装就行了。就这样，奇袭珍珠港时的第二波攻击队俯冲轰炸队指挥官江草隆繁少佐带领的53架99式舰爆机起飞也是两小时以后了。

13时左右，江草飞行队发现了那两艘英国巡洋舰，仅仅花了20分钟，两艘满载排水量13000吨的重型巡洋舰就从海面上消失了。53架参加攻击的飞机里，居然有46架命中，这首先说明当时一航舰的飞行员们技术高超，也说明没有防空能力的军舰在飞机面前是多么无能为力。

但此时萨默维尔爵士的主力舰队就在那两艘巡洋舰西南不到60海里的地方。英国人不知道南云所在，很偶然地在朝着南云舰队的方向航行。到16时，萨默维尔得知他的两艘巡洋舰已经没了的时候，离南云只有150海里。

而南云不知道。

南云至少有两次机会发现萨默维尔的舰队。一次是发现这两艘巡洋舰时，南云没有想到再找一下航空母舰；第二次是16时左右，第五航空战队的“翔鹤”和“瑞鹤”两艘航空母舰都发现了皇家海军的舰载双翼侦察机，并且作战日志里留下了“怀疑附近有敌航空母舰”的记载，然而从舰队到各母舰都没有人想到再派侦察机侦察。

这是个相当严重的问题。英国人的舰队主力不在科伦坡港内，航空母舰却在离一航舰不远的地方，这说明了什么？说明英国人大概已经知道了日本人的行动计划，而且将计就计准备打日本人埋伏了。但是南云忠一不但没有想到那么远，甚至连英国人的舰队主力就在附近都忽略了。

如果发现英国舰队主力，即使由于时间太晚无法攻击，起码不会被人打埋伏，而骄气冲天的机动部队根本就没有想到自己会被人打埋伏。第二天南云去轰炸锡兰岛上的另一处军港亭可马里，和前一天一样，在准备第二次攻击陆地目标时，侦察机在附近海域发现了空载的“竞技神”号。又是一阵手忙脚乱地更换兵装，67架99式舰爆机在10分钟内把

37枚500公斤炸弹扔在了“竞技神”号身上。

就在舰爆机刚刚出航的时候，航空母舰“赤城”周围出现了9架英国轰炸机，只是因为英国飞行员的准头太差，“赤城”号才幸免于被炸沉。这也和未来的中途岛一模一样，只是英国人晚来了十几分钟。

老天爷没有欺负日本人，在印度洋就已经预演了一遍中途岛海战。可是日本人没有领悟老天爷的预示，也可能日本人的运气差在英国飞机的性能太差和英国飞行员的水平太低，如果当时英国人稍微能干一点，干脆把“赤城”号和边上的重型巡洋舰“利根”给击沉了，顶不济也击伤的话，可能日本人会清醒一些。但问题是一航舰丝毫未损，这样日本人甚至不知道他们就在地狱边上晃悠了一圈，一直到战后，日本人才从美国人那儿知道，其实“赤城”号应该沉没在印度洋，让它活到中途岛海战已经是日本人赚了。

所以说中途岛海战的结果是注定了的，日本海军在中途岛海战中的所有失利原因，在到此时为止的大胜利中已经全部表现了出来，只是因为被胜利掩盖着而没有被人看见而已。

有句话是：不管黑猫白猫，能抓老鼠就是好猫！但不能说：不管垃圾股，还是绩优股，挣了钱就是好股，因为如果一直玩垃圾股的话，他迟早肯定蚀个精光，破产是早晚的事。

这就是锡兰海战，除了一艘最老式的航母之外，日本人连英国人的老式战列舰都没有找到。但日本人宣称是他们胜利了，因为他们迫使英国人退到马达加斯加岛去了，英国人起码不会在海上给缅甸和苏门答腊岛带来麻烦了。

英国人也宣称他们获胜了，因为他们认为锡兰没有被日本人占领。从战略上来说，参谋本部否决海军的占领计划应该说是一个错误，因为锡兰岛对大英帝国来说实在是太重要了。它控制了印度洋，控制了前往印度的通道，控制了前往中东波斯湾的航路，而且它还是大英帝国最重要的橡胶产地。

在日本海军这边，除了小泽治三郎计算了更换兵装所需要的时间和危险，向联合舰队提出了问题报告，引起了黑岛亀人的注意之外，再没有任何人认为这次基本上属于小规模的空袭战斗存在什么问题。

日本人进入印度洋，开始进攻锡兰岛和印度，让英国人真正感到了绝望，开战不到三个月，英国就丢失了在东南亚的全部殖民地，现在印度这颗英王皇冠上最耀眼的明珠又受到了直接威胁。

记得若干年前，有一次英国女王自告奋勇要出面调解印巴冲突，被印度人轻蔑地拒绝了："一个三流国家的国家元首，没有资格介入大国之间的事务。"

丢掉了印度，英国当然就变成三流国家了，但英国人既不愿沦落到三流国家的地步，也知道凭他们保不住印度，唯一的指望就是美国。尼米茨回忆说，英国首相丘吉尔再三恳请美国想法子把日本航空母舰调回太平洋，以减少日本人对东方舰队的压力，使英国人能够喘一口气从而向印度增派援兵。这就是那段时期美国航空母舰进行一连串空袭的由来。

1942年2月1日凌晨3时55分，马绍尔群岛最重要的夸贾林环礁遭到了来自哈尔西指挥下的美国航空母舰"企业"号和"约克城"号上的飞机的空袭。夸贾林环礁是日本第四舰队的重要据点，第六根据地司令部、第六防卫队本部、第六通信队本部、潜水舰本部云集该岛。第四舰队司令是井上成美中将。

第六根据地司令官八代祐吉少将当场被炸死，这是太平洋战争中第一位去靖国神社报到的海军将军。开战不到两个月，还是形势一片大好的时候就挂了一个将军。

2月20日，"列克星敦"号也前进到了所罗门群岛的东北面，企图对拉包尔进行空袭，但被日本人发现。亲自指挥过对中国内地进行轰炸，出任过海军航空本部长的井上成美中将出动了17架俗称"中攻"的96式陆上攻击机，但没有对美舰队造成任何损失，反而损失了15架"中攻"，损失率几乎达到90%。

4天以后的2月24日，哈尔西又带着"企业"号攻击了威克岛，3月4日，哈尔西又去南鸟岛"访问"了。

日本人并没有在意这一连串在军事上意义不大的空袭，就是井上成美的大失败也没有引起人们注意。日本海军历史中有77名大将，井上成美是最后一名晋升为大将的，但这位海兵37期的次席毕业生，在日本海军中也就是赵括的代名词。太平洋战争开战初期，日本海军所向披靡，虽然笔者在这里鸡蛋里挑骨头找出来了一大堆毛病，但最后仗都还是打赢了，总抓住了老鼠。

但这位“最后的大将”井上成美指挥下的第四舰队就不一样了。威克岛上美军只剩下4架飞机，就这4架飞机也把井上成美弄得一筹莫展，最后是南云机动部队从珍珠港回来，派出了第二航空战队的“苍龙”和“飞龙”加上第八战队的“利根”“筑摩”两艘重型巡洋舰才算攻下了威克岛。当时日本海军里有一句话：“怎么？又输了？还是第四舰队？”

所以日本人没有关心哈尔西在南洋的捣乱，但是“帝都被袭”的“杜立德空袭”（Doolittle Raid）就不一样了。

08 中途岛的前面还有个珊瑚海

1942年4月18日，美国空军的16架B—25双发轰炸机在詹姆斯·杜立德中校的带领下，从离东京海岸600海里的“企业”号和“大黄蜂”号上起飞，对东京、大阪、名古屋和神户进行了空袭。

这次空袭对日本人造成的损失其实小到可以忽略不计，但对大本营的心理打击却无法估量。无畏的皇军举世无敌，怎么老窝都被人抄了？大本营赶快发表声明：“击落敌机9架，损害甚微。”但是这9架据说被击落了的飞机却没人见到过，有大胆的人就说了：“皇军是不是击落了空气？”

事实证明，当务之急还是要解决本土的防空问题。这样军令部一直反对的中途岛作战就提前进行了。

怎么叫“提前进行”呢？军令部一开始对进攻中途岛是坚决反对的。一方面是军令部对联合舰队的无法无天、目中无人很不满，还有就是军令部很罕见地居然和参谋本部在“FS作战”上意见一致，在形势一片大好的现在，这个“FS作战”不进行简直对不起天照大神。而联合舰队手头也没有现成的活干，所以对“FS作战”不坚决反对，但山本五十六绝不肯放弃中途岛作战，派到东京和军令部交涉的联合舰队战务参谋渡边安次中佐在无法说服军令部的时候只好又撒出撒手锏：“如果军令部不同意联合舰队的方案，山本长官说他就辞去联合舰队司令长官的职务。”这一下军令部再次傻了眼。

顺便说一句，战后联合舰队参谋们的证言表明，山本五十六似乎没有对渡边参谋发过这种指示，这次应该是战后曾经担任海上保安厅技术部长的渡边安次在“假传圣旨”吓唬军令部。

被唬住了的军令部只好同意联合舰队的方案，但还有点不甘心。在联合舰队的方案上再加了一条“阿留申作战”，据说这样一来，美国舰队非出来拼命不可，又可以作为中途岛作战的牵制行动，还可以切断美苏联系，最后还可以减轻对日本本土的空袭威胁，一举四得。联合舰队也没有反对——连中途岛都能打，对一个阿留申皱眉头有点说不过去。本来这个作战准备在6月下旬进行，移到6月初只是“提前进行”。

从4月28日开始，联合舰队花了3天时间在新旗舰“大和”号上召开了第一阶段作战战训研究会。可是这个战训研究会对珍珠港、马来、爪哇和锡兰作战中数次出现的失误甚至危机没有任何检讨，整个会议就是一个庆功会。最后，山本五十六以严厉的口吻，模仿东乡平八郎的《联合舰队解散训词》来了个总结讲话，但根本就没有人听，所有人都在盘算晚宴上那些盘子呢。

接着从5月1日开始，联合舰队又花了4天时间，在“大和”号上进行进攻中途岛的图上演习。演习中，出现了在中途岛登陆时美国航空母舰突然出现，“赤城”号被炸沉的场面。

打不下去了，大家面面相觑。

“谁说美军飞机就有这么大的攻击力？”发话的是参谋长宇垣缠少将。

宇垣缠参谋长在联合舰队是一个很不引人注目的存在，山本长官从不找他商量什么问题，这次是他次数很少的开口。但是参谋长的话到底是什么意思，大家一时还反应不过来。

图上演习也叫兵棋推演，是秋山真之从美国学来的。方法是把小军舰模型直接放在大地图上模拟各种可能出现的情况，打击的力度则是掷骰子，刚刚掷出的是个“5”。负责掷骰子的奥宫正武少佐看着参谋长发愣。

“美国飞机没有那么准吧，就算攻过来，打击力度能到‘3’就了不起了。”

力度是“3”的话，“赤城”号仅仅是中创，作战还可以继续进行。可是接下来的问题是：舰队燃料没了，回不来了。

还是参谋长：“别花那么多时间不就行了？小小的中途岛，花不了那么多时间，当然大家都已经知道燃料问题了，到时候多注意点。”

这种几近开玩笑的方案就解决了全部问题，包括山本五十六在内没有任何人对宇垣参谋长的荒唐行为提出疑问，因为没有人把攻击中途岛看得很了不起，所有人都认为美国航空母舰即使出现，也是在登陆行动结束以后。

其实呢？中途岛海战前已经出现过一次，锡兰海战就是中途岛海战的彩排，只不过联合舰队没有注意到罢了。

中途岛作战计划到最后成形一直是个四不像的怪物。山本五十六和宇垣缠都曾经有过攻占珍珠港的想法，当然山本是在奇袭珍珠港之前，而宇垣则是在奇袭珍珠港之后，但是这个设想的基础都是首先进攻中途岛，因为中途岛就在前往夏威夷的途中，绕是绕不过去的。

然而，山本五十六这次进攻中途岛的考虑与进攻夏威夷没有直接关系，进攻中途岛的目的是引出美国海军太平洋舰队残存的航空母舰，从而加以歼灭。也就是说进攻中途岛是手段，消灭美国航母才是目的。

所以进攻中途岛的陆军是由第二十八联队长一木清直大佐指挥的以第七师团二十八联队为主的大约5000人，而海军则是在联合舰队司令长官指挥下的联合舰队大部分。

在“大和”号上进行的兵棋推演虽然荒唐到了极点，但并没有人对作战本身提出疑问，然而对开战的时机提出反对意见的不少。很多人提出要给官兵一个休息的时间，军舰兵器也需要维护修理，人员需要更换补充。比如渊田美津雄就坚决反对这种不间断的作战方式，早在机动部队进攻印度洋的时候他就有意见了。袭击珍珠港的机动部队损失了55人，在印度洋机动部队的损失是4架零战、10架99式舰爆、2架97式舰攻，人员30人。可以认为这种损失微乎其微，但渊田不这么看。渊田认为机动部队的飞行员是精英中的精英，日本海军经受不住这种持续的出血，应该给机动部队一段时间，把现在的飞行员调到航空队去当教官，从而培养大量的飞行员，否则精英飞行员也有用完的一天，到了那天日本海军也就完了。

渊田的意见不用说是正确的，但当时的日本海军接受不了。倒不是说不能提意见，日本海军整个说来，还不像陆军那样是个不准说话的地方。这是因为日本海军学的是英国海军，英国人的做派在日本海军中还残存了不少，比如不问政治，禁止宗教的传教活动什么的。

但是联合舰队还是无法采纳渊田的意见，原因很简单：虽然当时美国人的处境很悲惨，但美国人就是不让日本人来决定太平洋上的作战时间表，时间表得由美国人来定。美国始终没有放弃作战的主动权，从1942年2月开始的一连串空袭，除了呼应丘吉尔的要求，鼓舞美国人的士气之外，就是在追求这种作战上的主动权。

这个主动权是双方都在刻意争取的。据说参谋本部作战课和军令部作战课的参谋有一点相像的地方，就是嘴里成天在嘟嘟哝哝同一句话：“要带着敌人转，不能被人带着转。”“FS作战”也可以说是在缺枪少炮的条件下争取主动的一步棋了。

美国人怎么可能会让日本人好好地在战争的棋盘上落子？这就有了

珊瑚海海战。

引起珊瑚海海战的日军作战行动叫作“MO作战”，目的是占领新几内亚的首府莫尔兹比港。这次作战很容易和军令部一直念念不忘的把美国和澳大利亚分割开来的“FS作战”混淆起来，因为作战方向差不多，都是从新几内亚岛向东走，但这两个作战完全不是一回事。“MO作战”不是为了进攻，而是为了防守。莫尔兹比港正对着北澳大利亚，占领了这个地方就能对北澳大利亚施加压力，不说什么时候登陆，起码现在成天在新几内亚周围飞来飞去的美国陆基航空兵就得收敛一点了，这样可怜的第四舰队也能活得像个人样。可以说，山本五十六这次作战的目的是想帮帮老战友井上成美。

井上成美英语好、数学好、口才好，人也长得挺帅，几乎什么都好，就是作战不是很好。但也不能全怪他，这个第四舰队的由来本来就是日本海军所特有的意义不明的扯淡。1940年设立的第四舰队的守备区域原来是日本从德国人那儿抢来的南洋诸岛，南北1600公里，东西4300公里，根据《五国公约》是不能在那片地方修工事整军备的，一直到日本人退出军备条约以后，大家才一起开始修工事。现在和盎格鲁－撒克逊人开打，南洋诸岛一头就顶了美国和澳大利亚哥俩，本来应该是最重要的位置，但实际上除了派去的司令官名气很大之外，这个第四舰队就是后娘养的。

不信可以看看他的军舰配置。1941年8月11日井上成美上任时，第四舰队的旗舰是一艘满载排水量6300吨的练习巡洋舰“鹿岛”号，还有两艘第一次世界大战时期的老式巡洋舰“天龙”号和“龙田”号。属下还有一个司令官是少将的第十九战队，知道内情的人都知道那到底是个什么玩意儿——专门敷设水雷的部队。1941年10月，开战前最后一次在“长门”号战列舰上举行军棋推演时，就没有通知第四舰队派人参加，因为没有指望第四舰队能干什么。第四舰队的舰艇和航空力量得到增强还是开战以后的事，这么一个低级舰队打败仗也是正常的。

联合舰队也知道第四舰队靠不住，所以又专门派人来给第四舰队帮场子。可是鬼使神差，派出的又偏偏是一航舰里面最低级的五航战。

一航舰下属3个航空战队，第一航战成立于1928年，拥有航母“赤城”号和“加贺”号，第二航战成立于1934年，拥有航母“苍龙”号和“飞龙”号，而拥有最新型航空母舰“翔鹤”号和“瑞鹤”号的第五航战成立于1941年9月，派去也就是凑个数，没谁指望他们真能派上用场。

当时日本人已经占领了新几内亚岛北边新不列颠岛上的拉包尔。莫尔兹比港位于新几内亚岛的南面，所以日本人计划在新几内亚岛的北部登陆，但是岛上有东西走向、海拔4000米的斯坦利山脉，因此只能从海上绕过去，这才有了这场珊瑚海海战。

日本海军军官起码是从海兵毕业的，应该说是精英军官。精英就得有个精英的样子，精英制订的作战计划就应该是“白痴”们看不懂的东西，所以尼米茨在评论日本海军的作战时指出，日本海军作战计划的一大特点就是复杂，为了追求复杂而复杂。

本来联合舰队也好，一航舰也好，正好都闲着无所事事，真要对莫尔兹比港那么有兴趣，大家一齐出动也就拿下了，尼米茨也好麦克阿瑟也好，再不开心除了翻翻卫生眼球也没别的方法。但是联合舰队非要屋上架梁，节外生枝，就这么个简单的登陆作战，愣是给井上成美这位精英弄得复杂无比。这次进攻莫尔兹比港的作战行动，居然是兵分四路。

一路是进攻图拉吉的部队，叫作图拉吉攻略部队；一路是进攻莫尔兹比港的部队，叫作莫尔兹比攻略部队；一路是掩护两路部队的水上舰队，叫作MO水上部队；最后还有一路，那个五航战被叫作MO机动部队。本来从任务的性质来看，拥有航母“翔鹤”号和“瑞鹤”号的MO机动部队应该由五航战司令官原忠一少将来指挥，但是原忠一是海兵39期，吊床号是85，只能让他的同期同学、吊床号17的第五战队司令官高木武雄少将来指挥。

就这么着，战斗的结果是双方基本上打了个平手，仅从战果来说日本人还赚了点。日本只损失了一艘排水量11200吨的轻型航空母舰“翔凤”号，32105吨的航母“翔鹤”号受创；而美国人损失了一艘排水41000吨的正规航空母舰“列克星敦”号，25500吨的“约克城”号受创，还损失了一艘1570吨的驱逐舰“希姆斯”号。当然在珊瑚海海战之前，日本人一开始进攻图拉吉岛的时候就损失了一艘1315吨的驱逐舰“菊月”号。

若从日美两国的国力来说，日本经不起和美国同样的损失，但日本在珊瑚海海战和美国打成的平手所带来的战略失利还不仅在此。日本人在美国人已经退出战场以后，还是放弃了攻占莫尔兹比港的作战目标，“MO作战”宣告终结，所以日本人在战略上失败了。

日美开战以前，日本是在大本营政府联络会议上决定是否和美国开战问题的。大藏大臣贺屋兴宣在联络会议上就坚决反对开战，反对的理由是：战争就是那种哪怕你赢得了99场战斗，只要输掉了一场战斗就算输的东西，因此没有取胜的绝对把握就不要开战。

虽然贺屋兴宣不是军人，但他对战争的看法却是正确的，一次战斗的失利并不代表着战争的失败，反过来一次战斗的胜利可能不但不代表战争的胜利，反而代表着一种被动。第一次世界大战时的日德兰海战是这样，现在的珊瑚海海战还是这样。

珊瑚海海战在很多时候只是作为中途岛海战的前哨战而被很多战史家一笔带过，但这次海战的意义要大得多。这是军事史上首次航空母舰之间的对战，这次战斗宣告了很多过去的常识的死亡。

和原来互相看得见、一边打一边数到底击沉击伤了几艘的炮战不同，这种在视界之外的航母对战，连战果都不容易弄清楚。和后来的有意撒谎不同，日本人这次发表的战果就只是有点吹牛，实际上日本人也弄不清楚“约克城”号到底沉没沉。最有意思的是，日本人发表的具体战果是：击沉了美国航母“萨拉托加”号和“约克城”号。

怎么把“列克星敦”号弄成了“萨拉托加”号呢？这是因为据说“列克星敦”号于1月份就被日本潜水艇“伊－6”在夏威夷以西的约翰斯顿岛附近给击沉了。实际上那次才是“萨拉托加”号，而且也没有被击沉，现在正在华盛顿的布热美敦修着呢。这是因为这两艘航母长得几乎一模一样，唯一的区别就是“萨拉托加”的烟囱上有一条竖黑带，而这条黑带在“列克星敦”号上是横着的。

一直到一个月以后的6月12日，美国海军部正式发表了战果以后，日本人才弄清楚到底是怎么回事。但是实际上没有沉没的“约克城”号又像幽灵一样出现在中途岛海面，这对日本的打击可不是一般的大了。

珊瑚海海战所隐含的另一个信息是：日本海军所依仗的国力不足以进行航母战。这不是航母的数量或战术问题，而是航母战所带来的消耗问题。

从双方的统计数字来看，舰载飞机的损失率是很高的，基本上出动一次就有三分之一的飞机回不来。美国人没有使用航空母舰作战的经验，所以就老老实实地接受了一次出击损失三分之一这个数据，出征时在母舰上装载更多的飞机，来保证航母的作战能力不至于因为几次出击受到损失而下降。日本人其实也没有使用航母作战的经验，但他们误以为前几次用航母轰炸被动目标的作战就是航母作战了，因而死活不肯承认舰载机的高损失率是正常的，整个太平洋战争中，日本航母的舰载机数量一般都只有美国航母的一半。看上去美国航母就像顶着一脑袋虱子的叫花子在太平洋晃来晃去，而日本航母的甲板上总是收拾得干干净净、一尘不染。其原因既不是日本人讲卫生，也不在于其航母的装载能力有什么差别，而是在于一来日本人不肯承认舰载机的高损失率是正常的，二来对日本人来说飞机是贵重品，所以无论是在物质上还是在感情上都无法做到像有钱的美国人那样大大咧咧地把舰载飞机就堆在飞行甲板上任凭风吹雨打，掉到海里去也不在乎。这样的后果就是每次作战时日本的飞机数量总比不上美国，指挥官在调配上伤透脑筋，更不要说到了中期以后日本人的飞机的性能也开始落后于美国的，美国人还有日本人所看不起的雷达。

第五章

进退两难：瓜岛上玩起了拉锯战

事件：

中途岛海战（1942年）——瓜岛争夺战（1942年）——暗杀山本五十六（1943年）

人物：

山本五十六、南云忠一、渊田美津雄、小泽治三郎、黑岛龟人、宇垣缠、井上成美

☆
☆
☆
☆
☆

01 山本五十六算错了

就这样，中途岛这个先天不足的作战还是开始了。

说先天不足，是不知道这个中途岛作战到底想达到什么目的。是占领中途岛作为进攻夏威夷的跳板，还是作为防卫帝都东京的屏障，或者仅仅是一个诱饵以引出美国太平洋舰队的残余航空母舰及其他舰只加以围歼？

能不能数者兼顾？

应该说不能，登陆战和舰队决战的打法完全不同。登陆战是大军出动，不光是为了火力掩护，就是在心理上对守敌也有着威慑作用；而舰队决战却是要隐蔽行动，尽最大努力在敌人最意料不到的时间地点以最意料不到的方式出现。这两种截然不同的用兵方式怎么能统一呢？

黑岛能。

黑岛的作战方案是这样的：南云中将带领第一航空舰队的6艘航母先出发，用空中力量对中途岛进行打击，山本五十六长官率领联合舰队的战列舰主力在一航舰后面展开作为掩护，第二战队司令官近藤信竹中将护送由15艘运输船只组成的船团运送一个陆军联队在中途岛登陆。同时作为呼应，第五舰队在第四航空战队的掩护下攻击北太平洋阿留申群岛的美国荷兰港基地，同时占领阿图岛和基斯卡岛。

这个计划还没有开始实行就出问题了。珊瑚海海战，五航战的两艘航母中有一艘被打残，另一艘也要修整，赶不上作战怎么办？要不要等

"翔鹤"号和"瑞鹤"号修整好了再去呢？其实要不了多长时间，这段时间里美国在太平洋的海军力量不会有什么变化，虽然美国的造船厂在夜以继日地制造军舰，但那些还在绘图板或者船台上的东西，真正下到海里形成战斗力还有一段时间。在这段时间里，日本人完全可以从容地集中兵力稳打稳扎，争取主动。

联合舰队的结论是不需要五航战。整个联合舰队还沉浸在开战以后一连串大胜仗带来的高潮回韵中不能自拔，别看中途岛弄出那么大的动静，但大家对最后的胜利都没有过任何怀疑，问题只是战果能有多大而已。

不能等待五航战的另一个原因是日本人死板的时间观念。熟悉日本企业运作的人就知道推迟日程是日本人最大的忌讳，日本人一旦制订了日程，日程就会变成一个很神圣的东西，至于这个日程要达到的目的倒经常会被遗忘，这次还是这样。一旦日程有变，联合舰队就会遭到非议，而制订日程的黑岛参谋的能力也会引起疑问，当然，执行这个日程的所有人都逃不了责任，于是就干脆照原计划进行吧。

整个来说，和美国人在珊瑚海海战以后更加重视日本航空兵力相反，日本人在珊瑚海海战以后反而更加轻视美国航空兵力，原因是一航舰三个航空战队中最弱的五航战居然在兵力相当的战斗中占了上风，若是更加牛的一航战和二航战亲自披挂出阵，可怜的美国人还能受得了吗？没有五航战参加中途岛作战会有什么问题？

日本参加中途岛作战的舰只无法一一列出清单，因为加上运输船、补给船多达350艘，几乎是倾巢出动，再加上1000架飞机和10万陆海军官兵。这个数字和后来美军开始反攻后的兵力数字当然不能比，但在迄今为止的世界海战史上，这次却是最庞大的舰队出动，也是日本海军空前绝后的出动。日本这次出动的规模远远超过了当时美国在太平洋所拥有的海军力量。

与此同时，第六舰队的4艘潜水艇在阿留申周围布好监视阵，2艘在西雅图沿海。在夏威夷周围则布下了两道封锁线，一道由4艘构成，在夏威夷西方400海里处；另一道由7艘组成，拦截在珍珠港到中途岛的航道上。这些潜水艇战线在6月1日以前构筑完毕。只要美国航母一出珍珠港，很可能还没到中途岛去给南云添麻烦，就在夏威夷边上，像5个月前的那艘当时日本人还没有弄清楚到底是“萨拉托加”号还是“列克星敦”号的航母那样就没了。

美国人还能活吗？估计看到这次出征规模的所有人都会这么想。

美国人当然是活了下来，但绝不像想象的那么简单。虽然美国人完全掌握了日本人的动向，但是掌握了日本人的动向和计划并不等于就有了破解日本人计划的方法。俗话说“大军无兵法”，如果日本人不那么去胡扯什么作战计划，就是一团乱军横冲直撞朝中途岛而来，美国人将没有任何机会，除了乖乖让出中途岛之外别无选择。

但是日本人就给了美国人机会。

来看看这位黑岛先任参谋制定的中途岛作战方案吧。“大和”号、“长门”号这些日本海军“皇冠上的明珠”所组成的主队在行军时距离一航舰远达600海里，在一航舰投入战斗以后还有300海里以上。这是个什么概念呢？主队的最大行进速度是27节，一航舰原地不动等待主队赶到需要十来个小时，这样就算一航舰胜利，等主队赶来打扫战场时，残余敌舰队早已溜之大吉；而万一一航舰失利，需要主队支援时，等主队赶到后，连活人都捞不到了。这就是黑岛参谋的计划，据说这样做的理由是山本长官在“大和”号战列舰上，不能让长官冒险，其实执迷于大舰巨炮海战的日本海军已经忘记了伊东祐亨和东乡平八郎是怎么指挥甲午海战和日俄海战的。

黑岛计划的最大漏洞是，黑岛和联合舰队的所有人都认为美国航母不在中途岛附近，计划成功的关键是从珍珠港里把美国航母引诱出来。但天下事不如意者十之八九，6月4日晚上，联合舰队通信参谋和田雄四郎少佐神色紧张地向黑岛先任参谋报告说，捕捉到美国航空母舰的呼号，方位在中途岛以北偏东。

黑岛紧张起来了。与其说美国航母是中途岛作战的重点，不如说那是中途岛作战的全部更加合适，山本也好，黑岛也好，对那两个相邻的小岛组成的中途岛本身并没有多少兴趣呢。黑岛在夏威夷周围布下了监视网，但没有消息回来，黑岛又从关岛出动当时日本海军航程最大的水上飞机二式大艇飞往夏威夷，在瓦胡岛附近降落，接受潜艇的加油以后进行侦察。但是第六舰队发回来的消息是，夏威夷周围反潜网极为严密，潜艇混不进去，无法对水上飞机进行加油。就在黑岛正在为无法确认美国航母的所在而抓狂的时候，和田来了个这样的报告。

黑岛抱着一线希望："会不会出错？"

和田少佐斩钉截铁地回答："不可能出错，我亲自捕捉到的，绝对是发自'企业'号的呼号。"

黑岛只觉得天旋地转，美国人怎么不交请示报告就自作主张跑出来了？这样整个作战计划的根本就发生了变化："这么说他们躲过了第六舰队的潜水艇？长官，要不要赶紧和机动部队取得联络？"后半句是向坐在一边愁眉苦脸的山本五十六长官请示。

山本皱着眉头作了决定："要保持无线电静默，不需要和南云联络了，我们能监听到，南云肯定也能监听到。"这是一个事关中途岛之战命运的重大决定，继黑岛计划的无数漏洞之后，山本五十六亲自作出了这个错误决定，而中途岛之战的命运就是因这个决定而在开战前的晚上即告决定了。

南云没有捕捉到这个呼号。机动部队的通信设备以旗舰"赤城"号最为完备，而"赤城"号的接收天线是设在飞行甲板的两侧，在飞机需要起降时这些天线是被放倒到飞行甲板下面去的，此时的"赤城"号捕捉不了无线电信号。而和田少佐捕捉到来自"企业"号的信号时，"赤城"号的甲板上正在为即将起飞的飞机忙活着呢。所以山本五十六和联合舰队司令部知道中途岛附近已经有了美国航母，而南云忠一和机动部队不知道。

即便是捕捉到了"企业"号呼号的山本五十六和联合舰队司令部，也还不知道中途岛附近的美国航母不止"企业"号一艘，还有"大黄蜂”号和“约克城”号，总共3艘。3艘航母像顶着满脑袋虱子的叫花子一样，甲板上堆满了飞机，正等待联合舰队的大财主们前去施舍呢。

怎么会有这样的事情？

联合舰队的计划到现在全是黑岛一个人自说自话，尼米茨当然不让黑岛放手打个人小算盘，既然知道了日军的进攻目标和时间，又知道了日军的进攻计划是如此复杂，尼米茨就要在这里找漏洞了。

结果发现，必须在中途岛和阿留申之间作出选择，当时的美国海军力量不可能同时保卫这两个区域，尼米茨决定放弃阿留申群岛，只派了5艘巡洋舰和14艘驱逐舰加上6艘潜水艇去阿留申方向，守得住守不住都不追究责任。尼米茨要保卫的是中途岛。

和仍然沉溺于大舰巨炮的日本人不同，美国人已经知道了航母在海战中的作用。刚刚结束的珊瑚海海战已经证明了这一点，所以中途岛作战最主要的就是航母的运用。和航空母舰多得溢出来了的日本海军不同，美国在太平洋上的航母少得可怜。“萨拉托加”号还在西海岸修理，在6月1日以前无法起程前往夏威夷，尼米茨手头就只有“企业”号和“大黄蜂”号，再加上不知能不能用的“约克城”号，也就3艘。

实际上只被直接命中一发炸弹的“约克城”号能坚持到“不知能不能用”这一步都要归功于“天佑美国”那句话上去。“约克城”的烟囱坏了，油管漏了，倒霉的油轮还被日本人打沉了，但是“约克城”号最后还是挣扎着回到了珍珠港，而且是在5月26日，这已经就是一个奇迹。

为什么这个日子这么重要？因为尼米茨知道日本人的潜水艇看守线从6月1日开始就要运转了，如果在此之前出不了珍珠港的话，就再也出不去了。如果“约克城”号在6月1日以前能够挣扎着再坚持上一阵，尼米茨手头的兵力就完全不一样了。所以本来应该动大手术，好好疗养一下的重伤号“约克城”号，就只能先贴一张创可贴止止血继续上场玩命了。

5月30日，“约克城”号装着工程师和修理工具机械，顶着满脑袋当初“萨拉托加”号回本土时留下来的飞机，抢在日本潜水艇监视线开始运转之前出了珍珠港。

尼米茨的运气好得无以复加，就在这个时候"公牛"哈尔西还进了医院。"公牛"向尼米茨推荐的替补人选是一位只有4艘巡洋舰的第五巡洋舰舰队司令斯普鲁恩斯少将。尼米茨在用人上没有任何禁忌，他本人就是专门跳级晋升的，从少尉升中尉和中尉升上尉是同一天，后来干脆就不知道三颗星的中将肩章戴着是什么感觉——直接从少将海运局长升到了上将太平洋舰队司令。历史当然不容许假设，但是估计大家都会同意，即使真是哈尔西上了阵，就他那头蛮牛，起码不会比小心谨慎的斯普鲁恩斯干得更好吧。

"企业"号和"大黄蜂"号在5月28日离开了珍珠港，这样从6月1日才开始值班的日本潜水艇，就背朝着中途岛很认真地巡逻——这也说明两艘美国航母肯定全在港内，而"大和"号上的黑岛龟人先任参谋正在为美国航母会不会出来而发愁呢！

要说尼米茨也真不容易，加强防空火力这点倒还不难，加强航空能力就太难了。尼米茨把能搜罗到的飞机，不管型号，无论年代，都送到了中途岛，把这个小岛弄成了作战飞机博物馆似的地方。别说，这种清仓处理还真有用，如果中途岛的美军军机不是那么五花八门，速度杂乱无章，后来南云很可能还不会栽跟头。

6月5日凌晨1时30分（东京时间，当地日出时间为1时53分，日落时间为15时43分），第一航空舰队在中途岛西北大约210海里的地方，开始发出搜索侦察机和攻击中途岛的机群。

南云只派出了7架飞机对180度的区域做300海里扇形扫描。二航战司令官山口多闻不同意，说没准美国的航母特遣编队就在旁边，7架侦察机太少了，应该多派几架。但航空参谋源田实不同意。源田认为，一来附近不应该有美国航母，因为没有来自第六舰队潜水艇的联络；二来美国海军缺乏战意，很难想象美国人会以劣势兵力想方设法突破日本人的潜水艇防线前来挑战，这个侦察只是例行公事而已。南云司令官和草鹿参谋长当然同意航空专家源田的意见，山口多闻能够做的只是把自己的旗舰“飞龙”号再往北挪一点，以便和主队拉开一点距离。这么一点点距离几小时以后就成了一航舰还能进行反击、击沉“约克城”号的关键。

其实在日本海军中途岛大战惨败中，起决定作用的并不是什么其他因素，而是联合舰队从上到下这种对美国航母的所在位置，以及决定了这个位置的美国海军作战姿势的完全误读，用一句战史家的话说是“联合舰队已经被集体催眠了”。

所以7架侦察机中的“利根4”号机出发时间居然晚了半个小时，没有任何原因，仅仅是因为“一次例行公事，有什么了不起的”这种看法而已。而这30分钟的延误就使得及时发现美国航母舰队的机会消失了。

和侦察机同时，南云指挥下的4艘航空母舰上起飞的108架飞机朝着中途岛方向飞去，其中战斗机、舰攻机和舰爆机各36架，指挥官为“飞龙”号飞行队长友永丈市大尉。“赤城”号飞行队长、珍珠港的总指挥渊田美津雄犯了盲肠炎，刚刚动了手术在舰上的医院病房里呻吟；源田实也感冒高烧，没事就在房间休息。这时南云手里还有103架飞机待命，其中包括装好了鱼雷和对舰炸弹的43架舰攻机和36架舰爆机，这是黑岛叮嘱过的，到现在南云总还算记得这个叮嘱，虽然心里有点不以为然。

路上花了两个小时，友永丈市才到中途岛，结果却扑了个空，机场上没有飞机，港口里没有舰船，却有50架战斗机出来迎接。那时候美国飞行员还不是日本零战飞行员的对手，战斗下来，四十几架美军机被击落，而友永的损失只有2架。

友永在中途岛捣鼓了两小时以后发现，所携带的家伙无法破坏机场跑道，只好向南云长官发出了“需要第二次攻击”的报告，4时左右带队回母舰。

其实友永出发的时候和一架从中途岛起飞的美军侦察机擦身而过，这架美军机顺着友永的反方向找到了南云的一航舰。

一航舰也发现了这架美军侦察机，知道美军大批机群编队即将到来，也做好了准备。

02 一航舰完蛋了

从4时05分开始，美军飞机来了。奇怪的是，和正常的攻击行动不一样，没有很大的编队行动，而是滴滴答答地像水管接口泄漏似的往外冒，包括B－19在内总共大概50架各种飞机三五成群地来，整整折腾了两个半小时。这不是有意识的，而是杂乱无章的陆军航空兵就这么点能耐，但以后可以知道，这种扯淡式骚扰正是南云栽跟头的一个重要原因。

轰炸的效果可想而知，本来就不是大编队，而且还是比本来就不怎么样的海军航空兵更次的陆军航空兵，对南云舰队当然也就造不成什么威胁。两个半小时内没有一颗炸弹或鱼雷靠近过日本舰只，反而大多数美军飞机没能回去。

平常在“赤城”号舰桥上掌舵的是航海长，今天却是第一航空舰队司令长官南云忠一中将。虽然是航空的门外汉，但一航舰从开战以来的赫赫战果为南云带来了威望和名声，这次作战如果能够成功，大将晋升的时间就可以开始倒计时了，所以南云也十分重视这次作战，亲自掌舵，决心不让“赤城”号受一点伤害，要知道这是山本长官当过舰长的光荣舰。只见南云中将根据观测员报出来的敌人弹着点和鱼雷航迹，自信地发出操舵指令，同时熟练地回转舵轮。

一切都很正常，南云长官在等着中途岛攻击队的报告。

接到友永的报告后，南云在4时15分作出了一个致命的决定：正在待命的飞机全部更换兵装，换成对地攻击炸弹，随后等已经快到搜索最远处、眼看就要掉头返航的侦察机的最后报告到来，根据报告，换装待命的飞机作为打击中途岛的第二波力量出发。事实上这批飞机是黑岛叮嘱过不能动用的，而南云则把黑岛的叮咛看成后方参谋没有必要的过剩谨慎，在南云心目中，马上就要从侦察机上传来的报告肯定是：“未发现敌舰队。”而有一架飞机出发就晚了半小时这件事已经被南云忘得一干二净了。

应该这么说，虽然山本错误地向一航舰截留了发现美国航母的情报，但是一航舰本身被“中途岛周围不存在美国航母”的先入观集体催眠，才是以后一航舰昏招迭出的原因。

4时28分，从“利根”号派出的4号侦察机上发回来的报告是：“发现10艘看上去像敌人的舰艇，方位中途岛10度240海里，方向150度。”

南云觉得非常意外，但还是能够接受这个事实：中途岛周围有几艘美军零星舰艇存在不是不可能的。于是，南云的指示是：“判明敌舰种类数目。”5时09分，侦察机发来“巡洋舰5艘，驱逐舰5艘”的报告。

5时20分，新报告又来了：“敌舰队后面有疑为航母之舰只。”这下南云火了。

南云有理由发火。在南云看来，侦察机的素质简直低到了不能容忍的地步。珊瑚海海战以后，联合舰队对侦察机的报告很有怨言，宇垣缠参谋长的《战藻录》里面就有这样的话：“对侦察机报告的评论只有‘可悲’二字可以使用。”所以在南云看来，这次肯定又是侦察机在搞怪了，光天化日，朗朗乾坤，哪来的美国航空母舰，所以他的第一反应就是让侦察机再次确认。

这次的侦察机飞行员是半冤不冤。说他冤枉是因为这次没有犯上次把油轮看成航母的错误，这次看到的确实是航母；但这架侦察机还是没有辜负联合舰队侦察机飞行员的名誉——报告的方位和距离全部出错！

不管南云怎么有火，他不能也不敢否认这个报告，哪怕事后再一次证明侦察机还是看走了眼，现在他必须正视这个报告。南云根据侦察报告推断出来的数据是，美国有一艘航母离他200海里以上，这样的距离和兵力对比，对一航舰几乎构不成威胁。但是既然出现了航母就必须先发制人，抢在敌人攻击以前出击，不是军人也知道这个常识，更不要说南云中将了。

怪就怪在一航舰除了源田实就没有有能耐的人，源田实一病，一航舰那么多参谋居然没有人看出来这个位置根本就是在乱弹琴——报告的美国航母舰队位置根本就不在侦察机的航路上，如果美国人真在那个位置上，“利根4”号机应该是看不见的。

于是，南云又下令再次更换兵装，准备收拾了美国航母以后，再继续轰炸中途岛，同时向联合舰队司令部发出“5时发现敌航母一、巡洋舰五、驱逐舰五，位于中途岛10度240海里”的电报，告知自己准备先对付美国航母的计划。如果说位置问题还能归结为侦察机的错误的话，美国航母只有一艘可就完全只是南云自己的想象了。

这时南云的处境很艰难：准备第二波轰炸中途岛的飞机兵装已经进行到了一半多，现在是在战场上，只能在飞行甲板下面的机库里面干，本来就施展不开，加上天上一直有美国人捣乱，海里还有一艘美国潜水艇“鹦鹉螺”号跟着起哄。这艘在二战中得到过15枚勋章的英雄潜水艇是个贼大胆，钻到日本舰队的最中间冒出来朝日本人发射了两枚鱼雷。

当然没有击沉或击伤日本军舰，不过这不能怪“鹦鹉螺”号，问题很可能出在美国鱼雷上。当时的美国鱼雷几乎就是“别指望”的代名词，如果那时有个什么“最冒牌军火”评选的话，美国产鱼雷肯定能获此殊荣。歪打也能正着，日本还就倒霉在这个冒牌鱼雷上了。“鹦鹉螺”号的捣乱使得本来就乱的一航舰更加混乱不堪，所有的船都在不断做规避动作，晃来晃去，人都站不稳，工作进展比平时慢了相当多。袭击中途岛的机群还要返舰，掩护战斗机的油量现在也已经到了极限，需要降落。

空袭锡兰岛时的一幕现在又重演了，而且这次面对的是飞机和飞行员质量都比皇家空军要高的美国海军航空兵。

坏脾气急性子的二航战司令官山口多闻少将当即提出，不管现在飞机是什么兵装，能起飞的先起飞去炸了再说，就算炸不沉那艘航母，只要在它的飞行甲板上敲出来个凹坑，那航母就算被阉割了，以后再慢慢来炸，还怕它跑到天上去不成？再说山口多闻偷偷地在抗命，二航战的“飞龙”号、“苍龙”号各有18架共计36架舰攻根本就没有换兵装，随时可以出发。

听起来是个好主意，但这个主意还是行不通，讨厌的美国陆军航空兵持续了两个半小时的骚扰现在体现出了成效。陆军航空兵的“小学生”们虽然苦干了一上午，除了自己几乎全被日本人打到海里去了之外，没有任何具体成果，但是他们把南云手里的所有战斗机都吸引上了天！现在一航舰没有了可以出动护航的战斗机，没有战斗机护航的攻击，早在珊瑚海海战中已经证明就是白给。被持续不断的美国陆航搅得身心憔悴，已经不能正常思考了的南云听取了源田实的意见：把兵装换回对舰攻击，同时回收出击中途岛的飞机和主队掩护战斗机，然后整顿好队伍全体出动去砍那些美国人的头。

但是，像得到了阎王爷的大赦令，从地狱里蜂拥而出的小鬼似的美军此时已经到了一航舰的头顶了。

美国航母当然是3艘，而不是南云忠一和源田实想定的那样只有1艘，而且美军指挥官也不是“公牛”哈尔西，而是斯普鲁恩斯少将。

斯普鲁恩斯在出发前到医院里征求过他的恩人哈尔西中将对本次作战的见解。哈尔西对他说：“绝对不要暴露目标，一定要盯着日本人的航母，别的什么都不要去管。”

现在斯普鲁恩斯就是这样干的。

和南云忠一不同，斯普鲁恩斯知道他面对的起码有4艘日本航母，他必须抢在敌人前面发现敌人，在敌人开始攻击以前攻击敌人，否则按照他的兵力数量和质量，是胜不了面前的日本精英飞行员们的，这是在珊瑚海已经被证明了的。

为了克服美国鱼雷机作战半径只有150海里的缺点，斯普鲁恩斯甚至把飞机的起飞延迟了一个小时，这样起码也可以把和日本舰队的距离缩短30海里左右，因为侦察机报回来的日本舰队所在位置是西方偏南175海里。事实证明，这一个小时是非常重要的，侦察机报回来的地点和日本舰队的实际位置正好有30海里的误差！和牛气冲天的日本人不同，斯普鲁恩斯就是在这样苦心经营，决不吝惜什么，但也决不浪费什么，一切都恰到好处。

4时30分，斯普鲁恩斯从“企业”号和“大黄蜂”号起飞了117架飞机，其中TBD鱼雷机29架（“企业”号14架、“大黄蜂”号15架），SBD俯冲轰炸机68架（“企业”号33架、“大黄蜂”号35架）和护航的F4F战斗机20架（“企业”号10架、“大黄蜂”号10架）。在准备进入战斗之前，斯普鲁恩斯没有忘记拉开“企业”号和“大黄蜂”的距离，各自构成独立的桶形防御圆阵。至于“约克城”号，本来就是以第十七特遣舰队的形式在独自行动。

相对于“运去英雄不自由”的日本人，美国人可以说是“时来天地皆同力”。本来，斯普鲁恩斯无可奈何地打破了一系列惯例的结果是使美国的低级飞行员们乱作一团，编队混乱、迷失方向的飞机和机群迭出，虽然美国人不屈不挠地从早上一直攻击到现在，但还是没有对一航舰造成任何伤害。

直到7时15分为止，中途岛战场上还是日本人完全胜利。美国人的鱼雷和炸弹没有一发击中日本军舰，相反，被日本人击落的美国陆航海航飞机加起来已经超过了100架。日本人只要再坚持一下，真的只要几分钟——美国人的鱼雷机已经完蛋了，“大黄蜂”号的俯冲轰炸机迷了路，现在只要熬过“企业”号的俯冲轰炸机，就应该是日本的舰攻和舰爆回过头来报复了。

但是，“企业”号的俯冲轰炸机还没有到场，还有“约克城”在5时30分起飞的12架TBD鱼雷机、17架SBD俯冲轰炸机和6架F4F战斗机呢。

“企业”号的俯冲轰炸机群到了侦察机报告的地点上空以后，对着机翼下面的茫茫大海，指挥官克拉伦斯·马科拉斯基二世少校做出了一个后来被尼米茨赞扬为“中途岛海战中最重要的”决定，就是向北搜索。天佑美国，在偏北大约40海里的地点，马科拉斯基二世少校看到了排成菱形的4艘航母，最前面是“加贺”号，左边远处是“赤城”号，右边远处是“苍龙”号，在更远的北方，能够看到“飞龙”号。少校一声令下，机群分成两部分，向面前的“加贺”号和“赤城”号扑了下去。

美军的轰炸战术还是使用一字纵队方法，理由很简单，训练不足的美国飞行员还无法进行各自为战的俯冲轰炸，没有向导机，很可能他们都不知道什么时候应该松开投弹手柄。

距离最近的“加贺”号首先被攻击。呼啸而下的SBD无畏式俯冲轰炸机投下的炸弹中有4颗1000磅炸弹命中了“加贺”号，其中一发正好击中了舰桥塔台旁边正在给战斗机加油的油罐车。爆炸的气浪掀掉了舰桥塔台，舰长冈田次作大佐当场身亡，燃烧的大火引爆了因为更换兵装而堆得到处都是的鱼雷和炸弹，“加贺”号成了一个火球。

“赤城”号直接中弹两发。直接命中的两颗炸弹的落点都相当刁。第一发击穿了飞行甲板上没有装甲保护的电梯间，在甲板下面的飞机仓库里爆炸，从而引爆了其余爆炸物，第二发击中船尾炸坏了舵机，使军舰无法操作。

此时是7时20分。

“约克城”号上起飞的飞机比“企业”号和“大黄蜂”号上的晚了一个小时，但是老天开恩，“约克城”号飞行队一路天气良好，一点没迷路地正好在此时赶到现场。没有事先商量好的配合，也没有复杂的战斗计划，一切都是偶然。正好就在二航战的注意力被一航战受损吸引的时候，不知怎么回事“约克城”号的复仇天使们会出现在东方，背靠太阳，对于防空火力来说这是最难处理的角度。现在这群从那艘奇迹般地出现在战场上的航空母舰上起飞的飞行员，像一群怨灵一样要洗刷一个月前战败的耻辱。从高空俯冲而下的“约克城”号飞行队的突然袭击，虽然付出了一半以上被舰上防空火力和掩护战斗机击落的代价，可是“苍龙”号中弹4发起火爆炸。“约克城”飞行队还是成功地报了仇。

此时海面上出现的是3团巨大的火球，司令官南云忠一中将生死不明，第八战队长官阿部弘毅少将根据条令接管指挥权，在旗舰重巡“利根”号上升起了指挥旗。此时二航战司令官山口多闻少将从一开始就和主队拉开了距离的、现在唯一无伤的航母“飞龙”号上向阿部少将请求“飞龙”号飞行队立即起飞，得到了批准。这样7时58分，“飞龙”号的18架舰爆机，在6架加好油的战斗机护航下冲向美军航母。

“飞龙”号的第一次攻击队起飞后，跟着返航的美军俯冲轰炸机在9时左右找到了正在收容舰载机的“约克城”号。正常情况下，只有4架战斗机护航的轰炸机向一艘航母发动攻击几乎是不可能的（6架战斗机中有2架起飞后由于机械故障返回了母舰），搁平时大概日本舰载机不会取得任何战果。但这次不同，起飞时看到的3团大火意味着什么大家都知道，现在不是在执行什么轰炸任务，而是在拼命。他们攻击的目标“约克城”号上空有美国3艘航母能出动的所有战斗机，总共30架。日本舰爆机被击落13架，但还是有5架穿破了美军的防空圈，向“约克城”号投下了炸弹，命中3颗，命中率居然达到60%。

这时候山口多闻的“飞龙”号还在南下。山口想哪怕早一分钟接回出击的幸存者，来组织下一次攻击也是好的。现在的山口相信美国人有两艘航母，却不知道美国人一共有3艘。10时30分，山口又出动了10架兵装为鱼雷的舰攻机，用收容过来的6架“赤城”号战斗机护航，在友永丈市大尉的指挥下，起飞去寻找侦察机发现的“另一艘美国航空母舰”。

第二波攻击队在11时31分发现了这艘美国航母，在付出5架舰攻、2架舰战的代价后，终于成功地击中了3枚鱼雷。驾驶着已经受伤了的97式舰攻机的友永丈市大尉在生还无望的情况下向航母撞了上去。

这时山口多闻的结论是：“敌人有3艘航母，其中2艘遭到我重创，现正在寻找第三艘。”

山口多闻错了，这两波攻击队所攻击的都是“约克城”号。不要忘记“约克城”号是像个浮动修理工厂似的到了中途岛，上面要人有人，要材料有材料，要机械有机械，在受到“飞龙”号第一波攻击后不但没有瘫痪，反而仍然航行，甚至连甲板损坏都修补好了，可以起降飞机，所以后赶到的第二波攻击队没有怀疑那是已经受到过攻击的航空母舰，还以为是另外一艘。

山口多闻还在准备第三波攻击队，但手头已经没有飞机了，这两次攻击的生还者一起算上，也就仅能收拢14架舰攻机和舰爆机，这是所有的家当了，要好好把握。有趣的是，这时山口手里倒能筹齐14架零战，所以山口准备天黑时进行偷袭，这样可以减少一点损失。

与此同时，美国的另外两艘航母“企业”号和“大黄蜂”号正在满世界找他呢。终于在14时01分，来自“企业”号的24架俯冲轰炸机找到了“飞龙”号，接着是来自“大黄蜂”号的16架。“飞龙”号中弹4颗，成了火龙。

03 噩耗传来以后

7时50分，“大和”号上的联合舰队司令部收到了阿部弘毅少将发来的电报：“受到敌陆上攻击机和舰上攻击机攻击，‘加贺’号、‘赤城’号、‘苍龙’号起火，‘飞龙’号在向敌航母攻击，机动部队先向北方退避，集结兵力。”

司令长官山本五十六的脸扭曲得变了形：“嗯。”

黑岛听到这个噩耗，一下子就栽倒过去，趴在桌子上不能动弹了。

一直受到山本五十六冷遇，被黑岛看不起的参谋长宇垣缠冲上了舰桥，从航海长手里接过了舵轮，亲自掌舵。在长官室里面还没有扯出淡来以前，宇垣缠已经把航速提高到了20节，向中途岛冲了过去。

几分钟以后，黑岛又跳了起来，对山本五十六说：“现在只能让近藤赶紧向南云靠拢，赶上去准备夜战，同时命令角田部队四航战的‘龙骧’号和‘隼鹰’号急速赶来争取全歼美国航母舰队。”

黑岛这时扯出四航战基本是大脑受了强烈刺激以后说昏话了。近藤信竹离南云有300海里，而远征阿留申的四航战则在1000海里之外，何况南云根本就没有前进，还在继续后退。

南云没有死。从阿部手里收回了指挥权的南云拒绝了阿部和近藤有关一航舰全速前进，和美军拼命打夜战的建议，理由是没有飞机掩护的军舰单独前进太危险，说要等待“飞龙”号的飞机回来后清点数字完再说，脚下可没有减慢北退的速度。

公平地说，当时南云是不是北撤对中途岛海战的最后结果并没有影响。因为“约克城”号被击沉以后，弗莱彻已经把美国舰队的全部指挥权交给了斯普鲁恩斯，而斯普鲁恩斯的命令是向东退避，和日本舰队脱离接触。因为斯普鲁恩斯首先并不清楚在这个海域到底有几艘日本航空母舰，再说疲惫了的舰队也打不了和日本海军的水面战，他不打算给日本人机会，有什么话明天天亮以后再说。

但南云的后撤把“飞龙”号单独暴露在两艘美国航空母舰面前。如果一航舰的剩余舰只和飞机能排出像美国航母舰队那样的圆桶形阵势，“飞龙”号被突袭的可能性就减少了很多。

山本一开始还抱着扳本的打算，准备集中全部兵力攻击中途岛，继续捕捉美国航母舰队，但在得知“飞龙”号也完蛋了的消息后改变了主意。

而黑岛还要冲上去打夜战：“不能不战而逃，后退敌人也会追击，前进也是死，后退也是死，应该选择战死才对。”

这时舰桥上的宇垣参谋长从传声管道里说话了：“先任参谋，现在已经24点了，这个地方4点钟天亮，即使现在就已经开打了，你有把握在4小时之内解决战斗？4小时一过敌人的陆航和海航将蜂拥而至，夜战是不现实的。”

中途岛作战计划是黑岛制定的，所以他无论如何不肯接受这个计划已经破产了的现实。黑岛转过身来对山本五十六说：“长官，即使不能夜战，我们也要冲过去，由近藤做掩护，我们的3艘战列舰和轻型航母‘凤翔’去攻击中途岛，掩护陆军登陆。”

山本终于开了口：“甘地，你在海大没学到这个道理：舰炮永远不是岸防要塞炮的对手？”因为黑岛长得又黑又老，所以山本称呼黑岛为“甘地”。

黑岛不服：“我知道这个道理，但是中途岛不是什么要塞，它没有岸防要塞炮。”

山本一摆手：“甘地，这次海战已经结束了，为时太晚了。和下将棋一样，该收兵的时候不收兵，只会输得一干二净。”

黑岛还要做最后的努力：“长官，‘赤城’号还没有沉，如果被美国人拖走，那将是帝国的奇耻大辱。”

山本转过身来：“我曾经是‘赤城’的舰长和一航战司令官，我来负责处理‘赤城’号。”

此时司令部内人人泪流满面，包括正在舰桥上操舵、从传声管道里听到这一切的“黄金假面”宇垣缠参谋长。

中途岛一战，联合舰队损失惨重。一航舰的主力一航战、二航战两个航空战队的4艘航空母舰全沉入海底。最早沉没的是“苍龙”号，16时15分，在用拳头拒绝了离舰的舰长柳本柳作大佐“万岁，苍龙！”的高喊中沉入海底；10分钟以后的16时25分，已经失去了舰长冈田次作大佐的“加贺”号沉没。“赤城”号舰长青木泰二大佐是被一航舰司令部的参谋们硬绑架下舰的，如果“赤城”号不是旗舰，没有比舰长更大的官，青木大佐也就下不来了。“赤城”号后来在第二天6月6日0时50分由第四驱逐队的4艘驱逐舰“岚”号、“荻风”号、“舞风”号和“野分”号根据山本五十六的命令用鱼雷击沉。

“飞龙”号舰长加来止男大佐殉舰之时，二航战司令官山口多闻不但没有制止，反而和加来一块等死。二航战先任参谋伊藤清六中佐对司令官说：“要分手了，留点什么做纪念吧。”

山口想了想，摘下了头上的战斗帽给了伊藤参谋。

驱逐舰“卷云”号本来还试过把“飞龙”号拖回去，发现根本就拖不动。6月6日2时10分，“卷云”号发射鱼雷将“飞龙”号击沉。

栗田健男少将带领的由重型巡洋舰“熊野”号、“铃谷”号、“三隈”号和“最上”号组成的第七战队此时还在前往中途岛，准备炮击，接到炮击终止的命令后后转，黑灯瞎火的“三隈”号和“最上”号撞到了一起，结果受伤不能动弹。由于害怕美军飞机再来，栗田少将就只留了驱逐舰“朝潮”号、“荒潮”号做伴，自己赶紧跑了路。天一亮美国人真来了，于是在沉船名单上还要加上重巡“三隈”号和驱逐舰“荒潮”号，战死高级军官名单里又加上了一名殉舰的崎山释夫大佐。

整个中途岛海战，到最后美国人就被日本潜水艇击沉了航母“约克城”号和护卫的驱逐舰“汉曼”号。

双方损失的飞机数量是，日本的322架对美国的150架；人员损失是，日本的3500人对美国的307人。

日本海军最优秀的精英飞行员在半天之内毁于一旦。从太平洋战争所告诉人们的“制空权决定一切”这个意义上来说，日本海军从1942年6月5日开始就已经是末路了，因为日本没有能力补充它损失的飞行员。

损失了那么多航母、飞机，当然让日本人觉得心疼，但古怪的是，当时的日本海军唯一没觉心疼的居然是人员损失。

这没办法，用勇敢和生命来争取胜利是所有穷国无可奈何的唯一选择，生产不出足够的武器装备就只有用人命来换了。日本人在日俄战争中就用人命换来了旅顺，换来了黑沟台，所以他们相信自己的经验：只要有足够的人命，他们还是有取胜的希望的。当时的日本还正为而且很为无法喂养庞大的人口而烦恼，在向南北美和“满洲国”大量移民，他们没有理由去担心他们唯一拥有的资源——人口，而且是很勇敢的人口。

但是飞行员和普通人不一样，那是用时间、设备和油料堆起来的。而现在，没有时间，没有设备，也没有油料，怎么堆？

美国人怎么就能源源不断地补充飞行员，像吹泡泡糖似的弄出了一个大空军？人和人是不一样的，美利坚人是一个On Wheel（轮子上）的民族，那时候已经基本上人人会开汽车了，对机械没有陌生感，而日本人那时连火车都没有见过的还大有人在呢。美国有广袤的国土可供飞行员训练，有大量的油可让飞行员烧，有大量的飞机可供飞行员摔，日本没有。这样的情况下，几百名身经百战的老练飞行员集体去了靖国神社，这场战争如何继续？

怎么会有如此大败的？

本来黑岛的计划就是房上架屋，复杂不堪，把个登陆作战弄成了人人参加的海军狂欢节，通信密码又全被美国人破译，开战以后连战连胜的日本还既轻敌又骄傲，山本五十六截留了重要的美国航空母舰的情报，加上还有一位南云忠一，失败的条件是全有了。

具备了失败的条件并不一定绝对会失败，胜利者还要有胜利的运气。中途岛海战与其说是日本人的不走运，倒不如说是美国人的走运。重型巡洋舰“利根”号上起飞的4号侦察机如果不是晚了半小时的话，日本人就可以早一个小时发现美国航母。

美国舰载机的进攻时间也恰到好处。一直有一种“命运的5分钟”的说法，指的是如果南云还有5分钟的话，他的机群就可以起飞去攻击美国航母，这样就算3艘日本航母仍被美国人击沉，但是3艘美国航母要想全身而退也不容易，起码中途岛海战的结果不会出现一边倒的日本完全失败。

现在对这个说法抱有疑问的人居多数。但所有正式的战史，包括日本防卫大学的海战史教科书上都认为，如果美军的进攻再晚30分钟的话就不会那么成功了。

美军的弹着点也不禁让人想起日俄战争中，黄海海战那一发击中“太子”号舰桥的炮弹，“加贺”号正好被直接击中加油车，而“赤城”号正好被击中最薄弱的电梯间，如果不是这样，还不至于一颗炸弹就让几万吨的航空母舰沉没。

美国人的运气还体现在哈尔西进了医院，如果是哈尔西来指挥，很可能结果就不一样。在攻击“飞龙”号以后，斯普鲁恩斯急速往东退却，脱离了与日本舰队的接触。而按照“公牛”哈尔西的脾气，很可能不会这么干，这时南云如果和山口多闻并肩前进，双方只有90海里的距离，打上一场海上炮战完全可能。

运气是自己挣出来的，不走运也是自己找出来的。退一步说，即使“命运的5分钟”的说法成立，人们还是要问：又是什么原因把南云的第一航空舰队，或者说联合舰队，甚至可以说整个日本海军的命运压缩到了这5分钟之内？

应该说，是斯普鲁恩斯的果断谨慎，是美国陆航飞行员们的勇敢、执着和牺牲，当然也是美国人的运气。所以，那个“命运的5分钟”是不成立的。

有关中途岛大败，一直到一年以后还有余波。1943年8月，军令部向下属各舰队颁发过一篇叫作《航空母舰的舰队防空问题》的论文。这篇论文在分析了日美舰队的航空进攻火力和防空火力以后指出，舰队中最容易遭受攻击的是航空母舰，要保护航空母舰舰队不受美军舰载轰炸机的攻击，需要100架战斗机。而当时的一航舰4艘航母加起来只有70架战斗机（“加贺”号16架，其余各18架），还有36架去了中途岛。

就是说当时的一航舰被炸沉是理所当然的。

这篇论文下发后引起了强烈反响。因为这篇论文成文于奇袭珍珠港前的1941年10月，作者是海军大学校的教官高木惣吉大佐。人人都在问：“为什么一年之前不发下来？”

日本人的轻视防御可能是遗传因子的一部分。这个观点的由来也有其客观原因，防御是很花钱的东西，山本五十六本人在开战以前也提出过“没有3000架零战无法开战”的观点。但是如何凑齐这所需的3000架呢？正因为战斗机是防御武器，所以“战斗机无用论”在海军是很有市场的，山本五十六、大西泷治郎、源田实，还有一个战败以后还在厚木基地煽动叛乱，最后上了海军军事法庭的小园安名大佐，这些海军航空兵的有名人物全持有过这样的观点，所以高木的论文不可能得到重视。山本五十六不死，这篇论文可能根本就不会下发，但是现在下发也没有用了，就算知道了应该配备的战斗机数量，也没处找去。

这就是因为比别人多打了几年不对称战争而在技术上显得优秀，实际上国力贫穷的日本航空兵的宿命，诺门罕的陆军航空兵是这样，太平洋战场的海军航空兵还是这样。

联合舰队撤退了。在回广岛湾的途中，“大和”号停了下来，等待一航舰的幕僚们从旗舰“长良”号巡洋舰上坐汽艇到联合舰队司令部来汇报。

来的是参谋长草鹿龙之介少将，先任参谋大石保中佐，航空参谋源田实中佐。司令官南云忠一中将因为战败，精神还处于不安定状态，在草鹿参谋长的劝阻下没有来。

草鹿参谋长的脚负了伤，是用担架抬上来的。

如果目光可以杀人的话，草鹿早已被黑岛亀人杀死过无数回了。黑岛还真是想杀他：“发现美国航母以后的两小时你们在干吗？再三嘱咐让你们保留一半飞机，用来防备美国航母。但是呢？老实告诉你，今天你说不出来，我劈了你。”

说着话，“啪”的一声，黑岛把抽出的军刀拍到了桌子上。

草鹿一直就只有一句话：“对不起，对不起，对不起，……”

山本开口了：“甘地，不要发火了，全部都是我的责任。”

草鹿吃力地从担架上欠起身来，流着眼泪说：“本来不应该活着回来，但我们想报仇，如果可能，法外开恩，给我们一次机会，让我们还能去报仇，拜托了。”

山本眼圈也红了：“知道了。”

就这样，中途岛大败，没有任何人承担责任，没有任何人被解职或辞职，一航舰被解散，原班人马重新编成了第三舰队。

最后作为第二战队司令长官，带着“大和”号去冲绳作自杀攻击的伊藤整一中将在担任海大校长的时候就公开说过：“中途岛战败的时候长官就应该切腹。”这种想法很自然，日本人有切腹自杀以谢罪的文化传统，日俄战争之前，西乡从道就给山本权兵卫出过先挪用经费，如果议会追查起来就切腹自杀的主意。可是现在的日本海军已经不是40年前的那支海军了。现在的日本海军仅仅是一个相互推搪、得过且过、你好我好大家好的官僚机构罢了。

另外，它还是个挺无耻的官僚机构。山本说是他负责任，其实他根本就不想负责任，于是就大家都集体忘记这件事，再向国民撒个谎，这事情就过去了。

大本营海军部，也就是军令部最后发表的战果是这样的：“击沉敌航空母舰2艘，敌机约120架，我方损失航空母舰1艘，另有1艘航空母舰、1艘巡洋舰受创，35架舰载机未归还。”怎么听怎么是一场大胜仗，这是一直到现在还是“撒谎”的代名词的所谓“大本营发表”的开始。当时有个叫德川梦声的有名艺人在日记里是这样写的：“就是说我们已经击沉了8艘英美航空母舰中的6艘，战争快结束了。”

日本人做事挺认真，老百姓在那儿一笔一笔地记着账呢，锡兰岛1艘，年初潜水艇1艘，珊瑚海2艘，现在中途岛又是2艘，英美加起来也就只剩2艘航空母舰了，可不是战争就要结束了吗？

要骗就骗到底，日本海军不仅骗老百姓，就连参谋本部也被海军蒙在鼓里，不知道中途岛大败这件事的细节。参谋本部从一木支队没上中途岛推出海军大概在外面撞了墙的结论，但没想到一航舰的两个精锐航空战队全军覆灭，战力一下子下降了一半以上这个事实，后来到瓜岛战役的时候才弄清楚这件事。

吃一亏长一点见识，要说中途岛以后日本海军没有一点变化也不是事实。1942年7月14日，日本海军发表了第三舰队的编制。第三舰队下属两个航空战队，第一航空战队以航空母舰“翔鹤”号、“瑞鹤”号加上“瑞凤”号组成，第二航空战队以“龙骧”号、“隼鹰”号加上“凤翔”号组成；一个由高速战列舰“比睿”号、“雾岛”号构成的第十一战队；还有两个重型巡洋舰战队，包括第七战队的“熊野”号、“铃谷”号和第八战队的“利根”号、“筑摩”号；轻型巡洋舰“长良”号带着4个驱逐队组成了第十战队。

这不就是原来的一航舰吗？

基本上就是这样。除了两艘高速战列舰“比睿”号和“雾岛”号这次是正式编入之外，基本上就是原来的编制，就连司令官也还是南云忠一中将，参谋长还是草鹿龙之介少将，当然幕僚换了几个，增加了作战参谋和炮术参谋的编制，把原来通信参谋的名字换成了情报参谋。就这些小变化，若说是换汤不换药，说是仅仅就是换了一块招牌也未尝不可。

换了招牌说明日本海军在用兵思想上有了一定的转换。原来的一航舰不是单独的舰队，处于配合的地位。虽然实际上一航舰本身并没有过被其他舰队指挥的历史，但珊瑚海海战时的五航战就是被井上成美的第四舰队指挥，这次阿留申作战时，四航战还是被第五舰队指挥。这时日本海军把海军航空兵仅仅看成一个支援兵种，海军的中心还是大舰巨炮的战列舰。所以这次编成的第三舰队意味着日本海军终于承认航空兵能够和其他兵种平起平坐了。

日本海军这次算是彻底想通了，真正航空主兵了，再也不搞大舰巨炮了，要上正路子了。

但是实质上呢？还是上不了正路子。首先是思想上的原因，班子没有换，中途岛惨败，没有任何人负责，军令部还是那个军令部，联合舰队还是那个联合舰队，山也还是那座山，梁也还是那道梁，当然第三舰队也还是那个一航舰。

其次，最根本的原因是日本人还是那个日本人。这种处理方法不稀奇，可以说是日本民族思维方式的一个重要特征：只重视Process（过程）而对Result（结果）无动于衷。对手美国人则不同，珍珠港事件10天以后，就解除了金梅尔上将的职务，并不因为这是一次日本海军背信弃义的突然袭击而对金梅尔讲点情面。

再次，就是物质上的原因了。现代战争受物质要素制约的程度极大，当然物质基础不是决定战争胜负的唯一条件，但是没有坚实的物质基础绝对不可能取得战争的胜利，这已经被20世纪以来所有的全面和局部战争所雄辩地证明了。而当时的日本就是无法提供或得到这个物质基础。

04 海运才是海权的真正体现

赌博是要赌本的。

开战初期，日本帝国财大气粗，握有的赌本超出了美国和其他同盟国的总和。开战后，日本帝国的连战连胜又使得同盟国方面的资本大为缩水，形势对日本人很有利。

但是中途岛一战使这个形势翻了过来。一场战争下来，日本帝国的赌本蚀去不少。“蚀去”仅仅是说日本帝国的赌本在缩水，并不是说日本帝国就要到破产的地步了，不但还没有到危机的地步，而且就现在来说，在太平洋上日本帝国的实力还大大超过了美国。

但这里面有一个问题，就是日美两国在工业能力上的差距决定了战争的结果并不单单体现在战场上。本来在实力比较方面就处于劣势的美国，由于战争一开始时日本的突然袭击而变得更加虚弱，但是就像山本五十六所预言的那样，强有力的美国工业制造能力将迅速填补这种差距。

美国本土的造船厂以日本人无法想象的规模和速度像捏饺子一样地制造航空母舰，让日本海军望而生畏的“埃塞克斯”级航空母舰在美国人那儿就完全被泡沫化了，根本不值钱。无论日本海军如何努力，那艘被切切实实击沉了的美国航空母舰，总是隔不了多久就会像幽灵一样又在某个战场的什么角落里出现了，对于日本海军说来，美国人的某一艘航母就是一种永不消逝的东西。

比如“列克星敦”号沉在了珊瑚海，可是美国人把弗吉尼亚的诺斯罗普格鲁曼造船厂船台上的“卡伯特”号更名“列克星敦”号送到了太平洋，只不过从CV－2变到了CV－16；“约克城”号沉在了中途岛洋面下，船台上的“好人理查德”号就成了“约克城”号，编号也从CV－5成了CV－10。同样的“胡蜂”号从CV－7到CV－18，“大黄蜂”号从CV－8到CV－12，也都是让日本人以为看见了幽灵。

如果说中途岛之战中，美国人在万般无奈的情况下不得已只给“约克城”号贴了一张创可贴就让其重新上了战场的话，那么对于日本人来说在大多数情况下，连贴创可贴的方法都是一个可望而不可即的奢侈期待。

双方的工业生产能力相差太远了。

日本人为了资源赌上了全部身家性命不惜和英美一战，其目标就是南洋的战略资源。当时日本人的任务分为三个步骤：1．占领南洋的资源地带；2．开发南洋的资源；3．将开发的资源运回日本。其余的所有行动都是为这三步服务的。

在占压倒优势的日本陆海军奇袭攻势下，英美无法阻挡日本人实现前两项任务，只能眼睁睁地看着日本人肆无忌惮地占领了从海南岛经马来到荷属东印度的资源地带，掌握了包括橡胶、锡、铝矾土、铁矿石和原油的全部日本所需要的战略资源，同样也只能眼睁睁地看着日本开始开采和开发。因为英国和荷兰殖民者逃跑得那样匆忙，几乎没有实行坚壁清野的破坏行动，荷兰人甚至把巨港炼油厂的全幅图纸都留给了开战三个月以后才到来的日本伞兵，仅仅来得及在炼油厂放了一把火。

所以战争刚开始的时候，日本的资源需求得到了满足。陆军省对所谓南方石油的希望是“开战第一年30万吨，第二年100万吨”。实际上光巨港油田一处在1942年就生产了165万吨原油，而1943年的产量则达到了360万吨。

生产还仅仅是走完了第二步，不把原油及其他资源运回日本，资源就不会变成战斗力。但到日本人开始往国内运东西的时候，英美人则开始了行动。有趣的是，日本人在实行前两项行动时预计到了英国人、美国人的抵抗，但此时似乎忘记了这条运输通路是英美不惜一切代价也一定要切断的重要战略通路这一个事实。第二次世界大战是一次国家间工业力量的绞杀战，从根本上说第二次世界大战比试的不是什么作战部队的战斗力或者指挥官的智慧，参战国较量的是国家的综合国力，这一点在太平洋战场反映得尤为突出。所谓工业力量首先是对资源的拥有和运用能力，日本人为了资源发动了太平洋战争，但在开战以后却似乎忘记了当初为什么开战，日本式思维方法中过程和结果的矛盾又一次体现了出来。

这就是太平洋战争的一个最重要的方面：航路作战。不知道是因为日本海军的疏忽还是无知，在日本海军的作战词汇表中根本就没有航路作战这个词。而英美是存在了几个世纪的海洋民族，他们不仅仅创造了海权这个名词，还知道海权的最终体现方式是在航路作战而不是大舰巨炮的对轰，那种对轰仅仅是为了航路作战的胜利而已。

太平洋战争是一场用新手段实现旧概念的战争，战争的由来和结果无可辩驳地证明了海权理论概念的正确性，但是战争的经过又表明了海权的争夺必须采取最新的手段。太平洋战争最重要的战场在海上，但是又几乎没有过真正传统意义上的海面争夺战，争夺的战场是在空中和水底。

日本海军在开战以前就掌握了这两个空间所需要的武器。日本人在潜水艇方面下的功夫不比飞机少，但是整个太平洋战争中，日本潜水艇却没有取得能和日本飞机媲美的战果，甚至可以这么说，日本潜水艇没有发挥什么作用这件事本身就决定了日本无法赢得太平洋战争。

作为海上力量的一个种类，潜水艇是一种十分可怕的武器。当年日俄战争中俄国远东舰队司令马卡洛夫在旅顺港外触雷身亡时，旅顺港里的谣言首先是这是日本潜水艇干的。但那次倒确实是水雷而不是潜水艇，俄国人的谣言只是惊恐之余的过剩反应。然而当时日本人倒是确实已经拥有了潜水艇。

日本海军迷恋大舰巨炮的怪癖其实有点“距离产生美”的心理因素在里面。大舰巨炮是好，但耗资也同样巨大，不是日本这么一个贫穷的小国能够支撑的，所以只要有据说能对付别人的大舰巨炮的武器，日本人就会毫不犹豫弄过来试一试，引进飞机是为了对付战列舰，引进潜水艇也是这样。

围攻旅顺港的时候，日本人已经从现在通用动力公司的前身美国电船公司（Electric Boat）进口了5艘“霍兰”级潜水艇。卖武器给交战国一方是违反国际法的，因为美国不是日本的盟国，已经宣布中立了。但是虽然已经离开了欧洲老家，却还保留了讨厌俄国人的欧洲脾气的美国人才不会让什么国际法捆住手脚呢。他们通过拆零转卖的方法，辗转把这5艘潜水艇给了日本人。在日俄战争中看不到潜水艇，那是因为日本人正在横须贺的海军工厂里忙着装配收拢来的散件，没赶上罢了。

从第六艘潜水艇开始，日本人就试着国产化了。艇长佐久间勉大尉是海兵29期的，和米内光政是同学。1910年4月15日，第六艘潜水艇在山口县近海的半潜训练中失事沉没，包括佐久间勉大尉在内的全部14位官兵战亡。两天后，人们在打捞起来的第六艘潜水艇内发现，和一般潜水艇事故时死者都拥挤在出口附近不同，第六艘潜水艇上的所有人都在他们应该在的岗位上。佐久间勉大尉更是很认真地记录了事故的原因、过程，以及尝试过的解决方法和将来的改进点，之后是向从小学的恩师开始的先辈们致谢，然后安详去世。

被尊为军神的佐久间勉的笔记现在还收藏在广岛县江田岛海军兵学校旧址上的海上自卫队教育参考馆内。这件事可以说明日本海军的军纪、海军军官的素质，但也可以有另外一种解读方法。

那就是潜水艇的艰苦和危险。

不能不说是这个角度的解读，造成了日本海军在潜艇战中的大失败。

日本人对潜水艇的看法是：能够隐蔽地接近敌人，出其不意地发动偷袭，还有相当大的生还希望。潜水艇的主要攻击武器——鱼雷则是所有水上舰只的最大克星，除了速度受到较大的限制以及相互之间的配合行动比较困难之外，潜水艇简直就是战列舰的头号杀手。但这两个缺点也不影响潜水艇作为配合主力舰队行动，执行对付美国优势舰队“渐减攻势”的头号选择。

兵器的性能是公平的，你能用这些性能去攻击敌人，反过来，敌人也能用这些性能来攻击你，这是一个常识。

但这个常识在日本海军里不通用。从第六艘潜水艇的事故开始，日本人在为佐久间的表现而自豪的同时，又很自信地认为，潜水艇这种又艰苦又危险的武器就只有一不怕苦和随时准备为天皇效忠的帝国军人才能使用，而像美国那种崇尚个人自由，贪图安逸，追求享乐，精神颓废的国家是用不了这种武器的，所以只有日本用潜水艇打美国人的准备，不会有美国人用潜水艇打日本人的可能。

沉醉在自我催眠之中的日本人又一次错了。

12月31日，1941年的最后一天，切斯特·W.尼米茨就任美国太平洋舰队司令。就任时，尼米茨的可怜旗舰是一艘排水量不到1500吨的潜水艇“鳟鱼”号。尼米茨本人信誓旦旦，说这件事与自己出身于潜水艇，出于念旧而给了一般根本不可能获得如此荣誉的潜水艇一点照顾毫无关系。尼米茨的话似乎是可以相信的，因为当时看起来确实没有其他的水面军舰可以供尼米茨选来当旗舰，所有的战列舰、重型巡洋舰，甚至轻型巡洋舰不是被日本人击沉，就是在美国本土的西海岸修理，尼米茨手里就只有二十几条潜水艇。美国人的反攻是从潜水艇开始的。

现在也还是这样，当时更是如此，日本的所有命门也都捏在美国人手里，只要美国人愿意，随时可以置日本人于死地。被称作工业血液的石油是这样，废钢铁也是这样。一般来说，用废钢铁炼出来的电炉钢的品质不如用生铁炼出来的转炉钢，可是当时日美钢铁生产技术的巨大差异，使得日本人用从美国进口的废钢铁炼出来的电炉钢的品质比自己用生铁炼出来的转炉钢的品质还要好！从禁运废钢铁到禁运石油，就是美国对日本采取的最有效的卡脖子政策。

退一万步说，美国不采取禁运政策，什么都敞开了供应，是否有其他方法卡住日本人的脖子？答案居然还是“有”。

日本是一个没有资源、没有市场的岛国，需要从海外运入原料和半成品经过加工以后再销往海外市场。这种生产流通方式除了需要原料和产品销售市场之外，还极大地依赖海运能力。

所有的大国都是海运大国。日本当时也算个大国，所以也有一定的海运力量，说它“也算个大国”的理由之一就是当时的日本并不是一个海运大国。举1940年的数据就可以证明这一点，1941年开战时候，日本全国的海运船舱量是600余万吨，可是这个船舱量只能满足日本海运需要的65%，不足的那35%是采用租用英美的货轮来填补的。因此从当时的船运能力来推算，日本维持和平时期的生产就需要1000万吨船舱量。一旦开战当然不能指望再从英美租船，这样日本就连基本的生产和生活都不能维持了。

这还没计算军部对民用船舶的征用，所以开战之前先开始扯淡的还不是战列舰和航空母舰，而是最普通的商船。后来成了甲级战犯的铃木贞一中将计算下来后说，大家艰苦奋斗一下，短时间有300万吨船舱量也能凑合一下。但是进攻南洋必须要征用300万吨以上的民用船舶，这样连铃木贞一胡扯的民用最低限都无法满足。从理论上维持整个日本国再生产所能使用的船舱量就只有平时的六分之一了。

可是，那些黑良心的美国人连这六分之一也没打算给日本人。

一般说来，西方战争观分为两种，普鲁士的卡尔·克劳塞维茨（Carl von Clausewitz）回答了“战争是什么”的问题，得出了“战争是政治的继续，军事仅仅是国家目的达成的手段之一”的结论。和克劳塞维茨同时代的瑞士人约米尼（Antoine-Henri Jomini）却着眼于回答“如何进行战争”这个问题。

和直观、实际、实用的专门研究战争的规律、战略战术、军队建设的约米尼军事理论相比，克劳塞维茨的学说很哲学，很抽象，很不好懂。据说日本陆军就只有两个人能读得懂克劳塞维茨，一个是东条英机他爹东条英教，还有一位是石原莞尔。

海军呢？海军就没有人去读克劳塞维茨。日本海军战略战术的奠基人是秋山真之中将，秋山是马汉上校的门徒，而马汉是约米尼的信徒，所以日本海军除了研究如何进行战争，也就是怎么打仗之外，并不去管战争到底是什么东西。

美国人虽然信奉马汉的海权论，认为马汉是他们的祖师爷，但并不认为祖师爷的祖师爷还是他们的祖师爷。起码在太平洋战争中，美国军方对战争的看法完全来自克劳塞维茨。美国人认为太平洋应该成为美国湖，除了同祖同宗，同为盎格鲁－撒克逊人的英国、加拿大、澳大利亚和新西兰以外，其他的舰队都应该滚蛋。至于怎么让他滚蛋，则用上所有让他滚蛋的方法就是了，上帝并没有说过：“要用战列舰！”

美国可以使用潜水艇。

1941年12月7日，在珍珠港受到突然袭击3小时以后，美国海军部就向太平洋地区的美国海军下达了在太平洋海区进行无限制潜水艇攻击的命令。

所谓无限制潜水艇攻击就是除了敌方军用舰艇之外，对于这一海域里的所有民用船只也不加警告而加以攻击，甚至在攻击民用船只以后不采取任何救助落水平民的措施。第一次世界大战时德国采用过这一战术，因此国际社会在战后处理上除了禁止德国再度拥有潜水艇之外，在1930年的伦敦限制海军军备会议上还明文规定了这属于战争犯罪，禁止使用。限制海军军备条约到后来虽然因为日本的退出而失效，但失效的部分仅限于军备部分，禁止采用无限制潜水艇战术并没有失效。

没有人会指责美国海军在进行战争犯罪，因为有珍珠港在前，美军采取的任何行动都只是合理的报复行动。怪不得别人，是日本人自己向美国人双手奉上了合理合法地绞死日本人自己的权力。

1941年5月29日，美国国务院战争经济局提出了一份报告，这份报告对美国政府提出警告，指出日本经济由于在中国大陆进行的战争已经接近破产，他们已经没有了能够用来支付的外汇储蓄，日本会把目光转向南洋，用他们的陆海军来抢夺资源。

美国人知道他们在干什么，他们的目标就是，如果开战就要摧毁这个成天挑起是非的讨厌帝国，而这个帝国的经济是无法自给自足，极度依赖于海洋航道的。要和这个帝国作战的话，不从切断他的经济命脉着手倒反而是太不可思议了，所以从一开始的“橙色计划”就有了采用潜水艇作战以切断日本帝国经济命脉的构想，到了1939年定型并得到了罗斯福总统批准的“彩虹五号计划”更是把对日本帝国的经济绞杀战放在了非常重要的位置。

话说回来，如果没有“彩虹五号计划”，美国人会怎么办？他们可不会真的像参谋本部和军令部的那些精英参谋所设想的，懒惰的美国人肯定要等到1943年国内的造船厂把船造出来以后，才无精打采地来反攻的。可是太平洋舰队的主力舰只不是已经沉到了珍珠港海底，就是还在本土西海岸的船台上抢修。虽然航空母舰还在，但是即使是航空主兵，也不是说光靠舰母就能包打天下，没有足够的战列舰、巡洋舰和驱逐舰跟着航空母舰一起起哄，美国人也没法真的对日本人发动反攻。在条件具备以前，报仇心切的美国人手里除了五十几艘潜水艇，什么都没有。

所以美国人就使用潜水艇来切断日本经济的命脉。好在这还不是突如其来的战略大转变，美国人从一开始就已经准备这么干了，没有什么大的混乱。

是骡子是马要拉出来看，用无限制潜水艇战术来对日本帝国进行绞杀战，也只是美国政府和军方的一厢情愿或者纸上谈兵罢了，这种战术能否实用或者日本帝国的经济动脉是否会因为美国人所采取的战法而受到影响，还得受实战的检验。

而起码第一年的实战结果说明，这种战法不是那么有效。别看德国人的潜水艇曾经和现在把英国人和俄国人勒得喘不过气来，然而一旦学德国人，美国人才发现，美国潜水艇，起码在当时不是那么又黄又暴力的玩意，在一开始光靠事先想定的潜水艇战略，勒不死日本人。

05 其实海权的决定并不在海面上

1941年12月8日，日本海军奇袭珍珠港，陆军在马来半岛登陆，开始了太平洋战争。开战前，大本营对于开战以后的船舱量损失的预想是每年50万吨，开战以前日本国内的造船能力是每年45万吨左右，这样加班加点加点油能够填补过来，不会构成灾难性后果。实际上，开战以后，当月的船舱量损失是12艘5.6万吨，1942年1月是17艘7.3万吨，2月是9艘3.3万吨，基本上比预想的损失还少，真的很顺利。

美国人出了什么事？怎么切不断日本人的航道呢？

美国在太平洋的潜水艇分为两部分驻防：一部分在珍珠港，另一部分则在马尼拉附近的甲米地港。一开战，珍珠港和菲律宾都被日本人炸得惨不忍睹，虽然潜水艇本身没有受到损失，但是存放在甲米地仓库里的233枚鱼雷在12月10日日本人的空袭中被全部炸毁，虽然甲米地的潜水艇后来转移到了澳大利亚的布里斯班，但是此后的一年中，美国潜水艇始终为缺少鱼雷而苦恼。这就是开战以后的1942年日本还从南洋运回了占生产总量45%的165万吨原油的原因。

鱼雷毕竟不是航空母舰，不是那种需要几年才能造得出来的东西。经过了最早的空手日子以后，美国潜水艇也有了鱼雷。

但是有了的却是山寨鱼雷，非常山寨的鱼雷。

山寨到什么程度？山寨到了尼米茨在主要内容是战史的回忆录中，要专门划出一个章节来对美国鱼雷的山寨性发牢骚的地步。1943年7月24日，大白天在特鲁克岛西方海面发生了一件被称作“第三图南丸事件”的事情，美国潜水艇“提娜莎”号发射了15枚鱼雷，居然无法击沉一艘排水量19210吨、169米长、23米宽、最高速度14节的日本渔船。

中途岛战斗时，美国潜水艇“鹦鹉螺”号向已经着火、被日本海军放弃了漂在海面上的航空母舰“加贺”号发射过2枚鱼雷，全部命中，但全没爆炸。到最后“加贺”号的沉没都没有“鹦鹉螺”号的功劳。

1942年9月15日，在争夺瓜达尔卡纳尔岛的第二次所罗门海战中，美国海军第三十七特遣舰队的航空母舰“胡蜂”号被日本海军的“伊－19”号潜水艇发射的3枚鱼雷命中起火爆炸，最后“胡蜂”号于21时被美国驱逐舰“兰斯宕”号用鱼雷击沉。

但“兰斯宕”号打“胡蜂”号也费了老劲，打一发不炸，再打一发还是不炸，结果在“胡蜂”号周围转来转去，花了5枚鱼雷才打沉了这艘本来就已经要沉了的自己的航母。

这种事情经常发生，也不是没有人怀疑过鱼雷太山寨，但是在海军部兵器局一句“你们的潜水艇长太山寨”的结论下面全部败下阵来。事实上绝大部分美国潜水艇长确实把责任归结到自己的指挥水平上，甚至有人提出请调的要求。好在美国文化中没有什么“引咎自杀”这一项，要不然美国潜水艇舰队别的事甭干，只管办丧事就行了。

但这位“提娜莎”号的舰长达斯皮特少校不愿帮别人背黑锅，他坚决相信这种15枚鱼雷打不沉一艘渔船的怪事责任绝不在他。为了防止空口无凭，他带着最后一枚鱼雷回了珍珠港。他向西南太平洋潜水艇舰队司令查尔斯·洛克伍德中将提出了一份充满“命中”和“无效”这两个字的作战报告，附上剩下的最后一枚鱼雷作为证据。

洛克伍德中将的试验结果和尼米茨、金恩等海军大佬的亲自干预，终于让兵器局不得不承认是鱼雷的问题。

有问题没关系，只要认识到问题而且肯承认问题，下决心去解决而不是文过饰非、政治先行解决。兵器技术上美国有的是人才和技术，只要想干什么事，还真没有干不出来的。就拿这个鱼雷来说，居然惊动了爱因斯坦教授亲自出马。

现在收藏在美国国会图书馆的就有一封爱因斯坦写给他的同事，也在为美国海军服务的物理学家芬克斯坦恩教授的信。

爱因斯坦在信中详细分析了鱼雷不爆炸的原因和解决方法，并画了不少示意图。

连爱因斯坦都亲自出手了，还有什么问题解决不了？美国潜水艇的兵器得到了突飞猛进的改善。到1943年初，美军的全部潜艇都配备了SJ超短波雷达以取代以前配置的SD雷达，搜索用的夜视潜望镜使夜晚的洋面成了日本船只的坟场。到1943年9月左右，美国潜水艇配备的山寨式马克－14型鱼雷和马克－6型引信得到了改善，爆炸率从开战时的20%提高到了1944年的45.6%。炸药也从TNT换成了TORPEX爆雷用高性能炸药，1944年底开始配备的马克－18型电池鱼雷更是像日本的95式纯氧鱼雷一样没有了气泡航迹。

除了这些直接的进攻用兵器之外，美国人最拿手的还是信息战。夏威夷的美国海军太平洋舰队无线电班在1942年底左右就破译了日本的船运密码，称为“马鹿密码”（Maru Code）。这是因为日本的运输船大都是什么什么“丸”（Maru），所以这个密码就被美国人称作马鹿密码。

马鹿密码包括船名、出发地、预定航路、目的地、途中每天正午的预定位置、船速，有时甚至运载货物的明细都在上面。太平洋舰队无线电班把截获到的情报送到潜水艇舰队司令部，为了保守秘密，无线电班和潜水艇舰队的参谋们直接当面在太平洋地图上填写这些信息，然后由潜水艇舰队统一指挥在太平洋上巡逻的潜水艇前往预定位置守株待兔。

现在的守株待兔，再也不是开战当初的被动等待日本船只往水雷上撞，而是在预定水域等着打日本船只了。

这样，开战以后日本船舱量的损失除了开战当年是从12月算起的5万吨以外，1942年是88.5万吨，1943年为167万吨，1944年则到了369.5万吨，几乎是一个公比为2的等比级数，到了最后一年的1945年，那帮贪得无厌的美国潜水艇实在找不到日本船了，只好很委屈地接受了172万吨这个数字。

太平洋战争期间，日本丧失的船舱量约为843万吨，其中63%的530万吨是被美国潜水艇击沉的，除此之外，美国潜水艇还击沉了各种日本舰艇224艘，总排水量58万吨，可以称得上是战果赫赫。

美国潜水艇的活动，使得日本经济陷于瘫痪，南洋资源地带所生产的物资根本就无法回运。以石油为例，1942年运回日本的原油是165万吨，占生产量的45%；1943年运回日本的原油增加到了230万吨，占生产量的比例却下降到了27%。荷属东印度的民丹岛盛产制造飞机所必不可少的铝矾土，日本军队在攻占新加坡的同时占领了民丹岛。在1942年4月13日就向日本运回了第一船4900吨铝矾土。生产本身很顺利，1942年7月月产30000吨，11月达到40000吨，1943年5月提高到了月产50000吨。

可是运回日本的呢？1942年全年29.8万吨。1943年上升到64.9万吨，1944年降低为27.5万吨，1945年呢？全部只有2000吨。

已经不存在航空主兵的问题了，造飞机的原料都没了，还扯什么飞机？先造运铝矾土的船是正经，可是到哪里去找造船的钢铁呢？铁矿石可在海南岛。

当时日本国内各种民生物资严重不足，别扯什么啤酒香烟咖啡了，连粮食都没有，大家都在挨饿。可是中国大陆和泰国的日本陆军却有大量抢来的大米，按理说能够解决日本国内的肚子问题，但是大本营的决定是："减少日满支之间的来往船只，把船全部用到南方战略资源的运输上面去。"

那些船还是美国潜水艇的猎物。

这场战争无法进行，在日本海军战斗以前，日本经济就已经被绞杀了。真正是字面意义上的"绞杀"。太平洋战争的目的是海权，而争夺海权的战场并不像顽固的日本海军所梦想的是在海面上，而是在天空和水下。

问题是，日本亲身经历过第一次世界大战，亲眼见过德国人的无限制潜艇战术是怎样把大英帝国几乎逼到投降的边缘，也知道现在的盟国——纳粹德国又一次用这种战术把英国和俄国勒得喘不过气来，可为什么还是让自己落到了这个地步呢？

早在太平洋战争爆发的将近20年前，就有人指出过日本帝国航道的脆弱性。南云忠一有一位同期的同学叫新见政一，最后官职是舞鹤镇守府长官，军衔为海军中将。

此人从1937年以后一直在第二战队和第二遣支舰队从事对中国海岸的封锁工作。早在1923年，当时还只是军令部少佐参谋的新见政一在英国人的资助下在欧洲工作了一年，回来以后向军令部提交了一份名为《列国海军作战机关的研究》的报告，里面有一节详细介绍第一次世界大战中，德国海军的无限制潜艇作战方法对协约国造成的损害、后果，以及英国海军是如何设立海上交通保护机关来对付这种潜艇战术的。

这份报告的后面有一个"山下"的签名，还有评语："感到我国海军在这方面很薄弱，一定要加以认真研究，否则将来必会后悔。"

这个"山下"，是当时的军令部长山下源太郎大将。

那么为什么后来又"后悔"了呢？这是因为这位少佐吃饱了撑的，除了这份报告之外还有一大堆报告，像《海军中央军令机关整备意见书》《有关持久战的意见书》等，里面引经据典，啰里啰唆地得出了一个结论："下一次世界大战是一次总力战，发生海军主力舰队之间决战的可能性几乎为零。”

这在政治上太不正确了，这是反对海军中央的言论，于是新见就被发配到第二遣支舰队去封锁中国大陆了，新见的其他言论也就没人管了。

这就有一个问题，日本海军的“政治上正确”到底是什么意思？潜水艇部队是怎样被这个“政治上正确”给束缚住的？

不能说日本人不重视潜水艇，在伦敦会议和华盛顿会议上为了潜水艇的数量和英美可没少吵架。那日本人到底准备用这些潜水艇干吗呢？

日本人手里确实有不少潜水艇，伦敦会议最后的潜水艇定额就是大家一样多，在开战时日本和美国的潜水艇数量是64艘对54艘，而且日本潜水艇的质量也不差：跑得远，没事能转悠到美国西海岸去炮击人家油田；吨位大，排水量2500吨左右的根本不稀罕，3500吨以上的也大大的有，而海特型的400、401、402艇的排水量居然有6560吨；火力还猛，装备有12厘米口径炮，经常会在人家眼前浮起来炮击。像中途岛之战，山本五十六实在是输得太郁闷，最后还要让伊—168号潜水艇去中途岛打几炮才算完。

日本的潜水艇照这么着岂不是要无敌于天下了？

无敌不了，被他们的“政治上正确”给弄没了。

政治上的正确体现在必须按中央的既定方针办，中央的既定方针是什么？日本海军的金科玉律《海战要务令》。《海战要务令》的第五章“SS”（Submarine Squadron，潜水艇战队的简写，日本海军文件中使用这种“敌性语言”的例子很多）一开始就是这么说的：“SS的战斗以适当的散开配备对敌人主队进行奇袭为宗旨。”

这就不需要对日本潜水艇部队在太平洋战争中的表现想不通了，只能有这种表现了，不能有别的，因为潜水艇的作战对象是敌人主队，这是《海战要务令》规定的，要想摆脱这种战法除了修改《海战要务令》外别无他路。《海战要务令》就是海军的法律，修改《海战要务令》和修改法律一样，只要看看议会里成天在吵些什么就知道修改法律有多难了。

最终版的《海战要务令》是1940年5月成形下发的，可是里面居然没有海军航空兵的条款。据说原因是大家还不知道航空兵应该怎样用，要写入正文肯定要吵架，太麻烦，加上还要天皇御批，时间上也来不及。为了保持安定团结，为了不让天皇陛下过于劳累，结果就以附录的形式发了下来，爱看不看，爱用不用。结果反而是联合舰队在航空兵使用上没有任何顾忌，取得了很大战果。

这个《海战要务令》是沉迷于甲午、日俄两次大胜仗的余韵而不能自拔的产物。可能是赢得太不容易了，日本人忽视了甲午、日俄两次战争最重要的一个特征，就是对日本来说这两场战争是全力以赴举国参战，而对于对手的大清朝和罗曼诺夫王朝来说，这只不过是一场局部战争。虽说这两个王朝都在战争十年以后差不多灭亡，而这两场战争的失败也确实是王朝灭亡的一个很重要原因，但毕竟是社会历史方面的间接因素，不是直接因素。

虽然日本人认为自己是身经百战的老鸟，但是它所经历的战争都只是局部战争，像太平洋战争这样对于双方而言都是全面战争的场合中，日本人也仅仅只是一只菜鸟。

其实菜鸟没关系，日本的对手美国海军连局部战争的经验都没有，是一只更加菜的菜鸟，刚开战的时候犯过的错误、闹过的笑话更多。但思维柔软的美国人能够从失败中学习，而热衷制定各种条文，还很认真去坚持遵守的日本人就无法从自己画的圈子里脱身出来。

就是说日本海军以法律形式规定了日本潜水艇在太平洋战争中的作战目标始终都只能是美国的军舰，而不能是别的。

结果呢？结果只是证明了根本不存在什么“日本潜水艇无敌于天下”这么一说，太平洋战争开始时日本有64艘潜水艇，加上后来建造的124艘，总共有188艘。到大战结束时，除五十几艘几乎开不动的老朽型号之外，其余都不知去向。潜水艇作战本来就有分散的特点，第六舰队也把握不了自家孩子的去向，到后来只能从老是“点呼”（点名）不到，再根据美国人发来的战报“推定”某某潜水艇可能又在某某海区

“玉碎”了。

经常有人问这么一个问题：二战中，日本和德国是盟国，一战时日本也派出了舰队为协约国舰队护航，甚至就和德国潜水艇进行过战斗，而且日本的潜水艇技术主要也是来自一战后的德国，为什么在潜水艇战术上一点也不学德国人？

日本的潜水艇技术确实来自德国，但是战胜过大清海军和沙俄海军的日本海军自负地认为，他们是海军战略战术的强者，在佩服德国兵器技术的同时，对德国海军的战略战术不屑一顾，所以日本海军对德国在两次大战时都采用无限制潜艇绞杀战以封锁敌国通商航道的做法根本不在意。

日本人认为，和几乎被德国人两次封锁致死的英国不同，美日间相距太远，而且美国对海上航道的依赖性不强，美国的海岸线又长，靠潜艇战术不可能封锁美国的通商航道，因此在潜艇战略战术中就干脆没有切断对方通商航道这个想法和做法。

日本人只是想办法把潜水艇跑得更远更快、鱼雷放得更远更快，而从不去研究潜水艇的防御课题，这样到最后日本人就成了个听不到潜水艇噪声的聋子。

大凡听力不好的人都不知道自己说话嗓门大，日本潜水艇也是这样。1942年4月22日，排水量3650吨的“伊－30”潜水艇第一次成功突破英美的封锁到达法国西部的洛里昂。这艘“伊－30”可把潜水艇行家的德国人看傻了：“一头巨大的怪物发着怒吼从海里冒了出来。”天哪，怎么会有这样一个吵吵闹闹的家伙过来了？赶紧就帮日本人改装了一下潜水艇——也不是什么大动干戈，其实非常简单，就是在发动机的下面加上一个人造橡胶垫子，声音顿时就小了不少。这时日本人才知道原来潜水艇是不应该乱吵乱闹的。但日本潜水艇已经吵闹成性，几乎被美国人一抓一个准。

就这样，在第一次世界大战期间已经在地中海执行过反潜任务的日本海军就没有把反潜作为驱逐舰的主要作战任务，对反潜也没有研究。

不研究反潜的结果是日本生产的能够跑得又快又远的潜水艇根本就没有对反潜作战的应付能力，而本来应该是灭潜水艇的日本驱逐舰则经常反过来被美国潜水艇给灭了。

接下来，邪恶的美国人就要在“输血”管道长得惊人，而又不知道这是弱点的日本帝国身上开刀了。

这第一刀就是瓜达尔卡纳尔岛。

06 陆战一师上了瓜岛

瓜达尔卡纳尔岛，简称瓜岛。瓜岛在日语的发音中和“饿岛”一样，瓜岛在日本人心目中，是太平洋战争中由于军部的胡乱指挥而使下层士兵挨饿受难的代名词，对皇军来说瓜岛就是地狱。瓜岛之战除了是日美之战的典型之外，也几乎是日本陆海军之战的典型。

中途岛战役以后，可以说联合舰队长官山本五十六大将已经战死或者濒临死亡，活着的仅仅是一具躯体罢了。开战以前说的那句能坚持一年半年没问题的豪言壮语的破灭在精神上对他的打击实在太大。山本五十六的灵魂随着那4艘帝国海军的精锐航母的消失已经不复存在了。

随着司令长官的灵魂丧失，联合舰队在中途岛以后也是意气消沉，宇垣缠参谋长在日记里是这样写的：“长官面带忧伤，然尚未到可述怀之时，只可远观。”而同时的参谋本部作战班则在《机密战争日志》里带着奚落的语气写道：“很久没听到海军的积极论了，感到有些寂寞。”

军令部倒还在做着那个“FS作战”的梦。军令部为什么对切断美澳那么感兴趣呢？这是因为太平洋战争中日本人面对的不仅仅是尼米茨，西南太平洋方面的麦克阿瑟也是个手脚极不规矩的、一不注意就会伸出咸猪手来摸一下的人。那时，麦克阿瑟手下还没有第七舰队，就那几艘澳大利亚的小船还不敢去挑日本海军的场子，但是那陆军航空兵特别讨厌，特别是麦克阿瑟把他的司令部搬到莫尔兹比港以后。澳大利亚那么空旷，开多少个训练场都没问题，可能是麦大帅热心于保护袋鼠、考拉之类的野生动物什么的原因，居然把陆航菜鸟们的训练场弄到了新几内亚岛上，成天见人炸人见船炸船，虽然还没有威胁到拉包尔，也炸不到什么活物，但实在是有伤帝国军人的面子。所以一定要让麦克阿瑟安静下来，占了萨摩亚群岛，麦克阿瑟没了接济可能也就不闹腾了。

联合舰队对“FS作战”毫无兴趣，他们认为进攻新喀里多尼亚可能是可行的，进攻斐济就困难重重了，至于进攻萨摩亚则纯粹是胡说八道。联合舰队的主张也不是没有道理，因为美军在离瓜岛以东大约1000公里的新赫布里底群岛的埃法特岛上有一个机场，不拿下那个地方就别谈进攻新喀里多尼亚。而新喀里多尼亚或者埃法特岛离斐济还有大约1000公里，所以说很困难，至于萨摩亚则离斐济还有1000公里。这些前进方向很难得到陆基航空兵的支援，怎么个进攻法？

到目前为止，联合舰队已经在珊瑚海和中途岛海战中损失了超过400架飞机，而日本国内的飞机生产能力非常低，最重要的战斗机产量当时每月不超过90架，小于海军实际上丧失的速度，所以海军的战斗力在不断衰减，到1942年6月底的时候，陆基航空兵兵力编制中的战斗机只有54%，侦察机只有37%，中攻75%，水上飞机82%。而这个时候，美国的航空力量却在不断增强，从7月份开始莫尔兹比港周围出现了大量的B－17和B－26等大型轰炸机种，而日本的零战打完了全部炮弹，也无法击落这些筋骨强壮的家伙，最后只好往上撞。

还有就是燃料问题，这时候终于暴露出来了。联合舰队在中途岛的这一次出动所用去的燃料多于日本海军平常一年的燃料，这时候发动“FS作战”确实是不现实的。事实上，尼米茨在1942年6月25日给海军部长金恩的信中也明确指出，日军发动所罗门群岛方向作战的最好时机是在发起中途岛作战前的6月3日。如果山本五十六开始就集中主力打珊瑚海海战，并在此以后一鼓作气地推进“FS作战”，起码在短时期内麦克阿瑟就会被孤立在澳大利亚生闷气。但山本没有这样做，而是去了中途岛。

中途岛海战正在打的6月6日，参谋本部就向天皇提出了将近卫师团，第二、第四、第五师团调回国内，第三十三师团调往中国，第十六师团调往“满洲国”，国内的第五十二师团干脆解散回家种田去的计划。

就在这个所谓“FS作战”已经消失了的时候，突然又很认真地打了起来。

这是因为有个叫辻政信的人，也不知道上帝是不是有意和皇军过不去，这个号称“作战之神”的辻参谋总是在需要的时间出现在需要的地点。

这次就是辻政信自说自话地代表陆军把海军的球捡了过来。

太平洋也好，印度洋也好，本来日本陆军对海洋没有任何兴趣，一心想去中国东北（满洲）掐俄国佬。但海军再三请求，陆军就半信半疑地派第十七军去确认一下翻过4000米的大山作战这种稀罕事到底是否有可能，还派了参谋本部作战班长辻政信中佐去监督这个调查。可是辻政信到拉包尔以前先去了菲律宾的达沃，对第十七军说他已经拜了大命，要帝国陆海军水陆并进，立即进攻莫尔兹比港。

“大命”在当时的日语中是一个专有名词，意思是天皇的命令。既然有了“大命”，第十七军的司令官百武晴吉中将就在7月18日下达了作战命令，7月21日，连第十七军的司令部都干脆从达沃搬到拉包尔去了。

一直到7月25日，参谋本部作战课长服部卓四郎大佐怒气冲冲地来问十七军怎么那么拖拖拉拉，一个调查结果怎么这么长时间出不来的时候，大家才知道这是辻政信在假传圣旨。但是仗已经打起来了。

那边“FS作战”被辻政信闹起来了，斯坦利山的皇军们在热带雨林中一步一步摸向莫尔兹比，这一边美军在瓜岛登陆了。

日本陆军在骂辻政信的同时肯定不会忘记顺便骂海军。如果没有海军弄出个瓜岛，还满嘴跑舌头地胡说八道，他辻政信就浑身是铁也打不了几颗钉子。而海军在扯出淡来以后就再也不管陆军的死活了，既不提供足够的空中支援，也不提供足够的后勤支援，让帝国陆军自生自灭。

珊瑚海海战中，日本沉了一艘轻型航母“翔凤”号，“翔鹤”号受伤。损失虽然不大，但是每一艘航母都是国宝级的重要财产的日本却接受不了这样的结果。从那以后，本来陆基航空兵占比就大的日本就更加重视陆基航空兵了。对于所罗门群岛的守卫，日本海军主要寄希望的是比较廉价、安全的陆基航空兵。

零战在不带副油箱的时候航程是2200公里，加上副油箱航程能够达到3350公里，考虑到空中格斗所需要的时间，联合舰队的参谋一般就以已有的陆基航空兵基地为圆心，以700公里为半径画一个圆，在圆周上找个地方再建一个机场。这样在新基地能够使用以前，旧基地的飞机能够提供空中保护，而新基地一旦开始使用，则旧基地的安全又有了保障，两全其美。

但是参谋们对着地图又开始发愁了：如何保障新基地的安全呢？

当然马上就会找到解决方法。就是以新基地为圆心，再以700公里为半径画一个圆，再一次重复上面的过程，这样新基地的安全就得到了保证。

但是保证新基地的安全而出现的新新基地的安全怎么办？

再来一次……

于是日本海军的陆基航空兵基地就这样以700公里左右为距离，一步一步地走到了拉包尔，最后在以拉包尔为圆心画圆的时候不知怎么的弄错了半径，成了1000公里，在1000公里的圆周上找到了一个叫作瓜达尔卡纳尔的南北宽48公里，东西长160公里，总面积大约5336平方公里的海岛。航空侦察表明，岛上有一片适合做机场的平地，于是海军就派人在那上面开工建造一个机场。

中途岛海战12天以后的6月16日，海军第十一设营队上了岛，7月1日，又加上了第十三设营队。这个“设营队”是海军的名词，陆军管那叫“工兵”，太平洋战争中海军设营队最多曾经到过30万人，主要是修建机场。瓜岛上的设营队员大约有2600人，此外还加上带着1门山炮和3挺轻机枪的247名守备队员，总共大约3000人。

海军设营队的工程进度很快，到8月5日，宽60米、长800米的跑道和宿舍已经全部完成。实际上设营队从7月中旬开始就一直在向上面报告工程的进展情况，说航空部队可以陆续进驻瓜岛了，但一直没有人理睬他们。在设营队的一再催促之下，最后终于来了一个通知：“拉包尔的第六航空队战斗机队和三泽航空队陆攻机队将在8月16日进驻瓜岛。”

事实上是8月7日，第八舰队司令长官三川军一中将收到了一份告急电报，内容是美军已经开始进驻瓜岛和对面的图拉吉岛了。

如果说山本五十六在中途岛海战以后已经没有了的话，那他的生命值就全部充值到了尼米茨身上了，此时的尼米茨心情开朗、精力充沛。事实已经证明他放弃阿留申群岛的决定无比正确，因为如果日本占领了那儿，进不能威胁美国，退又给日本帝国丢人，才是真正陷入了进退两难的困境。

在中部太平洋，日本帝国对夏威夷的威胁由于其在中途岛海战的溃败也宣告解除。现在尼米茨看南太平洋已经不仅是用防守的目光，而是在策划进攻了。

但是这时候还不是真正的进攻，用尼米茨自己的话来说就是“攻势防御”。在战略上还是处在防守阶段，但在战术上开始进攻，“占领日本军队还没有确保的地方，诱使日本军队作战失败”。在目前阶段消除日本海军对所罗门群岛的压力，争夺南太平洋战场的主动权。

和稳扎稳打的尼米茨相比，麦克阿瑟的自信更加充足。6月9日，麦克阿瑟就给尼米茨写信，说要借两艘航母和一个两栖作战师，并说一次作战就能拿下拉包尔。麦克阿瑟提出这个建议与其说是自信，不如说是作秀，因为他知道尼米茨不会借兵给他。

果然麦克阿瑟的请求被尼米茨拒绝，但是尼米茨要求陆军出兵帮助防守南方岛屿的提议也被马歇尔愤怒地拒绝了。

结果参谋长联席会议终于达成妥协，决定进行三阶段作战，首先攻占圣克鲁斯群岛和图拉吉周围的岛屿，接下来攻占新几内亚东部的莱城和萨拉毛亚，最后进攻拉包尔。

第一阶段作战由尼米茨管辖，第二阶段和第三阶段由麦克阿瑟管辖。

7月10日，尼米茨已经下达了定于8月1日进攻图拉吉岛和对岸的瓜岛的命令，因为澳大利亚海岸监视员的报告说，大量的日本海军在瓜岛集结，修建了一个极具规模的机场。这个机场如果真的投入使用，将对整个所罗门群岛和新几内亚东部以及澳大利亚北部形成威胁，尼米茨绝不能容许这个机场的存在。

尼米茨的作战命令延期了一个星期，到8月7日才正式展开作战行动。之所以要准备这么长时间，是因为那时美国的作战重点还是欧洲，当时正准备在北非登陆，所有兵员物资北非优先使用，尼米茨能争取到的东西有限，还是只能尽可能利用其手里现有的资源。

手里现有的资源太有限了。日本联合舰队还有以“两鹤”为首的6艘航空母舰，而美国海军连同修理结束重返战场的“萨拉托加”号以及从大西洋抽出来的“胡蜂”号一起也只有4艘；日本海军以“大和”号为首的12艘战列舰完整无缺，而美国太平洋舰队的战列舰不是在珍珠港的水底就是在西海岸的船台上或修或造；日本陆军的战斗部队都是在中国大陆和东南亚战场上久经考验的，而美国在太平洋上曾经的陆军大部分被麦克阿瑟送到日本人的战俘营里了，帮着日本人在修铁路，少数在麦克阿瑟周围的残兵败将还不肯上阵。

尼米茨手里可以用的只有一支老菜鸟部队——陆战一师。

陆战一师是一只老鸟，是美国陆战队中历史最古老的师级单位。其中陆战一团成立于1911年的古巴关塔那摩。除了在成立之前发生的美西战争之外，陆战一师参加过所有美国卷入的战争。但陆战一师同时又是一只菜鸟，除了陆战五团参加过第一次世界大战之外，陆战一团、七团都没有实战经验，而且现在在广阔的太平洋上从加州奥克兰、新喀里多尼亚、斐济、珍珠港一直分散到萨摩亚。好不容易集中到了新西兰的惠灵顿，准备出发去瓜岛时，还遇到了新西兰码头工人罢工，阿兵哥只好临时自己搬行李。搬运是门技术活，阿兵哥干不好，结果准备的31艘运输船连他们的行李都装不下，不少重装备只能扔在新西兰。

司令官亚历山大·范德格里夫特少将站在甲板上看到以航空母舰

“萨拉托加”号、“企业”号和“胡蜂”号为首的60艘美、澳、新舰船在为他护航，可能有点安心感，但回过头来看看自己手下的这19000个大半是二十啷当的年轻菜鸟，这心还真安不下来。

美国海军知道日本海军，但不知道日本陆军。包括范德格里夫特司令在内没人知道这个日本陆军是何方神圣，船上所有人都很认真地在读一本发下来的小册子《了解你的敌人》，先从书本上知道一下什么是日本人。

和特别喜欢轻视敌人的日本军队不一样，美国军队特别喜欢夸大自己面对的敌人，这种夸大到了变态的地步。看看那本小册子都写了些什么东西吧：

“日本人是最伟大的丛林战士，……他们能够用一根芦苇管子含在嘴里潜水数英里，……他们赤脚穿胶鞋，能够在丛林里悄无声响地行动，……他们爬树的本领可以和猴子媲美，在爬树的时候还可以贴紧树干进行射击，……他们执着，能够长时间地设伏，然后用英语高喊着口号向前冲锋，……他们比我们走得更远，吃得更少，能够忍受更多的痛苦。”

这本小册子是根据在马来、菲律宾被日本陆军吓破了胆的那些英国兵和美国兵的证言编出来的，里面不乏给自己的溃败寻找借口而胡编出来的夸大其词。小菜鸟看了这本小册子吓得浑身打哆嗦：“上帝啊，这些已经不是敌人了，他们是‘狼人’，人怎么能够战胜狼人呢？”

这些狼人到底有多少也没人知道！范德格里夫特得到的情报是“图拉吉岛1850人，瓜岛5000人，包括一个武装齐全的联队”。

其实就是把日本人全算成兵，瓜岛也只有3000人左右，图拉吉有一个水上飞机基地，大约才700人，怎么弄了那么大一个数字出来？那是因为向澳大利亚海岸监视员提供这个数字的土著民的数字概念还不太发达，算不清楚。监视员是按照帮日本人修机场的土著民在吃饭的时候沿着领饭团子的日本人排队走了多少步得出来的数目。

美国人有运气，错也是最后错到了正确的方向。对日本军力的超出估计，使得尼米茨一次就集中使用了一个陆战师，近2万人的兵力来对付这3000人的守备力量。而日本由于受到只有3000人守备力量的精神暗示干扰，从一开始就不去想美国人会不会出手，到后来美国人出手以后还是没有想到，美国杀只小鸡居然挥了一把超级大牛刀。

07 三川司令官只管打军舰

日本人当然不会眼睁睁地看着瓜岛落到美国人手里。

8月7日从当天11时左右就陆续有从拉包尔飞来的日本飞机进行轰炸，第二天日本海军航空兵继续空袭，除去炸沉一艘运输船之外，没有给美国人造成什么麻烦，反而有30余架日本飞机被击落。

和中途岛海战时美国陆军航空兵的损失一样，这次日本方面航空兵力的损失也绝不是无谓的消耗。这种攻击逼着支援登陆行动的美国两栖部队司令里奇满·特纳少将将宝贵的航空母舰撤离了瓜岛。

而三川军一中将带着第八舰队从拉包尔去增援瓜岛。东京的军令部不同意这次增援行动，想等弄清楚了美国的意图以后再想对策。但是成天哭丧着一张苦瓜脸的山本五十六一言不发，并没有发出联合舰队全体出动的命令，仅仅给了三川军一一个作战许可令，一切任凭三川军一自由定夺。

如果当时山本五十六像中途岛的时候一样，积极地出动航空母舰和战列舰的话，瓜岛的结局很可能会有不同。

三川军一能够理解军令部的反对，但他是当事人，无法也无处后退。“见敌必战”这条英国皇家海军的信条，也是日本海军的信条，三川只能向前，哪怕山本五十六装聋作哑。

只要不是战略层面的东西，在战斗战术上想挑剔日本陆海军都不太容易，这次的第八舰队就是这样。针对军令部的有关配合不熟练，没有航空掩护的不安，第八舰队采取的战术是这样的：排日本海军最基本的一字纵队，旗舰冲在第一，剩下诸舰只管跟旗舰走就行了。没有空中掩护不要紧，打日本海军最拿手的夜战，只合战一次，顺势撤出战场，天亮之前退回美军海航、陆航控制范围之外，进入拉包尔基地制空区，让美国的飞机去抓狂。

制订这个作战计划的也是日本海军的一位“怪物”，刚刚上任的第八舰队先任参谋神重德大佐。

好在海军参谋和陆军参谋不一样，海军参谋动不了军舰，加上海军光有一艘军舰也打不了仗，要不然这位能玩出什么花来就不知道了。

可能是因为德国把航空兵独立出来组成了空军，而日本没有对应的军种，日本的亲德派无论陆军还是海军全是航空盲。而神重德不仅是航空盲，而且这位从根本上就看不起那帮开口闭口就是飞机的孬种。没有飞机就成不了事？美国的飞机怎么了？本大佐就要打一个将来可以收进教科书作为典范的漂亮仗，给你们这帮混蛋上上课。

这就有了日本人称作“第一次所罗门海战”，而美国人称为“索沃岛海战”的战斗。

8月7日中午14时左右，第八舰队在三川的带领下驶出了拉包尔基地，全速往瓜岛海域猛扑，8日清晨，第八舰队到达了布干维尔海域，完全做到了“悄悄地进庄，打枪的不要”。但是派出去的4架水上侦察机除了在瓜岛附近发现2艘轻型巡洋舰、4艘驱逐舰和15艘运输船，在图拉吉附近发现1艘重型巡洋舰、3艘驱逐舰和4艘运输船以外，“航空母舰去向不明”。

三川能够肯定从昨天开始就有美国航母参战，现在这个“去向不明”的消息确实令人恐惧。但是开弓没有回头箭，三川只能拼了，“鸟海”号舰桥一片肃静甚至悲壮的景象，唯一喜笑颜开的就是先任参谋神重德大佐。只见他不停地发牢骚：“喂喂喂，怎么人人都哭丧着脸？告诉你们，这一仗只赢不输，输不了。你们想一想今天什么日子，八月八日，咱们是第几舰队？第八舰队。第八舰队在八月八日出击，大吉大利。”

日本人和中国人一样迷信“八”，日本人迷信“八”是因为“八”的字形吉利，越往后来越宽广。这种迷信是中国传到日本的还是日本传到中国的，不清楚，反正据说中国人迷信“八”的理由是香港人说“八”和“发”的发音一样。不管怎样，反正这种迷信现在流传全球。

可是第八舰队的8月8日已经没有了8点8分，那时候天还没有黑呢，神重德大佐也就只能随行就市了。天黑时重巡“鸟海”号上升起了战斗旗，第八舰队这就要准备打日本海军最擅长，而美国人又一直不给他们机会打的所谓夜战了。

日本海军的夜战其实不复杂。准备夜战时，在桅杆上升起一个类似风向袋一样的白色飘兜作为识别标志，至于如何观察到这些识别标记，那就要靠日本海军的另一类人才——被尼米茨称为“猫眼”（Cat Eyes Lookout）的那些瞭望员了。这个猫眼瞭望员是仅在旧日本海军中存在过的一类特殊人员，是人穷钱少的日本海军敢于和大个子英美抗一下的最可信的秘密武器。日本海军专门选拔一批眼力特别好的人，再加以特殊训练，配合服用特制的维生素A药剂，专门在暗夜里观察周围情况。这些瞭望员在黑夜里能够准确无误地看清5200米前后的军舰。

很快，日本的猫眼发现了美国军舰。直到第八舰队所有舰只的鱼雷发射管一起吐出鱼雷，炮栓也拉开了，甚至“堪培拉”号的舰首被鱼雷切掉了的时候，睡梦中的美国人才意识到鬼子似乎偷偷进了庄。

结果是第八舰队大胜，甚至不能想象有可能比这种胜利更加彻底的胜利。美国4艘重型巡洋舰沉没，2艘驱逐舰严重受伤。日本呢？除了旗舰“鸟海”号中了几炮之外，什么损失都没有。但是8月10日，在回家的路上“加古”号被美国潜水艇S－44盯上了。7时06分，S－44在640米的近距离向“加古”号发射了4枚鱼雷，3枚击中，而且很罕见地3枚都爆炸了，因为第二枚击中的是弹药库，第三枚击中的是轮机舱。30分钟后“加古”号沉没，也算是给了被击沉的美国军舰一点安慰。

但那是两天以后的事情，而现在的第八舰队整整齐齐，丝毫未损，司令长官三川军一中将说作战计划顺利完成，正好就顺着这个方向打道回府，走快点祝捷会还能开得长一点，多喝几杯。

但“鸟海”号舰长早川干夫大佐不干了，说应该再掉头转一圈，有一个小时就能把美军的运输船队全部送到海里去了。可是三川司令长官固执己见，因为只打一个回合，决不恋战是出发前就已经决定了的，耽误了撤出战斗的时间，天一亮整个舰队就有暴露在美国舰载航空兵和陆基航空兵面前的危险，到那时候第八舰队肯定去海底和那些刚刚被他们送上路的美国军舰们做伴了，无论如何不能冒这个风险，就这么着第八舰队直接回了拉包尔。

美军的运输船队由19艘运输船组成，按照一般港口的卸船速度，靠岸卸货要花两天左右，不靠岸要3天到4天。而瓜岛和图拉吉岛不但没有可以靠上去的码头，就连运输船用的跳板都没地方架，在这种情况下，光把给养装备从船上卸下来移到陆地上就起码要4天，再从岸边搬走，需要的时间就更多了。因此，8月8日深夜，在三川军一进行这次海战的时候，美国运输船队的船舱基本上还是满的，因为这两天白天从拉包尔来的日本飞机一直在捣乱，美国人没有办法从船上卸货。如果这时第八舰队对没有任何防卫能力的美国运输船队实施攻击的话，那支正在岛上看着这边放焰火的菜鸟陆战一师必定立即陷入窘境。实际上，这次美国人关于给养问题也考虑得很不周全，运输船队运送的大部分是弹药，瓜岛美军的粮食还是逃散了的日本海军留下来的，也只够吃上几天。从第十二天开始，一天就只能吃两顿了，图拉吉的美军就更惨，从第三天开始就只能一天吃上一顿，好像也找不到瓜岛的美军接济图拉吉美军的记录。

如果美军的运输船队被击沉就意味着，不但在口粮给养上，而且在武器弹药上美军也没有了胜过日军的地方，过几天一木支队登陆以后的战斗结果就又是一件扯不清楚的事了。

但是第八舰队还是退出了战斗，参谋长大西新藏少将也站在司令长官一边。最强硬的先任参谋神重德一开始是支持早川舰长的，但也没有坚持己见，反而在以后山本五十六长官批评第八舰队的时候拼命为三川辩护。

从甲午战争开始，除了日本海大海战，日本海军几乎每次战斗都会有这种事情出现，就差那么一点不能全胜，经常使战术上的胜利变成战略上的失败。这种事例一而再再而三地发生，本身就说明这有其文化层次上的原因。

战后日本制造业的高度发达，使得“Made in Japan”成为“质量上乘”的代名词，从而引起了对日本人做事很认真的误解。其实不是这样，日本民族性中很矛盾的一面，就是这个到底是认真还是不认真的问题。一个一个的日本人都是很认真的人，但一大堆认真的日本人合在一起又会变成一个很不认真、很敷衍了事、很喜欢自欺欺人的民族。日本人在做他们正在做的事情的时候很认真，但在做完了以后又很不认真，很有点那种“我死后哪管洪水滔天”的精神。

这次还就是这种精神的代表，第八舰队在完成他们作战计划的时候非常认真，他们的作战计划从一开始就只是惩罚居然敢于胡作非为的美军，并没有包括断绝登陆美军的补给，为以后的瓜岛作战创造一个好条件的想法。他们根本就没有想到瓜岛还有以后的作战，有必要去想吗？这与第八舰队有什么关系？

在能够理解全局的天才领导下的日本人是异常可怕的民族，明治维新以后不到40年时间，这个小岛就成了世界五强国之一，就是因为他们一下子有了那么多优秀的领导人。但是历史长在而天才不常在，现在的日本人就要吃他们自己民族性中那些弱点的苦头了。

其实除了这些问题之外，三川军一中将在战后的回忆中还解释了第八舰队指挥部奇怪举动的真正直接原因：“在被任命为第八舰队司令长官赴任之前，军令部总长永野修身大将给了这样的训示：‘（对你们）可能是困难无理的要求，但是日本的工业能力很少，希望尽可能不要搞坏军舰。’”

所以瓜岛还是成了瓜岛，也只能成为瓜岛。

08 菜鸟初会狼人

8月20日，一名浑身是血的土著冲进了美陆战一团二营的指挥部，对威廉·布莱克中校说："日本人大大地有，我什么都没说。"这位后来得到了美国联邦政府勋章的土著名叫布查，布查是他本来的名字还是菜鸟们帮他取的名字则不清楚了，但是他确实是布查（Buzzer）。因为如果没有他发出的警报，很难说陆战一师的菜鸟会遭遇到什么。

登陆的是日军第七师团第二十八联队长一木清直大佐带领的一部分先遣队，共916人。上岛以后，一木在丛林里找到了原设营队和守备队的残余，破坏了所有交通要道，和美军对峙着等待援兵的到来。虽然没有重武器，但是三八枪全带出来了，问题是没有吃的，就只带了一个星期的粮食。到8月16日，一木支队已经断粮两天了。

一木出发的时候，得到的情报是美军只有2000人，因为军舰全被第八舰队敲了沙罐，现在正在岛上发愁怎么撤退呢。但从岛上的日本人这里听到的却是起码来了5000个美军，而且把皇军的口粮给抢了，正在那大嚼特嚼呢。

一木大佐本来有点想等二十八联队的剩余兵力和重武器全部到齐以后再发动攻击的，但派出去架设电话线的斥候队被美军全歼，自己的行藏肯定已经被美军发觉，躲是躲不了了。再加上这个先遣队除了每人250发子弹之外，口粮也就只有一个星期的，时间拖不起。一直抢人抢惯了的一木大佐听说大日本海军居然被别人抢了，觉得简直不可思议，这太丢大日本帝国的脸了，去抢回来，不就是5000人吗？皇军打到现在，什么时候不是以一当十？

没有大炮，只有手榴弹，一木支队端起刺刀向美军冲了上去。

这是陆战一师头一次和这些狼人作战。对狼人的这种莫名的恐惧使他们使用了手头所有的武器，用机枪、37毫米反坦克炮、75毫米迫击炮、105毫米榴弹炮向这些狼人射击。

一木不知道他面对着的是近20000名以他根本就不能想象的武器标准武装起来的美国陆战队士兵，所以在一再失败以后还是不听劝阻，一直以一小时为单位发动所谓“白兵攻击”，也就是冲锋。

天亮之后，范德格里夫特将军出动了作为预备队的陆战一团第一营从右翼向一木支队围去，同时陆战一师当时仅有的6辆轻型坦克也赶来凑热闹，把一木支队一步一步地朝海岸方向追。

一木支队被完全包围了。一直在中国大陆为所欲为的一木清直大佐从来没有看到过，如此强大和密集的火力，如此坚强的战斗意志。这时候，在19日刚刚开始进驻亨德森机场的美国海军航空兵的19架战斗机和14架轰炸机也到头上来了。

21日15时左右，绝望了的一木清直大佐知道自己已经失败了，在焚烧了联队旗后，举起了手枪自杀。

这次战斗中，一木支队战死777人，被俘15人。后来逃入丛林剩下的124人是留在原登陆地点的那些人。参加进攻的士兵真正成了字面意思上的“全军覆灭”。

虽然和以后的冲绳战役相比，这次战斗简直就不能算是战斗，但不管规模怎么小，这是菜鸟陆战一师在太平洋战争中打的第一仗。从此菜鸟就慢慢地羽毛丰满，成了一只人见人怕的老鸟。

一木支队被全歼的消息到25日才传到参谋本部，当时在大本营还没引起什么很大的反响。在军令部看来，陆军的作战能力也就只能这样，一木支队的全部报销还可以帮海军在陆海军打口水仗时提供点弹药。参谋本部也是将一支没有重武器的先遣队遭到挫折看作是理所当然，千把人的队伍稍不当心全灭了也是有可能的。但皇军不能吃亏，在哪里栽了份子就得在哪里找回场子来。于是，派出了第三十五旅团再加上一木支队的残余兵力共计5400人，由川口清健少将带着去瓜岛找场子。

甲午战争的时候，山本权兵卫就已经向陆海军指出了制海权的重要性，而制海权首先就体现在海军能够支援陆军跨海登陆，并且给予补给。但实际上日军从甲午战争到现在为止的作战，还没有牵涉到这方面的问题，起码日本军队就不知道登陆作战会失败。所以联合舰队在听说那冤家对头弗莱彻又带了第61特遣舰队的“萨拉托加”号、“企业”号和“胡蜂”号在瓜岛附近转悠，居然打算不让日军增援部队登陆时，确实是怒从心头起，立即决定派第三舰队去教训这帮美国人，第三舰队从司令长官南云忠一以下士气高昂，正成天摩拳擦掌要报中途岛那一箭之仇。

在第三舰队看来，中途岛海战之败既不是“自己太无能”，也不是“美军太狡猾”，仅仅是天照大神不长眼，“运气太不好”而已。再给他们一次机会，他们肯定能发扬皇军传统，敢打敢胜，那帮美军除了下海喂鱼鳖之外，怎么可能还有别的路？南云忠一就带着“翔鹤”号、“瑞鹤”号和“龙骧”号3艘航母，“比睿”号、“雾岛”号2艘战列舰，加上4艘重型巡洋舰“熊野”号、“铃谷”号、“筑摩”号和“利根”号，轻型巡洋舰“长良”号，还有11艘驱逐舰去了瓜岛方向。

南云忠一的命运在出发的时候就已经决定了。

日本人有一种追求完美的倾向，有过日本生活经验或是日资企业工作经验的人会注意到这么一件事：日本企业在向内提出重大目标决定时，经常不是列出“1、2、3、4……”而是列出“1、1、1、1……”，没有什么主次之分，是全部要达到的，一个不能少。看起来有点蛮不讲理，但其实就是日本制造业能制造出优质产品的根源所在。

在一定时期内，一介个人也好，一个组织也好，基本上就只能完成一项任务，解决一个问题，达成一个目的。即使在和平时期的企业经营上，到最后所能够达到预想目标的其实也就是某一个方面。在战时分分秒秒关系到生死存亡的时候这么不分主次，以至于无法达成主要作战目的的话，那就是自蹈死路了，现在的南云部队就是一个范例。

这次，南云带领第三舰队出动的目的有三个：1．消灭美国航母舰队；1．破坏瓜岛上的亨德森机场；1．掩护第三十五旅团登陆。哪个最重要？不知道，反正都是，都重要，都要完成。

其实，这三个任务中，随便哪个都是极为困难的任务。消灭由“企业”号、“萨拉托加”号和“胡蜂”号3艘航母组成的美国航母舰队的困难不用说；本来航母对陆地机场就不占优势，现在亨德森机场虽然只是刚刚投入使用，但是规模上的暂时弱势正好由航母来弥补；至于最后一个任务，则更是置日本人于死地的任务，比这更加可怕的是，日本人还不知道这会置他们于死地。

经常有人说，日本人不重视兵站，不重视给养，这种说法并不是日本人不管士兵死活。日本军不吃空额，也不克扣士兵，就连牟田口廉也这种狂妄到号称“遇到英国兵，只要朝天开三枪就会吓跑他们”的疯子，在发动英帕尔战役时，也知道向南方总军要汽车，要不到汽车就满缅甸抓牛、驴、羊等一切活物来运粮。虽然原来日本的藩主们不养兵，士兵只能自谋生路，但这个并不是日本军队经常挨饿的原因。冷兵器时代的小部队可以靠抢劫为生，但现代化的大规模战争，靠抢劫是维持不下去的，大本营知道这个道理。

说日本人不重视兵站、不重视给养是说他们不了解远距离作战时兵站维护工作的困难性，也不知道应该如何去维护兵站。日本人成天念念不忘的甲午和日俄两场战争，都是范围相当小的局部战争，维持兵站还不算困难，加上日本兵特有的善于忍耐的特点，怎么着都能混过去，但现在不同了。

日本人不是没有东西，即使是“有东西”也不能说明什么，问题是怎么做到“在需要东西的地方有东西”。日本人需要铁矿石，但铁矿石在海南岛；日本人需要石油和铝矾土，但石油和铝矾土在荷属东印度；日本人需要大米，但大米在中国和泰国；日本人需要飞机，但飞机在日本国内——日本人其实拥有他们想要的一切，但一切都不在应该在的地方。把东西送到应该去的地方的能力就叫兵站能力，日本人不知道这种能力能左右战争的成败，到他们弄明白了时，已经被美国人绞得气息奄奄了。

这次为3艘运输船护航的是田中赖三少将指挥的轻型巡洋舰“神通”号和10艘驱逐舰组成的第八水雷战队。在联合舰队看来，这次已经是大出血了，一艘运输船居然就摊到了快3艘驱逐舰保护，谁还能说海军不照顾陆军？

日本海军的驱逐舰舰长们是一群极优秀的海军军官，日本驱逐舰的火力也是最猛的。但这种“最猛”只是在驱逐舰中，并不是像日本人希望的那样，驱逐舰真的成了巡洋舰。而且当时驱逐舰的火力也仅仅是火炮和鱼雷等对舰武器，对空炮火就几乎为零，驱逐舰在遇到飞机的时候就只能利用其目标小、速度快、转弯灵活的优势，争取从飞机底下逃命。

这次护航出动的兵力不能算少，但概念还是陈旧的。日本海军的护航思想还完全停留在原教旨层面的水面作战上，根本没有考虑到遇到航空拦截时该怎么办的问题。本来目标大、速度慢的运输船就是飞机的好目标，而这时驱逐舰原来具有的优势也全部不存在了。

结果田中赖三动足了脑筋走了一星期也没到地方，还赔上了1艘驱逐舰，连旗舰“神通”号也被炸伤了，只好气鼓鼓地回到了肖特兰岛待命，运输行动就这样以失败而告结束。其实说实在的，也不是什么大不了的失败，闹出这么大动静的运输作战，运送的士兵加起来也就2000人左右，这么点人即便是上了岛，也是正在发育旺盛期中的菜鸟陆战一师的一顿点心。

剩下来的两个任务中，破坏亨德森机场的任务也完不成，和舰炮玩不过岸防要塞炮的道理一样，航母也肯定玩不过陆地机场，因为舰载飞机数量比不上岸基飞机，个头也比不上岸基飞机，航母挨了一颗炸弹就完了，但想炸瘫一个机场谈何容易。而且习惯了人拉肩扛修机场的南云司令官根本就没有想到亨德森机场已经进驻了飞机，里面还有B—17。结果，领命去炸机场的航母“龙骧”号反而被人家炸到海底去了。

南云长官亲自率领主队人马与美国人打的这一场“第二次所罗门海战”，战果只是让“企业”号中了3颗炸弹，三项任务全部失败。

亨德森机场在美国强大的机械工程能力支持下，表现出了不可思议的抗弹性，无论是日本人的空袭，还是后来的舰炮轰击或者陆军的重炮都无法使其瘫痪。

美国人的推土机还把亨德森机场越推越大，这时候场内可以出动的飞机一直保持在60架左右的水平上，而且还在不断增加。陆战一师上岛后的38天里，没有得到过后勤补给，但给机场送飞机的运载航母却像公共汽车一样准时来。有一个现象尼米茨非常不解："日本海军为什么从来就没有想过用潜水艇封锁孤立瓜岛，阻止美军的运载航母向瓜岛增援呢？"

仔细观察日本军队的作战，除了日俄战争期间的旅顺港作战之外，很难看到日本军队试图孤立某个作战地区，这是因为国力弱小的日本打不起耗费昂贵的包围孤立战。

问题是：瓜岛上剩下来的几百名皇军正被美军孤立着呢，要不要去救？

从现在的角度来看，瓜岛作战除了在更早的时候流了更多的血之外，对于日本毫无意义，即使是拉包尔的航空兵8月初就进驻了瓜岛，或者第一次所罗门海战的时候联合舰队全体出动把美军舰队全给灭了，或者在其他的什么场合由于其他的什么原因而使得日本人完全控制了瓜岛，也无法解决一个疑问：日本人有保障瓜岛补给的能力吗？这个问题在以后的事态发展中越来越突出。但当时的人们并不那样想，不但日本人不那么想，就连美国人也没有那么想。

从美军给这次作战起的名字就可以看出点端倪。美军这次在所罗门群岛行动的代号是"瞭望楼作战"（Watching Tower），就是对日军实力的一种试探，并没有真正开始进攻的含义。至于瓜岛作战在私下的代号是"鞋带行动"（Shoestring Operation）——只是在出发以前紧一紧鞋带而已，而瓜岛在整个作战行动中的代号是"仙人掌"（Cactus）——仙人掌是有刺的，不一定捧得住。实际上后来美军也有过从瓜岛撤退的认真考虑。

既然美军都没那么看好瓜岛的作战前景，如何能指望日本人那么爽快地就放弃瓜岛呢？瓜岛上不就是有2000来名美国少爷兵吗？不就是武器可能比皇军好点吗？皇军打胜仗从来靠的就不是武器，靠的是精神，是皇国主义的精神。再送些精兵强将，让美国人知道知道皇军的厉害。

就这样，川口的第三十五旅团加上一木支队剩下来的残余兵力，还有横须贺的海军特别陆战队全体出动，上瓜岛打美国佬去。但是怎么上又成了问题，上次一木支队坐运输船没上去，这次干脆不要运输船，直接坐驱逐舰去。

当时大本营一直弄不清楚瓜岛上到底有多少美国兵，想想光这次登陆的川口部队就有5000多人，再加上原来零零落落的残余兵力，怎么着也没有问题。于是就准备了一个第二、第三舰队同时出动，从空中和海上给陆军进攻部队提供掩护，一举夺回机场的作战方案。

9月12日，第二、第三舰队前进到了瓜岛以北海面，从拉包尔起飞的15架零战、25架陆攻也轰炸了亨德森机场，第三水雷战队司令官桥本信太郎少将，还带着轻型巡洋舰“川内”号和3艘驱逐舰从海上炮击了美军补给用的仑加锚地，万事俱备只欠东风，只要川口支队一发起冲锋，美国佬顿时就死无葬身之地。

川口支队的这5000多人就带了2门高炮、4门野炮、6门山炮和14门速射炮上了岛。不幸的是，岛上根本没有道路，连这么一点大炮也无法运进阵地，士兵们只好在没有炮火支援的情况下愣冲。陆战一师的小菜鸟对付这种进攻方式的唯一方法，就是把所有的子弹炮弹往对面打，这一晚上光105榴弹炮就打出了1992发，75曲射炮打出了878发，这几乎是日本军队一个炮兵联队的半个基数用弹量。除了在过去的张鼓峰和诺门罕战役外，日本陆军在太平洋战争中还没有见过如此密集的炮火，至于其他机枪手榴弹的数目就更是无法计算了。到最后，美军的弹药几将耗尽，已经受不住了时，师部送来了最后的预备弹药，这样才支撑了下来。

09 第二师团还是没成事

和一木支队被全歼不同，川口支队的失利在大本营引起了一场地震。

有些日本人特有的观念旁人弄不清楚。比如一木支队全军覆灭没引起震动，而川口支队的失利就成了一个大问题。其实川口支队的死伤率不到20%，没有失去战斗力，为什么影响会这么大呢？

这是因为川口支队是“失败”，而一木支队只是“没有胜利”而已。至于一木支队四个中队（连）的“玉碎”，也就是一下子报销更不会成为大问题，因为“死人的事情是经常发生的”。但是这次的川口支队就不同了，这次是真正的失败，皇军是退下来的，而且发动不了第二次攻击。打有皇军那天起，还没有过皇军打不下来的地方，特别是从太平洋战争开始到现在，皇军所向披靡，这才是其中的利害关系所在。

皇军丢了面子，罪魁祸首是谁？是海军。1942年9月10日的大本营《机密战争日志》就是这样写的：

“海军轻易地展开拙劣的作战，不经济地使用石油，使石油储备进一步减少，现对民需特配产生压迫，而海军一点没有感到应负的责任。联合舰队主力在拉包尔心安理得地旁观所罗门海战到底是怎么一回事。海军今天的困境完全是轻率地发起中途岛海战造成的，到现在失去了航母主力，失去了人，失去了石油，失去了必胜的信心，失去了太平洋战局的主动权，得到的只是一个陆基航空兵的威力很强大的教训。”

不满归不满，实际上谁也不能容忍“皇军败走”这种耻辱，于是第十七军立即决定增派第二师团上岛，而且立即得到了参谋本部的批准。参谋本部在同意增派第二师团的同时，还下令再增派第三十八师团，事关大日本帝国陆军的名誉，海军这些混球胡作非为的后果也只好由陆军咬牙来承担了。

可海军不那么认为。瓜岛事关帝国命运大局，保不住瓜岛，就保不住所罗门，就保不住新几内亚，就保不住荷属东印度，就保不住菲律宾……就什么都保不住了，陆军这帮成天刨土疙瘩的土包子怎么什么都不懂啊？就2000名美军，号称精锐的帝国陆军居然搞不定，还要派大兵力，他们知不知道大军舰出海一趟是很费油的？

比如说，把第二师团和第三十八师团送上岛去的计划有了，但是如何送呢？

不要说送两个师团上岛，就说在岛上的那几千张嘴还不知道怎么喂法，用普通运输船送给养的话，损耗太大，日本尚无弥补这种损耗的工业生产能力。上次川口清健从开始接受任务就反对用运输船，主张用驱逐舰或者登陆艇。后来川口支队确实是付出所乘驱逐舰一沉一伤的代价后被送上岛去的，但同时川口在海军口中也就成了“怕死鬼”。

倒霉的是，还是只能用“怕死鬼”的法子。对日军的补给线威胁最大的是从瓜岛亨德森机场起飞的飞机，而那时候的飞机无法夜战。第一次所罗门海战以后，美国海军晚上也不敢出动，所以白天所罗门海面是美国人的，到了晚上就成了日本人的。日本人也只能采用川口清健想出来的方法：驱逐舰白天在哪个礁石或荒岛的角落里躲着，晚上偷偷摸摸地跑，趁月黑把东西扔到瓜岛海滩上然后赶快开溜，在天亮以前跑出美军制空圈。这样虽然很不拉风，但确实减少了舰船损失。

联合舰队的参谋也有点幽默感，把这种方法称作“鼠输送”，和“耗子过街一溜烟”的形象特别契合。而对这种行为深恶痛绝的美国人则无奈地称之为“东京特快”。

用驱逐舰运送有局限性，本身就有150余名官兵的2000吨级驱逐舰一次只能运送150名全副武装的士兵，外加3吨食品、1门山炮、4挺重机枪和50箱弹药。这已经把甲板上所有的地方给挤满了，驱逐舰本身已把自己的弹药削减到了最低程度，就连舰炮和鱼雷发射管都不能转动了，更不要说运送重武器了。

这时，又有人想出来“蚁输送”的方法，就是在肖特兰岛到瓜岛之间弄了4个中转站，驱逐舰像拖船似的拖几条装满物资的大型登陆艇，还是昼伏夜行地在潜水艇的护卫下往瓜岛跑，这种形式也确实像极了蚂蚁。

但“蚁输送”首先是受气象因素左右，大风大浪时送不成，再加上美国佬发现了中转站，大白天来轰炸，“蚂蚁”爬了一个月左右也就爬不动了。

不管怎么样，第十七军军部、第二师团，加上第三十八师团，用这两种方法肯定送不上去。有趣的是，担负最关键运输任务的海军却没有为运送操心，反而很认真地在额手相庆——总算把两个陆军师团给弄到所罗门前线来了，这次绝不能放他们走。海军操心的东西十分具有跨越性：打完了瓜岛把这两个师团运到什么地方去？是运到莫尔兹比港去打麦克阿瑟，还是运到莱城去守新几内亚？反正无论如何，瓜岛已经不是问题了。

为了大日本帝国陆军的体面，参谋本部这次派了3位精英参谋和第十七军一起行动：作战班长辻政信中佐、杉田一次中佐和林忠彦少佐。面对在一边装作事不关己的海军，从不知道什么叫害怕的辻政信火了。9月24日，辻政信直接去特鲁克环礁的联合舰队驻地，上了后来被辻政信称为“大和酒店”的联合舰队旗舰，去面见山本五十六司令长官，力说光靠一个第八舰队无法保障将需要的陆军兵力送上瓜岛，而且美国现在每天平均有2艘万吨级运输船到达瓜岛卸下各种物资，每耽误一天就增加一分进攻的困难。

从中途岛海战以后就有点魂不守舍症状的山本五十六在辻政信滔滔不绝地演说时一直一言不发，在辻政信说完以后只说了一句：“行。”

作为联合舰队司令长官的山本五十六其实比辻政信中佐更加知道辻政信所述说的道理，但对一直在流血且止血不住而又无法输血的联合舰队，司令长官山本五十六也拿不出什么解决办法。现在再去讲事情的根源是没有用的，问题是日本人修建的亨德森机场此时成了日本人最大的克星，从1000公里以外的拉包尔出发的零战飞机在瓜岛上空只能停留15分钟不到，既无法对美军构成威胁，也无法为日军提供空中掩护。山本五十六又能怎么办?

其实山本五十六应该做的是，说服参谋本部收回扳回面子的想法，想法子撤回瓜岛上那些饿得嗷嗷叫的日本兵。但是这种做法更不可能，用一句中国话来形容日本海军挺合适：做了过河卒子，只有拼命向前。

反正这次山本五十六以一个海军大将的自尊答应了一介陆军中佐："行。"

用一句现在的流行语来说，山本五十六司令留辻政信中佐在"大和"号上"吃了一顿工作餐"，真的只是工作餐。看过政信在《瓜达尔卡纳尔》里面的描述就知道，山本五十六并没有怎么刻意招待这位参谋本部中佐作战班长："黑漆器的盘子里是翘着尾巴的盐焗鲷鱼，鲷鱼的刺身……还有冰啤酒。"

禁欲主义的辻政信有点少见多怪，在拥有26吨大型食品冷库的"大和"号上，这种伙食确实只是士官的普通伙食。成天在野外钻帐篷的辻政信如果知道"大和"号的准士官以上军人舱房里设有全套冷气设备的话，可能就不会称呼"大和"号为"大和酒店"了，而应该是"大和天宫"。

从10月4日开始，16艘驱逐舰开始把第二师团的主力用"鼠输送"的方法往瓜岛上送，除了效率太低之外，整个来说还算顺利。但是前面说过，重武器用驱逐舰是运不上去的，这次第二师团准备带38门非得使用运输船不可的重炮上岛，为了保护这批重武器上岛，联合舰队也确实是拼出了全力。

喜欢斩尽杀绝的美国人当然不会眼看着"耗子""蚂蚁"在眼皮底下爬来爬去，他们做好了打这帮"耗子""蚂蚁"的伏击准备。

美国人要玩什么东西的时候，真能把那东西玩得日新月异，这个雷达技术就是这样，第一次所罗门海战只过去了两个月，美国的雷达技术又不一样了。搜索雷达已经进化到了射击指挥雷达，可以测量炮弹爆炸溅起来的浪花，这样第二排炮的偏离校正就可以自动进行，美国人已经打算把夜晚从日本人那儿抢回来。从10月11日的所罗门海战开始，美国人就使用雷达进行夜战，结果，联合舰队重型巡洋舰"青叶"号舰桥被美军第一排炮弹击中，第六战队司令五藤存知少将在撤退途中伤重不治而死。到死他都不知道，这场海战是最早的雷达海战，在临死之际还嘱咐手下，回去以后要把“日进”号舰长驹泽克己大佐送上军事法庭，他认为是那个混蛋舰长“误炸”了他。

海上的夜晚从此不再属于日本了。所罗门海战对于美国海军而言是一次纪念性海战，其意义不小于中途岛海战，因为这是美国人第一次在近原教旨意义上的海战中战胜了日本人。

10月12日，由6艘当时日本能找得出来的最好的9000吨左右的运输船“吾妻山丸”“南海丸”“笹子丸”“崎户丸”“九州丸”和“佐渡丸”组成的“瓜岛突入船团”，装载着38门大炮、10个基数（平均每门1000发左右）的炮弹，还有一个师团30天的粮食等物品，离开肖特兰岛和拉包尔前往瓜岛。

13日，第十一航空舰队的大型爆击机编队冒死对亨德森机场进行了先后两次轰炸，炸毁美军飞机三十多架。考虑到拉包尔到瓜岛的距离，日本海军轰炸机在滞空时间如此短的情况下打出这个战果，应该说是很了不起。

当天晚上，联合舰队趁热打铁，用三式弹炮击了亨德森机场，这次出动的是栗田健男带领的由战列舰“金刚”号和“榛名”号组成的第三战队，当时太平洋上美国人就只有一艘航母“大黄蜂”号和一艘战列舰“华盛顿”号。只要黑灯瞎火的，“华盛顿”号不出来，也没有什么大炮能打穿战列舰。

三式弹是一种类似于战后国际会议吵吵嚷嚷禁止的子母弹那样的炸弹，母弹爆炸以后放出996个25毫米×90毫米、内含混合燃烧剂的子弹，这些子弹能够持续燃烧5秒钟，放出3000℃的高温。日本海军这是想用三式弹把亨德森机场给烧了。

但这次炮击不算“胜利完成任务”，只能算一半。

为什么“只能算一半”呢？这是因为己方舰队没有损失，“保存自己”的一半做到了，却并没有做到“消灭敌人”。亨德森机场被“金刚”号、“榛名”号发出的14英寸（355.6毫米）炮弹总共击中966发，停在机场上的96架飞机被炸毁54架。但是亨德森主机场只是暂时不能使用，过两天就又能用了，而“亨德森机场”的作用从来就没有停止发挥过。

日本舰队的海上炮击效果不佳的原因，当然得到被称为“海蜂”的美国海军陆战队工兵那里寻找。和日本海军从占领地区到处抓壮丁凑起来的“设营队”不同，“海蜂”可是正宗的能打仗的武装军队，除了现代化的工程机械设备，他们还有足以自保的火力装备。他们干脆在岛上原来的机场之外重新修了一个战斗机专用机场，而日本人还不知道这个战斗机机场的存在。这个战斗机专用机场起飞的飞机马上就要去点日本人的死穴了。

至于原来的亨德森机场，干脆就被那些“海蜂”改造得面目全非了。日本人从炮击以后的航拍照片中看到，亨德森机场已经从一条跑道变成了6条跑道，3条能用，3条正在建，其中的主跑道已经延伸到2000米，什么大型轰炸机都能起落，用舰炮轰击没什么大用处。这种结论让人真想问问：在炮击以前为什么不进行航拍？

但不管怎么说，主机场的设施几乎全部烧掉了，跑道也让两艘战列舰在回头以后打的一式穿甲弹给捅出一大串窟窿，这下子那支“瓜岛突入船团”可以登陆了。

确实，第二天的14日，运输船队在前往瓜岛的一路上畅通无阻。护航的驱逐舰看顺利到了地头，想想也不可能再有美国飞机来捣乱了，就回去了。然而，就在运输船抛锚后正准备卸货的时候，大批轰炸机蜂拥而至。

这是从那个新建的战斗机专用机场强行起飞和从“大黄蜂”号航母上起飞的轰炸机，“大黄蜂”号又来了。

6艘根本没有任何武装和装甲的民用船只立即就沉了4艘，有装载的弹药被引爆立即沉入海底的，也有慢慢倾斜到海里去的。只有“吾妻山丸”的船长反应快，当即拔锚抢滩搁浅，避免了沉没的命运，但船还是起了火。

船员和士兵拼命在船爆炸以前抢卸货物，但也就抢下来15厘米榴弹炮2门，10厘米加农炮4门，弹药只有2个基数，粮食只够吃10天。第二师团几乎是空着手上了岛，重炮没了，口粮没了，看到的是瘦骨伶仃的饿鬼皇军，连司令官百武晴吉中将的便当都被人给偷了，弄得中将上岛的第一顿就是饿肚子。

百武从这些八分像鬼，只有两分还像人的皇军身上知道了挨饿的严重性，必须在断粮之前拿下亨德森机场，现在是14日，24日是最后期限，不用大本营过来催，他自己就因肚子的生理规律而做出决定了。

22日，第十七军司令部下达了109号作战命令："日美作战的时机已经成熟，各部队尽死力完成任务，以奉圣恩。"

日军的火力不如美军，人数上也不占优势，这些都是短处。但在美国人开始攻势防御的1942年中期以后，日本军队最大的弱点是对美军完全认识不足。比如在这次总攻以前，辻政信在发出的电报中还绝对相信自己的战术行动和目标未被美军发现，根据是没有发现美军派出的侦察队，而且自己就看见还有"为数众多的美兵在机场内打网球"。

如果把全世界的军队按照"怕死度"由高到低来排一下名的话，美军大概可以当之无愧地进入前几名。但是反过来看美军的战绩，似乎也没有什么对不起人的地方。这种现象似乎与"战争属于那些勇敢的人"这句话有点冲突，这又是怎么回事呢？其实把军队怕死和军人怯懦画等号是引起这种冲突的唯一原因，怕死和怯懦不是一回事。"保存自己"和"消灭敌人"是一对矛盾，这对矛盾的两个方面却绝不是先有鸡还是先有蛋的那种扯皮问题。自己都不能保存还扯什么消灭敌人？战争的最终目标是保存自己。只要自己能活得下来而且能够活得更好就行，因为这个世界上对自己或自己所属团体抱有敌意的人实在太多，是不可能完全消灭的。

说美军怕死，并不是说美军的士兵怕死，而是作为一支军队，美军不让士兵去做无谓的牺牲，这超出了喜欢用士兵的尸体来堆砌胜利的日本人的想象。美军没有派出侦察队，仅仅是因为陆战一师的小菜鸟的羽毛还没有老练到能进入原始热带雨林里去执行侦察任务的程度，但美军能够用电子技术的优势来弥补作战经验的不足：周围的密林里全部安装了高敏感度拾音器，日军休想靠近美军阵地，至于靠近了以后的解决办法，就是最没有技术含量的盲射，用钢铁买安全。

所以美军很容易知道日军的动向，知道他们要发动总攻，至于为什么知道日本人要总攻以后还有人在打网球，那仅仅是因为美国人没有日本人那种闲来无事给自己上上弦的古怪毛病罢了。这也正是刚刚结束战斗就能看到美国大兵们居然以营为单位轮流跳进伦加河游泳的原因。原来美军喜欢嚼口香糖和走不齐正步很让皇军看不起，这件事终于让皇军知道了，这个世界上在死亡面前不怎么皱眉头的人并不只有自己，而且别人可能还更加轻松些。

第二师团的第一次进攻就这样失败了，打得最苦的是第二十九联队，参战的2554人中战死552人，负伤失踪480人，整个联队损失率达到40%。按照损失率超过30%就算丧失战斗力的准则，这个联队就算完了。

绝不能这样善罢甘休，第十七军司令官百武晴吉中将也好，第二师团师团长丸山政男中将也好，大本营陆军部（参谋本部）作战班长辻政信中佐也好，当然还要来第二次，于是就决定第二天，25日晚上重来。

但日本人还是没有可乘之机，第二次攻击还是失败，继二十九联队长古宫大佐之后，第十六联队长广安寿郎大佐也去了靖国神社，第二师团上岛刚过十天，两个联队长就没了。一个少将，两个大佐，到现在为止，皇军在瓜岛丧失的高级军官和诺门罕战役相比已经毫不逊色了，当然不应该逊色，因为指挥诺门罕和瓜岛的都是那一对精英活宝——辻政信和参谋本部作战课长服部卓四郎大佐。

和之前的诺门罕战役及之后的英帕尔战役不同，这时候单纯计算人员的伤亡是没有意义的，第二师团的伤亡率并不大，还远远没有达到丧失战斗力的地步，但是这个师团已经无法作战了，因为他们断粮了。因此第二师团只能撤上奥斯汀山，借着天险和美军不愿冒险发动攻势，与美军展开对峙。

和喜欢用士兵的生命换土地的皇军不同，美军占地从不采用用士兵的生命去换的方式，从来都是先用钢铁清场，然后再上人。因此，看不到美军在无法确认清场效果时就贸然进攻的战例，这也是后来日军能从瓜岛撤下来的原因，因为美军一直没有能够确认他们的战果，所以也就没有过全线总攻的计划。

大本营现在把瓜岛看成“日美决战”的战场，准备陆海军全体出动大干一场。瓜岛的陆上战斗打得这么热闹的时候，海上又出了些什么事呢？

10 围绕着瓜岛的海上拉锯战

日本军队经历过甲午战争和日俄战争，从这两场战争中，日本人莫名其妙地把战争和战斗给混淆了，认为只要取得一次关键战斗的胜利，整个战争就算胜利了，这就是日本陆军和海军共有的“决战”概念。

太平洋战争开始以后，日本人就一直在寻找这种“决战”的机会。这次大本营确认了瓜岛就是日美决战的舞台，日本只要赢得了瓜岛，美国佬就必须低下头来乖乖和大日本帝国谈判。在第二师团准备进行看起来是囊中取物的总攻时，日本海军主力近藤信竹中将率领第二舰队和南云忠一中将率领的第三舰队全军出动，准备摧毁亨德森机场和歼灭敢出来的美国海军。

这就是日本人称为“南太平洋海战”，美国人称为“圣克鲁兹群岛海战”的海战，这也是日美海军航空母舰之间最后一次势均力敌的较量。从此之后，日本海军的航空母舰就再也不能以平等的身份和美军航母交战了。

大本营海军部（军令部）发表的南太平洋海战结果是这样的：

日本海军2艘航母、1艘巡洋舰受到中创，损失飞机40架。

美国4艘航母、1艘战列舰和1艘其他舰只被击沉，此外还有1艘战列舰、3艘巡洋舰、1艘驱逐舰受重创，损失飞机200架。

所谓“大本营发表”就是这么个玩意儿。实际上日本小型航母1艘、重型巡洋舰1艘受中创，正规航母1艘受中创，损失飞机100架以上；而美国则被击沉1艘航母、1艘驱逐舰，另外有1艘航母、1艘轻型巡洋舰、1艘驱逐舰受中创，损失飞机74架。

当然，从数字上看，还是日本海军占了优势。

但这却是一场真正的惨胜。当然在南太平洋海战以后的一段时间，美国在太平洋上没有了航空母舰，但是这并不意味着日本的航空母舰就没有了对手。日本海军手里未受伤的航母“瑞鹤”号和“隼鹰”号无法使用，因为在这场海战中，日本海军航空兵损失的包括珍珠港袭击的英雄村田重治少佐在内的145名飞行员是无论如何都无法弥补的。

尼米茨在回忆录中明确指出：

“从战术上看，美军在圣克鲁兹群岛海战中失败了，但从长远观点来看，这却是美军在战略上的胜利。近藤（尼米茨在这里错了，应该是南云——作者注）失去了100架飞机，而金凯德也失去了74架飞机。这个数字比表面上显示出来的差异更加对日本不利，因为美国正在急速扩大培养飞行员和制造飞机，马上就要凌驾于日本之上了。

“美国舰队付出了高昂的代价，但取得了重要的战略利益，起码在当时的形势下，瓜达尔卡纳尔岛上的陆战一师得救了。日本陆军的攻势一直在不断增强，但到10月26日以后，日本陆军开始静默为止，陆战一师保持了他们的战线，他们守住了亨德森机场，日本陆军的死伤人数是美军的十倍，现在日本的地面部队已经不是什么重大威胁了。”

确实是这样，日本陆军已经无法威胁美军了，现在他们自己就在和一个叫作“饥饿”的敌人战斗，而这个敌人是除了吃饱之外的任何精神力量都无法战胜的。

11月2日，参谋本部作战课长服部卓四郎大佐上了瓜岛。

服部到了瓜岛以后，立即召开了十七军司令部和参谋本部联席会议讨论瓜岛作战。瓜岛一定要拿下来，这是有关皇军赫赫威名的事情，至于拿下来干吗则不是什么问题，海军已经确认了这里是日美大决战的战场，这次就算他们说得对。

怎么拿呢？基本上定下来了这么几条：

1．增派混成第二十一旅团。

1．第三十八师团主力于11月上旬，第五十一师团主力于12月上旬在瓜岛登陆。

1．第六师团派出一支精强联队，用特殊舰船直接在亨德森机场正面登陆。

1．陆军航空部队参加战斗。

1．第三次总攻于12月中下旬左右在重炮及弹药准备俱全以后，从西边开始使用正面攻击法进行。

还是一个“1、1、1……”的作战方案，这几条中，除了陆军航空兵参战之外，实际上什么都办不到，你把天兵天将弄来打美国兵都行，但先得把天兵天将运上瓜岛，现在的问题不就是上不了岛嘛。

至于唯一能办到的陆航参战又是毫无意义的举动，因为大海上没有参照物，没有受过海上飞行训练的陆航飞行员根本没有办法在海上飞，再加上陆航飞行员只会轰炸固定目标或者车辆这种直线移动的目标，要轰炸舰船这种在平面内大范围活动的目标几乎不可能。

其余的东西全部要海军支持，要海军的运输船和护航，这样有意无意地，皮球又回到了海军的半场。

海军没办法，只能硬着头皮上。光送第三十八师团上岛这个任务就能吓死人：13500名人员，3万人吃一个月的口粮，炮弹8万发，重炮50门。

为了送第三十八师团登陆，日本海军又与美国海军大打出手，来了一场大海战。这场海战日本人称为“第三次所罗门海战”，而美国人则称“瓜达尔卡纳尔海战”。主要包括：

1．11月12日至13日的夜战。

2．13日至14日的日本重型巡洋舰对亨德森机场的炮击和随后的海空战。

3．14日围绕着日本运输船队的战斗。

4．14日至15日的夜战。

包括两次大规模夜战、两次中等规模的海空战，便是围绕瓜岛进行的一系列海战的最高潮。

美国在太平洋上已经没有了航空母舰，但日本人的航空母舰也照样出动不了了，这点双方扯平，但是美国人有一个亨德森机场能起飞飞机炸船，所以问题又回到了亨德森机场这个怪圈：要送部队去攻打瓜岛，就必须哪怕只是暂时也要废掉这个机场。

现在能做到这一点的，只有趁月黑风高的时候从海上用舰炮射击了。

日本海军的计划是，以战列舰为中心的舰队在11月12日晚上接近亨德森机场进行炮击，先暂时破坏亨德森机场的功能，然后在13日晚上运输船团抵达瓜岛时，再用重型巡洋舰进行炮击，配合部队登陆和物资搬运。只要能够做到两天内使亨德森机场瘫痪，日军就能在物资上做好总攻的准备，这就是11月12日至13日的夜战。这次战斗中，第十一战队司令官阿部弘毅中将率领的“挺身攻击队”使参战的美军损失惨重，轻型巡洋舰“亚特兰大”号、重型巡洋舰“旧金山”号和“波特兰”号受到重创，轻型巡洋舰“朱诺”号和驱逐舰“卡辛”号、“拉菲”号、“巴通”号、“蒙森”号被击沉，参战的美国舰队正副司令官阵亡。

日本海军付出的代价是两艘驱逐舰和战列舰“比睿”号。

这场海战是人类历史上最后一场古典海战，谁胜谁败已经没有关系了，这场海战将超越胜败永远地被人记住。事实上，单纯从战斗本身的胜败来说，也很难说双方谁胜谁败。但跳出战斗本身，从这场海战的目的和带来的影响来说，和珊瑚海海战以后的所有战斗一样，一如既往地还是美国人赢了。

日本海军出动的目的是摧毁亨德森机场，而美国舰队的目的则是保卫亨德森机场。这场海战的结果，首先就是美国人达到了作战目的而日本人没有，再有就是这场海战从心理上打击了日本海军。从某种意义上来说，第三次所罗门海战对日本海军的打击甚至大于一举失去4艘航空母舰的中途岛海战，这种打击不是物理上的，而是心理上的：日本海军在这次海战中失去的是战列舰，虽然是舰龄已有30年的爷爷舰，但作为大舰巨炮象征的战列舰是日本海军的通灵宝玉，丢不得，丢了就要失魂落魄了。

应该对丧失"比睿"号负主要责任的是联合舰队司令部，联合舰队司令部低估了美国海军的决心。

联合舰队在南太平洋海战中击沉击伤各一艘美国航母以后太托大，莫名其妙地出现了一种"美国舰队不会出来"的潜意识。在准备炮击机场时，根本就没有想到美国海军在没有航空母舰掩护的情况下，还会出来阻挠，也忘记了因为雷达的出现，夜间的海面已经不是日本人一统天下了。因此，一来没有准备海战用的穿甲榴弹，二来也没有出动重型巡洋舰为战列舰保驾。日本海军对雷达的轻视，直接导致为舰队打探照灯的"比睿"号成为众矢之的，用炮瞄雷达武装起来的美军使"比睿"号根本无法预测炮弹从什么方位飞来，完全是一边倒的被动挨打。

炮击亨德森机场的计划失败了，还赔上了一艘宝贝战列舰"比睿"号，但亨德森机场一定要炮击，这是不可动摇也无法动摇的，于是第二天晚上，号称"福将"的三川军一带着西村祥治又去执行任务了。

从军事上来说，三川军一打第一次所罗门海战是毫无疑问地大获全胜，所以说他是福将。但光说三川是福将其实有点小看三川，三川在领兵上还是有一手的。这次三川出发走的路线就和别人不一样，躲过了美国飞机和澳大利亚海岸监视员的耳目，一路顺利地到了瓜岛。加起来往亨德森机场打了将近1000发三式弹，眼看亨德森机场成了火海，美军连反应都没有，这才动身回家。

值班的猫眼却莫名其妙地喊了起来："东南方发现敌机。"

可怜的猫眼，大概被美军吓出癔症了，哪还有什么“敌机”，那是海鸥。

不对，仔细看看真是飞机。可是这倒霉的飞机打哪儿来的啊？

实际上这是从“企业”号上起飞的舰载机。“企业”号不是在一个月前的南太平洋海战中受伤了吗？怎么就出来了呢？原来“约克城”号受伤72小时都能出来，“企业”号有了一个月还有什么好叫苦叫累的？

这样一来，舰龄最老（1926年下水）的“衣笠”号就在劫难逃了。“衣笠”号在第一次所罗门海战时转身转得快，挨了几颗炮弹就算了事，但这次可是结结实实地被炸沉了，老规矩，舰长泽正雄大佐规规矩矩地殉了舰。

重巡舰队都这样，那边运送三十八师团主力的运输船队还能好？从天一亮，稀稀拉拉零零落落地就老有美军的飞机来添乱。头天晚上日本人的炮击对机场造成了一定损失，飞机不是那么随随便便就能够起飞的，应该说有一定战果。

但亨德森机场还是没有瘫痪。重型巡洋舰所装备的8英寸主炮的威力本来就和战列舰所装备的12英寸主炮的威力不能比，美国人可不像日本人那样，打扫出一片平地就算野战机场了，美国人的跑道已经用了钢板铺装，简单的修补只要把钢板换掉就行了，几个弹坑在美军的机械化工兵部队面前根本就不是什么大问题。当然这些嚼口香糖的美国少爷兵也确实够顽强，能找到几架飞机就起飞几架，能修好几架飞机就起飞几架，所以才这么三三两两地来轰炸。

就是这么三三两两地轰炸，速度只有10多节的万吨左右的货船也吃不消。11艘运输船被击沉了6艘，一艘虽然没有沉，但轮机故障，被护航的驱逐舰拖回了肖特兰。落水的人员基本上都被护航驱逐舰救了起来，但装备全丢了。最后4艘赶到瓜岛的，被迫采取自杀的方式抢滩搁浅。

就这样，第三十八师团登陆的2000人还是空着手上岛，只抢出来了1200袋大米，每袋60公斤，合计72吨，按照岛上有30000人算，每人2.4公斤，将就着能吃4天。不但干不了活，反而还添了吃饭的嘴。

这时岛上的日本陆海军全加起来有将近30000人，可是由于饥饿和疾病，能用的兵不到8000。而美军的兵力是陆战一师22000人，加上被称为“海蜂”的工兵、亨德森机场的仙人掌航空部队等，总共大约26000人。

有一笔账算起来很有趣，美军在瓜岛上维持着这么多人和机械，每天需要的食物、武器、弹药、燃油、机械、部件，当然还有思想腐朽的少爷兵不能缺少的黄色画报，加起来无论如何不会少于1000吨，遇上战斗时需要量甚至能涨到三倍以上，就是说美军在十天之内一定要进行一次大规模的补给。事实上根据辻政信的观测，美军几乎每天都有一两艘巨轮抵岛进行补给。为什么从军令部到联合舰队的日本海军就从来没有想过打击美军补给船队，而听任美军吃饱喝足以后精神抖擞地保卫亨德森机场?

为运输船队护航是至难的任务，但破坏对方的护航，打击运输船队又是一个相对来说简单得多的任务。瓜岛之战初期，日本海军对美国海军还占有优势，为什么除了绞尽脑汁想法子送东西上岛之外，从来不去想用绞杀来反绞杀？只要美国补给出现问题，对日本补给通道的压力自然减轻，而一旦发生油料弹药短缺，亨德森机场也就不攻自废了。为什么这个时候所有人都忘记“进攻是最好的防御”这句话了？

理由很简单，“进攻是最好的防御”这句话在日本军队中仅仅被限于直接军事战斗行动，而直接军事战斗之外的东西并没有被日本军队纳入理解范围，就像日本陆军的顺口溜一样：“辎重要是也是兵，蜻蜓也能变老鹰。”

日本军队不管战争，只管战斗，而在海军里连“战斗”这个词都用得怪里怪气。“战斗”在日语里应该是“戦闘”，或者是“戦う”，而海军除了正式公文之外不用这两个字，海军用的是“いくさ”这个字。这个字是个很老式的字，可以写成汉字“戦”，但海军从不用汉字写，而用“いくさ”，这个字除了海军，没人用。从英国学来了那么多东西，大量使用外来语，自认为很开明的日本海军，还用着一个这么古老的字，可能也反映了一些文化深层的东西。

战后，无论是美国人还是日本人，都喜欢问一个问题：联合舰队为什么不出动主力？

有很大一部分原因在于日本海军的政治先行作风。《海战要务令》已经规定战列舰的使用方向，不能为了一个连说清楚名字都花力气的荒岛随便动用，除非你能证明这是真真实实在和美军“决战”。所以黑岛只好很认真地相信或者装作相信“黑夜的海面属于日本人”，准备了一次又一次的夜战，这点没人敢反对。因为这是大日本帝国海军三十年“月月火水木金金”猛训练的结晶，是大日本帝国海军的光荣传统，所以在理论上是只要晚上把船开出去就能赢，如果不能赢，那就是什么地方出了问题，或者是运气不好，或者是将领无能，反正大日本帝国海军的传统不会错，也不能错。

但是，世界是会变化的，确实在某些时候，某些人掌握着一些别人无法企及的技能和本领，但那些技能和本领会随着时代的变迁成为过时的东西。举个无关的例子来说明吧。大阪曾有一家世界知名的公司，其产品是留声机上的唱针。因为它生产的唱针使用寿命长，对唱片损害小，能最大限度地还原音响效果，所以被作为高级音响设备所必须使用的东西。那家公司在最盛期占有的国际市场份额达到80%。要在唱针的技术水平或者产品质量上超过那家公司是绝不可能的。但人算不如天算，CD的出现使留声机成了废物，最多供有钱的闲人当作古董收藏几台特别高档的，也就仅此而已。那家公司，也就毫不留情地被淘汰了。

太平洋战争中的海战也是这样，飞机和雷达的出现使得以大舰巨炮打夜战不再是日本海军的独门绝技了。训练程度确实不如日本的美国海军反过来在夜战中开始占据领先地位了。

美国人的雷达在不断进化，这种进化不仅仅体现在能够更加准确地测定目标的方位和距离，而且体现出了美国文化的一个重要特征：系统化。战争初期，美军舰艇所配备的分别测定飞机和舰船水平、垂直参数的SK、SC、SG、SM等种类繁多的雷达被统一起来，构成了CIS系统（Combat Information System，战斗信息系统）。CIS能以一种非常直观的界面向用户同时提供射击诸元，比如海战中的舰炮射击。在瓜岛之战中后期，美军雷达已经可以捕捉炮弹爆炸溅起的浪花，然后和目标值比较，直接得出偏差值提供给火炮修正。这样美国海军就能够保证再次发射的炮弹以高得多的概率击中敌舰。

然而经过了这么多事故的日本海军，对此居然还是一无所知或者知道而满不在乎，还沉醉在“大日本帝国海军夜战技术誉满全球”的错觉里……

当然，这个可恶的亨德森机场一定要砸掉才行。11月14日，尼米茨最看重的第二舰队司令长官近藤信竹中将亲自出阵，带了战列舰“雾岛”号和重型巡洋舰“高雄”号、“爱宕”号去砸场子，也说明联合舰队对拿下亨德森机场的决心了。

这段时间，美日双方围绕瓜岛打的消耗战，对美国太平洋舰队也是一个极为沉重的负担，美国人手里也没有了军舰。但哈尔西甚至在凑不齐护航驱逐舰的情况下，还是毫不犹豫地动用了一年前（1941年5月）服役的“华盛顿”号和半年前（1942年3月）才服役的“南达科他”号两艘崭新的战列舰，指挥官是1920年安特卫普奥运会上获得7块奖牌（其中4块金牌）的威利斯·李。

如果哈尔西是日本军官的话，绝不会动用这两艘战列舰，因为风险太大。

军事是一种博弈，从某种意义上来说，打仗就是赌博。日本海军和美国海军有一个截然相反的特征，日本海军的高层敢赌，而现场指挥官往往缩手缩脚，失去机会；美国海军的现场指挥官则经常丧心病狂地乱来，根本没有什么惯例、常规一说。日本人的失败往往被责备为为什么不能跳出其角色所限而更加自由地发挥，而美国人的胜利往往被人赞叹为自由奔放的发挥。

当然有其民族文化上的原因，但比文化原因更大的则是国力上的不同。山本权兵卫、东乡平八郎之类的统帅是几百年难遇的，普通的将帅就只能在现实社会所限定的范围里行动。日本海军军官无时无刻不感受到“军舰是天皇陛下的贵重品”这句话的分量。

经过了海兵、海大，依靠成绩、依靠努力、依靠不出事故的运气才戴上了将军的金星。用别的什么做赌本都无所谓，但是有几个人敢拿这枚金星来做赌本？

这就是美国海军和日本海军的不同。美国海军军官在下定作战决心的时候没必要去考虑物质损失。除了在物质牺牲上更容易下定决心之外，美国海军并不比日本海军占有更多优势。后来威利斯·李少将在谈到这次海战及其影响时，是这样说的：“我们应该认识到而且永远不应该忘记，我们的超级大国地位来自我们对雷达的拥有，因为当时我们在经验、技巧、训练和作战方面都比不上日本海军。”

在这场战斗中，美国的护卫驱逐舰“沃克”号和“普利司通”号沉没，“本海姆”号和“戈文”号受伤。即便在护卫的驱逐舰全部损失以后，威利斯·李也没有选择后退，而是继续前进。

“南达科他”号起码被命中42发炮弹，其中就有“雾岛”号的14英寸主炮发射的超过7发，上层建筑受创惨重，舰首部分起火，雷达被破坏，轮机配电板发生故障，美军战死40名，伤60名。

但是“南达科他”号没有沉，这不仅是由于它的水线装甲部分厚达324毫米，也由于3艘日本主要军舰准备的还是炮击亨德森机场用的三式弹，如果是穿甲榴弹的话，“南达科他”号只会更惨。

这场海战中，最有可能击沉“南达科他”号的是负责扫荡和警戒的两支驱逐舰队，而这两支驱逐舰队在这次海战中的表现非常“日本”，最能反映日本人的认真到底是怎么回事。

这两支驱逐舰队在轮到它们上场的时候，表现很好很认真，一个回合就把美军舰队的所有护卫驱逐舰全部击沉或击残。但这两支驱逐舰队的认真也仅限于此，一个回合，任务完成以后就扬长而去，不知踪影。

如果这两支驱逐舰队再打一个回马枪重返战场，对已经身负重伤的“南达科他”号发起鱼雷攻击，“南达科他”号想不沉都难。

最终，“南达科他”号在日本3艘军舰铺天盖地的炮火下还是没有沉没，而是在后退。这种景象可能会让“雾岛”觉得害怕：大东沟又出现了，无论日本人如何努力，就是无法击沉美国的战列舰。

然而还有更可怕的事情：近藤信竹根本就不知道的“华盛顿”号在和日本舰队相距6000米的地方使用雷达瞄准，从日本人根本就没想到的方向用16英寸主炮说话了，非常阴险，非常邪恶，却又非常漂亮。“雾岛”号的203毫米水线装甲在“华盛顿”号的主炮面前就像纸糊的一样。

有关14日的这场夜战，“大本营发表”可以说明这两艘战列舰的损失对日本造成的打击。本来所谓“大本营发表”其实就是说谎的代名词，但是，敢于把中途岛海战损失4艘航空母舰的事实说成只损失了1艘的大本营海军部（军令部），这次却破天荒说了“被击沉2艘战列舰”的老实话。

中途岛海战后听说损失了一艘航母的日本人什么反应都没有，这次听说损失了2艘战列舰后，不知怎么的，日本人一下子激动起来，街头像雨后狗尿苔似的一下子出来了一大堆捐款箱，轰轰烈烈地开展了一个“战舰献纳运动”。

那几天尽出怪事，大本营海军部难得遮遮掩掩说了一半实话，其实在前一天大本营陆军部（参谋本部）已经向国民说了一句太迟太迟太迟的实话。

1942年11月14日，大本营第一次发表了有关第三次所罗门海战的战报，当然是海军大胜特胜的捷报，第二天的日本各报都在头版头条上刊载。但是战报之后的大本营陆军部报道部长谷荻那华雄大佐的谈话却很引人注目，谈话内容是这样的：

“美军于8月份在仅有我少数海军兵力防守的瓜达尔卡纳尔岛大举登陆，我陆军部队在海军的全力支援下，进行了数次极为困难的登陆作战，这几个月来发表的在所罗门方面的数次海战均与瓜达尔卡纳尔岛方面的陆战有关。”

在美军登陆已经三个月后，大本营终于羞羞答答地承认，“一触即溃”的美军在大日本帝国陆海军控制的岛屿上进行了登陆作战，而且被大日本帝国陆海军“触”了几次似乎还没有完全“溃退”。

这次陆海军一起说两句实话可能是出于找后路的考虑，因为搞不定亨德森机场，谁都不知道这个瓜岛该怎么办了。

11 最强的驱逐舰队来“走耗子”

已经上岛的3万名陆海军官兵总要想办法喂。现在这3万官兵的命就掌握在那些高速驱逐舰实行的“鼠输送”上，又被人称为“走耗子”。最初的“鼠输送”应该是把一木支队送上瓜岛的那一次，到了后来，“鼠输送”成了往瓜岛上送东西的标准程序，肖特兰岛的后勤基地也被人不怀好意地称作“大日本帝国海军输送株式会社”。

联合舰队的计算是：第八舰队（加上第十一航空舰队以后改编为东南方面舰队）的22艘驱逐舰在一个星期之中的运量可以满足岛上三分之一的量，每天有一顿吃还不至于立即饿死，同时岛上岛下再想别的办法。

打个怪怪的比方，日本驱逐战队的偷偷摸摸运输被美军喻为“走耗子”，和现在的无证摊贩贩卖非常相似，而美军舰队和“城管”也差不多。后来还有“蚁输送”，因为速度太慢，被美军“城管队”一抓一个准，没用几次就放弃了。

由于海流的影响，扔下去的东西漂走的也有；而陆军士兵由于吃不饱而衰弱得厉害，因而捞不起来的也有；捞到了搬不上岸的也有，搬上岸了来不及隐蔽，天一亮又被“城管队”似的来上班的美军飞机给炸毁了的也有。这样陆军只能拿到“耗子队”捎来东西中的三分之一，不是一天能够吃上一顿，而是三天才能吃上一顿，瓜岛的饥饿情况就是这么一回事。

大米以外物资的运送采用潜水艇，到后来美军飞机越来越多。最初川口支队上岛的时候，天上的美军飞机还只有三五架在飞，但到了11月下旬，第十七军的报告里是每天有70～90架，3个月美军飞机增加了30倍。所以到后来，人员上岛都只能使用潜水艇，再到后来，潜水艇也越来越难接近瓜岛。

“鼠输送”的效率就不用提了。使用运输船的话，一吨船舱能装载一吨货物，而用驱逐舰“走耗子”的话，2500吨级的大型“阳炎”型驱逐舰只能运载25～30吨左右，大炮要分解了以后才能运，坦克装甲车就根本没办法运。

晚上去瓜岛，天没亮就要赶快退出美军飞机的作战半径回到肖特兰岛，稍晚一点那可不是开玩笑的，瓜岛打了6个月，日本海军损失了12艘驱逐舰，其中8艘是“走耗子”时出的事。美军的大舰不来，但小鱼雷艇经常来冲锋，被鱼雷艇冲上了就是死路一条。财大气粗的美军还有一个损招叫作“盲炸”。一听说这一带“走耗子”，就是半夜轰炸机也照样来，闭着眼睛往下面乱扔炸弹，和陆战一师守亨德森机场的“盲射”一样，大手大脚，一点儿也不注意节约弹药，可怜的驱逐舰要是挨上一颗就完了。

白天回到了肖特兰岛的驱逐舰，想把船停在港湾里休息吧，美军飞机一天准时来“请安”两次，让你就是休息不成，只能开着船在港湾里绕圈躲避美军炸弹。这种绕圈行动有个专有名词，叫“肖特兰岛驱逐舰之舞”。

驱逐舰在海上是欺负别人的，上可以欺负巡洋舰，下可以欺负鱼雷艇，可是成天欺负别人的人现在要受别人的气，这些驱逐舰的舰长心理平衡不了。

泥人也有个土性，这种情况下，就出来了个被美国人绝赞的田中赖三少将。

第二水雷战队司令官田中赖三少将当时主管“鼠输送”。日本海军的少将级军官中，名气最响的最后一位军官可能就是这个田中赖三，倒不是因为田中参加过在那个荷属东印度全歼荷兰、美国、澳大利亚杂牌舰队的泗水海战，而是在这个瓜岛让美国人吃过一惊。

驱逐舰舰长都是所谓的鱼雷战专家，所憧憬的景象就是在战列舰，起码是重型巡洋舰面前发出鱼雷，随后飞速转身撤退，接着看到巨大的敌舰在鱼雷爆炸的巨浪中沉没。可现在被弄来做搬运工，当然对这种莫名其妙的运粮草任务不来劲。

以“海上白兵队”自命的驱逐舰哪受过这个屈辱，分管这一摊的田中赖三一再向第八舰队提出这个问题，第八舰队当然也不能眼看着自己的孩子莫名其妙地为了陆军受美国佬的欺负，也不断向联合舰队提这个问题，但从来没有得到过满意的回答——没有人能给出令人满意的回答。瓜岛上的陆军和驱逐舰上的海军谁的生命更值钱？怎么回答都是错的，所以回答只能是：第一，要把东西按期安全送到；第一，要消灭敢于拦截之敌。就是这么一个日本式的回答。

耗子逼急了也会反咬猫一口，“走耗子”走的时间长了，田中赖三就也走出了自己的结论：服从命令，实现自我。“自我”是什么？“自我”就是司令官田中赖三少将带领的第二水雷战队，就是鱼雷的干活。

1942年11月29日，田中赖三又领着人往瓜岛“走耗子”，走出事情了。

这天田中的旗舰是驱逐舰“长波”号，带着“高波”号、“亲潮”号、“黑潮”号、“阳炎”号、“卷波”号、“江风”号、“凉风”号7艘驱逐舰往瓜岛送粮食、药品和武器弹药，“长波”号和“高波”号负责警戒，其余舰艇都装得甲板插脚不进地鼓鼓囊囊往南走。

日本海军水雷战队的编成是这样的：4艘驱逐舰编成一个驱逐队，3个或者4个驱逐队编成一支水雷战队，旗舰为轻型巡洋舰，司令为海军少将。

然而，田中赖三现在带领的这个第二水雷战队却很山寨，既没有轻型巡洋舰作旗舰，驱逐舰的数量也只有正常水雷战队的一半。这时“无证摊贩”在“城管”的打击下伤亡很大，要么沉到水里去了，要么进船厂大修去了，不满员。

日本人攒点给养不容易，拉包尔、肖特兰也都不宽裕，美军的“城管”越来越严，管理范围也越来越大，别说向瓜岛走私东西，从大陆往拉包尔所在的不列颠岛上走私点东西过海都有点像过鬼门关，一点都浪费不起，所以驱逐舰和岸上接收队的联络很重要，得根据海流的速度方向计算好了方位以后，再通知岸上的接收队，然后才能再往海里扔。

30日这天，日本人的买卖还没有开张，美军“城管”就来上班了。以第六十七特遣舰队的重型巡洋舰“明尼阿波利斯”号为旗舰，包括重型巡洋舰“新奥尔良”号、“彭萨克拉”号、“北安普敦”号，轻型巡洋舰“火奴鲁鲁”号，驱逐舰“弗莱彻”号、“德拉顿”号、“毛利”号、“帕金丝”号、“兰姆逊”号和“拉德纳”号，带队的是海军少将卡尔顿·赖特。就是说4艘重巡、1艘轻巡和6艘驱逐舰来捉拿无证走私的8艘日本驱逐舰，怎么看也是手到擒来。

美军和日军在瓜岛打了快半年，虽然整个战局是“美军一天天好起来，日军一天天烂下去”，但就单次的战斗来说，美国占上风的还不多，所以卡尔顿·赖特的前任金凯德就曾经对美国海军的舰队行动有过这样的规定：

1. 在没有完全掌握情报之前，不要接近日本舰队。

2. 不要被敌人挤成一字纵队。

3. 一定要尽早发现敌人，夜战时要争取用飞机投放照明弹。

4. 驱逐舰发射鱼雷以后一定要尽早撤退。

5. 巡洋舰保持对敌距离，发射鱼雷以后要尽可能快地进入炮战。

在快到瓜岛的时候，三川军一司令官来了一封电报，说在伦加河口确认了有10艘以上敌舰，要田中充分注意警戒。

“注意警戒”有什么用？问题是美国佬来了以后怎么办，是继续扔粮食还是打仗？二者必须选一，田中豁出去了，发出的命令是：“今晚很可能遭遇敌人，各舰不必拘泥于补给作业，争取歼灭敌人。”这道命令一下，舰队士气顿时高了起来：总算能回砍了。

果然，二水战刚进入了卸货水域准备扔货，“城管”舰队就来了。田中赖三用望远镜证实以后，咬牙下了命令：“停止补给作业，成战斗队形，准备战斗。”

水雷战队顿时充满了活力，这帮走私贩子平常被美军“城管”欺负得敢怒不敢言，今天田中司令官总算破罐子破摔要和美国人拼命了，大家也不管方向，一股脑儿就把甲板上的走私货全掀到海里去，就这样排好了队去砍“城管”。这场海战日本人称为“伦加海战”，而美国人则称为“塔萨法伦加海战”。

结果是美国海军被击沉重型巡洋舰1艘，重创3艘，日本舰队只被击沉1艘驱逐舰“高波”号，日本舰队大胜。

对于日本海军来说，这场海战的胜利有着特别的意义，这是大日本帝国海军在74年的历史中所打的最后一次胜仗。这一场田中赖三自作主张打起来的海战很有意思，美国舰队的实力是第二水雷战队的三倍，还装备了炮瞄雷达等最先进的武器，怎么会被田中打了如此狠的一记闷棍？首先，必须承认美国水面舰艇官兵的训练水平本来就不如日本海军官兵；其次，装备的雷达在性能上也确实有问题，其实当时的对舰雷达只是晚上有用，如果白天开打的话，美军的雷达还不如日本的猫眼；再者，两个多月打下来，美国舰队已经俨然上升到“城管”的地位，过于轻敌，没有想到耗子回过头来也会咬猫一口。

仗是打赢了，但是胜仗的指挥官田中赖三不是英雄而是罪人。因为现在摆在日本海军面前的，有比击沉美国军舰更重要的事情，那就是怎么往那个“饿岛”上送口粮。田中光顾着自己爽了，好不容易找来了口粮，还搬到了瓜岛的边上，结果却被推进了大海。

连日本海军这个“最后的胜利”都还是“战术胜利，战略失败”，不管美国海军被田中赖三弄得有多惨，11月30日的补给行动以日本海军在军事作战上的胜利和补给上的失败而告终这一点无法改变，所以被美国战史学家、海军少将塞缪尔·莫里斯博士绝赞的田中赖三少将在日本海军内评价极低。田中本来的任务是去解救受苦的兄弟，可这位到了地头把敌人打了一顿就回来了，挨了打的敌人知道了这位的厉害，但是那边饿得肚皮贴背脊骨的兄弟只能认为他是二百五了。

12月4日、7日和11日，田中赖三又接连出动了三次，但除了“野分”号严重受损，“照月”号被击沉之外没有任何收获。连投到海里的1500个罐罐都无法收拢藏起来。岸上的日本陆军士兵们实在饿昏了，没有力气干活，而亨德森机场的仙人掌飞行队也改行练“城管”了，天一亮就来取缔粮食走私，用机枪把还浮在海面上的粮食桶全部突突到海底去了。

瓜岛没指望了，这一点是人人知道了，但怎么办呢？撤？大日本帝国的陆海军以后在美国人面前还要不要继续混？大日本帝国的陆军以后在海军面前还要不要继续混？这个字没人敢说出口，只能设法继续增援。这就引发了一次很有名的混蛋事件。

12 大姑娘上轿，皇军下岛

陆军也好，海军也罢，都知道留给日本人的选择只有一个，那就是放弃瓜岛。联合舰队宇垣缠参谋长在11月7日的日记里这样写道：

“（1）瓜岛问题的发端是海军的不当心。（2）第一次、第二次、第三次或是骗，或是逼着陆军出兵。三次的失败责任当然在陆军，但不能输送补给就是海军的罪了。”

另外，他在11月26日的日记里是这样写的：

“要说服陆军放弃瓜岛而确保新几内亚，完成战略大转换可能很不容易，但是不这样做仅仅是在没有胜利希望的地方白白损耗，从而无法完成其他地方的国防……放弃瓜岛只是面子问题，而丢失了新几内亚东部的话，整个菲律宾、马里亚纳群岛都要陷入危险之地了。”

宇垣缠说到了问题的关键，但是他并没有去“说服”陆军，而是根本就没有开口。他可不愿意为了他最看不惯的黑岛龟人胡闹出来的这个问题去冒政治风险，反正船到桥头自然直，总会有人出头的。他知道海军的罪，但没有自己去认罪的打算。

最早流露出悲观情绪的是一个大家会觉得很意外的人物——参谋本部作战班长辻政信中佐。据服部卓四郎的回忆说，在他上瓜岛时的作战会议上，辻政信还是慷慨激昂，但是和老上司、老朋友单独相处的时候，辻政信吐露了真心话："课长对作战真的有自信？是不是要在战略上想想办法？请无论如何想法子救第二师团。"

服部大佐把辻政信中佐的话解释为在瓜岛继续作战，夺回亨德森机场无望，于是也对辻政信透露说他就要被调任为首相秘书，瓜岛问题的最后处理要等参谋本部作战课的下一任课长，不过，他可以想法子把这个观点转回中央去。

11月24日，下岛的辻政信向大本营是这么报告的：

"第二师团的战斗力已经降到了四分之一，没有11月初上岛的第三十八师团的支撑，战线已经无法维持，现在150艘登陆艇只剩下2艘，别说作战，首先要解决的就是3万人的吃饭问题。"

辻政信没有明言放弃瓜岛，提出的问题显而易见，却只有一个答案。可就是没有人敢捅破这张窗户纸，这件事实在是太重要了。这不是因为一次战斗的失利而暂时退却准备再次进攻，这是所谓大日本帝国陆海军一起失败了，要放弃这个地方，没打算再回来的败退，从1894年甲午战争开始对外用兵以来的第一次。

最后真正开始行动的是东条英机。

可能是受了服部的影响，东条英机对瓜岛没有什么兴趣。但他不能说话，他是首相兼陆相，按照日军"天皇领军，统帅权独立"的原则，他如果插嘴具体的作战行动，即属于"统帅权干犯"，那是犯法的，但是老谋深算的东条英机能够用其他手段来施加影响，终止瓜岛作战。

12月14日，接任服部卓四郎出任参谋本部作战课课长的真田穰一郎一上任，就带上濑岛龙三少佐直接去了拉包尔。真田大佐领了东条的旨意后玩了一个瞒天过海的大花样。到了拉包尔，先从第八方面军今村司令官开始，陆海军参谋一人不落，全都见了面，问了话。有人想反问参谋本部有什么意见，真田永远是一句话："参谋本部是一张白纸，没有任何先决条件，一切看现场的情况和意见行事。"不仅如此，真田还很认真地到特鲁克环礁和宇垣缠参谋长探讨一举向瓜岛增援三个陆军师团在技术上到底是不是可行的问题。

可是在回东京前一天的12月24日晚上，真田在塞班岛向濑岛龙三正式透露了他想放弃瓜岛的心声。对此濑岛不觉得奇怪，只要到拉包尔或者特鲁克去一次就知道，要控制瓜岛无疑是痴人说梦，问题是:真田穰一郎能说服东京大本营的大佬吗?

25日，真田一回到东京，立即从机场直接去了参谋总长官邸，杉山元参谋总长、田边盛武参谋次长、田中新一的后任绫部橘树作战部长正在等着他的报告。

真田的报告很简单："找不到从瓜岛撤退之外的其他方策。"

听到这样的报告，杉山元参谋总长脸上的神态，与其说是无奈，不如说是松了一口气。

26日，大本营在宫内举行陆海军统帅部课长以上干部会议，军令部航空参谋佐薙毅中佐、源田实中佐和参谋本部的辻政信中佐特许参加。在这次会议上，军令部还有人想再做一次攻击的迷梦，一直到源田实公开作出"在瓜岛上空对美空战没有胜利的希望"的证言以后，才决定放弃瓜岛。

28日，参谋总长元帅陆军大将杉山元和军令总长元帅海军大将永野修身向昭和天皇报告了这个决定。

这样就基本上决定了放弃瓜岛。

放弃瓜岛的意思是终止瓜岛作战，不再向那个无底洞里填东西。已经填进去了的怎么办？岛上每天要饿死、病死三四十人，但还没有饿死病死的人怎么办？要不要撤回来？怎么撤？好人都运不上去，残兵如何可能撤回来?

如果放弃瓜岛的打算被岛上的人得知，指挥官就会自杀，接下来就是全军崩溃，所以即使撤退也只能采取瞒天过海的方法，而这需要瞒的不仅是美军，也包括岛上岛下的日军。

负责制定和指挥瓜岛撤退计划“ケ号作战”的是作战部的濑岛龙三少佐。

这是一个真正的瞒天过海计划，利用当时岛上日军的活动给美军造成的巨大心理压力。岛上的美军还在真的相信对面的日本人是用不着吃饭的，没有给养他们照样能干，现在他们没有发动攻击只是因为缺乏攻击所需要的弹药而已，一旦有了弹药，他们还会拼命地发动那种让美国人想起来就心惊肉跳的“万岁冲锋”，所以尽管日军已经缺乏战斗力，但美军一直没有发动总攻。

为了防止败退时特有的崩溃现象，这次撤退行动是绝对秘密的，对外宣称是瓜岛西方让给新来的增援部队，岛上原来的部队乘船向瓜岛东部转移，然后发动总攻，从东西两个方面夹击亨德森机场，等部队上船以后再告诉部队长撤退的事。

为了接人，海军从1943年1月3日开始又往瓜岛“走耗子”，好让那些残兵能吃点东西，恢复一些体力，然后在1月28日出动驱逐舰“风”号护送300名陆军和一个高射机枪小队占领了瓜岛西面的罗塞尔群岛，准备在最坏的情况下从罗塞尔群岛用登陆艇从瓜岛接人。

从1月15日开始，拉包尔的航空队开始连日对亨德森机场进行轰炸，虽然没有取得什么大的成果，但这种行动让美军觉得日本人似乎在策划什么大行动。

但是美国人的判断错了。一直都是那么顽固的日本人这次居然会突然转变战略，这还真出乎美国人的意料，美国人很认真地认为，日本人是为了下一次的总攻而准备向瓜岛增兵，这时出现在瓜岛的生力军矢野大队的作战更加坚定了美军的判断。

为了进一步让美军相信日本人绝不放弃瓜岛，第三舰队和第八舰队在1月31日从特鲁克环礁出发，前往瓜岛北方700公里的海域。另外重巡“熊野”号、“鸟海”号，轻巡“川内”号在罗塞尔群岛以西的卡维恩海面上待命，随时准备增援。

这种展开的姿态确实让美国人认定了日本人在策划重兵登陆瓜岛的行动，由于在太平洋海面上的美军海军力量不足，美国海军没有出动和日本海军决战，除了增加对瓜岛的补给之外，就是要阻止日本占领罗塞尔群岛的企图，因为这个岛离瓜岛实在太近了。

所以又有了罗塞尔岛海战。这是珍珠港偷袭以来第一次日本航空兵对美国舰队的战斗，结果是日本海军的26架一式陆攻机和15架96式陆攻机在付出10架被击落的代价之后，击沉了美国的重型巡洋舰“芝加哥”号，重创了驱逐舰“拉瓦内特”号，确保了罗塞尔群岛作为接应基地的安全。

接应行动进行了三次，第一次在2月1日进行，第二次在2月4日，最后一次是在2月7日，除了联系不上的之外，瓜岛的日本陆海军官兵都被接了回来。全部损失是1艘驱逐舰被击沉，3艘受创，远远好于可能损失四分之一舰艇、四分之一人员，而且也只能接出一半左右人员的估计。

2月7日23时10分，第三水雷战队司令官桥本信太郎少将指挥“浜风”号驱逐舰抢滩，手持喇叭筒，站在空无一人的甲明博角喊了三次：“还有没有人？”这才指挥舰队离开瓜岛。

最后从瓜岛撤下来了大概12128名陆军、832名海军官兵。

而在瓜岛登陆的日本总兵力是31404人，也就是说损失了几乎20000人，这20000人中战死的大概只有5000人，其余的15000人左右都是饿死或病死（原因还是饿）的。

瓜岛撤退是一个奇迹。

可是日本人没有注意到这个奇迹之所以出现的根源在哪里。

13 瓜岛到底告诉了人们什么？

战后，美国著名战史学家塞缪尔·莫里斯到日本来调查战争经过时，不止一次地向日本海军高级军官提过这个问题：“没有人发现瓜岛的顺利撤退有点怪？”

确实怪，从珊瑚海海战开始，日本海军就一直在美国海军的后面想干点啥，到了地头一看，那该死的美军肯定悠悠闲闲地操着手在等着他们。这次怎么会让困起来的干鱼漏网而去了？

其实理由很简单，美军也不是什么先知先觉的神仙，也不比皇军聪明，只不过有点“奇技淫巧”——破译了日本海军的密码罢了，所以不管联合舰队的参谋作出怎么精致漂亮的计划，总是在最致命的地方被别人击中要害。

而这次因为是要欺骗美国人，首先要欺骗自己人，知道计划的人越少越好，就没有使用无线电报，全是人对人靠口头或书面传达命令，这样美国人就无法知道日本人到底在想什么，只能按照常识来判断，在情报战上双方第一次站在了同一起跑线上。

然而，日本人没有注意到这一点，因为就算瓜岛撤退是奇迹，也还是失败以后的撤退，败军之将不言勇，日本军队怎么可能有人去注意这个不光彩的胜仗里面是不是有点名堂呢？光想怎么糊弄老百姓就够头疼的了。

撤退两天后的各报都刊登了“大本营发表”：美军损伤25000人以上，我军战死16734人。

实际上美军大概的死伤数字是6000人左右，日本军的损失倒还差得不那么离谱，基本上符合事实。

报纸的大标题是《南太平洋方面战线确立了新的作战基础，（军）从瓜岛、普纳转进》。

“转进”本身不是一个新名词，字典上有的，但拿来作为“败退”的代名词使用，就令人不得不佩服日本陆军的创造能力。从此以后，大日本陆海军就四处转进，从关岛、菲律宾、硫磺岛一直到冲绳，最后差一点转进到本土。

这个名词的使用权属于陆军省军务局长佐藤贤了少将和参谋本部第

二部（情报部）部长有末精三少将。佐藤局长在10日还花了两个小时在议会滔滔不绝地向各位帝国议会议员说明“转进作战”的重大意义。

如果说中途岛海战改变了战争走向的话，那么瓜岛之战就把这种改变固定下来。瓜岛战役以后，大日本帝国已经无法摆脱彻底灭亡的命运了，特别是海军，第三次所罗门海战已经宣告大日本帝国海军在太平洋上没有继续存在的资格了。

说到底，瓜岛到底是什么？

瓜达尔卡纳尔岛原本是南太平洋西部的一个荒岛，当时算是英国殖民地，但连直接管理的澳大利亚都不知道那到底是个什么地方，当然在这个岛上大打出手的日本和美国就更加不会知道这个地方了。

其实联合舰队一开始建机场的目标是瓜岛对面的图拉吉岛。珊瑚海海战以后，日本人就占领了图拉吉岛，也建起了水上飞机场，但起飞的水上飞机发现对面有一个更大的岛，能够建一个更大的机场，这才把机场建到了瓜岛上。

无独有偶，尼米茨的望楼作战中一开始根本就没有考虑什么瓜岛，而是明文标记了图拉吉岛。在侦察图拉吉岛的时候，美军的侦察机无意之中发现了瓜岛，还发现了日本人正在岛上修机场。

就是说日美在瓜岛的冲突，实际上是一场遭遇战。

和珍珠港事件这种经过长期策划的奇袭战不同，遭遇战才真正考验一支军队的应变能力。登陆瓜岛的半年里，日本陆军受到补给条件限制，确实可以说作战能力没有全部发挥出来，如果后勤补给稍微好一点，可能战果就大不一样。但是即便海军全力以赴，使用其所有作战资源作战，结果呢？

包括1艘航母、2艘战列舰在内的29艘日本海军舰艇被击沉，有趣的是，美国被击沉的舰艇正好也是29艘，其中还有2艘正规航母。论吨位相差也不大，美国人是126240吨，而日本人是134800吨。

但是还有另外一个数字，损失了能否及时弥补是对国力，也即战争持续能力的考验。美国在同期开工生产的舰船是89艘，这样扣掉损失的

29艘还多出来了60艘，而日本同期的开工数只有24艘，就是说净减5艘，这就是国力差距。慢说日本人无法找到和美国海军决战的机会，说句大话，就是有这样的机会，在这种数字面前，日本海军到底有多少胜算？

在航空方面也是这样，和美国人损失的615架飞机相比，日本海军损失的892架飞机就已经够让人心疼的了，而2361名飞行员的损失更使日本海军几乎陷入瘫痪，瓜岛一役，日本海军的第一线已经没有佐级飞行员了。

当时日美双方的作战条件几乎一样。

日本人的前进基地是拉包尔，离瓜岛560海里，而美国人的前进基地是现属瓦努阿图共和国的圣灵岛（Espiritu Santo Island），离瓜岛也是这个距离，美国人对瓜岛的补给线并不比日本人短，当时美国海军太平洋舰队的实力也远不如联合舰队，日本海军不应该失败的，起码不应该败得那么惨。

根本的原因是日本海军一直在形势判断上失误。

形势判断失误的原因可以从日本文化里去寻找，先后当过米内光政、岛田繁太郎和永野修身的副官的大本营参谋吉田俊雄中佐深有感触地说过这样的话：

“从进小学到海兵毕业，海军军官就是在接受一种灌输式的教育，这种教育体制本身就不容许对形势作出自己的判断。一直到进海大以后才开始训练‘形势判断’，而只有16%的海兵毕业生能进海大，就是说少佐以上日本海军军官中的80%左右根本就不会判断形势。进了海大的那16%又怎么样了呢？指望已经是成年人了的军官在两年海大的教育中就能够改变长期教育养成的思维习惯未免是太天真了，所以日本海军很容易地就陷入依靠直觉判断或是希望、猜测行事，无法作出客观的判断。”

日本海军在太平洋战争中得到最高评价的山本五十六大将也逃不脱这个结论。

虽然到瓜岛作战结束为止，基本上是联合舰队先任参谋黑岛龟人大佐在拟订作战计划，但作战失败的责任则应该由信任、重用黑岛，并批准黑岛计划的联合舰队司令长官山本五十六来负，因为黑岛从来没有像陆军参谋常有的那种自作主张的行为，应该说他的计划忠实地反映了山本五十六的敌情判断和作战目的。而且山本五十六在瓜岛作战时和军令部也没有发生过冲突，就是说日本海军作为一个整体保持了高度的一致。

山本五十六对当时的形势到底是怎么判断的呢？

8月7日，从图拉吉守备队发出的告急电报很清楚地写明："敌航母一，战列舰一，巡洋舰三，驱逐舰十五，运输船只四十余艘，同时向图拉吉和瓜达尔卡纳尔进攻。"

连陆军的辻政信都从这个船只数据中得出登陆的美军应该是一个师，不会少于10000人的结论，成天开船的海军不会不知道这个船只数字意味着什么。

又是什么原因使这个数字在后来很长一段时间内成了"2000"的呢？

其实山本五十六一开始也是"10000"论者。有联合舰队的参谋证实，山本五十六甚至有过出动5个陆军师团把美军一举全歼的打算。其实不需要5个师团，美军当事人陆战一师的范德格里夫特将军就说过，如果川口支队和第二师团的登陆顺序倒过来，陆战一师就只能赶紧逃命了。所以，问题是这个10000多人后来怎么会莫名其妙、异口同声地成了2000多人，而陆海军的作战计划都围绕着这"2000"人来了。

这个不解之谜到现在也弄不清楚，大家都只能推测。

10000名美国兵怎么处理？上5个师团当然能全歼他们，但这话说得太轻巧，上哪儿去找5个师团？别说当时陆军手里没有那么多剩余的师团，就是有也不会给海军。日本陆军对日本海军的警惕性远高于对美军的警惕性，甚至高于对苏联人的警惕性。在他们看来，海军叽里呱啦的所有胡说八道都是无中生有，是企图欺骗陆军下南洋和美军干仗。有人要问为什么陆军不愿下南洋，不仅因为南洋都是海，陆军不会水，更主要的是，在南洋开战，主力是海军，海军可以以此为理由多分军费。其实各国的陆海军矛盾说到根本上就是一个“钱”字，但闹到像大日本帝国陆海军这样的也不多。

当时海军又没有可以指望的陆战队，陆军要是不肯发兵，瓜岛肯定是没指望了。真没指望也就算了，但大日本帝国海军就活该要灭了——就在这个时候侦察机传来了情报：在瓜岛周围找不到美军运输船团了。

这是8月10日的事情。本来美军运输船团不知去向这件事可以解释为美军花了3天、卸完了货以后回家了。但联合舰队不这样解释，说美军运输船团是因为护航军舰被第八舰队消灭了以后心里害怕才带着人马钱财逃跑了。是不是全跑了？那也不是，图拉吉守备队全没了，但瓜岛守备队还在，他们还没有传来消息，说明瓜岛上还有一定数量的美军。有多少呢？就算“2000”吧。“2000”的估计应该是这么来的。

这个“2000”的数字来源现在是死无对证。除了这种猜测之外，还有一种说法是从驻苏武官那儿出来的情报，如果这种说法属实的话就更荒唐了。苏联人哪来如此准确的情报？能相信吗？

其实2000名敌兵的说法来源并不重要，关键是这种说法能派上用场。第一，这种说法符合日本人对“美国人怕死”的判断；第二，符合军令部和联合舰队那个“美国在1943年中期以前无力反攻”的判断；第三，这个说法能壮胆；第四，这个说法能忽悠陆军出人；第五……有了这么多好处，要是不相信瓜岛上只有2000名美军才荒唐呢。

这是日本军部尤其是日本海军在太平洋战争期间所犯错误的一个共同特征：把自己的希望和现实混同起来，在对一件事进行判断时首先选取对自己有利的解释，然后再上纲上线地寻找依据。瓜岛作战是一个很典型的案例，以后的关岛作战、菲律宾作战莫不如此。

所以瓜岛只有2000名美军的结论，根本就不是什么基于事实根据的推测，只是臆造出来的对自己有利的数字罢了。

同理，第三舰队在瓜岛战役中没有能够发挥作用也是出于海军省、军令部的判断失误。中途岛海战中日本虽然损失了4艘航母，但是在航空母舰的数量上还是远超美国太平洋舰队。可是拥有航空母舰数量上优势的日本海军，却无法对美国海军造成致命威胁。

因为第三舰队的舰载机严重不足。珊瑚海海战和中途岛海战中损失了约400架舰载机，拉包尔和新几内亚的陆基航空兵也损失了大约70架，全部加起来大约有500架，这个坑怎么填？

尤其是零战。4月份的零战生产量是85架，5月份是94架。6月份的生产数量是：零战79架，99式舰爆18架，97式舰攻0架，96式陆攻1架，一式陆攻31架，二式水战5架，零式水侦11架，97式飞行艇2架。

这些数字的意义大家都知道，也就是一次上规模战斗的损失数字，就是说日本的工业生产能力一个月只能供应海军进行一次战斗，只要美国人一个月来找两次麻烦，日本海军的飞机就立即出赤字。按照这个生产速度，连把损失掉的飞机数目补齐都困难，想增加航空力量就更是一个遥远的梦想了。

更为致命的是，这里面的零战生产数字基本上都是提供给陆基航空兵的，舰载机很少。理由是中途岛海战以后，成天吵架的海军省、军令部和联合舰队很难得地得出了一致意见，说美国海军航空兵所受损失也不小于日本海军，所以近来一段时间航母战斗的可能性不大，首先应该增强的是对维护新几内亚和所罗门战线至关重要的陆基航空兵。

这个意见也没有什么过硬的事实依据，只是日本方面估计美国正经的反攻要等到1943年中期以后，现在的美国太平洋舰队就是到处乱转一下，以表示其还没有被联合舰队全部消灭罢了。这种猜测的深层原因其实还是日本人的一厢情愿，因为日本人无法在短期内填上损失的窟窿，所以只要有人说现在美国人不会反攻，大家当然都愿意相信！

7月中旬，军令部得到情报，说一个美国大型运输船团已经于7月2日从圣迭戈出发，向澳大利亚、新西兰方向航行，于是急召联合舰队参谋长宇垣缠上京商议。军令部和联合舰队讨论了大半天以后得出的结论是，这是陆军麦克阿瑟所要的船，因为莫尔兹比港受到了日军的压力。是不是麦克阿瑟向国内要船准备从莫尔兹比撤兵？

做出这种让人大跌眼镜判断的不是别人，正是军令部总长永野修身元帅海军大将。山本五十六呢？没有任何表示，只能说明山本也是同意这种荒唐判断的。从珊瑚海海战以后，日本海军就一直采取这种鸵鸟式的思维，其出处其实也很无奈：把头拔出沙堆又能怎么样？

从7月末到8月初，日本海军侦听到从夏威夷到澳新一带海面的美军军舰的通信量急剧增加，这次总算修正了一下判断：麦克阿瑟可能不逃跑了，可能是对莫尔兹比港增兵。

就没有人想过美军从所罗门方向进攻的可能性？有，就那位极富争议的第八舰队司令长官三川军一中将，这位在7月30日曾经致电海军中枢，说美国人从所罗门方面来的可能性很大，因此中枢应该加大对正在修建的瓜岛机场的投入。

可是，有关这个进攻可能的开始时间，还是“1943年中期”。三川军一到底是不是这样想的谁都不知道，但因为这是海军的一致口径，三川也只好按照这个口径说话，至于美军是不是也必须按照这个口径说话就没有人管了。

可恶的美军还是不肯照这个口径说话。8月7日，航母掩护下的陆战一师在瓜岛登陆了。于是，没有精神准备、没有物质准备的日本军部就打了一个极为拙劣的遭遇战。瓜达尔卡纳尔岛，这个南太平洋上的荒岛，就这么成了日本帝国的坟墓入口。

14 山本面对的难局

1943年4月13日，肖特兰岛上的第十一航空战队司令官城岛高次少将对着一份刚刚收到的电报发愣，这封电报的发报人是第八舰队司令长官三川军一，内容是这样的：

“联合舰队司令长官于4月18日依照左列（日文用竖排方式，因此是‘左列’而不是‘下列’。——作者注）行程对巴拉勒、肖特兰和布音

（Buin，布干维尔岛南部的空军基地）进行视察：

“（一）6时，一式陆攻（护航战斗机6架）拉包尔出发，8时，抵巴拉勒，立即转乘潜水艇（第一根据地准备），8时04分，抵肖特兰，9时45分，乘猎潜舰肖特兰出发，10时30分，抵巴拉勒（肖特兰准备登陆艇或汽艇作为交通艇），11时，乘中攻巴拉勒出发，11时10分，抵布音，午餐第一根据地司令部（26航空战队先任参谋出席），14时，陆攻布音出发，15时40分，抵拉包尔。”

下面还有（二）（三）……

这是联合舰队司令长官对肖特兰、巴拉勒和布音视察的详细日程，精确到了分钟，下面省略掉的部分是参加迎送的人员名单和应该穿什么样式的军服，极其典型的日本式办事作风。日本海军用密码电报将其发到了有关各方，以便做好迎接司令长官的工作。

日本人的视察、会议什么的也就是个过场，其实一切都已经决定下来了，大家就是走一下形式。碰上日本人还特别讲究一个什么遵守时间，所以就一定要给有关方面这个时间表，因为人家还要排练，要不然打乱了这个时间表可不是开玩笑的。

日本人的风俗习惯是一回事，但是不是应该采用无线电发送的方式就是另外一回事了。日本人本来就没有“凡情报就可能泄露”这种性恶论的思维方式，也没有从瓜岛撤退的意外顺利上面去探讨顺利的原因，加上对“大日本帝国海军就是好”这条清规戒律的盲目遵守，就没有想到自己的通信密码早就被美军破译了。

可是城岛少将不这么认为，他认为长官的行程被事前规定得如此详细，而且用无线电报的形式拍发，太不安全。因此他亲自飞往拉包尔向第八舰队诉说有必要取消这次视察行程。但拉包尔不会有人理他，理由也非常简单：谁说无线电报不安全？谁在怀疑大日本帝国海军密码的安全性？谁在吹嘘美国兵的能力？这简直是在鼓吹失败主义。大和民族是最具有聪明才智的民族，美国兵怎么可能破译日本海军的通信密码呢？这仗打得不顺利就是你们这些成天在瞎吵吵的胆小鬼太多。

城岛垂头丧气地回了肖特兰，翻箱倒柜地找出指定的军服，让勤务兵熨挺了，接着就是指挥手下的飞行员和地勤人员鸡飞狗跳地打扫卫生。

4月18日6时，山本五十六一行乘坐两架“一式陆攻”准时从拉包尔起飞，然而，并没有能够按照预定的计划于8时在巴拉勒岛降落。7时40分，在布干维尔岛南方的莫拉角上空，16架从瓜岛亨德森机场起飞的美军P－38闪电式战斗机向他们发起攻击，结果山本五十六乘坐的一号机被击落，包括山本五十六在内的11人全部身亡，宇垣缠参谋长乘坐的二号机被击伤后在海面上迫降成功，宇垣缠及3名参谋负伤。这次事件被日本人称作“海军甲事件”。

这是美国人策划的代号为“复仇行动”的一次暗杀作战。

山本五十六是被美国人暗杀的，而在这件事情上美国人只能夸耀他们在情报战和信息战方面的能力。对于暗杀敌方高级指挥官一事并不理直气壮，因此在美国和澳大利亚，“山本五十六是自杀的”的说法也有很大的市场。

要反驳这种说法也很容易，根据山本五十六的为人，他要自杀有多种选择，在“大和”号的长官室里切腹是最简单的方法，没有必要带着联合舰队的幕僚一起自杀。但山本自杀论之所以有市场的原因不在这里，而是这个论调点出了一个事实，即山本五十六在珊瑚海海战以后犯下的一连串错误，使他处于一个即使选择自杀也不奇怪的境地。

当时的形势是日军确实成功地从瓜岛撤退了，但是瓜岛之后的战事仍然是瓜岛之战的延续。

日本人是以“转进新几内亚”的托词放弃瓜岛的，转进是托词，但新几内亚也确实是日本人一定要守住的地方，没了新几内亚岛，整个内南洋就直接暴露在美国人面前了。

瓜岛一战，从日本人的角度看来，美国人赢得心旷神怡。但美国人从来就没有这么想过，日本军队撤出瓜岛之后，美国各大报都刊登了捷报，华盛顿也举行了祝捷仪式，但在美国人的内心，这并不算什么了不起的胜利。所罗门方面的进展仅仅是尼米茨的“攻势防御”完成得不错罢了，离胜利，离能够为珍珠港报仇的胜利还差得远呢。

被日本人逼得只能坐潜水艇从菲律宾开溜的麦克阿瑟更是报仇心切。瓜岛作战只是1942年7月参谋长联席会议决定的作战内容的第一阶段，第二阶段作战是把日本人从新几内亚岛驱逐出去，这是麦克阿瑟的任务。这个阶段作战应该是在确保了所罗门战线，也就是确保了瓜岛作战取胜以后再进行。

新几内亚岛上现在有一支成了孤儿的日本第十七军的南海支队，是过政信假传大命送上岛去的。南海支队还真能干，海拔4000米的斯坦利山脉愣是被他们翻过去了，麦克阿瑟指挥下的美澳联军没能阻挡住他们，最后于9月16日前进到了离莫尔兹比港只有50公里的地方，都能看见莫尔兹比港的灯火了。眼看着就要完成作战，拿下莫尔兹比港，把麦克阿瑟赶往澳大利亚的时候，仗打不下去了。

还是那个问题，后勤补给跟不上。

日本海军几乎用了全部力量来支援瓜达尔卡纳尔，对新几内亚岛实在是爱莫能助，因此没有粮食，没有弹药，而且无论是陆军还是海军这时都全神贯注在瓜岛上，心无旁骛，南海支队只能撤退。

这时，喘过气来的麦克阿瑟就得理不让人了，除了一个澳大利亚师跟在日本人后面紧紧追击之外，美军三十二师也在瞄准东部新几内亚岛日本军背后的布纳，想切断日本人的退路，来个“一个不落”。

南海支队看起来要完了，新几内亚岛看起来也要完了，这就是摆在山本五十六面前的严峻现实。肩负着全帝国期望的山本五十六司令长官怎么办？

麦克阿瑟的线路是新几内亚→棉南老→吕宋→台湾→冲绳→日本本土，拉包尔是这条路线的必经之地，而尼米茨的线路则是马绍尔群岛→特鲁克环礁→马里亚纳群岛→硫磺岛→日本，拉包尔还是必经之地。

瓜岛让日本人开始认识到，这次战争的形态和甲午战争、日俄战争似乎有点不一样了。宇垣缠参谋长1942年12月26日的日记是这样写的：

“越来越感到他（指美军。——作者注）不要战列舰，也不怕巡洋舰和驱逐舰的损耗，就仅仅想凭借压倒性的航空兵优势来使我们屈服。”

日本人感到了恐惧。

感觉到了恐惧的日本人更加知道巴布亚新几内亚岛对日本的重要。如果美军控制了整个新几内亚岛的话，变态的美国工兵不要几天甚至就能把整个岛变成一大机场，只需要炸就能把拉包尔连同所在的新不列颠岛一起炸到海底去。所以新几内亚岛绝不能让给美国人。

在决定从瓜岛撤退的同时，陆海军达成“东南方面作战陆海军中央协定”，确定了确保新几内亚岛、所罗门群岛和俾斯麦海域，不能再让瓜岛败局重演。

但是瓜岛的结果乃是实力所致，是日本包括航空工业和航空人员在内的总航空力量上的失败，是日本人已经超过了攻击终止点而无法确保前线兵力的补给所造成的，是战略的失败，和前线战斗或战役的具体指挥关系已经不大。战略的失败是无法用战术的胜利来弥补的，战斗的胜利也无法扭转战役的失败。到目前为止的讨论只是就瓜岛作战本身展开的，如果从整个国力方面来讨论的话，即使日本人现在也同意就算川口支队和第二师团的登陆顺序倒过来，甚至美军陆战一师被全歼，也无法保证日军在几个月以后在成群结队的美国航母面前能够守住瓜岛。

现在的新几内亚岛还是这样，日本人无法确保补给。和瓜岛一样，在支援兵力登陆环节就遇到了无法逾越的障碍。

“东南方面作战陆海军中央协定”是1943年3月25日达成的。和整个太平洋战争的所有陆海军中央协定一样，这个协定从达成的那天开始，就已经不合时宜了。

因为第十八军在上岛这个环节出了问题。

日本人和美澳联军激战的战场主要是在新几内亚岛东部的澳属新几内亚。澳属新几内亚北海岸中部的芬什港和拉包尔所在的新不列颠岛隔海相望，中间有个小岛叫长岛，长岛和新不列颠岛之间有一条海峡，有人用文学语言形容中日之间的相隔是“一衣带水”，那么这个海峡撑死就只是“一鞋带水”了。

现在这“一鞋带水”难住了山本五十六。

1943年3月2日，“一鞋带水”附近发生了一场战斗，美国战史称为“俾斯麦海海战”，而在所有的日本出版物中却找不到这场海战的记载，如果按照发生的日期和地点去找的话，则能发现日本人把这场海战称为“登比尔海峡的悲剧”。因为日本人根本没把这场海战看成是战斗，那只是美军单方面的屠杀。

预定在新几内亚岛上展开的第十八军的三个师团中，第二十师团和第四十一师团是准备从帕劳（现在的帕劳共和国）出发，在新几内亚岛中部的维瓦克登陆。帕劳在新几内亚岛的西北面，这样两个师团可以在新几内亚岛西部登陆，除了潜水艇之外，美军的飞机还无法威胁到新几内亚岛西部。问题是已经在拉包尔的第五十一师团怎么办。

当时就有人向负责编制代号为“第八十一号作战”的作战计划的第八舰队先任参谋神重德大佐提意见，说现在舰队计划的航线上空的制空权几乎都掌握在美国人手中，如果硬闯，很可能会全军覆灭，建议中止这个计划，另外再找一条哪怕花点时间但是安全的运送路线。

可是这位大佐的业余爱好就是胡说八道：“这是命令，没办法，你们做好被全歼的精神准备就是。”

就这样第三水雷战队就去准备被“全歼”了。

3月3日，由8艘商船组成的运输船队装了7000人，2500吨重武器、弹药和粮食，在第三水雷战队的8艘驱逐舰护卫下前往新几内亚岛的莱城。途中，在登比尔海峡遭到美国和澳大利亚联合空军的袭击。悲剧不可避免地发生了：日本运输船队的8艘运输船被全部击沉，护航的8艘驱逐舰中4艘被击沉。战队司令官木村昌富少将被机枪扫射，身负重伤。运送的陆军官兵死亡3600人以上，护航的海军损伤超过1000人，2500吨物资全部损失。航空兵损失战斗机30架。

而美军的全部损失仅仅是2架轰炸机和3架战斗机。

为什么会在如此近距离的运输中出现如此大的损失？这次日本人派出了和运输船只相同数目的驱逐舰护航，还有130架陆海军航空兵的飞机参加护航。整个太平洋战争中，这是日军为运输船队提供的最大规模的一次空中掩护。经过瓜岛以后，日本人已经不敢轻视运输了。

但日本人还是没有认识到护航的困难。其实在1942年2月，德国海军的巡洋战列舰“沙恩霍斯特”号（DKM Scharnhorst）、“格奈森瑙”号（DKM Gneisenau）和重型巡洋舰“欧根亲王”号（Prinz Eugen）在空军的掩护下，大白天通过英吉利海峡回归本土时就有过一个统计数字。参加护航的德国战斗机虽然多达150架，但由于飞机和舰只之间的巨大速度差异，在大多数时间里，舰队上空滞留的战斗机只有20架左右！日本人的盟友德国人把这一结果通报给了日本人，但是日本人没人去认真研究。

日军还是没有认真充分认识美军。和坚决拒绝学习如何攻击船只的日本陆军航空兵不同，美国陆军航空兵的目标就是攻击一切能攻击的敌人，而不管敌人是不是在地上。这次攻击日本运输船队的全部是美国陆军航空兵。和日本人已经习惯了的海军航空兵不同，一直被日本人轻视的美国陆军航空兵这次采用了全新的跳弹攻击战术，打了日本人一个冷不防。

在登比尔海峡，美国飞机不仅仅是消灭了一支日本运输船队，还发布了所有日本势力，无论陆海军，都不能在南太平洋继续存在这样一个清场宣言。如果不听劝告，他们有能耐把皇军全部晾成人干。

联合舰队司令山本五十六当然听懂了这个意思：战争已经失败了。日本陆海军现在就无法应付美军在限定点上的攻势，一旦美军在欧洲战场腾出手来，或是现在还在本土造船厂船台上建造的无数航母下水，日军怎么可能抵挡得住？

作为联合舰队司令长官的山本五十六不能公开承认失败，只能绝望中求生存。在山本看来，唯一可行的方法是，如果在美军大举进攻之前能够争取到巩固日军防守阵势的时间的话，那么，延缓美军进攻的速度还是有可能的，随着时间的流逝，天照大神还是有可能再次对日本微笑的。

再赌一次，山本五十六下定了决心，于是发动了“い号作战”。

山本发动“い号作战”的目的非常简单，就是争取一点日本人整顿防线的时间。这一点无可厚非，甚至“い号作战”失败的责任也不能简单地就由联合舰队司令长官山本五十六来负，但问题是山本五十六发动的这个“い号作战”实在太超出常规。

山本的作战方案是，集中拉包尔的全部海军航空力量，加上第三舰队的舰载机，趁美军可能在连战连胜以后放松警惕的机会，对瓜达尔卡纳尔岛和新几内亚岛的美军陆海军据点实行空中打击，若能取得较大战果，则能争取到宝贵的巩固防线的时间。

但在策划新赌局的山本五十六手里，还有多少能够动用的赌本呢?

拉包尔基地的海军航空兵大约有160架飞机，其中90架零战，加上瓜岛作战结束以后根据“东南方面作战陆海军中央协定”进驻拉包尔的陆军第六飞行师团的大约80架飞机。这200多架飞机由于连日的激战，还在以每天数架的速度不断减少。

日本国内航空工业的生产已经捉襟见肘，无论如何玩命也无法增加产量以满足前线所需要的飞机。

而且山本五十六还缺航母，现在手里的几艘全是宝贝疙瘩，不管山本五十六怎么好赌也不能拿航母去赌了，因为传说中的“日美舰队决战”还没有到来呢。可是，不出动航母，舰载机又不行，陆基飞机的数字就放在那儿了，怎么办?

山本五十六出了怪招：将第三舰队的舰载机拉上岸，从陆地机场上起飞去作战，这样万一作战失利也就是损失几架飞机，航母本身没有危险。

现在的山本五十六的粉丝都不肯承认这种异想天开的作战方式是山本五十六的发明，举出了一大堆名字来寻找嫌疑人，其实没有这种必要。从日本海军军人的回忆录里可以看到，第三舰队的下层军官激烈反对这个莫名其妙的作战计划，甚至第三舰队司令部的参谋也不赞成这个计划，但是小泽治三郎没有反对过，联合舰队司令部里也没有任何有关“い号作战”的争论，就是说联合舰队司令部的参谋都知道这是长官的决定，没有必要去扯皮，自己所需要做的就是拟订作战计划。

山本在做这个决定时应该是得到了小泽治三郎的支持。小泽治三郎也没有理由或者说没有资格不支持山本五十六长官。没有山本五十六的全力支持，海兵37期并且“吊床号”是45号的小泽治三郎中将当不上第三舰队司令官，大日本帝国剩下来的这点宝贝蛋不会那么容易地就交给他。

就这样，从特鲁克的“瑞鹤”号、“瑞凤”号、“隼鹰”号和“飞鹰”号4艘航母上起飞的130架零战和54架99式舰爆，共计184架飞机跨过了1200公里的大海，于4月2日以前全部到达拉包尔。4月3日，联合舰队司令部也到达拉包尔，山本五十六长官要亲临前线来指挥这一场据说能够扭转局势的作战。

山本为什么要去拉包尔？原因就在于这个决定。

15 谋杀山本五十六

把山本五十六鼓捣到拉包尔去的是参谋长宇垣缠。

4月3日，宇垣缠在《战藻录》里是这样记载的：

“已经让长官去当地了，虽然只是一场规模很小的航空战，但在这种难局下余辈（这里应该是指联合舰队司令部。——作者注）到最前线去是很自然的。

“本来在ヶ号作战（瓜岛撤退作战。——作者注）时就想过司令部应该去瓜岛，起码现在在不给作战增添麻烦的前提下，应该去拉包尔看望一下第十七军。

“日俄战争时，满洲军总参谋长儿玉大将为了敦促攻克旅顺亲赴前线，这是一种什么精神？即使这次倒了下来也绝不是无谓牺牲，联合舰队参谋长职位虽然分量不轻，只要能打开战局，为了第一阶段以来殉国的两万英灵，相信这种牺牲是值得的。”

宇垣缠有战死的思想准备，所以说宇垣缠是去自杀还有那么一点可能，山本可没有想去自杀。虽然摆在山本面前的战局是一团漆黑，毫无好转的希望，但只要看山本提出“い号作战”构想就知道，山本还没有放弃希望。

再者说，联合舰队司令长官也不能放弃希望啊。

除了长官上第一线能鼓舞士气，海军欠了对第十七军的一个交代这些理由之外，联合舰队的头脑应该去看望病倒在拉包尔的第十七军司令官百武晴吉，这倒是一个很有说服力的理由，陆军的百武晴吉对海军来说是亲戚，两个大哥都是海军大将，不去看看说不过去。

除了这些能说不能说的理由之外，山本五十六还有去拉包尔的理由。

第二师团的第十六联队是在进攻亨德森机场时被美军给灭了的。这是支在新潟县新发田市组建的联队，大部分官兵是山本五十六的家乡人——新潟县长冈市的，山本长官不去给家乡子弟上炷香，在良心上也说不过去。

还有一个更大的原因逼得山本五十六不得不去拉包尔指挥这次作战，那就是日本海军的“吊床号”又整出问题来了。

这次作战的主力是东南方面舰队的陆基航空兵力和第三舰队的舰载航空兵力。东南方面舰队是在1942年12月把原来三川军一的第八舰队和草鹿任一的第十一航空舰队合并起来组建的舰队，司令长官为草鹿任一中将。

草鹿任一是海兵37期的，和小泽治三郎同期，但“吊床号”是21号，比小泽高出了二十几号，因此在配合作战时，草鹿中将就是先任长官，小泽得听草鹿的。

就算小泽不计较个人得失，手下人肯吗？这次作战的主要力量还就是小泽手下的舰载机，不仅是舰载机的数量比陆基飞机多，瘦死的骆驼比马大，而且即使不能和袭击珍珠港的时候比，舰载机飞行员的质量还是要比陆基飞机飞行员高。

第三舰队的飞行员肯定看不起第十一航空舰队的那些土包子，会不会买草鹿任一的账也很可疑。内部要是出现争斗，草鹿指挥不动第三舰队的话，山本长官的“い号作战”就无法进行了。

所以长官要去拉包尔。

“い号作战”从4月7日开始进行，参加作战的除了第三舰队的184架舰载机以外，还有第十一航空舰队的88架零战、27架99式舰爆和72架一式陆攻、4架侦察机等191架飞机，总共375架。

好可怜的数字，这是当时海军在所罗门方向能抽出来的舰载和陆基飞机的总和。当年袭击珍珠港时，光舰载机的数量就超过350架，中途岛海战时，第一波攻击队就是108架，还有100多架在待命。可这仗打了不到一年半，大日本海军越打越抽筋，就为了指挥这400架不到的飞机，还需要联合舰队司令长官亲自出马才能摆平。

没有办法，日本本来就没有能够支持它和最大的工业强国美国进行一场全面现代战争的工业能力，更不要说开战以后美国全力以赴地在切断海岛国家日本的原料进口和武器出口了。南洋方面，日本所掌握的原油、铝矾土、橡胶、铁矿石、铜矿石等生产全部很快地达到甚至超过战前的水平，可是无法运回国内。本来就不足的船舶成批地被陆海军征用以后，却让美军的飞机和潜水艇弄沉到了海底，用于支持战争能够继续进行所需物资运输的船只数量已经是岌岌可危。1943年以后，取缔非法走私贩运的美军“城管”潜水艇的活动场所早已跨越太平洋，甚至进入了公认的不适合潜艇活动的东海、黄海，在大连湾和朝鲜半岛西岸都出现了美军的“城管”，不沉船的日子几乎是没有。

太平洋战争就是一场在战争能力上绝对不对称的战争，好赌的山本五十六也就只能将就着下赌注了。

其实山本五十六也是个悲剧性人物。从来没有当过舰队司令，只有过一年舰长经验的山本五十六当初来当联合舰队司令就是一种临时措施，因为主战的右翼扬言要暗杀反对三国同盟的山本海军次官。问题是谁都想不到这位根本就不懂作战的山本，还很敬业地弄了一个异想天开的珍珠港作战计划出来，更大的问题是，这个异想天开的计划居然还成功了，这一下本来是作战外行的山本五十六就成了作战行家，被军部打造成了一个天文地理头顶脚底无所不知战无不胜的半人半神怪物。

光环的下面是阴影，实际上是，太平洋战争中的海战除珍珠港偷袭外，只要有山本五十六跟着掺和的，日本就没有取胜过，“い号作战”当然也不会例外。

“い号作战”总共进行了4次攻击，是珍珠港袭击以后日本海军进行的最大规模的航空作战，打了一个星期。“大本营发表”的内容是：“击沉巡洋舰1艘，驱逐舰2艘，各种运输舰船18艘，重创各种运输舰船8艘。击落敌机约100架，击毁15架以上。”

实际呢？

击沉驱逐舰1艘，运输船及其他舰艇共4艘，击落击毁飞机31架，而日本海军的损失是飞机46架，大约13%的飞机又没有了。这种战果不能用什么“性价比”来衡量了。

这次特别是第三舰队的消耗太大，并不单单是因为舰载机小，续航力差。第十一航空舰队的陆基飞机在半年的瓜岛战役中消耗实在太大，稍微有点经验的老鸟都已经消耗完毕，当时拉包尔的飞行员中有句话是：“到了拉包尔，命就只剩下十天了。”现在都是些菜鸟飞行员，技术也不高，斗志也不是那么高，能飞过去就飞，遇上拦截就自说自话地回头了。

这次作战的主力本来是舰载机，现在舰载机又没了，训练刚刚有了点起色的第三舰队不得不再次回到国内，重新从零开始整备飞机和飞行队伍。这次“い号作战”的失利，既是中途岛、瓜岛作战失利的结果，也是以后马里亚纳作战失败的原因。

瓜岛作战失败以后，军令部和联合舰队并没有召开反省会议检讨作战失利的原因，而是匆匆忙忙进行新几内亚岛登陆作战和“い号作战”。这次“い号作战”的失利原因是十分明显的，在瓜岛作战中早已全部暴露出来。首先，单程飞行时间长达两小时以上，先不说在目标上空的滞空时间只剩下10分钟左右，只说飞行员因为疲劳而无法集中注意力，作战能力大大下降了。其次，美军的技术优势到此时还是没有引起日本人的注意。被破译了通信密码的日本海军对美军而言根本就没有什么秘密，加上海岸监视员组织和美军的雷达系统，使得美军一般有30分钟以上的时间应对日本的空袭。港湾里的运输船只和机场上的轰炸机、侦察机在日本飞机大举到来以前早已躲避，剩下来的是在空中虎视眈眈等着日本人的战斗机。

瓜岛算是白打了。

这就是山本五十六在瓜岛作战失败以后两个月所面临的局势，整个局势已经无法逆转，连在七十多年以后的现在，用事后诸葛亮的方式都无法找出解决的办法，更不用说“身在此山中”的山本五十六了。按照美国人对日本武士道那种“输了就自杀”的脸谱式简单理解，得出“山本五十六去拉包尔就是一种寻找赴死之地的行为”这么个结论也不是不能理解，更不要说起码美国人在潜意识里总想找出“山本将军是自杀，我们没有谋杀过他”这么一个理由来安慰一下自己。

在战争正在进行的时候，为了赢得战争的胜利，经常需要不择手段地做一些事情，但取得了胜利的胜利者还是永远希望自己的胜利能够来得更加堂堂正正一些，起码在别人看起来更加堂堂正正。

事实是华盛顿下达了谋杀山本五十六的命令。

1945年9月12日开始，《纽约时报》接连三天刊登美联社记者诺尔曼·罗杰和托马斯·兰费尔中校的访谈，揭开了事实的真相。兰费尔中校是负责击落山本座机的4架P－38战斗机组成的“杀手战斗队”的指挥官，他承认在命令电报上有海军部长诺克斯上将的签名。

美国人从破译的日本海军电报中知道了山本五十六已经毙命，但是为了保持他们已经破译日本海军电报密码这个机密，美国人一直到日本人掩盖不住这个事实而被迫发表山本五十六死讯以后才公布这个消息。

也有对这个消息不怎么开心的美国人，就是那个哈尔西。哈尔西在回忆录里说，击落山本五十六座机的消息在击落山本座机第二天举行的太平洋舰队高级军官会议上就宣布了。太平洋舰队两栖作战部队最高指挥官图纳将军得知这一消息，兴高采烈地拍着手跳了起来，却遭到了哈尔西冷冷的一泼凉水："凯利，值得这么开心吗？怎么我觉得我把山本抓到宾夕法尼亚大街来游街，而你在后面踢他屁股更加爽呢！"

但是这件事会不会让日本人怀疑他们的通信密码的可靠性呢？

这件事的破绽实在太多，不好掩饰。光天化日，朗朗乾坤，16架本来就脚短的美国战斗机跑到布干维尔岛来干吗？轰炸机怎么一架都没有？还有就是这帮家伙从哪条路来的啊？当时日本人在肖特兰岛和布干维尔岛上已经装备了雷达，虽然原始了点，但总比没有强，附近的几个小岛全在日本人手里，有观测哨。美军为了避开这些观测哨和雷达绕了个大圈子，在30米的低空爬了两个半小时才爬完搁平时都不需要两小时的这段路。他们干吗那么神神秘秘地来？这不就是明摆着来找2架一式陆攻的麻烦的吗？不然为什么2架一式陆攻全部被击落而护航的6架零战除了一架之外其他平安无事？

那时的尼米茨是不是后悔过不该去谋杀山本五十六？按常理来讲，这一下肯定会暴露美国已经破译日本密码这件事，这不是事故而是显而易见的谋杀。日本人如果更换密码的话，美国人以后打起仗来也要多花不少冤枉力气。性价比到底如何，要在以后的战争中才能得到逐步证明。

但是尼米茨的担心，即使有过的话，也没有什么必要，因为日本人根本就没有往那个方向去考虑。

日本文化有个很奇怪的特征，就是在全体很暧昧的大环境中又特别相信有绝对的东西存在，尤其是相信一些权威的东西。这次山本丧生的"海军甲事件"发生以后，人们很自然地会怀疑密码是不是出问题了，因为从不到这一带来活动的美国战斗机的突然出现实在是太不寻常，军令部首先就怀疑密码是不是出问题了。但是军令部作战部召集来的海军密码专家经过讨论得出了一个“绝不可能”的结论，理由是：首先，日本海军密码的复杂程度非常高；其次，这次发送山本五十六出行时间表所用密码等级是日本海军密码五等级中仅次于最高级的次高级；再次，当时使用的密码刚刚更换过。总之，密码被破译是不可能的。

当时的海军省次官泽本赖雄中将在战后的回忆中说：“官僚集团保身的原则就是‘害怕负责任’。”这样，如果要官僚们自己去认真地寻找原因，恐怕太困难了点。

那么怎么向民众解释这件事呢？

好办，那只是一次偶然事故，山本长官的座机很偶然地在某地遇上了一群正好路过的美军飞机，只是长官运气不太好罢了。

仔细看看军令部找来的那些专家的意见就会发现他们的结论极为没有逻辑，他们的论据和结论是没有关系的。但这不是问题，结论的可信与否仅仅取决于自己是否能够接受这个结论，用日语来说就是是否能够“纳得”。日本文化的这个不讲逻辑，只讲感情的特征现在也经常看得到，最能说明问题的就是，小泉纯一郎首相为美军在伊拉克找不到“大规模杀人武器”而如此辩解：“萨达姆也还没找到，是不是萨达姆也不存在？”

其实在中途岛海战之后，就有人怀疑密码是否已经失效，但最后也是不了了之。那次是因为可能失密的因素实在多得数不胜数，在日本人看来，只要美国人留点心，知道日本人要去进攻中途岛是极为可能的。整个来说，可能是历史的原因，日本为数不多的几次对外作战，甲午战争以来的战争都是以日本的胜利而告结束，日本人没有吃过因为失密而导致战争失利的亏，因此，日本人的保密意识也差，尤其是海军。那些海军军官三杯黄汤下肚，什么知心话都往外掏，中途岛作战前夕，吴军港所有居酒屋的妈妈桑没有不知道联合舰队要去一个什么叫中途岛的地方的。好像是怕事情还不够热闹，中途岛攻略部队还用平文发出过一封“某月某日以后请将邮件转到中途岛”的电报。

日本人完全没有意识到自己使用的外交和海军密码已经失效，仅仅是东条英机手下的宪兵和特高警察更加努力地工作，以防止“失密”。

现在让日本海军最头疼的不是怎么会有山本五十六座机被击落这个“事故”，而是怎么处理这个“事故”。

第六章

日暮途穷：赔了战舰又损兵

事件：

“玉碎”战法（1943年）——马里亚纳海战（1944年）——莱特湾海战（1944年）

人物：

古贺峰一、黑岛龟人、福留繁、丰田副武、南云忠一、小泽治三郎、大西泷治郎、西村祥治、栗田健男、志摩清英

☆
☆
☆
☆
☆

01 新长官的作战方法是“玉碎”

谋杀山本五十六是不是符合西洋文化中最讲究的“Fair Play”（公平竞争）的精神是另外一回事，在作战上取得了极大的成功却是不争的事实。据说在尼米茨下不了杀死山本五十六的决心的时候，有部下参谋进言说：“日本海军失去了山本将军就像美国海军失去了将军您一样。”这样尼米茨才下定了决心。这句话完全可以理解为不失时机的马屁，不必当真。但实际上山本五十六对于日本海军比尼米茨对于美国海军要重要得多。

这种重要性并不意味着山本五十六是一个伟大的统帅，实际上像已经进行了一年半左右的战争所证明了的，甚至可以说山本是一个有点无能无策，而又没有自觉到这一点的统帅。问题不在这里，问题在于日本军部，特别是海军，已经把山本五十六打造成了一尊偶像，一尊全日本国民的主心骨，起码大部分海军中下层军官和绝大部分士兵、老百姓都很认真地相信：日本肯定能胜利。因为他们有山本五十六大将，山本大将肯定会像东乡元帅带领他们赢得日俄战争一样赢得这场战争。

本来应负战争指导责任的军令部在被指导对象的联合舰队面前抬不起头来，这已经是大家都知道的事实了。具体到下层士兵呢？对于一介士兵来说，本来“长官”这个词是个泛指，所有的上官都是他的长官，就算是专指的话，他所属的舰队老大的官衔也是“××舰队司令长官”。可是在海军下层，“我们的长官”就是专指山本五十六联合舰队司令长官，每个士兵都是一半崇敬、一半自豪地在议论，“我们的长官”又在怎么怎么了。

现在，“我们的长官”不在了，这是一个多么大的精神打击！

日本海军，日本人，日本国，能受得了这么大的精神打击？

受不了，而且山本被击落的这一天正好是杜立特空袭日本的一周年纪念日。

从相当多的日本人的回忆中可以知道，他们第一次联想到“战败”这个词是在听到山本五十六死亡的消息的时候。而这个时候，“战争”对于他们还仅仅只是因为不让美军掌握情报，所以广播里的天气预报没有了；因为要造武器打美国佬，所以日用品短缺了；因为皇军占领的地方越来越多，所以越来越多认识的人应征入伍；因为皇军勇士英勇善战，所以送回来的骨灰盒多了。仅此而已，但是没了山本五十六就能使日本人开始怀疑战争的前景，而尼米茨将军如果殉职，不管美国人是多么富有想象力，估计也不会有什么人会怀疑战争是不是要失败了。

山本的死亡是20日被确认的。这天午后，军令部总长永野修身进宫上奏天皇，海相岛田繁太郎晋见伏见宫博恭王商量对策和联合舰队的后任人事。最后决定为了不动摇人心，先将此事封起来，对内使用“海军甲事件”的代码来处理这件事。至于人事方面，则由横须贺镇守府司令长官古贺峰一大将接任。4月21日，古贺峰一亲补（天皇任命）联合舰队司令长官。

4月25日，到任的古贺峰一在特鲁克环礁的联合舰队旗舰“武藏”号战列舰上升起了将旗，但是外人都以为这面将旗是山本五十六大将的。其实山本也在舰上，准确地说山本的棺木就在长官室和新任司令长官做伴。

留给新长官古贺的，不仅仅是一副前任长官的棺材，还有一个残缺不全的司令部。和山本五十六同时遇难的司令部人员有副官福崎升中佐、军医长高田六郎少将、航空（甲）参谋樋端久利雄中佐、通信参谋今中熏中佐，同时参谋长宇垣缠中将、主计长北村元治少将身负重伤。可以说联合舰队不仅没了司令长官，就连司令部也只剩下了半个。

因为“秘不发丧”，现在古贺就只能先将就着使用这半个司令部。

古贺峰一和曾经是舰队派的山本五十六不一样，两次担任驻法海军武官的古贺倒是首尾一贯的条约派，也反对对美开战，在海军中有一定人望。

古贺长期在军令系统，多次担任过舰长、舰队司令一职，对作战不是外行，也没有被贴过什么特别醒目的大舰巨炮派的标签，相反，因为在舰政本部做过造船造兵监督官，所以对军舰建造比较熟悉，是出生于明治中期那一代高级军官中对主张航空主兵的青年军官表示一定理解的为数不多的人中的一个。

早在1937年底，决定开始建造战列舰“大和”号的时候，最激进的航空主兵论者横须贺航空队副长大西泷治郎大佐冲进军令部要和人拼命，他对军令部次长古贺峰一说：“造‘大和’号是一个时代的错误，造一艘‘大和’号的钱能造3000架飞机，你给我3000架飞机，我能把所有的舰队都炸沉。”

古贺峰一也没有训斥大西泷治郎，而是很困难地寻找着词汇来想法子说服他：“大西，我不反对航空兵，但是你要知道，天皇出巡必须坐八匹马拉的马车，一个国家也一样，必须有战列舰。别人有的，我们也要有，这就叫作国家的面子，叫海军的面子，你知道吗？”

大西泷治郎还在绝望地挣扎：“那少几匹马行不行，咱不用八匹马，只用四匹马，四匹马拉的马车也挺气派了。”

“不行！大西，这不是我古贺次长能够决定的。”

这段对话在评论“大和”号时经常被人引用，以说明建造“大和”号的愚蠢和古贺峰一的开明。

5月8日，古贺在旗舰上召开南洋方面战备会议，有关舰队、战队、根据地和守备队的参谋云集参加。

开会了，与会的参谋都觉得气氛不对，从不迟到的山本长官还没到会，但可能是视察路过顺便参加会议的横须贺镇守府司令长官古贺大将倒正襟危坐在主席台上。这是怎么回事？是不是换长官了？怎么没听说呢？

开会了，古贺大将一字一句缓慢但很清晰地说：

“联合舰队司令长官山本五十六大将已于昭和十八年（1943年）4月18日壮烈战死，现在是本官亲补联合舰队司令长官之职，请诸君协力，以报君恩。”

出席会议的参谋都被这个噩耗震昏了，满场是死一样的寂静，人人都咬着嘴唇，似乎在拼命控制着颤抖。什么？我们的长官死了？现在我们该怎么办？既然“我们的长官”都已经战死，那我们除了战死还能有什么别的出路？会场气氛突然古怪地变得有点悲壮起来。

古贺清了清嗓子，继续说了下去：“现在本官来说明联合舰队司令部对目前战争形势的判断和对策。”

对于出席这次会议的参谋来说，古贺新长官所说出来的每一个字，都像一把锤子在敲打着会议室，会议室的空气被这种敲打震荡着，让人喘不过气来。

古贺峰一头一句就是这么说的：“日本海军的兵力对美比率已经低于一半”。

接下来的一句是：“而且，拉包尔陆上航空战（指‘い号作战’。——作者注）的结果导致了决战兵力的大量损失，现在即使我们所希望的迎击舰队决战能够进行，我们的胜算也明显低下，应该说不到三成。”

这是作为海军三巨头之一的联合舰队司令长官在甲午战争以后接近50年时第一次公开宣称对正在进行的战争没有胜利信心。

古贺还在继续：“胜算虽然很低，但并不是完全没有。如果能够在战略上和地理上对我有利的马绍尔群岛在早期和美军进行决战的话，哪怕是玉碎战斗，也是我们唯一能够取得最大战果的机会。”

虽然还有点视差，但无论如何，这是大日本帝国海军联合舰队第一次睁开眼睛看现实。

古贺是接受了一个烂摊子上任，但有趣的是，认为这不是个烂摊子的日本海军军官还不少。所以古贺峰一下车伊始，就让大家接受现实，准备斗争，这个崭新的“玉碎战斗”名词，更是让与会参谋心惊肉跳。

所谓“玉碎战斗”就是：“在马绍尔群岛一带寻找敌舰队主力进行决战，为此舍弃所有的海岛守备队，从此之后联合舰队不支援，不解救海岛守备队。”

这个意思就是：大家本是同林鸟，大难临头各自飞，现在谁也管不了谁了。现在败局已定，只有能捕捉到敌舰队主力进行决战还要争取到那30%的胜算才能说话，否则，联合舰队无法照看自己所属的所有单位了。

担任马绍尔群岛守备任务的第六根据地先任参谋林幸市中佐举起了右手，他要确认联合舰队司令部的计划，知道他们需要坚守多少天：“在敌人向马绍尔群岛、吉尔伯特群岛进攻的时候，联合舰队要多久才能赶到？”

先任参谋黑岛亀人大佐说话了：“一般情况下三天，最坏的情况下七天，联合舰队肯定会赶到，请等着我们，现在战况对我们确实很不利，只能辛苦你们了。请把这个意思转达给部队，希望你们能够坚持到最后。”

说到这里，黑岛的眼里闪着泪光：“晚上，联合舰队司令部设宴，请大家开怀畅饮。”

大家都知道，这就是告别酒了。这里在场的都是江田岛海军兵学校出身的同学，仅仅是时间跨度从34期到58期而已，可是现在一切都快结束了，这支七十多年历史的海军眼看走到了尽头，而江田岛的同学们接着所能做的也就是跟着“我们的长官”陆续上路罢了。

两天后，林幸中佐回到马绍尔群岛的夸贾林环礁，向全体官兵传达了新任长官的训示。传达完毕以后也是满场静寂，“玉碎”之类的用词根本就没有引起什么震动，引起震动的是那句“我们的长官已经战死了”。既然长官都已经战死了，大家都玉碎不是很自然的结局吗？

美国人的行动目标比古贺预想的还要快，而且也和古贺预想的方向截然不同。

美国人这次的行动目标是阿留申群岛，美国人要收回被占领的领土了。

古贺在做了最初的训示以后，率领旗舰“武藏”号返回国内。无论如何前任长官的遗骨要处理，在长官室里和一具棺材作邻居办公总不是一回事，古贺决定先把山本五十六送回去。

就在古贺还在路上的5月12日，美国人跳过被日军占领的基斯卡岛，向同样被日军占领的阿图岛发动了太平洋战争中的首次“蛙跳攻击”。

山本五十六在策划攻击中途岛，诱出美国太平洋舰队与之决战的“AF作战”时，为了加大对美军的打击力度，同时为了切断美苏联系，也为了获得一个向阿拉斯加进攻的前进基地，同时向阿留申群岛发动了攻击，这就是“AO作战”。结果由于“AF作战”大败，所以不得不中止了“AO作战”。但当时第五舰队实在吞不下这口气，吵着闹着让联合舰队收回了这条作战中止命令，占领了基斯卡和阿图两个岛屿。

占领本身没有花什么力气，占领以后的问题却如雨后春笋，全出来了。

日本人本来想在基斯卡岛上建一个机场，但是首先是不好施工，那地方实在太远，离最近的日本前进基地——千岛列岛的幌筵还有几乎2000公里，修机场所需器材和资源很难运输；再就是建好了机场也不能用，那倒霉的地方成天浓雾笼罩，飞机也无法起飞。占领以后就一直有放弃的言论出现，但奇怪的是每次海军要放弃时，参谋本部则要坚守，过些时候参谋本部不要了，可是军令部态度又强硬起来，于是就一直没放弃。

美国人虽然听任日本人占了岛，也一直没有实际动手抢回来，但是用这两个岛把日本人给折腾得不轻。本来荷兰港就有美军机场，从那儿起飞的远程轰炸机B－17、B－24就成天来轰炸，后来干脆在基斯卡岛面前的埃达克岛，甚至在阿姆齐特克岛上修了机场来欺负日本人。只要天气一好，B－25、B－26就来轰炸，连P－38、P－40都来扫射，而日本人只能弄几架水上战斗机、水上侦察机来应付，更不要说那地方风急浪大，水上飞机经常无法起飞，反正这就成了美国空中飞贼的一统天下。

阿图岛守备队在司令官山崎保代大佐的指挥下，进行了顽强的抵抗，坚持了18天。到5月29日，还剩1000余人的守岛日军绝望地进行了“玉碎冲锋”。

日本陆军的冲锋分两种，一种是通常的冲锋，一种是“万岁冲锋”。通常冲锋时一般不乱喊乱叫，而是以轻机枪为中心，七八个人的集团，用手势、眼神配合往前冲。“万岁冲锋”就是像旅顺港203高地那样的破罐子破摔式的人海战术。从阿图岛之后，又增加了一种新的冲锋形式——“玉碎冲锋”。

借用一位美军连长的回忆来说明这种“玉碎冲锋”是怎么回事：

“队伍最前头的可能就是山崎部队长，右手拿着一把日本刀，左手拿着一面太阳旗，他们没有奔跑，是大踏步地朝我们走来，嘴里吼着一些不连贯的音节。我一枪击中了部队长，他倒了下去，一会儿又爬了起来，这时另一颗子弹击中了部队长的左腕，左腕垂了下来，部队长改用右手握着日本刀和太阳旗，……”

古贺峰一有关“玉碎”作战的话很不幸地变成了现实。

阿图岛的2600名守军全部玉碎了，基斯卡岛守备队怎么办？东京大本营的参谋本部和军令部扯了好一阵皮以后，终于达成“阿图岛就算了，基斯卡的人争取撤出来”的妥协决定。

日本人先想到了潜水艇，找了第一潜水战队的15艘潜水艇来练这个活。可是就撤了大约800名伤病员回来，还丢了两艘潜水艇。美国佬有了雷达以后到处乱用，现在找潜水艇也用雷达，潜水艇只要一露头就会被人发现。潜水艇本来就小，再加上只是被动挨打，这个计划只能中止。

最后能指望的就只有第一水雷战队了。

应该说木村昌福手下的舰队实力并不弱，旗舰轻型巡洋舰“阿武隈”号加上“岛风”号、“长波”号、“五月雨”号、“夕云”号、“风云”号、“秋云”号、“薄云”号、“朝云”号、“响”号、“若叶”号、“初霜”号等11艘驱逐舰，第一潜水战队剩下来的潜水艇这次也由木村指挥，第二十一战队的轻型巡洋舰“多摩”号和“木曾”号也被派来为木村助阵。

已经有无数次战例证明的一个事实是，如果只有水面舰艇，无论上面官兵的操舰技术和战斗意志如何出类拔萃，在航空兵面前也就是一个靶子，或者是一群靶子，经过俾斯麦海战的木村昌福比别人更加知道这个事实。

说来见鬼，美国预定于8月15日在基斯卡岛登陆作战，由于担心这帮日本人会偷偷溜走，战列舰“密西西比”号和“爱达荷”号一直在周围巡逻。可是指挥官金凯德领着人于7月28日回了家，他这次回家还很邪门地把平常一直在基斯卡岛周围转悠的驱逐舰也全部带回去了。

回去吃饱喝足了的金凯德在7月30日又回到了战斗岗位，更加认真地在基斯卡岛周围巡逻，发誓连一条海狗也不让它游过去。

就是说，金凯德不在基斯卡岛周围晃悠只有7月29日这一天。天可怜见，这一天基斯卡岛周围偏偏就起了浓雾，一直保持着无线电静默早就在附近等待时机的木村昌福这就冲进了基斯卡湾。基斯卡岛上的5200名海军和陆军守备队对于这次撤退准备了好几套方案，进行了多次演练。根据接应舰队的停泊位置和距离，守备队的大发登陆艇能同时在几个位置出动，哪条登陆艇驶往哪艘接应军舰，中间如何协调全准备好了，5200人的全部登舰过程只花了50分钟，为了减轻军舰负重，士兵们一旦登舰，所持武器弹药全部扔进海中。

木村就钻了这一天的空子。

8月15日，美军铆足了劲，出动了包括航空母舰、战列舰在内的100多艘舰艇掩护35000人的美国、加拿大部队在基斯卡岛进行登陆作战，参与这次登陆的就有后来被称为“魔鬼军团”(Devil’s Brigade)的美加混编部队，有关这支部队后来有一部同名电影。但这次，魔鬼军团除了找到被日本人抛弃的两条狗之外，没发现这个岛上有什么日本活物。就发现在一座房子前面竖着一块“霍乱病人隔离所”的牌子，顿时美、加两军军心大乱，赶快从本土紧急调运大量疫苗空运基斯卡岛，大批军医在岛上逮着人就扎针，一片混乱。

事后查明，这是日本人的恶作剧，除此之外，木村临走时敷设的水雷在17日把美国驱逐舰“阿伯纳·里德”号［USS Abner Read（DD-526）］给炸了，死伤130人，日本人在陆地上埋的地雷也炸死了4个美国兵。

美国战史学家塞缪尔·莫里斯是这样评论这场登陆战的：“历史上最大规模、最具实战气氛的登陆演习。”听到消息的尼米茨觉得又好气又好笑，他在回忆录里是这么说的：“从什么时候开始日本人从进攻的行家变成了撤退的里手了？”

亲自登上阿图岛和基斯卡岛视察的尼米茨看着日本人修了一年多还是成不了形的基斯卡岛飞机场，得出了一个结论：“要么就是日本人还不知道什么是现代战争，要么就是日本人没有资格进行现代战争”。

基斯卡岛之战是日本海军的最后一次胜利，基斯卡岛撤退是一个奇迹，运气在日本人这边，但整个战场的运气则正以不可阻挡之势向美国人倾斜。其实美国人之所以在进攻基斯卡岛作战上拖了那么多时间，以至于日本的驱逐舰队能趁机“走耗子”就把人撤了下来，其原因除了天气之外，就是当时美国人正全力以赴在南太平洋剿灭日本人的驱逐舰队。

02 皇军被打成了鼹鼠

阿图岛的皇军凶多吉少，倒给了日本军部公布山本五十六死讯一个机会。反正一个噩耗是噩耗，再加一个噩耗也不过是两个噩耗，虱子多了也就不觉得痒了。5月21日，在山本五十六殒命一个多月以后，日本为被追晋为元帅的山本五十六举行了国葬。

对于这次国葬，日本军部内一开始并没有取得一致意见，陆军就很不赞成，公开跳出来的还是那根出头椽子佐藤贤了少将。佐藤说：“导致目前战争困难局面的中途岛败将，为什么还要举行国葬？”鉴于佐藤贤了是公认的东条英机手下“三奸四愚”中的一员，可以相信这种说法其实是东条英机的看法，只是借用佐藤贤了的这张嘴罢了。

虽然是这么个道理，但是现在也不能对国民说中途岛海战失败了是不是？所以国葬还是要搞，元帅还是要晋。5月21日，也就是山本战死以后一个多月，大本营总算发表了这个噩耗。葬仪委员长由当过首相的米内光政海军大将担当，陆海军紧密团结，帮山本五十六办了一个风风光光的葬礼。

山本葬礼10天以后的“大本营发表”内容是：“阿图岛守备队玉碎。”

古贺长官的话成了现实，大家都紧张起来，“玉碎”也要有个战法啊，为联合舰队主力寻找决战机会而争取时间也要有个争取时间的打法。

但是美国人就是不肯给日本人时间。

拉包尔的东南方面舰队司令长官草鹿任一认为美国人的大举进攻要到8月份以后，反正阿留申的包袱已经没有了，现在集中精力整顿一下吉尔伯特、马绍尔群岛、特鲁克和塞班岛这条线。

可是美国人6月底就来了。

美国人陆海并进，哈尔西领着以瓜岛为前进基地的海军，麦克阿瑟领着以莫尔兹比港为前进基地的陆军。陆海军的战略计划都分为三个阶段。海军是首先占领新乔治亚群岛，控制其周围海域，然后占领包括科隆班加拉岛、维拉拉维拉岛及周围海域在内的中部所罗门岛屿，最后进攻布干维尔岛。而陆军则是首先占领基利维纳群岛和伍德拉克岛，控制所罗门海，然后占领从莱城、萨拉毛亚一直到马当的新几内亚岛的东北沿岸，最后在新不列颠岛西岸登陆，直指拉包尔。

美国陆海军的这些计划的执行时间都是1943年6月开始到年底，就是说到了1944年，就不许日本人再在这一带待了。

日本人根本就不知道美国人背着他们私自决定了这么重大的事情。

日本人从前一年的8月份开始就一直忙得不可开交：先是闹了半年多的瓜岛，再是麦克阿瑟又闹新几内亚，接下来金凯德又把阿留申群岛的皇军给弄“玉碎”了，古贺大将又接了山本长官的将旗，可是新几内亚和所罗门前线还是只有一纸3月25日商定的抽象的“东南方面作战陆海军中央协定”。

6月30日，美国人分别在伦多瓦岛和新几内亚岛布纳与莱城中间的拿骚湾发动登陆作战。说是作战，其实登陆本身没有什么战斗，因为日军在伦多瓦岛上只有很少的守备队，在6000名装备了水陆两用坦克和重炮的美军面前连发动玉碎冲锋的时间都没有。

但这个小得不起眼的登陆行动是美军正式反攻（此时还不是大规模）的开始。从这次登陆行动开始，美国人从“战略的守势”转到了“战术的攻势”。

日本人现在就是站在这个极其尴尬的位置上，打是怎么都打不下去了，怎么看都没有赢的希望。那为什么不能求和呢？实际上这时候有些日本人已经在进行和平工作了，但是这些工作都是一些团体组织的自发行动，实际上都可以归结到“下克上”一类里去的。而发动了这场战争的东条内阁本身却没有任何求和的实际行动，当然在现场的海军就只能想法子熬过去。

其实古贺峰一的作战方针也很正确，既然战不胜，守不了，和不成，那除了大家“玉碎”去“报君恩”，也实在是无路可走。更不要说古贺峰一也是个海军大将，岂能看不出哈尔西和麦克阿瑟步步紧逼日本人无谓出血的用心？反正战争已经没有了希望，还不如坚持一个让美国人也付出更多代价的战术，何必去来来往往地白操劳呢？

但是对时局的观察还是很乐观的东条内阁和大本营当然不会同意这种战法，对那个从中国大陆经缅甸穿过菲律宾，直下荷属东印度，绕过新几内亚，包括整个南洋的“绝对国防圈”还是很有信心的，绝对不容许那种对海岛守备队见死不救，打完算数的作战方针。因此即使古贺长官手下的联合舰队主力不出动东奔西跑，其他的舰队也免不了要转来转去。

进入1943年7月以后，美日海军只是以驱逐舰为主的轻型军舰舰队在中部所罗门群岛进行了一系列小规模海战，主要有：

7月6日，库拉湾海战；

7月13日，科隆班加拉岛海战；

8月6日，维拉湾海战；

8月17日，第一次维拉拉维拉海战；

10月6日，第二次维拉拉维拉海战；

11月2日，布干维尔岛海战；

11月24日，圣乔治角海战。

库拉湾海战是美国海军在南太平洋海域进入反攻以后的第一仗，也几乎是美国轻型舰队第一次主动找日本轻型舰队的晦气。在那场战斗中，美国人在不到10分钟里用一艘轻型巡洋舰换了日本两艘驱逐舰加上一个水雷战队司令部。

这证明了，美国海军在驱逐舰队的夜战中，已经赶上了日本海军，再加上雷达技术，日本海军在驱逐舰队方面已经没有办法和美国人对抗了。

中途岛海战以后，日本海军的常胜神话被粉碎。到了瓜岛之战的时候，日本人被美国人弄得信心全失，比如日本航空兵的战果就只有美国航空兵的五分之一到六分之一。但是单看水面舰艇的战斗，日本海军还没有明显居劣势，起码在数目上没有输给美国人。

先撇开国力因素不谈，因为失去了制空权，日本海军就无法在南太平洋上使用运输船只，只能用其最精华的高速驱逐舰来完成本应是一般运输船只来完成的一般运输任务。刚开始时，美国人在狩猎日本驱逐舰方面还没有经验，但美军在战斗中学习战斗，不断修改战术，再加上美国海军舰艇所配备的先进雷达，就使得从库拉湾海战开始的一连串日美之间的轻型舰艇战斗都变为一种不平等战斗——美国的专门战斗队对日本的运输战斗双重任务队，这样双方即使在舰种和艘数上完全一样，日本舰队也是处于明显的不利地位。

在中部所罗门海域展开的这一系列海战都是这样的类型，比如说库拉湾海战，如果只从损失吨位上来衡量，日本人还不吃亏，两艘加起来只有4000吨的驱逐舰换了一艘10000吨的美国轻型巡洋舰。但是美国人在不断学习，不但在占绝对优势的情况下能取得胜利，在不占优势甚至是相对劣势的情况下也开始能取得胜利了。如果把美国人仅仅看作是只会用钢铁铺路的有钱人就错了，美国人是很聪明的有钱人。当不那么聪明而又贫穷的日本人与美国为敌的时候，日本人的失败就是不可避免的了。

这一系列海战，美国在付出1艘轻型巡洋舰和2艘驱逐舰的代价以后，击沉了2艘日本轻型巡洋舰和10艘驱逐舰。数目虽然不大，但日本海军系列中最能战斗的驱逐舰队，从一年前的中途岛海战以后被美国人折腾得几乎元气丧尽。所以从日本海军所拥有的水面舰艇总数本身来说和上半年相比还没有什么特别大的变化，但是已经无法使用了。

这些海战还反映出了日美海军的一个重要差别，在田中赖三得以一举成名的伦加海战中，美国只沉了一艘巡洋舰“北安普敦”号，其余“新奥尔良”号、“明尼阿波利斯”号和“彭萨克拉”号都是重创，修好了还能上阵。后来还是这样，参战的美国巡洋舰仅仅是重创，没有被日本人击沉的。

这就是日美海军在Damage Control（损管）上的差异。由于这个差异，开战时日本在巡洋舰数目上对美国所占的优势，在中途岛海战以后就慢慢地被扭转过来。因为美国人受到重创的巡洋舰几乎都可以修复并且重上战场，而日本人的就只能沉入海底。

想起来有点不可思议，造船能力本来就不如美国的日本，为什么会如此轻视损管，难道他们不知道修好一艘无论受创如何严重的军舰也要比新造一艘时间短？更不要说造新军舰的代价是贫穷的日本所无法承担的。

也没有什么不可思议，英美的冶金和造船能力本来就强于日本，军舰的抗弹性强于刚刚学会造船没多久的日本并不奇怪。加上英国人是真正的海洋民族，文化上继承自英国人的美国人也是一样，几百年来都在海上讨生活：在海上，从海上抢人，也被人抢。他们真正知道船就是生命，知道船的价值。

日本人走向海洋只有几十年，他们也不知道一场战争会在一个地方持续多久，船对他们的价值仅仅体现在金钱方面，对于国运到底意味着什么，他们还不知道，到他们知道了的时候，那个国运已经别他们而去了。日本人可能也知道船就是日本的生命，但是对真正的生命（不管是他人的还是自己的）都是漠然视之的日本人，“船”这种抽象的生命，不会有什么很大的意义。

这段时间，太平洋上没有大海战的主要原因是，日本帝国的联合舰队已经无法进行大规模作战了，就像古贺峰一司令长官所说的一样，除了“走耗子”为守岛部队提供一些支援之外，联合舰队已经不能作为一支争夺海权的武装力量了，在没有得到舰船、飞机、人员和燃料的补充之前，无法进行大规模海上作战。

所以这几次海战都不属于战略性的动作，全部是属于“走耗子”有关的动作，不是向某个海岛增援就是把守岛的守备队撤下来。因为美国人的动作实在太大，而日本人除了古贺长官的“玉碎战斗”之外，已经没有能力做其他动作了。

与此形成鲜明对比的是，得到了大量补充的航空母舰、飞机、水陆两用坦克、吉普车和最重要的作战经验的美国、澳大利亚、新西兰联军，则在南太平洋上耀武扬威、指东打西。

这一连串战斗叫作所罗门战斗，而日本人和美国人看所罗门战斗的观点截然不同。日本人是唱着“拉包尔小调”在极为悲痛地回忆所罗门战斗，回忆着一个又一个小岛上的皇军接二连三地“玉碎”。而在另一面，在美国人心目中，所罗门战斗仅仅是新几内亚战斗的一部分而已。所谓太平洋战争，在美国人心目中就是一次“前往东京之旅”，只不过麦克阿瑟带着陆军从澳大利亚出发，而尼米茨带着海军从夏威夷出发而已。中途美国陆海军也吵架，而且大吵三六九，小吵天天有，吵架的内容只是走哪条路、谁带路而已，对于整个作战的目标——占领东京，则从来没有发生过争吵。

不管走哪条路，不管谁带路，都要拔掉拉包尔这颗钉子。麦克阿瑟是在瓜岛还没有开打以前就向尼米茨借航母自己去攻打拉包尔了，尼米茨当然不会让麦克阿瑟捞过界，现在是哈尔西来琢磨拉包尔了。

整个所罗门战斗在美国人看来都是在修筑通向东京之路，更何况到拉包尔为止，陆海军的路途都是一致的，所以所罗门战斗只是新几内亚战斗的一部分也就理所当然。而实际上美军的蛙跳跳过了拉包尔，在新不列颠岛登陆的盟军并没有向拉包尔发动攻击。

没有发动攻击的理由是，首先美军的致命弱点是山地战。美军在海岸线50～100公里之内作战时称得上战无不胜，可是离开海岸线进入了山区，美军在火力及机动力上的优势顿时荡然无存，所以美军不到万不得已不进行山地作战。瓜岛的美军一直到最后，也没有向日军发动总攻的一部分原因也是这个。

还有一个原因就是，虽然美军知道拉包尔已经彻底被孤立起来了，拉包尔已经没有能威胁美军的航空兵力，但他们并没有掌握拉包尔地区到底还有多少日军的情报。

美军都能掌握一个只有日军观察哨的小岛上有25名日军的情报（实际上24名），却在拉包尔掉了链子，这倒不是说美军情报工作的失败，而是说明日军所处的境地实在太悲惨，美军到最后都懒得来管了。

拉包尔地区到底有多少日军？

1945年8月，第八方面军司令官今村均大将向澳大利亚军投降，投降仪式上有过这么一段令人啼笑皆非的对话：

澳大利亚军司令官：“你们还有多少人？”

今村均：“加上周围岛屿，所罗门群岛大日本帝国陆海军军人军属共有14万余人。”

澳大利亚军司令官乐了：“又来胡说了。”

今村均：“这些全是事实，我们带来了全部花名册，你们可以看。”

澳大利亚军司令官：“这些人都在哪里？”

“拉包尔周围10万，周围岛屿4万。”

“怎么看不见呢？”

“基本上都在地底下的洞窟工事里，没事不出来。”

“你们吃什么？”

“我们有存粮，加上自己种的粮食，坚持十年没有问题。”

“武器怎么办？”

“我们有兵工厂，能够自行生产，连飞机都能装配，现有的两架‘零式’21型、22型战斗机和一架100式司令部侦察机都是自行装配的，如果有时间，我们还能装配更多的飞机。”

其实今村均还没有完全说实话，他把第八方面军里所有帝国大学的理工科学生和讲师教授集中起来，成立了一个兵器研究所。这个研究所到底干了些什么，到现在还没有人说出来过，仅仅知道战败以后这个研究所的人回到了原部队，所有资料、材料、成品、半成品全部被销毁。

澳大利亚军司令官想不通了：“那你们还投个什么降？”

今村均满脸官司：“不知道，天皇让投降的。”

澳大利亚军司令官心里打起鼓来了：日本人居然还有全副武装的14万人，这边就几条船，才3000人怎么办啊？

今村均看出了澳大利亚军司令官的心思，笑了：“没事，我们真的投降，你们再在海上等几天，到时候我来通知你们。”

只见今村均下了军舰回了拉包尔，顿时地面冒出来了数不清的日本人开始大兴土木。先为澳大利亚牛娃子们盖军营，盖得漂漂亮亮的，质量很不错。然后在澳大利亚人用的军营周围搭草棚子，那是准备自己住的战俘营，搭好了再在草棚子周围拉上铁丝网，然后把武器擦亮了整整齐齐地放好，自己就钻进了铁丝网，很规矩，很老实。

今村均来找澳大利亚军司令官：“现在你们可以入住了。”

3000名哭笑不得的澳大利亚兵就这么在14万日本俘虏的正当中住了下来，时不时地背上还冒冷气：“到底谁是俘虏啊？”

03 这次是真的反攻

回过头来再看看瓜达尔卡纳尔岛，从前文的叙述中可以知道，日本陆海军在瓜岛失败的一个很大原因，就是岛上的亨德森机场在美国人手里，美国人依靠这个机场有效地切断了日本人的补给线。

这么多年来，无论是美国的还是日本的战史家对这一点都有共识：如果大本营把川口支队和第二师团的登陆顺序颠倒过来的话，日本人能够拿下瓜岛，当时毛还没长齐的“菜鸟”陆战一师很可能被全歼，没有亨德森机场的仙人掌飞行队，陆战一师连撤回新西兰的机会都没有。

当然历史不容许假设，但是有时也可以退一步想。就算是瓜岛被日本人占领，陆战一师被全歼，事情又会怎么发展呢？可能没有人会同意陆战一师被全歼以后美国人就会丧失斗志，乖乖地和日本人谈和的假设，美国人还会继续战斗，起码麦克阿瑟是不会罢休的。

亨德森机场在日本人手里又能怎么样呢？亨德森机场之所以成为皇军的梦魇并不只是因为它在美国人手里，而是在于能够源源不断地生产出亨德森机场所需要的飞机和弹药的美国工业生产能力，能够把这些飞机弹药送上瓜岛的美军运输能力，以及能够及时维修机场破损的美军工兵的机械化作业能力。

日本人没有这些能力，所以即使亨德森机场落到了日本人手里也没用。亨德森机场的关键不是在美国人手里，而是美国人使亨德森机场一直都在正常运转。反过来，一直在日本人手里的拉包尔航空基地呢？

新不列颠岛最东部的拉包尔几乎位于新几内亚岛和所罗门群岛组成的岛链的正中央，占领了这个位置，进可以威胁新几内亚岛和整个所罗门群岛，退可以控制俾斯麦海以守护通向菲律宾或者马里亚纳群岛的要道。“控制了拉包尔就控制了南洋”这句话不是说着玩的。

如果这个机场落到了美国人手里，日本的特鲁克环礁和北马里亚纳群岛就直接受到威胁，所以拉包尔是日本人志在必得的地方。太平洋战争一开始，受海军指挥的陆军南海支队在攻占了关岛以后，立即马不停蹄冲向拉包尔，南云忠一指挥的联合舰队机动部队在完成了奇袭珍珠港的任务以后，也划出4艘航母向拉包尔攻击，为南海支队提供掩护。南海支队在拉包尔登陆是1942年1月23日，1月31日航母“瑞鹤”号和“翔鹤”号就在拉包尔卸下了第一批63架飞机，从此开始了拉包尔基地的经营。

当时进驻拉包尔的日本海军航空兵飞行员的技艺可以说是最高的，坂井三郎、笹井醇一、吉野俐、太田敏夫这些被尊为“零战之王”的飞行员全在拉包尔，加上飞行性能优越的零战，刚开始日本海军航空兵对美国航空兵的战斗胜利率是1：15，拉包尔航空队在一开始的几个月内切实地控制了所罗门群岛周围的制空权。

中途岛一仗，号称史上最强的日本海军机动部队一下子损失了2/3，这一下日本海军丧失了海上航空机动能力，只能依靠岸基航空兵了。而这时日本海军已经没有了开战初期的那种紧迫感，占领拉包尔以后一星期飞机就到了位，而瓜岛的机场在7月中旬就修好了，没人顾得上派飞机，结果算是帮美国人打工。

8月7日，美军在瓜岛开始登陆时，拉包尔共有约90架作战飞机，其中39架零战，可是能够飞到1000公里之外的瓜岛的只有24架。战斗的第一天就有2架零战、5架“陆攻”、5架“舰爆”被击落，5架零战没了燃油回不来而在海上迫降，第二天连短途零战都上阵充数，还是损失了2架零战和18架“陆攻”。

接下来就是长达半年的拉锯战，拉包尔航空队在这半年内尽了最大努力来帮助瓜岛上的陆军。拉包尔到瓜岛1000公里，要飞几乎3小时，加上回程的3个小时，实际上零战在瓜岛上空的滞空时间不超过10分钟。据源田实说，飞行员精神集中的界限只有两个小时，这样单座的零战飞行员在长途飞行到达瓜岛上空以后已经是筋疲力尽、判断力低下了，飞行技术稍微差一点的飞行员立即会被美军送去靖国神社，当时的拉包尔航空队有这么一句话：到拉包尔以后的寿命只有十天了。

美军飞行员不但占有以逸待劳的优势，而且投入了F4F、F6F等新型飞机，在对付零战的战术上也在不断下功夫。而日本航空兵连飞机的整备水平都无法达到正常标准，日本工业无法供给前线所需要的飞机数量，同样也供应不了整备飞机所需要的零部件，受伤的飞机第二天就只能带伤再上战场。到日军最后从瓜岛撤退时，所谓拉包尔航空队已经是一支由乌合之众驾驶着已经落后的飞机所组成的队伍。

所以山本五十六发动“い号作战”时已经不能指望拉包尔的陆基航空兵了，只好把同样也在休整中的舰载航空兵拉到拉包尔来拼命。

1943年6月30日，美军在伦多瓦岛登陆，8月15日，跳过了新乔治亚岛上的蒙达机场后直接进攻科隆班加拉岛，9月4日，美军在新几内亚莱城东部40公里的霍珀伊登陆，5日，503伞兵团6000人在莱城西部的那扎布实行空降，包围了莱城。

作战的真正目标就只有一个，那就是拉包尔。

美军要前往东京，首先就要摧毁最碍事的拉包尔。日本海军的水面舰艇可以忽略不计了，飞机还多少有点。而美军有多少飞机呢？瓜岛的亨德森基地现在的海军、陆战队和陆军的航空兵从仙人掌航空队变成了所罗门航空队（Air Commando Solomons），新几内亚岛上还有美国空五军，就这样哈尔西还是觉得不够，又把航母“萨拉托加”号和轻型航母“普林斯顿”号弄了过来。从10月中旬以后哈尔西就出动所有空中力量开始在所罗门海北部撒野了。

10月12日，日本在所罗门前线的布音、巴拉勒和拉包尔3座机场遭到了大量美军飞机的袭击，光拉包尔就摊到了210架。袭击持续了几天，巴拉勒机场连同飞机整个全没了，布音机场毁了，剩下的几架飞机也赶紧逃往拉包尔。拉包尔呢，飞机算是藏好了，但跑道被炸坏，防空炮位全部被炸弹炸没了。

有种对于战争的说法是不计较一城一地的得失，集中兵力歼灭敌人的有生力量。

但要是看美国人在太平洋战争中的作战，就会觉得连敌人的“有生力量”都不屑于“消灭”的作战方式才是真正拉风的作战方式。

美国人不仅在岛屿和岛屿之间搞蛙跳，在一个岛内都会跳。除了他们需要的那一块地方，美国人不和日本人为了一块地盘打得死去活来，瓜岛是这样，现在布干维尔岛也是这样，后来在新不列颠岛还是这样。

哈尔西选定的登陆地点是岛中部西岸凹进去的奥古斯塔皇后湾。岛的南北部虽然有现成的机场，但是也有大量的日军防守，反正奥古斯塔皇后湾附近地势也是平的，机械化工兵稍微花点力气就能弄个机场出来，于是就蛙跳到了岛中间登陆。

哈尔西登陆的日子在11月1日，这天拉开了日本海军航空兵全灭的序幕。拉包尔的第十一航空舰队清点了自己的飞机以后，发现根本没有和美国空战的本钱，以参谋长中原义正少将的名义向特鲁克的联合舰队司令部发出了一封这样的电报：

“第十一航舰现有零战71架，夜间战斗机‘月光’1架，99舰爆10架，‘彗星’舰爆3架，97舰攻14架，‘一式’陆攻36架，兵力不足，请求支援。”

古贺峰一长官听到美国兵在布干维尔登陆了，陆军的今村均准备搞反登陆作战，就急忙命令联合舰队全力支援。这样第二舰队司令栗田健男中将就带着第四战队、第七战队、第八战队和第二水雷战队的12艘巡洋舰、驱逐舰到拉包尔来了。

11月1—3日，第三舰队一航战的“瑞鹤”号、“翔鹤”号、“瑞凤”号3艘航空母舰上的82架舰战机、45架舰爆机、40架舰攻机、6架舰侦机共计173架飞机和363名飞行员也到拉包尔来了，说要进行“ろ号作战”。

哈尔西从“萨拉托加”号和“普林斯顿”号上起飞了97架飞机来轰炸拉包尔，还规定了只炸船不炸别的，先炸巡洋舰再炸驱逐舰，结果日军“爱宕”号、“高雄”号、“摩耶”号、“最上”号、“筑摩”号、“能代”号、“阿贺野”号、“藤波”号、“若月”号中弹，连“爱宕”号的舰长中冈信喜大佐都挂了，第二舰队只好赶紧逃命。

美国人上了布干维尔岛以后，又修了一个飞机场，准备从这里起飞战机去炸拉包尔，这就开始了一系列被称为“布干维尔岛空战”的战斗。这种空战一共进行了6次，第三次结束后，第三舰队司令长官小泽治三郎中将立即不由分说，带着所剩的39架舰战机、7架舰爆机和6架舰攻机共计52架飞机和182名飞行员打道回府，这地方不能待。三场空战打下来，飞机损失了约70%，人员损失了约50%，刚刚喘上了一口气的一航战又完了。

值得注意的是，一航战的损失率达到70%，而这些损失大部分是在第三次空战中一次产生的。那次战斗的来由，是哈尔西发现用舰载机攻击拉包尔很有趣，又找来了蒙哥马利少将指挥的“埃克塞斯”号、“碉堡山”号和轻型航母“独立”号3艘航母，以及原来谢尔曼的“萨拉托加”号和“普林斯顿”号，在11月11日从两个方向同时向拉包尔攻击，估计这样可能更加有趣。

但是实际上参加攻击的只有蒙哥马利，谢尔曼的飞机由于天气原因半路上回家了。就这样拉包尔港内的“凉波”完了，“长波”号、“阿贺野”号、“浦风”号、“若月”号受伤，草鹿中将从这次空袭中得出的结论是船再也不能待在拉包尔了，于是决定把船全部撤回特鲁克环礁。

进行空袭的蒙哥马利被一航战抓住了，于是一航战和第十一航舰能出动的飞机全部出动攻击，结果是连一颗炸弹都没有命中，反而参加作战的14架舰攻机全部被击落，23架舰爆机被击落17架。

当时蒙哥马利舰队正在回收空袭拉包尔回来的飞机，雷达发现日军飞机以后匆忙起飞战斗机，因此美国舰队的空中掩护力量并不强，防空力量主要是两艘航空母舰上的16门5英寸高射炮（“独立”号没有高射炮，只有26挺40毫米高射机枪）和16挺40毫米、92挺20毫米高射机枪。但是美国高射炮炮弹使用的是VT信管（引信），这种在瓜岛战斗后期开始使用的超先进武器，比原子弹更加实在地把大日本帝国送上了末路。

VT信管是美军的绝对机密，因为害怕有未爆炸弹落到日本人手里而泄露秘密，美军禁止在陆地上使用这种武器。问题在于日本军队的情报管理水平，尤其是海军对于情报的重视程度还在陆军以下，瓜岛末期美军只是小规模使用VT信管，没有引起日本人的注意很正常，但是这次战斗的结果没有引起联合舰队以及第三舰队的注意就很不正常了。正因为这种疏忽，才有以后马里亚纳海战那种闭门造车的作战计划。

小泽拉走了一航战残余，此后就是拉包尔航空队独自作战了。到1943年12月3日第六次布干维尔岛空战结束后，拉包尔也就没有航空兵了，所罗门战斗结束了。

拉包尔没有了航空兵，没有了军舰，还有些什么呢？

有“阁下”。

日本人的“阁下”不能随便用，现在只对外国人用，对内讲民主了，不用这个尊称。原来用，这是个只能对大臣以上的官员、将军以上的军人和有爵位的贵族用的尊称。

最后一名甲级战犯铃木贞一在1989年101岁的高龄死去。据说铃木贞一临终前，最喜欢的孙子喊“爷爷”都没有反应，一边的护士突发奇想喊了一声“阁下”，他顿时又睁开了眼睛。

从陆军大将今村均、海军中将草鹿任一开始，拉包尔全加起来有30多个“阁下”，将旗飘飘，将星璀璨，气派非凡啊。

只是野蛮的美军太不讲文明礼貌，对这么多“阁下”居然没有一点敬意，成天用炸弹向“阁下”们致敬。美军在瓜岛上就有600架飞机，在新几内亚岛上还有600架，拉包尔周围的小岛基本上都被美军占了，皇军造了机场美军用，皇军没造的地方美军接着造。

海上还有航空母舰呢。

那么多飞行员实在是太闲得慌了，所以没事就拿着拉包尔取乐，把整个拉包尔周围的景观都炸得变了样。

所以皇军的阁下们也只好端起镐头、铁铲和大头兵一起挖防空洞，到底挖了多少防空洞没有准确数字，海军参谋回忆说，加起来有200公里，能从东京铺到静冈，而陆军参谋说起码有300公里，能从东京铺到名古屋。现在日本各大城市的地下城那么发达，很可能与当时全民挖防空洞有关系。

那些防空洞也各有千秋，简单的就在火山岩上硬打，讲究的在洞里还铺上椰木地板，打上蜡，说是防潮，不会生皮肤病。最扯淡的是今村均大将住的陆军司令部防空洞，隔不了多远还装上公用电话，说里面四通八达的不好认路，有了公用电话系统就不要到处去找人了，这叫信息现代化。

今村均和草鹿任一提出来的口号是“建设南海上的新日本帝国，坚持百年”，他要干一百年。

今村均从哈尔西还没来时就做好了“坚持一百年”的准备。说来凑巧，一次日本国内往拉包尔送来的大米里有3个麻袋是错包，里面装的不是大米而是稻谷。本来是应该骂一顿装船的然后让运输船带回去的，碰巧被今村均知道了，今村均就问能不能种出来，种得出来也就不需要国内再送大米了。

于是两个京都帝国大学农学部的教授就带着人搞起了试验田。南洋气候好，水稻一年多熟，几次失败以后还真种出了挺不错的稻谷。这个经验还得到了推广，从此以后皇军下南洋的时候都要带上水稻、蔬菜种子，不带就得活活饿死。皇军走到哪儿种到哪儿，现在南洋的水稻种植据说就是由日本陆海军开始的。

在南洋被哈尔西、麦克阿瑟抽中了当蛙跳落脚点的海岛上的皇军是遭了殃，除了“玉碎”之外，美国人不给别的出路。但是没被抽中的那些稍微大点的岛上的日军还是能过日子的。孟加拉湾口的大小尼科巴岛上的皇军甚至还造过肥皂。那是一位海军兵学校的教授被陆军抓了壮丁，送到小尼科巴岛来了。这位教授借来海军守备队点探照灯用的发电机电解海水做烧碱，然后加上南洋的椰子油，就做成了肥皂。

04 特鲁克被炸

没有了航空兵的海军在太平洋上是找不到安身立命之所的，拉包尔的海军舰艇全部撤回了特鲁克环礁，而现在特鲁克环礁又被尼米茨盯上了。

在8月11日至8月24日的魁北克会议上，美、英、法、加决定在中部太平洋的进攻分为以下6个阶段：

1．吉尔伯特群岛和瑙鲁。

2．马绍尔群岛、威克岛以及库萨伊（Kusaie）岛。

3．波纳佩岛。

4．特鲁克环礁和加罗林群岛。

5．帕劳岛和雅浦岛。

6．马里亚纳群岛。

实际上，5月份丘吉尔访美的时候和罗斯福就有过一次华盛顿会谈，内容和魁北克会议差不多，但魁北克会议增加了马里亚纳群岛，去掉了拉包尔。而实际上拉包尔那边还没有开始轰炸呢，就已经看起来不是问题了，这倒霉的气焰有多么嚣张！增加马里亚纳群岛是因为尼米茨也想到日本去观光。这样从吉尔伯特、马绍尔、加罗林、帕劳到菲律宾以及从马里亚纳、小笠原一直到日本本土的两条路线就正式定下来了。

接下来的就是美军一系列令人眼花缭乱的登陆作战。8月份，美军占领了现在被称为图瓦卢的埃利斯群岛，9月份，又占领了一个叫作贝克岛（Baker Island）的无人岛，修起了机场，开始轰炸瑙鲁和吉尔伯特群岛。与此同时，从美国航空母舰上起飞的舰载机甚至轰炸了威克岛和南鸟岛。

11月21日，美二十七师在马金环礁，陆战二师在塔拉瓦环礁和阿贝马马环礁登陆，开始了吉尔伯特战役。

日本人进行了顽强的抵抗，在塔拉瓦甚至逼着美国人大出血。但就算是干得不错，吉尔伯特群岛还是交出去了。接收了吉尔伯特群岛的尼米茨马上大兴土木，马金、阿贝马马和塔拉瓦环礁的贝蒂欧岛上都建起了2000多米长的机场跑道，特别是阿贝马马岛上的机场跑道，长达2600米，可以起降重型轰炸机。依靠这些机场和四处游荡的航空母舰，从1944年2月开始，尼米茨开始向马绍尔群岛发动进攻，接受了吉尔伯特的教训，把登陆之前的轰炸量增加了3倍，大量使用穿甲弹，把LVT和登陆艇换成水陆两用坦克，所以马绍尔群岛没打出什么悬念，所见之处，到处都是“玉碎”“玉碎”，除了“玉碎”还是“玉碎”。

古贺峰一司令长官的预言和要求的“玉碎”战术成了现实，或者不如说现实就只能是各处守军的“玉碎”，古贺长官十分苦恼。

尼米茨在步步紧逼，毫不放松，在逼着8000名日本陆海军守军全军“玉碎”以后占领了夸贾林环礁，随后又把手伸向了后来成了核武器试验场的埃尼威托克环礁和比基尼环礁，开始压迫加罗林群岛，直逼联合舰队司令部所在地。

虽然马绍尔群岛的战斗对美国人来说没有什么大的悬念，可是对日本人来说就完全不一样了。从1894年甲午战争以来，一直是在人家家里随心所欲地横冲直撞、为非作歹的日本人，这回是头一次被人抄了家。

因为马绍尔群岛当时是日本的。

准确地说，马绍尔群岛是日本的委任统治地（Nations Mandate）。一战以后，英国、法国和日本趁火打劫，瓜分了奥斯曼帝国和德意志帝国在亚洲、非洲和大洋洲的大量殖民地，这些殖民地的变迁史有点复杂，反正基本上就是现在的叙利亚、伊拉克、约旦、巴勒斯坦、以色列、黎巴嫩、卢旺达、坦桑尼亚、喀麦隆、多哥、加纳、纳米比亚、瑙鲁、新几内亚、萨摩亚这些地方。

实际情况还要复杂，比如日本弄来的马绍尔群岛、加罗林群岛、马里亚纳群岛这些“南洋诸岛”，原来都是“德属几内亚”的一部分而已，顺便说一句，以上列出来的地方中位于非洲和大洋洲的全部是德国殖民地。现在终于知道德皇威廉二世的那句名言“别人在瓜分大陆和海洋，而德意志只能仰望着蔚蓝的天空”是在胡说八道了吧？

跑出来给分赃的英法日泼冷水的是美国人，美国总统伍德罗·威尔逊从大战一开始就在叫嚷“尊重民族自决”，不同意像原来那种胜者把败者的殖民地再瓜分的做法，英国、法国、日本不肯干。再三扯皮以后，弄出了一个由国联来“委托统治”的花样，英、法、日认为这种做法实质上就是殖民地，也就同意了这种方式，美国人的主张也算被人家接受了，也就见好就收，这就是“委托统治”的由来。纵观从19世纪末到20世纪中期野蛮血腥的旧殖民主义消亡史，原因很多很多，但是一个年轻、富有朝气和理想的美国的存在是一个很大的因素。

虽然名义上是“委托统治”，但是实质上就是殖民地，起码日本人把南洋群岛就看成是殖民地。所以美军到马绍尔群岛撒起野来了的消息传到日本国内，顿时群情激愤，美军的侵略行为极大地伤害了日本人民的民族感情。

话说美国佬才不管古贺长官怎么为“绝对国防圈”而苦恼呢！1944年2月4日，联合舰队司令部所在的特鲁克环礁上空飞来了两架B－24轰炸机，悠然自在地在日军高射炮火达不到的6000米高空飞行，特鲁克的陆基航空兵的零战立即起飞驱逐。

没有战斗机护航的B－24很顺利地被赶走了，其实B－24来转悠已经不是第一次了，1月7日就来访过一次了。古贺峰一长官想不通这倒霉的B－24是干吗来的，更想不通的是这么大的B－24是从哪儿飞来的。B－24无法从航空母舰上起飞，就是说美国人现在已经在1500公里的距离内有了可以威胁特鲁克环礁的地面机场了，那特鲁克环礁岂不危险？岂不是要成为第二个拉包尔了？

特鲁克环礁在西加罗林群岛，原来是西班牙殖民地。1898年，为了筹款进行美西战争，西班牙人以2500万比塞塔的价格把包括特鲁克环礁在内的整个加罗林群岛卖给了德国人，第一次世界大战时日本人趁乱打劫把南洋上的德国殖民地全部弄了过来。特鲁克环礁里面能够提供容纳全部联合舰队舰艇及支援船只的锚地，周围有名叫春、夏、秋、竹的四个小岛，上面建设了修船用的船坞，不是受到重创的船只在特鲁克修修补补就能够再上战场。日本人也好，盟军也好，都把特鲁克环礁看成“日本的珍珠港”“日本的直布罗陀”，特鲁克如果有了三长两短，联合舰队在南洋就不能再待了。

现在跑到特鲁克环礁来观光的B－24是从布干维尔南边的莫罗岛起飞来侦察的，特鲁克环礁确实受到了大型陆基轰炸机的威胁。

但是这一次，尼米茨没有打算用陆基航空兵。受几次空袭拉包尔胜利的鼓舞，尼米茨现在更加喜欢航母特混舰队，反正由于VT信管的投入使用，日本人已经无法威胁美国航空母舰了，美国人想怎么干就怎么干，这次他让斯普鲁恩斯带了“约克城”号、“企业”号、“无畏”号、“埃塞克斯”号、“碉堡山”号5艘正规航母加上4艘轻型航母、6艘战列舰、5艘重巡、5艘轻巡，还有28艘驱逐舰，共计53艘军舰来找古贺长官的晦气了。

古贺长官知不知道美军来了？知道。仗打了这么长时间了，日本海军虽然不能破译美国海军的密码，但是通过监听也能够从通信方位和密度以及呼号大致判断出美军战术行动的进攻方位、时间和兵力。

所以古贺在1月25日就准备把战列舰“长门”号、“扶桑”号，重巡“熊野”号、“铃谷”号、“利根”号，驱逐舰“秋月”号、“浦风”号、“矶风”号等8艘代号叫“敷岛部队”的舰艇疏散到位于新加坡和苏门答腊中间的林加群岛的林加锚地去。林加锚地东西长20海里，南北宽50海里，在里面可以进行一些小规模训练，又紧靠巨港油田，用油不成问题，水深还比较浅，美国潜水艇不容易混进去捣乱。

可是在1月30日出发刚一个小时，突然传来美军开始进攻马绍尔群岛的消息，这样敷岛部队又返回特鲁克准备去支援马绍尔群岛。

但是怎么支援呢？没有空中掩护的军舰不就是一个活靶子吗？所以古贺想了想，还是下令敷岛部队往林加锚地疏散。

自从2月7日夸贾林环礁“上缴”给了美军以后，特鲁克就成了最前线，这地方无论如何不能待了，于是古贺长官在2月10日带着旗舰“武藏”号和轻巡“大淀”号，驱逐舰“白露”号、“满潮”号也回了横须贺，接下来“爱宕”号、“鸟海”号、“妙高”号、“羽黑”号也撤往帕劳。在特鲁克就剩下第四舰队和指挥系统及复杂的各种航空兵部队，其中有西南方面舰队的，还有从拉包尔撤回来的东南方面舰队的，加起来总共有174架正在使用的各种飞机，还有用“千代田”号航母刚刚运来的161架准备使用或者分配到其他机场去的崭新的飞机。

古贺峰一到底还是个受海兵的大舰巨炮战术教育出来的日本海军军人，他把有炮的船疏散了以后就忘记了没炮的船。现在这些古贺长官不要或者忘记了的东西都由第四舰队司令长官小林仁中将看着。

2月15日，第四舰队的侦听班捕捉到了“埃塞克斯”号上舰载机的明码通话，就是说美国人已经离得很近了，小林仁判断美军将在第二天（16日）空袭特鲁克，下令全基地进入戒备状态。虽然出动的航线不太合理，但小林中将还是出动了11架次侦察机去寻找敌人。

找不到，敌人压根儿没来。

小林中将没见着敌人到来，就很自然地认为美军在他小林中将之威名面前闻风丧胆，吓得不敢来了，于是就洗洗睡了。

历史是有报应的，特别是看日本海军史的时候，特别能让你相信这句话。日本海军怎么玩过别人，自己就会被别人怎么玩。

中间的时间间隔还特别短，比如空袭特鲁克环礁，就特别容易让人联想起空袭珍珠港。

知道美国航母舰队到了身边，连联合舰队司令长官都出去避风头了，在海兵38期、“吊床号”4号、一直负责海军对美谍报工作的小林仁中将管辖下的特鲁克环礁，却还是遭到美国人的突然袭击，也算是一大奇迹。

和日本人预想的方向不同，钱多油多、不怕绕路的美国人是从北边的埃尼威托克环礁绕过来的，所以耽误了时间，没有准时到，而这边等了大半天的小林仁中将也就像个约会时被男朋友放了鸽子的美女似的，一气之下把手机都给关了——第二天（17日）连侦察机都没派出去。

可是斯普鲁恩斯恰巧来了。

早上4时20分左右，日军雷达捕捉到了大批飞机的回波，日军没有像珍珠港的美军那样“忘掉这件事情”，而是从春、夏、竹岛上把能飞起来的77架零式战斗机、水上战斗机、零式侦察机全部点上了阵，可是刚飞上天40架，美军就已经到了。

美国人做事心狠手辣，空袭特鲁克哪里是轰炸，根本就是在耕田，还是那种深翻式的耕田。9艘航母上的舰载机围着特鲁克整整炸了两天，出动1250架次。还学着日本人，出动了9艘潜水艇，不让日本船只出港，要来个斩草除根。

被击沉的日军舰艇有轻巡“阿贺野”号、“那珂”号，训练巡洋舰“香取”号，驱逐舰“舞风”号、“太刀风”号、“追月”号、“文月”号和2艘猎潜舰、1艘鱼雷艇、1艘特务舰等11艘，被重创的有水上飞机母舰“秋津州”号，驱逐舰“秋风”号、“松风”号、“春风”号、“时雨”号，测量舰“宗谷”号和1艘特务舰、2艘潜水艇等9艘，270架飞机被空中击落或在地面被炸毁。正在特鲁克环礁以北往特鲁克赶来的一支日本运输船队也遇到了这次轰炸，“辰羽丸”“瑞海丸”被击沉，所运送的第五十二师团第六十九联队的7000余名陆军官兵直接去见了海龙王。

特别让日本人叫娘的是，被古贺长官忘掉了的支援船舶被美国人一扫而空。以捕鲸船改装的油轮“第三图南丸”为首的41艘运输船，总吨位211300吨全部沉入了海底。

美军的全部损失是25架飞机，和17日晚上残存的5架日本陆攻机拼死出击，用鱼雷在“无畏”号航母上打出的一个20英尺的方洞，就一个方洞，没有其他损失。

港湾内的全部修理设施、储油罐、兵营、通信设备被美军按照两次航拍的照片一一按图索骥，全部摧毁。总之，日本人常年经营的特鲁克作为一个军事基地已经不存在了，美军在中部太平洋方面再也没有了空中威胁，于是美军开始了埃尼威托克作战。

消息传来，东条震怒。震怒的原因不仅仅是海军又闯了祸，而是这回捅的娄子实在太大。日本陆海军现在在作战中最转不过来的就是船舱，而现在海军居然听任贵重的船舱被人炸了，还是21万吨，这个损失是无法弥补的。相对来说，战列舰“武藏”号被炸沉了可能还好接受些，反正那也就是个摆样子的货。

这就出来了真正的“统帅权干犯事件”。原来鸠山一郎和犬养毅挑起的“滨口内阁统帅权干犯事件”只是个莫须有的政治事件，而这次的东条英机却是真的在组织上干了。1944年2月19日，特鲁克空袭的第二天，东条撤换了主管船舶的运输通信大臣八田嘉明，代之以五岛庆太；2月21日，东条又借口强化战争指导，逼着参谋总长杉山元把参谋总长一职交给他兼任，而杉山元的绰号本来就是“厕所门”，意思是从两边都可以开，只是看你从哪边挤，杉山元在略微做了下形式上的反抗以后就让出了参谋总长的位置。岛田繁太郎本来就有件“东条副官”的马甲，东条让他挤掉永野修身来兼任军令部总长，当然没有反对的理由。这样，日本陆海军突然就统一军政军令了。

日本人特别相信所谓“组织的力量”，遇到了什么事先不是找出问题所在去解决，而是去进行“组织刷新”，换几个人重新干，幻想这样就能够起死回生。这种习性现在还能看到，政府支持率一低，就会搞什么“内阁改造”，换几张面孔来糊弄选民。日本人好糊弄，因为大家都相信那玩意，几张新面孔一上来，内阁支持率就此上升的例子也不是没有。但现在是战争时期，面对的是美国人，美国人可不怵你怎么去玩人事游戏，战争的客观现实就摆在面前，谁来也得用飞机、大炮、军舰来比试。

特鲁克空袭被称为“海军T事件”，因为是特鲁克（Truk）的事件。海军省一开始认为这件事的过错全在现场指挥，因此立即撤换了小林仁，换上了珊瑚海海战时指挥五航战炸沉了“列克星敦”号、重创“约克城”号的原忠一中将。后来发现下面对这种处理很不满意，又在3月份派出了一个调查团来调查这件事，其实没有必要查，第四舰队的小林仁当然有责任，但是最主要的责任在联合舰队司令部，在联合舰队司令长官古贺峰一那儿，这都是明摆着的，要不然大家哪来的意见？但这句话又不能明说——谁任命的联合舰队司令长官？联合舰队有问题不就是整个海军有问题吗？再加上还没等到调查结束连司令长官都失踪了，说他坏话不等于鞭尸吗？于是调查结论是："从大局上看，以如此少的兵力应对如此大规模攻击，谁来进行战争指导的结果都是大同小异。"

因为"T"和汉字的"丁"有点像，所以"海军T事件"又称为"海军丁事件"。原来有个"海军甲事件"，是山本五十六被击落事件，有没有"乙事件"呢？有，"海军乙事件"是"海军丁事件"的后遗症之一，联合舰队的司令长官又挂了。

05 联合舰队的长官又不见了

1944年3月31日，联合舰队司令长官古贺峰一大将带领以参谋长福留繁中将等联合舰队司令部部分人员乘2架二式大艇水上飞机，从帕劳飞往菲律宾棉兰老岛的达沃（也叫纳卯）。途中，古贺长官乘坐的一号机失踪，而二号机失事，除了一人死亡以外，包括福留繁在内的全体机组人员做了当地游击队的俘虏。这就是所谓的"海军乙事件"。

话说古贺长官带着战列舰"武藏"号撤回横须贺，立即就被军令部赶了回去：这是干吗来了？哪儿来的回哪儿去，不知道国内没油吗？

哪儿来的回哪儿去？特鲁克已经回不去了。吉尔伯特群岛和马绍尔群岛已经全部落入美国人手中，马里亚纳以东的日本航空兵力被一扫而空，特鲁克倒是没有美军登陆，可古贺长官也知道那只是美军不高兴去，只要他敢带着"武藏"号回特鲁克，美军立马踩着脚后跟来。

古贺带着"武藏"号去了帕劳。

帕劳在菲律宾棉兰老岛以东大约800公里，有马里亚纳群岛作为屏障，新几内亚岛的皇军也还没有绝迹，岛上还有陆军的第四航空军，应该稍微安全点吧。古贺长官很可能是这样想的。

但是，这个世界已经没有能够让大日本帝国陆海军觉得安全的地方了。陆军的第四航空军在新几内亚岛荷兰迪亚（现名查亚普拉）的基地于1944年3月30日遭到美军的突然袭击，130架飞机在地面被炸毁。

第四航空军半年前在维瓦克也被人炸过一次，这次和上次一模一样。

记吃不记打的不光是陆军，海军也一样。2月中旬，刚刚在特鲁克被美国人炸了一次的联合舰队，这天在帕劳被美国人又炸了一次。

还是照样知道美国人要来，还是急急忙忙把“武藏”号战列舰疏散回吴军港，还是照样忘记了其他船，不同的是这次古贺长官没有跟“武藏”号一起走，而是上岸进了防空洞。还是和特鲁克的时候一样，美军从30日开始接连轰炸两天，出动飞机达到600架次。结果在这次的帕劳空袭中，海军的损失是包括一艘驱逐舰在内的6艘舰艇和包括5艘万吨油轮在内的18艘运输船只。海军有一艘排水量10500吨的工作舰“明石”号，上面有约400名工程师和机械工人，这是一艘浮动工厂。舰艇如果受到中等程度的损伤，哪怕是不能动了，“明石”号也能靠上去修，上次在特鲁克好不容易冒着弹雨避过潜艇冲了出来，可这次却“玉碎”了。

这些船舶哪艘不比什么“武藏”号战列舰有用？可是已经输到了这种地步的日本海军还是死抱着“武藏”号不放。

联合舰队司令长官在舰队行动时不在旗舰上而上岸钻了洞，说起来是有点丢人的，特别是对于固守大舰巨炮传统的日本海军来说。但古贺长官好像并不怎么在意。古贺长官在意的是怎么才能一劳永逸地从美国兵的死缠烂打中解脱出来，于是就出来了转移联合舰队司令部的点子。

联合舰队司令部应该转移，这在特鲁克空袭以前就已经有人提出来了，问题是转移到哪儿去。当时作为候选的有3个地方：塞班岛、新加坡和菲律宾棉兰老岛上的达沃。联合舰队已经请军令部帮忙在3个地方中选定一个，然后建设联合舰队司令部所需设施，但是军令部这段时间忙得四脚朝天，哪还有时间去搞什么基本建设，所以这件事就一直搁了下来，而现在古贺峰一自己也被美军飞机炸了一下，决定立即转移联合舰队司令部，转到达沃去。事不宜迟，立即向塞班岛要了两架二式大艇水上飞机，这就往达沃跑。

古贺峰一为什么选择了达沃，理由不得而知，但整个司令部往达沃转移的过程又成了一幕仓皇逃跑剧，从塞班飞来的2架二式大艇连在帕劳需要再加油的事情都给忘了。

没有加油的理由特别搞笑。帕劳的防空哨已经被美军的空袭吓得魂不附体、杯弓蛇影、草木皆兵了。2架来接运联合舰队司令部的水上飞机居然被他们认为是敌机而发出了空袭警报。刚刚接到水上飞机已经来了的消息的古贺长官和福留参谋长，听到空袭警报也顾不上弄清楚这到底是怎么一回事，吓得一溜烟冲到码头，坐上汽艇爬上飞机就要求飞行员起飞。

联合舰队司令长官和参谋长急于逃离这个可怕的帕劳。

结果就发生了本节开头说的事件。古贺长官的一号机失踪，没人知道那架飞机上发生了什么，人们只能从二号机机组人员的叙述中去推测一号机上发生了什么。

那2架飞机到达帕劳时，天快黑了，起飞时已经是19时，因为天黑，二号机无法目视跟踪一号机，只好根据仪器指示，再根据飞行速度、时间、高度、风向和方向在地图上修正，也就是"盲推"飞行法。

那年月依靠仪表飞行是真正的"盲目推测"，因为那个时候飞机上没有任何仪表是准确的，特别是日本飞机。比如高度，当时不是使用无线电测量，而是测量气压，这种方法在当时那种飞机整个被卷入热带低气压的情况下有误差是很正常的，这个时候不能相信高度计，但是飞行员在和环境搏斗得筋疲力尽、注意力涣散以后，极易相信高度计；又比如速度，当时的飞机是依靠测量两根垂直管子里的气压得出动压和静压的差值以后推导出飞机的速度，但准确地说，这只是飞机相对于周围气流的相对速度，在飞机处于乱流中的时候就完全不能相信速度仪。

所以当时的夜间飞行是非常危险的，完全取决于飞行员的经验和技巧。二号机飞行员就是处在这样一个使人神经错乱的飞行环境之中。从二号机监听到的一号机无线电信号来看，一号机的环境也一样。无奈二号机无法联系上一号机，帕劳倒是能收到一号机和二号机的信号，却也联系不上，达沃则除了帕劳基地的信号之外什么信号都捕捉不到。

这种通信的混乱是因为赤道附近的电离层中有空洞。无线电通信大多采取依靠电离层反射来增大通信距离的短波通信，但短波会在赤道附近的电离层空洞中消失而不反射，这时候短波通信就会出现故障。刚开始的时候，并不知道赤道周围的电离层这么古怪，美、日都吃过不少苦头，美国人花力气解决了这个问题，而日本人由于实在顾不上就一直没有去解决，在要求实在严格的时候就采取变通方法。

什么变通方法呢？牺牲距离就行了，降低频率，增加波长，不依靠电离层。通信距离不大的情况下这种方法能行，特别是这次的司令部转移行动，基地和飞机之间最大距离也就几百公里，凑合着能使用。

但是，那时候的无线电调整波长不容易，一定要更换振动用的石英晶体，而2架水上飞机从塞班岛起飞时，一时没找到合适的石英晶体，飞机等不及，就这样糊里糊涂起飞了。

情况就是这样，所有的条件都决定了这2架飞机是飞不到达沃的，真要是飞到了达沃，那只能说是天照大神开眼，出了奇迹。

起飞两个半小时以后，来自一号机的无线电信号中断了，而二号机在飞行三小时之后也找不到这时理应出现在机翼下方的棉兰老岛，看到的只是茫茫大海。一阵寻找以后，二号机发现了一个小岛，对着地图仔细检查了岛的形状以后才发现，原来飞机向北偏离航线160海里，还要飞行一小时才能到达沃，燃油却只够半小时的航程了。

于是只好在最近的宿务岛（Cebu Island）沿海降落，找到宿务市内的日本军队再说。

但是着水时高度计出了问题。高度计里封装的标准气压是飞机起飞时塞班岛海面的当时标准气压，但此时在热带低气压状态下变化的宿务沿海的气压和标准气压有50米的差距，心慌意乱的飞行员已经忘记现在身处热带低气压中这件事了，正准备按照操作规程下降到高度50米进入着水姿态时——飞机已经撞上了水面。

飞机被撞得粉碎，所有人都被抛了出去，但是机上的机组人员和联合舰队司令部成员13人中除了一死一轻伤之外，其他人都安然无恙，被土著居民用独木舟救了起来。

正在感谢天照大神的福留繁参谋长和其他日本人当时还不知道，这些土著居民是在美军科欣中校指挥下的游击队员。当时的菲律宾遍地都是反日游击队，十四军司令官山下奉文陆军大将在他去菲律宾上任伊始的训话中就说得非常清楚："每一个菲律宾人都可能是反日游击队。"出了马尼拉等大城市一步就是游击队的天下，甚至十四军司令部都有公开的菲律宾游击队在活动。反正福留繁参谋长等日本联合舰队司令部的高级军官，就这样做了游击队的俘虏。

这边二号机的人是回来了，可一号机的人就真的不知去向了，结果只好按照一号机最后发出的无线电呼号的时间推算，古贺长官等殉职了。

大问题来了。堂堂大日本帝国海军三大衙门之一的联合舰队参谋长福留繁中将当了俘虏，这可是大丑闻了。当时皇军将士人人会背诵一个叫《战阵训》的东西，是首相东条英机大将当陆相时搞的，执笔起草人就是当时的教育总监中将本部长，现在被美国人软禁在拉包尔的那位今村均。《战阵训》讲得清清楚楚："决不能生受虏囚之耻，宁死不留罪祸污名。"现在福留繁阁下已经生受虏囚之耻，只能死了，所以福留繁被游击队释放后一回到东京，就有数不清的人来劝他自杀。

可人家福留繁中将好不容易活了下来，干吗要自杀？这下大家傻了眼。

福留繁和宇垣缠、山口多闻、大西泷治郎等都是海兵40期的，还是海大24期首席，据说是海军首屈一指的战术家和战略家。当然那都是一些大舰巨炮的东西，山本五十六对他的评价就是"海军第一的铁炮屋"，其实福留繁既不懂航空战，也不想懂航空战。那边陆军对他恨之入骨，因为瓜岛作战的时候这位是军令部作战部部长，陆军几次登陆失败都与他对空中护航不热心有关。海军航空兵说起这位精英参谋长也是咬牙切齿，被称为“击坠王”的坂井三郎说起他来恨不得咬上几口，因为这位从来没把飞行员当过人，坂井认为换个人当参谋长，海航的飞行员不至于消耗得那么快。

但人家不自杀怎么办？不能枪毙啊，陆海军的军法可没有不准做俘虏这条，所谓《战阵训》也只是“陆训一号”，只是陆军的训示罢了，海军没有必要也没有义务跟着陆军走，于是就出来了个这样的见解：“所谓俘虏是指被正规军俘虏的那些人，现在福留繁参谋长只是被游击队拘留，在国际法上不属于被俘，所以不要说《战阵训》只是约束陆军的，即使在陆军内部这种情况也可区别考虑。”行了，福留繁不用自杀了。

实际上自杀不自杀的有什么关系？不让当俘虏这条本来就变态。只是海军不追问并不是因为这条潜规则变态，而是不愿公开这个丑闻，再追下去这段时间作战的扯淡性就全部暴露出来了，包括联合舰队司令部事实上的临阵逃跑，于是大家装聋作哑混过去再说。

不过还有一个更加重大的问题，就是福留繁参谋长被俘的时候，随身携带了大量的机密文件，里面主要有联合舰队的有关“Z作战”计划、海军密码等超级机密。这些文件怎么样了？

海军省次官泽本赖雄中将亲自来查问这件事，福留繁的回答非常明确：“着水以后全部处理了！”于是泽本次官也就做出一副很信任的样子让这件事了了。像原来的中途岛海战结局一样，这次海军还是没有将这件事告诉陆军。

海军密码可能还不是什么大事情，反正美国人一直就和日本人共同阅读着日本海军的密码通信，但这个“Z作战”计划是大问题，“Z作战”后来是没有进行下去，但这绝不意味着这份作战计划无足轻重，实际上以后的马里亚纳海战、菲律宾作战的“捷一号作战”都脱胎于这个作战计划。这份计划落到美国人手里其实就是向美国人公开了日本人的最后一点军事机密。

到1971年去世为止，福留繁始终不肯承认他手上的机密文件落到了美国人手里，而实际上这些机密文件当场就被潜水艇运往澳大利亚的布里斯班，被全部译成英文。战后军令部参谋吉田俊雄中佐加入服部卓四郎的服部机关，编写太平洋战争战史的马里亚纳海战部分时，想参考“Z作战”计划，因为当时没有来得及销毁的军令部文件全部被美国占领军收缴封存，吉田中佐抱着试试看的心情向占领军总部（GHQ）提出了借阅“Z作战”计划的要求。

吉田估计GHQ的回答肯定是：“封存资料中没有‘Z作战’计划。”但出乎意料的是，一星期后，一份从华盛顿发出的航空挂号邮件放在了他的办公桌上，里面是“Z作战”计划原件，就是联合舰队参谋长保管的那一份。美国人是不是有意来恶心日本人就不知道了。

即使在那种铁证面前，福留繁也只是不再坚持他已经销毁了机密文件的说法，但从来不肯承认机密是从他手上泄露的。

日本海军不像陆军那样拥有宪兵，这也是日本海军拥有较好形象的一个原因。但是事情也另的一面，本来意义上作为军事警察（Military Police）的宪兵所具备的整顿军纪、收集情报和反谍报的职能是有作用的，是东条把宪兵变成了一个和特高警察齐名的国内特务组织，但并不能否认宪兵本身存在的必要。没有重视情报传统的日本海军也就不会做防止情报泄露的努力，或者说海军根本就没有想过情报可能会泄露出去，从而没有自己的反谍报组织。

反正，联合舰队又没有长官了。

06 丰田副武被当上了司令长官

流年不利的联合舰队连司令长官都不知所踪，还好参谋长的行踪倒是知道，可惜是被俘了，正在谈判赎人。联合舰队不能没有长官，两天后的4月2日，在荷属东印度泗水的西南方面舰队司令长官高须四郎中将根据《军令承行令》挂起了司令旗自立为“王”，成为联合舰队临时司令长官。

实际上高须自立为王也不是不行，事到如今，大将也好，麻酱也好，谁来当联合舰队司令长官都一样。主要是高须四郎所在的那个位置实在太偏，把高须弄成司令还得再送个人过去补缺。又不能把西南方面舰队往北移动，不然澳大利亚人会立即在爪哇或者苏门答腊登陆。实在太麻烦，只好另找司令。米内光政就推荐了横须贺镇守府长官丰田副武，其实人事问题和大学一年级的新生选班干部差不多，只要谁先提一个名字，这人就是了，于是丰田副武就当上了开战以后的第三任联合舰队司令长官。

丰田副武这人很难做出定论，麦克阿瑟来了以后把他当甲级战犯抓了起来。按甲级战犯抓丰田副武肯定是冤假错案，因为这人当初坚决地反对和美国开战，但他反对开战的理由却很搞笑：“开战是那帮陆军动物的主意，咱们海军去跟着掺和什么？”

丰田管陆军叫“动物”，意思是陆军不能进行正常的思维活动。海军都讨厌陆军，但丰田副武的讨厌陆军算是登峰造极，到了变态的地步。他当佐官的时候曾经编过一本词典，里面收录了所有咒骂陆军的海军用语，刻了蜡纸油印出来见人就发，生怕别人骂起陆军来找不到词。本来东条英机内阁成立的时候想找他做海军大臣的，结果这位一听首相是陆军，还是陆军里面他最讨厌的东条，就一句话：“不干。”那边东条见他也怕，东条为人阴险，气量狭小，被人骂了当面不会回嘴，暗地里收拾你没商量。但这位是海军大将，和东条不是一个系统，耍阴谋收拾不了人家。丰田真要成了海军大臣，东条岂不是成天被人家捧着词典骂还没有报仇的日子，这样海军大臣才成了岛田繁太郎。

丰田这次晋升为联合舰队司令长官，并没有什么很开心的反应。本来山本五十六被击落的时候，就应该是先任海兵33期的丰田副武接班，但到了最后，却是后任海兵34期的古贺峰一莫名其妙地当了联合舰队司令，先任的丰田副武被海军大佬伏见宫元帅给一票否决了：“丰田副武太饶舌，有破坏性作用。”到现在丰田副武想起来还有气，很直截了当地对来传旨的岛田繁太郎海军大臣兼军令部长说：“从开战以来本人就没有上过战场，和这场战争没有关系，不适合当联合舰队司令长官。况且现在战争进行得莫名其妙，一直在后退，战势非常悲观，现在接受这个重任，没有打开难局的胜算，这活还是算了吧。”

锣鼓听声，听话听音，丰田对岛田说的这番话翻译一下是这个意思：是你打起来的仗诶，这个司令长官你不当谁当？

岛田装糊涂：“知道丰田桑的意思。现在能够肯定地扭转战局的人一个都没有，但是联合舰队司令长官总要有人当，所以现在不是在和丰田桑商谈这个问题，而仅仅是发个通告，事情已经得到了伏见宫元帅的承认，已经决定了。”

当也得当，不当也得当，少废话，少废话一句不就早当上了嘛。

丰田还在最后挣扎：“怎么这么大个海军就找不出来人当司令长官？”

这句话的意思是：为什么不让南云忠一上？按照丰田的想法，南云肯定会积极地还中途岛欠的债，认认真真地干，而其他人，包括他自己在内，到了这步田地，当了司令长官也就是混吃等死。

但是不行，这时候又扯出来南云是后任，海兵36期的，资格不够。

反正事情就是这样荒唐无稽，丰田连赖都赖不掉这把联合舰队司令长官的交椅。因为幕后有这样的花样，到后来丰田交出这个位置时，平调换个军令总长来当，连昭和天皇都觉得纳闷：“这人当司令长官都没当好，怎么又来当总长了？”昭和天皇不知道海军本身就欠了人家的，没资格去评论人家的长官当得是不是好，于是丰田就开始破罐子破摔了。

1944年5月3日，丰田副武新长官在一艘不到一万吨的轻型巡洋舰“大淀”号上升起了联合舰队司令长官旗，“大淀”号成了联合舰队的旗舰。

这件事其实非同小可。从1894年有了联合舰队以后，“松岛”号、

“三笠”号、“敷岛”号、“朝日”号、“金刚”号、“山城”号、“长门”号、“陆奥”号、“大和”号、“武藏”号等先后成为联合舰队的旗舰，联合舰队的旗舰就是联合舰队最大的军舰，这是联合舰队的精神，也是联合舰队的支柱，是大日本帝国海军的精神，更是大日本帝国海军的支柱。

可是这种精神已经不可靠，这根支柱也摇摇欲坠，联合舰队和大日本帝国海军也终于知道了这个事实，应该说终于承认了这个事实。就在一年以前所罗门战况正紧的时候，海军兵学校校长井上成美提出“战列舰不修，重巡不补，集中人力财力修补航空母舰、轻巡和驱逐舰”的建议时还被人嗤之以鼻，现在在海军已经濒危的时候，总算通过选定旗舰的方式承认了日本海军的错误。

丰田新长官找的参谋长是现在正在拉包尔帮堂哥草鹿任一中将当东南方面舰队参谋长的草鹿龙之介少将。理由很简单：丰田不懂航空，现在大舰巨炮已经过时了，一定要懂航空的人来参谋才行，而草鹿龙之介原来是南云忠一的一航舰参谋长，虽然一航舰的作战经常被人批评，但草鹿起码不只见过猪走路。

拉包尔被孤立起来了，美国军队也懒得收拾，除了每天准时早中晚轰炸三次让日本人对手表之外，只要不是大规模行动，人员进出什么的不来过问。草鹿龙之介就从拉包尔出来了，经过塞班岛换机时顺便去看望了昔日的长官南云忠一。

南云忠一中将现在是中部太平洋舰队司令长官，上任还没有两个月。中部太平洋舰队听起来规模很大，其实就只有第四舰队和第十四航空舰队，第四舰队在前些日子美国人轰炸特鲁克的时候已经被打成残废了，现在就只有第十四航舰的陆基飞机，后来到马里亚纳海战的时候，连十四航舰的飞机都被人挪用了，不过手下还有好些原来的航海、航空人员，现在全部手持三八枪成了“特别陆战队”了。

南云有这样那样的不少问题，但为人还是挺不错的，所以海军内部为南云的遭遇抱委屈的不在少数，但南云本人倒看得挺透。当初去上任时，大家开了个闷闷不乐的酒会为南云送行，南云看到大家都是一副月经不调的面孔，反而乐了，大喊一声："南云这一去，要么荣封子爵凯旋，要么被白盒子装着回来，军人不就是国家有事之际去赴死的吗？大家哭丧着脸干吗？喝酒喝酒，今天妈妈桑预备的花姑娘大大的好。"

所以草鹿龙之介问起南云对时局的看法时，南云的回答是这样的："美军大概不会向马里亚纳方面来吧，应该向菲律宾方面去了。"

这句话一般被作为南云昏庸的证据，居然看不出美军要进攻马里亚纳群岛。其实并非如此，美军的"两条腿走路"进攻路线其实非常清楚，问题是日本人就算知道又能够怎么办呢？联合舰队的主力航空母舰现在在林加锚地修整，马里亚纳群岛一旦有事将无法增援。无法增援的理由说出来很寒酸：先不考虑美军的飞机、潜水艇是不是让联合舰队过来，从林加锚地到马里亚纳群岛需要8万吨油料的支援，而联合舰队现在的全部油料船装载能力就只有5万吨——第三舰队的航母从林加锚地无法到达马里亚纳群岛，或者说出来了就回不去，是送死。现在该知道古贺前长官犯了多大的罪过了吧。

所以南云忠一说了这句话，那意思就是别管马里亚纳了，反正管不过来，由着俺们自生自灭吧，你们有点力量只要看好菲律宾方向就行了。

南云只是在这样想，有人比他走得更远，公开说了出来，就是那个嘴上从来没把门的陆军省军务局长佐藤贤了少将。佐藤提出中部太平洋不要算了，现在把人从马里亚纳撤往菲律宾还来得及，甭管麦克阿瑟蛤蟆怎么会跳，他不能跳过菲律宾这个感情软肋。整理好菲律宾的防守，就在菲律宾和麦克阿瑟拼命，谁胜谁负现在还没有个准呢！

撇开原子弹这一当时日本人根本不知道的要素，在不肯无条件投降，要和美国人死磕到底的前提下，这还真是最有效的方法，事实上也是到最后虽然十分困难，山下奉文却还在打的原因。

一般来说，佐藤贤了的嘴是东条控制的，但这次不是。这次被东条狠狠地骂了一顿："混蛋，放弃帝国领土，你还是不是帝国军人？"

是啊，帝国军人就不能放弃帝国领土，就只能眼看着美军跳来跳去，一个一个岛地让皇军一点一点“玉碎”。海军也只能这么考虑，当然军令部和联合舰队也全是这么考虑。

反对开战的丰田副武好记仇，找的先任参谋是海大28期军刀组的高田利种大佐，这位和石川信吾一起积极主张打老美的激进派终于被丰田给钉在案板上了：“当初你们整了一大堆数据说美国人不经你们打的，现在你帮我做计划，本官倒要看看你到底怎么打！”

高田利种也无所谓。怎么打？接着打就行了，打不打是态度问题，打得怎么样是水平问题，只要不犯政治错误，这几年打了这么多的败仗，再加两个败仗，料想也不会有什么大问题。至于到底如何打，沿用前长官的“Z作战”就是了。

“Z作战”就是那份已经落到了美国人手里、由古贺峰一制订的作战方案，是一个针对美国舰队经过马里亚纳过帕劳，或者从新几内亚出发向菲律宾进攻并争取在菲律宾沿海展开日美舰队决战的方案。现在联合舰队在原来的基础上再加上了一定要吸引美军舰队到这一方向的内容，改名叫“あ号作战”。这个“あ”代表“アメリカ”（亚米利加）的意思，因此也可以叫“亚号作战”，内容是建立三个陆基攻击群，第一群配备在贝里琉岛，100架；第二群在马里亚纳的塞班岛和提尼安岛，200架；第三群在雅蒲岛，50架。再加上航母舰队的机动性，如果美国人从帕劳方向过来的话，就争取在这一带海域和美国人决战，是死是活赌这一把，也许能有个结果。

但问题是这个计划可能泄密了啊！

没关系，那只是要么不明真相要么别有用心的谣言罢了，海军省、军令部已经做出了正确的结论，美军怎么会得到大日本帝国的军事机密呢？

1944年5月27日，日本海军节，当年东乡平八郎在这天消灭了俄国波罗的海舰队。这天美军以开始在比亚克岛的登陆作战来帮大日本帝国过过节。在此之前，美军已经清扫了新几内亚岛西部荷兰迪亚的日军航空兵力，占领了附近的岛屿。只要占领了这个长72公里、宽27公里，还有大量能方便地修造机场的平地的海岛，整个菲律宾群岛的东面就暴露在美国陆基航空兵的面前了。

一来是岛的战略位置实在太重要，二来美军的行动也合上了大本营的如意算盘，说实话，开战以后计划和现实的发展如此贴近的局势还从来没有过，联合舰队立即开始了“亚号作战”的第一步，叫“浑作战”。

这个“浑”字是“雄浑”的“浑”，后来不知道怎么的，像过去所有的作战一样，成了“浑浑噩噩”的“浑”了，或者是“混账”的“混”。

按照“浑作战”计划，首先应该增援比亚克岛，于是6月2日海军护送有3个大队加上炮兵、坦克兵和工兵等5500人组成的陆军海上第二旅团从帕劳出发去增援比亚克岛了。

就在这时，陆军侦察机报告，说在新几内亚西北海面发现美军大型航母编队。只能先暂时中止“浑作战”，增援的陆军便下了军舰，气得负责这一带防守作战的第二方面军司令官阿南惟几大将跳着脚大骂海军不够义气，见死不救。

谁知道这时候传来的消息更让阿南大将抓狂：陆军传来了“对不起，看错了，那不是航母，是美国人的油轮”的消息，可是增援部队已经下船了，驱逐舰队的油料也用完了，只好加满油再让陆军上船，结果却让美、澳海军给打了回来。

大本营一看，这么说就是美国海军的主力真到新几内亚一带来了，美国佬上钩了，“亚号作战”有戏，于是联合舰队就继续“浑”下去，这次更加“浑”了，加上了“大和”号和“武藏”号，由第一战队司令官、原来的联合舰队参谋长宇垣缠中将亲自指挥，这支非常“浑”的部队准备在6月12日从索隆出发增援比亚克岛。

谁承想这时候美国佬突然改变主意，不让日本人继续“浑”下去了。

07 帝国海军航空兵在马里亚纳进化成了火鸡

正当日本人使出浑身力气争取大“浑”特“浑”的时候，美国人突然开始攻击马里亚纳群岛。从6月11日开始，大群美国舰载机对马里亚纳群岛的塞班岛、提尼安岛、关岛和罗塔岛进行轰炸，这天塞班岛摊到了美国飞机190架，提尼安岛摊到了140架，关岛摊到了139架，连宽不到17公里、长不到5公里的罗塔岛也摊到了13架。

联合舰队不知道美国人又要干啥，美国人经常吃饱了撑的搞这种半训练半解闷的轰炸，估计轰炸也就是两天，得到了满足自然会走，因而也没怎么在意。

第二天，轰炸塞班岛的飞机是480架，关岛则达到了700架，大本营还是没有作出回应，反而还有点激动起来了——这次的判断总算对了。人或多或少都有把愿望当作现实的倾向，而日本海军就更加严重些，这次的“亚号作战”算是登峰造极了。

日本人最害怕的就是美军进攻马里亚纳群岛，因此才计划了“亚号作战”。而“亚号作战”的基础，只是美军从帕劳方向向菲律宾发动进攻的这种希望而已，这样起码日本人还可以抵抗一下。但美国人没有义务根据日本人的希望行动，更不要说是在通读了“Z作战”计划以后了。然而大本营却不这样想，大本营当初的判断是：“现在可以肯定美国的进攻方向在帕劳，不然不会在马里亚纳搞出这么大的动静，这就是要牵制我们的注意力嘛。”

但是这次不像牵制行动，而是真要来登陆了，因为13日开始就是7艘战列舰、2艘巡洋舰和22艘驱逐舰对塞班岛和提尼安岛的舰炮射击了。不好，美军这是要从那个最倒霉的方向来了，再也“浑”不下去了，得赶紧想法子应付。

这么一来就不增援比亚克岛了，岛上以第二二二联队为中心的15000多名皇军只能自救了。别说那帮皇军还真能干，后来让麦克阿瑟在那个岛上忙活了快三个月，一直到8月20日才打下来，当然皇军最后活下来的只有520人。

1943年11月，罗斯福、丘吉尔和蒋介石在开罗会谈时，预定进攻马里亚纳群岛的时间是1944年10月，而现在刚过半年，居然提前了四个月进行这次行动。

这次斯普鲁恩斯是扛把子，美国第五舰队的特纳和米切尔带领的五十一和五十八两个特混舰队，共有15艘航母、7艘战列舰、3艘重巡、4艘轻巡、58艘驱逐舰，舰载机达到900架，全部船舶800余艘，和在霍兰德·史密斯指挥下的陆战二、三、四师，陆军二十七和七十七师加起来将近13万人的作战兵力，于5月25日左右分别从珍珠港和瓜岛出发。其中攻击塞班岛的北方部队在埃尼威托克环礁中间集结，攻击关岛的南方部队在夸贾林环礁做中间集结。

在欧洲，艾森豪威尔同时发动了诺曼底登陆。

美国已经是能同时向英国、苏联、中国提供进行战争的大部分物资，并且自身还具有同时在欧洲和亚洲进行大规模作战的军事力量的超级强国了。

据说是日本海军中唯一一名不靠参谋，自己就能拟订作战方案的第一机动舰队司令长官小泽治三郎中将，一直就在准备着对策。小泽不太相信美军会在帕劳动手，但又不敢赌马里亚纳群岛，就采取了个折中方案：在美军还没有开始在比亚克岛登陆的5月19日，就把舰队从林加锚地拉到了菲律宾棉兰老岛和马来的加里曼丹岛中间的塔维塔维岛，这样两个方向有事都可以照顾到。

小泽治三郎占了个准备出击的位置。真的要准备出击吗？或者是能够出击吗？

能，起码小泽治三郎还没有完全绝望。

小泽的第一机动舰队包括拥有“大和”号、“武藏”号、“长门”号、“金刚”号、“榛名”号等完好的战列舰的栗田健男第二舰队和自己率领的航空母舰第三舰队。

开战以后虽然沉掉了不少航母，也造不出什么航母来，但是第三舰队还有“大凤”号、“翔鹤”号、“瑞鹤”号、“隼鹰”号、“飞鹰”号、“龙凤”号、“千岁”号、“千代田”号和“瑞凤”号等9艘航空母舰，特别是3月份刚刚服役的正规航母“大凤”号，排水量34200吨，速度33节，对空雷达炮火俱全，舰载机全是取代旧式97式舰攻和99式舰爆的新式“天山”舰攻和“彗星”舰爆。

小泽治三郎手里还有舰载机450架左右，虽然这个数字不到美国人的一半，但再加上为“亚号作战”准备的450架陆基飞机，也接近美国人的飞机数量。

但是燃料补给有问题，联合舰队没有油，到不了马里亚纳群岛。

那就不去，在海上用飞机攻击美国航母。

小泽长官思路开阔，把大舰巨炮的哲学用到了航空战上，就是所谓“距离外攻击”。都说日本飞机装甲不行，被美国人一打就往下掉，日本人节省装甲的目的当然不是让自己的飞行员去送死，而是让飞机能够飞得更远些，事实上日本的舰载和陆基飞机航程都长于美国飞机。美国舰载机由于重视机身和油箱的装甲防护而使得重量增加，一般攻击半径在250海里以内，而日本飞机的攻击半径能够达到350海里。如果能够在美国飞机无法攻击的日本航母上起飞攻击，是不是有成功的可能？这就是小泽的“距离外攻击”思路。

小泽甚至把攻击完全扩大到350海里之外，就是舰载机去增援马里亚纳群岛，攻击任务完成以后不需要回母舰，直接就在马里亚纳群岛上日本控制下的机场降落，而从马里亚纳机场上起飞的飞机在完成攻击任务后也可以直接前进到母舰上降落，这样交叉降落，等于把进攻的距离放大了一倍。

应该说小泽治三郎还是善于学习的，这种交叉跨越的进攻方法是从1942年杜立德用陆军轰炸机轰炸东京以后不回母舰而直接飞往中国大陆降落的事例脱胎而来的。

这样联合舰队就可以支援马里亚纳群岛了，而且负责防守塞班岛的南云忠一中将还很罕见地指挥了陆军第三十一军。小畑英良中将的三十一军原来所属的全是一些零散的旅团和联队，但在5月25日，也就是美军开始登陆的20天以前，增援的第四十三师团居然奇迹般地登上了塞班岛，虽然由于第四十三师团本身就是临时编成的国内本土防卫师团，加上运输的困难，从整体上来说还是缺少重武器，但塞班岛守军在每公里正面防线上已经配备了5门大炮，这可是皇军从来没有过的壮举。

所以在昭和天皇问起塞班岛防卫的时候，首相、陆相、军需相兼参谋总长的东条英机陆军大将拍着胸脯对天皇说："塞班岛防卫固若金汤，没有任何问题。"

但是每公里正面有5门大炮的日军在美军猛烈的炮火打击之下被逐渐压缩到了角落里。7月6日，中部太平洋舰队司令长官南云忠一海军中将、第四十三师团师团长斋藤齐次中将和第三十一军参谋长井桁敬治少将在"地狱谷"的一个洞穴中自杀。潜水艇部队第六舰队司令长官高木武雄中将在向美军发动的"玉碎冲锋"中毙命。8月11日，第三十一军司令官小畑英良中将在关岛战死。第一航空舰队司令长官角田觉治中将和参谋长三和义勇大佐也于8月2日在提尼安岛自杀。

应该说像福留繁参谋长那样怕死的人在日本海军中还是凤毛麟角。和贪生怕死的将军一大串的陆军不同，日本海军高级军官还真不怵自杀，以至于战败以后小泽治三郎要专门下令不准自杀。而陆军元帅杉山元则是在他太太的再三催促之下才自杀，东条英机大将的自杀更是成了笑话。

角田觉治是日本海军中有名的"猛将"。和南云忠一一样，角田也是日本海军人事的悲剧。角田觉治这号船油子出身的水手愣被弄去当了一航舰司令，手下连一条船都没有。一直有一种说法，就是马里亚纳海战的小泽治三郎和角田觉治两个人的位置安排反了。

1943年7月，这位首次在陆地上升起将旗的海军中将手下还有1750架飞机，听着是一个很大的数字。但这些飞机分散于几百万平方公里的中部和南部太平洋的无数孤岛上，无法形成集中力量作战。在所罗门战役开始以后，被美军像吃零食一样地零敲碎打，到了1944年初已经所剩无几了。古贺让角田回国重新招兵买马，在准备开始“Z作战”的时候，角田手里又有了530架飞机。1944年2月21日，角田带着人马又前往提尼安岛，准备配合古贺长官玩美国人。

但实际上是美军在玩角田，而且很容易玩。角田是真正的海军兵学校培养出来的日本海军军人，讲究英国式的“见敌必战”，并不管条件如何。比如到达提尼安的第二天（2月22日），角田听说美国航母舰队在附近，便不管提尼安的机场是否完全修好，也不顾参谋长三和义勇的反对，命令飞机立即起飞去找美军玩儿命，而且是在夜间起飞，结果起飞的25架飞机一架都没回来，反倒第二天把美国人给引来了，那是刚刚炸完特鲁克的美国舰队，回家以前还把剩余的炸弹全扔在了塞班、提尼安和关岛。

要想角田留点实力来一起和美军玩花活已经不可能了，偏偏还有人在动角田这么点飞机的脑筋。不是有位高须四郎中将代理过几天联合舰队司令长官吗？那时新几内亚的荷兰迪亚正吃紧，临时长官让角田觉治把飞机弄到自己兼任司令的第十三航舰去了。

这样到丰田长官策划“亚号作战”的时候，一航舰几乎没有飞机了，丰田上任时反把南云忠一那儿的第十四航舰的飞机收回来交给角田觉治。可给了角田飞机也没用，本来美国人就成天在拿日本的残余陆基航空兵当零食吃，更不要说他们还知道日本人搞了一个什么“Z作战”的计划，想用岸基、舰载航空兵力一起打美国航母舰队。在一时无法捕捉日本联合舰队主力的情况下，美国人的当然选择是先把日本人的陆基航空兵消灭干净，省得到时候添乱。

“浑作战”从6月2日开始，到13日终止，只有11天，不明真相的角田在这11天内疲于奔命，从比亚克到帕劳，中途还转进到了荷属东印度的哈马黑拉岛，最后才回到马里亚纳群岛。这些全都毫无意义，因为飞行员的技术实在太差，移动过程中还掉了不少飞机，回到马里亚纳群岛以后又被美国人在空中和机场上全部收拾了。到6月13日“浑作战”结束时，角田手里就只剩下两架侦察机和两架“中攻”了。这2架侦察机还是起飞，然后没有回来，“中攻”被美国人击毁在地面。一架飞机都没有的角田除了自杀还能干吗？

陆基航空兵没了，“亚号作战”从一开始就成了瘸子，但是小泽治三郎还要继续干，光靠舰载航空兵进行距离外攻击也要干，因为这是和美国人继续干下去的唯一方法了。

小泽并没有指望用舰载机击沉美国航母，只希望能使美国航母哪怕是暂时失去飞机的起降功能就行了，这时候行驶在航母部队前方的由“大和”号、“武藏”号这些超级战列舰组成的前卫部队加快步伐冲上前去，用46厘米的巨炮把美军全部轰到太平洋底去。

真的能那么简单就收拾美国人的话，也不用等到现在了。小泽治三郎当然知道这个事实，所以对各级指挥官训示：

1．不顾一切损失。

2．从大局出发，牺牲局部。

3．在联络不上的情况下，各级指挥官可以独断专行。

总之，这次一定集中全力，消灭美国佬，起码要扭转战争的劣势。

6月15日傍晚，来自塔维塔维岛的第三舰队和浑部队会合，到了6月17日下午，全部舰艇燃料补给结束，这就准备出发了。6月18日下午，第一机动舰队的侦察机就已经在塞班岛以西300海里处找到了3群美国航空母舰，当时美国航母的位置距离第一机动舰队是380海里（大约700公里），正好符合小泽长官“距离外攻击”的想法，三航舰司令官大林末雄少将认为当然要进行攻击，立即从“千代田”号上起飞了攻击队，接着“瑞凤”号、“千岁”号上的飞机也准备起飞。

但小泽长官认为此时起飞再经过三小时飞行，到达美军上空时已经快天黑了，现在的第一机动舰队飞行员都没有夜战经验，无法达成有效攻击，而且在归途的洋面夜航更加危险，有可能无法返回母舰，因此取消了大林少将的命令，已经起飞了的“千代田”航空队的飞机也回落母舰，舰队继续朝东北方向前进，按原计划在第二天拂晓发动攻击。

小泽治三郎错了。

美军第五十八特混舰队的米切尔中将那天傍晚回收了所有护航战斗机，美国舰队的头顶空无一机。小泽要攻击的话，这是马里亚纳海战中唯一可能的机会，因为正在西进的米切尔没有找到日本舰队，他要转头东行。一直到天黑以后，米切尔才收到珍珠港方位测定所发来的敌情通报，通知他日本舰队位于他西南偏西355海里（大约660公里）的地方。不愿意打夜战的米切尔向斯普鲁恩斯提议回头再向西，第二天早上5时开始攻击日本舰队。而生性慎重的斯普鲁恩斯一来不相信珍珠港的测定结果，二来对他来说保护塞班岛的登陆部队才是最重要的任务，还是不为所动，继续东进。

6月19日凌晨3时，“大凤”号桅杆上Z字旗迎风飘扬。这是日本海军第四次在旗舰上升起这面旗帜，除了东乡平八郎元帅在日本海大海战中升起了这面Z字旗以外，南云忠一在奇袭珍珠港和中途岛的时候也升起过。不管是不是海军，只要是日本人就不可能不认识这面信号旗，也不可能背不出这面旗的旗语：“皇国兴废在此一战，全体奋发努力。”

飞机起飞了，从9艘航空母舰上分两批起飞了324架飞机。而对手的飞机现在无法起飞攻击自己，对手甚至还不知道自己所在的位置，因为小泽治三郎的头顶上还没有美军侦察机的踪影。那时候没有GPS，没有发现对方侦察机就说明自己还没有暴露。小泽觉得一切都很顺利，现在要做的是等待着胜利的捷报。

当然有点小问题。第一批从“大凤”号航空母舰起飞的最后一架“彗星”舰爆机在8时10分离舰后一个俯冲向海面栽了下去，飞行员小松咲雄曹长等两名机组人员全部死亡。“大凤”号上目睹惨状的人们都以为这是一起事故，飞行员并不是菜鸟，这件事让他们觉得有点不可思议：“猴子也会从树上掉下来。”这是一句日本谚语，表示再老练的高手也有失手的时候。但是大家马上就知道了这次不是失手，因为在“彗星”舰爆机坠落的方向立即传来一声巨响：一枚鱼雷击中了“大凤”号。

这枚鱼雷是一直守在边上的美国潜艇“大青花鱼”号发射出来的，小松曹长其实是发现了鱼雷的航迹，在已经来不及通知母舰的情况下，曹长驾机向海面扎了下去想挡住鱼雷，但是失败了。

“大凤”号是日本海军最新的航空母舰，在设计制造过程中吸取了从中途岛作战以来的无数经验教训，尤其是注重了抗弹力，飞行甲板全部采用了75毫米厚的高强度钢板，即使是500公斤的航空炸弹直接在上面爆炸也不会造成损害，因此“大凤”号航母被日本海军称为“不沉的航母”，所以一枚鱼雷对“大凤”号不会有什么威胁，弹孔被迅速地堵上了，轮机没有任何问题，船速还是保持在32节的最高速度上，飞机还是照样起落。这枚鱼雷仅仅是造成了燃料箱轻微龟裂，汽化了的汽油通过裂缝向外渗漏，现在轮机部门在想法子堵，舰长菊池朝三大佐也下达了“小心操作，杜绝一切火源”的指示。

从第一机动舰队“大凤”号、“翔鹤”号和“瑞鹤”号起飞的机群在飞越航母前卫部队上空时，突然受到巡洋舰上的防空炮火攻击，接下来驱逐舰的高射炮弹也在机群中炸裂开来。这是巡洋舰的防空部门神经过于紧张认错人了所致，并不是说他们是美军的地下党。所以当带队的长机摇晃机翼以后，炮击立即停止了，但已经有两架被击落，还有几架被击伤，只能回母舰。

不管怎么说，这些都是小事，最重要的是在美军还在打盹的时候，这边已经出发偷袭了，第一机动舰队旗舰“大凤”号的司令官室和联合舰队作战室是一片欢乐景象。

一直处于劣势的一方通过一个胜仗咸鱼翻身，最后获得战争胜利的例子不胜枚举。今天大日本帝国很可能就“武运长久”了，不，不是可能，是肯定。“大日本帝国万岁”，两边就只差这句欢呼了。还是再等一下，等捷报来了以后再尽情欢呼吧。

可是捷报怎么不来呢？

捷报来不了了。无论是第一机动舰队还是联合舰队都不知道出击的飞行员的消息，也不知道战果究竟如何。到了下午，陆陆续续才有一些步履踉跄、浑身弹痕的飞机回来，小泽还没有在意，以为大家都去了关岛。

回来的飞机连自己的母舰都认不出来了，一航战的“翔鹤”，这艘从珍珠港、印度洋、珊瑚海，一直到南太平洋海战一路走过来的航母已经不知去向。原来，“翔鹤”号在11时30分被美国潜艇“棘鳍”号发射的3发鱼雷击中，严重受创，漂流了3小时之后无法扑灭大火，反而被大火引爆了弹药库，沉入海底。

这样正在进行紧张抢修的“大凤”号只好开放飞行甲板接收飞机降落。可是在第一架飞机刚刚降落后的14时32分，“大凤”号内部弥漫的汽化燃料突然发生大爆炸，接着引爆了弹药库和氧气瓶。16时28分，这艘开战以后日本生产的唯一一艘正规航空母舰，第一机动舰队的旗舰也沉入了海底。

出击的324架飞机只回来了131架，193架没有回来，特别是舰爆机和舰攻机几乎丧失殆尽。

据说太平洋战争中日本海军有两位很了不起的军人，一位是山本五十六，还有一位是小泽治三郎。其实这两位都被神化了，就说小泽治三郎，起码在这次马里亚纳海战中是既不知己也不知彼，最多只能算“勇将”，而且是蛮勇。

从美军无法发动攻击的700公里之外发动攻击，一切顺利的情况下都要飞行两个小时，这时候飞行员已经筋疲力尽，无法集中注意力一边规避敌方战斗机和防空炮火，一边掌握敌方军舰的规避动作来攻击敌舰。从瓜岛作战开始，拉包尔的飞行员大量减员就是因为这个原因，而这个事实居然没有被小泽长官列为考虑因素。

作为第一机动舰队的司令长官，作为海军内首屈一指的航空战专家，作为除了开战之初在马来作战外一直在航空界混的小泽治三郎中将，居然对自己的部下的作战技能无知到如此地步，居然对飞行员的生理极限一无所知，这是骇人听闻的。当然，以丰田副武为首的联合舰队司令部也逃脱不了责任。特别是轰炸机飞行员出身、现在担任联合舰队航空参谋的渊田美津雄中佐也和源田实一样，没有对这个纯粹纸上谈兵的作战计划提出异议。

当然，如果日本飞行员人人都是坂井三郎那样的王牌飞行员，进行这种“距离外攻击”还是有可能的，可是小泽长官不应该不知道他手下的飞行员的现状。

中途岛一战消耗了一批飞行员，还都是王牌飞行员，以后在瓜岛作战和接下来的所罗门作战中，加上山本长官还插过一个“伊号作战”的横杠，不要说王牌飞行员了，日本海军航空兵飞行技术稍高一点的飞行员几乎全部战死。小泽回到特鲁克开始训练新飞行员，可是刚刚会飞又被古贺长官拉到拉包尔被美军消灭了一半，只好接下来再继续训练，其结果就是大家所看到的。

当然能够找到的辩护词是：知道了又能怎么样？除了这种“距离外攻击”外，确实没有任何方法可以对美军舰队发动有一线希望的攻击。

但这种理由无法解释在飞行队起飞之后，洋溢在“大凤”号司令室和联合舰队作战室的那种欢乐气氛，就是说要么大家都不明真相，要么有人在说谎，或者是自欺欺人。

可能更有力的解释是全海军在集体自欺欺人。拟订作战计划的人已经不把飞行员当人看了。这些人有的从农村出来，进海军之前可能连汽车都不知道是个什么模样，仅仅受了几个月急训就唱着军歌作为飞行员被他们的长官送上了战场，其实更准确的说法应该是刑场。

日本穷，海军的水兵也好，飞行员也好，都是“一值制”，就是说只有一班人马，累死也得干下去。曾经也是由精英飞行员组成的关东军飞行集团就是因为这个“一值制”而在诺门罕被苏联人全歼，但日本人似乎没有吸取这个教训，原因是无法吸取教训。

反过来，美国海军的富有不仅仅体现在物质能力上，美国的水兵和飞行员都是“三值制”的，有三班人马在轮换，一班作战，一班训练，一班休整。不但水兵和飞行员是这样，连最高级指挥官都能做到“两值制”。哈尔西和斯普鲁恩斯两套参谋班子，对外胡诌出来两支舰队，其实哈尔西的第三舰队和斯普鲁恩斯的第五舰队就是一支舰队。刚开始的时候，日本人被从俘虏嘴里得到的情报弄得糊里糊涂，不知所措，到了很晚才弄清楚这实际上是一支舰队，就是换了司令官。

仅仅一年半之前，日本海军航空兵以先进的战术思想、优秀的飞机和高超的飞行技术震惊了全世界，曾经是名副其实的世界上最强的海军航空兵。但是和曾经号称是世界上最强的日本陆军航空兵一样，日本海军航空兵也成了“历史上存在过的”东西，这就是马里亚纳海战的结果。

和胡打乱冲的哈尔西不同，斯普鲁恩斯是十分谨慎的，应该说在马里亚纳海战中斯普鲁恩斯的表现十分保守，以至于马里亚纳海战以后，珍珠港的美国海军航空兵司令部有人辛辣地说：“不是航空专家的人指挥航母舰队的结果就是这样。”这是指斯普鲁恩斯一直在防守而没有主动发动进攻。

斯普鲁恩斯在马里亚纳海战时一直是把掩护塞班岛的登陆行动作为首要任务，对于寻找日本舰队确实不是很积极。当然他的运气也不太好，第一天6月19日一直没有找到日本舰队的位置，第二天到下午14时40分才找到日本舰队。在和米切尔一起经过一番商量以后，总算在15时30分才起飞了85架战斗机、77架俯冲轰炸机和54架鱼雷机，总共216架飞机前往攻击。而前一天已经损失了2/3舰载机的小泽治三郎在16时15分知道了美国舰队的位置以后，还是在17时25分毫不犹豫地从“瑞鹤”号航空母舰上出动了仅剩的7架“天山”舰攻机。结果在预定地点没有发现美国舰队只好返航，回家的路上有3架不知去向，剩下的4架也无法着舰，只好在水面迫降，7架新型鱼雷攻击机全完了。

黑压压一片的美国飞机到小泽治三郎头顶的时间已经是17时30分了，小泽把手里的44架零战全部放了出去拼命。美军很刁，找日本舰队最弱处下口。美国人首先打击的对象是速度又慢，防空炮火又不足，日本人还最缺少的油轮。一个回合下来，油轮“玄洋丸”和“清洋丸”起火爆炸，最后被友舰击沉，其余航母“瑞鹤”号、“隼鹰”号、“千代田”号和战列舰“榛名”号，重巡“摩耶”号各中一弹，但是还不影响航行。这个时候“飞鹰”号突然中了一颗鱼雷，大火无法扑灭，接着又引发了弹药爆炸，到19时32分沉没。这样，马里亚纳海战中，日本海军损失的航空母舰达到了3艘，总数的1/3没有了。

美军飞机在攻击中被零战和舰上防空炮火击落了20架左右，18时30分左右撤出战斗返航。没有受过夜战训练的美国飞行员们居然也摸着黑回去了，但是无法着舰。为了回收飞机，米切尔发出了“拉灯”的命令，冒着为日本潜艇指示目标的危险，所有的灯光和探照灯全部打开，为在空中悲鸣的孩子指示方向。

即便是这样，还是有80架左右飞机或者撞上了甲板，或者滑下了水，或者干脆在海面迫降。这样两天战斗下来，美军损失了891架飞机中的130架，14.6%的损失率，损失飞行员76人。

而第一机动舰队呢？439架飞机中的378架没了，损失率达到86%，445名飞行员战死。至此，可以大致认为，大日本帝国海军的航空兵力已经不存在了。

手中只剩下30架零战、15架舰爆机、16架舰攻机的小泽治三郎还要进攻，最后在联合舰队司令长官丰田的命令下才怒不可遏地含泪撤离了战场。

08 要想活，杀了东条再来说

开战两年多，航母舰队基本上残了，舰载航空兵基本上残了，陆基航空兵基本上残了，驱逐舰队基本上残了，潜水艇舰队基本上残了，联合舰队基本上残了，大日本帝国海军基本上残了，从根本上来说，大日本帝国基本上残了。这仗没法子打了。硬着打？美军的航母多，飞机多，大炮多。偷着打？美军还有那种叫雷达的卑劣武器。

要不然就投降吧？不行，帝国军人怎么能投降？

那想办法谈和，可是首相、陆相、军需相兼参谋总长是东条英机那个一根筋的宪兵，不但不肯谈和，还要继续打。1944年2月10日，当时还没有兼参谋总长的东条和参谋总长杉山元、海相岛田繁太郎、军令总长永野修身一起开会讨论下一年的军用物资怎么分的问题。

当然再怎么样的混蛋也不会主张造大炮了，大家都在扯飞机的淡。海军说太平洋战争海军是主要正面，要给海军大头，海军在1944年没有三万架飞机玩不转。可是扯了大半天后的结果是陆军两万六千架，海军两万四千架，海军比陆军还少。

其实海军分得不比陆军少。日本飞机有点古怪，海军飞机的个头比陆军大，四巨头坐地分赃分的是原材料，讲的是吨数，两家平分，这样海军能造的飞机架数就比陆军少了。

决定一下来，海军就翻了天。那个岛田是东条的马甲没错，就是东条的副官，不，是东条的裤腰带，跟佐藤贤了、富永恭次是一路货色，不趁早换下这号海奸，大日本帝国海军迟早会变成大日本帝国陆军的海军。

可是东条喜欢岛田，岛田不但海军大臣当得挺稳当，没过几天还把军令总长永野修身的顶戴花翎都弄到自己头上了。这一下海军那个恨啊，弄不掉岛田就干脆把东条拿下。

但东条这人最拿手的是特务政治，拿掉东条不容易，反过来说杀东条可能更加简单些。

那时的日本，杀首相杀大臣是一种很拉风的行为，所以不喜欢东条的人很自然想办法要搞暗杀。当时想杀东条英机的人不少，主要是三个集团：一个是重臣元老集团，再一个是陆军参谋本部内的一个集团，还有一个就是海军内部集团了。参谋本部企图用化学武器暗杀东条的事在拙作《有一类战犯叫参谋》里面已经提了，这里讲一下海军暗杀东条的努力。

海军上层对东条不满，想倒掉东条内阁但还没想走极端的路子。海军元老冈田启介大将想的办法是抓住东条英机紊乱统帅权，陆海相兼任参谋总长和军令总长这件事和东条周旋，逼着东条和岛田放弃兼任，再想法子把岛田弄到军令总长的位置上去，然后海军联合起来不向内阁派海军大臣，就像以前陆军弄垮米内光政内阁一样弄垮东条英机内阁。

可是计划起来简单，实现却不容易。

东条英机就把冈田启介叫到他那去了，说你怎么随随便便就让人家海相辞职。冈田说岛田再干下去于国不利，岛田也管不了海军。两人吵了半个小时，最后东条英机露骨地威胁说："如果您不能谨慎从事，很可能招来极麻烦的结果。"

战后的调查证明，东条的手下已经做好了逮捕冈田启介的准备。

冈田和东条的这次直接冲突不是什么秘密。当时有个由陆海军预备役大将组成的"陆海军大将会"，他们听说这件事后立即行动了起来，陆军大将们去找东条英机，海军大将们去找岛田繁太郎，看你东条英机有没有一下子逮捕十几个陆海军预备役大将的能耐。

正当大将们想办法利用官场规则弄掉东条的时候，有位少将不耐烦了：费那么多精力干吗？快刀斩乱麻，把东条"弄死"算了。

海军内部集团的中心人物是海军省教育局局长高木惣吉少将。太平洋战争开战的时候，高木惣吉是舞鹤镇守府参谋长，1942年5月晋升为少将，准备让他去支那方面舰队当参谋副长，后来由于身体原因，不能去战地，弄回军令部待了一阵后，于1944年3月去海军省当了教育局长。

教育局长是个要职，教育局里也是人才济济，第一课课长就是有名的神重德大佐。神大佐在一次敲掉4艘美军重型巡洋舰的第一次所罗门海战以后名声大震，谁都知道这位能砸明火。这次马里亚纳危机，整个海军省就只见神大佐上蹿下跳，说把"大和"号和"武藏"号两艘战列舰给我，我开到塞班岛抢滩搁浅去当炮台，拼一个够本拼两个赚一个，不像你们这些软蛋，就会坐在这里假哭。海军省没人理他，作战是军令部管，你在这里喊破天也没有用，要喊去军令部。

军令部作战部长中泽佑少将把他赶回来了，瞎扯什么，没有飞机护航，战列舰能开到塞班岛去吗？早几年咱们把"威尔士亲王"号敲到海底去的事忘记了？

神重德还是不服，找到冈田启介老前辈，要前辈出面让岛田繁太郎出兵。但冈田也是爱莫能助，弄得神大佐咬牙切齿，成天乱骂岛田。

这件事倒不该骂岛田。那时候的马里亚纳根本就守不住了，慢说没有飞机掩护的战列舰到不了马里亚纳，就是到了马里亚纳也没用，除非陆军再出两个师团，还得找得到运这两个师团的船只，有那个能力至于被美军欺负成这样吗？

谁都想不到，神重德的背后还有另外一个人，那就是他的顶头上司高木惣吉少将。高木在拼命支持神重德，尽可能地煽动其对岛田和东条的不满情绪。

高木上任不久就注意到了这个神重德有点问题。一天，他突然把神大佐叫来问话："你是不是最近在和一些可疑人物来往？"

神重德脸都吓白了："这，这，这，这事局，局，局长怎么知，知，知道了？"

高木笑了："墙壁有耳，障子有眼，打仗你可能行，搞恐怖活动你根本就不够格，那些职业右翼分子最好不要指望。"

和神重德接触的人是三上卓海军中尉。

三上卓是海兵54期的，因为是1932年5月15日谋杀犬养毅总理事件的首谋而被判处15年徒刑，不知道什么时候被提前释放了。现在和近卫文麿走得很近，是重臣们想用来谋刺东条英机的工具，不知什么时候又和神重德走到了一起。

高木对神重德说："不管做什么，一定要用海军内部的人，这样既不会走漏消息，也不会失败以后给别人造成麻烦。"

这就叫"心有灵犀"，两人根本就没有直接说是什么事。

经过一番研究以后，神大佐排除了使用炸弹和机枪的可能性，虽然炸弹和机枪容易搞到，同时使用炸弹和机枪的成功概率也高，但这样容易伤及无辜，所以决定不用。随后学习美国好莱坞电影里的暗杀手段，决定先使用几辆汽车在东条经过的交叉路口制造交通事故，再用手枪击毙东条。

在街上遇到东条的机会有的是。反正东条打不赢仗，无事可干的他就成天在外面转悠，翻翻垃圾箱里有没有偷偷摸摸吃剩的好东西啊，瞅瞅街上走的女人有没有烫头发啊，再看看工人上班时是不是神采奕奕地对皇军的胜利充满了信心啊，反正整天不着家，因为那个家里等着他的永远是坏消息，能不回去就不回去。但是高木们的机会只有一次，如果失败，东条肯定会警惕起来，再也找不到第二次机会了。

汽车弄到了，手枪也弄到了，就是人不好弄，一来是这事实在关系重大，二来是战局越来越坏，部队的调动实在频繁，今天还在的人，明天什么命令一到就去几千公里之外了，再有一个就是钱，海军的机密费全部由官房掌握，不能指望海军省官房给大家支出暗杀总理大臣的款项，筹集这些钱可真叫几个囊中羞涩的海军中枢的高级军官伤透了脑筋。

最后就是凶手的逃跑路径问题，最好解决的倒是这个问题。7月中旬，联合舰队也腻味了那个没有必胜的信念还唱高调却又束手无策的先任参谋高田利种大佐，海军省也厌烦了这位成天上蹿下跳的神重德大佐，最重要的是海军次官泽本赖雄大将觉得教育局氛围不对，本来应该忙忙碌碌的教育局成天鬼鬼祟祟，有不稳定动向，决定先下手为强，把那帮混小子拆散开来，于是把神重德调去联合舰队，当先任参谋去了。

这下好了，谋杀成功了以后，凶手直接飞到菲律宾达沃去就行了，于是台北、西贡全部联系上人，万事俱备，这就要动手了。

可是又没有杀东条的必要了。东条自己辞了职，内阁也就垮台了。

正好赶上马里亚纳群岛失守，军令部和参谋本部又想不出夺回马里亚纳群岛的法子，只好低头生闷气。这一下军令总长和参谋总长总得有个说法才行，而东条也不能一下子就把这么多大将让宪兵去照看。

以近卫文麿为首的重臣也在天皇身边煽风点火，东条也觉得该做点什么来打开国内的反东条局面，于是和岛田商量以后，就想进行一次内阁改造，换几个人上来让大家有点想头，增加点人气。

东条的想法是向反东条势力做出点让步，比如将自己兼任的军需大臣让出来给人家干，再增加两个总理级的国务大臣位置，让海军的米内光政和陆军的阿部信行这两位当过内阁总理的预备役大将来干。

改造内阁就要征求天皇的意见。7月13日，东条就和内大臣、后来也是甲级战犯的木户幸一商量，想得到木户的理解，去天皇那儿疏通一下。

谁知道木户的反应完全出乎东条英机的意料，木户当场提出了三点要求：

1．确立统帅权。

2．更换岛田繁太郎海相。

3．建立包含重臣在内的举国体制内阁。

并且重点提到第二点，说岛田就是个混蛋，海军从前线部队到内地机关都对这人不满，如果这人还留在内阁里，海军就不可能士气高涨，国民的期望就不可能实现。

木户的这三点是给东条出难题，不，应该说是在点东条的死穴。第一条确立统帅权就是在说东条兼任参谋总长是违反大日本帝国宪法，也就是违反明治宪法的行为，即使现在是战争时期，但没有实行戒严，宪法没有中止。第二条更换岛田更是人人都知道的把戏，就是在制造海相空白，只要岛田控制不住海军就会立即出现海相空缺的局面，东条就得下台。第三条是要把重臣会议从咨询机构变为执行机构。以往重臣顶多也就是对谁当总理提两条建议，在新内阁成立的时候当当花瓶，一旦内阁成立，重臣就只能一边站了。现在重臣若进入内阁当大臣，就能一直嘀咕下去了。

东条大惊失色："这是谁的主意？"

木户不紧不慢地回答说："陛下的旨意。"

东条这一下可慌了，回到家仔细检讨一下自己的能耐，发现不够本钱和天皇玩。自己能指挥宪兵，可估计宪兵不会听逮捕天皇的命令；自己会抓壮丁，可是人家天皇是神，不是人，既没有姓又没有户口，上哪儿去抓壮丁去。这下只能老老实实听天皇的话。

东条找到岛田劝他辞职。第二天7月14日，东条进宫向天皇保证自己辞去参谋总长，岛田也辞职，内阁也换马，接着就赶快出宫找马来换。

东条的意思是自己再接着兼任陆相，参谋总长让关东军总司令官梅津美治郎来干，再找吴镇守府司令长官野村直邦大将来干海军大臣，正好这两位都是官迷，都乐呵呵地答应了，以为这就算过了关了。

冈田启介、米内光政这些老海军才不会让东条过关呢！知道东条满脑子就想着海军中会不会有人出任海相，把宪兵派得满世界都是，去监视那些可能有异动的人物，所以根本就没有去动这个脑筋。野村直邦想过官瘾就让他去过，毕竟大臣不是什么时候都当得了的，重要的是理解。冈田和米内这回打了东条一个盲点。

重臣要入阁，但一个内阁不能弄得像菜市场似的人潮汹涌，有人进就要有人出。东条的如意算盘是让当时任国务大臣级军需次官的亲信岸信介让出这个位置。东条太相信岸信介了，做梦也没有想到岸信介那儿会出乱子，冈田就是看出了这点，让女婿去做岸信介的工作——好好的大臣干吗辞了，不能给东条当手纸。

岸信介被说服了，就是不辞职，你有能耐就撤掉本官。东条傻了。

还有更让东条傻的呢。东条让陆海军的军务局长佐藤贤了和冈敬纯来请米内光政入阁，谁知道米内光政的回答是："入阁可以，但是本官要做就做海军大臣。"这不捣乱吗？早说啊，这边刚刚任命了野村直邦大将当海相，一转身就端掉人家乌纱帽？

其实啊，这些重臣比东条想象的还要坏得多。17日晚上，这些重臣在前总理大臣、前枢密院议长平沼骐一郎家里开了黑会，商定了重臣全体不入阁，那东条可是在陛下面前拍了胸脯接纳重臣入阁的，这下一个重臣也没有，看他东条怎么向陛下交代。

东条交代不了，只能在重臣会议的第二天满怀着对重臣和岸信介的愤怒，带着包括岸信介在内的内阁宣布总辞职。最可怜的是那个野村直邦大将，一直到后面兼任的海军大臣米内光政上任交接为止，总共当了5

天大臣，这是日本大臣的最短任期纪录，到现在为止还无人打破。

反东条集团胜利了，东条被赶下了台。

但是，赶走了东条以后该怎么办谁都不知道。不管是近卫文麿还是冈田启介，都只是把目标定在赶走东条这一点上，至于赶走了东条以后怎么办，谁都不知道。要知道美国人可不是在和东条开战，而是在和日本开战，有没有东条做首相，和人家美国人没有关系。这回完了，没了东条，现在连能干总理的人都找不出来了。

这时枢密院议长原嘉道出了个主意说，俺们哥儿几个联合起来一起干怎么样，结果被“现在是非常时期，不准开玩笑”的理由给否决了。

重臣开了4个小时的会，就是找不出人来当总理，但好歹理出了头绪。首先，现在是战争时期，这总理大臣只能由军人来干；其次，如果军人当总理的话，不是陆军可能不行，那几百万土包子一旦发起飙来谁都挡不住。

陆军又找谁呢？当时光是现役的陆军大将就有22个，于是赶快派人找来《武官名簿》看名单，按军衔来，凡走不开的全部不予考虑，就这样只剩了正在朝鲜当总督的预备役大将小矶国昭。

近卫文麿实在不放心：这么一个在朝鲜那穷乡僻壤待了好几年的乡巴佬回来能当总理？他知不知道城里到底出了什么事？好在小矶国昭从朝鲜回来要花时间，近卫突然想起了原嘉道的“联合执政”的怪主意，找到内大臣木户说还是搞道双保险，让米内光政和他一起干，就这样，最后弄出来了个“小矶、米内联立内阁”。说是联立，实际也是扯淡，总理不能有两位，只能是小矶国昭。米内光政任海相，算副总理级，实际上还是小矶做头。

小矶国昭相当会混官场，现在就把他混官场的精神拿来混战场了。刚开始，小矶国昭曾经考虑过起用老下级石原莞尔的问题，想重召石原莞尔回现役，然后将他起用为陆军大臣，为此，还专门派人去听取石原的意见。石原的意见是放弃所谓的菲律宾决战计划，立即和蒋介石谈判，这样可以在手头还有点兵力作为讨价还价的资本的条件下同美国进行停战谈判，可以争取到一个好点的结果。但小矶不这么看，世界万事的精髓在一个“混”字，混得好就能蒙混过关，谁说菲律宾打一仗日本就一定输，这不还没打吗？你怎么就泄起气来了？难怪这几年越混越惨；再说现在提出和蒋介石谈判也未免有点太自欺欺人了，太平洋战争以前蒋介石都不肯谈判，到现在日本败象尽露，用脚趾头也能想出谈判结果，战争既然打到了这儿，除了在败中求胜之外已经无路可走了，还有什么好谈的。

小矶国昭是这样想的，但是实际上，相当多的日本人还是在到处找路子想和美国人谈和，陆军有，海军也有，但基本上都是驻外武官和驻外记者的个人行为，有低级别的，也有高级别的，有认真的，也有胡闹的。最认真的高级别谈判可能是驻瑞士海军武官藤村义朗中佐和杜勒斯机关进行的接触，但因为没有内阁或者军部的坚决支持，以及藤村本人在技术上的失误而没有取得结果。

应该说，美国从珍珠港事件发生以后的真正目标就是打到东京去，消灭日本帝国，基本上就是要日本人无条件投降，这一战略目标没有过什么变动。和美国人谈和的希望是很渺茫的，但还是值得去努力，起码想和谈总得去和美国人谈才是正经。

这时日本海军准备怎么办呢？

09 搞改革，进行特攻

海军要对抗到底，或者说先对抗到底再说，因为没人说过不对抗，所以大家就只能继续往前抗。

现状大家都知道，所罗门完了，中部太平洋败了，马里亚纳群岛也丢了，整个外太平洋都成了美国湖。日本海军的航空力量就算还不是完全为零，但也可以忽略不计了。虽然战列舰舰队还是完整如新，但现在谁都知道没有空中掩护的战列舰队是个什么东西。

现在的问题已经不光是没有空中掩护的战列舰队，日本人惊恐地发现，美军在塞班岛上修的飞机场不仅仅是以往那样为了下一个作战目标比如攻打菲律宾什么的所用，而是能起降一种飞机B－29，一次能装弹4吨以上，最多能装9吨炸弹，来对日本搞那种知识产权还属日本人的“战略轰炸”。

马里亚纳群岛对日本很重要，其中有一点就是从关岛起飞的B－29的威力，但这还是事后的事实。在马里亚纳海战以前日本人仅仅是在考虑“绝对国防圈”，想的是面子问题，还没有注意到B－29。这是因为B－29一开始并不是很引人注目，直到成群结队的B－29成天来日本转悠时日本人才发现这个问题。

就这样，“天是美军的天，海是美军的海”，加上马里亚纳群岛也落到了美国人手里，不要说“绝对国防圈”了，菲律宾、台湾、冲绳、本土，日本人的战线从南到北的全部正面暴露无遗，当然最重要的是本土了，掉了菲律宾、台湾、冲绳这里面的任何一块，本土也就是死路一条，但要守住菲律宾、台湾、冲绳中的任何一块，都是不可能的。就是说除了投降之外就是死路一条，怎么办?

没有人会公开地说“投降”，甚至连要不要和谈，和谁去谈，由谁去谈，都糊里糊涂地没有个说法，能够肯定的只是继续挣扎继续混。其实如果早知道反正是个混，当初又何必那么费尽心机地去赶东条下台呢？让东条去操心，大家不还省心嘛。

就这样，昭和天皇在1944年7月24日裁决了大本营弄出来的《陆海军而后作战指导大纲》。大纲指出：“为了持续击破敌战力，确保国防要域，摧破敌继战企图，本年（1944年）后半期对于美军主力进攻的对策为破催其企图，预定决战在本土（北海道、本州、四国、九州），联络区域（冲绳、台湾和南海）以及菲律宾方面。在敌来攻方面极度集中陆海战力，要求必杀敌航母及运输舰队，必灭敌登陆兵力，抓住时机，预定区域待机的部队在航母部队的协力下予敌以极力反击。”

这就是7月26日开始实施的“捷号作战”的主旨。“捷号作战”分成一号到四号作战，一号对应菲律宾，二号对应九州南部、冲绳和台湾，三号对应本州、四国、九州北部和小笠原群岛，四号对应北海道。

但这只是纸面上的东西，能实现吗？能，不怕做不到，就怕想不到，人家老参谋总长东条阁下说得好：“皇军的字典里没有‘不可能’这个词。”不是说现在作战离开航空兵力不行吗？“捷号作战”所需4个方面的航空兵力在8月份以前做好了如下部署，美中不足的是不太充分。

一号：第一航空舰队350架。

二号：第二航空舰队330架（10月份争取达到500架）。

三号：第三航空舰队230架（10月份争取达到330架）。

四号：第十二航空舰队200架。

先别说全部航空兵力照账面数字加起来也就是和美国的舰载航空兵力差不多，只说这些数字到底是怎么回事也只有鬼才知道。比如负责菲律宾方面的第一航空舰队在马里亚纳海战之前不就已经被美军全歼了吗？连司令长官角田觉治都挂了，怎么可能一转眼又冒出来350架飞机？那个从菲律宾游击队手里买回来的福留繁中将当司令长官的第二航空舰队的飞机数目倒可以凑上去，但要知道那是第三线作战航空兵，机场是有，但除了跑道之外什么都没了，作战用的防空掩体、防空火力、防空宿舍、通信设施等一切为零。谁会想到这第三线一转眼就成了第一线，而且遇到的问题还是土建。现在还不只是镐头和铁锹的问题，就怎么把这些镐头和铁锹以及使用镐头和铁锹的人运到冲绳和台湾去都是一个似乎不可解决的问题。剩下来的第三航空舰队和第十二航空舰队的问题只会比第一和第二航空舰队更大，而不可能更小。

军令部作战部航空参谋源田实出了个主意。他把海军航空兵力还能挑出来的高手集中起来，组建一个708航空队，俗称“T部队”。这个“T”字来源于台风（Typhoon），这支部队的宗旨是：针对美军拥有发达的雷达技术和日本航空兵的无效奇袭，利用日本人对台风的丰富知识，在从7月份开始的台风季节里以台风作掩护来实施奇袭和夜袭。

708航空队的攻击队刚开始的时候拥有配备了雷达的“一式”陆攻、“银河”等148架飞机，还有由10架“二式”大艇、10架“彩云”舰载侦察机组成的侦察队，配备了气象支队。日本军队，特别是日本海军在利用气象武器方面是比较积极主动的，这是因为在从甲午战争以来的历次战斗中，日军占天时之利的战例不少，从一开始的无意遇上，到后来就是有意去寻找这种战机。比如日俄战争中的黄海大海战的薄雾还可以说是偶然遇上，到了奇袭珍珠港的时候就是有意地研究潮流和气象的演变规律，有意地使用对己方有利的气象条件了。同时为了不让敌方利用气象条件作掩护，气象信息已经作为军事机密，从1941年12月8日（当地时间7日）偷袭珍珠港开始每天早上广播电台播送的天气预报已经停止快三年了。

708航空队除了海军飞机之外还有陆军飞机参加，陆军航空兵的第九十七、第九十八战队也归属海军指挥。陆军的“四式”重爆机和“百式”侦察机无论在速度还是运动性能上都超过海军飞机，所以在海军的要求下，第一次编成了陆海军混合部队，针对陆军飞行员不会在海上飞行的缺点，海军派人手把手地教陆军领航员使用六分仪白天看太阳，晚上看星星。

一切都好像在计划中进行，这次能不能弄出一个好点的结果出来呢？说实话现在没有人踅摸消灭美军了，人人都知道被消灭的是自己，所谓结果就是美军是不是也会出点血罢了。

不管所谓秘密的T部队能否达到源田实大佐的目标，那支部队总还是一支辅助部队，不是能够指望的主力作战部队，真要进行有效的“捷号作战”的话，关键还在于那几支航空舰队，特别是负责美国进攻可能性最大的菲律宾正面防卫的第一航空舰队。

1944年8月2日，以角田觉治中将为首的一航舰司令部全体玉碎。8月7日，联合航空舰队司令官寺冈谨平中将被任命为一航舰司令长官，带着手下幕僚到菲律宾达沃上任的寺冈长官看到的是一片凄惨的景象，从整个中部太平洋地区找到的飞机只有100架，远远达不到大本营规定的

350架的要求，国内只好绞尽脑汁瞒着美国人为寺冈偷偷地空运和海运飞机。还是凑不满所需数字，只好把拥有191架飞机的陆军第十五航空队也划给一航舰，总算让上上下下都很开心地超额完成任务。

飞机凑齐了，飞行员的人头数也凑齐了，寺冈就开始练兵了，日本海军开始学英国，现在改革学美国了，投弹练的是美国式的跳弹轰炸。海军轰炸分为俯冲轰炸或者水平投放鱼雷，但是现在已经找不到能进行俯冲轰炸和水平投雷的地方了，临时抱佛脚，当年美军就是这样训练陆军菜鸟的，现在皇军也照葫芦画瓢。

就这样寺冈还是无法专心用功，美国的B－17天天来巡逻，而大本营又有严令，一航舰是为了将来的菲律宾决战用的，不准他们上天去和美军打架，于是只要空袭警报一响，大家就都往防空洞里躲，等警报解除了以后再出来。但是9月9日开始不对了，来上班的不是大B－17，而是小舰载机，就是说美国航母离得不远了，大家顿时紧张起来。

第二天，舰载机又来了。到中午前后，突然从达沃湾外面的小岛萨马岛上传来消息，说看见数不清的小艇正从萨马岛前面经过向达沃方面冲了过去，美国佬要进庄了。

美国佬要进庄了，赶紧逃难吧。在达沃的第三十二根据地队长官代谷清志少将赶快把密码本什么的一烧就往山里跑。寺冈中将一看也把一航舰的指挥权赶紧交给了马尼拉的第二十六航空战队司令官有马正文少将，然后带着一航舰司令部赶紧逃跑。

也有不跑的。152航空队901飞行队有个大尉觉得不对，都说美军来之前要彻底轰炸，怎么今天这么几架舰载机转了转登陆部队就要来？别是弄错了吧。于是找了架正在应急修理的零战飞上天去达沃湾看看究竟，结果是光天化日朗朗乾坤万里无云风平浪静，哪来的美国登陆部队？再一查说可能是萨马岛上站岗的新兵把菲律宾人的渔船看成美军的登陆艇了。

是个大丑闻不是？但更加要命的是这个丑闻还极其富有生命力，还要继续添油加醋。寺冈在逃难之前不是把指挥权转移给了有马正文吗？

有马正文为了以防万一，把当时在吕宋岛上201航空队的飞机转移到了宿务岛，就是原来福留繁参谋长出事的那儿。可能是那地方游击队多，反正美国人就知道了这个消息。12日，大批美国飞机就到宿务岛围观去了，结果201航空队100余架飞机就这么没了，好不容易有了点模样的一航舰1/3的飞机就这么没了。

再接下来就是从丑闻进化为噩耗。铸成大错的有马正文少将后来在10月15日乘坐“一式”陆攻从马尼拉克拉克空军基地出发去找美国人报仇，这一去就没回来。航空兵少将上战场这是头一次，上飞机前有马少将摘掉了少将领章，很仔细地用小刀把望远镜上的“司令官用”的字全部刮掉，他没准备回来。有人说有马正文是什么“特攻第一号”那是误传，有马正文少将是在为一个月以前犯下的错误而谢罪自杀。

那么“特攻”又是怎么回事呢？

留给日本海军的唯一出路就是搞“改革”了。

这个“改革”就是“特攻”。

1944年10月20日早晨，克拉克空军基地第201航空队本部，脸涨得通红的原军需省航空兵器总部长官大西泷治郎中将站在一个木头箱子上，用颤抖的声音对以第201航空队分队长关行男大尉为首的24位飞行员发表演说：

“现在日本处于危机之中，能够挽救日本的不是大臣，不是军令部总长，也不是我这样的长官，而是像诸位这样纯真有力的年轻人。遗憾的是你们不知道你们撞击的结果，但是天皇陛下知道，请诸位代表一亿国民，拜托了。”

这是日本海军部队长官第一次对部下正式下达“特攻”命令。25日，关行男大尉带领由4名部下组成的敷岛队冲向美国航空母舰。这是第一次神风特攻，所以大西泷治郎被称为“特攻之父”。

作为航空战的专家，大西应该知道飞行员的贵重，可为什么还要选择“特攻”的方式呢？大西泷治郎为人很疯狂，战局很无奈，还有作为第一航空舰队司令长官到菲律宾赴职所看到的一片惨景等，似乎可以说明原因。

真的可以说明吗？

1944年10月20日清早，在向201航空队下达特攻命令的大西泷治郎中将到底是以什么身份在下命令？

经常听到的一句话是“第一航空舰队司令长官大西泷治郎于1944年10月20日正式下达了特攻命令”，但这句话里面有问题。仔细看大西泷治郎的履历就会发现一个很有趣的地方——“1944年10月20日，第一航空舰队司令长官”，大西上任怎么和发出特攻命令在同一天？就算从20日零时开始大西泷治郎就是一航舰司令长官了，可是大西向第201航空队副长玉井浅一中佐提出零战拖上一颗250公斤炸弹往军舰上撞的特攻作战方案却是在10月20日零点之前30分钟左右，就是说还是10月19日，这时候大西不在任嘛，他凭什么向201航空队的副长下达事实上的命令，这可是规矩重于山的军队。

他到底凭什么发这道特攻命令呢？

大西是在10月7日从东京飞往菲律宾的，但因为正好遇到哈尔西带人空袭冲绳、台湾，到达马尼拉时是10月17日。实际上早在10月13日之前就有一份这样的电报了：

“神风攻击队的发表关系到全军士气的昂扬和国民战意的振作，各队在实施攻击时要考虑在适当的时期发表纯忠至诚的队名（敷岛队、朝日队等）。”

这份电报的发报人是军令部作战部航空参谋源田实大佐。

这份电报里面已经出现了“神风攻击队”的字样，连敷岛、朝日的队名都已经拟定好了。事实上以关行男大尉为首的第201航空队特攻队的队名分别为敷岛队、大和队、朝日队和山樱队——这些队名来自江户时代的学者本居宣长的一句诗：“像朝日下芬芳的山樱花一样的是敷岛的大和心。”再加上使用“特攻之祖”、日本南北朝时期楠木正成在凑川出阵时所用过的菊水旗印的“菊水队”。

就是说大西对特攻这件事并没有什么特别的责任。大西仅仅是第一个传达了特攻命令的长官而已，现在大西已经死了，成了替罪羊的最好人选。发动特攻的责任在更高的地方，战后海军为了从麦克阿瑟那儿捞人，有计划有组织地进行了战争犯罪的隐藏工作，把神风特攻让大西一个人背起来就是这个工作的一部分。

神风特攻是一种战争犯罪行为。战争犯罪里的屠杀罪不仅仅对敌方有效，对己方也同样有效。神风特攻不仅是以士兵的“死”作为进攻手段，而且可以说是作为作战目的，这就违反了国际公认的道德准则，英国人教育出来的日本海军非常知道这一点。

当时作为甲级战犯被起诉的28人中海军有3名，开战时的海军大臣岛田繁太郎、军令总长永野修身和军务局长冈敬纯，海军的目标就是绝对要保住这3个人的命。

海军很清楚，这3个人的开战罪名是赖不掉的，但策划战争罪不一定会判死刑，而策划战争再加上某项乙、丙级战争犯罪罪名就死定了，所以海军规定所有战争犯罪都尽可能由普通士兵或者低级军官来承担，最高只能咬到舰队一级，决不能上扯到中枢，于是已经死了的大西就是帮忙背起组织神风特攻这一战争犯罪的最好人选了，所以死了的大西必须背起这个黑锅，结果是最后在东京远东国际军事法庭上没有审理这件事。

实际的大西到底是怎么回事呢?

原任第十一航空舰队参谋长的大西泷治郎、井上成美和小泽治三郎那几个人是策划对中国内地进行战略轰炸的中心人物，手上沾满了中国人的血。即使是单纯作为军人来评价，对这几个人也没有什么褒美的必要。但在太平洋战争开战以后，大西泷治郎除了一开始主持第十一航舰从台湾起飞轰炸菲律宾之外，就一直在从事兵器生产，没有参加过具体作战。

这次把他从中枢踢出来的原因是此人表现很不好，到处散布流言蜚语，败坏军令部和联合舰队的形象，影响安定。马里亚纳海战结束后，大西写了份意见书在大本营内散发，说战争如果是这样进行下去肯定失败，海军上层人物应该集体辞职。这份意见书在军令部引起了一场地震，弄得议论纷纷，因此此人不能再在中枢机关工作，准备把他弄到前线去，具体安排个什么职务还没有定下来，当时就叫“西南方面舰队司令部副”，去那边待着再说，找到了合适的位置再来安排。这时就出现了寺冈接二连三的丑闻，干脆让他来当这个一航舰司令长官得了。

1944年9月，曾经有过这么一次任命：大森仙太郎中将被封了一个很有意思的官职——海军特攻部长。

在第一支特攻队成立以前，特攻部已经成立了，攻击作战的名称也已经确定了，连各攻击队的队名都已经拟定了，然后在战后再把“特攻之父”的名称栽到一个已经自杀的人身上，整个过程就是这么一回事。

现在经常能听到特攻是基层部队官兵的自发要求，联合舰队和军令部只是顺应了民众的呼声这种说法，这是在有意曲解事实。飞行员确实有与其被美军打死，还不如直接抱个炸弹撞上去的想法，这种想法在更大程度上反映了飞行员身处那种出击就是死亡的环境中而产生的自暴自弃心理。当然，不可否认这些在皇国主义教育下成长起来的军国少年也确实有“七生报国”的思想，这没有什么不可思议的。这些绝大多数20岁左右的飞行员出生在1925年前后，他们上小学时正值被称为“满洲事变”的九一八事变爆发，他们上中学时又正值被称为“卢沟桥事变”的七七事变爆发，他们不知道这个世界上还有当兵报国、效忠天皇以外的生活道路。在练习跳弹攻击的过程中，困难的俯冲和拉升使得飞行员想到还不如就这样直接撞上去更自然些。

日本防卫大学教授平松洋一在谈到“日本人还会不会再次进行特攻”的问题时，有一段这样的话：“对于这个问题我只能回答‘还会’。战后，由美国进行的日本战后改革，大幅度改变了日本人的价值观，但是我认为虽然战后改革动摇了日本人的思想，但是深层心理和思想没有改变，到现在还是随处可见的同窗会的向心力、对公司的忠诚心等，作为日本民族原点的‘村落社会’依然存在。”

这段话说出了“特攻”的实质，也解答了一直在扯皮的到底谁先发明的特攻作战这个问题。其实在奇袭珍珠港时产生的9位“特殊潜航艇”“军神”就已经预示“特攻”作为一种军队正式采用的战术，其产生只是时间问题。虽然这种“特殊潜航艇”和以后的“回天”特攻潜艇还稍微有点区别，不是完全回不来，起码在理论上有回来的可能，实际上在瓜岛战斗时也有过回来的先例，但区别已经不太大了。

实际上扯淡的只是谁是飞机特攻的主谋罢了，海军的特攻武器花样百出，何止一架飞机，自杀飞机“樱花”、自杀快艇“震洋”，数不胜数。

谁弄出来的这么多令人眼花缭乱的自杀武器？是一位久违了的老熟人，山本五十六最信任的联合舰队先任参谋、现任军令部第二部部长黑岛龟人少将。

这位先任参谋于1943年从联合舰队先任参谋荣升负责海军军备的军令部第二部部长。在中途岛、瓜岛、い号作战中接连惨败的黑岛得出结论：要和美国人继续作战就必须使用“必死必杀”的武器，就是说特攻武器。

在黑岛的领导下，第二部成了自杀兵器开发部。1944年3月，军令部第二部正式决定试制9种自杀兵器，最后“回天”“樱花”“震洋”等正式生产。

当然大西本人对采取特攻战术也没有抵抗。因为10月17日，大西到达马尼拉时第一航空舰队几乎不能说还存在，整个舰队只剩下30架飞机了。而大西从东京出来时听说的是一航舰还有179架各种作战飞机，这不到两个星期怎么全没了？

因为这中间有次极其有名的“台湾近海海战”，来了个“公牛”哈尔西，一下子把日本仅剩的几个航空舰队给弄了个底朝天。

10 来了“公牛”哈尔西

兵多将广的美国人又换将了，替换斯普鲁恩斯的是哈尔西，替换两栖司令官特纳的是威尔金森，第五十八特遣舰队司令官米切尔不愿下场，只好把舰队编号换成第三十八特遣舰队继续干，当然第五两栖军的番号也换成了第三两栖军。反正这支舰队哈尔西来了就是第三舰队，斯普鲁恩斯来了就是第五舰队。

一般高级军人都挺有文采，比如在日军中不会写一手好文章是爬不上去的，美军的麦克阿瑟更是个中典型，他那句“老兵不会死，只是隐去”的名言可能会永远地被人引用，但哈尔西是个例外。和他的“Bull”绰号有点相似，哈尔西的面相也很像一种叫作“斗牛犬”（Bulldog）的宠物犬。无论怎么有想象力的人，在哈尔西脸上也找不出什么“睿智”的色彩来。哈尔西所起草的命令、报告，甚至私人信件中永远是陈词滥调，找不到任何的比喻、反讽、强调等修辞手段，千篇一律的平铺直叙，甚至，人都没有创意。事实上从金恩开始，每次提起哈尔西，总是说“那个脑子不好使的笨蛋”。

军人当然说粗口，但是像哈尔西那样满嘴污言秽语的高级军人还真不多。此人信口开起河来是无视任何社会惯例的，在他当然是口述的回忆录里，他就公开指责第七舰队的金凯德是“连烟酒都不沾的混蛋”，公开宣称自己的旗舰“企业”号上就装有大量苏格兰威士忌和波本威士忌，要知道那是在曾经有过那部臭名昭著的《禁酒法》、海军舰船上禁酒的美国。

在哈尔西手下打工是很要命的。哈尔西永远在不断地发出意义不明而又自相矛盾的各种命令，永远在撤销已下达的前一条命令，因此部下永远在疲于奔命，从这个意义上来说，哈尔西确实是一个笨蛋。

但哈尔西是一个在海军和全美国极有魅力和人气的笨蛋。整个战争期间，一直指挥着第五十八和第三十八这两个番号的同一支特混舰队的米切尔中将说："哈尔西最强的是他的领导力，他身边的人都仿佛是被一根魔杖点化了似的。"

其实哈尔西的能力也就适合当一个驱逐舰队司令去指挥一支小部队，但一个人有一个人的命，美国在太平洋战争开始时的惨败需要有这样一个高喊"杀日本，杀日本，杀死更多的小日本"的极富感染力的猛将。到最后，这位甚至两次让舰队受台风袭击、遭受巨大损失的哈尔西，居然能够继参谋长联席会议主席丹尼尔·李、海军军令部长恩斯特·金恩、太平洋舰队总司令切斯特·尼米茨之后，位列美国海军四大五星上将，功盖雷蒙特·斯普鲁恩斯，也说明加官晋爵真是有命，还真没有道理可讲。

现在这头公牛，或者是能斗公牛的狗，又和日本人会面了。

应该说，哈尔西的第三舰队班子此时走马上任对日本海军也不是什么坏事。不管包括莫里斯少将在内的美国战史学家怎样为斯普鲁恩斯在马里亚纳海战中的表现辩护，他们也只能说斯普鲁恩斯没有错，而不能说斯普鲁恩斯是对的。如果当时是"公牛"哈尔西指挥的话，小泽治三郎损失的就不只是飞机了，他麾下的9艘航母还能有几艘继续浮在水面上很值得怀疑。

宿务岛的一航舰受到空袭，对日本海军不只是一个噩耗，还是敲击丧钟的回响。这次空袭的极大成功其实有点出乎哈尔西意料。参加空袭的美军飞机几乎没有遇到抵抗，哈尔西很惊异地发现日本军队在航空战力上已经衰落到几乎可以忽略不计了，于是就动起了提前直接进攻莱特岛的脑筋。而美军在占领塞班岛以后准备在9月15日左右开始进攻帕劳，10月15日开始进攻荷属东印度的莫罗泰岛中间的塔劳群岛，11月15日开始进攻棉兰老岛，最后在12月15日左右开始进攻莱特岛的。

尼米茨同意了哈尔西的冒险计划，罗斯福也同意，于是棉兰老岛作战被取消，莱特岛作战提前了两个月。为了确保莱特岛作战的成功，从9月21日开始，哈尔西对吕宋、宿务、莱特3个岛上的所有机场进行了彻底攻击。经过这轮攻击之后，本来剩下不满200架飞机的一航舰就只有65架飞机了，不能说还有什么战斗力了。寺冈谨平司令长官在日记里悲叹"九月是苦月”，因为“九”和“哭”在日语里的读音相同。

但“九”在英语里和“苦”没关系，所以美国人过得很快活。9月23日美国人在帕劳作战的同时占领了乌里希环礁。和同时开始的陆战一师差点被打残的贝里琉（Peleliu）作战不同，美军在和菲律宾、台湾、冲绳几乎等距离的乌里希环礁只要把几个日本气象兵和无线电兵抓起来就行了。

这么好的地方怎么没有日本人看守呢？这是因为乌里希环礁内水下暗礁很多，船进不去，所以日本人只能有时候在外海停一下船，但无法把它建成一个军事或补充基地。但美国人不同，拥有稀奇古怪工程能力的美国人在乌里希环礁内展开了一场爆破作业，把那些探测出来的暗礁全部炸掉了，这样一来乌里希环礁就成了美国海军在太平洋最重要的后勤和补给基地。

很明显，美国人的下一个目标是菲律宾，联合舰队当然不会坐在那儿眼睁睁地看着美国人在菲律宾登陆。丰田长官在10月1日又整出来了“丹作战”，这回是要把在关东一带展开的第三航空舰队也调来，准备在10月5日半夜对美国航母舰队发动攻击。

这次攻击与菲律宾局势有关，但丰田长官刚刚明白自己似乎根本就不知道菲律宾到底是怎么回事，只好于10月2日从东京起飞，借道台北去看看菲律宾到底是怎么回事，同时顺便向南方军司令官寺内寿一问声好。

谁知道3日要飞马尼拉的时候突然感冒了，丰田长官只得在台北躺了下来，这一躺就躺到了7日，这段时间内联合舰队由参谋长草鹿龙之介主持。当过一航舰和第三舰队参谋长的草鹿龙之介知道美国军队的无赖，所以他认为美国人就是在耍流氓，不让日本人支援驻菲律宾日军，在找了半天没找到美国航母舰队后，他就下令取消了“丹作战”。草鹿没有想到美国流氓已经升级为主动进行打砸抢的组织。

这边的丰田长官终于在7日到了马尼拉，视察了克拉克空军基地。8日见到了寺内元帅，还见了刚刚上任的第十四方面军司令官山下奉文大将，因为在台北一躺就是5天，两次见面也就是大家面对面鞠个躬就完事。9日，丰田长官取道台湾回了东京，结束了这次马尼拉之行。

但就在这个时候，出大事了。

为了扰乱日本大本营的注意力，哈尔西开始了一次对台湾和冲绳的“Hit And Run”行动，就是说像撞了人的汽车飞快逃离肇事现场那样打了就跑，谁知道后来居然打成了一场歼灭战，无意中为麦克阿瑟在菲律宾的行动创造了条件，确保了菲律宾作战的安全，这就是有名的“台湾近海海战”。

10月9日早上8时45分，T部队派出的侦察机终于在台湾以东偏北海面上找到了米切尔率领的由16艘航母、5艘战列舰和58艘驱逐舰组成的第三十八特遣舰队。但那天美国人没有发动空袭，只有2艘重巡和7艘驱逐舰在冲绳沿海晃来晃去吸引日本人的注意，而丰田副武长官也没有乘这个机会动身回东京。没动身的原因不明，丰田本人在战后也没有说明过，反正“美军已经逼近，飞往东京存在危险”不是理由，因为丰田完全可以飞往上海，然后再飞往东京，但是丰田在新竹就是没有动身。

第二天（10日）6时40分开始到16时左右，合计大约400架次的美国舰载机对冲绳本岛、奄美大岛、冲永良部岛、南大东岛、宫古岛、久米岛等日本西南诸岛的航空基地发动了攻击。虽然参加空袭的美军飞机被击落了12架，但日军的损失是飞机30架，以及包括潜水艇母舰“迅鲸”号在内的25艘各种船舶。

冲绳受到攻击，草鹿龙之介参谋长在9时12分以联合舰队司令长官的名义发布了“捷二号作战警戒命令”。可是在新竹的丰田长官却在10时发布了一个“捷一号以及捷二号作战警戒命令”，丰田长官认为单单捷二号作战还不够，把菲律宾方面也拉了进来。接连下达的两条不同的命令一下子就在从九州开始到菲律宾的广大区域造成一片混乱。

当时一航舰、二航舰、三航舰、十二航舰的陆基航空兵力加上第三舰队的航空母舰舰载机兵力大约还有1200架飞机，再加上100架左右国土防空作战飞机，这就是整个“捷号作战”的航空兵力。而负责捷一号二号的一航舰加上二航舰的飞机数量不满400架，所以草鹿又把负责关东北方面十二航舰的115架飞机调到负责关东方面的三航舰，再从三航舰把242架飞机抽到二航舰，再加上第三舰队的154架舰载机，和T部队一起展开一场，也是最后一场大型空战。

可是，等这些调动结束时11日已经过去了。而哈尔西在11日指挥美军第三舰队往南又去轰炸吕宋岛了，12日回头北上准备轰炸前两天都放过了的台湾。

12日凌晨3时左右，从屏东起飞的第901航空队侦察机在台湾岛东南鹅銮鼻160海里处发现了美国航母舰队，台湾全岛拉响了空袭警报，7时，合计1378架美军飞机开始攻击台湾全岛的机场。

从台湾各机场起飞迎击的日本海陆军飞机共计大约120架，其中80架立即被美国护航战斗机群击落。美军对台湾的机场、交通、港湾和工业设施进行了彻底的轰炸。

据说轰炸开始时，丰田长官正在泡澡。被打搅了兴致的长官很不高兴地跳出浴缸，浑身散发着喷香的肥皂味，跑来跑去大喊：“打！打！打美国佬！”

10时，联合舰队司令长官发布了“捷一号以及捷二号作战警戒命令”，顿时各种飞机从九州南部、冲绳和菲律宾的各个机场接连起飞，往台湾东南洋面上去寻找美军航母舰队。

结果呢？结果非常可观，以下是在《海军进行曲》的雄壮旋律中进行的“大本营发表”：

12日，击沉航母4艘，击伤航母1艘和舰种不明军舰11艘。

13日，击沉航母3艘，巡洋舰或者驱逐舰1艘，击伤航母1艘、战列舰1艘、巡洋舰1艘，此外还确认了7条火柱。

14日，击沉航母3艘、战列舰2艘、巡洋舰2艘，击伤航母2艘、巡洋舰2艘、巡洋舰或驱逐舰1艘、舰种不明2艘，确认火柱5条。

15日，击沉航母1艘，击伤航母3艘、战列舰1艘。

16日，击伤航母1艘、战列舰1艘。

19日，经过大本营最后整理后发表的战果是：

击沉美国航母11艘、战列舰2艘、巡洋舰3艘、巡洋舰或驱逐舰1艘，击伤航母8艘、战列舰2艘、巡洋舰4艘、巡洋舰或者驱逐舰1艘、舰种不明军舰13艘，确认至少12条火柱，击落美军飞机112架。己方损失飞机312架。

不能说这个赫赫战果完全是在瞎扯，最后面有关飞机的数字还是准确的，而美军发表的“击落日本飞机350架，己方损失89架”似乎有点问题。

但是有关舰船的部分呢？事实上，12日，美军没有任何损失；13日，重巡“堪培拉”号被一枚鱼雷击中，另有一架被击中起火的日本飞机落到航母“富兰克林”甲板上以后滑到海里（不是特攻），造成甲板器具损失；13日，T部队一架“银河”发射的鱼雷击中了轻型巡洋舰“休斯敦”号的右舷，“休斯敦”号的受损程度甚至超过了前一天的“堪培拉”号，舰首是不是还连在舰身上都成了周围军舰上那些赌鬼下注的对象。第一群司令官约翰 · S. 麦凯恩说不要“休斯敦”号了，但是“休斯敦”号的贝伦斯舰长坚持不肯放弃，要人来拖，最后麦凯恩司令官派了重巡“波士顿”号来把“休斯敦”号拖到乌里希环礁去了。

言归正传，除了“堪培拉”号和“休斯敦”号受到重创之外，还有几艘轻巡或者驱逐舰受轻创，整个美军舰艇的损失就是这么多，再也没有了。

那“大本营发表”又是怎么回事？怎么会那么不着边际呢？凭良心说，这回的“大本营发表”还真不是从一开始就在有意说谎，联合舰队和军令部一开始真的以为打了胜仗。怎么会有这样的荒唐事呢？理由很简单，空战确认战果本来就困难，加上此时日本飞行员全是菜鸟，根本就分不清楚军舰被炸弹击中和飞机被炮火击中的区别，反正见了烟火就是击中，这边统计战果也是多多益善，结果美国出来了16艘航母，被日本人击沉击伤19艘，还得想办法去凑上那不够的3艘才行。

乘胜追击，联合舰队又下令第五舰队的志摩清英中将带着重巡“那智”号、“足柄”号、“青叶”号等前去清扫战场，结果被美军潜水艇发现了。

一直在注意着东京“大本营发表”的哈尔西在15日中午接到潜水艇的报告后才算想通了，原来东京大本营这次不是吹牛，而是真以为大胜了，干脆将计就计再设个圈套，看看还能钓点什么出来。哈尔西指挥主力快速往东退避，把受到重创的“堪培拉”号和“休斯敦”号留在后边，再弄几艘巡洋舰、驱逐舰什么的围着，装出一副很沉痛的表情慢腾腾地往西走，看看会不会有人前来围观。

这支诱饵舰队在16日上午9时左右被日本人发现。确信这是美国太平洋舰队的最后残余部分的日本人也从台南机场出动了航空力量的几乎最后剩余：8架“银河”、18架“天山”、37架99式舰爆、40架零战前往最后一战。

正在这时，一架日本侦察机在诱饵舰队以东180海里的洋面上发现了正在西航的8艘航母、7艘战列舰和10多艘巡洋舰。

正午时分，这个晴天霹雳的消息传到联合舰队司令部，人人都傻了：怎么回事，是误报了战果还是美国又来了新的航母舰队？反正不管是哪种，全是噩耗，这一下日本人可真的没了活路了。草鹿参谋长急了，要拼命了。草鹿的拼命方式也别致，向第二舰队的栗田健男发报，要他带着“大和”号和“武藏”号来跟美军打炮战。

栗田健男看到电报都不敢相信自己的眼睛：第二舰队在哪儿？在林加锚地，在新加坡的南边、苏门答腊的北边，到台湾以东光赶路就得个把星期，这丰田长官是不是疯了（当时不知道这份电报其实是草鹿参谋长发的）？不管怎么样，命令总是要服从的，这就准备出发上路。

再说志摩清英带着第五舰队南下打扫战场，但越走越疑，心生暗鬼，觉得不对头。志摩中将不是船油子出身，是搞通信工程出身，船开得不怎样，但监听有一套。他听出美军的无线电信号方向似乎在往北移，就多了个心眼，先向西，就在这时两架“格鲁门”战斗机从头顶飞了过去。“舰载机？这美国航母不明明还在嘛，赶快转头北上。”正在此时，联合舰队也来了新的命令，说不用去追美军了，先到台湾马公去待命。

这边哈尔西发现没人来围观，也就只好气鼓鼓地掉头往菲律宾以东太平洋面上走，准备和麦克阿瑟一起去打莱特岛。

因为狡猾的哈尔西在诱饵舰队里混了两艘轻型航母，所以从台南前去“最后一战”的100多架日本飞机又损失掉了30多架，加上发现了正在航行中的美国航母编队，联合舰队只好重新审核战果，这才得出新的结论：在最好的情况下，大日本帝国也就只击沉了4艘美国航母，美国航母舰队的大部分仍然完好。

但是已经发了的捷报怎么办？现在再改口有点不好意思，事关海军名声，只好将撒谎进行到底，干脆在19日以重新统计战果的名义把前两天的战果速报再肯定一遍，将陆军带国民一起骗到底。

但是骗人改变不了一个事实，就是海军的陆基航空兵现在也可以忽略不计了。

11 莫把信息当情报

在这里划出点篇幅来谈谈情报。笔者再三强调，“日军轻视情报”，有不少朋友对笔者的这个结论抱怀疑态度。轻视情报到底是什么意思？在拙作《有一类战犯叫参谋》中，笔者谈了一下日本陆军的情报系统，实际上日本陆军的情报系统比海军的要好，在这里谈一下什么是情报战。

什么是情报？被公认的情报战鼻祖，同时最有效地开展过并且还在展开情报战的是英国人，美国人的情报战能力也是众所周知的。有一个巧合，西方语言里关于情报有两个不同单词的就只有英语——Information和Intelligence。这两个词都有情报的意思，现在情报在其他语言中的区分都是从英语来的，这可能就解释了英美在情报工作上领先的文化原因。

这两个词的意思是不一样的，前者中文译为“信息”，指的是片断的事实、知识和获得这些事实、知识的过程，后者才译为情报，是一个从得到的信息中勾画出对象全貌的过程。“日军轻视情报”这句话指日军分不清楚Information和Intelligence的区别，日军对于收集信息的热心和能力不能混同于日军分析信息从而提炼出有用的、真正的情报这一过程。

前几年，日本通产省曾经考虑过从中文里引进信息这个词以替换现在日语中用来翻译Information的“情报”，结果被人反对，说没有见过这个词，瞎用起来混乱更大，因而作罢。其实这就是一个文化现象，当时的防卫厅和自卫队都坚决支持通产省，说当年把这两个词混为一谈吃过的苦头实在太多了。

中国学生对Information和Intelligence的区别都很清楚，因为一直就是分开来用的。但日本人，到现在Information和Intelligence在日文中都是情报。不少日本大学里有情报科学这个学部，其实这是信息科学学部，搞IT的，不是说日本那么多大学生准备去做特务当间谍。而在政治军事领域实在遇到不区分不行的时候，就直截了当地使用片假名外来语。

在电影中经常能看到这样的场面：黑风楼的鬼子出发去扫荡土八路，一个胖翻译在炮楼门口买了盒烟卷，说一句“去高家庄”，卖烟卷的大叔把肩上搭的毛巾一抖，一小屁孩儿嗖嗖地爬到树上挥了挥手，顿时一连串的消息树都倒了。后来鬼子在赵家河子就遇上了打埋伏的八路。

虽然有点搞笑，打鬼子哪有那么容易？但这个过程其实很直观地说明了情报战的全过程。

“鬼子出了炮楼”，这只是一个信息，有可能去扫荡，也有可能是去打靶，还有可能是去找花姑娘，就是去扫荡也不一定去高家庄，也可能去马家河，对不对？这时胖翻译给出来的信息就更加精确一些，但是胖翻译说的话到底可靠不可靠，或者有没有可能是猪头小队长有意散布的假情报？所以老八路要根据鬼子出了炮楼和胖翻译说去高家庄这两个信息，加上平时所掌握的猪头小队长的行动规律和胖翻译的可信度来判断鬼子是不是来高家庄，最后才能决定是否在赵家河子打埋伏。

这就是信息和情报的区别。

日本人在收集各种信息方面是很有能耐的，特别是日本陆军。日本陆军的主要目标是中国和苏联，所以在收集中、苏情报方面不遗余力，而且成果也不小。日军在瓜岛被美军蹂躏得死去活来，大家都说是日本人的情报工作太差，没弄明白美军怎么回事就和美军干了起来。但有一个事实可能会让人们吃惊：瓜岛上的第十七军司令官百武晴吉中将实际上是情报参谋出身，而且是很优秀的情报参谋。他是密码专家，专门在波兰受过训练。1931年百武晴吉在任哈尔滨特务机关长的时候就一直在监听破译苏联陆军密码，1934年左右破译苏联陆军密码成功，1941年又破译了苏联空军密码，很长一段时间内关东军一直能够自由阅读苏联红军的来往电报。这位百武晴吉在关东军当情报参谋的时候，还弄出了可以在一公里的距离通过探测苏联军用电话线的微弱电流来窃听苏军电话的装置，你能说他们不重视情报？但这只是“信息”而已，如何运用这些信息来为战略决策服务才是情报工作的关键。

说来很奇怪，海军是技术军种，应该在现代科技上领先于陆军才对，而日本海军在电子技术方面就是不如日本陆军。日本陆军的密码从来没有被破译过，日本陆军使用雷达也比海军早。在负责搞无线电侦听的“特情”方面，陆军更是远远走在了海军前面。

到现在还是这样，军事情报的中心就是密码。当时没有计算机，信息流的加密解密过程比大家现在能够想象的还要复杂困难得多。一般估计，太平洋战争时期日本陆海军和政府部门与密码有关系的人员总数可能超过8万人，人数超过4个甲级师团。

“鬼子出了炮楼，儿童团放倒了消息树”这是一个信息的流程，“消息树被放倒了”就是一个密码，代表的意思就是“鬼子出了炮楼”，但猪头小队长如果已经破译了这个密码，八路就打不了埋伏了。更进一步说，如果猪头小队长打一场情报战，抢先放倒消息树的话，那就是皇军来打八路的埋伏了。密码就是这么重要，太平洋战争情报战的中心就是双方在玩密码。

战后，来日本调查的美国陆军情报局（Military Intelligence Service，MIS）得出的正式结论是日本没有破译英美的高级密码，以后很长时间内人们都用这句话作为结论。但是这句话在进入20世纪70年代以后引起了人们的怀疑，因为有人在当时防卫厅防卫研究所所保管的旧日本军资料内发现有类似于破译记录的纸片。经查证后发现，是美国人的外交电报，这件事才提到光天化日之下。

陆军特情部长、陆大41期首席西村敏雄少将在1945年8月12日集合特情部干部，召开全体会议，提出了“解读密码的所有资料不留一张纸片，有关机械全部破坏”的要求。以后3天东京杉并区高井户的陆军特情本部浓烟滚滚，机器设备破坏到每一颗螺丝钉。陆军特情部这个部门的名字从陆军编制表上被抹去，主要人员不是从陆军名簿上被抹去就是被安排了假履历。

全部完成以后，特情部全体人员集合在特情本部大院里聆听天皇的玉音放送，听完后西村少将进行了最后训话，接下来就是全体有关人员按照已经安排好的履历转入地下。从此，日本陆军就“从来没有存在过”这个特情部。

解读密码的特情部又不是731部队，不属于战争犯罪行为，为什么日本人要如此掩盖？可能是因为日本人到最后失败了以后才更加清楚地知道失败的原因，如果还想再次跃起，还想再战的话，他们知道最不可缺乏的战力就是这个特情部，所以他们要尽全力掩盖他们在密码战中的表现，他们不想让美国人知道他们曾经拥有过的能力。美国人如果知道了这一点肯定就会全力以赴地加以破坏，特情部门人员可能不会受到人身伤害，但可以肯定，日本不会再次拥有这种能力了。

这就是直到1970年以前，始终没有人提起日本人到底在密码战中达到了什么水平的原因。

但是美国人和英国人知道日本人进行过这类活动，而且大概知道日本人工作的进展情况，因为英国人在纳粹德国的档案里发现了来自日本的英美情报，而除了密码已经泄密之外无法解释日本人为何能掌握此类情报。战后，美国陆军情报局负责调查日本密码战的是一位中校和一位上尉，他们只找出来了陆军次官秘书广濑中佐，但是广濑中佐的反审讯能力让美国人无法得出结论，或者无法得出正确结论，因此只能暂时得出以上结论。

美国人真正开始找到特情本部的人还是1949年以后的事了。

其实日本人很早就开始在从事无线电监听和密码破译工作，最早可以追踪到日俄战争时期的日本海军。当年为了捕捉在日本沿海神出鬼没的浦盐舰队，位于静冈的日本海军无线电信所就开始监听浦盐舰队的无线电波。

第一次世界大战以后，日本陆军开始了大规模的密码破译工作。1920年左右，日本人在波兰人的帮助下开始破译苏联密码的工作。苏联人的密码经常被日本人破译这是事实，但苏联人经常更换密码，这样日本人又要从头干起，所以日本人阅读苏联人的电报永远是断断续续的。

后来参谋本部第三部（总务部）第七课（通信课）成立了以百武晴吉为班长的暗号班，开始了有组织地破译各国密码的活动。暗号班最早破译的是强度最低的美国灰色外交密码，后来在1934年左右破译了美国棕色外交密码，一般认为强度最高的条状密码（Strip Code）也被日本破译成功，证据是德国从日本得到的情报的原始出处是美国国务院发送的条状密码，破译的过程到现在还是一个谜。

据堀荣三说，日本陆军已经接近破译美国海军密码，起码达到了80%，美军陆军的密码曾经被日本南方军破译过一次，但不久就被美国人发觉，改换了密码。因为战败时参谋本部销毁了一切有关文件，所以现在已经无法准确判断具体内情。

日本陆军对中国各种密码的破译也下了大功夫。1928年左右张学良的通信密码已经被日本人破译。1931年九一八事变时，被授予金鵄勋章的名单上有一位名叫工藤胜彦的大尉，是参谋本部派到关东军帮助搞无线电监听的，这也是特情人员获得的第一枚金鵄勋章。

照日本人的说法，从张学良到蒋介石就没有密码概念，就是明码，他们全部是使用四位阿拉伯数字对应一个汉字的简单编码，甚至都没有简缩码的概念。只要使用最简单的频率分析法就可以加以解析，而国民党起码在中日战争的全过程中使用的就是这种明码。

1937年卢沟桥事变以后，企图不扩大事态的近卫文麿派出的准备和蒋介石政府谈判的宫崎龙介和秋山定辅，分别在神户和东京被捕，就是因为蒋介石政府所使用的密码在1936年就已经被日本陆军所破译，所以近卫文麿和蒋介石政府之间来往的密电全部被参谋本部知悉，才采取了釜底抽薪的行动，使日本政府不扩大事态的希望破产。

光1940年宜昌战役时，中国军队就有120份有关作战的电报被日本军队破译，中国军队的所有作战行动及其作战意图均为日本人所知晓。日本陆军一直到1941年2月28日才第一次破译了中共的密码，但立即被中共发觉。中共对于情报的保密相当重视，密码频频更换，日本人始终无法持续地解读中共的电文。

蒋介石政府对于密码的无知是很有名的，这一点英国人、美国人都知道，他们只能采取对蒋介石封锁消息的方法，因为让蒋介石知道了就等于让日本人知道。那么为什么不提醒蒋介石注意或者派人帮助蒋介石提高保密能力呢？那又是英美人的小算盘，英美也在监听蒋介石的电信联系，如果蒋介石真正增加了密码的难度，日本人当然不容易破译了，可是英、美也成了聋子和瞎子，权衡下来还是对蒋介石放任自流，最多加强对蒋介石的保密工作就是了。

言归正传，有了信息又能怎样？如果没有将这些离散的信息整理成能够正确地帮助统帅部指挥作战的情报的能力，离散的信息仅仅是离散的信息而已。

莱特湾战役前的日本军队就是这样。

海军在10月16日就已经知道他们大错特错了，但还是装傻骗人，不但不向国民公开所谓“台湾近海海战大捷”的真相，连陆军也一起瞒着。

可是陆军又不是完全不明真相，陆军应该知道事情有点可疑啊，不，陆军不愿意知道，陆军愿意做不明真相的围观者。堀荣三的电报已经被濑岛龙三销毁，但是所有的人现在都同意除了濑岛龙三之外，参谋本部起码还有两个人知道这份电报，就是第二部部长有末精三少将和参谋次长秦彦三郎中将。知道了又怎么样，你堀荣三也仅仅是直觉而已，并没有什么能够支持这种直觉的更有力的证据，皇军大胜的消息起码听起来挺拉风。更加愿意相信好消息，这是人性的一部分，只要看看有过多少人前赴后继地被股票套牢就可以知道这句话绝非虚言了。

所以，虽然15日经过台北到达马尼拉的堀荣三立即向南方军司令部、第十四方面军司令部、第四航空军司令部、西南舰队司令部报告了他在芦屋基地和台北基地的所见所闻，以及他本人对“台湾近海大海战”战果的怀疑，要求重新考虑莱特岛决战计划，但是没有人相信他的判断，理由十分简单：日本人为什么不能打胜仗？你到底和日本人有什么仇？你怎么就那么不爱国呢？你是不是拿了美元了？

当场相信了堀荣三的就只有十四方面军司令官山下奉文、参谋长武藤章这两个人，而其中只有山下奉文才是真正地相信了堀荣三，武藤章参谋长是因为反正司令官已经相信了，多说无益，还不如先相信。其余从南方军司令官寺内寿一元帅大将开始到普通参谋，没有一个相信堀荣三。寺内寿一听完堀荣三的报告后，反而向山下奉文发出“神机已经到来，准备在莱特岛决战”的命令，生怕山下奉文因堀荣三的忽悠而动摇了信心。

所谓“不重视情报”就是这个意思。不要说在各种错综复杂的信息互相矛盾的情况下作不出正确判断，就是在情报部门已经根据各种收集来的信息作出了正确判断的情况下，作战部门还是固执己见，坚持错误判断，这才是“不重视情报”的真正含义，因为在日本军队中，政治是至高无上的，而情报只能从属于政治。

这已经不是作战了，这是一种临终的疯狂，陆军如此，海军更是如此。

12 可以“国破山河在”，但不能“国破军舰在”

莱特湾海战，是日本人对这场围绕着美军在莱特岛的登陆行动而展开的海战的叫法。日本人喜欢把围绕同一个作战目标的同一个作战计划中的作战行动称为同一场海战，瓜岛争夺战中的南太平洋海战就是一个例子。这次因为是同一个“捷一号作战”计划的执行，而且目标也是同一个，所以这是同一场海战。

这场海战的规模实在太大，莱特湾海战在南北长达1500海里、东西宽达1000海里的范围内进行了四昼夜。决定主力舰队生死存亡的海战在历史上有过多次，从英国战胜西班牙无敌舰队的格拉沃利讷海战，经过拿破仑败北的特拉法加海战和日本战胜俄国波罗的海舰队的对马海战，一直到第一次世界大战的日德兰海战为止。但这些海战不但战场的规模远远比不上莱特湾海战，而且它们全部都是平面战争，所有的战斗都在海平面上进行。而莱特湾海战则是历史上唯一的一次立体海军存亡战。参战的舰只也是历史上类似海战所不能比的，日美两国共计有243艘主要作战舰艇参加了这次大海战。

头脑简单得记不下那么多事情的美国人就只能化繁为简，干脆将这场海战分为四场或五场，也就是锡布延海战、苏里高海战、恩加诺海战和萨马岛海战，再加上一个神风突击队的自杀攻击战。

在海军史和海战史上，莱特湾海战都是一场空前的海战，这场海战宣告了一支一度强大的海军的彻底消失，而且这场海战在空间和时间规模上，也远远超过了世界海战史上的所有海战。随着军队、兵器和作战方式的改变，基本上可以把莱特湾海战称为“人类历史上最后的大海战”，以后还会不会有战争不好说，但可以肯定地说，以后再也不会有这种规模的海战了，所以这次海战将被人们永远地记住。

但是，和规模上的意义以及感情上的意义不同，这场海战在战略上的意义却不是那么重大，因为太平洋战争的胜负已见分晓，即便日本海军在这场海战中达到了自己的目的，这场海战的结果对整个战争的走向还是不会发生任何影响。

1945年10月，美国战略轰炸调查团到日本调查太平洋战争的作战情况，调查团里有一位29岁的叫詹姆斯·菲尔德的海军少校。菲尔德少校是文学博士，哈佛大学历史学讲师，莱特湾海战时是第七舰队第七十七特遣舰队第四群护航航母部队第三集团克里夫顿·斯普拉格少将手下的一名参谋。他到东京后传唤了联合舰队司令长官丰田副武大将、参谋长草鹿龙之介少将，第三舰队司令长官小泽治三郎中将、参谋长大林末雄少将，第二舰队司令长官栗田健男中将、参谋长小柳富次少将和其他所有能找到的有关司令部人员和幕僚。

菲尔德询问的方式很有趣，一见面就是：“能在这里询问你们也真不容易，10月25日你们追得好狠，这条命都不知道是从什么地方捡来的。就奇怪了，你们怎么没把我整死？”所有被询问的日本海军军官一听这句话，顿时油然产生了一种亲切感，一些原本不肯说的话都肯对菲尔德讲。

菲尔德1947年退役后到大学教美国现代史，同时把他的作战经历和询问记录写成了一本名为*The Japanese at Leyte Gulf* 的书。因为莱特湾海战被称为“人类历史上最后的大海战”，所以描写莱特湾海战的书籍也就汗牛充栋，但这是最早的一本，也几乎是写得最好的一本。看过这本书的日本海军将领的反应是：“虽然（菲尔德）不是职业海军军人，但因为身临其境而且拥有充分的第一手资料，这是描写莱特海战最好的一本。”第二舰队参谋长小柳富次甚至说：“是从这本书里第一次了解到‘捷号作战’以及莱特湾作战的全貌。”战败以后日本海军销毁了一切能够销毁的资料，到后来，甚至日本海军高级军官的回忆录里牵涉莱特湾海战的部分也从那本书里面找资料，而且以后的所有书籍其实都是在企图回答菲尔德所提出的问题。

莱特湾海战是“捷一号作战”的一部分，简单地说，就是日本海军到当时还残存的全部战列舰、巡洋舰和驱逐舰全体出动，到莱特湾对着正在登陆的美军运输船团一阵乱轰，能打沉多少算多少，拼一个够本，拼两个赚一个。

这不是正规海军的战法，但看起来却又眼熟，不错，这就是先任参谋神重德大佐的方案。这位神重德就策划了第一次所罗门海战，给三川军一出了一个砸明火的作战方案，还大获成功。但当时没有经验，没有把美军的运输船团砸光光，留下了千古遗恨。

马里亚纳海战的时候，教育局一课课长神重德又老调重弹，说要带着“大和”号和“武藏”号去砸明火，砸不成明火就抢滩搁浅，当海上炮台和美国鬼子拼命，但一来那时海军还没有必死的觉悟，再加上你一个海军省的课长跑来对作战瞎开什么口，这不是干犯统帅权吗？所以那个方案被否定了。

这次不同了，这次没人反对。

联合舰队司令长官丰田副武大将在战后解释这个作战计划时说得很清楚，如果菲律宾落入美国人之手，则意味着南方资源地带和日本本土的彻底隔离，这时候第二舰队若回到油库已经见底的本土来的话是一堆废铁，而继续待在荷属东印度附近的话，因为无法得到本土的弹药补充，还是一堆废铁。看起来那么威武雄壮，号称世界上最大的战列舰“大和”号和“武藏”号就这样成为废铁，没什么可惜不可惜的。

丰田还有一句没有说出来而大家都心领神会的话，就是：战争已经结束了，日本已经彻底失败了，已经要亡国了。亡国之军还能有军舰吗？不能，一定要在还没有完全亡国之前，为这些凝聚了几代日本海军军人梦想的军舰，尤其是战列舰寻找一块好坟地。

因此莱特湾作战并不像联合舰队所发出的作战要领上写的那样，是

“与陆军协同，在决战海面邀击来攻之敌，确立不败之战略态势”，而是一次特攻行动。同时为了确保第二舰队的出击能有效果，不在半路上就被美国航母上的舰载机歼灭，还要让拥有6艘航母但没有飞机的第三舰队挺身而出去充当诱饵，将美国航空母舰舰队吸引过来。

这种想法虽然很疯狂，但绝不是不可理解，甚至美国海军都理解联合舰队的这次决心，如果尼米茨处在丰田副武的位置上，估计他可能也会下同样的决心。问题是军令部和联合舰队的意图并没有传达到第二舰队，或者是并没有做让第二舰队理解的努力，这才是莱特湾海战失败的原因。

现在第二舰战队的编制是这样的：

第一战队，战列舰“大和”号、“武藏”号、“长门”号，司令官为宇垣缠中将；

第四战队，重巡“爱宕”号、“高雄”号、“鸟海”号、“摩耶”号，由第二舰队司令长官栗田健男率领；

第五战队，重巡“妙高”号、“羽黑”号，司令官为桥本信太郎中将；

第二水雷战队，旗舰为轻巡“能代”号，司令官为早川干夫少将；

第二驱逐队，“早霜”号、“秋霜”号；

第三十一驱逐队，“岸波”号、“冲波”号、“朝霜”号、“长波”号；

第三十二驱逐队，“藤波”号、“浜波”号、“岛风”号；

第三战队，战列舰“金刚”号、“榛名”号，司令官为铃木义尾中将；

第七战队，重巡“熊野”号、“铃谷”号、“利根”号、“筑摩”号，司令官为白石万隆少将；

第十战队，旗舰为轻巡“矢矧”号，司令官为木村进少将；

第十七驱逐舰队，“浦风”号、“矶风”号、“浜风”号、“雪风”号、“野分”号、“清霜”号。

如果能把时间的帷幕拉回到1941年12月以前的话，这还是一个威风凛凛的阵容，也是一个能使敌对的海军司令官发怵的阵容。但是日本人自己在1941年12月8日打开了潘多拉魔盒，放出了航空兵这个战列舰的克星，所以现在的第二舰队就是一些船，一些装了大炮的被称为“军舰”的船而已，对美国海军司令官构不成威胁。

这支第二舰队参加了马里亚纳海战以后就顺路回国，最后回到吴军港是6月25日，待了十来天，期间不分昼夜地加班加点作业改造，加装雷达和防空武器。现在巡洋舰以上起码全部装备了叫作“电探”的雷达，“大和”号加装了117门各种对空火炮，“长门”号加装了98门，“高雄”号加装了60门，就连驱逐舰也起码加装了30门。反正现在整个第二舰队的所有舰只看上去就像一只只刺猬。

硬件问题算是对付了，但是联合舰队和军令部都不知道接下来的作战怎么办，就对第二舰队说国内没有油了，你们先去南洋，在那里加强训练，等这里定下来作战方案再和你们联系。于是第二舰队胆战心惊地南下2500海里，总算在7月16日平安到了林加锚地。

新装上去的雷达还有这样那样的很多问题，于是从日本国内来了一大批专家上军舰来和帝国军人一起解决技术问题。虽然是对着一个示波器看回波，但是看多了也能对目标回波做出自然反应。现在已经不需要在晚上打开探照灯或者打照明弹，不管在黑夜里，在浓雾中还是在热带暴风雨中，基本上能够依靠雷达进行所谓“无观测无瞄准射击”。虽然准确率还有些问题，但是据说距离15000米左右的射击效果基本上令人满意，正在向32000米的距离挑战。

在雷达还不能完全相信的情况下，猫眼还是需要的，第二舰队这次把猫眼全部换成了据说眼神特好的台湾高山族士兵，每天给他们吃鳗鱼喝鱼肝油，和“电探”一起成为双保险。

白昼编队和对舰射击更是达到了空前水平，林加锚地本来就大，舰队能够分成两拨对着轰，发射鱼雷，加上对空射击训练，反正第二舰队从清早睁眼到晚上闭眼之间都在训练，说是要报仇也行，拼命也罢，反正第二舰队从上到下就在盼着和美国佬干一架，管他胜负如何。

“捷一号作战”总算开始了。

“捷一号作战”在8月份就已经定案，第二舰队是“捷号作战”的主要力量，当然要军令部、联合舰队和第二舰队之间充分沟通。加上这次的作战意义空前重大：这是大日本帝国海军联合舰队的最后一战了。从1868年开始，这支海军走过了76年的历史，虽然现在走到了尽头，但也要走好这最后一步。

可是这最后一步实在不好走。联合舰队和第二舰队的意识之间存在巨大差异。

丰田长官在前面的话中把联合舰队的思想表述得相当清楚，而且这不是战后的托词。8月10日，在马尼拉举行的由军令部、联合舰队、西南方面舰队、第二舰队、第一南遣舰队等有关方面参加的作战会议上，联合舰队先任参谋神重德大佐的用词几乎是一模一样的。

但是这次作战会议极为失败，联合舰队根本没有做任何努力来向第二舰队传达自己的意图。这次有关“联合舰队的最后一战”的作战会议，居然没把预定参加“捷一号作战”的栗田健男的第二舰队、志摩清英的第五舰队、西村祥治第二战队和小泽治三郎的第三舰队几个主要方面全部找来一起参加，而是采取第五舰队和第二战队算一次，第二舰队再来一次的方法。

第二舰队的作战说明会议是在马尼拉开的，但是军令部和联合舰队派出的人员级别实在太低了。联合舰队只来了先任参谋神重德大佐，军令部只来了作战参谋榎尾义男中佐。

听完神大佐的说明以后觉得晕头晕脑的小柳参谋长，马上提出了一个问题：“不管美军在达沃、莱特，还是吕宋登陆，具有优势兵力的美军舰队绝无坐视我攻击其运输船队的道理，在遇到敌主力舰队拦阻的时候，第二舰队是心无旁骛地攻击敌运输船团，还是先与敌主力舰队决战？”

沉思了一会儿以后，神大佐下了决心：“先不进行舰队决战。”

小柳再次确认："这一点非常重要，请先任参谋回司令部后一定要向丰田长官说明。"

小柳参谋长回到林加，向栗田健男长官汇报完作战会议后，栗田双手抱头，瘫坐在椅子上半天，才低声说了一句："联合舰队是在帮第二舰队找坟场，但我可真想死得更加堂堂正正些。"

虽然有点嘀咕，长官还是坦然地接受了命令，但是其他司令部幕僚和战队司令官、舰长就不是这样了。第二天，在旗舰"爱宕"号举行的干部会议上，参谋长传达完联合舰队的作战计划后，会场就炸了锅："我们干吗要苦练这三个月啊！联合舰队知不知道这三个月的训练量比过去的一年还要大？"

幕僚和舰长有这种想法不奇怪，这个作战计划实在太莫名其妙。冲进莱特湾有什么用？先不说没有空中掩护的舰队能不能冲得进去，就算把为麦克阿瑟搬运作战物资的运输船全部击沉了又有什么用？财大气粗的美国佬会在乎这点东西？过不了几个月他们又会扛着一大堆行李来旅游了。只有消灭了美国佬的护航舰队以后，才谈得上制海权，才谈得上长治久安。至于能不能消灭美国护航舰队是另外一个问题，怎么能扯到一起来？

栗田无法说服这些下属，只好说："联合舰队的现状大家都知道，我们已经无法和美国舰队战斗，无法取得制海权，杜甫有句诗是'国破山河在'，但是绝不能'国破军舰在'。如果从海军军官的自尊心出发认为打击运输船队是耻辱的话，那么，联合舰队在战争失败以后还有军舰存在才是最大的耻辱。这是我们唯一的机会了，消灭了麦克阿瑟的运输船队，菲律宾岛屿防御战有可能进行得顺利一些，而我们在行动中也不是完全没有抓住敌人舰队决战的机会。"应该说栗田还有一句话没说出口："军令部给了联合舰队一个墓地，但联合舰队能够拒绝去这个墓地吗？"话虽然没说出口，但大家都明白了司令长官的意思，士气又突然高涨了起来，既然军令部和联合舰队那么关心我们，连墓地都帮忙准备好了，那就去死吧。

可是打击运输船队也不是容易的事情，首先运输船队是在护航船队的严密保护之下，而日本舰队现在已经没有舰载机的打击力量，就只能依靠刚刚开始重建的一航舰，最多在台湾的二航舰也参加支援，但这些空中力量能够挡住美国的航母舰队的概率小到可以不计。也就是说，这个计划如果能成功的话，真需要天照大神开眼，要么陆基航空兵袭击成功，要么美国人真被小泽治三郎牵跑了，但是怎么可能呢？日本的航空兵如果还能威胁美国舰队的话，第二舰队也不至于要去墓地啊，再说哪有傻瓜会被小泽治三郎忽悠了去？明显地对美国登陆兵力形成威胁的是第二舰队，那个第三舰队已经没有战斗力了。

战场上发生的事就是说不清楚，还就有哈尔西这样的傻瓜，当然当时谁都不知道。

军人以服从命令为天职，既然有了命令，第二舰队就得执行，舰艇部队真要不惜牺牲去攻击停泊着的运输船队倒不是什么困难事，问题是如何才能突破美军水底、空中的重重封锁到达现场。还有更闹心的事——油怎么办？

日本几乎没有油轮了。人们都批评斯普鲁恩斯作战保守，可是斯普鲁恩斯最后在马里亚纳海战中没忘记收拾大日本帝国2艘宝贵的油轮，弄得现在全日本海军只有8艘油轮，因为实在太贵重了，全归军令部直接掌管。这次为了帮联合舰队送葬，军令部豁出来了，说全给第二舰队，后来想想还是不行，就只给2艘，加一次油，第二舰队节省着点用，不要动不动就加速。

1944年10月18日，第二舰队全部舰只从林加锚地起航，前往文莱湾。

“捷一号作战”的基本内容是这样的：被称为栗田舰队的第二舰队和被称为西村舰队的第二战队组成第一游击部队从文莱出发，通过不同的航道从南北方向夹击莱特湾；被称为志摩舰队的第五舰队则是第二游击部队，从台湾的马公出发，和西村舰队会合以后从北边进攻莱特湾。

与此同时，被称为小泽舰队的由航母组成的第三舰队从濑户内海出发，通过丰后水道进入太平洋，进行佯动作战吸引美军舰队以掩护上述水面舰艇部队的动作。与此同时，马尼拉的第一航空舰队和台北的第二航空舰队则作为空中掩护力量，向美国航母舰队发动进攻。

其他都好理解，就这个西村舰队的称呼有点怪里怪气：明明是第二战队这种舰队以下的编制，怎么又被称为舰队？这得从西村祥治麾下的舰只组成说起。西村手下的舰只是这样的：战列舰“山城”号、“扶桑”号，重型巡洋舰“最上”号，第四驱逐队所辖“满潮”号、“朝云”号、“山云”号和第27驱逐队所辖“时雨”号。

这是一支典型的“黔驴”舰队——外强中干。别看它有2艘战列舰，“山城”号的排水量约40000吨，“扶桑”号的排水量约30000吨，但“山城”号是1915年下水的，“扶桑”号更早，1914年下水，祖爷爷辈的战列舰，早该退役了，但因为一直没有钱造新的，修修补补加改造还一直在编制表上。其实海军也没有计算这2艘战列舰的战斗力，开战以后，除了参加了中途岛作战那次全体出动的大游行之外，它们一直就在国内作为练习舰用。

这次从“国破不能军舰在”的想法出发，2艘祖爷爷舰被想起来了，临时找了1艘重型巡洋舰和4艘驱逐舰伴随，编成了一个班子放在第二舰队下面，因为它们也是战列舰，所以还接在第二舰队以“大和”号、“武藏”号为主力的第一战队后面，成了第二战队。可是“山城”号和“扶桑”号是没有速度的，最大速度只有22节，这样又不能跟第二舰队一起行动，只能单独行动，所以在称呼的时候也成了“舰队”。“南北夹击莱特湾”的战术由来就是这么回事，夹击并不是为了加强什么攻击效果，而是实在没办法。

联合舰队对于第二战队的这种使用方法问题很大。刚刚到达林加锚地的第二战队没有赶上第二舰队的训练，不能指望他们真的打仗。既然整个第三舰队都被抛出去做诱饵，第二战队也应该抛出去做诱饵才对，让它们在第二舰队的前面开路，吸引一些美军的航空兵，减轻第二舰队的压力。

第二战队没有速度怎么能走在第二舰队前面呢？这又是日本海军的一个可怜之处了。他们没有油，在没有进入战斗状态之前不能开全速，只能以18节左右的速度慢慢往前走，而第二战队反正是要沉的，让他们开足全速跑在前面其实行得通。

再来说说志摩清英中将的第五舰队。第五舰队居然是一支没有户口的盲流舰队。第五舰队本来是东南方面舰队下面负责北方的千岛群岛和阿留申群岛防守的部队，美国人把阿留申群岛的被占海岛收回去了以后，这支舰队就处于“下岗”状态，于是，第五舰队就在上级舰队还是东南方面舰队的情况下被弄到南方来作战。一开始说是到台湾以东去打扫战场，半路上又接到命令说回冲绳的奄美大岛，再稀里糊涂地被支使去台湾马公，还没到马公，18日在路上又接到命令说从东南方面舰队划出来归西南方面舰队管了，20日进了马公港以后，刚加完油就接到西南方面舰队的命令说赶快到马尼拉来。志摩清英以为是三川军一让他赶快去拜码头，于是加快脚步往马尼拉赶，但刚到吕宋岛北部海面，又接到三川军一的命令，说你们不要到马尼拉来了，你们算第二游击部队，和西村舰队会合一起去莱特湾砸明火，于是就直接去了巴拉望岛北面卡拉棉群岛的科隆湾。

第五舰队的编制是这样的：

第二十一战队，重巡“那智”号、“足柄”号，志摩清英中将率领；

第一水雷战队，旗舰轻巡“阿武隈”号，司令官为木村昌福中将；

第七驱逐队，“潮”号、“曙”号；

第十八驱逐队，“不知火”号、“霞”号。

10月23日，第五舰队进了科隆湾，可是找不到说好在那儿等着帮他们加油的油轮，只好从巡洋舰里抽油分给那些已经油箱见底了的驱逐舰。分完了油以后，舰队在24日凌晨出发，穿过苏禄海去追赶预备穿越苏里高海峡从南面进入莱特湾的第二战队。

第二舰队到达文莱是20日正午，和第五舰队一样，也没有油船的影子，也还是大家分油，驱逐舰从巡洋舰的油箱里抽油，巡洋舰再从战列舰的油箱里抽油，这样油船来了以后只要给战列舰加油就行了，节省点时间。要知道美国人在18日就已经在莱特岛登陆了，联合舰队给他们的命令是，25日黎明时分一定要冲进莱特湾，这样22日一早一定要出发。

21日上午，两艘油轮总算进了港，赶快给战列舰和其他油箱还没满的军舰加油，最后总算在出发前3小时加完了油。

第二舰队在旗舰“爱宕”号上召开了作战准备会议，首先就是走哪条路的问题，从文莱去莱特岛共有4条路，但是日本舰队一来没有时间，二来没有油料，没有那么多的选择余地，结果是走不了同一条路。第二舰队从巴拉望水道穿过去，然后再从民都洛岛的南方穿过圣贝纳迪诺海峡，这条路的危险是巴拉望水道过于狭窄，容易受到美国潜水艇的威胁。腿脚不便的第二战队则只能穿过苏禄海直插苏里高海峡，距离最短，可是受美国航空兵威胁的可能性也最大。

第十四方面军派了一名参谋飞到文莱来参加这次作战会议，这位参谋的名讳已不可考，但此公的发言过于雷人。他说莱特岛上的第十六师团是皇军最精锐的部队，肯定和麦克阿瑟打得难解难分，为了不误伤自己人，他要求海军在任何情况下都不要炮击陆地。

参加作战会议的军官们都傻了眼。25日冲进莱特湾去进攻18日已经开始登陆的美军运输船队，就美军的卸货能力还能指望有货没卸下来？原来指望美军就是卸了货也没有地方放，肯定还堆在海岸上，用主炮的三式弹放上一把火全烧了它。可现在陆军居然不允许炮击陆地，这进莱特湾到底是去干啥？真的就是去打空船？

空船也要去打，这是命令。

作战会议以后，舰队司令部端出了清酒和鱿鱼干，舰长以上的主要军官在一起干最后一杯，以后舰长们回各舰去干杯。现在，将官们在将官室把新加坡的第一南遣舰队司令长官田结穰中将特地送过来的几瓶香槟也打开了。

这次是“特攻”，绝无活着回来的道理，所以大家没有了牢骚，好像回到了江田岛的兵学校时代。山本五十六时代的联合舰队参谋长、现任第一战队司令官宇垣缠中将因为从不对“吊床号”低于自己的人假以一笑而被人称为“黄金假面”，现在连他的脸上都出现了笑容，举着酒杯对小柳参谋长说：“担心什么，肯定会顺利的。”对啊，在死神面前还能有什么不顺利的，大家端着杯子，话题是过去在兵学校的日子。

长得团头团脑有点像弥勒佛的西村祥治像弥勒佛似的满脸在笑，他向所有在场的同僚一杯杯地敬酒。人人都在走向死亡，可能西村中将抛不下的东西更少一些。因为他的独子在1941年12月开战的时候已经战死了，也是在菲律宾，现在是父亲也要走向同一个战场，走向同一个结局了。

海军的将军也是人，当然也有怕死或者不想死的，但说到底海军没有像陆军的富永恭次那样开病假条临阵逃脱的将军，也没有像东条英机那样3个儿子没一个上战场的将军。

海军兵学校从1869年建校以来，毕业生总共11182名，其中战死4012人，约占总数的1/3，其中95%以上死于太平洋战争。

当时日本海军中最年轻的军官是1944年3月22日毕业的海兵73期的少尉。海兵毕业生中，73期的特别惨，出了校门就陆陆续续地死去，进校904名，毕业902名，总共战死284名，约占1/3。5月份刚毕业不久，马里亚纳海战就战死25名，这次的莱特湾海战战死数目是66名，后来的大和特攻“天一号作战”又是33名。有人统计过，莱特湾海战最高潮的1944年10月25日这天，各地战死的海军兵学校毕业生总共是158名，其中73期的居然多达65名。

13 海上的死亡行军

22日8时，第二舰队从文莱出发，以18节的速度顺着巴拉望水道北上。舰队此时还在美国飞机警戒圈外，最主要的威胁就是美军的潜艇，所以一出文莱，全舰队都绷紧神经看着海面，同时不断做“之”字形运动。入夜后舰队速度降到16节，同时停止了“之”字形运动，开始进入巴拉望水道。巴拉望水道狭窄，舰队无法做大规模机动，如果这时有美军潜水艇出现的话，那就可以打活靶子了。

倒霉的不是什么“如果”，还就是事实。

两艘美国潜艇“鲦鱼”号和“海鲫”号就在附近。“鲦鱼”号已经停在了旗舰“爱宕”号的正对面，6时32分，在980码的距离上（890米左右），一下子把艇首鱼雷发射管里的6枚鱼雷全部打了出来。一不做二不休，“鲦鱼”号在这么近的距离上还做了一个高难度的180度转身，将艇尾发射管里的4枚鱼雷对着“爱宕”号后面的“高雄”号又打了出去。

“爱宕”号被连续4枚鱼雷命中右舷，在“爱宕”号800米后方的“高雄”号好不容易让过了没有命中“爱宕”号的2枚鱼雷，可是被“鲦鱼”号第二次发射的4枚鱼雷中的2枚分别击中右舷中部和后部，4根螺旋桨断了2根。

噩梦还没有过去，6时56分，“海鲫”号潜艇乘着混乱发射的6枚鱼雷中有4枚击中重巡“摩耶”号，最致命的一枚命中一号炮塔下面的弹药库，引起大爆炸。8分钟之后，海面上就找不到“摩耶”号的踪影了。

“高雄”号虽然没有沉，但已经失去了战斗力，在“长波”号和“朝霜”号的护卫下回航文莱。落水的第二舰队司令部成员被驱逐舰“岸波”号救了起来，但“岸波”号没有旗舰所必需的通信设备，因此栗田从“岸波”号改乘“大和”号，在“大和”号上升起将旗，继续前进。

其实在出发之前，就有人提议过把“大和”号作为第二舰队的旗舰，但是“大和”号是第一战队的旗舰，第一战队司令官宇垣缠就在上面。虽然海兵38期的栗田不用看40期的宇垣缠的脸色，但只上过海大乙种课程，也就是专业课程有所欠缺的栗田总有点学历情结，看到那张挂满学历、“吊床号”的“黄金假面”就不舒服，这次是没有办法了才上“大和”号。

宇垣缠笑脸相迎，栗田也苦笑着解嘲：“被漂亮地做了一记。”

宇垣缠难得地关心人："长官，现在还是刚刚开始呢，长官的登革热好些了吗？"

"可能是在水里游了一下，好多了，热度也没有了。"

舰队一下子就少了3艘重巡和2艘驱逐舰，但看上去，以栗田健男中将为首的第二舰队全体官兵情绪很稳定，现在速度重新升到了18节，第二舰队继续北上。

不管第二舰队的情绪到底是不是真的很稳定，反正还有一位情绪特别高涨的，那就是麦克阿瑟。8月20日，头戴特制的菲律宾元帅帽的麦克阿瑟下登陆艇涉水上了莱特岛。1时30分，在滩头阵地临时清理出来的一块空地上，麦克阿瑟冒着有可能飞来的日军炮弹的危险，发表了有名的讲话："菲律宾人民，我已经回来了！仰仗万能的上帝的慈悲，我们的军队又一次站在菲律宾的土地上了。"

麦克阿瑟带了20万人来，支援这次登陆行动的是哈尔西的第三舰队和金凯德的第七舰队。美国海军分成太平洋和大西洋两部分，单号舰队管太平洋，双号舰队管大西洋，当时太平洋上有一个受尼米茨指挥、拥有两套番号的第三第五舰队，还有一支组建于1943年3月的受西南太平洋战区司令官麦克阿瑟指挥的第七舰队。就是说太平洋上的美国海军力量都来了。第七舰队和第三舰队的分工是，第七舰队提供对登陆行动的直接支持，而第三舰队负责警戒。

哈尔西带了以15艘航空母舰为中心的大小91艘舰艇，散布在从吕宋岛沿海到莱特岛沿海南北宽达250公里的海面上，手下有4个航母群。正当哈尔西在旗舰"新泽西"号战列舰上因为无事可干，无聊地皱着那张斗牛犬脸而坐立不安的时候，从"鲦鱼"号潜艇传来了发现大群日本军舰北上的消息，这下总算把萎靡不振的哈尔西给救了，干脆把整个三十八特混舰队的指挥全部接管了，把粗粗的"斗牛犬爪"往地图上一指："杀小日本去。"

24日8时左右，美军已经确认了"大和"号等第二舰队的舰只，9时左右，美军还发现了正在苏禄海上向苏里高海峡方向运动的西村舰队和跟随上来的志摩舰队。负责莱特岛登陆支援的第七舰队的金凯德当然不知道，那其实是前往同一个方向完成同一个任务而又互不通气的两支舰队，还以为是一拨的，赶忙调兵遣将，准备在苏里高海峡堵住日本人，至于收拾在锡布延海上航行的那支大舰队当仁不让地是哈尔西的活。

金凯德和哈尔西在这个问题上有认识误差。金凯德看来，如此强大的第三舰队就在身边，他只要集中精力掩护麦克阿瑟登陆就行了，现在匀出点人马去堵苏里高海峡都担心哈尔西会不会认为这是对他的不信任而不开心。而哈尔西认为自己就是游击部队，任务就是杀死一切敢来送死的日本人，你金凯德身为伟大的海军军官总不至于连自己都保不了。

西村舰队在9时左右开始受到美军轰炸，但轰炸持续了不到10分钟，“扶桑”号后甲板上的弹射器被炸坏了，飞机没法起飞了，但海战和航行似乎还没有问题。西村向栗田发了电报报告情况，说受到美国飞机袭击，除挨了几颗至近弹之外没有损失，现在全舰队情绪很稳定，继续前进，可能提前突破苏里高海峡，一起合围莱特湾，大日本帝国武运长久，等等。

就算加上默默地跟在后面的志摩舰队，哈尔西对那支可怜的西村舰队也没有什么兴趣。锡布延海面上那支大型舰船编队更合哈尔西的胃口，哈尔西的目标是锡布延海上的第二舰队。

日本海军从甲午战争以后，基本上是采用单列纵队队形，但现在也不得不采用美军创造的防空环形阵了。只不过美军环形阵的中心是航母，而没有航母的第二舰队环形阵的中心是战列舰“大和”号和“金刚”号。

10时刚过，雷达和猫眼都发出了发现美军飞机的警报，第二舰队把速度提高到了24节，全速向前冲。10时26分，“大和”号的18英寸主炮发出怒吼，打出了第一排三式弹，在15000米处筑起了一片火墙，接下来各战列舰、巡洋舰的主炮也开了火，驱逐舰的主炮和各舰上的高射炮、高射机枪全打起来了。第二舰队被一片防空弹幕包裹了起来。

单纯从防空炮火的数目来说，日本舰队此时的配备并不差，三式弹也是威力巨大的防空武器，但日本舰队防空火力最致命的弱点并不是没有VT信管，而是没有统一的防空火控系统。日俄战争中日本海大海战之前，日本海军对舰炮射击进行了革命性的改革，把原来各自为战的主炮改为统一控制，集中起来的火力把沙俄的波罗的海舰队打得满地找牙，但在40年后日本人忘记了火力运用的基本要领，各处防空火力自说自话，这样出现的空当就太多了。

第一次空袭持续了15分钟，“武藏”号的主炮射击指挥仪就被一枚命中舰体的鱼雷给震坏了，从此主炮无法进行统一射击。重型巡洋舰“妙高”号也中了一枚鱼雷，只能退出战阵，第五战队把旗舰改为“羽黑”号，“妙高”号自己退往科隆湾。这次实在抽不出护航的驱逐舰了，“妙高”号只好自己走。

就这样，第二舰队从文莱湾出发时的10艘重巡只剩下了6艘。

但这仅仅是开始。空袭进行了5次，一直持续到15时30分，到空袭结束以后，战列舰“大和”号、“长门”号，重巡“利根”号，轻巡“矢矧”号，驱逐舰“清霜”号和“浜风”号中弹受损，而“武藏”号濒临死亡。“武藏”号仅仅在第五次空袭中就挨了11枚鱼雷，被10颗炸弹直接命中，还有起码6颗至近弹，舰上到处起火，上部建筑全部被破坏，舰首已经浸入海面。舰长猪口敏平少将负重伤，破损严重的舰桥上的人非死即伤，“武藏”号已经没救了。

栗田健男受不了了，美国飞机一而再、再而三地缠住自己不放，说明航母部队和陆基航空兵对美国航母的攻击没有任何效果，甚至是不是进行了这种攻击都很可疑，于是向第三舰队和陆基航空舰队发报询问：“一直在遭到敌舰载机攻击，请速告你们的攻击情况。”在向联合舰队司令部报告了“暂时退出敌机空袭圈”以后，他下达了“一齐回头”的命令，向西撤退了。

向西航行一个半小时以后，栗田奇怪地发现似乎没有美国飞机再来了，便对参谋长小柳说了声“回头”。

小柳有点惊讶：“现在就回头？太早了点吧。”

“行了，再不回头我们就没有时间了。”栗田看着前方说。

17时14分，栗田的第二舰队再次转头向东，速度18节，朝圣贝纳迪诺海峡驶去。

可是空中再也没有了美国飞机，只有舰队犁开的白色波浪。白天的遭遇像噩梦一样地变得那么不真实，或者说现在的平静像梦幻一样异常。

为什么没有了美国飞机，他们都去哪儿了？

听说狗熊掰棒子是掰一个往胳肢窝底下一夹，见到更大的，再掰下来还是往胳肢窝里一夹，刚刚掰的那个不要了。现在的哈尔西就是这样。发现西村舰队对哈尔西来说就是一剂强心针，找到了栗田舰队更是一针鸡血，现在的哈尔西更是兴奋得不能自已，因为有探子来报，日本的航母舰队出现了，哈尔西顿时一声呼啸，整个第三十八特混舰队就“嗖”的一下窜向北方了。

这就是栗田健男头顶上不见美军飞机的原因。

哈尔西扑向的当然是小泽治三郎的第三舰队。

担任诱饵任务的第三舰队驶出濑户内海的丰后水道进入太平洋是在10月20日。小泽的手下有第三航空战队的正规航母“瑞鹤”号，改装航母“瑞凤”号、“千代田”号、“千岁”号，第四航空战队的航空战列舰“伊势”号、“日向”号，加上2艘轻型巡洋舰“大淀”号和“五十铃”号，还有8艘驱逐舰，从纸面上看还是一支挺威风的队伍，但是实际装备却严重不足，4艘航母的标准载机数量应该是174架，而现在只有116架。

台湾近海海战把舰载航空兵给耗完了，现在的这些飞机不少是从各地面基地里找来的陆基飞机。大部分飞行员的水平仅仅在于他们能把飞机停到航母的甲板上而没有直接一头扎上去或者是滑进大海，但要让他们再降落一次不一定会成功。

那两艘航空战列舰“伊势”号、“日向”号更是莫名其妙。这两艘军舰是现在在苏禄海上的祖爷爷辈的战列舰“扶桑”号和“山城”号的“弟弟”，分别在1916年和1917年下水，虽然和“扶桑”号排行不同，但辈分是一样的。

中途岛海战中一下子丢了4艘正规航母，造新的没钱没料没时间，就有人想出来了一个把这几艘祖爷爷辈的战列舰改成航空母舰的主意，但是4艘全部改造是没钱没料没时间，只好改“伊势”号、“日向”号2艘。即便是2艘大改还是没钱没料没时间，原计划把6组14英寸双联主炮中舰桥以后的三号到六号主炮拆掉，改装飞行甲板，结果到了最后只能拆掉五号和六号主炮，改成飞行甲板和仓库，弄成一个古怪模样。

这2艘航空战列舰飞行甲板长度不到正规航母飞行甲板的一半，舰载机能起飞但不能降落，只能到陆基机场降落，这样就成了一个一次性使用的航母，还不能跑远，离开陆基基地太远飞机可就回不去了。但是运气好的话，遇上和象棋比赛冠军打高尔夫球，或者和高尔夫球赛冠军下象棋的事情也不是不可能，这两艘船上还有8门14英寸大炮是事实，遇上航母就是战列舰，遇上战列舰就是航母，要是对方舰队是航母加战列舰就临时再找辙吧。

但是没有飞机。本来计划每艘船装22架飞机，可是原本配备的第634航空队在前几天的台湾近海海战中消耗得差不多了，剩下的几架干脆去了菲律宾，现在的“伊势”号、“日向”号上没有飞机，是两艘空船。

可是哈尔西不知道这些八卦。他知道的只是侦察机回来报告说发现了4艘“平顶”（航母的意思）和2艘认不出来却有“平顶”嫌疑的怪物，他可不知道这是一支根本没有战斗力的舰队，是放出来当诱饵掩护现在在锡布延海上的栗田舰队的。按照常理判断，没有航母的舰队已经无法进攻了，他可没想到这次栗田就是来砸场子，没打算活着回去，而是理所当然地认为第三舰队才是联合舰队准备进攻莱特湾的主力。以这种常识判断加上哈尔西的斗牛犬脾气，哈尔西北上了。

按照事先商定的计划，西村舰队从苏禄海通过苏里高海峡于25日早晨从南面突入莱特湾，配合栗田舰队消灭莱特湾内的美军运输船队。

西村舰队从文莱出发时是22日15时。为了避开美国潜水艇和陆基远程侦察机，一开始是和栗田舰队一样在绕大圈子，然后通过巴拉巴克海峡进入苏禄海，进入苏禄海以后还是尽量靠东北方向走，以避开美国陆基侦察机。到24日拂晓接近民都洛海之后再转头向东南，这时还从重巡“最上”号上起飞了一架侦察机往莱特湾展开侦察。

以莫里斯少将为首的所有美国战史学家在评论日本海军将领时，都在把田中赖三作为“最有才华的日本海军将领”的同时，把西村祥治作为“最无能的日本海军将领”，其理由就是，从一开始西村的一系列动作要么不可解释，要么解释的依据过于奇怪。

按照战前在文莱的商定，西村的第二战队将和志摩清英的第五舰队会合以后一起展开攻击，可是这里面有一个问题：谁来指挥？西村祥治和志摩清英都是海兵39期，但志摩清英是海大21期的，因此在1939年11月晋升少将，1943年5月晋升中将，而西村祥治到1940年11月才晋升少将，而晋升中将是1943年11月，这样志摩清英是先任，西村要受志摩指挥。

但是西村很怀疑志摩这个一直在中枢机关转来转去、很少有海上行动经验的通信专家是否有能力指挥，所以西村在整个行动中从来没有询问过志摩的位置。倒霉的是，志摩清英对这个先任的位置也不感兴趣，起码在这次行动中是这样。因为志摩清英被人从广岛湾的柱岛基地支使到台湾海面，再莫名其妙让他去马公，接着又让他去马尼拉，中途又让他去科隆湾，连油都没有加又要他去莱特湾。去干什么算是大致上知道，但是敌情如何、地理如何、友军如何行动则一概不知，让他来指挥岂不是开玩笑？你不来招呼正好，所以也一声不吭，反正前进路上有你。

在以13节速度东进的西村祥治已经是死路一条了。西村现在已经被美军侦察机发现，而本来是不应该被发现的。西村从文莱湾出发以后就一直以18节的速度行进，事实上根据计算，如果西村舰队从文莱湾出发后就一直以13节速度航行的话，在美军侦察机发现他的时候，他应该处于美军侦察机的活动半径60海里之外。而在美军的注意力全部被栗田健男吸引过去以后，他被发现的可能性更是为零，因为碰巧西村的行进航路上没有美军潜水艇活动。

西村急急忙忙赶路的唯一解释就是，不愿意被志摩赶上，不愿意交出事实上的先任位置，他想避开志摩清英。

但是等着他的是美军第七十七特遣舰队第二群的杰西·奥登多夫少将，他的编队组成是战列舰“密西西比”号、“马里兰”号、“西弗吉尼亚”号、“宾夕法尼亚”号、“田纳西”号、“加利福尼亚”号，重型巡洋舰“路易斯维尔”号、“波特兰”号、“明尼阿波利斯”号、“斯洛普夏”号和轻型巡洋舰“丹佛”号、“哥伦比亚”号、“博伊斯”号和“凤凰城”号，还有26艘驱逐舰和39艘鱼雷艇。

奥登多夫将这支队伍从苏里高海峡的入口开始按鱼雷艇、驱逐舰的顺序安排下来，最后在海峡的出口先是巡洋舰，后面是战列舰排成横队。这一切的安排都不禁让人回想起日俄战争的日本海大海战。而现在的西村祥治正像当年的罗杰斯特文斯基一样，什么都不想，什么都不管，心无旁骛，只管往预定的目标方向狂奔，正应了那句“出来混总是要还的”的俗话。

在某种程度上，当年的罗杰斯特文斯基还能为人理解，他想尽快地通过对马海峡躲进海参崴，因此决定不顾一切地硬闯，闯过去就安全了。可是西村祥治是在作战，有明确的作战目标，就是和栗田舰队一起消灭莱特湾内的美军运输船队。而且西村祥治通过自己派出去的侦察机也基本上掌握了美军在莱特湾内的大致配置情况，所以没有人能够理解为什么西村祥治把一次特攻作战变成了一次玉碎冲锋。可能在西村看来，冲进莱特湾就是至高无上的使命，而冲进莱特湾去干什么？就他手上的两艘祖爷爷辈战列舰，即使是冲进了莱特湾，又能干什么？这一切西村似乎都没有去想。

只能说这又是日本人常见的只重视过程而轻视结果的思维定式在作怪了。

帕纳翁岛和迪纳加特岛夹着的苏里高海峡宽30公里、长80公里，“山城”号和“扶桑”号在最高时速的情况下穿过海峡也需要两个小时，海峡内小岛密布，更何况美军的各类舰艇已经准备就绪，是一条名副其实的死亡通道。

西村完全知道这些，也知道这一切的意义，西村更知道他并不是去做玉碎冲锋，而是要想办法排除一切阻挠冲进莱特湾。

应该说西村祥治中将并不是没有选择。即使在他已经走错了第一步棋从而让美军侦察机发现了自己的行踪，再也不可能安全穿过苏里高海峡的情况下，他还是可以利用苏里高海峡地形复杂的特点，拼得自己全灭也要使金凯德多出一点血，这样如果栗田健男能更顺利地杀进莱特湾，弄得不好还能出来，总之他应该停下来好好想想，等志摩清英赶上来再做决定。

当然西村中将也可能在平静的白天已经全部考虑好了，对于他来说，这场战争已经没有任何意义。西村有儿三名，两个早夭，唯一成人的儿子在两年多前凋落在了菲律宾，现在西村本人接到的又是一纸这样的特攻命令。中将当然知道即便这次特攻成功也不会影响整个战局，所以相比起进攻敌人来，他似乎更加注重为舰队和自己寻找墓地。

西村在苏里高海峡入口处将舰队对准正北的零度方向（海事上以正北方向为零度，全方位以顺时针方向360度一周表示），重新排了一下队伍就进入了死亡通道苏里高海峡。

成单纵列走在最前方的是“满潮”号和“朝云”号，两舰相隔1000米，“朝云”号后面500米是成左右横排的“山云”号和“时雨”号，1500米之后是旗舰“山城”号，“山城”号后面是相隔1000米的一路纵队“扶桑”号和“最上”号。奥登多夫放在苏里高海峡入口处意图扰乱日本舰队的鱼雷艇队没有能够缠住只管低头赶路的西村舰队，西村只管用炮火驱赶那些靠得太近的美国鱼雷艇，但是没有任何要追上去和鱼雷艇打架的举动，很快地就把鱼雷艇甩到了身后。

这时候鱼雷艇队把围攻日本舰队的接力棒传给了在前面出现的美国驱逐舰队，2时16分，围着日本舰队咬的鱼雷艇散去，2时53分，“时雨”号的猫眼突然惊叫了起来：“右舷10度，敌舰。”话音未落，3艘美国第五十四驱逐队的驱逐舰在一分钟内从7000米外向日本人发射了27枚鱼雷，接着就拉出烟雾向北方避让。经过两年多的海战，美国驱逐舰队成了超出日本人估计的老鸟队伍了，甚至在西村舰队还没有想到美国舰队已经完成了鱼雷发射动作，还在向美国驱逐舰头上打照明弹的时候，鱼雷就已经撞上来了。

“扶桑”号被4枚鱼雷击中，断成两截，被当场“轰沉”。经常能在大本营发表中看见“轰沉”和“击沉”这两个字，这两个字到底是什么意思呢？其实区分很诡秘——是从时间上来区分，日本海军对“轰沉”的定义是“受到攻击以后5分钟之内沉没”，否则算“击沉”，在被“轰沉”的时候是不可能逃生的。

其实近代装甲舰出现以后，除了中大彩正好击中弹药库引发大爆炸之外，是不可能“轰沉”巡洋舰以上的舰艇的，但这次“扶桑”号就出现被轰沉的奇迹，舰长阪匡身大佐以下1200名官兵无一生还。

这时候第五十四驱逐队的另两艘驱逐舰又对着日本舰队发射了20枚鱼雷，这次是“山云”被轰沉，“满潮”号失去航行能力，“朝云”号的舰首被切断，“山城”号左舷后部也中了一枚鱼雷。

美国第五十四驱逐队的一次冲锋，西村舰队就只剩下“山城”号、“最上”号和“时雨”号3艘军舰了，虽然损失过半，但西村中将依然情绪稳定。3时30分，西村给栗田健男发去以下内容的电报：“我驱逐舰受到鱼雷攻击，‘山城’也被命中，不影响战斗航进。”其实有人很怀疑发出这份电报的西村祥治是不是知道战场上发生了什么，因为“扶桑”号下沉的速度实在太快，西村很可能在发出这份电报时不知道“扶桑”号已经沉了。

现在等待着“山城”号、“最上”号和“时雨”号的是在苏里高海峡出口处横着摆成两个纵列的巡洋舰队和战列舰队。这6艘战列舰除了“密西西比”号之外，其余5艘都是曾在珍珠港被联合舰队击沉或者打搁浅的。但是美国人把这些战列舰又拖起来或捞起来，“老黄瓜刷绿漆”，又来了。

4时左右，14艘战列舰、巡洋舰的主炮，对准进入了射程的3艘日本舰艇一起喷出怒火，在持续30分钟左右的炮击中，战列舰群大约发射了300发炮弹，而巡洋舰群则打出了4300发炮弹，与此同时美国驱逐舰还在发射鱼雷。

“山城”号、“最上”号中弹起火，“山城”号舰长筱田胜清大佐下令弃舰后不到两分钟，“山城”号就沉了，西村祥治中将以下官兵1400人活下来的只有10人。

重巡“最上”号的舰桥被直接命中，舰长藤间良大佐和副长、航海长、水雷长、通信长全员战死，舵机被打坏，“最上”号成了一艘漂浮在海上的幽灵船，后来是炮术长和几个兵曹想法子切换到了人工操舵，才以微动的速度向南移动，离开了美军火力圈。

“覆巢之下，焉有完卵”，有时也有。这样的炮火对“时雨”号来说甚至大于一次覆巢，但是能够和“雪风”号齐名的“时雨”号确有过人之处。在烈火地狱里转了一圈，愣还是基本完整的，只是后甲板上一颗重巡打来的20厘米炮弹穿透了重油油箱，但那颗炮弹是哑弹，除震坏了舵机，一时“时雨”号像被点中了穴位一样动弹不得之外，别的灾祸什么都没有，转换到备用舵机之后，“时雨”号摇摇晃晃地开始后撤了。

半小时以后，志摩舰队来了。轻巡“阿武隈”号已经被美国鱼雷艇亲近了一下，掉了队，走在最前面的是重巡“那智”号，接下来是“足柄”号、“潮”号、“霞”号、“曙”号和“不知火”号。

刚进苏里高海峡，就看到熊熊燃烧着的“最上”号。志摩清英估量了一下形势，决定退却，可是“那智”号在转弯时又撞到“最上”号身上去了，舰首严重受损，“那智”号舰长鹿冈圆平大佐虽然是海大32期的首席军刀组，但不太会开船，他以为“最上”号停着却没想到受损严重的“最上”号还在动，只有9节的速度，不注意还真不知道。

这时候“最上”号的大喇叭响了：“本舰舵机损坏，舰长、副长、航海长全部战死，现在先任将校是炮术长，操舰不精，给您添麻烦！”整个“对不起，硌了您的脚”的日本版。

被这么撞了一下，“最上”号倒是真不能动了，被志摩舰队的“曙”号击沉。这样整个西村舰队就剩下了一艘“时雨”号，而美国人在苏里高海峡仅损失了1艘鱼雷艇，伤亡50人，和日本人相比，也就是被擦了那么一下。

美国人对志摩中将的评价是：“他把第五舰队带进了苏里高海峡，又把第五舰队带出了苏里高海峡，只不过进出口是同一个。”

进攻莱特湾的第一支队伍还没有穿过苏里高海峡就已经完蛋了。

第七章

日落西山：国家跟着海军一起玩消失

事件：

日本投降前后（1945年）

人物：

小泽治三郎、栗田健男、伊藤整一、铃木贯太郎

☆
☆
☆
☆
☆

01 联合舰队不再有航母了

小泽治三郎在进入太平洋以后一直派飞机四处侦察寻找哈尔西，一直没有找到，虽然此时日军飞机也装备了雷达，但是机载型的质量比舰用型更差，当时的日本不是什么电子强国，真空管质量本来就不过关，要求更加严格的机载零件就更加过不了关。就算是在天上能够工作的雷达，其有效判定距离也只有30公里。要知道训练有素的观察员肉眼也能看到距离30公里的目标，所以不太能见到日本飞机的机载雷达比观察员更早发现了什么的记载，基本上都是靠肉眼。

而且这种侦察飞行损失巨大，每天派出去的9架侦察机，能回来的不到2/3，不是撞上美军被人家打了下来，而是自己摆了乌龙，要么回来找不到自己的舰队了，要么找到了降不下来。

对于小泽治三郎来说，即便是这些不能着舰的飞行员也是宝贵的战斗力，如果哈尔西没有发现他，但却消灭了栗田舰队的话，他小泽就要担负起攻击莱特湾的重任，那时候就要指望这些菜鸟飞行员了。

10月24日，小泽豁出10架飞机去侦察，几小时后终于有一架找到了谢尔曼群。中午过后，小泽起飞了76架飞机前往攻击谢尔曼群，这些出击的飞行员基本上都是有去无回的，但也是“基本上”而已，既然不是特攻，总有人能活下来，小泽让活下来的飞行员们就不要回母舰了，直接去菲律宾吕宋岛的尼科尔斯基地降落。

其实整个太平洋战争期间，美国海军侦察机的战绩也是平平，反正人家有雷达，有VT信管，侦察机是不是能弄回来情报也不在乎，哈尔西这次也是和马里亚纳海战的斯普鲁恩斯一样，迟迟找不到已经出动了的日本航母舰队所在，一直到24日傍晚才找到正在朝西南方向运动的小泽舰队。

虽然也有部下指出，日军的主力应该是正在向圣贝纳迪诺海峡运动的战列舰队，这支航母舰队说不定是日本人放出来的诱饵舰队，但这种奇谈怪论在哈尔西面前全没有市场，哈尔西大手一挥，于是大小12艘各种航母上的大约600架飞机就一同去扫荡日本的航母了。

25日7时30分，美国侦察机在北方130海里的地方找到了日本舰队，距正在空中盘旋准备的攻击机群的位置只有70海里，也就是向前跨一步的距离。

与此同时，“瑞鹤”号的雷达也捕捉到了美国机群，20分钟以后美国进攻机群进入视界。此时从“瑞鹤”号和“千岁”号的飞行甲板上起飞了最后的11架零战，加上原来在空中护航的零战，总共有18架，这就是当时日本航母舰队的全部家当了。

此时全舰队再次一起回头往北退却，尽可能地把哈尔西舰队往北方拉，小泽治三郎中将向全日本海军发出了这样一份电报：“约80架敌舰载机来袭，正与我交战中，地点恩加诺角85度，240海里，时间0815。”

但是栗田健男没有收到这份电报，到底是“瑞鹤”号电台功率太小，还是“大和”号上的通信设备出了问题，或者是电离层出了空洞，反正栗田就是不知道这份电报。

虽然只是螳臂，但18架零战还是毫不犹豫地对着隆隆驶来的美国飞机大战车挡了过去。

就这样，小泽舰队的4艘航母全没了，外带1艘轻巡，2艘驱逐舰。

进攻莱特湾的第二支队伍也完了，日本海军从此没有了能作战的航空母舰，但他们还是完成了自己的任务，把哈尔西拖出来了，而且拖出来很远。

现在“捷一号作战”的力量就只剩下栗田健男的第二舰队了，而且第二舰队已经穿过了圣贝纳迪诺海峡。

圣贝纳迪诺海峡最窄处只有3公里，海峡内暗礁浅滩密布，稍微偏离主航道就有触礁搁浅的危险，海峡内海流流速为8节，可谓“湍急”，要从锡布延海进入太平洋从而突入莱特湾一定要穿过圣贝纳迪诺海峡，如果美国海军在圣贝纳迪诺海峡外面排出一个什么阵势来欢迎栗田的话，第二舰队尚剩的23艘舰艇将一艘不剩，全部被击沉。美军都不需要瞄准，只需要照着那个方位乱打就是了，而第二舰队连规避的余地都没有，更不要说掉头撤退了。

除了头一天从“最上”号起飞的侦察机的报告之外，栗田健男什么都不知道。小泽治三郎的第三舰队现在在哪里，一航舰、二航舰的陆基航空兵现在在干什么？美国的主力航母舰队在哪里？白天大耍威风的美国舰载机大队现在怎么不来了？西村舰队有没有冲出苏里高海峡？志摩舰队是不是和西村舰队会合了？总之栗田什么都不知道。

但栗田健男知道他必须冲过圣贝纳迪诺海峡，不管前面等待着他的是什么他也必须冲过去，这是命令。

23艘日本军舰拉开1000米的间距，排成了一条22公里长的一路纵队，在最严格的灯火管制下，于25日凌晨以22节的高速冲过了海流速度8节的圣贝纳迪诺海峡，进入了太平洋。

从突破圣贝纳迪诺海峡来看，日本海军的操舰技术还算娴熟，一团漆黑中高速闯入狭窄海峡的战列舰高耸的舰桥上的人们，有一种一伸手似乎就能触摸到两岸高山的奇妙感觉，那是一种压迫的感觉。第二舰队的人在战后都反复提到这种感觉，实际上这种感觉在心理上给了栗田健男相当大的影响。突破圣贝纳迪诺海峡，给已经两天两夜不睡不眠，身患登革热，还在海里游了一遭的栗田健男带来的精神压力，比前一天的空袭还要大。

第二舰队终于穿过了死亡峡谷圣贝纳迪诺海峡，进入了菲律宾海，栗田立即把队形整理成夜间接敌配置队形。纵一字的第二舰队连绵长达22公里，队形变换花了一个半小时，在这段时间之内第二舰队仍然处于危险境地，在队形整理之中的海军舰队如果遇到敌人主力舰队或者潜艇的攻击，将毫无还手之力。

队伍编排好后，以20节的速度一直向东，到3时左右转向东南，沿着萨马岛沿岸南下，向着预定和西村舰队会师的地点航行。

3时30分，西村舰队发来受到美军鱼雷攻击内容的电报，5时22分，志摩清英司令官发来报告："西村舰队全灭，'最上'受重创，大火。"以后再也没有这两支舰队的消息。

当地日出是6时27分，日出前一小时，栗田再一次把队形重新整理成环形防空阵来防备天一亮就可能立即来上班的美国飞机，可是正在整理队伍的时候，"大和"号的猫眼们看到了不可思议的光景。

天际处的水平线上出现了桅杆，是航空母舰的桅杆。几分钟以后能看见航母的飞行甲板和正在起降的飞机，距离大约是32公里，战列舰主炮的射程之内。

水面舰艇在自己主炮射程内看见敌方航空母舰是绝无仅有的事情，这类事情在历史上只发生过一次。那是1940年6月8日，英国航空母舰"光辉"号和2艘驱逐舰被德国巡洋战列舰"沙恩霍斯特"号和"格奈森瑙"号捕捉到，虽然"沙恩霍斯特"号挨了一颗鱼雷，但"光辉"号航母和2艘驱逐舰全部葬身鱼腹。只要在大炮射程内，航母不但没有任何可怕之处，反而仅仅是一条在砧板上任人宰割的鱼而已。

栗田的阵形还在整理之中，一片混乱，但这种绝无仅有的机会绝不可放弃，天照大神开眼，美国的航母在主炮射程内出现了，正是报昨天的怨仇的好时机。"大和"号上第二舰队司令部的参谋中甚至有人哽咽起来，流下了热泪，喃喃地在说："大东沟海战时伊东元帅见到'定远'和'镇远'时就是这种心情吧？"

不管伊东祐亨怎么想过，也不管日本海军有过怎样的辉煌，"定远"号和"镇远"号的时代已经永远地成为历史，而现实却是日本帝国和日本帝国海军已经走到了尽头，运气再也不会属于他们了。

用自己的主炮击沉对面的航母是所有海军军官的梦想，同时，联合舰队给第二舰队的指示中也有遇见敌主力舰队阻挠时可进行决战这一条，栗田健男毫不犹豫：“打！”

可是在具体的作战指令上，栗田中将却是令人匪夷所思地怪招迭出，他的第一号命令是：“驱逐舰退后，战列舰攻击。”这是明显违反海战常识的作战命令，日本驱逐舰速度快、训练好、舰长素养高，还配备了威力超强的纯氧鱼雷，在这种白天目视距离之内打近战，驱逐舰对美国舰艇将是巨大的威胁，栗田为什么不用？

实际上栗田有非常无奈的理由——燃料——那个一直萦绕着日本海军的咒符，栗田已经用不起驱逐舰了。栗田出任第二舰队司令长官以后无时无刻不在为燃料操心，马里亚纳海战时是燃料问题，这次出来还是燃料问题。战列舰、巡洋舰这种载重量大的舰艇问题还不大，加一趟油可以跑一阵子，但载重量小的驱逐舰就要命了。

驱逐舰的燃料问题不是日本海军独有的，大家应该还记得，当年日俄战争时，跑出18000海里来打架的沙俄波罗的海舰队没办法只好采取战列舰用缆绳拖几艘驱逐舰赶路的事情吧，大概一个舰队如果没事就为燃料发愁的话，这仗也就不用打了。

军令部和联合舰队将“捷一号作战”放在特攻作战的位置，栗田健男也清楚军令部和联合舰队的用意，但栗田健男不是西村祥治，他不想死。不但自己不想死，也没有想让部下去死，栗田健男从一开始就想把尽可能多的部下带回去。一路上，栗田一直在计算驱逐舰的燃料还有多少，按照栗田的计算，现在驱逐舰的残余油料已经不够打进莱特湾再冲出来回到文莱了，不管冲进莱特湾以后的情况如何发展，起码从战列舰或者巡洋舰匀油给驱逐舰的时间是没有了，所以要尽可能地不让驱逐舰加速而消耗油料。现在敌人航母在自己主炮射程之内，苦练了三个月，闻名天下举世无双的大日本帝国海军的炮术又可以大展威风了，而且还有“大和”号9门18英寸大炮呢。

第二舰队就地转向130度，然后往110度方向展开，抢占上风头。6时58分，“大和”号前主炮塔的三连装18英寸主炮向32公里之外的美国航空母舰打出了第一排炮弹。

对面这支遇上了打劫的美军是司令官克里夫顿·斯普拉格少将带领的由6艘护航航母、7艘驱逐舰组成的美国第七舰队第七十七特遣舰队第四群护航航母部队第三集团。

护航航母听起来威风凛凛，实际上翻译成现在的中文也就是山寨航母。第二次世界大战开战以后，为了对付德国人的潜水艇，英国人先想出来了在商船上装上弹射器，用老式飞机来为商船船队护航的主意，通称Catapult Aircraft Merchantman，简略为CAM Ship。到了美国人这儿，立即拿出“老黄瓜刷绿漆”的看家本领，把这个本来是商船升级的主意给弄成了个航母跌价的结果。美国人在商船顶上架上飞行甲板，装上弹射器，塞进十来架战斗机和十来架轰炸机或者鱼雷机，说这也是航母，就开了出去。通常美国海军的正规航母排水量在30000吨左右，速度33节，载机量90架；使用巡洋舰船体的轻型航母排水量一般在11000吨左右，速度32节，载机量45架。而这种护航航母排水量一般只有8000吨左右，飞行甲板也短，长只有正规航母的一半左右，速度也只有18节左右，最要命的是，因为是从商船改装来的，没有装甲，防弹能力几乎为零，因此这种护航航母的绰号不少，什么易燃型航母、易损型航母、消耗型航母、宝宝航母，等等，最通行的称呼是吉普航母，反正那意思就算航母也不是亲母，而是后母。

甭管怎么说，反正在正规航母已经得到了制空权的情况下，这种山寨航空后母舰也可以狐假虎威，整个二战战场上据说有100多艘这种航空后母在到处忙乎，为船队护航，为登陆部队提供空中掩护什么的。

23艘速度大多在30节以上的军舰，其中还有世界上最大的战列舰，恶狠狠地扑向一群只有7艘驱逐舰护航、毫无抵抗能力的护航航母群的时候，确实像一群恶狼扑向群羊，距离只有32公里，约17海里，从双方的速度差来说，一个多小时后这个距离差就会缩为零，美国舰队肯定完蛋了。说句大话，如果不是全部“轰沉”，还有那么2艘美国舰艇是被“击沉”的话，都算日本舰队无能。

可是战斗结果却完全不是这样。

这是怎么回事呢？

栗田健男现在身处一个很奇怪的境地，他的任务是突入莱特湾，但是现在有敌舰队阻拦，军令部许可他在遇到拦阻时可以决战，他当然也需要先击退这股敌人才能进入莱特湾，他只能决战，可是对面是谁？他不知道。

一直到战后，美国战略轰炸调查团在询问日本海军当事者时，才告诉他们，他们当时所遇到的只是第七十七特遣舰队护航航母部队的一个集团而已，而当时的第二舰队则以为他们面对的是昨天炸了他们几乎整整一天的一支正规航母群，当时的日本海军根本不知道美国海军有一种叫作“护航航母”的山寨航空母舰，因此从一开始栗田健男就根本不知道他占有巨大的速度优势，反而一直在担心理应在100公里左右范围内其他航母群的飞机什么时候到来。

另一个失误是，第二舰队的所有舰艇都把美军7艘驱逐舰中的4艘护航驱逐舰看成了巡洋舰，因为这种排水量不到2000吨的驱逐舰外形和旧式巡洋舰有些相像，加上美国海军已经在历次战斗中完全成长为了一只老鸟，不仅作战勇敢，而且发射鱼雷等战术动作也做得非常漂亮，已经完全超出了日本人对于美国驱逐舰的了解，所以整个战斗中日本人一直以为他们在和巡洋舰作战，缩手缩脚地放不开。

发现美国舰队的时候，第二舰队正处于整理队形中最混乱的时候，海战的结果大半决定于阵形，但是第二舰队在萨马岛海战中，除了处于预定的环形阵中心的第一战队“大和”号、“长门”号一直保持着阵形之外，其余都是各自为战，打成了一次“Dog Fight”（乱战）。日本海军的训练有个很大的问题，就是重型巡洋舰以上的舰只训练水平不高，这是因为油料和经费的限制，大舰艇平时动不了，所以日本大型军舰极不善于这种乱战，而善于这种乱战的驱逐舰水雷战队，又被一直在担心燃料问题的栗田健男从一开始就赶到舰队后面去了，到后来想放都放不出来了。

反过来，美国驱逐舰和舰载机的勇气和技术则是连日本人也不得不低头称臣。在前一天的狂轰滥炸中，不管日本舰队的防空炮火编织得如何严密，美国飞机都能够漂亮地插进来，而且在攻击时还能互相配合，其水平之高超，已经超过了偷袭珍珠港时的日本飞行员，尤其表现在日本海军航空兵所没有的攻击配合上。

所以除了战史学家以外，第二舰队本身对萨马岛海战的结果倒没有什么怨言。

日本海军当时没有炮瞄雷达，使用的是光学瞄准仪。

开打以后，日本人刚刚知道，他们在林加锚地时树立起来的信心其实并没有什么根据。所谓“无观测无瞄准射击”离开了真正的炮瞄雷达根本做不到，仅仅依靠普通雷达探测到的目标回波是无法进行“无观测无瞄准射击”的，因为美军驱逐舰放出了烟幕掩护，日本人根本不知道炮击的效果。“大和”号的2架飞机先后在8时20分和8时50分冒死起飞，但当时美国飞机已经在天上了，2架水上飞机在天上的时间没有超过5分钟就被美国人击落了。

7时25分，突发的热带暴风雨更是救了斯普拉格，整个护航航母舰队被热带暴风雨包裹了起来。从暴风雨中冲出来的驱逐舰“约翰斯顿”号对日本的重巡战队发射了10枚鱼雷，把“熊野”号的舰首打歪了。“熊野”号是第七战队的旗舰，司令官白石万隆中将和战队司令部只好在弹雨中坐着小划子转移到“铃谷”号上，虎口余生的“熊野”号自己挣扎着回家。

日本海军在莱特湾海战中是第一次也是最后一次使用明码通信，因为已经没有翻译密码的时间了，而美军在战场上从来就用明码，因此“大和”号一直在监听美军的通信，金凯德发给哈尔西的“快救那些宝宝航母”的呼救和哈尔西的“两小时以后赶到”的回答其实栗田司令部都知道，但是这些通话内容的真假没人知道，谁也不能排除这是美军在编圈套想把栗田舰队往里套的可能性。

战斗中，日本战列舰的命中率还不错，但是对方是一些铁皮盒子，炮弹从这里打进来，从另一面钻出去，据说唯一中了“大和”号18英寸炮弹的“加里宁海湾”号也就是水线下面被打了个大洞，没有发生爆炸。

美国驱逐舰把主攻击目标指向了第一战队，他们拉着烟幕冲向第一战队，“大和”号和“长门”号把高射炮都放平了来驱赶这些不怕死的驱逐舰，驱逐舰是赶走了，但是在转身前却发射了6枚鱼雷。

“大和”号和“长门”号只好转身向北躲避这些鱼雷，这时候出现了太平洋海战史上让人最郁闷的一幕：“大和”号和“长门”号被美国鱼雷夹在了中间。

右边4枚，左边2枚，正中间是战列舰“大和”号和“长门”号，秩序井然地朝着同样的方向前进，倒霉的美国山寨鱼雷速度还慢，让都让不掉，一直到10分钟以后才好不容易让过了美国鱼雷，回过头来再去找美国舰队的时候，已经损失了5海里的距离。

这时候从第二群护航航母上起飞的大约80架飞机已经来救驾了，斯普拉格要求第二群的哥们儿先不要去管战列舰了，集中全力攻击冲上来的重巡舰队。“鸟海”号、“筑摩”号、“谷都”号被重创，只好由自己的驱逐舰击沉。

美国人的损失是护航航母“冈比亚海湾”号，护卫驱逐舰“塞缪尔·罗伯特”号和驱逐舰“荷埃尔”号被击沉。

应该说，即使在战场上没有投入驱逐舰，“大和”号和“长门”号被鱼雷挟持10分钟，后来天上又充满了美国飞机的情况下，栗田舰队本来还是可以取得更好点的战绩的，但在最前面的战列舰“榛名”号突然改变了航向，转向了增援飞机飞来的第二护航航母群，这就减少了斯普拉格的压力，使其他的美国舰艇活了下来，而最后“榛名”号没有找到目标，只好无功而返。

一开始，美国战略轰炸调查团认为“榛名”号的行动是栗田舰队指挥失灵，后来才知道这是栗田健男亲自下的命令，因为栗田判断东南方向还有一支美军航母舰队，让“榛名”号去搜寻以减轻第二舰队所受的压力，这样实际上是斯普拉格的压力被减轻了，逃离了全军覆灭的下场。

然而，斯普拉格剩下的舰只也是遍体鳞伤，全军覆灭的危险始终没有离开过斯普拉格。9时29分，舰桥上有人叫了起来：“见鬼，日本人撤退了！”

02 栗田最后撒手了

日本人撤退了，这本身没有什么不可思议的，因为日本人还有活要干。

小柳参谋长提出了撤出战斗的建议，栗田立即采纳了这个意见，9时10分，下达了“以我0900时刻位置为中心集合”的命令。因为两个多小时的乱战以后，舰队已经分得太散，毕竟他们作战的目的是冲进莱特湾，这次战斗持续的时间已经够长了，莱特湾内的美国军舰肯定会有所动作。这也就是栗田指定的向北集合动作的由来，向西南方向当然能够一直缠住斯普拉格不放，但是离莱特湾也就越来越远了。

就这样，集合花了近两个小时，到10时54分才整队完毕。第二天凌晨，冒死突破了圣贝纳迪诺海峡的栗田健男手下又减少了4艘重巡和4艘驱逐舰，现在只剩4艘战列舰，2艘重巡，2艘轻巡和7艘驱逐舰了。随后，重新结成环形阵列的第二舰队又向莱特湾前进了。

可是马尼拉的西南方面舰队司令部又来了一封电报：“在苏禄安岛5度113海里处发现敌正规航母舰队。”这份电报在“大和”号上的第二舰队司令部引起了一阵恐慌，从海图上量一下，这个位置是现在第二舰队所在位置的正北55海里，大约100公里的地方。

“大和”号舰桥上的所有人都举起了望远镜，往北方望了过去，让大家都背脊发凉的是，东北方向水平线上确实能看到桅杆，还能看到飞机的起降，明显是一支航母舰队。不可思议的是，以后的调查证明这个情报是误报，而且在大家望过去的方向当时并没有美国舰队存在，到底大家看见的是海市蜃楼，还是战场的精神重压导致出现了集体幻觉，就没人知道了。

这样，栗田健男就得在背后有一支美军航母舰队的情况下冲进莱特湾，不管莱特湾里发生什么，他都被关进了笼子。

而莱特湾里会有什么呢？“最上”号起飞的飞机报来的消息是海湾里还有八十多艘运输舰。可是美军的登陆行动是18日开始的，美军是一支机械化的军队是一个常识了，不能想象一个星期以后的美军运输船里还有什么货物，最多是在岸上堆积成山，而第十四方面军参谋则是提出过不准对岸射击的要求的。当然没有什么人会相信那些无敌的皇军现在还在海滩上和美国兵苦战，如果皇军真的那么善战，这仗也打不到菲律宾来。但是凡事有个万一，万一正好现在有一支陆军部队在偷袭的话，那海军就得承担起菲律宾作战失败的全部责任，所以炮击海岸是绝对不行的。

莱特岛上到底怎样了？小泽治三郎那边到底怎样了？栗田没有任何消息。小泽治三郎从“捷一号作战”开始以后，就没有向第二舰队发出过任何指示，也没有传递过任何信息。

小泽说他发出过信息，是在前一天受到哈尔西全力攻击的时候发出的，可是栗田健男没有收到这个信息。

有关栗田健男在莱特湾掉头的关键就是这几份小泽发出来的电报，这几份电报事实上都存在，但是当时是否送到了目的地则很成问题，通信设备、通信方法都成问题。而第二舰队原来的旗舰“爱宕”号出征过程中早早地就在巴拉望水道被击沉，栗田健男不得不转移到“大和”号上，“大和”号的通信设备、手段不成问题，出问题的是人员，第二舰队司令部通信班的收电员、译电员战死的战死，没战死的稀里糊涂被驱逐舰“朝霜”号从海里捞起来以后随舰护送受伤的重巡“高雄”号回了文莱，上了“大和”号的只有两名菜鸟预备少尉。而“大和”号上的通信班人员质量本来就比不了司令部通信班，再加上工作量大增，根本无法接收和翻译全部电报，基本上就是接收一些半截的电报，再由译电员翻成只要是正常人就看不懂的东西到处乱送。

不管是什么原因，反正栗田健男在当时就是一个聋子和瞎子兼哑巴。13时13分，栗田健男终于下达了新的命令：“全体转向，北上前往苏禄安岛5度113海里处与敌航母舰队决战。”舰队转向零度，沿萨马岛北上。此时，栗田舰队距离莱特湾口苏禄安岛的距离是45海里，两个小时的航程。

见到旗舰“大和”号上升起的信号旗，先导舰轻巡“能代”号上响起了一片“万岁”的欢呼，其他舰上也是一样。这种欢呼不是怕死，转头去和美国航母舰队决战仅仅是一次玉碎冲锋，活下来的可能性并不大。但对于海军军人来说，死于前面来的炮火还是死于后面来的炮火，其意义是不同的。

前往“苏禄安岛5度113海里”这一地点也是一次艰难的旅程，栗田舰队在13时30分、14时整、16时整、16时40分先后四次遭到100架次左右美军飞机的空袭，最后到了地头当然根本就不存在什么美国航母舰队，但这时的燃料已经不容许栗田再次南下，于是在18时整第二舰队反穿圣贝纳迪诺海峡向西回文莱。

哈尔西赶到圣贝纳迪诺海峡附近是在三小时之后，第二天的26日，大量美国舰载机和陆基轰炸机出动寻找日本舰队，轻巡“能代”号被炸沉，“长门”号、“榛名”号严重受损，“大和”号再次受损，熬过了美国飞机反复轰炸的第二舰队取道科隆湾，最后在28日21时30分回到文莱。

整个“捷一号作战”中，日本海军丧失了4艘航母，3艘战列舰，6艘重巡，4艘轻巡和11艘驱逐舰，总共28艘。剩下来的舰艇基本上都是伤痕累累，栗田健男带出去的舰队除了驱逐舰“雪风”号毫发无损之外，其余舰只都处于不大修不能作战的状况。至此时，日本海军已经不是作战用的海军了，77年的帷幕已经降下，日本海军已经退出历史舞台了。

莱特湾海战是一个永远的话题，除了这次海战是一支曾经那么强大的海军的葬礼这种深深的伤感，和在空间、时间的规模上空前绝后的战史意义之外，就是对第二舰队司令长官栗田健男中将在作战指挥上所表现出来的虎头蛇尾的不理解和对日本舰队没有冲进近在咫尺的莱特湾的遗憾。

莱特湾海战在更大的意义上不是一次海战，而是对栗田健男的评价。经常能听到“如果栗田健男进了莱特湾，就……”这种声音，对栗田健男的批判也集中在莱特湾作战的不彻底上，然后从莱特湾开始反查历史，发现栗田健男从来就不是一个好东西，贪生怕死，胆小如鼠，等等。

如果栗田健男进了莱特湾，可能会发生些什么事呢？

莱特湾内实际上是怎么回事呢？根据美军的记录，当时莱特湾内有5000吨以上运输船只58艘，2000吨以上登陆舰151艘，500吨以下登陆艇300艘，其中半数以上还没有来得及卸完货物。

美军18日以后一个月内在莱特岛登陆的兵力达到10万名，每天需要的军用物资达到20000余吨，所以需要这么多船。更为重要的是，麦克阿瑟发表完了他的讲话以后，又回他的旗舰轻型巡洋舰“纳什维尔”号上去了，当金凯德向他报告情况危急让他上岸去躲避一下时，麦克阿瑟的回答还是典型的麦氏风格：“我还没有看过海战呢！”也不知道是大将风度还是反应迟钝。

那么是不是就可以推出“如果栗田健男进了莱特湾，就……”呢？

不一定，现在的栗田不一定比莱特湾里面的第七舰队战斗力量强多少。确实奥登多夫舰队还在苏里高海峡，但也在回来的路上，哈尔西舰队也在回来的路上，留给栗田健男能够自由奔放地炮击运输船队的时间到底有多少？而且栗田健男本人也不知道他是否真正能够无拘无束地对运输舰展开炮击，不要忘记，还有两个完好无损的护航航母群就在附近，栗田健男如何走完剩下的45海里？在这个问题上詹姆斯·菲尔德扯开了第一嗓子，他拼命渲染第七舰队战列舰没了炮弹，驱逐舰没了鱼雷。先不去说情况并不是像菲尔德所渲染的那样，从菲尔德少校从来不提那就在边上的两群10艘护航航母总共拥有400架左右飞机这一事实，就可以看出，菲尔德的心理状态是有点不正常。

所以“为什么回转”这个问题在当时的日本海军内并没有成为什么大问题，“捷一号作战”是失败了，但本来也没有谁指望成功啊。从理智上来说，联合舰队确实在为第二舰队寻找墓地，但从感情上来说，那些大舰巨炮的崇拜者潜意识中就真的没有一点庆幸的心理吗？所以这件事就以端掉栗田健男的顶戴花翎，改任海军兵学校校长的方式来处理了。

情况相当清楚，就算把麦克阿瑟手下的兵力加上第七舰队全部消灭，文莱湾出发的日本舰队毫发无损，日本人还是无法扭转失败的命运。别的不说，要一滴一滴地算油的仗是用什么打法？所以栗田健男从一开始就没有打算去死，起码是不认为这种死有什么伟大意义。当然这一点并不是说栗田健男是一个多么伟大的人道主义者，栗田确实很难改变给人“避战派提督”的印象，泗水海战、中途岛海战、轰炸瓜岛亨德森机场、马里亚纳海战，一直到这次的莱特湾海战，栗田健男似乎总能让人找到畏敌不前、能溜则绝不留守的事例出来。

但也必须指出的是，这些事情在事发当时似乎没有人指出，这些顽劣行为也没有影响栗田的仕途，栗田以一块没上过海大的白板，照样出任第二舰队司令，就是说栗田并没有玩出线，这些行动都还在海军省、军令部和联合舰队能够容忍的限度之内。

实际上批评栗田的是美国战史家和从战后初期到20世纪80年代的日本历史学家，反而很喜欢唠叨的日本海军军人基本上都是栗田的拥护者。1966年底，小泽治三郎去世之前曾拉着来看望他的栗田健男的手说：“给你添麻烦了。”就在当时栗田下令掉头北上的时候，第二舰队司令部内也没有人提出任何异议，就第一战队司令官宇垣缠中将指着前方说了一句："长官，敌人在那边。"而栗田健男的回答则是："行了，北上吧。"

太平洋战争中，日本海军有争议的海战还有过几次，比如奇袭珍珠港、第一次所罗门海战，但那两次当时在司令部就有人对长官的命令提出异议，而这次没有。明明知道栗田的决定是抗命，但大家都默不作声，或者不如说栗田说出了大家的心声。

南云忠一和三川军一的决定之所以当场就有人反对，是因为如果他们再努把力就可以使以后的作战方便得多，而现在这些人都知道大势已去，再努力也没有用，想想如何把一万多下级军官和水兵带回家才是正经。

"捷一号作战"中栗田打得很不光彩，但整个"捷一号行动"有谁打得光彩呢？西村舰队全军覆灭，志摩舰队就是去苏里高海峡入口处晃了一圈，小泽舰队的航母全完了。活到战后的这些司令，包括联合舰队司令长官丰田副武在内都是异口同声："美国的航空力量太强了，日本没有了航空力量，所以打不赢。"

可是一直到10月初才好不容易聚集起来的一点仅有的航空力量又去哪儿了呢？不就是联合舰队司令长官丰田副武大将阁下一时冲动全部投进了台湾近海海战吗？

西村只管找死，志摩见势就溜，栗田功亏一篑，"捷一号作战"的四路人马中就数小泽治三郎干得不错，不但基本上完成了预定作战目标，把哈尔西钓了出来，而且超额完成了任务，在他带出来的17艘军舰中，居然回去了10艘！那是哈尔西的耻辱。拥有那么强大的空中和水面力量居然不能全歼日本舰队。

但是如果从全局来说呢？小泽治三郎根本就没有理解他在干什么，也没有想让别人知道他在干什么。第三舰队的先任参谋大前敏一大佐就认为，没有认识到航母"瑞鹤"号上所发生的通信故障或者没有预料到通信故障的责任应该由舰队司令长官小泽治三郎负，因为这次作战过于复杂，成功的关键就在于通信能否畅通，而小泽似乎没有这么想，所以他根本就没有去注意那份他受到美国舰载机全力攻击的电报对方是否已收到。

当然再往上说，本来这个“捷一号作战”本身就是一个扯淡，只不过是日本人行为方式中最常见的一种“我很努力，可是我并不知道我的努力会不会有结果，但我还是很努力”的表现。

在多方参加的努力中，结果不是一个数量和，而是一个矢量和，有时候这种大家一起努力的结果只是一场空，栗田健男只不过是帮大家背起这个黑锅罢了。至此能作战的海军没了，日本真要亡国了。

03 不沉航母沉得最快

“大和”型战列舰本来应该有四兄弟：除了在吴海军工厂建造的“大和”号，三菱重工长崎造船所建造的“武藏”号以外，还有1940年5月4日在横须贺海军工厂开工的后来叫“信浓”的第110号舰和1940年11月7日在吴海军工厂开工的应该叫“纪伊”的111号舰。

中途岛海战，联合舰队第一航空舰队所属第一和第二航空战队被美国海军全歼，日本海军一下子损失了“赤城”号、“加贺”号、“苍龙”号和“飞龙”号等4艘主力航空母舰，其他舰船也大量受创，这才逼着日本海军不得不更改有关110舰和111舰的《第四次海军军备补充计划》，中止进度只完成了两成不到的111舰，腾出身手来修理受伤军舰。为建造111舰所准备的材料打算用来把老式战列舰“伊势”和“日向”改造为一种“战列航空母舰”的怪物，但是改造完了以后才发现没有舰载飞机了，只能作为运输舰跟着大家到处乱晃，和没有改造一样。111舰从开始到结束就是一场空忙。

110号舰从横须贺海军工厂动工开始就怪事不断。为了保密，避开大路上的间谍目光，日本海军花了6年时间，特地修建了一个长336米、宽

48.5米、深13.4米的第六号船坞，光这笔船坞的建造费用就是1700万日元，相当于现在的10亿美元以上。有趣的是，这个斥巨资建造的船坞到现在还在发挥作用，还是在修理航空母舰，只不过主人换成了驻日美军的第七舰队。

日本人在开工时要请神主举行神道仪式，但110号舰的开工仪式就是随便找一个海军军人敷衍了事地挥挥掸子就算了，原因还是为了保密。

本来准备在1945年初完工，已经粗具外形轮廓的110舰在1942年初就停了下来，材料拿去修理其他受伤的军舰，110舰就在那昂贵的船坞里生锈。到了5月份珊瑚海海战以后，有人想出了一个废物利用，把这艘生锈的怪物改成航空母舰的主意，顿时得到了海军上下一致同意，改造一艘已经基本上成型的军舰总比新造一艘航母来得快是肯定的。但是一扯到怎么改的问题，日本海军喜欢扯淡的老毛病又犯了。

首先扯的淡就是舰载机的种类问题，联合舰队方面提出的改造方案是在加强飞行甲板装甲的同时只要舰载战斗机，不要求攻击能力，这引起了军令部的不满，吵了两个月以后，联合舰队做出让步，同意搭载一定数量的攻击机和爆击机，这样在1942年9月开始了改造工程，计划在1945年2月完工。

但是在瓜岛战役中，日本海军损失的舰艇更多，这样海军又改变了建造方针，成了“优先修理受伤军舰，建造小型驱逐舰和潜水艇”，这样从1943年3月开始，110舰的建造又中断了。但是3个月以后的马里亚纳海战中，日本海军一下子失去了“翔鹤”号、“飞鹰”号和“大凤”号等3艘航空母舰，这样7月份110舰又重新开工，而且把竣工日期一下子提前了4个月，即1944年10月。

这时候仗越打越大，死人越来越多，海军工厂的不少熟练工人都应征入伍，改造工作只能依靠从地方上找来的中学生完成，工程进度不错，但质量就一塌糊涂了，改造实际上成了“改糟”。

接受了珊瑚海海战中“翔鹤”号航母飞行甲板中弹，虽然能够航行但丧失了航母功能以至于不得不退出战斗的教训，“信浓”号在最初的改造方案中要求能够承受800公斤炸弹的俯冲轰炸。但是当时日本的工业制造能力无法满足这个要求，船本身也无法承受装甲的重量，只好改成“经受得住500公斤炸弹的俯冲攻击”，但是飞行甲板装甲化导致为了达到平衡而降低船舷装甲的厚度，船舷装甲从原来的41厘米降到20厘米，相当于普通的巡洋舰水平。

接受了中途岛海战中火灾引发正在更换兵装的机库鱼雷和炸弹爆炸的教训，“信浓”号将传统日本航空母舰的密封式飞机仓库改成了战斗机的一半密封，攻击机一半开放，这样一旦有事可以将攻击机一侧的鱼雷炸弹什么的赶紧扔到海里去。

“信浓”号的设计舰载机数是看起来很少的47架，还不到美国“埃塞克斯”号航母102架舰载机数的一半，其实“信浓”号的飞机仓库容积和“埃塞克斯”级不相上下，但由于准备装备“信浓”号的“烈风”战斗机和“流星”攻击机比起原先的零战和97式舰攻机要大，而且贫穷的日本没有财力像美国人那样，根本不在乎飞机会掉到海里去而在飞行甲板上露天停放飞机，所以只有这么可怜的载机能力。

就这么个下半身穿着战列舰裤子，上半身披着航空母舰马甲，还经过了这么多周折才折腾出来的怪物“信浓”号，还是遇到了下一步该怎么办的问题：没有舰载机，没有防空火力，甚至连轮机都没有装好，12台锅炉只装好了8台，所以无法达到27节的设计速度，只能以20节的速度航行。

没有的还不止这些硬件设备，日本海军连为这艘一直到1961年为止都保持着最大排水量纪录的“信浓”号航母配齐受过最起码训练水兵的要求都不能满足，舰上2400名官兵中，约占1/3的850人居然从来没有上过军舰！

1944年10月5日，将“信浓”号改装为航母的工程结束，可是船还没有被拉出船坞，就发生了忘记要先给锁船坞大门的扉船注水，从而造成注水过程中船坞的大门被水压开，“信浓”号和船坞发生碰撞，船头撞瘪了的事。好在“纪伊”号船头部分材料还在，赶快用驱逐舰从建造“纪伊”

号的吴海军工厂把材料送到建造“信浓”号的横须贺海军工厂，这样又赶了一个月，到了11月11日，这艘命名为“信浓”号的航空母舰总算下了水，浮在横须贺湾的海面上了。

26年前的1918年11月11日，德国人在巴黎郊外的贡比涅森林和同盟国签订了停战协定，宣告了第一次世界大战的结束。几乎全世界都在纪念这一天，英国人把这一天叫作“休战纪念日”（Armistice Day or Remembrance Day），美国人叫作“退伍军人日”（Veterans Day），而日本人则把这一天叫作“世界和平纪念日”。

“信浓”号下水的这一天，横须贺上空来了一架B－29，这架B－29并没有投炸弹，而是慢悠悠地在天上转呀转，可把地面上的人吓得冷汗横流：这是一架侦察机，“信浓”号的秘密保不住了。

和没事喜欢炫耀武力的美国人相反，日本人喜欢把事情弄得神神秘秘。比如说1940年8月8日早上8时整，吴军港上空响起了空袭警报，顿时宪兵和警察封锁了所有路面交通，海军陆战队封锁了吴的所有海面和海岸线，顿时街上没有一个人，海上没有一条船。一小时后警报解除，这是一场演习，“大和”号就趁着这无人之际，神不知鬼不觉地下了水，日本人也无聊得很，没事就要凑八，连一艘战列舰下水都要看风水，这种行为也说明，大日本帝国海军对这艘举世无双的战列舰的战斗力实际上毫无信心，只能祈求于神灵。

回到日本海军的保守秘密上来。日本海军在整个战争的全过程中，始终胜过了美军的就是鱼雷，现在都知道这种一开始就在泗水海面把第十六军司令官今村均打到大海里去游泳的是纯氧鱼雷，可是当时日本的作战部队里居然没有人知道这是什么鱼雷，除了极少数设计人员以外，连鱼雷操作人员所知道的也就是“这是93式鱼雷所使用的特用空气”，不知道这是纯氧。

为了保密，“大和”型战列舰所配备的18英寸460毫米大炮的口径不但对外号称是16英寸406毫米，对内也是这样。“大和”号上操炮手要是有“怎么比边上‘长门’的16英寸要粗出那么多”的疑问的话，长官就要骂了：“告诉你这是16英寸，谁让你去比了，要比去澡堂和本官老爷来比。”

其实这种貌似成功的保密，直到战后日本人才发现有一个很失败的地方：保密是成功了，但造成了美军的“无知者无畏”，根本就没把什么“大和”号放在眼里；另一方面是，这种变态的保密措施又使得日本海军毫无胜算，因为他们不知道自己的大炮口径比人家大，射程比人家远。栗田健男以下参加“捷一号作战”的第二舰队司令部的全体人员没一人知道，别说他们，就连联合舰队司令长官山本五十六大将在询问主炮口径等参数的时候也被打了回票，日本海军在一边敞开密码电报让别人读的同时，对自己人却干这种为了保密而保密的变态勾当。

那架B－29的出现当然地引起了军令部的恐慌：这艘被发现了的还没有完成机装、兵装的空壳巨舰怎么处理？几天后军令部作战参谋井泽丰中佐赶到横须贺，向“信浓”号舰长阿部俊雄大佐通报了“捷一号作战”完全失败，帝国海军已经几乎没有可以使用的航母的消息，并且通知他“信浓”号必须尽快投入作战，现在“信浓”号已经被敌人发现，横须贺不是安全的地方，必须立即到安全点——四国的松山基地去完成机装和兵装。

阿部大佐不同意，哪有造出来了一条牛舰还担心没地方藏的道理？再者说了，“信浓”号的12台锅炉中只安装了8台，甚至连水密试验都没有进行，按照“大和”号的经验，这样的巨舰在机装和兵装完成以后，起码还要在海上转悠一年左右，才能找出所有机械轮机方面的故障，才能发现有没有地方漏水漏气，才能被操舰人员所掌握，不然实在太危险了。

本来刚下水半个月的军舰就服了役，有了舰长本身就是怪事。日本海军的规矩是这个时候有一个“舣装员长”，带领着一个小组负责和工厂一起协调内装、机装和兵装，正式服役时就是该军舰的军官团，这样军官可以熟悉军舰的机械、兵器性能。可是这是一艘内装、机装和兵装全缺的“三缺”军舰，舰长到此时甚至不了解“信浓”号的船舷装甲只相当于普通巡洋舰这个事实。

但所有的理由都在井泽丰中佐的一句话面前败下阵来：“阿部大佐，现在是什么时候？你知道帝国海军没有一年的时间。”

在井泽那儿打了败仗的阿部大佐在护航的驱逐舰舰长那儿找回了场子。

为“信浓”号护航的只有“浜风”号、“矶风”号和“雪风”号3艘驱逐舰，少是少了点，但是考虑到日本海军当时的实力和油料储备，这也是海军能拿得出来的最大兵力了。因为护航舰队里有最优秀的驱逐舰“雪风”号，其他舰长都是唯“雪风”号第五代舰长寺内正道中佐马首是瞻。大家知道跟着“雪风”没错，但海兵46期的阿部大佐怎么会听海兵55期的寺内中佐的指挥呢？

因为美国潜艇从东京湾口开始沿着日本本州海岸排开了在值班，所以，寺内提出的路径是，“信浓”应该避开外海，尽量沿着陆地走，到底这是家里，大家对这一带的海底情况了如指掌，就算美军潜艇有雷达有声呐也不敢随便接近海岸。而且离海岸近还有一个好处，就是万一有所不测也可以抢滩搁浅救人，将来拖船也方便。

但阿部不同意这种路径。一来这种路径行走困难，太费燃料；二来“信浓”号不是小艇，必须有一定深度的水道才能通行，这种吃水对美国潜艇不是十分困难，因此不存在美国潜艇不敢来而“信浓”号能通行的通路。所以他提出的路径是沿伊豆群岛南下，到北纬33度转向西，直接驶向丰后水道。

这就叫命运。阿部并不是混球，他也是没上过海大的驱逐舰舰长出身的船油子，他说的在一般情况下不错。当时在日本沿海展开的美国潜艇除了封锁日本的海上通路之外，还有一项重要任务就是救人。对日本进行战略轰炸的B－29若被击落，飞行员会尽量往海上跑，等待潜水艇的救援，培养一名B－29的机组人员需要两年时间和大量金钱，美国人绝不会坐视一名机组人员遇到危险而不加以救援，这点不像日本海军。日本海军飞行员一直在愤愤地回忆马里亚纳海战中为了让小泽治三郎转移旗舰，而命令驱逐舰停止打捞落水飞行员的事情。所以美国潜水艇的活动区域比日本人推测的更加靠近日本海岸。

但是阿部忘记了这个建议是寺内正道中佐提出来的，有些事情没有道理，只有运气。他对面的这位大汉就是有运气，正常情况下阿部的路径反而可能安全一些，但1944年11月28日晚上，在阿部提出的通路上也有美国潜艇!

最后在29日10时55分，“不沉的航空母舰”“信浓”号终于沉没在北纬32度，东经137度的太平洋海面，成为历史上寿命最短的军舰，也成为历史上被潜水艇击沉的最大军舰，船上2400名官兵中有1400名左右淹死在海里。

日本海军在“信浓”号被击沉以后，组织了“查问委员会”来调查这起事件。但因为“信浓”号本身从建造开始就是一个最高军事机密，当然调查结果也是军事机密，到现在也没有人知道调查报告书的确切内容，报告书也在战败之后的销毁机密行动中被销毁，现在的人们只能从一连串的事实上来推测当事者的想法。

为了节约燃油和时间，冒险选择外海航路的最根本的原因，恐怕是还没有来得及了解“信浓”号的阿部俊雄舰长对“不沉的航空母舰”的信心。这种狂信的结果，就是“信浓”号从驶出东京湾以后就被美国潜艇“射水鱼”号发现并跟踪。29日午夜零时30分左右，瞭望员发现了水面上的阴影，但是值班军官的结论是：“那是云彩。”出于对“不沉的航空母舰”的自信，“信浓”号甚至没有采用防备潜艇突袭的“之”字形前进方式，改为直线前进，一直往南。

3时12分，瞭望员发现了离“信浓”号只有100米的鱼雷白色航迹，此时“信浓”号已经躲避不及，一分钟以后“射水鱼”号发射的4枚鱼雷先后击中“信浓”号左舷中央水线以上的几乎同一位置，打出了一个巨大的洞。

名义上已经开始服役的“信浓”号其实根本就没有完工，舰内到处都是临时管道和电线，不要说没有做过水密试验，就连水密门都有无法关闭的，这样一来进水区域无法得到有效控制，但轮机本身还在运转，船还可以自力航行，速度甚至还是20节！

阿部大佐此时的行动就很不好理解，他此时的位置离伊势湾不到100海里，应该可以往伊势湾运动，这样即使救不了军舰，起码也可以救人，但后来手捧着天皇御影和军舰共存亡的阿部大佐却没有这样做，他还是很努力地往预定的方向大阪前进，一直到6时，由于船体倾斜而使得锅炉循环器无法供应淡水，船总算停了。但是就在这时候，阿部和部下还在讨论是否直接使用海水来烧锅炉，讨论的结果更加雷人：用了海水锅炉就算毁了，所以不用。解决的方法是使用驱逐舰来拖，70000吨的大军舰加上大量的进水，2000吨左右的小驱逐舰如何拖得动？

就这样在生死关头的不断扯淡中，船体倾斜超过了50度，最后于29日10时55分，“不沉的航空母舰”“信浓”号终于沉没了。

至于立下大功的“射水鱼”号，他们只知道击沉了一艘“很大很大的航空母舰”，而美国海军对他们的报告也有点半信半疑，因为美军对“信浓”号的存在也不是很清楚，直到战后，才最后证实“射水鱼”号潜艇确实是击沉了最大的航空母舰的潜艇，从而授予“射水鱼”号以“总统集体嘉奖勋表”(Presidential Unit Citation)，以表彰其功绩。

“信浓”号呢？“信浓”号沉没在7000米的深海中。

所以“大和”四兄弟就只剩下老大“大和”号了。

04 大家都得死？

1945年2月16日，美军开始在硫磺岛登陆，兵团长栗林忠道中将指挥下的第一〇九师团和混成第二旅团共计14000人，以及在市丸利之助少将指挥下的7000名空手海军航空队员，在进行了40天的抵抗之后，除被美军抓了1000名左右的俘虏之外，全部玉碎。

就这样，按照一直用到现在的蛙跳战术，美国人开始进攻冲绳了。

1945年4月1日，25万人的美国陆战兵力使用564艘登陆舰艇和1213艘其他支援辅助舰只开始在冲绳登陆，为之提供掩护的美国、英国、加拿大、澳大利亚、新西兰等盎格鲁－撒克逊五兄弟的海军拥有20艘战列舰、40艘各种航空母舰、32艘巡洋舰和200余艘驱逐舰，各种舰载机1500架，全部兵力超过62万人。

这时日本海军在干什么呢？严格地讲，这时候日本已经没有海军了，不错，还有几条船，甚至还有世界上最大的战船。但是先不讲数量，这些船因为没有油已经不能动了。正常情况下日本海军一年要用200万吨重油，开战时日本海军拥有600万吨重油储备，开战以后由于美国人在海上开展骚扰行动，日本人非但无法增加储备油，反而坐吃山空，靠这些储备油过日子，到了1945年以后只剩下34万吨。不要说训练，就连知道美国人要来空袭了，想把船疏散也没有油料了。所谓依然健在的世界上最大的战列舰“大和”号，仅仅是个摆设。

当时第二舰队的参谋们，甚至准备对联合舰队参谋长提出停止出击、立即解散第二舰队的意见，真要是舍不得将“大和”号交到美国人手里，现在就炸了它。

这种意见当然不会得到支持，军令部的神重德大佐出了把“大和”号送到冲绳去抢滩，作为炮台支援陆军的主意，得到了军令部总长丰田副武的同意。

接受了“捷一号作战”失败的教训，这次是联合舰队参谋长草鹿龙之介少将亲自带着作战参谋三上作夫中佐来宣布作战命令。其实草鹿参谋长对这个任务很不满意，当初决定神风特攻的“菊水行动”时，草鹿并不在场，现在这个挠头的任务倒要他来。要命的是，他还不能不来，因为昭和天皇问过军令部总长及川古志郎：“海军是不是没有战舰了？”这句话是太平洋战争中一段很大的公案，就是说天皇要对第二舰队的被全歼负责。在战后的远东国际军事法庭上，澳大利亚牛娃子就想扯这个皮把天皇扯进来，后来遵照麦克阿瑟的指示，以军令总长及川大将“假传圣旨”的方式处理了这件事，但还是有不少人不服。

草鹿开始了困难的说服工作，开篇就是大道理：“根本就是你们要去死，一亿总特攻的时候到来了，要你们作为模范光荣地去死。”

这种“一亿总特攻”始终让人无法理解，先不论正义不正义，战争到底是为了什么？为了自己种族的生存也好，为了从别的种族那儿抢点什么东西也好，可是怎么说也不是为了自己种族的灭绝吧？

伊藤整一的回答非常简单：“谢谢，知道了，请安心，这下舒服多了。”说完脸上真的展开了几年来都看不到的笑容。伊藤整一已经下了决心，作为这场战争的发动者和指挥者之一，不能在战败以后再活下去，环境也不容许他再活下去。在赴任第二舰队司令长官的那天早上，就连他太太伊藤千岁送他到门口的最后一句话都是：“打了败仗是不准进这个家门的。”

他只能去死。

可是下属呢？下属不干了。参加这次“菊水作战”的是战列舰“大和”号和第二水雷战队下面的第四十一、二十一、十七3个驱逐舰队的“冬月”号、“凉月”号、“朝霜”号、“初霜”号、“霞”号、“矶风”号、“浜风”号和“雪风”号，二水战旗舰“矢矧”号。

参谋长训示以后，这批中佐少佐舰长炸了锅，他们可不是自觉对战争负有责任的伊藤整一，看不出自己有什么应该做一亿人表率的地方，“雪风”号舰长寺内正道中佐对着参谋长就嚷上了：“口口声声联合舰队最后的作战，既然是这样，为什么参谋长您待在日吉台的防空壕里呢？难道不应该从防空壕里出来，亲自指挥我们出击吗？”

伊藤站了起来，摊开双手，掌心向下，对部下做了一个手势：“但是我们有了一个死的地方。”

部下们不说话了，这位长官上任时间不长，但无论从资历还是能力上，都已经让部下们信服了，长官说了去死，那就去死吧。

可寺内正道还是不服，从1941年12月8日太平洋战争开战那天，“雪风”号就参加急袭菲律宾莱加斯皮，从没有离开过最前线，泗水周围的系列海战、中途岛海战、瓜岛一系列海战、所罗门系列海战、马里亚纳系列海战、“捷一号作战”、为“信浓”号护航……帝国海军哪次作战行动少了“雪风”号？没有大的作战行动的时候，“雪风”号也要为舰艇或运输船护航，三年半的作战中，回国修整的时间加起来不到4个月，几乎从来没闲过。

可是在全部大大小小30次的作战护航行动中，“雪风”号的战损人数是多少？只有6人！第四任舰长菅间良吉中佐的任期正好是瓜岛战役期间，从护航、“走耗子”一直到最后撤兵，大半年里只死了一个人。

寺内正道接任以后到“捷一号作战”之前没有一人战死，“捷一号作战”中也就死了一个人，所以寺内正道不听那套我们一起去死的鬼话，他的信条就是“‘雪风’号上不能死人”。

这也是所有“雪风”号舰长的信条，后来这次随“大和”号出击，死了3人，后来到了第六任舰长古要桂次中佐手里，“雪风”号的日子更难过了。“雪风”号去了日本海的舞鹤，那时完全没有了油料，“雪风”号成了一条靶船，可是在古要舰长的指挥下，只有把美军飞机打下来的，没有被炸着的，从1945年6月份开始几乎被美国人炸了2个月，可船上就死了一个人，不佩服“雪风”号不行。

其实日本驱逐舰活到战后的还有几艘，但像“雪风”号这样经过了战争的全过程，几乎参加了全部战斗，特别是参加了“捷一号作战”和“菊水作战”最后两次日本海军的大败仗，而能全身而退的就仅此一艘。胜仗好打，败仗难混，“雪风”号参加过所有的大中型败仗，这才是“雪风”号特别引人注目的地方。

首先当然是“雪风”号的运气好，打仗绝对有运气一说，运气来了挡不住。比如日俄战争黄海海战的那发怪弹偏偏就打中了远东舰队旗舰“太子”号的司令塔，沙俄远东舰队的司令部就没了，要不然远东舰队也就逃进了海参崴。战后，有一次，“雪风”号的第三四五六任舰长坐在一起谈“雪风”号，首推的结论就是运气好，比如最后在宫津湾当靶船，挨了一弹，击中的是食品仓库不说，还是一颗哑弹，要是响了，帮靖国神社再抓两个壮丁不难。

“雪风”号的运气好，那是别人看着都有气的。大家一起出海，别人要不是沉了，要不是被拍得缺胳膊少腿地回来，可“雪风”号每次都是全须全尾活蹦乱跳地回来了；别人在哭哭啼啼地办丧事，可“雪风”号唰地把锚一下，全舰上下气宇轩昂地跟着舰长去窑子里喝酒了。

不过运气也不是凭空而来的，很多时候要靠努力才有运气。“雪风”号的名气不是在开战以后才出来的，战前，驱逐舰“雪风”的各项技能水平在联合舰队里就赫赫有名、数一数二。“雪风”号属于“阳炎”级驱逐舰，下水是1939年3月，服役是1940年1月，在联合舰队里也属于比较新的军舰，可是在1941年8月联合舰队举行的最后的划船赛中，“雪风”号的轮机部门夺得了第一名，同时第三名第五名也被“雪风”号夺得，“雪风”号就是一条这样的军舰。

一般认为，对“雪风”号贡献最大的是在1941年7月25日到1942年6月23日之间任职的第三任舰长飞田健二郎中佐和接下来到1943年12月10日卸任的第四任舰长菅间良吉中佐。这两位舰长立下了“雪风”号的根本：在技术上冒尖。这两位舰长都是海军里有名的操舰高手，停码头绝对一次成功，舰上官兵沾光，对舰长绝对买账，舰长说什么就是什么。

一次，第三舰队司令官小泽治三郎中将听说“雪风”很牛，到他们舰上来视察，一路上看飞田舰长一边漂亮地操作着舵轮，一边清晰地发出各种指令，全舰上下有条不紊地运作，把小泽治三郎看得赞不绝口，最后“雪风”号准确地靠上了码头。

靠上了码头以后，舰长一般是发出最后一个口令“上陆用意”（准备上陆）后就放开舵轮，由部下去收拾然后上陆，但飞田舰长的口令古怪：“洗干净那要紧地方，上陆用意。”把后面的小泽司令官听得一愣：“飞田君，海军没这口令吧？”

飞田乐了："司令官阁下，俺们有富余，再说也要讲礼貌讲卫生，那玩意儿马上就要用嘛。"你敢说舰长靠码头的功夫不重要？

"雪风"号有了名气，装备也就越来越好。海军凡弄出来了新装备，肯定拿到"雪风"号来试验，"雪风"号是日本海军第一艘装备雷达的驱逐舰，第一艘装备声呐的驱逐舰，在别人好不容易装上这些装备，正面对一大堆开关旋钮似狗咬刺猬无处下口的时候，"雪风"号已经用得顺溜无比，又在踅摸新东西了。

"雪风"号的战斗减员率几乎为零，这样就保证了"雪风"号的官兵都在本职岗位上历经磨炼，成了专家，技术特别好，"雪风"号的故障率也就更少，军舰开动以后更能保证在最佳状态下运转，舰长能够像指挥自己身体的一部分一样指挥军舰，别的军舰很难避开的攻击，"雪风"号能够很简单地规避过去。

寺内正道对燃料的计算超过电子计算机，除了实在需要，航速绝不超过22节，"雪风"号在任何时候都没有断过燃料。莱特湾海战以后别的驱逐舰都断了油，不得不在海上冒着巨大风险停下来从巡洋舰的油箱里抽油，就"雪风"号没事，这样被攻击的风险又少了一点，不少驱逐舰被击中是在战斗的后半段，因为油料没了，规避动作做不出来或者做得不准确。

这一切都是正反馈，好的越好，差的越差。战争就是这样，能活得下来的就不容易死，死的全是新兵菜鸟，所以老鸟"雪风"号能挺到最后也不是什么很难理解的了。

"雪风"号牛了，舰长就更牛。驱逐舰一般都是由三四艘组成一支驱逐队，有一个司令，但司令就是上不了"雪风"号，"雪风"号不要"婆婆"来管，海龙王是老大，舰长就是老二。即使有赖皮的司令强行要上"雪风"号，不出3天肯定被赶下来，"雪风"号舰长可不鸟什么驱逐队司令，哼，军衔和本官一样，你神气什么？本官不乐意做这个司令，要做早做了，做"雪风"号舰长安全，死不了知道吗？但有你在就不安全了，摆出个司令的派头来指指点点，没准儿就把"雪风"号给指没了。

但“雪风”号也不是拒绝一切荣誉。第八舰队的旗舰一直是重巡“鸟海”号，1943年7月，“鸟海”号回吴军港整修，不知道谁出的主意，从8月6日开始旗舰移到了驱逐舰“雪风”号，鲛岛具重中将在这艘2000吨的小船上升起了中将旗。这回“雪风”号没了意见，第一是对手是舰队司令长官，火起来了能把你干掉的，绝非驱逐队司令能比，二来是大日本帝国海军还没有过将驱逐舰当舰队旗舰的事，何等露脸光彩，所以寺内正道没意见。

但是一个舰队司令部在驱逐舰上如何施展得开？司令部那么多参谋人员加上通信人员，立马就把“雪风”号弄得上厕所都要排长队，结果3天以后鲛岛中将不得不退下“雪风”号，虽然只是3天，但“雪风”号也有过舰队旗舰的荣光。

当然，到了后来这个舰队旗舰又不算什么了。战败以后“雪风”号作为复员输送舰忙着从各地把那些快饿死了的皇军往日本搬，一直到1947年7月作为8艘日本赔偿舰之一被移交给中国，改名为“丹阳”舰，舰号12。自此一直到1966年11月除籍为止，一直是台湾当局“敦睦舰队”旗舰，小庙大菩萨，比第八舰队旗舰时代还要风光。

“雪风”号成了“丹阳”舰以后，24英寸鱼雷发射管被拆掉，因为日本的24英寸是个非标尺寸，别的国家不用，可是为什么没人想到去吴海军工厂把24英寸鱼雷的生产设备拆到中国来呢？还是因为不来钱啊，如果国民党政府有拆人家生产设备的出息，也就不会被赶到台湾岛了。

可是就这样牛的“雪风”号舰长寺内正道中佐，居然被人打了。

谁敢打“雪风”号舰长？这个世界上就是有吃了豹子胆的，就是那位第二舰队先任参谋山本祐二大佐。这位山本大佐不是一般人，海兵51期进校“吊床号”第五名，毕业“吊床号”第二名，打打你这个后辈的小中佐还算回事？

寺内挨打的原因是开会迟到，其实寺内进会场的时候作战会议还没有开始，但按照日本海军的规矩寺内已经迟到了。日本海军有一条从大英帝国皇家海军学来的规矩——“5分钟之前”，这条规矩现在日本全国到处都在遵守，就是上班开会集合什么的最起码要提前5分钟到场，否则就算迟到。寺内知道这次作战会议关系重大，开不得玩笑，但是寺内中佐对于即将进行的自杀攻击实在是心里没底，舰上各部门、各战位成员从会议前天晚上和各位舰长、司令官一起喝完断头酒以后，就一直在一遍一遍检查，确认所有岗位都保持在最好状态，这样说不定明天还能活下来，当然去成了冲绳就肯定没了命，但只有傻瓜才会相信这支舰队能逃到冲绳。

就这样，寺内舰长到达“大和”号上的作战室比应该早到的5分钟迟到了1分钟。寺内刚进门，山本大佐的大耳刮子就左右开弓扇了过来。

海兵55期的寺内中佐被海兵51期的山本大佐打耳光，当然没话可说，只好老老实实摆出立正的架势，嘴里不断地“哈伊”，周围的舰长也没怎么当回事，这种事情太常见了，但跟着寺内舰长的“雪风”号从兵（随从）看见了，很是不服，马上就把消息传回了军舰：“俺们舰长被先任参谋那个俘虏给打了。”顿时全舰群情激愤，处理不好了真可能哗变。

寺内回来听说此事就骂上了：“这事是本官错，挨打活该。打仗要是都迟到还打啥？再说你们这些混蛋，平时挨本官的耳光还少了，怎么都要来算账了？各就各位，干活去，这回拔了锚就是上了死路，想活着回来就好好想想手里的家伙怎么操持，别去琢磨那些破事情。”这事算了了。

那个小从兵最后还是为他们的舰长报了仇。“大和”号沉了，山本祐二大佐被“雪风”号从海里给捞了起来。那位从兵一看到就兴奋地乱嚷：“那不是先任参谋殿下嘛，空开点位置，空开点位置给我。”说着话就跨骑在山本大佐身上，抡圆了胳膊像庄则栋抽球那样两面乱打山本大佐耳光，一会儿就把一个大佐给打成了一个猪头。

这位猪头大佐在下面还一个劲儿地嘟嘟哝哝谢那位从兵，这倒不是猪头大佐太贱，只因为山本知道那从兵是在救他。山本当时身负重伤，在水里泡了那么久，体温很低，这时候如果昏迷过去就彻底挂了，所以那个从兵扇他耳光是为了不让他昏过去，当然是不是也有趁机报复的想法就谁都不知道了，就这样扇耳光一直扇到军医赶来为止，但最后山本大佐还是伤重不治断气了。

05 凋零在太平洋的水面上

就这样，1945年4月6日15时整，“大和”号等10艘大日本帝国海军最后剩下来还能编队行动的军舰，一起从濑户内海的三田尻起锚起航了。

就在这10艘军舰刚刚编好航行编队的时候，两架在超高空飞行的B－29“超级空中堡垒”就扔了两颗炸弹下来。这两颗炸弹当然炸不着什么目标，但这是监视着日本每一寸土地和海面的美国人的傲慢的通知：“我们已经知道你们出动了。”

这个消息可能对伊藤整一没有什么震动。昨天晚上，和部属舰长们、参谋们唱了一遍又一遍的《同期之樱》可能现在还在伊藤中将耳边嗡嗡作响，在伊藤看来，现在就是向靖国神社走去，一路上会发生些什么事情，已经无关紧要了。

按照联合舰队的指令，舰队只装载单程燃料，但这句话一公之于众，从军令部开始一直到各燃料基地顿时骂声一片，联合舰队参谋千早正隆中佐拍案而起：“如果是说没有往复燃料的话，我去找。”千早知道各基地都应该有一些账簿外燃料。因为燃料罐最后的一点油是抽不出来的，所以油罐到了一定数量就认为已经为零，但随着燃料情况的日益恶化，各基地都八仙过海地想出各种办法把油罐里的底油抽出来，这些油账簿上没有记载，叫作“簿外油”，在这些义气哥们的努力下，第二舰队的各舰都装满了油，要不然即便是“雪风”号到最后也回不来。

从三田尻出发以前，伊藤中将给了那位留守副官4份遗书，让他分别给太太和3个女儿，伊藤没有留遗书给儿子，那位海兵72期毕业、现在在五航舰特攻队的伊藤睿中尉。因为伊藤整一认为没有必要，儿子很可能死了，这几天九州、台湾各个基地的大批特攻机起飞前往冲绳，儿子应该已经去了。

其实，伊藤的儿子还没有死。

天上有15架五航舰司令长官宇垣缠中将派来的零战在护航。伊藤很感谢宇垣缠，认为除了袍泽和海兵的情谊之外，宇垣其实没必要这样做，15架零战已经是宇垣缠甘冒违反军令之大不韪所能派出来的最大兵力了，可是对于动辄出动上千架飞机的美国人来说，15架零战已经没有什么意义了。其实，宇垣缠做的比袍泽和校友更多些，现在在天上护航的带队队长就是伊藤睿中尉，宇垣缠让伊藤叡最后送一次父亲。儿子知道这是在送父亲去“特攻”，而父亲却不知道是儿子在为他送行。

伊藤睿是在4月28日的“特攻”中战死的，和伊藤整一家接到伊藤整一的阵亡通知是同一天。

听说“大和”号出来了，斯普鲁恩斯顿时开心了，笔者敢保证斯普鲁恩斯这一辈子没有比听说“大和”号出击的时候更加开心过。

不像既有飞行执照还当过航母舰长的哈尔西，斯普鲁恩斯绝对是原教旨海军军人，喜欢大舰巨炮，用大炮对轰肯定是所有海军军官都曾经梦想过的最辉煌的场景，这次他听说“大和”号都溜达出来了，而且对方带队的还是Admiral Seiichi Itō（伊藤整一中将）时，毫不犹豫就向正忙着往冲绳岛上打炮的莫顿·德约中将（Morton Deyo）下令出击。

伊藤整一和斯普鲁恩斯曾经很熟，可以说是老朋友。

斯普鲁恩斯挺不务正业的，海军学院出来搞军工，搞完了军工读海大，海大毕业又去海军部情报局做特务去了。斯普鲁恩斯中校主要的工作就是监视在华盛顿活动的各国海军武官，其实当时对美军构成威胁的海军也就是日本海军，所以要盯着的也就是那几个日本海军武官。

当时刚刚完成耶鲁大学学业的伊藤整一中佐被调到华盛顿担任武官助手。日本海军驻美武官一般都在中佐时代进过哈佛、耶鲁或者哥伦比亚等美国名牌大学，像山本五十六进的就是哈佛。伊藤整一在中佐时代是作为未来驻美武官来培养的，从1927年开始在美国待了3年。

伊藤在美国的时候正是那个臭名昭著的禁酒令时代，但是外交机关是享有治外法权的，所以那个年代也就成了驻美外交机关酒会最频繁的年代，美国政要们先到驻美外交使团那儿去蹭合法的酒喝，再以回礼的名义合法地请老外来喝酒，本来法律制定出来就是让上等人来违反的。

为了接近伊藤整一，滴酒不沾的斯普鲁恩斯自掏腰包冒着风险去黑市买酒，回到家拉上窗帘练调鸡尾酒的手艺，以至于后来斯普鲁恩斯在华盛顿外交界酒会上成了一名挺有名的调酒师。但斯普鲁恩斯中校可不是为任何人都服务的，他的客人仅仅是他的工作对象，比他小4岁，当时37岁的伊藤整一中佐，从来没有被斯普鲁恩斯灌醉过，伊藤整一的酒量实在好。为了从伊藤整一嘴里套话，斯普鲁恩斯没事就带着伊藤整一乱转，连伊藤整一回国时的礼物都是斯普鲁恩斯夫人玛格丽特为之挑选。可能是天生木讷的斯普鲁恩斯不是干特工的料，他在伊藤整一身上花的功夫好像没有一点效果。

当时要去和伊藤整一对轰的德约中将手下有“马萨诸塞”号、“印第安纳”号、“南达科他”号、“新泽西”号、“威斯康星”号和“密苏里”号6艘战列舰，前3艘是“南达科他”级，后3艘是最新式的“艾奥瓦”级，还有7艘巡洋舰和20多艘驱逐舰。其实当时的海军军人，不管是山本五十六还是哈尔西，骨子里全是大舰巨炮主义者，斯普鲁恩斯当然不会例外，只不过美国人更加知道历史潮流不可抗拒这一点，再有就是，太平洋战争刚开始时美国也没有能和日本人对轰的巨舰和大炮，现在美国人喘过气来了，对轰就对轰，难道俺们还真怕了你鬼子不成？

不用飞机，“艾奥瓦”级的“新泽西”号，到底能不能轰掉“大和”号？

这是一个绝对不可能扯得清的皮，因为事实上并没有发生。但是日本海军的军官们没有几个持乐观观点的，从“大和”号的兵装就可以看出设计人员的战斗设想，这种战斗设想有点太自说自话，纯粹是一个空想的理想条件。

“大和”型战列舰最可怕的武器就是它那3座三联装18英寸460毫米主炮，这9门主炮能把重达1.4吨的炮弹送到42000米远的地方。真要对轰，对手“新泽西”号的16英寸406毫米主炮只能把1吨重的炮弹送到39000米远的地方。单纯从这个数据来看，似乎“大和”号要占优势，“大和”号能在“新泽西”号够不着的地方伸出拳头去打人，实现真正的距离外攻击。这也是日本海军玩了命也要弄“大和”型战列舰的原因，因为美国人受巴拿马运河的宽度限制，无法建造同样的战列舰。

可是这么大的大炮如何在这么远的距离上击中敌舰呢？“大和”型战列舰设计者所想象的战斗场面是这样的：敌舰在最大射程上，“大和”号上起飞最多达7架弹着点观察机，从空中为主炮提供弹着偏移量和修正值，指挥主炮击中敌舰。但是即使是这样，在最顺利的时候，第三排炮弹命中敌舰也需要10分钟时间。而“新泽西”号的速度高达33节，“大和”号炮弹打出去以后，“新泽西”号已经移动到1.5公里之外了，即使“大和”号在最大距离上开炮，2分钟以后“大和”号也进入了“新泽西”号的射程。“新泽西”号用的是和主炮联动的炮瞄雷达，能够通过测定炮弹激起的水柱来修正射击偏差，所以在理想情况下，能够在5分钟之内用第二排炮弹击中“大和”号。

所以不少日本人认为一艘“大和”号遇到一艘“新泽西”号可以自保，但是如同这次那样，遇到的是3艘“艾奥瓦”级再加上3艘“南达科他”级，则绝无生还之理，所以斯普鲁恩斯不高高兴兴才见了鬼呢。

可是斯普鲁恩斯还是没有出来。

第二舰队刚刚开始行动就被B－29侦察机发现了，出了丰后水道又被2艘美国值班潜艇“金线鱼”号和“淡水鲨”号盯上了，于是知道了消息的第五舰队战列舰舰队和航母舰队都行动起来，往北移动准备迎接斯普鲁恩斯的老朋友。

本来斯普鲁恩斯是准备使用战列舰舰队来过一把瘾的，而伊藤整一也不会反感战列舰的决战，可是联合舰队的倒霉作战计划让斯普鲁恩斯和伊藤整一都没有能过成瘾，一场本来可以永远被人怀念的古典海战大餐愣被联合舰队的那些参谋顺从美国文化，做成了一顿麦当劳式的快餐。

根据联合舰队的作战计划，大和舰队在通过大隅海峡以后就尽量往西，一直航行到冲绳本岛的几乎正北方向时再转头南下，这样可以尽量拉开和美国舰队的距离，避免和美国人在海上发生接触。

可是，从侦察机的报告中得知日本舰队转向了的米切尔并不知道联合舰队的具体计划内容，他无法判断现在的第二舰队会在什么时候再次转头向南还是继续西进，前往长崎的佐世保港。这个地点离佐世保港已经不远了，要是第二舰队进了港，收拾起来就麻烦了。米切尔当然知道长官在想什么，就发了一条短信给长官："你上还是我上？"（Will You Take Them or Shall I？）

斯普鲁恩斯知道是怎么回事，很快就回了，语气很无奈："你上吧！"（You Take Them！）——本官是赶不上了，就这样一场本来是最经典的原教旨海战没有了，全世界海军和海军迷的梦想再也不可能实现了。

10时整，第一波260架各式飞机从米切尔麾下的8艘正规航母和6艘轻型航母上起飞，接着，米切尔又出动了第二波130架飞机，亦去轰炸"大和"号及第二舰队。

从12时30分第一批美国飞机到来开始，"大和"号根本就无法计算美国飞机的批次，仿佛是无穷无尽的美国飞机周而复始地进入俯冲角度，开始俯冲，投弹，拉高……轰炸的最主要对象当然是"大和"号，与此同时，轻巡"矢矧"号也没被美国人遗忘。

任"大和"号舰长不到5个月的有贺幸作大佐是个驱逐舰船油子，但对"大和"号来说他只是个菜鸟，"大和"号实在太大了，绝非驱逐舰能比，而有贺大佐没有操作大舰的经验，名义上当过巡洋舰"鸟海"号的舰长，但不到5个月就中止了，这次指挥的是这么大的据说是重巡舰长也要花一年时间才能熟悉的战列舰。“大和”号在有贺的指挥下，笨拙地转动着身躯，以躲避全方位而来的美国飞机的攻击，全无半年前“捷一号作战”中森下信卫少将指挥时所表现出来的灵活。

14时20分，在被至少10枚鱼雷、5颗航空炸弹击中后，已经左倾20度的“大和”号舰桥上，第二舰队司令长官下达了出航以后唯一的命令：“总员退舰。”

伊藤望着海面：“作战中止了，让驱逐舰回去。”

先任参谋山下大佐还在坚持：“可是……”

伊藤愤怒了：“这就行了。”

有贺舰长让副长用绳子把自己绑在舵轮上，理由是：“我水性太好了，不把我绑起来我死不了。”

为什么有贺一定要死？除了舰长殉舰这个不成文的传统之外，中途岛海战的经历让有贺不能活着回来，“加贺”号舰长冈田次作大佐、“苍龙”号舰长柳本柳作大佐在他面前殉舰而死，而“赤城”号舰长青木泰二郎大佐在他的强力劝说下没有殉舰，却生不如死，为了向青木大佐谢罪，他也要死。

14时23分，“大和”号发生大爆炸，沉没。沉没的还有轻巡“矢矧”号，驱逐舰“朝霜”号、“霞”号、“矶风”号、“浜风”号。“大和”号就这么没了，和舰上的2740名官兵一起没了，为“大和”号殉葬的第二舰队官兵在4000人左右。

4月8日，剩下的“雪风”号、“初霜”号、“冬月”号、“凉月”号回到了佐世保。

而美军的损失是被击落飞机20架，飞行员死亡14人。

06 输光赌本后赌徒的选择

“大和”号没了就是说大日本帝国海军也就没了，而那个产生了这支海军或者说这支海军要保护的大日本帝国也快要没了。要没了的甚至还不仅仅是那个帝国，还有那个帝国的高级军官们口口声声说的“百年国运”，那个帝国真的到了末路了。

在“大和”号上路的时候，东京也正热闹。

小矶国昭和米内光政的联立内阁也走到了末路，实在干不下去了，只好于“大和”号出发前的4月5日上午宣布内阁总辞职，冲绳打得正热闹，这边内阁散了伙。

噩耗还紧赶着一起来，这边外务省又来了一个人。苏联驻日大使马立克到日本外务省来打招呼，告诉日本人，原定一年以后到期的《日苏中立条约》不再延长了。

这下大本营傻了。冲绳失守只是个时间问题，“大和”号也肯定到不了冲绳，赶上内阁还散了伙，这一下苏联人也动了起来，可真是叫天天不应叫地地不灵了。

首先要解决内阁问题，由谁来组阁？4月5日下午，在皇宫里开了重臣会议，参加的有近卫文麿、平沼骐一郎、铃木贯太郎、广田弘毅、冈田启介和东条英机6个人，由内大臣木户幸一主持。

大家对战争期间，首相还是要军人来担任这点都没意见，问题是谁来当。东条英机推举的是时任教育总监的元帅陆军大将畑俊六，这可把大家都雷住了，谁当也不能让畑俊六来当啊，当年没有陆相畑俊六辞职搅散了米内光政内阁，形势还不至于发展到一定要和英美开战，所以东条推举的畑俊六是万万不行的，还是在座的枢密院议长铃木贯太郎来干吧，这位也是海军大将。

但铃木不干，理由首先是他本人的信条就是军人不应该干预政治，其次他都已经79岁了，耳朵也已经聋了，让他当总理这不是扯吗？可是昭和天皇说没有政治经验也行，耳朵听不见也行，反正首相就是你了，拜托了。

海军大将铃木贯太郎就在1945年4月7日，“大和”号战列舰沉掉的那天，当上了首相。

冲绳作战持续了3个月，在6月23日结束，三十二军司令官牛岛满中将、参谋长长勇少将，海军冲绳根据地队司令官大田实少将自杀，陆海军守军12万人中战死近10万人，只有不到1万人被俘，卷入战火的老百姓也有近10万人死亡。

冲绳完了，原来所指望的冲绳作战能为本土防御战争取一点时间也没有做到，年仅39岁的李梅从1945年1月开始就任第二十轰炸集团司令，主持对日战略轰炸。海上来值班的不只是潜水艇了，老是值班也累，懒惰的美国人老是想出一些匪夷所思的方法来偷懒——布水雷。1945年3月，美国人大规模在日本海域布水雷，和攻打冲绳同时进行，不止在港口外面布，甚至在濑户内海都布雷，让你寸步难行。

布水雷是一种古已有之的海战方法，但美军布雷的方式和布的水雷实在不讲道理。倒霉的美军欺负日本人没有防空能力，布雷不用布雷舰，而是用高空飞行的B－29来布，洒下来的水雷也不是那种机械撞击式的，而是什么磁性起爆、音响起爆、水压起爆、次声波起爆这些听着就是云里雾里的起爆方式。更为恶劣的是，美国人的水雷除了最早的M4、M11是磁性水雷以外，其余水雷全是同时具备几种引信，没有同时满足所有引信起爆条件的，水雷不爆炸。日本人当时能扫磁性水雷，对音响水雷用发音弹能够处理，但对于复合引信就完全无能为力了，于是日本被完全封锁了起来，本来美军的布雷行动代号就邪恶无比——“饥饿行动”，整个饥饿行动中美军出动的B－29多达1529架次，布下水雷多达12135颗。

这样一来，工厂几乎全被炸毁，或由于原料问题而停产，所谓的“本土作战”只是一只画在纸上的饼而已。

1945年7月26日，同盟国公布了要求日本帝国无条件投降的《波茨坦公告》。

《波茨坦公告》发表前后，美国人对日本人再次加大了压力，7月24日和28日第五舰队的航母舰载机对吴军港进行了轰炸，结果是战列舰“榛名”号、“伊势”号和“日向”号搁浅，航母“天城”号颠覆，“葛城”号、“凤翔”号、“龙凤”号大损，巡洋舰“磐手”号、“出云”号、“青叶”号、“利根”号、“北上”号搁浅，“大淀”号颠覆。

如果说2个月以前，小泽治三郎中将就任最后一任联合舰队司令长官时，日本海军作为一支能作战的军队已经不复存在的话，到了此时，已经可以说大日本帝国海军从物理上几乎不存在了。

7月28日，铃木贯太郎向记者发表谈话的内容是：“这个宣言只不过是在炒《开罗宣言》的冷饭，日本政府不会重视这个宣言，只是采取‘默杀’的方法，我们要把战争进行到底。”

铃木贯太郎的谈话问题的责任并不单单在铃木本人，早在27日，日本外务省官僚就专门召开会议研究《波茨坦公告》，得出的结论是：不必过分看重《波茨坦公告》的用词，就算是有“无条件投降”这件事，也总要谈一个手续和技术细节，《波茨坦公告》只不过是催促日本人坐到谈判桌前来而已。

和外务官僚的这种漫不经心相比，大本营以军令部总长丰田副武大将为首的将战争进行到底的强硬派，则要求首相发表一个措辞强有力的声明，给英美人一记响亮的耳光。

不管是外务省还是大本营，不知怎么的都没有注意到波茨坦到底在哪儿，美英苏的巨头怎么到在柏林郊外的波茨坦去开会去了？那地方原来的主人怎么样了？那地方现在又是怎么回事了？

“无条件投降”这种东西是有的，如果你愿意的话，所谓技术问题自然会有人来自作主张地处理。

但日本人并没有意识到这种情况，铃木贯太郎本人同意外务省的分析，但又要照顾到大本营的情绪，这就来一个和稀泥：不直接谴责这个公告，想对同盟国方面暗示：“其实这个公告也不是不可理解。”最后又向大本营表示：“本官没有接受投降，但你们真的对‘本土抗战’有信心吗？”

日本人很喜欢自我陶醉地玩这一类文字和语言游戏，而从不去注意别人是不是愿意陪他们一起玩这类游戏。不开化的欧美人就是按照你的字面意思来解释，解释不了的时候就再问你一次，而这次在欧美人看来没有再次确认的必要，因为日本人已经表示得相当清楚了。

后果是非常严重的，美国人在太平洋战场上看起来是所向披靡，指东不打西，但是只有美国人才知道他们自己花了多大力量。日本人到处玉碎，战死比率高得惊人，死了多少日本人和美国人有什么关系？美国人所关心的是死了多少美国人，而不是杀了多少日本人。

硫磺岛一战持续了40天，美军付出的代价是战死6821人，负伤21865人，而冲绳花90天打下来，美军的损失达到战死12520人，负伤72012人，如果真要强行执行原定于1945年11月在南九州的志布志湾登陆的“奥林匹克作战计划”的话，没有人敢预测美军到底要付出多大牺牲。

美国政府和军方的处境有点困难，对美国老百姓去宣传他们在硫磺岛和冲绳分别杀死了2万和10万日本兵是没有用的，美国老百姓会质问他们的政府和国防部：你们有没有办法让我们的孩子不死？

有办法的，美国人会想出一切方法来减少美国人的伤亡，太平洋战争中这一美利坚民族性的表现就是雷达、VT信管和原子弹这三大大杀器，现在应该是原子弹登场了。

事实上，《波茨坦公告》是在杜鲁门于7月25日在投放原子弹的命令上签字的同时准备好的文书，这已经是哀的美敦书了，可是蒙在鼓里的日本人还在玩弄文字游戏。

1945年7月26日，原子弹被重型巡洋舰“印第安纳波利斯”号运到提尼安岛，8月2日，第二十轰炸集团司令李梅中将发出了有名的第13号作战命令——

攻击日：8月6日；

攻击目标：广岛市中心及其工业区域；

预备第二目标：小仓兵工厂及市中心区域；

预备第三目标：长崎市中心；

投弹方法：目视投放；

投放高度：28000～30000英尺；

速度：时速200英里。

8月6日早晨8时11分，“恩诺拉·盖”号轰炸机在广岛上空出现，因为只有3架飞机，所以没有引起人们注意，大家都以为是来进行侦察飞行的。然而，8时15分30秒，“恩诺拉·盖”号轰炸机在日本帝国最重要的军事和工业基地之一的广岛上空扔下了那颗有名的“小男孩”，当时广岛市35万人口中有14万人就死在了这个“小男孩”手上。

日本时间7日黎明，杜鲁门发表声明：“16小时以前，美国空军飞机在日本最重要的军事基地广岛上空投放了一枚炸弹，这枚炸弹的威力相当于两万吨以上的TNT炸药（另有1.5万吨以上TNT的说法，如《不列颠百科全书》“原子弹”条——作者），破坏力比现在英国人拥有的最大的超级炸弹还要大两千倍以上……这种炸弹是原子弹。

我们为了从完全毁灭中拯救日本人民，在7月26日发出了最后通牒，而日本领导人拒绝了这个最后通牒，如果他们不接受我们的条件，毁灭将像未曾有过的大雨一样从天而降在他们头上。”

8月8日一早，东乡茂德和铃木贯太郎商谈以后进宫觐见天皇，提出了召开最高战争指导会议来讨论接受《波茨坦公告》，结束战争的建议。

午夜23时，驻苏大使佐藤尚武总算得到了苏联外交人民委员莫洛托夫答应召见他的通知，佐藤尚武走入莫洛托夫的办公室还没有来得及说出准备好的致敬语，便被莫洛托夫举起手制止了，莫洛托夫随即用非常公事公办的口吻说“我奉命对贵大使通告以下事项”，说完拿出一张纸读了起来——苏联对日宣战公告。

一小时以后，华西里列夫斯基元帅和马林诺夫斯基元帅麾下的157万苏联红军在4000辆坦克、5000架飞机的支援下，对满洲的120万盗用关东军名义的日本老弱残兵展开了一场漂亮的钳形攻击。

8月9日的最高战争指导会议就是在这种背景下于上午11时之前召开的，会议刚刚开始的11时02分，长崎也遭到了原子弹的袭击。

参加会议的有，首相铃木贯太郎海军大将、外相东乡茂德、陆相阿南惟几陆军大将、海相米内光政海军大将、参谋总长梅津美治郎陆军大将和军令部总长丰田副武海军大将等6人，铃木首相开门见山："除了广岛受到原子弹攻击之外，现在苏联又参战了，从形势上看战争已经无法继续，只能接受《波茨坦公告》了，大家的意见怎么样？"

没人反对接受《波茨坦公告》，但是阿南惟几、梅津美治郎和丰田副武等军部三巨头提出了三个条件：

1．对日本的军事占领的范围和时间要尽可能的小。

2．由日本人自己进行军事解除。

3．惩罚战犯也由日本人自己进行。

三比三，得不出结果，会议中止，改为召开临时内阁会议。临时内阁会议还是做不出决定，大家还是面面相觑。

铃木贯太郎又把临时内阁会议改回最高战争指导会议，请来了天皇，再叫上枢密院议长平沼骐一郎，这就成了御前会议了，地点是在皇宫的防空壕中。

铃木一个人一个人地问了意见，六巨头的意见还是3：3，时间已经到了8月10日凌晨2时，这时铃木贯太郎做了一个出人意料的举动，只见他站了起来，一字一字地说："花了这么长时间而无法统一意见，非常遗憾，因为意见不一致，所以想知道陛下的意思，根据陛下的旨意来得出会议的决定。"说完走到昭和天皇跟前深深地鞠了一躬。

昭和天皇一字一顿地开了口："那朕就说说朕的意见。"

昭和天皇说了很多，最后是："在此之时，必须忍不能忍之忍，回想三国干涉之时的明治天皇，朕决心结束战争。"

时间是1945年8月10日2时30分，会场一片哭声。

御前会议结束以后，立即召集等候在外面的阁僚召开内阁会议，决定了在“维持国体”的前提下接受《波茨坦公告》，并通过驻瑞士公使加濑俊一和驻瑞典公使冈本季正转告了美、英、中、苏四国。

美国国务卿詹姆斯·伯恩斯表示不能接受日本的求降，因为这是有条件投降，违反了《波茨坦公告》中有关日本必须无条件投降的条款。但陆军部长史汀生和海军部长福莱斯特却认为，为了避免在日本本土登陆作战中的牺牲，应该接受日本人的求降条件，结果是采取了一个很公平的方案：由伯恩斯国务卿来起草接受日本人求降条件的回答。

最后詹姆斯·伯恩斯起草的“伯恩斯回答”是现在日本人看到还哭笑不得的：“天皇以及日本国政府的统治权，在联合国军最高司令官的制限下行使。”这样既同意了日本人的求降，同时还满足了史汀生和福莱斯特不想再打仗了的希望，顺便把所谓日本国变成一个可以随便捏的面团。

“伯恩斯回答”于8月12日通过商用电报网络送给了同盟通讯社以后，大日本帝国陆海军的强硬派不肯接受这个回答，陆军省和近卫师团一部分参谋在阴谋策划政变，推翻铃木贯太郎内阁，重组“真正的”军人内阁，抗战到底，军令部次长大西泷治郎中将则找到丰田副武，力争“死个两千万日本男儿，我不相信这场战争真会输”。

8月13日，铃木贯太郎在向天皇说明情况以后，提出了把人召进宫来开御前会议的建议，会议于10时50分召开，地点还是在防空壕里，天皇发表了“圣断”。

天皇这次的讲话很长，一开始就确认了接受《波茨坦公告》，结束战争的宗旨，然后对军部最在意的“国体维持”问题发表了自己的看法。天皇认为，从“伯恩斯回答”的用词看来，基本上天皇制能够得到维持，“不如说对方是好意”的，要大家“耐非常之耐，忍非常之忍”，最后针对陆海军的不稳倾向，特地要“陆海军大臣共同努力，控制局势，如果需要，朕可以到麦克风前面向全体国民呼吁，如果需要诏书，请内阁赶快起草”。

12时整，御前会议结束。

20时30分，盖有天皇玉玺的停战诏书送到了铃木首相手边，23时整，发布了停战诏书，同时立即通过中立国瑞士向美、英、中、苏通知日本政府接受了《波茨坦公告》。

8月15日凌晨，总算结束了这些事务工作，阁僚都回去了，首相办公室里就剩下了铃木贯太郎和迫水久常。

这时有人敲门，进来的是全身戎装的陆军大臣阿南惟几大将，只见他左手扶军刀，右手托着一个精致的木盒，走到铃木面前弯腰鞠躬以后说：“听说阁下喜欢雪茄，这是本官从荷属东印度带回来的一点雪茄，不成敬意。”

可能是因为耳聋，铃木有点答非所问：“这段时间你受累了，放心，陛下不会有事的。”

阿南没有觉得铃木的话说得古怪：“谢谢，我没有不放心，因为有阁下在。”

说完向铃木贯太郎深深地一鞠躬，转过身来，用他那有名的潇洒的大步走出了首相办公室，马靴声在空旷的走廊里回响。

迫水久常指着雪茄烟盒问铃木：“阁下，阿南阁下这是……”

“他是来请长假来了。”铃木喃喃地说。一般来说“你受累了”是一句客气话，但是铃木贯太郎刚刚说的是真心话，阿南在根本上是个坚决的抵抗派，但是他没有辞职，只要他辞职，铃木内阁就必然倒台，这时候再指望陆军出大臣是不现实的，终战工作也就无从谈起，但是阿南并没有采取倒阁的具体行动，所以铃木贯太郎还是感谢他。

和大西泷治郎一样，阿南也拒绝承认失败。

同为军人的铃木贯太郎已经预见到了这一切，所以他只是淡淡地对迫水久常说阿南要请长假了。

望着阿南刚刚走出去的门口，铃木的目光无法移动。

铃木贯太郎1887年毕业于海兵14期，是1898年海大首期毕业生，历任海军次官、联合舰队司令长官、军令部长等要职，他是和日本海军一起走过来的现存海军最长者。

现存日本海军的所有军官都是铃木的后辈，都是他看着成长起来的，闭上眼似乎就能看着这些后辈从面前走过，可是现在走过的都是些魂魄。日本海军在太平洋战争战死的名单中光阁下就有355名，2名元帅，5名大将，56名中将，252名少将；其他大佐以下一直到二等兵的死亡数目是312613名，加上战死的96533名随军行动的被征用人员，共达40万人之多。

都走了，留下了一个垂老的海军大将在这里孤独地站着。

垂老的大将想起了1940年10月11日在横滨举行的有98艘军舰、527架飞机参加的“皇记2600年特别观舰式”。时任枢密院议长的铃木贯太郎跟随昭和天皇登上战列舰“比睿”号，在海军大臣及川古志郎大将，军令部总长伏见宫博恭王元帅和联合舰队司令长官山本五十六中将的陪同下检阅海军，只听耳边礼炮隆隆，只见眼前樯旗如织，战鹫如云，那时候谁都相信大日本帝国海军天下无敌。

铃木贯太郎还记得甲午战争时联合舰队是怎么战战兢兢地从佐世保出发去寻找北洋水师决战。他也经历过日俄战争，他也记得当时联合舰队是怎样在忐忑不安中等待着波罗的海舰队的到来，但是经过了这两次战争以后，和所有人一样，铃木也相信日本海军已经成长为世界最强之一。第一次世界大战的时候，作为海军次官的铃木贯太郎直接负责地中海作战，他不会忘记当旭日旗飘扬在欧洲时的自豪。

但是在1940年的观舰式上，他眼看着和甲午战争、日俄战争时期相比起了翻天覆地的变化，甚至连第一次世界大战的时候都无法想象的联合舰队的雄壮阵容，绝对没有想到过那次居然是大日本帝国海军的最后一次观舰式。

一支曾经是那么强大的海军哪儿去了？

日本海军开战时拥有的军舰加上在战争中建造的军舰共计646艘，总吨位193万吨。战争中被击沉410艘，共计138万吨，另外被重创、轻创而无法航行的军舰59艘，22万吨，到无条件投降时只剩下177艘，33万吨。

在这177艘军舰里，还有80艘是海防舰，43艘是已经无法使用的老式军舰，14艘是需要大改造才能使用的旧式驱逐舰，这137艘是不能计算为作战舰只的。

作战舰只有1艘航母，是“凤翔”号，3艘巡洋舰，分别是“八云”号、“鹿岛”号和“酒匂”号，29艘驱逐舰，分别是“雪风”号、“汐风”号、“夕风”号、“波风”号、“神风”号、“冬月”号、“春月”号、“夏月”号、“花月”号、“霄月”号、“响”号、“竹”号、“桐”号、“杉”号、“荻”号、“桦”号、“槙”号、“栗”号、“楠”号、“柿”号、“莲”号、“榧”号、“枫”号、“茑”号、“堇”号、“椎”号、“雄竹”号、“初樱”号和“初海”号，还有7艘潜水艇，只有这么多了，即使是这些舰艇也因为没有燃料，无法动弹，现在只能停泊在沿海各处的大岩石下面的阴影里以躲避美国飞机的轰炸，说是海军还有军舰，但没有了燃油的军舰就只是一个浮动的铁盒子，不，准确地说，是铁棺材。

铃木有点想不通，为什么一支数量如此多，各舰种间平衡性良好，兵员精良，指挥官训练有素的强大海军，在短短三年半内就消失得无影无形？

铃木贯太郎想不通是很自然的。时代已经变了，仅仅是日本人（可能还有德国人）没有感到这一点，也许反过来说，仅仅是日本人没有感到这一点可能更合适一些。

但此时，铃木贯太郎海军大将还没有心情去琢磨这些问题，因为他还有更加紧迫的工作要干：必须立即联系上麦克阿瑟，好派人去投降。

写在后面的话

1945年12月1日，大日本帝国陆海军正式解体，海军省更名为第二复员省，负责海军舰船和军人的复员工作。这个第二复员省和由陆军省改名的第一复员省在1946年6月15日合并为日本内阁直属的复员厅，一个是第一复员局，一个是第二复员局。1947年10月15日，复员厅废止，第一复员局划归厚生省，第二复员局则成为总理府直属机构。

第一复员省和第二复员省的这种不同处理，是因为在日本战败之后，海军的组织机构还在运作活动。要把分散在从中国大陆到南太平洋的那些放下武器老老实实当了俘虏的几百万陆军运回国内复员，就只能使用海军的舰船和人员，要扫除那些密布于日本沿海的水雷也只能使用海军的舰船和人员。所以除了“大日本帝国海军”这个名字不再被使用之外，海军基本上还是照原样运转。

所以海军还能有组织地组织人马，从事为有战犯嫌疑的海军高级军人打掩护的工作，最后的结果是，在东京国际军事法庭上没有一个海军军人被送上绞架。1948年第二复员局的复员业务划归到了厚生省，但其他运输和扫雷业务所需要的舰船和人员则被划到运输省，特别是和扫雷任务有关的，全部划到新成立的“海上保安厅”，当时作为运输省的一个部门，负责海岸警卫和沿海扫雷，并作为水上警察执行取缔走私的任务。

这就是日本人常说的“海军横着就滑到了海上自卫队”这句话的意思。陆军是确实解体了，当然后来再次在一定程度上聚集到了一起，但那已经是后来的事情，也只是在一定程度上。而海军则是整个组织就这样几乎原封不动地保留了下来，甚至连军令部作战部作战课都从一开始就作为第二复员省的资料整理部被保留下来，研究如何重建日本海军的课题。

这个机会来了。1950年朝鲜战争爆发，旧日本海军人员立即向美国占领军当局以及美国远东海军当局提出了重建一支小规模日本海军的建议。

日本海上自卫队的历史是一个很大的题目，不在本书的范围内。反正日本人的提议挺合美国人的胃口。1951年10月，“联合国军”司令李奇微将军提议租借给日本政府50艘护卫舰和登陆舰，日本政府组织了一个被称为“Y委员会”的组织来接收这批船只，从旧海军军人中召集人才，最后在1952年正式成立海上警备队，一直到1954年，随着防卫厅的成立而改名为海上自卫队。

日美之间的很多事情是很古怪的，被日本人称为“鬼畜李梅”的李梅将军在战后鼎力帮助日本人发展空军和防空力量，后来被日本人授予“勋一等旭日大绶章”。同样，帮助日本人重建海军力量的也是一个当年的仇人，他就是当时的美国远东舰队副参谋长阿利·艾伯特·伯克少将。伯克在太平洋战争的所罗门战斗时是第十二驱逐舰中队的中校司令官，手下有6艘驱逐舰，是他创造了一系列战术，使当时还是海上菜鸟的美国舰队在舰队作战上战胜了日本海军。伯克在战后曾经担任已经升任大西洋舰队司令的米切尔上将的参谋长，最后官至上将，成为担任美国海军作战部长时间最长的人。

阿利·伯克在战时是最讨厌日本人的人。整个战争期间，伯克在公开场合称呼日本人时坚持用“那些黄皮猴子”这个词。理由很简单，阿利·伯克加入美国海军服役的第一艘军舰是“亚利桑那”号战列舰，而这艘战列舰现在和近1000名阿利·伯克的战友一起长眠在珍珠港的海底，阿利·伯克怎么能不仇恨满腔？伯克中校在所罗门前线的战绩是击沉日本巡洋舰1艘、驱逐舰9艘、潜水艇1艘，击落飞机30架，杀了多少日本人已经无法统计，反正已经升任上校的伯克说过他这辈子不准备再和日本人打交道了。

但是，人在江湖身不由己，1950年阿利·伯克少将又来到了日本，这次是作为朝鲜战争停战谈判代表团的美国海军代表，往返于朝鲜和日本之间。阿利·伯克在东京住在帝国大酒店，不少酒店服务员的家人都死于南太平洋前线。阿利·伯克问那些服务员，你们的家人可能是我杀死的，你们怎么看这个问题。服务员们的回答是，那只是一个军人的应尽职责，如果您在杀死我们的家人时不是军人的话，那您可能就已经死了，有罪的是战争而不是作为军人的您。

阿利·伯克对日本产生了兴趣，美国远东空军司令部的艾迪·皮尔斯上校向阿利·伯克介绍了日美谈判时的日本大使野村吉三郎海军大将。可能是海军军人的共同语言，阿利·伯克和野村大将成了朋友，旧日本海军抓住这个机会和这位将来要领导美国海军的少将接触，所有海军中将以上的军官几乎都和阿利·伯克有过接触，不少成了好朋友，关系最深的是草鹿任一海军中将。

就这样，在日本政府准备接受李奇微租借方案的时候，美国联邦政府实际上还没有下定决心让日本重建海军，太平洋战争的记忆实在是太深刻，也太可怕了。是阿利·伯克说服美国政府同意日本海军的重建方案，后来在出任海军作战部长期间，他更是不遗余力地支持日本海上自卫队，甚至用美国的国防预算建造舰只租借给日本海上自卫队，将16架最新式的P2V反潜机在装备美国海军之前就交给了日本海上自卫队。

现在的海上自卫队有46000人，拥有16艘常规潜艇，包括6艘“宙斯盾”在内的大约50艘作战舰只，包括直升机、反潜机和电子预警机在内的200架飞机，分为潜水舰队、航空集团和护卫舰队等部分。

很难判定这支舰队的实力到底怎样，一支军队的战斗力并不是光由它的硬件构成就能够决定的。军队的战斗力除了所装备的武器硬件之外，还有官兵对于这些武器的运用水平，更加重要的是这支军队的战略思想和传统。尤其是海军，没有战争经验的海军是不能被称作海军的，没有过胜利的海军也不能被称作强大的海军，所以即使是在苏联最强盛的时候，也没有人认为苏联海军是一支什么了不起的海军。

但是日本海军不同，虽然现在的日本宪法并不承认日本国拥有军队，但由于旧日本海军和现在的日本海上自卫队有这种组织上的血缘关系，所以日本海上自卫队有着比它所拥有的现代化武器装备更为可怕的威慑力量，那就是它有过在甲午、日俄和太平洋战争初期3次辉煌的表演。

有这么一种说法，人类的历史就是一部人类掌握能源的历史，特别是进入近代以后，这种趋势更加明显。为了掌握更多的能源，人类的活动范围越出了原有的居住地，向深山和大海进军。在现在人类技术还不足以向宇宙空间索取能源的时候，目光集中在了占地球表面积70%的海洋上是很自然的。人类的历史已经很长了，但每一代人的时间又很短，从这个很短的时间意义上来看，海洋几乎可以向人类提供无穷的几乎所有种类的能量和能源。

谁控制了海洋，谁就能控制陆地，起码能向陆地施加强烈的影响，美国人马汉的结论已经被美国世界霸权的形成和德意志、日本等帝国的覆灭所证实，虽然因为时代的变迁，有些东西需要做一些修正，但基本上还是通用的。

向海洋进军，绝不是一件像看上去那么简单易行的事情，光有船是不行的。浩瀚的大海一刻也不会平静，所谓海洋精神就是柔软的思维方式和随机应变的应对能力，死抱着某些教条或者原则是征服不了大海的，无论曾经拥有过怎样的船只。制造了罗盘和海图的意大利人，发现了美洲大陆、证实了地球是球形的西班牙人和葡萄牙人，在捕鲸技术和造船技术上领导过全球的荷兰人，建立了“日不落帝国”的英国人和把太平洋变成“美国湖”的美国人，不管他们是出于天赋还是运气，无不如此。海洋精神绝不单单意味着冒险和赌博，它还意味着一种跨越国界、洞察历史的思维方式。

缺乏了洞察力，尤其是对历史变化的洞察力，将无法走向海洋。

日本人在不到40年的时间内拼出了一支让全世界瞩目的强大海军，然而一支强大的海军也伸出了一支强大的吸管，吸干了一个并不富强的国家的一切，最后这支海军在三年多一点的时间内灰飞烟灭。

一支强大的海军不像一支强大的陆军那样能够在短时间内建成，夸张的说法是“百年海军”，因为海军需要大量的装备、设施和人员，要耗费大量的金钱。没有国力无法承担一支强大的海军，20世纪，世界海军力量构图上发生的巨大变化，大英帝国皇家海军的衰落和日本海军的消亡都深刻地证明了这一点。

日本人曾经用事实证明了所谓“百年海军”只是一个传说，日本海军从初建到进入世界强军之列仅花了40年不到的时间，但日本人没有能够用事实去证明“只有强大的国力才能拥有强大的海军”。

从这一点看来，日本民族并没有具备成为海洋民族的所需条件。他们没有掌握跨越国界、洞察历史的思维方法，他们喜欢顽固地坚持一些自己创造出来禁锢自己的教条和信条，他们是一些很好、很优秀的技术员。所以虽然他们一再地改变了海战的概念，创造了数不清的“第一”，但他们并没有意识到这一点，或者说仅仅意识到了他们愿意意识到的那部分。

日本人的失误，在于他们错误地解读了历史，无论是政治、社会或是军事技术。进入20世纪以后，国际政治的行为准则已经排除了用武力扩张领土来实行殖民主义的行为，而日本人自身之所以能够从一个荒岛崛起，本身就已经说明了旧式殖民主义的行为规范已经过时了。但是日本人在从这种历史趋势中受益的同时，却没有认识到这个历史趋势。

日本人在战胜了北洋水师和沙俄的远东舰队、波罗的海舰队以后跻身于世界海军强国之列。但他们始终没有注意到一个很重要的事实，那就是他们所战胜的只是传统意义上的大陆国家的水面舰队，而且除去政治社会诸要素，所谓“天佑神助”所占比例甚大。但是预料之外的巨大胜利使他们从一开始为了面子不愿意承认这点，到后来甚至自己都荒唐地迷信什么“大日本帝国武运长久”，迷信靠刺刀和大炮能够得到胜利。更具有历史幽默感的是他们居然真的迷恋物理意义上的“刺刀和大炮”，虽然是他们首先揭开了海军航空兵的帷幕，但他们到最后愚蠢地押上了国运，去和真正的海上强国为敌，以至于把他们引以为豪的帝国整个地葬入海底。

所有的历史都是为现代人服务的历史，我们研究历史绝不是仅仅为了简单的好奇，而只是为了服务于现在。中国这40年来的经济发展使其利益已经远远跨出了国境，跨出了岛链，伸展到了一万多海里以外的地方，如何维护中国的海上权益已经成为一个重大的问题，中国需要一支强大的、能够确保其海上通道畅通、安全的海军。这就需要研究世界各国海军发展、强大和失败的经验与教训。

本书中，笔者更加注意的是“大日本帝国海军”为什么消失和消失的原因，而不是在讽刺或者嘲弄已经消失了的日本帝国海军。历史的发展比人们意识到的会更快，当人们还在为了中国的崛起而研究“大国崛起”的时候，中国事实上完成了崛起的进程。现在对于中国更加重要的使命是，研究大国的失败，研究大国失败的原因和过程，学习他们的经验，吸取他们的教训。在这一点上，文化传统和思维方式都与中国相近的日本的经验教训就更加值得中国学习，特别是明治维新仅50年后，日本就位列世界五强之一，又30年后，只三年半时间就从这个世界上消失的事实，更值得我们重视。

这是笔者写这些文字的用意。

参考书目

片冈觉太郎，《日本海军地中海远征记》，日本海军第二特务舰队编纂，非卖品，1919年11月18日。

小笠原长生，《圣将东乡平八郎传》，改造社，1934年6月1日。

海军军令部，《日本海大海战战史》，内阁印刷局朝阳会，1935年9月13日。

伊藤正德，《連合艦隊の最後》，文艺春秋新社，1956年3月20日。

小柳富次，《栗田艦隊》，潮书房，1956年6月5日。

伊藤正德，《大海軍を想う》，文艺春秋新社，1956年12月25日。

伊藤正德，《帝国陸軍の最後·決戦編》，文艺春秋新社，1960年4月30日。

儿岛襄，《太平洋战争（上）》，中央公论社，1965年11月25日。

儿岛襄，《太平洋战争（下）》，中央公论社 ，1966年1月25日。

清濑一郎，《东京裁判秘录》，读卖新闻社，1967年3月10日。

中塚明，《日清戦争の研究》，青木书店，1968年3月1日。

池田佑，《大東亜戦史·太平洋編》，富士书苑，1972年5月31日。

黛治夫，《海军炮术史谈》，原书房，1972年8月25日。

藤村道生，《日清戦争》，岩波书店，1973年12月20日。

渊田美津雄，奥宫正武，《机动部队》，株式会社朝日ソノラマ，1974年4月5日。

吉田满，《戦艦大和の最期》，北洋社，1974年8月15日。

吉田满，《提督伊藤整一の生涯》，文艺春秋，1977年1月15日。

实松让，《あ、日本海軍》，光人社，1977年11月30日。

外山三郎，《日清，日露，大東亜海戦史》，原书房，1979年9月10日。

吉田俊雄，《四人の連合艦隊司令長官》，文艺春秋，1981年7月25日。

高木惣吉，《自传的日本海军始末记》，光人社，1981年8月14日。

朴宗根，《日清戦争と朝鮮》，青木书店，1982年12月5日。

千早正隆，《日本海軍の戦略発想》，プレジデント社，1982年12月10日。

半藤一利，《日本海軍を動かした人びと》，力富书房，1983年7月31日。

吉田俊雄，《五人の海軍大臣》，文艺春秋，1983年8月10日。

野村实，《太平洋戦争と日本軍部》，山川出版社，1983年8月20日。

野村实，《海戦史に学ぶ》，文艺春秋，1985年8月25日。

原康史，《日本大战争第22卷 日清戦争と黄海海戦》，東京スポーツ新聞社，1986年8月16日。

吉田俊雄，《海軍経営者山本権兵衛》，プレジデント社，1986年12月2日。

豊田穣，《海軍軍令部》，讲谈社，1987年3月28日。

生出寿，《帝国海軍・軍令総長の失敗》，德间书店，1987年3月31日。

吉田俊雄，《連合艦隊・東郷平八郎と山本五十六》，秋田書店，1987年6月25日。

野村实，《天皇・伏見宮と日本海軍》，文艺春秋，1988年2月10日。

佐藤和正，《太平洋海戦・1・進攻編》，讲谈社，1988年8月10日。

佐藤和正，《太平洋海戦・2・激闘編》，讲谈社，1988年8月10日。

佐藤和正，《太平洋海戦・3・決戦編》，讲谈社，1988年11月28日。

吉田俊雄，《四人の軍令部総長》，文艺春秋，1988年8月10日。

中岛亲孝，《連合艦隊作戦室から見た太平洋戦争》，光人社，1988年10月31日。

生出寿，《海軍の父山本権兵衛》，光人社，1989年8月1日。

堀荣三，《大本営参謀の情報戦記》，文艺春秋，1989年9月15日。

吉田俊雄，《海軍参謀》，文艺春秋，1989年9月25日。

豊田穣，《私論・連合艦隊の生涯》，光人社，1989年10月26日。

千早正隆，《日本海軍の驕り症候群》，プレジデント社，1990年7月27日。

实松让，《米内光政》，光人社，1990年12月6日。

山室英男，绪方彻，《検証・山本五十六長官の戦死》，日本放送出版协会，1992年4月20日。

豊田穣，《世界史の中の山本五十六》，光人社，1992年12月18日。

鸟巢建之助，《太平洋戦争終戦の研究》，文艺春秋，1993年8月1日。

吉冈忠一，《海軍航空隊奮戦す》，私家出版，1994年2月20日。

阿川弘之，《高松宫と海軍》，中央公论社，1996年3月10日。

白井久也，《明治国家と日清战争》，社会评论社，1997年1月15日。

桧山幸夫，《日清戦争——秘蔵写真が明かす真実》，讲谈社，1997年8月25日。

南部伸清，《米機動艦隊を奇襲せよ！》，二见书房，1999年8月25日。

吉田俊雄，《大本营海军参谋最后の証言》，光人社，1999年11月15日。

奥宫正武，《提督と参謀》，PHP研究所，2000年8月15日。

世良光弘，《阪井三郎の零戦操縦》，并木书房，2001年6月5日。

产经新闻社编，《あの戦争・太平洋戦争全記録（上）》，株式会社ホーム社，2001年8月10日。

产经新闻社编，《あの戦争・太平洋戦争全記録（中）》，株式会社ホーム社，2001年9月10日。

产经新闻社编，《あの戦争・太平洋戦争全記録（下）》，株式会社ホーム社，2001年10月10日。

生出寿，《海軍人事の失敗の研究》，光人社，2005年4月10日。

野村实，《日本海軍の歴史》，吉川弘文馆，2002年8月10日。

三野正洋、大山正，《彻底研究・太平洋战争（海军篇1）》，光人社，2002年9月16日。

三野正洋、大山正，《彻底研究・太平洋战争（海军篇2）》，光人社，2003年7月5日。

相泽淳，《海軍の選択》，中公丛书，2002年12月10日。

菊田慎典，《坂の上の雲の真実》，光人社，2004年4月27日。

吉田俊雄，《大和と武藏》，PHP研究所，2004年8月18日。

生出寿，《秋山真之のすべて》，新人物往来社，2005年4月10日。

阿部三郎，《わが帝国海軍の興亡》，光人社，2005年5月27日。

德川宗英，《江田岛海军兵学校・究極の人間教育》，讲谈社，2006年12月12日。

小谷贤，《日本軍のインテリジェンス》，讲谈社，2007年4月10日。

半藤一利编，《私の「昭和の戦争」》，アスコム，2007年5月11日。

立川京一、石津朋之、道下德成、塚本胜也，《シー・パワー、その理論と実践》，芙蓉书房，2008年4月30日。

Robert Sherrod, *On to westward: War in the Central Pacific*, Duell, Sloan and Pearce, 1945.

James A. Field Jr, *The Japanese at Leyte Gulf*, Princeton University Press, 1947.

Samuel Eliot Morison, *Coral Sea*, *Midway and Submarine Actions*, Little, Brown and Company, 1949.

Walter Lord, *Day of Infamy*, Henry Holt & Company, Incorporated, 1957.

Elmer B. Potter & Chester Nimitz, *The Great Sea War*, Prentice—Hall Inc. 1960.

Denis and Peggy Warner, *The Tide at Sunrise*: *A History of the Russo—Japanese War' 1904—1905*, Charterhouse Publishers, 1974.

Louis Morton, *Strategy and Command: The First Two Years*, Washington,D.C.: Office of the Chief of Military History, Department of the Army,1962.